四庫全書總目彙訂

修訂本

10

集部

魏小虎 編撰

上海古籍出版社

卷一八四

集 部 三 十 七

別集類存目十一

湖海集十三卷（山東巡撫採進本）

國朝孔尚任撰。尚任有《節序同風錄》，已著錄①。尚任官國子監博士時，隨侍郎孫在豐在淮揚疏濬海口。因輯其入淮以後詩文，自編此集，故以“湖海”為名。

【彙訂】

① 依《總目》體例，當作“尚任有《人瑞錄》，已著錄”。

莘跌草三卷（浙江巡撫採進本）

國朝黃百家撰。百家有《體獨私鈔》，已著錄。是集凡雜文二十篇，其序盧氏《春秋三傳纂凡》，謂：“《春秋》之本旨皆顯以示人，無暗藏機括，使人如猜謎射覆者。”深得聖人作《春秋》之意。其《王劉異同序》，亦深見兩家之閫奧。大致頗肖其父，但蒼老不及耳。書首題曰《學箕五槀》，則卷帙尚多，此其槀中之一種耳。

眺秋樓詩八卷（浙江巡撫採進本）

國朝高岑撰。岑字峴亭，商邱人，官豐城縣知縣。其詩每卷各為集名，終之以《和月泉吟社田園雜興》六十首。岑為吏部尚書宋犖外孫,故其詩法亦本於犖,與宋至《緯蕭草堂集》體格相近,所謂酷似其舅者也。

赤嵌集四卷(兩淮馬裕家藏本)

國朝孫元衡撰。元衡字湘南,桐城人。康熙中,官至東昌府知府。是集皆其為臺灣同知時所作,以地有赤嵌城,故以為名。多紀海外風土物產,頗逞才氣,而未能盡軌於詩律。王士禎為之點定,謂其"追蹤建安,躡跡長公",似乎太過也[①]。

【彙訂】

①"似乎太過也",殿本作"一時推許之詞未足為定評也"。

四香樓集四卷(江蘇巡撫採進本)

國朝范纘撰[①]。纘字武功[②],婁縣人。其詩源出晚唐,而參以南宋。如"蜂憎綠蟻晴偷蜜,燕覓青蟲晝哺雛"、"一潭水聚三更月,四野山圍小閣燈"、"三秋樹老蟬聲盡,八月江寒雁影遲"、"蟬聲送過秋多少,鶴夢憑他夜短長"之類,皆綽有思致,而格調未高。陳元龍序稱其長堪輿學,蓋嘗館於元龍家。相傳《格致鏡原》即其所纂,亦博洽之士也。

【彙訂】

①"范纘",殿本作"范贊",下同,誤。清刻本《四香樓詩鈔》三卷,題"雲間范纘武功撰"。

②"武功",底本作"武公",據殿本改。

釀川集十三卷(浙江巡撫採進本)[①]

國朝許尚質撰。尚質字又文,山陰人。是集賦一卷,雜文一卷,詩五卷[①],詞五卷,宋祖煜序謂尚質"少而業詩[②],亦喜飲,指邑中所謂沈釀川者自號",因以名集。其文頗有法度[③],詞亦修整。惟歌詩稍嫌放縱,或不入律云④。

【彙訂】

①"雜文一卷詩五卷",底本作"雜文二卷詩二卷",據殿本改。清康熙刻本《釀川集》十二卷,賦、雜文共二卷,詩五卷,詞五卷。(王重民:《跋新印本〈四庫全書總目〉》)

②"宋祖煜",殿本作"宋祖昱"。十二卷本《釀川集》范時尹序云:"釀川翁者,又文許氏晚所自號也。又文氏少而業詩,亦喜飲……指邑中所謂沈釀川者,而自號曰釀川翁。"

③"法度",殿本作"法律"。

④ 殿本"不"下有"甚"字。

南園詩鈔十卷(江蘇巡撫採進本)①

國朝尤世求撰。世求字念修,長洲人,官南充縣知縣。是集分《金臺草》一卷,《冰壺草》二卷,《湛華草》一卷,《懷新草》二卷,《沁雪草》二卷,《逢辰草》一卷,《都歷草》一卷。世求為侗之孫,故詩格亦與《西堂雜俎》相近。

【彙訂】

① 殿本此條置於《牆東雜著》條之後,與作者時代先後次序不符。

舟車初集二十卷(浙江巡撫採進本)

國朝陶季撰。季原名澂,字季深,後以一字為字,又以字行,寶應人。王士禛《漁洋詩話》記其與萊陽董樵同以一字為字,因而賦詩定交者是也。其平生足跡半天下②,詩多於舟車得之,因名《舟車集》。其詩多才鋒踔厲,風發泉湧,不為邊幅所窘。然有警句,亦有率句,有健句,亦有弱句。蓋跌宕有餘,而陶鍊未至者也。

【彙訂】

① 清康熙刻本尚有《後集》十卷《集唐》一卷，館臣所見非足本。（杜澤遜：《四庫存目標注》）

②“其”，殿本無。

燕堂詩鈔八卷（戶部尚書王際華家藏本）

國朝朱徑撰①。徑字恭亭，寶應人，喬萊之壻也。是集為徑所自編，自康熙丙寅至己卯，凡十四年之詩。緣情綺靡，頗有格韻。特少作居多，尚未能盡謝鉛華耳。

【彙訂】

① 清康熙刻本此集題“寶應朱經恭亭”，作“朱徑”誤。（杜澤遜：《四庫存目標注》）

鈍齋文鈔七卷（江西巡撫採進本）

國朝楊兆嶦撰。兆嶦字又平，瑞金人。是集前有自序，謂：“著文三百餘首，汰其三之二，授諸梓。”則兆嶦所自定也。又有張尚瑗序，稱其文似歸有光。使汰其冗句俗字，固亦近之矣。

集古梅花詩無卷數（浙江巡撫採進本）

國朝張吳曼撰。吳曼字也倩，上海人。居吳淞江上，其地多梅，因為集句賦咏。凡和中峯禪師韻者一百首，和陳涉江韻者三十首，自和者十首。又一百首，則吳曼以同里高士沈球本有是體①，為繼作而合刻之者。又一百首，則吳曼六十生日，其仲兄文卿取“十月先開嶺上梅”句，集古為壽，吳曼因續為之者。末附《集唐梅歌》一首，乃七十六歲所作。殆終身詠此一花也。

【彙訂】

① "高士"，殿本無。

根味齋詩集二十卷（編修徐天柱家藏本）

國朝徐志莘撰。志莘字任可，一字商農，德清人。工部尚書元正子，以父蔭官順天府通判。是編凡《趨庭集》二卷，《壯圖集》三卷，《小草集》三卷，《棄擔集》七卷，《起乾集》二卷，《老傅集》三卷。詩多取法蘇、陸，不事雕飾。蓋其家學然也。

笏峙樓集五卷（江蘇周厚堉家藏本）

國朝張祖年撰。祖年有《道驛集》，已著錄。是書《釋疑孟》一卷，以司馬光有《疑孟》一書，而祖年逐條為之辨。《廢言》四卷，則其所自著也，中多游戲之詞，與《道驛集》之正色講學者又殊。

觀樹堂詩集十四卷（浙江巡撫採進本）

國朝朱樟撰。樟字鹿田，錢塘人。由舉人官至澤州府知府。其詩為《叱馭集》一卷，入蜀時作也。《問絹集》一卷，《白舫集》二卷，《古廳集》四卷，皆令江油時作也。《冬秀亭集》四卷，官澤州時作也。《剡曲集》一卷，則天台紀遊詩也。《一半勾留集》一卷，則憂歸居杭詩也。

恕谷後集十卷續刻三卷（直隸總督採進本）

國朝李塨撰。塨有《周易傳註》，已著錄。是集所作古文也。前有其門人閻鎬序，稱："恕谷者，自名其里也。後集者，自康熙癸未以前俱置之，而惟存其後焉者也。"集首第一篇為《送黃宗夏序》，後有題曰："此王崑繩改本也。恕谷初學八大家，崑繩言當

宗秦、漢，章法訂此。恕谷後謂唐、宋不如秦、漢，秦、漢不如《六
經》，於文法一宗聖經，題曰《後集》。"云云。崑繩者，大興王源字
也。嘗撰《文章練要》，分六宗百家，談古文之法。後與塨同師顏
元。塨遂從學古文，盡棄其少作。《後集》之名，蓋別其前之所棄
也。今觀其文，根柢仍出八家，但開合斷續，不主故常，異乎明以
來學歐、曾者惟以紆餘曼衍為長耳。遽曰秦、漢，曰《六經》，溢其
量矣。塨天分本高，其學自成一家，以經世致用為主，亦具有根
柢。然負氣求勝，其文或失之麤豪，少古人淳穆之氣。其持論又
自命太高，自信太果，幾於唐、宋、元、明諸儒，無一人能當其意，
亦未免傷於褊激。蓋前明自萬曆以後，心學盛行，儒、禪淆雜。
其曲謹者，又闊於事情。沿及國初，猶存商俗。故顏元及塨獨力
以務實相爭，存其說以補諸儒之枵腹高談，未為無益。然不可獨
以立訓，盡廢諸家。譬諸礞石、大黃，當其對證，實有解結滌滯之
功；若專服、久服，則又生他疾耳。

東山草堂文集二十卷詩集八卷續集一卷（户部尚書王際華
家藏本）

國朝邱嘉穗撰。嘉穗有《考定石經大學經傳解》，已著錄。
其文頗條暢，詩則淺弱。集後舊附《陶詩箋註》五卷，《邇言》六
卷，又《考定石經大學經傳解》一卷。今各分著於錄，俾從其類。

在陸草堂集六卷（兩淮馬裕家藏本）

國朝儲欣撰。欣有《春秋指掌》，已著錄。欣以制藝名於時，
而古文亦謹潔明暢，有唐、宋家法，大致於蘇軾為近。所作《蜀山
東坡書院記》，宗旨可概見也。其中如《周公太公論》、《撻伯禽
辨》、《挾天子辨》，皆少近迂；《與齡辨》，則先儒久言之，亦不免為

屋下之屋；其《正統辨》不取帝蜀之說，亦不免失之好辨也。

息廬詩一卷（江蘇周厚堉家藏本）

國朝陶爾稷撰。爾稷字穎儒，華亭人。是集前有曹溶序，稱其"人巧極，天工錯"。顏光敏序稱其"七古似青蓮、長吉，近體不專一家，而各盡其妙"。今觀所作，大抵以才思擅長，品格故未能超詣。《雪美人》七律二首，世所豔稱，實則小巧也。

陳恪勤集三十九卷（浙江巡撫採進本）

國朝陳鵬年撰。鵬年字北溟，號滄洲，湘潭人。康熙辛未進士，官至兵部侍郎、河道總督，諡恪勤。是集凡分十編①，曰《耦耕集》者，以舍北耦耕堂而名也。《水東集》者，以其先人隴墓所在也。《蒿廬集》者，憂居前後所作也。《浮石集》、《胸山集》、《淮海集》者，皆宦游地也。《于山集》、《香山集》、《武夷集》者，皆往來游息處也。末附《喝月詞》五卷，則詩餘也。

【彙訂】

① 清康熙刻本實爲十一種，尚有《秣陵集》四卷。（杜澤遜：《四庫存目標注》）

道榮堂文集六卷（兩江總督採進本）

國朝陳鵬年撰。此本爲鵬年所自編，刻於《恪勤集》之前。其生平以清操受主知，詩文非所注意。集中亦皆應酬之作，更不見所長。

固哉叟詩鈔八卷（浙江巡撫採進本）

國朝高孝本撰。孝本字大立，號青華，嘉興人。康熙辛未進士，官績溪縣知縣。孝本雖年屆四十始爲詩，然罷官後放浪山水

以老,故其詩灑落有清氣,但深厚不足耳。是編分十七集:曰
《趨庭集》,曰《江漢集》,曰《徑山集》,曰《琴溪集》,曰《嶺南集》,
曰《秦遊集》,曰《大鄣集》,曰《葛園集》,曰《晉遊集》,曰《津門
集》,曰《南州集》,曰《幔亭集》,曰《海岱集》,曰《黃梅集》,曰《臺
雁集》。皆孝本七十八歲所自編,為雍正丙午以前詩。至丁未,
又編其病中所作為《維摩集》,附十七集後。故自序但列十七
集云。

葛莊詩鈔十三卷(內府藏本)

國朝劉廷璣撰。廷璣有《在園雜志》,已著錄。其詩以陸游
為宗。《在園雜志》嘗自記其“童去自埋生後火,飯來還掩讀殘
書”一聯,或以為剿襲陸游“呼童不至自生火,待飯未來還讀書”
句[①]。自辨其用意不同,是固誠然。然奪胎換骨,要不能謂不出
於游也。又自記有人評其詩曰:“此亦出入於香山、劍南之閒而
未純者。”自以為允,可謂自知矣。

【彙訂】

① “童去自埋生後火”至“待飯未來還讀書”,殿本作“呼童
不至自生火待飲未來還讀書一聯或以為剿襲陸游童去自埋生後
火飯來還掩讀殘書”,誤。《劍南詩稿》卷六十九《幽居遣懷》之三
有句:“呼童不應自生火,待飯未來還讀書。”《在園雜志》卷二云:
“余詩‘童去自埋生後火,飯來還掩讀殘書’,或謂直抄放翁。然
陸句‘呼童不至自生火,待飯未來還讀書’,余變其意,非直
抄也。”

葛莊編年詩無卷數(江西巡撫採進本)

國朝劉廷璣撰。《葛莊詩鈔》止於官九江道時。是編又其官

淮徐道時所作,分年排次,起康熙丁巳,止於壬辰。後復有補遺一卷。

　　咸齋文鈔七卷(浙江巡撫採進本)

　　國朝查旭撰。旭字咸齋,海寧人,康熙癸酉副榜貢生。是集凡書一卷,序二卷,祭文一卷,論一卷,傳一卷,雜著一卷。旭有孝行,嘗於兵亂中崎嶇萬里尋父遺柩,士論稱之。其文源出南宋,頗清雅有法度,使假之年,尚可追古作者。前有益都趙執信序,作於旭在之日。又有楊中訥序,則旭没後所作也。

　　冰齋文集四卷(浙江巡撫採進本)①

　　國朝懷應聘撰。應聘字莘皐,秀水人。是編刊於康熙癸酉,蓋所自編。皆散體古文,而時文選本之序最多。

【彙訂】

①"冰",殿本作"水",誤,參清康熙刻本此集。

　　清端集八卷(江西巡撫採進本)

　　國朝陳璸撰。璸字文煥,一字眉川,海康人。康熙甲戌進士,官至福建巡撫,諡清端。是集凡文七卷,詩一卷,皆非當行。然璸居官以廉介稱,其節概足以自傳,亦不必以文章傳也。

　　夢月巖詩集二十卷(浙江巡撫採進本)

　　國朝吕履恒撰。履恒字元素,號坦菴,河南新安人。康熙甲戌進士,官至户部侍郎。此集乃雍正乙巳其姪纘曾等校刊,詩以體分,末附詩餘二十四首。前有凡例,稱:"其詩或經歲一改,或一月數改,如《洛陽秋思》、《河上寓目》詩之頷聯,嫌其調近七子,輒加竄易;《金陵雜感》之結句,嫌其涉於怒罵,亦復易之。"又稱:

"《盛朝詩選》載其《秦中懷古》詩、《洛陽秋思》詩、《懷公毅》詩,字句皆有所竄亂,今悉從原本。"云云。或刊版時有所點定歟?

　　冶古堂文集五卷(浙江巡撫採進本)

　　國朝呂履恒撰。是集為履恒歿後,淳安方楘如及其門人石屏張漢所選定①,凡一百九十二篇。每篇各有評語,如制義之式。

【彙訂】

　　① "方楘如",底本作"方婺如",據殿本改。說詳卷一八二《曾侯文鈔》條訂誤。

　　雪鴻堂文集四卷(山東巡撫採進本)

　　國朝李鍾璧撰①。鍾璧號鹿嵐,通江人,檢討蕃之子也。康熙丙子舉人,官平南縣知縣。考古來集部之名,往往相複,然無一家之中共一集名者。惟呂本中、呂祖謙俱稱《東萊集》,然祖謙集加"太史"字以別之。見《文獻通考》。又洪巖虎及其子希文皆名《軒渠集》,然希文集加"續"字以別之,非竟相同。鍾璧之父蕃有《雪鴻堂集》,已著錄,而鍾璧此集仍以"雪鴻堂"為名,父子竟無所別,亦未有之創例也。其詩皆信筆揮灑,於聲律多未能諧,疊韻詩九十一首,尤多累句。自序謂:"隨手塗抹,長短得失,在所不計。"諒矣! 其文亦惟意所如,如《與陳敷相書》引原憲"貧也,非病"之語,至以聖賢為戲,更軼乎規矩之外矣。

【彙訂】

　　① 清康熙五十七年刻《雪鴻堂全集》本此集題"通江李鍾璧鹿嵐甫著",作"李鍾壁"誤。(杜澤遜:《四庫存目標注》)

　　克念堂文鈔二卷(江蘇巡撫採進本)

　　國朝雷鐸撰。鐸字伯覺,蒲城人,康熙丙子舉人。《陝西通

志》稱其事繼母孝,負米他郡以養,遇水幾溺。嘗終日不食,不致
母缺於供。家雖貧,養從兄弟及寡姊妹不少懈。朔望聚族人習
禮講法,以相勸勉。蓋亦篤行之士,其文章則以人存之耳。

　　殘本賦清草堂詩鈔六卷(江蘇巡撫採進本)

　　國朝張棠撰。棠字吟樵,華亭人。康熙丙子舉人,官至桂林
府知府,告歸後加銜為太僕寺少卿。是編原分五集:曰《白雲
吟》,曰《一肩吟》,曰《獨宜吟》,曰《江上吟》,最後所作曰《雪蓬
吟》[①]。今存者惟《江上吟》及《雪蓬吟》,餘俱散佚。其詩欲以風
調勝,而骨幹未遒。

【彙訂】

①"雪蓬吟",殿本作"雪篷吟"。

　　山舟堂集十二卷(江蘇巡撫採進本)

　　國朝周上彬撰。上彬字介文,婁縣人,康熙丙子副榜貢生。世
居干山,其"山舟堂"額,猶趙孟頫手書也。此集凡古、今體詩一千餘
首,乃其子忠炘等所刊。其論詩以真朴為主,尤喜讀宋儒語錄。故所
作如"存心養性須常靜,莫負吾家太極翁"之類,皆白沙、定山派也。

　　湛園未定稿六卷(浙江巡撫採進本)

　　國朝姜宸英撰。宸英有《江防總論》,已著錄。此本為其未
入書局以前所自定,不及大興黃氏本之完備。以別行已久,姑附
存其目。

　　真意堂文稿一卷(浙江巡撫採進本)

　　國朝姜宸英撰。此本前有秦松齡序,言宸英奉纂修之命,治
裝北上,裒為此集。蓋其中年所作,初出問世之本也。

菀青集無卷數（浙江巡撫採進本）

國朝陳至言撰。至言字山堂，一字青厓，蕭山人。康熙丁丑進士，官翰林院編修。早年與同郡張遠齊名[1]，毛奇齡稱其"能守古人三義、八法之意而不變"。今觀所作，以藻繢為主，音繁節壯，頗似《西河集》中語，宜奇齡之喜其類己也。

【彙訂】

① 乾隆《紹興府志》卷三四《選舉志》載蕭山人張遠為康熙二十年歲貢生。民國《蕭山縣志》卷一六《人物志·陳至言傳》云："與同里張遠齊名。"二人非僅同郡，實為同縣。（楊武泉：《四庫全書總目辨誤》）

華鄂堂集二卷（江蘇周厚堉家藏本）

國朝周彝撰。彝字策銘，婁縣人。康熙丁丑進士，官翰林院編修。其詩喜作長篇，如《送張長史》、《君山玩雪》、《遊江心寺》諸作，皆灑灑千言，才鋒橫溢。然律以和平之義，往往有乖。後附《研山十咏》，別為一卷。蓋刊成之後又續入者也。

樸學齋詩集十卷（福建巡撫採進本）

國朝林佶撰。佶有《甘泉宮瓦記》，已著錄。佶工於楷法，文師汪琬，詩師陳廷敬、王士禛。琬之《堯峯文鈔》、廷敬之《午亭文編》、士禛之《精華錄》，皆其手書付雕。廷敬、士禛之集，皆刻於名位烜耀之時，而琬集則繕寫於身後，故世以是稱之。茲集古體詩三卷，今體詩七卷，淵源有自，故體格猶為近古。特才分差弱，出手微易耳。

柳塘詩集十二卷（浙江巡撫採進本）

國朝吳祖修撰。祖修字慎思，吳江人。是集乃康熙己卯其

子大庚所編。後有大庚跋，稱祖修在時，曾版行五、七言古詩，已
而悔之。謂詩當以編年為次，不當分體。今所編詩十二卷，其半
猶出祖修手定也。祖修詩頗雅馴，嘗作《讀王子淵傳》詩，有"非
無聖主賢臣頌，只教宮人記洞簫"之句。後見《升菴集》中有之，
喜其闇合，因作詩誌之。然此二語，太涉論宗，本非上乘。且慎
詩亦即李商隱《賈生》詩"可憐夜半虛前席，不問蒼生問鬼神"之
意，亦非新義也。

畏壘山人詩集四卷（浙江巡撫採進本）

國朝徐昂發撰。昂發有《畏壘筆記》，已著錄。是集諸體雜
編。其五言古體大抵刻峭清新，一往駿利，有透空碎遠之音。而
下手太快，亦頗乏渟蓄深厚，則思銳而才狹之故也。

澄懷園全集三十七卷（通政司使張若溎家刊本）

國朝張廷玉撰。廷玉字衡臣，號硯齋，桐城人。康熙庚辰進
士，官至保和殿大學士，諡文和。是集為廷玉所自編，凡《文存》
十五卷，皆乾隆戊辰以前作；《詩選》十二卷，皆雍正乙卯以前作；
《載賡集》六卷，皆乾隆丙辰以後作；《澄懷園語》四卷，則所作筆
記也。

秋江詩集六卷（福建巡撫採進本）

國朝黃任撰。任字莘田，永福人。康熙壬午舉人，官至四會
縣知縣。杭世駿《榕城詩話》稱其"工書法，好賓客，詼諧談笑，一
座盡傾。罷官歸里，橐裝惟端溪石數枚，詩束兩牛腰而已。"其詩
源出溫、李，往往刻露清新，別深懷抱。如《楊花》絕句云："到底
不知離別苦，後身還去作浮萍。"《春日雜思》云："夕陽大是無情
物，又送牆東一日春。"所為緣情綺靡，殆於近之。而低徊宛轉，

亦或闌入小詞。大致古體不如今體，大篇又不如小詩，故《榕城詩話》獨稱其七絕。蓋才分各有所長云。

秋葉軒詩四卷（江蘇巡撫採進本）

國朝張琳撰。琳字佩嘉，一字玉田，錢塘人。是集乃康熙丙戌其友趙炎所選定。集中近體多於古體，而七言律詩一種又多於諸體。大抵圓熟流利，篇篇如一。蓋其瓣香惟在《劍南》一集耳。

黑蝶齋詩鈔四卷（浙江巡撫採進本）

國朝沈岸登撰。岸登字覃九，號惰耕邨叟，平湖人。是集乃康熙壬午岸登歿後，其從子黼熊所編，共詩四百四十餘首。其詩瘦削無俗韻，而邊幅微狹，亦緣於是。

樓邨集二十五卷（安徽巡撫採進本）

國朝王式丹撰。式丹字方若，寶應人。康熙癸未進士第一，官翰林院修撰。是集乃雍正甲辰其子懋訥所刻，分年編次。凡《龍竿集》五卷，《翠蘇集》七卷，《補過齋集》二卷，《忍冬齋集》七卷，《鴻柯集》一卷，《梅花書屋集》三卷。起壬申迄丙申，每年一卷。惟《龍竿集》之第五卷為其壬申以前詩，不以冠集而以殿集，以少作故也。

古劍書屋文鈔十卷（江蘇巡撫採進本）[1]

國朝吳廷楨撰。廷楨字山掄，長洲人。康熙癸未進士，官至左春坊左諭德。是編凡詩八卷，末附補遺及詩餘，又雜文二卷，乾隆丙子，其孫士端刊於貴州[2]。其名曰"古劍書屋"者，聖祖仁皇帝南巡[3]，廷楨以舉人召試，御書《古劍篇》以賜。因以為名，誌榮遇也。

【彙訂】

① 清乾隆二十一年吳士端黔藩官舍刻本作《古劍書屋詩鈔》八卷、《補遺》一卷、《詩餘》一卷、《文鈔》二卷，書名當總題《古劍書屋詩文鈔》。（杜澤遜：《四庫存目標注》）

② 此集吳士端跋稱"先大夫"，又署"乾隆丙子季秋男士端謹識於黔藩官舍"，則"其孫"乃"其子"之誤。（江慶柏：《〈四庫全書總目〉考訂十七則》）

③ "仁皇帝"，殿本無。

緯蕭草堂詩六卷（浙江巡撫採進本）

國朝宋至撰。至字山言，商邱人。吏部尚書犖之子。康熙癸未進士，官翰林院編修。初刻有《緯蕭堂詩》一卷，附犖集後。此其全集也。至承其家學，兼得新城王士禛之傳，故其詩派亦介出於父、師之間，但才與學均未及耳。集中《孔雀聯句》父子同為之，蓋用蘇軾與子過聯句例也。

續學堂文鈔六卷詩鈔四卷（兩江總督採進本）

國朝梅文鼎撰。文鼎有《曆算全書》，已著錄。其以"續學"名堂者，初大學士李光地嘗薦文鼎於朝。康熙乙酉①，恭逢聖祖仁皇帝南巡。文鼎迎鑾道左，蒙召對，御書"續學參微"四字賜之。因以名堂，併以名集也。然文鼎測驗推算諸法，皆足以自傳於後，詩文特其餘事，非所擅長。蓋算術雖一藝，而非以畢生之精力專思研究，則莫造其微。雖超特絕世之姿，其勢不能以旁及。張衡深通曆算，妙契陰陽，至能作候風地動儀，而文章博麗，又能淩轢崔、蔡之間，千古一人而已。自洛下閎、鮮于妄人以下，淳風、一行亦未能以詞采著也。斯亦物不兩大之理矣。

【彙訂】

①"乙酉",殿本作"己酉",誤,參《清史稿》卷五〇六梅文鼎本傳。己酉為康熙八年,尚未有南巡之舉。

滋蘭堂詩集十卷(浙江巡撫採進本)

國朝沈元滄撰。元滄有《禮記類編》,已著錄。是編分六集:曰《康弧集》、《灌畦集》、《今雨集》、《紫貝集》、《勞薪集》、《西征集》。前有其孫廷芳題識,稱《康弧集》為家居侍親及為查氏贅壻時作,《灌畦集》為移居龍山時作,《今雨集》為入直武英殿時作,《紫貝集》為官文昌時作,《勞薪集》為罷官後自京赴粵時作,《西征集》為由粵赴京謫居銀州時作。元滄為查昇之壻,久與查慎行遊,故其詩格頗近《初白堂集》云。

滄初詩橐八卷附見山堂詩鈔一卷(編修程晉芳家藏本)

國朝沈翼機撰。翼機字西園,號滄初,海寧人。康熙丙戌進士,官至翰林院侍讀學士。詩分十集:曰《謀野集》,曰《新安集》,附《黃山紀遊》百詠,皆翼機為諸生時作;曰《瀛洲集》、《丹葵集》,皆館選後作;曰《蜀使草》,康熙甲午典試四川時作;曰《黔使草》,康熙丁酉至庚子為貴州學政時作;曰《江右使草》,雍正癸卯至丙午為江右學政時作;曰《兩山集》,乞假歸田後作;曰《觀光集》,乾隆元年翼機復補原官後作①;曰《游衍集》,則致仕後作也。附見《山堂詩鈔》一卷,為其子廷薦之作。廷薦字澄懷,雍正壬子舉人。未仕早卒,僅存詩六十餘首。

【彙訂】

①"後",殿本作"時"。

集虛齋學古文十二卷（浙江巡撫採進本）

國朝方桊如撰。桊如有《離騷經解》，已著錄。其制義最有時名，而散體之文亦頗奧勁有筆力。然喜雕琢新句，襞積古辭，遂流為別派。蓋其制義亦喜以新穎為工，天性然也。

緗齋詩選二卷（山東巡撫採進本）

國朝張謙宜撰。謙宜號稚松，膠州人，康熙丙戌進士。是集末有法輝祖跋，謂全棄三千餘首，暮年自訂，存詩四百餘篇。自序凡千言，極述其苦吟之狀。然其詩出入於香山、劍南之間，一吟一咏，亦足自娛。起而抗衡古人，則力尚不逮也。

蓼村集四卷（編修周永年家藏本）

國朝王苹撰。苹字秋史，歷城人，康熙丙戌進士。其詩為王士禎、田雯所稱，而文不甚顯。乾隆癸巳，桂林胡德琳得其本於歷城周氏，為刪訂付梓。德琳為之序，稱：“原本分甲、乙二集，自癸亥至庚子三十四年之作，各自編年，惟辛丑以後之文無存。今仍其舊，編為四卷，乙居四之一。惟書記記傳，註干支於本目之下[①]，使後人有所考焉。”

【彙訂】

① 清乾隆三十八年胡德琳刻本此集胡序原文作“惟書序記傳自從其類注支干於本目之下”。

雪鴻堂文集二卷（山東巡撫採進本）

國朝李鍾峩撰。鍾峩號芝麓，通江人。康熙丙戌進士，官翰林院檢討。是集乃其督學福建時所編，凡賦、頌一卷，詩一卷，多館課及應酬之作。案鍾峩父蕃有《雪鴻堂集》，其兄鍾璧集襲用其名，鍾峩又襲用其名，殊不可解。如以為家乘之總名，則又各為卷第,例亦難通也。

　　王石和文集無卷數(山西巡撫採進本)

　　國朝王晦撰。晦字石和,又字韞輝,孟縣人。康熙丙戌進士,官翰林院檢討。是集中多議論之文,筆意亦頗縱橫。其記周遇吉死節事,謂:“賊兵攻城急,城將陷,賊募獻遇吉者。遇吉謂左右曰:‘豈惜一死以累衆,可獻我。’兵民環泣。衆遂以繩繫公下,有兩賊掖之去。公見賊罵,倒懸演武廳磔之。”云云,與《明史》本傳不合。又以蚗蚹廟為田子方廟,與朱彝尊《碑》不合。其最異者,如《文昌閣碑記》謂:“孔子不得帝君之教,天下將有悖心反道,肆然於日用倫常之際,而不復以天地日月為可忌者。”尤不可為訓也。

　　十峯集五卷(江蘇周厚堉家藏本)

　　國朝徐基撰。基字宗頊,華亭人,由貢生官訓導。是集自詩、賦、文及填詞,皆集前、後《赤壁賦》中字,錯綜盡變,極有巧思。若其中《遊小赤壁賦》、《春日遊小赤壁賦》及《道德篇》諸作,皆洋洋數千言,而伸之縮之,不出四百餘字之外。雖才人狡獪,不足以語大雅,而專門之技,別開奧突,亦詞苑中之奇作,亘古所未有者也。末卷倣梁簡文、蘇蕙蘭、古璽鑑圖,及宋庠寄范仲淹諸迴文,皆有思致。卷首有康熙丙戌陳元龍序,序集《聖教序》中字,亦如自己出,以弁此集,可云勁敵。然元龍特偶一為之,尚無不可。基則弊一生之精神,成此一集,可謂宋人之楮葉矣。

　　蓬莊詩集六卷(江西巡撫採進本)

　　國朝沈虹撰。虹字渭梁,長洲人。是集其所自編。以作詩先後為次,起康熙丁亥,迄雍正甲辰,古、今體共五百四首。每卷之前皆有小引,紀其歲月及所閱歷遭逢。

雄雉齋選集六卷(江蘇周厚堉家藏本)

國朝顧圖河撰。圖河字書宣,江都人。康熙己丑進士[1],官翰林院編修[2]。其詩古體多學眉山,近體多學劍南,詠物諸作亦頗新穎。而在同時諸人之中,尚未能籠罩一切也。

【彙訂】

[1] 顧圖河乃康熙三十三年甲戌進士,己丑為康熙四十八年。(鄧之誠:《清詩紀事初編》)

[2] 底本此句下有"圖河為'江左十五子'之一"一句,據殿本刪。宋犖編《江左十五子詩選》,十五子乃王式丹、吳廷楨、宮鴻曆、徐昂發、錢名世、張大受、管檜、吳士玉、顧嗣立、李必恒、蔣廷錫、繆沅、王圖炳、徐永宣、郭元釪。見《國朝先正事略》卷九"宋犖"條。(楊武泉:《四庫全書總目辨誤》)

青溪詩偶存十卷(江蘇巡撫採進本)

國朝蔣錫震撰。錫震字豈潛,宜興人,康熙己丑進士。是集分二十二種,曰《輟耕草》、《北征集》、《渡河集》、《贅胧集》、《北游草》、《楚游草》、《還山草》、《汗漫吟》、《北行草》、《歸耕草》、《章江草》、《還山草》、《後北游草》、《涉江草》、《洛遊草》、《灌園草》、《游燕草》、《廬中吟》、《後章江草》、《還山吟》、《金臺草》、《學製集》。自己巳至壬寅,凡三十四年之作,皆以年編次。

退谷文集十五卷詩集七卷(兩江總督採進本)

國朝黃越撰。越字際飛,上元人。康熙己丑進士,改庶吉士。所著《四書大全合訂》,及選刻制義如《明文商》、《今文商》、《墨卷商》、《考卷商》之類,皆盛行一時。蓋平生精力注於講章、時文,此集所著詩、古文,乃以餘暇兼治者。其《尚書古今文辨》惟以蔡《傳》折服諸家,《三傳得失辨》惟以胡《傳》斷制眾論,亦仍舉業繩尺也。

　　圭美堂集二十六卷(浙江巡撫採進本)

　　國朝徐用錫撰。用錫字畫堂,宿遷人。康熙己丑進士,官翰林院編修[①]。是集詩十卷,文十六卷,乃其族子鐸及門人周毓崙所校刊。用錫從學於李光地,作文以樸澹為長。生平書法頗工,集中《字學劄記》二卷,皆自道其心得。其他題跋亦辨論法帖手跡者居多。

　　【彙訂】

　　①《嘉慶一統志・徐州府・人物・徐用錫傳》謂官至侍讀,卒。同治《徐州府志》卷二二下之《人物・文學・徐用錫傳》云:"字壇長,宿遷人……乾隆初,召授翰林院侍讀……尋予原品休致,卒於家。"(楊武泉:《四庫全書總目辨誤》)

　　青要集十二卷(浙江巡撫採進本)

　　國朝呂謙恒撰。謙恒字天益,河南新安人。康熙己丑進士,官至光祿寺卿。謙恒嘗讀書青要山,因以名集。其詩純作宋格,疎爽有餘,而亦頗傷樸直。如《洗象行》之類,皆病於太質。

　　吾廬遺書無卷數(江西巡撫採進本)

　　國朝陶成撰。成有《皇極數鈔》,已著錄。是集為其子其懍所編[①],皆所作雜文,頗純正有軌度,而稍狹於波瀾。其中《象緯考》一篇有錄無書[②],意傳寫佚之,或訂定時刪去[③],而誤留其目也?

　　【彙訂】

　　① 清乾隆二十年觀我堂刻本此集題"孫其懍簡夫編次",曰

"其子其懍所編",誤。(杜澤遜:《四庫存目標注》)

②"中",殿本無。

③ 殿本"或"下有"於"字。

性影集八卷(江蘇巡撫採進本)

國朝王時憲撰。時憲字若千①,號褉亭,太倉人。康熙己丑
進士,由宜興教諭改翰林院庶吉士。是編凡八集,集各一卷,曰
《水邊林下槀》,曰《桐溪槀》,曰《無隱林槀》,曰《靜寄軒槀》,曰
《莊漊槀》,曰《荆溪槀》,曰《楚遊槀》,曰《粤遊槀》。其名"性影"
者,蓋取邵子"情爲性影"之説也。集中近體頗饒風致,擬古諸作
則隨意抒寫,不甚求工。

【彙訂】

①"若千",殿本作"若干",誤。康熙五十年高玥刻本此集
各卷卷首署"太倉王時憲若千"。

改堂文鈔二卷(江蘇巡撫採進本)

國朝唐紹祖撰。紹祖字次衣,江都人。康熙己丑進士,由
庶吉士改刑部主事,官至湖州府知府,仍入爲刑部員外郎,告
歸卒。紹祖少師姜宸英,登第出安溪李光地之門,故其文蒼勁
有師法。此集乃晚年手自刪定,僅存四十三篇,皆其生平得意
之作也。

石川詩鈔三卷(浙江巡撫採進本)

國朝方覲撰。覲字近雯,江都人。康熙己丑進士,官至西安
布政使。是集乃其少子杜山所編。凡各體詩二百六十餘首。其
題朱彝尊手書詩册,有"曝書亭下自鈔詩,想見蒼茫獨立時。不
是到門親受業,唐音宋格有誰知",蓋嘗從學於彝尊者也。

師經堂集十八卷（浙江巡撫採進本）

國朝徐文駒撰。文駒字子文，鄞縣人，康熙己丑進士。是集為文駒所自編，凡文十三卷，詩五卷。前有孫勷序，稱其"濬伊、洛之淵源，探韓、歐之骨髓，沈浸醲郁，積有年歲"。自序亦主於自達其情。今觀其集，滔滔而出，足以暢所欲言，然未能固而存之也。

墨瀾亭集無卷數（江西巡撫採進本）

國朝帥我撰。我字備皆，號簡齋，奉新人，康熙辛卯舉人。江西古文自艾南英倡於前，魏禧等和於後。踵而起者，雖所造深淺不同，而大都循循有舊法。是集亦其一也。舊刊版於南昌，所載未備。雍正乙卯，其子念祖屬徐廷槐彙取已刻①、未刻諸槁，裒為此本，凡一百四十篇。

【彙訂】

①"彙"，殿本無。

殘本雲川閣詩集九卷（兩江總督採進本）

國朝杜詔撰。詔字紫綸，無錫人。康熙乙酉，聖祖仁皇帝南巡，迎鑾獻詩，命供職內廷①。壬辰會試榜後，特賜一體殿試，改庶吉士。是編總題《雲川閣集》，而僅有古體詩。詩又起於卷三，終於第十二。前無目錄，其版又近時新刻，不喻其故。或裝緝者佚之耳②。

【彙訂】

①"供職"，殿本作"供奉"。

②"耳"，殿本作"耶"。

閒邱詩集六十卷（兩淮馬裕家藏本）

國朝顧嗣立撰。嗣立有《溫飛卿詩註》，已著錄。《江南通志·文苑傳》稱："嗣立博學有才名,尤工詩。所居秀野草堂,嘗集四方知名士,觴詠無虛日。風流文雅,照映一時。"曾撰《元詩選》四集,採摭略備。蓋其性之所近,故詩亦往往似之。

今有堂詩集六卷附茗柯詞一卷(編修程晉芳家藏本)

國朝程夢星撰。夢星字午橋,號香溪,江都人。康熙壬辰進士,官翰林院編修。家有篠園,擅水竹之勝,日與賓客吟詠其中。年七十七乃卒。是編分六集:曰《漪南集》、《蠡餘集》、《五覘集》、《山心集》、《琴語集》、《就簡集》,末附《茗柯詞》。其詩略近劍南一派,而閒出入於玉溪生。詞亦具南宋之體,但格力差減耳。

二水樓詩集十八卷文集十卷(江西巡撫採進本)

國朝李茹旻撰。茹旻字覆如,臨川人。康熙癸巳進士,官中書舍人。嘗預修《廣西通志》、《撫州府志》,所作凡例及諸傳序皆載集中。

朱圉山人集十二卷(陝西巡撫採進本)

國朝鞏建豐撰。建豐字子文,號渭川,又號介亭,伏羌人。康熙癸巳進士,官至翰林院侍讀學士。是集詩、文各六卷,又以補遺之文附於詩末。大抵平實簡易,無擅勝之處,亦無蹖駁之處。

三華集四卷(兵部侍郎紀昀家藏本)

國朝梁機撰。機字仙來,泰和人,康熙癸巳進士①。是集機所自編,分四子部。一曰《入洛志勝》,多題詠古蹟之作。一曰《燕雲詩鈔》,隨侍其父宦游京邸之作,皆王士禎選定。一曰《徵草》,則乾隆元年薦舉博學鴻詞,召試入都之作。一曰《還草》,則試不入格,歸途之作也。

【彙訂】

① 癸巳為康熙五十二年，然雍正《江西通志》卷五六《選舉志》載泰和梁機為康熙六十年辛丑科進士。光緒《泰和縣志》卷一二《選舉志》載梁機為康熙五十二年癸巳舉人，康熙六十年辛丑進士。（楊武泉：《四庫全書總目辨誤》）

練溪集五卷（山東巡撫採進本）

國朝傅米石撰。米石字立元，鉅野人，康熙癸巳舉人。是集凡文二卷，詩二卷，雜記一卷，前有其門人李包序，後有其子爾德所作家傳。其古文頗謹嚴有法度。如《琢磨偶記序》，誤以《碧雲騢》為《白獺髓》，引據或疏；《管蔡論》謂周公勝季友，殊為贅衍；《季札論》責以當為伯夷、泰伯之逃，亦為吹索。然其他率不失醇正。雜説持論亦平允。其曰："讀書之人屛伏田里，不敢為畸邪之行，不敢為詭激之論，不敢著非聖之書，謹身力行以為齊民先，是即所以報君父。"可謂有德之言。其誤以"鉤輈"為蟬之類，特小失耳。惟古詩以文筆為之，猶未乖大雅。近體則皆不入格，甚至以"海若"押入馬韻，是"蘭若"之"若"也；以"刻鏤"讀為平聲，是"屬鏤"之"鏤"也。吟詠非所擅長，而雜然編錄，轉為全集之累，是則其後人之過矣。

約園詩鈔二卷（福建巡撫採進本）

國朝郭雍撰。雍字仲穆、一字書禪，福清人，約園其號也，康熙癸巳舉人。是集各體詩共二百餘首。雍自謂："前後所作多屬近體，於古體歌行閒存一二，樂府則有待而未及。"今觀其詩，惟五言律詩頗有局度，餘皆平平。詩不沿溯於古，而先求之偶儷之格，終不能探其本也。

　　瓦缶集十二卷（浙江巡撫採進本）

　　國朝李宗渭撰。宗渭字秦川，嘉興人，康熙癸巳舉人。初於康熙丁亥自編其詩為《瓦缶集》三卷，後又有《永懷集》一卷附刻以行。宗渭沒後，其壻高衡乃哀其遺詩，編為樂府一卷，古體九卷，近體二卷①。仍以"瓦缶"為名，從其初稱也。其詩古體多於近體，五言多於七言。大旨以漢魏六朝、唐人為法，而不肯為宋、元之格，故字句率有古意。昔人論林鴻之詩如唐摹晉帖者，其庶幾乎？

　　【彙訂】

　　① 清乾隆十二年高衡刻本此集卷一樂府，卷二至九古體，卷十至十二今體，則當為古體八卷，今體三卷。（杜澤遜：《四庫存目標注》）

　　若菴集五卷（兩江總督採進本）

　　國朝程庭撰。庭字且碩，號若菴，歙縣人。是集文一卷；次詩一卷；次詩餘一卷；次《停驂隨筆》一卷，康熙癸巳，庭至京祝釐，隨日紀行所作，附以詩詞；次《春帆紀程》一卷，則自揚州至歙往返所作，亦有詩詞附焉。

　　嗜退山房槀五卷（江西巡撫採進本）

　　國朝帥仍祖撰。仍祖字宗道，號介亭山人，奉新人。是集乃仍祖自編其康熙癸巳、甲午二年所作。凡詩二卷，文三卷。

　　空明子詩集十卷又八卷文集六卷又二卷雜錄一卷詩餘一卷（江蘇巡撫採進本）

　　國朝張榮撰。榮字景桓，華亭人。自序謂生平共得古文雜作六百餘首，詩三萬餘首，詩餘一千五百餘首，歌謠三百餘首。

康熙甲午檢出，盡付祖龍，僅存三十分之一，即是編也。詞意多放曠不羈。

把青軒詩槀一卷（江蘇巡撫採進本）

國朝華浣芳撰。浣芳，蘇州女子，華亭張榮之妾也，年二十三而卒。榮刊其遺詩，自為作序。述其九歲時夢見唐太宗召有唐一代諸詩人，教之作詩，其事甚怪。榮好為遊戲之文，殆亦寓言耶？

龍谿草堂集十卷（山東巡撫採進本）

國朝王世睿撰。世睿字道存，章邱人。康熙乙未進士，官上海縣知縣。世睿初改庶吉士，及散館，乃外補①，故是集多館課之作。至第九卷《金陵宦槀》中《八勸八戒》詩，意求通俗，然太質勝於文矣。

【彙訂】

①"乃"，底本作"仍"，據殿本改。

陳玉几詩集三卷（禮部主事任大椿家藏本）

國朝陳撰撰。撰字楞山，號玉几，鄞縣人。以書畫遊江淮閒，窮愁寡合，故其詩多淒斷怨咽之音。是編刻於康熙丙申，蓋其中年所作。首曰《繡鋏集》一卷，次曰《玉几山房吟》一卷，次曰《玉几山房擬古詩》一卷①。皆戞戞獨造，如其為人。雖未及古，要能離俗。惟《擬古詩》中多載勝流評語，仍沿明末山人之習耳。

【彙訂】

① 據各卷前序，康熙丙申（1716）所刻僅為《繡俠（"鋏"字誤）集》，而《秋吟》當刻於壬辰（1712），《擬古》則刻於辛丑（1721），其版框、字體、格式均異。（陳傳席：《揚州八怪詩文集早期版本概述》；杜澤遜：《四庫存目標注》）

雲溪文集五卷（兩江總督採進本）

國朝儲掌文撰。掌文字曰虞，一字越漁，宜興人。康熙丁酉舉人，官四川納溪縣知縣。納溪舊名雲溪，故掌文以雲溪自號。是集又名《雲溪隨筆》。自儲欣以古文詞有名，其家父子兄弟多以此相鏃厲。掌文為欣之孫，得其指授為多。今世所傳欣選《左》、《國》、《史》、《漢》及《唐宋十家文》，即其甄錄以授掌文者也。

據梧詩集十五卷（兩淮馬裕家藏本）

國朝管棆撰。棆有《師宗州志》，已著錄。是編凡《吹萬集》二卷，《柏軒草》二卷，《修琴閣集》二卷，《鷗馴集》二卷，《天外集》二卷，《圃華集》二卷，《寓檗櫜》三卷。邵長蘅序稱其詩先學劍南，後學少陵。今觀所作，大抵先入者為主也。

近道齋文集六卷詩集四卷（吏部主事張慎和家藏本）

國朝陳萬策撰。萬策字對初，一字謙季，安溪人，徙於晉江。康熙戊戌進士，官至詹事府詹事，緣事降翰林院檢討，終於侍讀學士。萬策以康熙癸酉舉於鄉，困公車者二十六年。久從李光地游，多得其指授。然平生詩文多散佚不收。此本乃乾隆癸亥其子冕世所輯。其《中西算法異同論》①，頗能究其所以然。李光地、施琅諸《傳》，軼聞舊事亦多可考云。

【彙訂】

① 底本“西”下有“洋”字，據殿本刪。清乾隆八年刻本此集卷一即《中西演算法異同論》。

白田草堂存櫜二十四卷（兩江總督採進本）①

國朝王懋竑撰。懋竑有《白田雜著》，已著錄②。是集凡文二十卷,詩四卷,末附《行狀》一篇。其學長於考證,故全集以雜著為冠,詩文則未能過人。其《與方苞書》自謂筆力拖沓,不近古人。所謂人之知我,不如我之自知,亦足見其學問之篤實也。

【彙訂】

① "二十四卷",殿本作"二十卷",誤,參《江蘇採輯遺書目錄》及清乾隆十七年王箴聽等刻本此集。

② 依《總目》體例,當作"懋竑有《朱子年譜》,已著錄"。

莊元仲集一卷(福建巡撫採進本)

國朝莊亨陽撰。亨陽有《算學》,已著錄。此集僅文十二篇,乃其官淮徐道時所上河防條議也。

綠蘿山房文集二十四卷詩集三十三卷(江蘇巡撫採進本)

國朝胡浚撰。浚字希張,號竹巖,會稽人,康熙庚子舉人。是編文皆駢體,浚自為之註。前有魯曾煜序,稱仿《韓非子》有經有傳例。然《韓非子》經傳各自為條,其著書句下自註者始班固《漢書·藝文志》,作文句下自註者始謝靈運《山居賦》。浚蓋用靈運例也。

寒香閣詩集四卷(山東巡撫採進本)

國朝鄧鍾岳撰。鍾岳有《知非錄》,已著錄。是集為乾隆乙亥其子汝功、汝敏所編,凡古、今體詩一百九十二首。其詩頗溫厚和平,無血脈僨張之狀。而材地稍弱,尚未能頡頏古人。

墨麟詩十二卷(浙江巡撫採進本)

國朝馬維翰撰。維翰字墨麟,海鹽人。康熙辛丑進士,官至四川川東道。其詩以縱橫排奡為長,意之所向,不避險阻,然神鋒太儁者居多。

秋塍文鈔十二卷三州詩鈔四卷(浙江巡撫採進本)①

國朝魯曾煜撰。曾煜字啟人，秋塍其別號也，會稽人。康熙辛丑進士，改庶吉士。未授職，乞養親歸，教授生徒，終於家。是集文一百二十一篇，中多考證之作。其文氣頗剽急，蓋才性使然。若《續中山狼傳》之類，雖規橅《毛穎》，然不作可也。目列《易本末論》六十四篇，《易纂例》八十篇，而有錄無書，蓋均未刻。又廣東、祥符二《志》凡例，亦有錄無書。殆以已見於兩《志》歟？其詩以"三州"名集，自序曰杭州、汴州、廣州也。蓋其歷主講席，游蹤所及之地云。

【彙訂】

① "三州"，殿本作"二州"，誤，參清乾隆刻本此集。

最古園二編十八卷(江蘇周厚垍家藏本)

國朝羅人琮撰。人琮字紫蘿，湖南桃源人。康熙辛丑進士①，官至監察御史。是集人琮所自定。其云二編，以尚有《初刻最古園集》二十四卷也，然其初刻今未之見。此集詩文，則大抵以才氣用事，曼衍縱橫者也②。

【彙訂】

① 辛丑為康熙六十年。然雍正《湖廣通志》卷三三《選舉志》載桃源羅人琮為順治十八年辛丑進士。光緒《湖南通志》卷一九二《桃源縣·人物·羅人琮傳》、光緒《桃源通志》卷八《人物志上·選舉考·進士》、同卷《仕績考》亦同。(楊武泉：《四庫全書總目辨誤》；陸勇強：《〈四庫全書總目提要〉訂補》)

② "者也"，殿本無。

　　陸堂文集二十卷詩集十六卷續詩集八卷（浙江巡撫採進本）
　　國朝陸奎勳撰。奎勳有《陸堂易學》，已著錄。是集前有自序，謂在長洲汪琬、秀水朱彝尊之間。其文内序、問、考、辨諸篇亦頗博辨。然説經好為異論，頗近毛奇齡[1]，尚不及琬與彝尊也。

　　【彙訂】

　　① 殿本"頗"前有"於近人"三字。

　　唐堂集六十一卷（江蘇巡撫採進本）
　　國朝黄之雋撰。之雋有《香屑集》，已著錄。是集凡五十卷，又補遺二卷，續集八卷，皆之雋所手編，各有自序。末附《冬錄》一卷，則所自撰年譜也。之雋之學，排陸、王而尊程、朱，多散見所作諸文中[1]，持論甚正。而綜覽浩博，才華富贍，興之所至，下筆不能自休，往往溢為狡獪游戲之文，不免詞人之結習。又名譽既盛，贈答遂繁，牽率應酬，不能割愛，榛楛勿翦，所存者不盡精華。譬之古人，殆陸機之患才多矣。

　　【彙訂】

　　① "諸文"，底本作"詩文"，據殿本改。清乾隆刻本此集總目後有門人王永祺序云："然先生之於文章自有原本。平日孳孳為學，一稟程朱，卓立不惑。深疾夫陸、王釋老之説中於高明而流弊不可止也，見於口講指畫，又著之於文。闡提正學，排觝邪論，不遺餘力。散在集中可考。"

　　雲在詩鈔九卷（浙江巡撫採進本）
　　國朝查祥撰。祥字星南，海寧人。康熙辛丑進士[1]，官翰林院編修。祥早歲嘗舉博學鴻詞，晚乃登第，年至八十餘而歿。詩集未經刊行,此流傳寫本也。

【彙訂】

① 辛丑為康熙六十年。然雍正《浙江通志》卷一四二《選舉志》載,康熙五十七年戊戌科進士有查祥,海寧人。乾隆《海寧縣志》卷八《選舉上‧進士》、乾隆《海寧州志》卷八《選舉上‧進士》、卷十一《文苑》亦謂康熙戊戌科進士。(楊武泉:《四庫全書總目辨誤》;陸勇強:《〈四庫全書總目提要〉訂補》)

小蘭陔集十二卷(福建巡撫採進本)

國朝謝道承撰。道承字又紹,號古梅,閩縣人。康熙辛丑進士,官至內閣學士兼禮部侍郎。是集詩十卷,文二卷。道承假歸養親,故取《南陔》補亡詩語名集。而集中所載,則應制館課之作皆在焉,不專家居作也。其中碑帖題跋亦頗具鑒賞。

桐村詩九卷(江西巡撫採進本)

國朝馮詠撰。詠字爨颿,金谿人。康熙辛丑進士,官翰林院編修。是編一卷為一集:一曰《江漢集》,二曰《日下集》,三曰《章江集》,四曰《南海集》,五曰《南海二集》,六曰《公車集》,七曰《玉堂集》,八曰《京口集》,九曰《黔中集》。分年編次,各以作詩之地為名,始於康熙癸巳,迄於雍正己酉,共十七年之詩。前有自序,題康熙甲午。蓋《江漢集》之序,刊版時取冠全詩爾。

崇德堂集八卷(直隸總督採進本)

國朝王植撰。植有《四書參註》,已著錄。此集植所自編。其學主於敦勵名節,而事事有濟於物。故集中所載多居官案牘之文,頗足見其生平。其考論經籍,則好以意推理,斷不能一一徵於古也。

偶存草無卷數（直隸總督採進本）

國朝王植撰。是集亦植所自編。植喜講學，故其詩全沿《擊壤集》之派。

牆東雜著一卷（浙江巡撫採進本）

國朝王汝驤撰。汝驤字雲衢，所刻制義，或自書曰"雲劬"，又自書曰"耘渠"，皆以同音假借也。金壇人，由貢生官通江縣知縣。此編乃所作古文。其以"牆東"為名，蓋用後漢王君公事。汝驤掉鞅文壇，事殊牛儈，殆以其王姓斷章取義耶？文凡二十一篇，前六篇皆經說，後十五篇則皆史評也。其《術序記》謂《學記》"術有序"即"遂"也，辨舊志讀"術"為"州"之非。考《春秋》"秦伯使術來聘"，《公》、《穀》作"使遂"，則汝驤之說實闇合古義。其《荀彧論》上、下二篇，反覆推獎，以為有道之士，則過矣。

與梅堂遺集十二卷耳書一卷鮓話一卷（江蘇巡撫採進本）①

國朝佟世思撰。世思字儼若，正藍旗漢軍，以蔭生官思恩縣知縣。是集凡詩十卷，詞一卷，雜文一卷，其弟世集哀而刻之。末附《耳書》一卷，皆記所聞見荒怪之事，分人、物、神、異四部。《鮓話》一卷，則以公事至恩平而記其風土也。

【彙訂】

① "耳書一卷鮓話一卷"，殿本疑脫。今存康熙四十年佟世集刻本《與梅堂遺集》十二卷、《耳書》一卷、《鮓話》一卷。《江蘇採輯遺書目錄》僅著錄《與梅堂遺集》十二卷。

金闇齋集十二卷（江蘇巡撫採進本）

國朝金敞撰。敞字廓明，號闇齋，武進人。其學出於東林。是書首載《家訓紀要》，次《默齋湯先生述略》，次《共學山居會約》,次《自知日錄》,次《讀史筆記》,次古、今體詩,次雜著,次《可凡編》,次《客窻偶記》,次《師古約言》,次《宗約宗範》。其中《家訓紀要》一卷,乃其父所劄記以訓子孫,啟更纂而錄之,故冠首云。

前溪集十四卷(浙江巡撫採進本)

國朝唐靖撰。靖字聞宣,武康人,康熙中諸生。是集詩八卷,文五卷,二集詩一卷。其詩頗具風骨,閒傷率易,其文亦然。五卷論水利、樂律諸條,則科舉答策之類耳。前溪在武康縣治南,源出銅峴山,在六朝為繁會地,所謂“前溪舞”者是也。

華林莊詩集四卷(江蘇巡撫採進本)

國朝姚孔鑭撰。孔鑭字梁貢,號于巢,桐城人,康熙中諸生。其詩七言絕句工於寫景,如“垂楊枝上鶯捎蝶,撼得飛花破水痕”之類;亦殊有晚唐風味,所謂“香車金犢,陌上留連”者也;至“黃雲白雪門前路,蕎麥田中作菜花”之類,則刻畫太甚,無情景交融之致矣。

瓠尊山人詩集十七卷(檢討蕭芝家藏本)

國朝夏熙臣撰。熙臣字無易,孝感人。七歲補諸生,以歲貢官安陸府教授。初著有《巢雲閣詩》十五卷,後增以新作,重編為此集①。其詩才情富贍,故往往疊韻至五六。又和阮籍《詠懷》、擬李東陽《樂府》殆遍。然連篇累幅,瑕瑜不免互見。亦所謂武庫之兵,利鈍互陳者矣。

【彙訂】

① “重”,殿本無。

道腴堂詩集四卷(江西巡撫採進本)

國朝曹煜曾撰。煜曾號麓嵩,上海人,康熙末貢生。是集為其孫錫寶所編《石倉世纂》之第一種也，凡詩一百五十五首。煜曾為雲間董俞弟子，故其詩聲律格調頗有師法。然卷中但存近體而無古詩。王延年序稱其"懶不自惜，散佚頗多，今所傳者皆其孫口授"，豈訓課時惟取聲律諧適，易於記誦故耶？

　　長嘯軒詩集六卷（江西巡撫採進本）

　　國朝曹煜曾撰。煜曾字祖望，號春浦，上海人，康熙末貢生。炳曾之弟也。是集為《石倉世纂》之第二種，凡詩四卷，後附詩餘一卷，雜著一卷。其生平所注意者，在於詩餘、駢體。其詩亦專學晚唐，以纖麗自喜。

　　放言居詩集六卷（江西巡撫採進本）

　　國朝曹炳曾撰。炳曾字為章，號巢南，上海人，康熙末諸生。煜曾之從弟也。是集為《石倉世纂》之第三種，凡詩五卷，後附雜著一卷，并從子一士所撰《墓誌銘》。其詩與煜曾《道腴堂集》格律相近，而才地稍遜焉。

　　隨村遺集六卷（江西巡撫採進本）

　　國朝施璨撰①。璨字隨村，宣城人，侍讀閏章之孫也。此集為杭世駿所編。其詩酷學其祖，而風骨稍峭，邊幅稍狹，則根柢之深厚不及也。

　　【彙訂】

　　①"施璨"，殿本作"施璟"，下同，誤。清乾隆四年家刻本此集目錄題"宣城施璨隨村著"。

　　有懷堂詩文集一卷（江西巡撫採進本）

　　國朝田肇麗撰。肇麗字念始，號蒼厓，户部侍郎雯之子，官戶部郎中。肇麗負雋才而屢試不第，其入官也以任子，故《述懷》詩有"慚非科名人"句。蓋吟咏之閒，嘗以是耿耿云。

靜便齋集十卷（浙江巡撫採進本）

國朝王曾祥撰。曾祥字麐徵，仁和人，康熙末諸生。與厲鶚、金農諸人相唱和。是集前五卷為詩，後五卷皆雜文。靜便齋者，館於義橋陳氏時所葺，取謝靈運"還得靜者便"句名之，有所為《記》見於集中。前有雷鋐所撰《兩王生小傳》，一謂曾祥，一謂江都王世球也。

鍾水堂詩三卷（山東巡撫採進本）

國朝顏肇維撰。肇維字次雷，曲阜人，官臨海縣知縣。是集乃其官浙東時所作，詩多學南宋諸家。

帶月草堂詩集一卷（山東巡撫採進本）

國朝顏懷禮撰。懷禮字約亭，曲阜人，襲世職為五經博士。好學，喜為詩，早年夭逝，故骨格未成。此集為其弟懷繹所編。前有康熙後壬寅嶧縣李克敬序，亦稱："天假以年，俾盡其勤，何遽不如鏤肝鉥髓者之所為也。"

青嶼槀存無卷數（浙江巡撫採進本）

國朝張安絃撰，安絃字琴父，烏程人。其文以才氣勝，而喜事塗澤。詩則音節疎放，亦未能磨礲圭角。

桐乳齋詩集十二卷（浙江巡撫採進本）

國朝梁文濂撰。文濂字谿父，錢塘人，大學士詩正父也。是集凡詩九百餘首，而同時唱和諸作亦閒附錄。杭世駿序稱其壯時"南浮衡、湘，北抵碣石，踐歷嵩、華，迴旋宋、衛之郊"，蓋頗耽懷山水者。故記游之詩為最多焉①。

【彙訂】

① "最"，殿本無。

橡村集四卷（山東巡撫採進本）

　　國朝朱緗撰。緗字子青，號橡村，歷城人，候補主事。嘗學詩於王士禛，所作具有法程，而早年夭逝，故骨格未成。是集分四種：曰《風香集》①，曰《吳船書屋集》，曰《觀稼樓詩》，曰《雲根清嶅集》。自《吳船書屋》以下，皆士禛之所評定也②。

【彙訂】

① 據清康熙刻本，《風香集》乃《楓香集》之誤。（杜澤遜：《四庫存目標注》）

② "也"，殿本無。

蒼雪山房槀一卷（山東巡撫採進本）

　　國朝朱綱撰。綱字子聰，歷城人，官至福建巡撫。與兄緗、絳皆學詩於王士禛。是集亦士禛所評定。詩頗清淺，蓋少作也。

吾友于齋詩鈔八卷（浙江巡撫採進本）

　　國朝張錫爵撰。錫爵字擔伯，號中巖，嘉定人，寄居吳江。是集前有雍正乙巳張雲章序，題曰"原序"，蓋為其舊槀而作。又有乾隆辛酉朱稻孫序，則刊此本時所作。其詩酷摹王士禛，亦往往得其一體。其齋名"吾友于"者，取杜甫岳麓寺詩"山鳥山花吾友于"語也。

集 部 三 十 八

別集類存目十二

蔗尾詩集十五卷文集二卷（福建巡撫採進本）

國朝鄭方坤撰。方坤有《經稗》，已著錄。方坤天分既高，記誦尤廣，故其詩下筆不休，有凌厲一切之意，尤力攻嚴羽《滄浪詩話》"詩不關學"之非。然於澀字險韻，恒數十疊，雖閒見層出，波瀾不窮，要亦不免於炫博。此又以學富失之，所謂矯枉者必過直也。其詩凡分十五集，曰《删餘草》，曰《公車草》，曰《木石居草》，曰《公車後草》，曰《木石居後草》，曰《丁年小草》，曰《叢臺槀》，曰《春明草》，曰《廣川槀》，曰《酒市槀》，曰《一粟齋槀》，曰《瓶花齋槀》，曰《杞菊軒槀》，曰《詩話軒槀》，皆古、今體詩；曰《青衫詞》，則詩餘附錄者也。文集二卷，亦大抵儷體居多，蓋其根柢在六朝也。

樹人堂詩七卷（江西巡撫採進本）

國朝帥念祖撰。念祖字宗德，號蘭臯，奉新人。雍正癸卯進士，官至陝西布政使。緣事謫戍軍臺，没於塞外。是集前有何焯序①，稱念祖塞上所作，有《多博吟》，今未見。此七卷則念祖官陝西時所自編也。念祖以時文鳴一時，務以幽渺之思，擺脫陳因。其詩亦清刻不俗。但平生精力盡於八比，徒以餘力為之，未能自成一隊耳。

【彙訂】

①“何焯”，殿本作“吳焯”，誤。清光緒奉新帥氏綠窗刻《帥氏清芬集》本此集前有何焯序。

涵有堂詩文集四卷（福建巡撫採進本）

國朝游紹安撰。紹安號心水，福清人。雍正癸卯進士，官至南安府知府。是集詩二卷，文二卷。紹安守南安幾二十年①，故詩文多南安所作②。其文務為奇崛語，詩亦欲以生僻見長。

【彙訂】

①“紹安”，殿本作“其”。

②“詩文”，殿本無。

南陔堂詩集十二卷（編修徐天杜家藏本）

國朝徐以升撰。以升字階五，號恕齋，德清人①。雍正癸卯進士，官至廣東按察使。是編為其孫天柱、天驥所刊。分年編次，曰《學步集》、《雪泥集》、《湘灘集》、《秋帆集》②、《夢華集》、《忽至草》、《黃樓草》、《崛嶭草》、《南還集》、《黔游草》、《煙江疊嶂集》、《閒閒集》，凡十二種。

【彙訂】

①“德清人”，殿本脫。清乾隆二十六年刻本此集各卷卷首均題“德清 徐以升 階五”。《浙江通志》卷一二四《選舉·進士》“雍正元年癸卯科于振榜”有徐以升，德清人。

②“秋帆集”，殿本脫。此集卷四為《秋帆集》，詩七十首。

王已山文集十卷別集四卷(江蘇巡撫採進本)①

國朝王步青撰。步青有《四書本義匯參》,已著錄。金壇王氏以八比稱於世者凡六人②,所謂"王氏六子"是也。六子之中,汝驤及步青名尤著。汝驤文神思澹遠,取徑單微;步青則法律嚴謹,不失尺寸,在近時號為正宗。於古文則餘力及之,非所專門也。其集原名《竹里草堂遺稾》,乃步青没後其子士龍所編。後寧化雷鋐督學江蘇時,從士龍取其稾本,重為删定,凡存九十餘篇,勒為十卷。用步青別號,改題今名。又《別集》四卷,皆其時文選本之序論,則士龍裒輯編次,附刊以行。蓋步青困諸生者二十餘年,至康熙甲午乃舉於鄉,往來公車又十年,至雍正癸卯始成進士。旋以病乞歸,里居教授,惟以評選時文為事。平生精力,盡在於是,故講論時文之語,至於積成卷帙。考論文之書,自摯虞《文章流別》後,凡數百家。其專論場屋程式者,則自元倪士毅《作義要訣》始自為一編。於例當入"詩文評類",以其原附本集之末,故仍其舊焉。

【彙訂】

① "王",殿本無。《江蘇省第一次書目》、《江蘇採輯遺書目錄》皆著錄作《王已山文集》,今存乾隆敦復堂刻本,作《已山文集》。

② 殿本"以"下有"能"字。

江聲草堂詩集八卷(浙江巡撫採進本)

國朝金志章撰。志章字繪卣,仁和人。雍正癸卯舉人,官至口北道。是編分七集,曰《敝帚》、曰《梅東》、曰《始游》、曰《鏡中》、曰《瞻雲》、曰《谷雲》、曰《漁浦歸耕》。其詩五言古體多近蘇軾,七言古體多近温庭筠,近體多近陸游、范成大^①。

【彙訂】

① 三"近"字,殿本均作"學"。

謙齋詩槀二卷補遺一卷(浙江巡撫採進本)

國朝曹庭樞撰。庭樞字六薌,嘉善人,雍正癸卯副榜貢生。乾隆元年嘗薦舉博學鴻詞,集中載有《午門謝頒月廩恭紀》詩,即其事也。是集亦皆其游京師時所作。

司業文集四卷(江蘇巡撫採進本)

國朝陳祖范撰。祖范有《經咫》,已著錄。其為文不規規於摹古,而學有根柢,暢所欲言,亦自合古人法度。其中如《方孝孺死節論》、《讀禮記述》、《史述》、《斂用喪服議》、《陳貞女合葬議》、《王罕皆文槀序》、《汪西京文槀序》、《王次山詩序》、《樂府解》,皆有可觀。而如《記昌黎集後》,務為新論;《別號舍文》,忽作俳體;《松筠堂宴集詩序》,雜以儷詞。又多收一切應俗之作。蓋編錄時務盈卷帙,一概登載,未免失於刊除。使簡汰精華,十存三四,豈不翹然作者哉?

司業詩集四卷(江蘇巡撫採進本)

國朝陳祖范撰。前有自序,題"乾隆壬申"。而第四卷乃題"自乙丑至甲戌詩",蓋又有所續入,如古人後集、別集例也。其詩直抒胸臆,不煩繩削,於古人中去白居易為近,敖陶孫所謂"事事言言皆著實"者也。自序有曰:"詩之作出於無心,則其情真;又必各有所為,則其義實。故一國之事,繫一人之本,而匹夫匹婦之歌吟,可以察治忽也。其論洞悉本原,非明以來雕章刻句之流所能見及。"又云:"後之詩人,既以詩自命,人亦以詩相屬。於是外物為主而詩役焉,詩為主而心役焉,於是無真性情、真比興。
然而情實彌隱,詞采彌工,義理彌消,波瀾彌富,而又格律以繩
之,派別以嚴之,時代以區分之,回視詩教之本來,其然乎,其不
然乎?"其論亦切中流弊。劉勰所謂"古之詩人為情而造文,今之
詩人為文而造情"者,祖范所言,殆庶幾焉。然文以載道,理不可
移。而宋儒諸語錄,言言誠敬,字字性天,卒不能與韓、柳、歐、蘇
爭文壇尺寸之地。則文質相宜①,亦必有道矣。觀祖范之序,而
其詩所長所短,蓋可以想見也。

【彙訂】

①"宜",殿本作"宣",誤。

王艮齋集十四卷(江蘇巡撫採進本)

國朝王峻撰。峻字次山,常熟人。雍正甲辰進士,官至江西
道察院御史①。是編凡詩十卷,文四卷。其吳中先哲諸傳則修
《蘇州府志》時所撰,亦併附之集中云。

【彙訂】

①"江西道察院御史",殿本作"江西道御史"。

鋤經餘草十六卷(侍講劉亨地家藏本)

國朝王文清撰。文清有《周禮會要》,已著錄。此其所作詩
集。前有論詩法十條,則其平生心得之語①,而其門人錄以冠集
者也。

【彙訂】

①"語",殿本作"詩",誤。

明史雜詠四卷(浙江巡撫採進本)

國朝嚴遂成撰。遂成字海珊,烏程人。雍正甲辰進士,官雲

南知州。詠史之作,起於班固。承其流者,唐胡曾、周曇皆用近體,明李東陽則用樂府體。遂成此編賦明一代之事,古體、近體相閒,故名曰"雜詠"。嚴震直一首,力辨史彬《致身錄》之誣。雖子孫之詞,實則公論。至於劉三吾一首,謂太祖欲立燕王,為三吾所沮,釀靖難之禍,不為無見。至"周公、成王本一家,事猶賢於王莽篡"句,則謬矣。姚廣孝二首,盛推其功,比以蕭何、李泌,且有"特地開科長取士,不知漏落幾多人"句。王越、王驥、王瓊三首,謂三人之交結宦侍,乃借其陰助以濟國事,非為身家之計,比之郭子儀之俯仰魚朝恩,持論皆有意抑揚,故翻定案。李夢陽一首,詞多詆斥,併有附記曰:"北地雖非西涯門人,然如王九思以仿西涯體中選。其餘諸子多有親承指授者,皆奪於北地之焰,改轅背之,猶之北地背之也。"云云。夫文章公器,各自成家,原非為植黨報恩之地。況夢陽與東陽本風馬牛不相及,而忽坐以背東陽之罪,尤未免深文鍛鍊,踵明末門戶之舊論矣。

絳跗閣詩稾十一卷(浙江巡撫採進本)

國朝諸錦撰。錦有《毛詩說》,已著錄。是編古、今體詩分三十一集。自康熙甲申至乾隆壬午五十九年之作,共一千五百餘篇。

賜書堂詩選八卷(編修吳壽昌家藏本)

國朝周長發撰。長發字蘭坡,別號石帆,會稽籍,山陰人。雍正甲辰進士,選庶吉士,散館外補廣昌縣知縣,又改樂清縣教諭。乾隆丙辰召試博學鴻詞,授檢討,官至侍講學士,後降補侍講。長發詩才敏捷,操筆即成,故富贍有餘,而亦微傷於快。平生所作,計逾萬首。此集八卷,蓋汰存十之一云。

小山全稾二十卷（江蘇周厚堉家藏本）

國朝王時翔撰。時翔字臯謨，一字抱翼，號小山，鎮洋人。雍正戊申，由諸生薦舉，授晉江縣知縣，官至成都府知府。是集凡詩稾八卷，詩餘四卷，文稾八卷。詩稾分初、續、後三稾。詩餘分五集，曰《香濤》，曰《紺寒》，曰《青綃樂府》，曰《初禪綺語》[①]，曰《旗亭夢囈》。

【彙訂】

① “語”，殿本作“詩”，誤，參清乾隆十一年王景元涇東草堂刻本此集。

就正草一卷（江西巡撫採進本）

國朝徐璽撰。璽號雷谿，進賢人，雍正乙酉拔貢。是編乃其文集。前題云“續刻《就正草》”，則必先有初刻，今未之見。前有吳士玉序，而卷中有祭士玉文，殆刻在序後耶？

松源集無卷數（兩江總督採進本）

國朝孫之騄撰。之騄所輯《尚書大傳》，已著錄。是集凡五種：其題曰《松源紀行》者，初取道富春赴慶元任作也；曰《龍泉舟中雜記》者，歲試至處州作也；曰《經説》者，告諸生《五經》源流紀也；曰《敦行錄》者，與諸生立條約及經傳雜訓也；曰《雜文》者，其酬應之作也。集刻於雍正己酉、庚戌閒。慶元，古松源地，故以為是集之總名焉。

春及堂詩集四十三卷（太常寺卿倪承寬家藏本）

國朝倪國璉撰。國璉有《康濟錄》，已著錄。是集乃乾隆壬辰其子承寬所刊。凡《竹立園集》一卷，《南隱山房小草》一卷，《橘山游草》二卷，《文杏館集》一卷，《浮湍集》一卷，《楓花草》一卷,《松鱗書屋唱和詩》一卷,《庚子詩草》一卷,《剡東游草》一卷,《廬江游草》二卷,《西江游草》三卷,《南游草》二卷,《湖南吟橐》二卷,《燕雲集》一卷,《竹窗集》三卷,《滇行集》八卷,《春闈詩》一卷,《星沙奉使集》二卷,《潞河吟》一卷,《庚申南行集》三卷,《嘉蔭書屋集》三卷。皆國琏嚴自刪汰,惟存其得意之作。故每卷多者不過四十餘首,少者或十餘首云。

四焉齋詩集六卷附梯仙閣餘課一卷拂珠樓偶鈔二卷(江西巡撫採進本)

國朝曹一士撰。一士字諤庭,號濟寰,上海人。雍正庚戌進士,官至兵科給事中。是編乃其詩集,《石倉世纂》之第四種也。附載《梯仙閣餘課》,為一士繼室陸氏鳳池作,刻於康熙壬辰;又《拂珠樓偶鈔》,一士之女錫珪所作,刻於雍正甲寅。

四焉齋文集八卷(江西巡撫採進本)

國朝曹一士撰。《石倉世纂》之第五種也,與其《詩集》同刻於乾隆庚午。其論文之旨,謂古人之所以稱古者,乃意義之古,非詞句之古。有明潛溪、遵巖、荊川、震川,其文詞之近時者甚多,不以此損其古意;于麟、元美,字句之古,幾於無一不肖,而終與古遠。觀其持論,可以見其宗旨矣。

寒香草堂集四卷(檢討蕭芝家藏本)

國朝劉元燮撰。元燮字孟調,湘潭人。雍正庚戌進士,官至山西道御史,緣事降廣西布政司經歷。所著有《耨學齋橐》、《梅垞吟》,篇什頗多。是編古、今體詩僅二百餘首,乃其晚年所自訂也。

金管集一卷（江蘇巡撫採進本）

國朝顧成天撰。成天有《離騷解》，已著錄。其所作詩凡二千餘首，嘗以質於蔡嵩，嵩為摘其中有關世教者八十三首，鈔為此集。題曰“金管”，用梁元帝事也。

花語山房詩文小鈔一卷附三重賦一卷燕京賦一卷（江蘇巡撫採進本）

國朝顧成天撰。是集乃雍正庚戌、辛亥二年，成天侍直内廷時所作。花語山房即苑外直廬名也。凡詩六十八首，文二十三首，以歲月先後雜編，不分體裁。又《三重賦》一卷，成天為諸生時，恭逢聖祖南巡所獻。《燕京賦》一卷併自註，則雍正癸卯成天赴京會試時作也。

桑弢甫集八十四卷（浙江巡撫採進本）

國朝桑調元撰。調元有《論語説》，已著錄。是集詩十四卷，續集二十卷，五嶽詩二十卷，文三十卷。調元才鋒踔厲，學問亦足以副之，故詩文縱橫排奡，擺落蹊徑，毅然自為一家。而恃其才學，不主故常，豪而失之怒張，博而失之蔓衍者，亦時有之。所作《鎮海樓詩》至七言長律二百韻，古人無是格也。其所以長，即其所以短乎？

柯橡集一卷（侍講劉亨地家藏本）

國朝周宣猷撰。宣猷字辰遠，長沙人。雍正癸丑進士，官至浙江鹽運通判。是集凡雜文五十七篇，駢體及賦亦參錯其間，前後亦無序跋，似乎未定之槀，其後人錄之成帙也。末附陳兆崙所作《傳》一篇，載宣猷所著尚有《史斷》、《史記難字》、《南北史禆》、《眠雲集》、《禾中雜韻》、《卷葹小草》諸編。集中又有《風鈴餘韻》

自序一篇,亦所作詩集。今惟《卷葹小草》及此集存,餘皆未見。

雪舫詩鈔八卷(侍講劉亨地家藏本)

國朝周宣猷撰。其詩自乾隆辛未迄丁丑,分年編次,前七卷名《卷葹小草》,後一卷則《南巡紀盛》、《皇太后萬壽詩》各三十首。

柳漁詩鈔十二卷(浙江巡撫採進本)

國朝張湄撰。湄字鷺洲,錢塘人。雍正癸丑進士,官至給事中。是編分《于野》、《雞木》、《甋景》、《滇行》、《癡牀》、《海槎》、《岵懷》、《皖游》、《鶹風》、《疊恥》十集。湄與金志章、厲鶚等以詩相鏃厲,故集中與諸人唱和為多。

秋水齋詩集十五卷(浙江巡撫採進本)

國朝張映斗撰。映斗字雪子,烏程人。雍正癸丑進士,官翰林院編修。是編凡十四集,首曰《或可存集》,次《江上集》,次《釣磯集》,次《雲林集》,次《范湖集》,次《日下集》,次《水籤集》,次《新館集》,次《内舍集》,次《新館後集》,次《舊雨集》,次《清祕集》,次《瀛臺集》,次《使星集》。皆其子守約、守愚所編。前有湯右曾序,作於康熙乙未。蓋其早年即為右曾所賞識也。

寧遠堂詩集一卷(侍講劉亨地家藏本)

國朝朱成點撰。成點字司衡,寧鄉人。此集其所自編。自序有云:“遷徙流離,至庚子疾中,閉門卻軌,始多作詩以自遣。”而集中又有《己酉下第詩》,蓋老於諸生者也。

松桂讀書堂集八卷(江蘇周厚堉家藏本)

國朝姚培謙撰。培謙字平山,華亭人。喜刻巾箱小本,亦好事之士。所著有《春帆集》，刻於康熙庚子；《自知集》，刻於雍正甲辰；樂府及覽古詩，刻於乾隆己未。此本乃乾隆庚申裒合諸編，刪為一集，培謙自為之序。其諸集序亦仍列之於卷端。

舒曉齋存槁三卷（山東巡撫採進本）

國朝黃溶撰。溶字涪遠，鄆城人，雍正中貢生。是集凡詩二卷，詞、賦共一卷。皆未合古人尺度，蓋鄉曲無師之學也。

桐陰書屋集二卷（山東巡撫採進本）

國朝朱崇勳撰。崇勳字彝存，號怡園，歷城人。其詩沿新城末派，清脫有餘而深厚不足。

湖上草堂詩一卷（山東巡撫採進本）

國朝朱崇道撰。崇道字帶存，崇勳弟也。其詩如“寒煙依樹澹，餘雪傍山明”、“樵聲通澗底，人影上蘆花”，頗有思致。然寥寥數篇，不成卷帙。

鹽桑樂府一卷（江西巡撫採進本）

國朝沈炳震撰。炳震有《九經辨字瀆蒙》，已著錄。此乃其《增默齋詩集》之一種，自《護種》至《賽神》凡二十首，皆七言長句。蓋欲以當鹽畢報賽之曲也。

無悔齋集十五卷（浙江巡撫採進本）

國朝周京撰。京字西穆，一字少穆，錢塘人，雍正中諸生。是集為同里厲鶚所定，分年編次，附錄全祖望所撰《墓誌銘》及同人掃墓詩。鶚序以“高、岑豪健”比之。今觀其詩，源出劍南。在一時詩社中，酒旗茗椀，拈韻分題，亦足傾倒流輩。若方駕古人，則又當別論矣。

實嬾齋詩集四卷（浙江巡撫採進本）

國朝張時泰撰。時泰字平山，號六可，嘉興人，官桐城縣知縣。是集前有時泰自作《十嬾先生傳》①，頗以曠達閒適自許。《傳》末系以詩曰："嬾送窮愁嬾顧身，嬾趨權貴嬾干人。嬾尋枯句每經日，嬾作報書恒幾旬。幽賞嬾殊辜景物，遠游嬾已絕風塵。嬾眠懶起情如醉，十嬾先生嬾是真。"其詩格大抵似此也。

【彙訂】

① "十"，底本作"實"，據殿本改。

亦廬詩集二十八卷（江西巡撫採進本）

國朝湯斯祚撰。斯祚字衍之，號亦廬，南豐人，雍正中，以歲貢生官江西新昌縣訓導①。是集以編年為次。其居家則有《超遙書堂草》、《茗柯山房草》；游楚則為《匡山草》②、《沔陽草》；泊歸而復出，則有《茗柯山房後草》、《崇真禪院草》、《沅湘草》；充貢以後，則有《北征》、《燕山》、《南轅》諸草；為學官以後，則為《宜豐草》、《俸滿草》、《回任草》、《宜豐後草》③。其詩筆力頗爽健，惟功候未深耳。

【彙訂】

① 據此集湯斯祚自序，"會上御極前後詔舉鴻博廉正……庚申，就歲薦……至乙丑報滿，授新昌訓導"，即乾隆五年庚申中博學鴻詞科，十年乙丑赴任。（陸勇強：《〈四庫全書總目提要〉訂補》）

② 底本"匡"下有"廬"字，據殿本刪。清乾隆二十二年刻本此集卷三為《匡山草》。

③ 清乾隆二十二年刻本此集為三十卷，卷二十九為《宜豐

後草》,卷三十為《致仕草》。(陸勇強:《〈四庫全書總目提要〉訂補》)

芝壇集二卷(山東巡撫採進本)

國朝張鵬翼撰。鵬翼有《芝壇史案》,已著錄。其詩文皆以講學為宗,體格多近於語錄。

江湖閒吟八卷(福建巡撫採進本)

國朝王道撰。道字直夫,漳浦人,官金山縣知縣。卷首有黃之儁序,稱所著有《鹿臬文集》,有《京華槀》,今未見。此集題曰《江湖閒吟》,乃其罷官後,寓居朱涇所作。其版心則題曰《鹿臬詩集》,蓋其集總名《鹿臬》,以詩、文分集,而詩集之中此為一種也。據所自述,初學李夢陽,後乃變以王維、陸游,然先入者為主矣。

慎獨軒文集八卷(浙江巡撫採進本)

國朝劉青霞撰。青霞字嘯林,襄城人,雍正中諸生。是集皆散體雜文。前有王心敬所作小傳,稱其酷愛司馬遷、班固書,未嘗釋手。今集中有小傳二卷,史論一卷,蓋亦留心史學者也。

孱守齋遺槀四卷(江西巡撫採進本)

國朝姚世鈺撰。世鈺字玉裁,號薏田,歸安人。平生學問以何焯為宗,故全祖望為其《墓銘》曰:“薏田之學,私淑義門,義門之徒,莫之或先。人亦有言,墨守太堅,薏田不信,禦侮兀然。每逢異幟,互有爭端,焦脣敝舌,各尊所聞。”紀其實也。祖望《誌》又稱:“馬曰璐、馬曰琯、張四科收拾其遺文開雕。”又稱所著為《蓮花莊集》八卷。此本書名、卷數,皆與《誌》不合。末有張四教跋,稱勒為詩、文各二卷,則又無所闕佚。不知何故也。

蘊亭詩橐二卷(江蘇巡撫採進本)

國朝金綖撰。綖字連城,先世居廣東,綖移居於江南,遂為
吳縣人[①]。是集為其子祖靜所編。前有錢維城序,稱其詩派出
自嶺南。少年至京師,《秋日游靈佑寺》有"高雲不礙靜,晴日自
知寒",為新城王士禛所賞。又附載舊評數條,其一條云:"才不
富,卻有氣,如裴旻舞劍,非行陣之才,而亦能令吳道子長筆力;
思不苦,卻自深,如帝釋天,人不能參扣,聞大迦葉語,亦一一入
真法藏語;格欲正,卻亦別,如蜀漢、南唐,稱名甚正,論其立國,
固是偏隅。"亦頗得其似云。

【彙訂】

① 依《總目》體例,當作"綖有《讀易自識》,已著錄"。

翰村詩橐六卷(編修周永年家藏本)

國朝仲是保撰。是保字羹梅,號翰村,常熟人。是集前
五卷為是保所自編,皆題曰《行卷》。第一卷曰辛集,第二曰
壬集,第三曰癸集,第四曰甲集,第五曰後甲集。案唐時進
士,以所業投贄當路,謂之行卷,見於《摭言》等書者頗詳。是
保終老山林,而名所作為《行卷》,未喻其説。又文集以甲、乙
標目,始於《文選》諸賦;其兩集分甲、乙者,為李商隱《樊南
集》;一集以甲、乙分卷者,為陸龜蒙《笠澤叢書》。然皆以十
干為次。是集獨以辛、壬、癸、甲為次,亦莫明其故。第八卷
題曰《遺集》[①],則乾隆癸亥是保旅卒於博山,其友趙念所續編
也。是保初學詩於同里馮武,武,馮班從子也,故其詩格律、
色澤皆馮氏法。康熙辛丑,復北至益都,從趙執信受學。故

其詩運意鑱刻,則純用趙氏法云。

【彙訂】

① 清乾隆十九年刻本此集六卷,第六卷即《遺集》。(杜澤遜:《讀〈四庫提要〉識疑》)

梧江雜詠一卷(編修汪如藻家藏本)

國朝劉雲峯撰。雲峯字秋冶,南昌人。是編取梧州風景古蹟為竹枝詞四十五首,各附註其下,亦頗詳悉。然皆因仍地志之舊文,無所考辨。

在亭叢稾二十卷(江蘇巡撫採進本)

國朝李果撰。果字碩夫,長洲人,在亭其號也。是集凡雜文十二卷,後附《詠歸亭詩鈔》八卷。果之論文,謂:"弇州、北地,文古而患乎似;義烏、延陵,文真而患乎淺。欲救似與淺之病,惟在讀書窮理。"故所作頗有矩矱。而墨守太甚,亦未能變化也。

樸庭詩稾十卷(編修吳壽昌家藏本)

國朝吳爣文撰。爣文字璞存,一字樸庭,會稽籍,山陰人。雍正中國子監生,屢舉不第。生平游歷,一寄諸吟咏。前四卷其友人嚴遂成所選,後六卷則晚年所自訂也①。

【彙訂】

① 據清乾隆刻本此集自序,當作"前六卷其友人嚴遂成所選,後四卷則晚年所自訂"。(杜澤遜:《四庫存目標注》)

孤石山房詩集六卷(浙江巡撫採進本)

國朝沈心撰。心字房仲,仁和人,雍正中諸生。早從查慎行游,其詩亦頗有查氏法。

抗言在昔集一卷（江西巡撫採進本）

國朝沈冰壺撰。冰壺字心玉，山陰人。是編皆咏古七言絕句，而多考證文史，與他家詠古評論事蹟得失者又別。其學識頗為拔俗，而有意示高，或流於誕。如論帝魏、帝蜀一條，洞見宋人之癥結；論蘇氏父子之文自相矛盾一條，足關其口；論《續通鑑綱目》諸條，皆頗公允；論岳飛女銀瓶一條，極有根據；羊祜、周恭帝二條，亦頗有推闡。至於以司馬遷之先黄老，後《六經》為是；以王充《論衡》欲藉諸子正經之誤，為識在董仲舒上；以莊子、荀子為兩大儒，以《老子》配《論語》，《莊子》配《易》，《管子》配《書》，《離騷》配《詩》，《荀子》配《禮》，《史記》配《春秋》，續為沈氏《六經》；謂《管子・地員篇》、班固《地理志》伯仲《禹貢》，而《周禮・職方》有媿色，皆未免有意駭俗，不為定論。其論《劍俠傳》之訧，似矣，不知《劍俠傳》本無是書，乃明人鈔《太平廣記》二卷為之；其論《亢倉子》為影撰，似矣，不知為王士元所補，士元作《孟浩然集》序，自言其始末最明。頗為失考。又如國朝詩人自王士禎、朱彝尊、田雯、梁佩蘭、宋琬諸人，無一不肆詆排；國朝文人，自黄宗羲、毛奇齡、汪琬、姜宸英、王源、方苞諸人，無一不遭指摘，或加以醜詈[1]，至謂其“不堪供唾”。且謂：“此外寥寥，自鄶無譏。”其意欲於百餘年中以第一人自命，尤放誕矣。

【彙訂】

[1] 殿本“或”上有“甚”字。

二須堂集二卷（户部尚書王際華家藏本）

國朝丁詠淇撰。詠淇字瞻武，號菉濱居士，錢塘人。是集為詠淇所自編。“二須”者，取諸葛亮“學須靜，才須學”語也。上卷書十二首,序十九首;下卷記二首,傳六首,論二首,辨一首,説四首,題跋五首,書事二首,家訓十八則。其中《知希子傳》,未聞其人,意為自寓之詞歟? 文雖不甚入古格,而頗以扶持名教為主。集中別有《仰編》序,蓋其筆記,又有《箓濱詩鈔》序,為其詩集。今皆未見①。

【彙訂】

①《總裁王交出書目》有《二須堂詩集》三本。(杜澤遜:《四庫存目標注》)

雙樹軒詩鈔一卷(編修李中簡家刊本)

國朝僧湛性撰。湛性一名湛汛,字藥根,又曰藥菴。本丹徒徐氏子,居揚州之祇園菴,故其詩卷亦自署為江都。初自刻所作為《藥菴集》,没後其版散佚。此本乃乾隆壬辰所重刊也。其詩宗法王士禎,惟沿溯於士禎《唐詩十選》之中。故結體修潔,時有雋語。如所謂"春風拂禪衣,流鶯啼樹杪"、"二月青滿林,百花開已早"者,亦頗近自然。然骨力未堅,興象頗淺,十首以外,語意略同。蓋聰明多而學問少,故流連光景,所就止於如斯耳。

香域内外集十二卷(兩淮馬裕家藏本)①

國朝釋敏膺撰。敏膺,蘇州花山翠巖寺僧。是集乃其弟子聖藥等所編。《外集》詩、文凡七卷;《内集》五卷,皆語録、偈語。蓋釋家以釋為内學,儒為外學耳②。

【彙訂】

①《兩淮商人馬裕家呈送書目》作十四卷,清康熙刻本作十四卷首一卷。(杜澤遜:《四庫存目標注》)

②"蓋釋家以釋為内學儒為外學耳",殿本無。

敲空遺響十二卷（內府藏本）

國朝僧如乾撰。如乾字憨休，四川人，嘗主陝西興善、燉煌等寺。是集凡雜文八卷，詩四卷。

餐秀集二卷（浙江巡撫採進本）

國朝黃千人撰。千人字證孫，餘姚人。宗羲之孫，百家之子也。官泰安縣丞。是集為其同官覺羅普爾泰所刊。前有普爾泰序。又有顏懋价序，引嚴羽、王士禎之說，訾謷館閣之士，以抒其憤。懋价字介子，曲阜人，以貢生官肥鄉教諭。老而不第，故其詞如是云。

梯青集無卷數（檢討蕭芝家藏本）

國朝項大德撰。大德字立上，漢陽人。刲股療母，不愈，以哀毀卒。是集凡賦二十七首，詞四十一首，吐屬頗韶秀。而得年僅二十有六，功候未深，故骨格未能成就焉。

月湖賸槀一卷（江西巡撫採進本）

國朝王樑撰。樑有《讀畫錄》，已著錄。是集僅文二十四首，又多小品，蓋猶明季山人之遺風。鈔本題曰《月河賸槀》。考集內所居丙舍地名皆作月湖，樑別有《讀畫錄》，亦載張庚為作《月湖圖》。則卷首“月河”字，鈔本誤也。

夢村集二卷（編修周永年家藏本）

國朝朱緯撰。緯字義俶，歷城人。由歲貢生官邱縣訓導。是集有《七十自壽》詩，又有《次兒生日》詩，作於七十四歲時。蓋其晚年所自編。詩頗清淺，而時有脫灑之致。

後海書堂遺文二卷（江蘇巡撫採進本）

國朝王孝詠撰。孝詠有《嶺西雜錄》，已著錄。是集上卷為雜文,下卷皆金石題跋。文頗質實,而少覺其樸。惟題跋則品題不苟,可取者多。

薇香集一卷燕香集二卷燕香二集二卷(內閣中書方維甸家藏本)

國朝方觀承撰。觀承字遐穀,號問亭,又號宜田,桐城人。由監生薦授中書舍人,官至直隸總督,諡恪敏。觀承遭遇聖朝,備蒙恩眷,封疆宣力,積有勤勞。而性嗜詩篇,政務之餘不廢吟詠。舊所著有《東園賸稾》①、《入塞詩》、《懷南草》、《豎步吟》、《叩舷吟》、《宜田彙稾》、《看鹽詞》、《松漠草》,共八種,皆編入《述本堂詩集》中,已別著錄。是編三集,則其為直隸總督時所作,其子維甸編錄別行者也。

【彙訂】

①《東園剩稿》當作《東閣剩稿》,有乾隆二十年刻《述本堂詩集》本。(杜澤遜:《四庫存目標注》)

晚晴樓詩草二卷(大理寺卿陸錫熊家藏本)

國朝曹錫淑撰。錫淑字采荇①,上海人。兵科給事中一士之女,適同里舉人陸正笏②。一士有《四焉齋詩集》,其妻陸鳳池亦有《梯仙閣餘課》。錫淑承其家學,具有軌範。大致以性情深至為主,不規規於儷偶聲律之閒云。

【彙訂】

①"采荇",殿本作"采行",誤。清鈔本《晚晴樓詩稾》四卷《詩餘》一卷,卷首皆題"申江女史 曹錫淑 采荇"。

②清鈔本《晚晴樓詩稾》四卷、《詩餘》一卷,有庚寅陸秉笏序、乾隆丙寅陸秉笏題詩,可知作"陸正笏"誤。(杜澤遜:《四庫

存目標注》）

　　藍户部集二十六卷（江西巡撫採進本）

　　國朝藍千秋撰。千秋字長青，宜黃人。以薦授國子監學正，官至盛京户部員外郎。是集刻於乾隆丙寅，凡詩四卷，文二十二卷。

　　豐川全集二十八卷（内府藏本）

　　國朝王心敬撰。心敬有《豐川易説》，已著錄。此集乃所作語錄及雜著，大抵講學者居多，乃康熙丙申湖廣總督額倫特所刊。額倫特即嘗以隱逸薦心敬者也。

　　豐川續集三十四卷（陝西巡撫採進本）

　　國朝王心敬撰。據其子劼凡例稱，心敬康熙丙申刻有正、續集二十八卷。是已有正、續兩集矣。又稱："自丙申至乾隆戊午，與當代大人君子相酬答及與門人子弟講説論辨者，視前刻倍多，今裒成三十四卷。"是此本又出《續集》後矣。然其二十八卷之本實不分《正集》、《續集》之目，未喻何説①。故此本仍刊版之名，以《豐川續集》著錄焉。

　　【彙訂】

　　① 清康熙五十五年湖廣總督額倫特二曲書院刊《豐川集》二十八卷、《外集》五卷、《續集》二十二卷。（柯愈春：《清人詩文集總目提要》）

　　綠筠軒詩四卷（編修周永年家藏本）

　　國朝張元撰。元字殿傳，淄川人。雍正丙午舉人，官魚臺縣教諭。元為崑崙山人篤慶從子，故詩法本王士禎之論，以神韻為宗。晚乃漸歸朴老，而終未忘其故轍。是集凡七百餘首，其孫庭寀所刻也。

質園詩集三十二卷（編修程晉芳家藏本）

國朝商盤撰。盤號蒼雨，又號寶意，會稽人。雍正庚戌進士，官翰林院編修。以養親乞外補，改授同知，終於元江府知府。盤與錢塘厲鶚名價相埒，才情富贍，生平篇什甚多。此集乃刪汰之餘，尚三千首云。

竹香詩集四卷（大理寺卿陸錫熊家藏本）

國朝席鏊撰。鏊字景溪，常熟人。雍正己酉舉人，官內閣中書。鏊為吳偉業外孫，於詩法頗有端緒。此集凡詩三百餘首①，乃其友杭世駿所刪存也。

【彙訂】

①“首”，殿本作“篇”。

冰壑詩鈔八卷（編修周永年家藏本）

國朝朱令昭撰。令昭字次公，歷城人。少與淄川張元、膠州高鳳翰等結柳莊詩社。繪畫、篆刻皆能留意。其詩亦與鳳翰相伯仲①，而少遜其雄傑。

【彙訂】

①“亦”，殿本無。

鵝浦集六卷（編修周永年家藏本）

國朝朱懷樸撰。懷樸字素存，歷城人。其詩格近宋人，而時有風致。

菱溪遺草一卷（編修程晉芳家藏本）

國朝蔣麟昌撰。麟昌字靜存，陽湖人。乾隆己未進士，官翰林院編修。年僅二十有二而歿,遺詩數十篇。其父原任倉場侍郎炳為刻而傳之。

松泉詩集六卷(編修程晉芳家藏本)

國朝江昱撰。昱有《尚書私學》,已著錄。其平生喜為韻語,與編修程夢星等相唱和,游蹟多在衡、湘閒。是集即刻於湖南者也。

閨房集一卷(編修程晉芳家藏本)

國朝陳珮撰。珮字懷玉,天長人,江都諸生江昱之妻。是集僅詩四十首、長短句十首,附以傳、誄及昱所作《墓碣》。

白雲詩集七卷別集一卷(兩江總督採進本)

國朝盧存心撰。存心原名琨,字玉嚴,別字敬甫,錢塘人。恩貢生,乾隆元年嘗薦舉博學鴻詞。是集首以《文廟從祀弟子贊》八十首,殿以《詠梅》七言律詩八十五首。前有桑調元序,稱為總角交。其才氣亦調元之亞也。

萬青樓詩文殘編一卷(國子監助教張羲年家藏本)

國朝邵昂霄撰。昂霄有《萬青樓圖編》,已著錄。所著詩文名《萬青樓稾》,身後散佚。是編為其從子是栴所手錄,僅存文數篇、詩數首而已。

隨園詩集十卷附錄一卷(御史戈源家藏本)[①]

國朝邊連寶撰。連寶字趙珍,今刊本作肇畛,乃戲以同音書之。如申涵光本字元孟,而每書鳧盟,非其本字也。任邱人。雍正乙卯拔貢生,乾隆丙辰薦舉博學鴻詞,辛未又薦舉經學。是集前有乾隆丁丑戈濤序。而第四卷以下題曰《病餘草》者[②],乃皆戊寅以後詩，蓋續編而仍冠以原序也。附錄一卷，曰《禪家公案頌》，則其晚耽禪悅，讀《指月錄》所作云。

【彙訂】

① 清乾隆四十年邊廷掄刻本作《隨園詩草》八卷、《禪家公案頌》一卷，作"十卷"恐誤。（杜澤遜：《四庫存目標注》）

② 邊廷掄刻本僅第四卷大題下有小注"係《病餘草》"，第五卷以下均無注。（同上）

隱拙齋集五十卷（浙江巡撫採進本）

國朝沈廷芳撰。廷芳有《十三經注疏正字》，已著錄。是集為廷芳所自編，凡詩、賦三十二卷，散體文十八卷。其詩學出於查慎行，古文之學出於方苞。故所作雖無鉅麗之觀，而皆有法度。

東山草堂集六卷（江西巡撫採進本）

國朝潘安禮撰。安禮字立夫，南城人。乾隆丙辰召試博學鴻詞，官翰林院編修。是編皆其官京師時所作律賦，凡三十九首，其門人為註而刻之。

黃靜山集十二卷（江蘇巡撫採進本）

國朝黃永年撰。永年字靜山，江西廣昌人。乾隆丙辰進士，官至常州府知府。是集前有雷鋐所作《墓誌銘》，稱所著有《希賢編》、《春秋四傳異同辨》、《崧甫文類》、《南莊類稾》、《白雲詩鈔》、《靜子日錄》。此本僅有《南莊類稾》八卷①，《白雲詩鈔》二卷，《奉使集》一卷，《靜子日錄》一卷，而他集不見。其《春秋四傳異同辨》，今在《南莊類稾》第二卷中，亦不別為書，未喻其故。又一別本，僅有《南莊類稾》、《奉使集》、《靜子日錄》三種。疑其隨刻隨印，皆非完本云。

【彙訂】

①"僅有南莊類稿"，底本作"僅南莊類編稿"，據殿本改。今存清乾隆刻本《南莊類稿》八卷。

山陰集一卷歸田遺草一卷（編修鄭際唐家藏本）

國朝林其茂撰。其茂字培根，侯官人。乾隆丙辰進士，官山陰縣知縣①。此二集一為官山陰時作，一為罷官後作。其茂没後②，其婦弟鄭天錦所編，冠以魯曾煜所作《家傳》。又有沈廷芳序，惜其遘疾早世，未克竟其所長。蓋其茂没時，年僅三十有九云③。

【彙訂】

①"陰"下"縣"字，據殿本補。

②殿本"其"上有"皆"字。

③"有"，殿本無。

史復齋文集四卷（陝西巡撫採進本）

國朝史調撰。調字勻五，號復齋①，晚號雲臺山人，華陰人。乾隆丙辰進士，官仙游縣知縣。是集一卷為其官仙游時稟諭及荒政、義倉等略。二卷為序跋、書論。三卷為《橫渠書院規諭》及《諭子書》，而以仙游所定《求士三則》冠焉。四卷為語錄及功過式，併以崔紀所作《誌銘》附於其後。

【彙訂】

①"復齋"，底本作"後齋"，據殿本改。清乾隆刻本此集所附《先公文林郎行述》、墓誌銘、墓表皆作"號復齋"。

瑜齋詩草一卷（庶吉士盧遂家藏本）

國朝郭趙璧撰。趙璧字名瑾，侯官人，乾隆丙辰舉人。是集乃趙璧没後，其子文焕所編，後其子文海又搜求佚槁附益之。凡

古、今體詩一百十一首。蓋趙璧喜吟詠而不自收拾，故散失之
餘，所存僅此云。

卓山詩集十二卷（江西巡撫採進本）

國朝帥家相撰。家相字伯子，奉新人。乾隆丁巳進士，官至
潯州府知府。是集又名《三十乘書樓集》，中多改竄之處，蓋猶其
自訂之原本也。

瓠息齋前集二十四卷（浙江巡撫採進本）

國朝凌樹屏撰。樹屏字保鰲，烏程人。乾隆己未進士，官鳳
縣知縣，調咸陽，後改補嘉興府教授。是集賦一卷，詩二十三卷，
分十二集。大抵才情奔放之作。

問義軒詩鈔二卷賸草一卷（國子監助教張義年家藏本）

國朝莊綸渭撰。綸渭字對樵，號葦塘，武進人。乾隆壬戌進
士，官定海縣知縣。是集為綸渭所手定，其子世駿校刊。《賸草》
乃其在定海時所著雜文及案牘，已載入《定海續志》。又別錄成
帙，附於詩集之後焉。

詠史六言一卷（侍講劉亨地家藏本）

國朝周宣武撰。宣武字燮軒，長沙人，乾隆壬戌進士。是編
雜採史事，以六言絕句評論之。或一首詠一事，或一首連類兩三
事，不分門目，亦不敘時代後先。每首之末，各附論一篇。六言
一體，古今作者頗少，詩家偶一為之，避其難也。宣武獨衍至百
首以外，意欲開道出奇，然終不能見長也。

月坡詩集四卷（福建巡撫採進本）

國朝郭植撰。植有《經史問》，已著錄，是集分四編：一曰

《雪竹草堂集》,一曰《北游集》,一曰《臺江草》,一曰《温陵草》。以集中編年考之,迄於辛酉,蓋其鄉試中式之後所刊也。

玉芝堂集九卷(江蘇巡撫採進本)

國朝邵齊燾撰。齊燾字荀慈,昭文人。乾隆壬戌進士,官翰林院編修。是集凡詩三卷,文六卷,乃其晚年所自定。詩文皆不分體,大抵駢偶之作為多。為四六之文者,陳維崧一派,以博麗為宗,其弊也膚廓;吳綺一派,以秀潤為宗,其弊也甜熟;章藻功一派,以工切細巧為宗,其弊也刻鏤纖小。齊燾欲矯三家之失,故所作以氣格排奡,色澤斑駁為宗,以自拔於蹊徑,而斧痕則尚未渾化也。

嬾真初集詩選八卷(江蘇巡撫採進本)

國朝張用天撰。用天字用六,號誠菴,婁縣人。是集刻於乾隆甲子,有用天自序。其詩氣體勻整,而捶字往往未堅,句法亦多沿襲。如《板橋吟》中"紅歸水上桃花簇,青入煙中柳葉齊",則直點竄杜甫句矣。

燕川集六卷(江蘇巡撫採進本)①

國朝范泰恒撰。泰恒字無厓,河內人。乾隆乙丑進士,改庶吉士,外補崇義縣知縣。此集皆其所為古文。後附其祖父《墓表》、祖母《壽序》,皆他人作,而末又綴以泰恒代文六篇,編次不倫。疑《墓表》、《壽序》即泰恒自作,嫁名於人,後仍收之集中耳。然究非體例也。

【彙訂】

① 此書見《江西巡撫海續購書目》,疑"江蘇巡撫"乃"江西巡撫"之誤。(杜澤遜:《讀〈四庫提要〉識疑》)

敝帚集二卷附蘆中集一卷（國子監助教張羲年家藏本）

國朝趙秉忠撰。秉忠字景光，號秋墅，興化人①。乾隆乙丑進士，改庶吉士，未散館而卒。是集皆古、今體詩。末附《蘆中集》，乃哭其子春祈而作也。

【彙訂】

① "興化人"，殿本脫。《明清進士題名碑錄》載趙秉忠，江南興化人，乾隆乙丑二甲第十八名進士。《江南通志·選舉志·舉人》乾隆元年丙辰恩科榜有趙秉忠。

凝齋遺集八卷（江西巡撫採進本）

國朝陳道撰。道字紹洙，號凝齋，江西新城人，乾隆戊辰進士。是集為其子守誠等所刊，凡文六卷，詩二卷，中頗多講學之作。

柘坡居士集十二卷（浙江巡撫採進本）

國朝萬光泰撰。光泰字循初，秀水人，乾隆庚午舉人①。是集其所自定，卷一曰《南村草堂集》，卷二曰《欒于集》，卷三、卷四曰《聞魚閣集》，卷五曰《北郭草堂集》，卷六、卷七曰《江船集》，卷八曰《聞魚閣續集》，卷九曰《舡屋集》，卷十曰《江船續集》，卷十一曰《五上春司集》，卷十二曰《青乳軒集》。前有汪孟鋗序，稱循"初計偕北上，以病卒。方病中，薈自定詩十二卷，一緘寄余，有'可存則付令子存之，不者燬之'之説"。又稱："刻既成，取循初別字，題曰《柘坡居士集》。其古文、詩餘極尠，聞手自燬去外，雜著十六種，則皆其自定緘寄者，俟他日續刻。"云云。蓋光泰才思富贍，篇什頗多，後乃悔其少作，所存止此也。

【彙訂】

① 光泰戊午順天鄉試中式，"庚午"乃"戊午"之誤。（劉毓

崧：《書柘坡居士集後》）

浩波遺集三卷（庶吉士梁上國家藏本）

國朝鄭際熙撰。際熙字大純，侯官人。乾隆丙子舉人，年三十六而卒。是集為其弟際唐等所刊，凡詩二卷，文一卷。文中有《杜律篇法序》一篇，稱：“能詩者未嘗先言法，而自中法，且神而明之，變化以自成其法。未有案一定之科條而譜之，舍其性情才力，俯首以從法也。”其論亦足破拘攣之説，其書則未之見也。

觀光集五卷（浙江巡撫採進本）

國朝蔡以封撰。以封字桐川，嘉善人，由優貢生官桐鄉訓導。是集凡古、今體詩八十五首，擬樂府四十六首。皆其監敷文書院，恭逢聖駕南巡，率諸生迎駕時所賦也。

綠杉野屋集四卷（浙江巡撫採進本）

國朝徐以泰撰。以泰字陶尊，德清人。國子監生，乾隆二十二年官陽曲縣知縣。其詩皆早年之作，故骨格未就，而時有雋句。如《詠鷹翎扇》“附人終在手，斷翮尚生風”一聯，亦頗工點染也。

強恕齋文鈔五卷（浙江巡撫採進本）

國朝張庚撰。庚有《通鑑綱目釋地糾繆》，已著錄。庚少孤貧，賣畫養母，以餘力為古文。是集乃其七十三歲所自編。中傳、誌之文居十之七，多述忠孝節義之事。

冬心集四卷（江蘇巡撫採進本）

國朝金農撰。農字壽門，錢塘人，客於揚州。書畫皆以奇逸自喜，詩亦如之。其名“冬心”者，取崔國輔“寂寥抱冬心”之語也。

產鶴亭詩集七卷（浙江巡撫採進本）

國朝曹庭棟撰。庭棟有《易準》，已著錄。是集凡分七橐，每橐各為小序。其書齋中有產鶴亭，因以名集。故集中詠鶴詩最多。其第二橐別題曰《魏塘紀勝》，第七橐亦別題曰《續魏塘紀勝》。蓋嘉善舊隸嘉興路，為魏塘鎮，亦名武塘，明宣德五年始析為縣。庭棟先詠其名蹟為一百首，又續成五十首也。

西澗草堂集四卷（編修周永年家藏本）

國朝閻循觀撰。循觀有《尚書續記》，已著錄。是編其所著古文也。其文謹嚴，頗不苟作。循觀沒後，其同學韓夢周為搜輯編次，序而刊之，僅五十七篇。

嶱嵼山人集八卷（禮部主事任大椿家藏本）

國朝汪舸撰。舸字可舟，婺源人，流寓揚州。性不諧物，偃蹇貧病以沒。是集為舸所自定，斷自五十歲以後。乾隆庚寅，杭世駿為之序，併附錄世駿《與沈沃田書》[①]，盛稱其《和丁隱君貝葉經歌》、《長春觀老子像絕句》云。

【彙訂】

① "書"，殿本作"詩"，疑誤。清乾隆原刻本此集無附錄。

睫巢集六卷後集一卷（江西巡撫採進本）

國朝李鍇撰。鍇有《尚史》，已著錄。鍇卜居盤山，優游泉石以終。故其詩意思蕭散，挺然拔俗，大都有古松奇石之態。而刻意求高，務思擺脫，亦往往有劃削骨立，斧鑿留痕。較王世貞所謂"高叔嗣詩，如空山鼓琴，沈思忽往，木葉盡脫，石氣自青"者，則猶有一閒之未達。蓋可以著力之處,精思者得之;不容著力之處,精思者反失之也。第一卷皆擬古樂府,古人音節既不可得,乃詰屈其詞,以意為之。題下所註,如《朱礴》下註曰:"建鼓,殷所作,棲翔鷺於上。或曰:鷺,鼓精。"此吳競《解題》本説也。《臨高臺下》註曰:"趨帝鄉而會瑤臺也。"借寓游仙,已非原解。《雉子斑》下註曰:"《關雎》之類。"則純非古題之意,又不知其寓意所在。卷中大抵類此,殊不可解也。

　　石閒詩一卷(江西巡撫採進本)

　　國朝陳景元撰。景元號石閒,鑲紅旗漢軍。生平作字效晉,作詩效漢,務欲自拔於流俗之上。是集乃其手書擬古詩六十餘首,以貽雷鋐者。前有短札,亦其手書,鋐並鉤摹筆蹟刻之,紙版頗為精好。景元詩雖以漢為宗,而性既孤僻,思復刻峭,結習所近,乃在孟郊、賈島之閒。如米摹晉帖,矩度不失二王,而波勒鉤剔[1],乃時時露其本法。於漢人不彫不琢之意,未能全似也。此本以篇頁較少,不能成帙,舊附於李鍇《睫巢集》以行。然二人同時唱和,名亦相齊,未可列諸附綴,故仍各著於錄焉。

　　【彙訂】

　　①"而",殿本無。

　　南阜山人詩集七卷(山東巡撫採進本)

　　國朝高鳳翰撰。鳳翰字西園,晚自號南阜山人,又曰歸雲老人,膠州人。嘗以縣丞署壩鹽大使[1],患風痹,罷歸卒。鳳翰工於書畫,筆墨脱洒,不主故常。風痹後右臂已廢,乃以左臂揮洒,益疎野有天趣。閒作詩歌,不甚研鍊,往往頹唐自放,亦不甚局於繩尺。然天分絕高,興之所至,亦時有清詞麗句。故少時以詩謁王士禎,極稱賞之。生平所作凡三千餘首,曰《擊林集》,曰《湖海集》,曰《岫雲集》,曰《鴻雪集》,曰《歸雲集》,曰《歸雲續集》,曰《青蓮集》。晚年貧病,且死,自跋其後曰:"盲子頑孫,篋笥誰付?不知後來所作,尚復幾許,亦不知得成卷與册否? 尚有人拾取於蛛絲蠹腹之餘,以少得流傳於人世否? 露電茫茫,老病日篤,死且不知何時,而猶惓惓於此故紙窠中物。愚哉南阜,不直達人一笑矣。"其志亦可哀也。

【彙訂】

①"壩",殿本脱。《國朝耆獻類徵》卷二五五《高鳳翰小傳》引《正雅集》:"盧見曾云:'余轉運兩淮,西園方以縣丞委管泰壩稱掣……'"

拙齋集一卷(編修周永年家藏本)

國朝李遠撰。遠字君宏,益都人。是集皆五、七言近體,吐屬亦頗恬雅。其刊版字畫,悉從《説文》,以小篆改隸,詭形怪態,則殊為好異。

密娛齋詩槀一卷(編修周永年家藏本)

國朝鄧汝功撰。汝功字謙持,聊城人,乾隆乙未進士。傳臚後即病歸,未及釋褐而卒。是集乃其友桂林府同知李文藻所刊。文藻序稱其"古體出於韓、蘇,近體似錢、郎,皆非止境"。蓋其天分頗高,而得年不永,功候則尚未成就云。

放鶴村文集五卷(山東巡撫採進本)

國朝張侗撰。侗字同人,一字石民,諸城人。是集前有方邁所作侗小傳,稱其有孝行,多奇節,蓋亦孤高之士。其文則欲擺脱町畦,乙乙冥冥,別標象外之趣,而反墮公安、竟陵派中。蓋存一不落窠臼之意，即其窠臼矣。

東坪集八卷（浙江巡撫採進本）

國朝胡慶豫撰。慶豫字雛來，號東坪，平湖人，歲貢生。是集卷一曰《南浦吟》，客江右時所作。卷二曰《昭陽小橐》，客邗江時所作。卷三曰《北征集》，赴京道中及寓京師時所作。卷四、卷五曰《西征草》，入關中及流寓西蜀時所作。卷六、卷七、卷八曰《桐軒集》，則里居所作也。其詩以雅淡為宗，而未能超詣。

六湖遺集十二卷（浙江巡撫採進本）

國朝張文瑞撰。文瑞字雲表，六湖其號也，蕭山人，官青州府同知①。其詩凡分十八集，其私印曰"少陵私淑"，又曰"五言長城"，自命頗高。所作則大抵以秀潤為工也②。

【彙訂】

① 依《總目》體例，當作"文瑞有《蕭山水利書》續集、三集，已著錄"。

②"也"，殿本無。

念西堂詩集八卷（陝西巡撫採進本）

國朝王令撰。令字仲錫，渭南人，由拔貢生官至廣東按察使。是編分金、石、絲、竹、匏、土、革、木八集。自序謂皆適性自樂之言。蓋沿波鍾、譚，全非慶陽、武功以來秦中舊格矣。

古雪堂文集十九卷（浙江巡撫採進本）

國朝王令撰。是編乃其所著雜文。詞多蹇澀，似沿其鄉文翔鳳餘派。又好用釋典，頗雜宗門語錄。所作詩話，如紀隴西施妙玉在冥中代高素臣作詩，還魂遂為夫婦事，亦多類唐人説部也。

有蘭書屋存稾四卷（江蘇周厚垍家藏本）

國朝石球撰。球字鳴虞，嘉定人。其近體詩頗有風致，而骨格未堅。徐樹紳序稱球“自以生平蹤蹟，少所涉歷，無瑰偉奇特之觀，故亦罕沈博絶麗之作”。可謂自知矣。

寒玉屏集二卷碎金集二卷（浙江巡撫採進本）[1]

國朝閔南仲撰。南仲字湘人，號石漁，湖州人。其詩以新穎為宗，體格頗近金、元。

【彙訂】

[1] 清康熙六十一年潘尚仁刻本書名作《寒玉居集》，《浙江省第七次呈送書目》、《浙江採集遺書總錄》亦作《寒玉居集》。（杜澤遜：《四庫存目標注》）

薪樞集四卷（江蘇巡撫採進本）

國朝許昌國撰。昌國字仔廣，原字一清，荊溪人，歲貢生。是書首雜著，次論學，次論古，次課徒訓兒，各為一卷，大抵皆語錄之類。《後集》一卷，則附錄也。末有其子重炎所作《年譜》。案其事狀，蓋亦篤行好修之士，故集中講學之語多能切實近理。特不以著作見長耳。

璞堂文鈔十一卷（江蘇巡撫採進本）

國朝許重炎撰。重炎字少來，荊溪人。是集多講學之文，而持論平允，無喧爭門户之習。於忠孝節義，尤睠睠表章，亦非空談性命，自號聖賢者流。文則縱橫曼衍，惟意所如，不能一一入格也。

禹門集四卷（內府藏本）

國朝郭振遐撰。振遐字中洲①，汾陽人，寄居揚州。詩頗率易，至以大禹、顏回自比，尤為狂縱矣。

【彙訂】

① 清康熙二十二年刻本作《郭中州禹門集》四卷，題"臨汾郭振遐中州詩稿"，可知其字中州。（杜澤遜：《四庫存目標注》）

彙書六卷（浙江巡撫採進本）

國朝王鳳九撰。鳳九，仙游人。是集自序謂倣《笠澤叢書》之例①，故以《彙書》名之。中多講《易》之文，其說皆宗程、朱。詩則有韻語錄也。

【彙訂】

①"倣"，殿本作"放"，誤。

天門詩集六卷文集十六卷（內府藏本）

國朝吳盛藻撰。盛藻字觀莊①，和州人。由拔貢生官至廣東按察司副使。其詩、文皆惟意所如，罄所欲言而止。

【彙訂】

①"觀莊"，底本作"觀壯"，據殿本改。清康熙十七年刻本《天門集》六卷、《文集》五卷，《天門集》卷一題"歷陽吳盛藻觀莊撰"。（杜澤遜：《四庫存目標注》）

歲寒堂存槀一卷（浙江巡撫採進本）

國朝林璐撰。璐字鹿菴，錢塘人。是集皆其所著雜文，僅數十篇。相其版式，蓋陸續開雕，尚未編定成帙。其《安溪懷古序》信建文出亡為真，殊為未考。所記顏允紹、郭少尹等事，皆足裨史之闕。特敍述稍冗,筆力稍弱耳。

天香閣詩集十卷(浙江巡撫採進本)

國朝唐之鳳撰。之鳳字武曾,烏程人。其詩多愁苦之音,擬古諸作亦頗具體,然未能變化。末附《碎玉合編》二卷,一題唐雲禎予霖著,一題唐德遠深源著,蓋之鳳兄弟行也。

笑門詩集二十五卷(內府藏本)

國朝戚玾撰。玾字後升,泗州人,由優貢授知縣。所作好為新語,公安、竟陵之流派也①。

【彙訂】

①"公安竟陵之流派也",殿本作"蓋公安竟陵之流派"。

偶存草詩集六卷(山東巡撫採進本)①

國朝林之𦾔撰。之𦾔字素園②,楊夢琬〔琰〕序稱其"產於魯,客於楚"③,其自署曰孝感,蓋寓籍也。其取法在中唐、南宋之閒,而學力則未逮焉。

【彙訂】

①"偶存草詩集",底本作"偶存草堂集",據清雍正刻本此集書名及殿本改。(杜澤遜:《四庫存目標注》)

② 清雍正刻本題"古灊林𦾔素園氏著",有康熙六十一年九月林𦾔素園氏自序。則作者名當作林𦾔。(同上)

③"琬",當作"琰",乃避嘉慶諱改。殿本作"琰"。

右別集類一千五百六十八部,一萬六千四百三十九卷①,內六十六部無卷數。皆附存目。

【彙訂】

①"一千五百六十八部",殿本作"一千五百六十七部";"一

萬六千四百三十九卷”,殿本作“一萬七千六百十四卷”。實際著
錄一千五百六十九部,底本一萬七千五百三十五卷,殿本一萬七
千五百四卷(內六十六部無卷數)。

卷一八六

集部三十九

總集類一

文籍日興，散無統紀，於是總集作焉。一則網羅放佚，使零章殘什，並有所歸；一則删汰繁蕪，使莠稗咸除，菁華畢出。是固文章之衡鑒，著作之淵藪矣。"三百篇"既列為經，王逸所哀又僅《楚辭》一家，故體例所成，以摯虞《流別》為始①。其書雖佚，其論尚散見《藝文類聚》中②，蓋分體編録者也。《文選》而下，互有得失。至宋真德秀《文章正宗》，始别出談理一派，而總集遂判兩途。然文質相扶，理無偏廢，各明一義，未害同歸。惟末學循聲，主持過當，使方言俚語俱入詞章，麗制鴻篇横遭嗤點，是則併德秀本旨失之耳。今一一别裁，務歸中道。至明萬曆以後，儈魁漁利，坊刻彌增，剿竊陳因，動成巨帙，併無門徑之可言。姑存其目，為冗濫之戒而已。

【彙訂】

①《隋書·經籍志》總集類著録《善文》五十卷，杜預撰。《史記·李斯傳》"余子莫從"，《集解》："辨士隱姓名，遺秦將章邯書云云，此書在《善文》中。"則薈萃文章自預始。（全祖望：《校訂困學紀聞三牋》）

② 明梅鼎祚《西晉文紀》卷十三、清嚴可均《全晉文》卷七十七所輯錄摯虞《文章流別論》凡十二節,分別出自《藝文類聚》、《北堂書鈔》、《太平御覽》,而以《太平御覽》為最多。(呂友仁、李正輝:《〈四庫全書總目〉補正十六則》)

文選註六十卷(內府藏本)

案《文選》舊本三十卷,梁昭明太子蕭統撰。唐文林郎守太子右內率府錄事參軍事崇賢館直學士江都李善為之註,始每卷各分為二。《新唐書·李邕傳》稱其父善“始註《文選》,釋事而忘義。書成以問邕,邕意欲有所更,善因令補益之。邕乃附事見義,故兩書並行”。今本事義兼釋,似為邕所改定。然《傳》稱善註《文選》在顯慶中,與今本所載進表題顯慶三年者合。而《舊唐書·邕傳》稱天寶五載坐柳勣事杖殺,年七十餘,上距顯慶三年凡八十九年。是時邕尚未生,安得有助善註書之事?且自天寶五載上推七十餘年,當在高宗總章、咸亨閒。而《舊書》稱善《文選》之學受之曹憲,計在隋末,年已弱冠。至生邕之時,當七十餘歲。亦決無伏生之壽,待其長而著書。考李匡乂《資暇錄》曰:“李氏《文選》有初註成者,有覆註,有三註、四註者,當時旋被傳寫。其絕筆之本皆釋音訓義,註解甚多。”是善之定本①,本事義兼釋,不由於邕。匡乂唐人,時代相近,其言當必有徵。知《新唐書》喜采小説,未詳考也②。其書自南宋以來,皆與“五臣註”合刊,名曰《六臣註文選》。而善註單行之本,世遂罕傳。此本為毛晉所刻,雖稱從宋本校正。今考其第二十五卷陸雲《答兄機》詩註中③,有“向曰”一條,“濟曰”一條;又《答張士然》詩註中,有“翰曰”、“銑曰”、“向曰”、“濟曰”各一條。殆因六臣之本,削去五臣,獨留善註,故刊除不盡,未必真見單行本也①。他如班固《兩都賦》誤以註列目錄下;左思《三都賦》善明稱劉逵註《蜀都》、《吳都》,張載註《魏都》,乃三篇俱題"劉淵林"字。又如《楚辭》用王逸註,《子虛》、《上林賦》用郭璞註,《兩京賦》用薛綜註,《思元賦》用舊註,《魯靈光殿賦》用張載註,《詠懷》詩用顏延年、沈約註,《射雉賦》用徐爰註,皆題本名,而補註則別稱"善曰",於"薛綜"條下發例甚明。乃於揚雄《羽獵賦》用顏師古註之類,則竟漏本名;於班固《幽通賦》用曹大家註之類,則散標句下。又《文選》之例,於作者皆書其字,而杜預《春秋傳》序則獨題名。豈非從六臣本中摘出善註,以意排纂,故體例互殊歟?至二十七卷末附載樂府《君子行》一篇,註曰:"李善本古詞止三首,無此一篇,五臣本有,今附於後。"其非善原書,尤為顯證。以是例之,其孔安國《尚書》序、杜預《春秋傳》序二篇,僅列原文,絕無一字之註,疑亦從五臣本剽入,非其舊矣。惟是此本之外更無別本,故仍而錄之,而附著其舛互如右。

【彙訂】

①"之",殿本作"書"。

②《舊唐書·李善傳》云"載初元年(689)卒",上推至貞觀元年,凡六十三年。《舊唐書·儒學傳》言曹憲百五歲卒,《新唐書·文藝傳》亦言憲百餘歲卒,則貞觀元年時七八十歲。李善受業當在唐初,而非隋末。若生於貞觀元年,則總章、咸亨間亦僅四十餘歲,非七十餘歲。《資治通鑑》卷二一五:"(天寶)六載春正月辛巳,李邕、裴敦復皆杖死。"則李邕實卒於天寶六載(747)。而《新唐書·李邕傳》所謂"始善注《文選》",并非指李善始注書時,而是以史傳的追述口氣,泛說當日注書之事。(高步瀛:《文

選李注義疏》;汪習波:《隋唐文選學研究》)

　　③“答”,殿本作“贈”,誤。此書卷二十五有陸雲《答兄機》五言一首。

　　④ 宋代書目如《崇文總目》、《郡齋讀書志》、《遂初堂書目》等均同時著錄李善注和五臣注,而無六臣注。《直齋書錄解題》著錄六臣《文選》,已在李善注本流行數十年後。宋黃希、黃鶴《黃氏補千家註紀年杜工部詩史》分別引用了李善注和五臣注,亦可證其時李善注單行。(房新寧:《〈黃氏補千家注紀年杜工部詩史〉的特點及其價值》)

　　六臣註文選六十卷(內府藏本)

　　案,唐顯慶中,李善受曹憲《文選》之學,為之作註。至開元六年,工部侍郎呂延祚復集衢州常山縣尉呂延濟、都水使者劉承祖之子良、處士張詵①、呂向、李周翰五人,共為之註,表進於朝。其詆善之短,則曰:“忽發章句,是徵載籍述作之由,何嘗措翰?使復精核註引,則陷於末學;質訪旨趣,則歸然舊文。祇謂攪心,胡為析理?”其述五臣之長,則曰:“相與三復乃詞,周知祕旨,一貫於理,杳測澄懷,目無全文,心無留意,作者為志,森然可觀。”觀其所言,頗欲排突前人,高自位置。書首進表之末,載高力士所宣口敕,亦有“此書甚好”之語。然唐李匡乂作《資暇集》,備摘其竊據善註,巧為顛倒,條分縷析,言之甚詳。又姚寬《西溪叢語》詆其註揚雄《解嘲》,不知伯夷、太公為二老,反駁善註之誤。王楙《野客叢書》詆其誤敘王暕世系,以覽後為祥後、以曇首之曾孫為曇首之子。明田汝成重刊《文選》,其子藝衡又摘所註《西都賦》之“龍興虎視”、《東都》之“乾符坤珍”、《東京賦》之“巨猾間疊”、《蕪城賦》之“袤廣三墳”諸條。今觀所註,迂陋鄙倍之處尚不止此,而以空疏臆見輕詆通儒,殆亦韓愈所謂“蚍蜉撼樹”者歟?其書本與善註別行,故《唐志》各著錄。黃伯思《東觀餘論》尚譏《崇文總目》誤以五臣註本置李善註本之前。至陳振孫《書錄解題》,始有“六臣《文選》”之目。蓋南宋以來,偶與善註合刻,取便參證。元、明至今,遂輾轉相沿,併為一集②。附驥以傳,蓋亦幸矣。然其疏通文意,亦閒有可採。唐人著述,傳世已稀,固不必竟廢之也。田氏刊本頗有删改,猶明人竄亂古書之習。此本為明袁褧所刊③,朱彝尊跋謂從宋崇寧五年廣都裴氏本翻雕,諱字闕筆尚仍其舊,頗足亂真。惟不題鏤版訖工年月,以是為別耳④。錢曾《讀書敏求記》稱所藏宋本《五臣註》作三十卷,為不失蕭統之舊,其說與延祚表合。今未見此本。然田氏本及萬曆戊寅徐成位所刻,亦均作三十卷⑤。蓋或合或分,各隨刊者之意。但不改舊文⑥,即為善本,止不必以卷數多寡定其工拙矣。

【彙訂】

① 此集各卷卷端并正文注釋題名、《新唐書》卷二百二《文藝傳·呂向傳》、《直齋書錄解題》卷十五《六臣文選》條等均作“張銑”。“張說”恐誤。(江慶柏等整理:《四庫全書薈要總目提要》)

② 宋明州刊本《六臣注文選》係紹興二十八年修本,而卷六十後有盧欽《跋》曰:“右《文選》版,歲久漫滅殆甚。”則五臣注本與李善注本合為《六臣注文選》的時間恐非遲至南宋。(嚴紹璗:《日本藏漢籍珍本追蹤紀實——嚴紹璗海外訪書志》)

③ 袁袞乃袁褧之誤,森立之《經籍訪古志》卷六載明嘉靖己酉翻雕宋本《文選六臣注》五十卷,即褧所刊也。(徐鵬、劉遠遊:

《四庫提要補正》)

④ 袁氏翻宋本內多處題識皆足以與宋本相區別,如第三十卷後有"皇明嘉靖壬寅四月立夏日吳郡袁氏兩庚草堂善本雕"兩行,第四十卷後有"此蜀郡廣都縣裴氏善本今重雕於汝郡袁氏之嘉趣堂嘉靖丙午春日國朝改廣都縣為雙流縣屬成都府"四行。(同上)

⑤ 徐成位重刊新都崔大夫本,分六十卷,即所謂冰玉堂本。(陳乃乾:《讀〈四庫全書總目〉條記》)

⑥ 殿本"改"上有"妄"字。

文選顏鮑謝詩評四卷(永樂大典本)

元方回撰。回有《續古今考》,已著錄。是編取《文選》所錄顏延之、鮑照、謝靈運、謝惠連、謝朓之詩,各為論次①。諸家書目皆不著錄,惟《永樂大典》載之。考集中顏延之《三月三日侍游曲阿後湖作》一首,評曰:"本不書,此詩書之,以見夫雕繢滿眼之詩,未可以望謝靈運也。"又《北使洛》一首,評曰:"所以書此詩者,有二。"又謝靈運《擬鄴中集》八首,評曰:"規行矩步,氅砌妝點而成,無可圈點,故余評其詩而不書其全篇。案,此本八首皆書全篇,與此評不合。蓋不載本詩,則所評無可繫屬,故後人又為補錄也。"則此集蓋回手書之册,後人得其墨蹟,錄之成帙也。回所撰《瀛奎律髓》,持論頗偏。此集所評,如謝靈運詩多取其能作理語②,又好標一字為句眼,仍不出宋人窠臼,然其他則多中理解。又如謝靈運《述祖德》第二首,評曰:"《文選》註'高揖七州外',謂舜分天下為十二州,時晉有七州,故云七州。余謂不然,此指謝元所解徐、兗、青、司、冀、幽、并七州都督耳。謂晉有七州而高揖其外,則不復居晉土耶?"謝瞻《張子房詩》,評曰:"東坡詆五臣誤註'三殤',其實乃是李善。"顏延之《秋胡詩》,評曰:"秋胡之仕於陳,止是魯之鄰國,而云王畿,恐是延之一時寓言。雖以秋胡子為題,亦泛言仕宦。善註乃引《詩緯》曰:'陳王者所起也。'此意似頗未通。"亦間有所考訂。至於評謝靈運《九日戲馬臺送孔令》詩,謂"鳴葭"當作"鳴笳",則未考《晉書·夏統傳》;評鮑照《行藥至城東橋》詩,謂"行藥"為"乘興還來看藥欄"之意,則誤引杜詩;評謝朓《郡內高齋閒坐答呂法曹》詩,謂"或以為'岫'本訓'穴',以為遠山亦無害",則附會陶潛《歸去來辭》[3]。小小舛漏,亦所不免,要不害其大體。統觀全集,究較《瀛奎律髓》為勝。殆作於晚年,所見又進歟?

【彙訂】

① 此書所收尚有謝混詩一首。(李裕民:《四庫提要訂誤》增訂本)

② "能作理語",殿本作"理路之語"。

③ 此書卷二原評云:"柳子厚詩曰:'遙憐郡齋好,謝守但臨窗。'用'窗中列遠岫'事也。或以為'岫'本訓'穴',謝宣城誤用此字。予以為'雲無心而出岫',若專言穴,則淵明之意不亦狹乎?山谷嘗用之:'窗中遠岫是眉黛,席上榴花皆舞裙。'山有巖穴,以岫為遠山,似亦無害。"岫即巖穴,用以指代遠山,乃以部分代全體,似亦不錯。(詹杭倫:《方回的唐宋律詩學》)

玉臺新詠十卷(兵部侍郎紀昀家藏本)

陳徐陵撰。陵有《文集》,已著錄。此所選梁以前詩也。案劉肅《大唐新語》曰:"梁簡文為太子,好作豔詩,境內化之。晚年欲改作,追之不及,乃令徐陵撰《玉臺集》^①,以大其體。”據此,則是書作於梁時,故簡文稱“皇太子”,元帝稱“湘東王”。今本題“陳尚書左僕射太子少傅東海徐陵撰”,殆後人之所追改。如劉勰《文心雕龍》本作於齊,而題“梁通事舍人”耳。其梁武帝書謚、書國號,邵陵王等並書名,亦出於追改也^②。其書前八卷為自漢至梁五言詩,第九卷為歌行,第十卷為五言二韻之詩。雖皆取綺羅脂粉之詞,而去古未遠,猶有講於溫柔敦厚之遺,未可概以淫豔斥之。其中如曹植《棄婦》篇、庾信《七夕》詩,今本集皆失載,據此可補闕佚。又如馮惟訥《詩紀》載蘇伯玉妻《盤中詩》作漢人,據此知為晉代;梅鼎祚《詩乘》載蘇武妻《答外》詩,據此知為魏文帝作;古詩《西北有高樓》等九首,《文選》無名氏,據此知為枚乘作;《飲馬長城窟行》,《文選》亦無名氏,據此知為蔡邕作。其有資考證者,亦不一。明代刻本妄有增益,故馮舒疑庾信有入北之作,江總濫廁賤之什。茅元禎本顛倒改竄更甚^③。此本為趙宧光家所傳宋刻,有嘉定乙亥永嘉陳玉父重刻跋^④,最為完善。閒有後人附入之作,如武陵王《閨妾寄征人》詩、沈約《八詠》之六諸篇,皆一一註明,尤為精審。然玉父跋稱初從外家李氏得舊京本,閒多錯謬,復得石氏所藏錄本^⑤,以補亡校脫。如五言詩中入《李延年歌》一首^⑥,陳琳《飲馬長城窟行》一首,沈約《六憶》詩四首,皆自亂其例。七言詩中移《東飛伯勞歌》於《越人歌》之前,亦乖世次。疑石氏本有所竄亂,而玉父因之未察也。觀劉克莊《後村詩話》所引《玉臺新咏》,一一與此本脗合。而嚴羽《滄浪詩話》謂古詩《行行重行行》篇,《玉臺新咏》以“越鳥巢南枝”以下另為一首,此本仍聯為一首。又謂《盤中詩》為蘇伯玉妻作,見《玉臺集》,此本乃溷列傅元〔玄〕詩中。邢凱《坦齋通編》引《玉臺新咏》,以《誰言去婦薄》一首為曹植作,此本乃題為王宋自作。蓋克莊所見即此本,羽等所見者又一別本。是宋刻已有異同,非陵之舊矣。特不如明人變亂之甚,為尚有典型耳。其書《大唐新語》稱《玉臺集》,《元和姓纂》亦稱梁有聞人蒨,詩載《玉臺集》。然《隋志》已稱《玉臺新詠》,則《玉臺集》乃相沿之省文,今仍以其本名著錄焉[7]。

【彙訂】

①“撰”,底本作“為”,據《大唐新語》卷三原文及殿本改。

②趙氏覆宋本已為後人篡改增刪,失卻原版面目。其中簡文稱“皇太子”,元帝稱“湘東王”,或係據唐人記載《玉臺新詠》成於梁代而追改。但刪改未盡,如蕭衍仍稱“梁武帝”。(劉躍進:《玉臺新詠研究》)

③茅元禎本為重刻明嘉靖二十八年鄭玄撫梧野草堂本,顛倒改竄者乃鄭本,非茅氏也。(王重民:《中國善本書提要》)

④殿本“有”上有“末”字。

⑤“復”,殿本作“後”。

⑥殿本“如”上有“其中”二字。

⑦既是省文,不應再加“集”字,或是《玉臺新詠集》(據《天祿琳琅書目》,北宋本即有此書名)之省稱。(劉躍進:《玉臺新詠研究》)

玉臺新詠考異十卷(大理寺卿陸錫熊家藏本)

國朝紀容舒撰[1]。容舒有《孫氏唐韻考》,已著錄。是編因徐陵《玉臺新詠》自明代以來,刊本不一,非惟字句異同,即所載諸詩,亦復參差不一。萬曆中,張嗣修本多所增竄,茅國縉本又併其次第亂之②，而原書之本真益失。惟寒山趙宦光所傳嘉定乙亥永嘉陳玉父本，最為近古。近時馮舒本據以校正，差為清整。然舒所校，有宋刻本誤而堅執以為不誤者③，如張衡《同聲歌》，譌"恐慄"為"恐瞟"④，譌"莞蕣"為"苑蕣"之類⑤，亦以古字假借，曲為之説，既牽强而難通。有宋刻本不誤而反以為誤者，如蘇武詩一首，舊本無題，而妄題為《留別妻》之類，復偽妄而無據。又有宋刻已誤，因所改而益誤者，如《塘上行》，據《宋書·樂志》改為魏武帝之類，全與原書相左，彌失其真。皆不可以為定。故容舒是編參考諸書，裒合各本，倣《韓文考異》之例，兩可者並存之，不可通者闕之。明人刊本，雖於義可通，而於古無徵者，則附見之。各箋其棄取之由，附之句下，引證頗為賅備。他如《塘上行》之有四説，劉勳妻詩之有三説，蘇伯玉妻詩誤作傅元，《吳興妖神》詩誤作"妓童"，徐悱詩誤作悱妻，其妻詩又誤作悱，梁武帝詩誤作古歌，以及徐幹《室思》本為六首，楊方《合歡》實共五篇，與王融、徐陵之獨書字，昭明太子之不入選，梁代帝王與諸臣並列之類，考辨亦頗詳悉。雖未必一一復徐陵之舊，而較明人任臆竄亂之本，則為有據之文矣。惟漢魏六朝諸作散見《永樂大典》者，所據皆宋刻精本，足資考證。案文淵閣書皆宋刻，見王肯堂《鬱岡齋筆塵》。以書藏中祕，非外閒之所能窺，其閒文句之殊，尚未能一一參訂。今並詳為校正，各加案語於簡端，以補其所遺焉。

【彙訂】

　　① 不收錄生存人著作，在《四庫全書》纂修時即已奉為準則。後漢趙岐撰《三輔決錄》，始定"其人既亡，行乃可述"之例，後世修史者多循此例。《四庫》既於每一書提要皆述作者生平，亦奉此"生不立傳"之義，不錄生存人，僅有少數特例。邵懿辰

《增訂四庫簡明目錄標註》謂"此書實文達（紀昀）自撰，歸之於父也"。國家圖書館藏有紀昀《〈玉臺新詠〉校正》稿本，前有自序，與《考異》實為一書，唯更改序文年代、署名。"余自雲南乞養歸"稿本作"予自西域從軍歸"，"林居無事"稿本作"是歲十月再入東觀"等。（王欣夫：《蛾術軒篋存善本書錄》；雋雪豔：《〈玉臺新詠考異〉為紀昀所作》）

②"茅國縉本"，殿本作"茅氏刊本"。

③"宋刻本誤"，殿本作"宋本所誤"。

④"恐慄"，底本作"恐懍"，據殿本改。此書卷一張衡《同聲歌》"恐栗若探湯"句下注云："慄，宋刻作瞵。《廣韻》注引《埤蒼》云：'瞵，一目病。'與栗字音義全別，無容假借。馮氏校本曲為回護，乃過擬宋刻之失。"

⑤"莞蒻"，底本作"莞弱"，據殿本改。此書《同聲歌》"思為莞蒻席"句下注云："莞，宋刻作苑，誤。馮氏指為通用，亦曲說也。"

高氏三宴詩集三卷附香山九老詩一卷（江蘇巡撫採進本）

唐高正臣編。所載皆同人會宴之詩。以一會為一卷，各冠以序，一為陳子昂，一為周彥暉，一為長孫正隱。三會正臣皆預，故彙而編之。與宴者凡二十一人，考之《新唐書》，有傳者三人，則陳子昂、郎餘令、解琬也。附見他傳者一人，則周思鈞也。見於《本紀》及《世系表》者一人，則張錫也。僅見於《世系表》者五人，則正臣及高瑾、王茂時、高紹、高嶠也。餘皆不詳顛末。案《世系表》，正臣曾為襄州刺史，不云衛尉卿，今詩後敘正臣及周思鈞事獨詳。所云"連姻帝室，寓居洛陽"，皆與諸序語合，似非無據。末又附《香山九老會詩》一卷,卷尾有"夷白堂重雕"字。考宋鮑慎由,字欽止,括蒼人,元祐六年進士,著有《夷白堂集》。此或慎由所刊歟?《九老會詩》已附見《白香山詩集》,而《三宴詩》之名新、舊《唐書》志皆不載。蓋當時編次詩歌,裝裱卷軸,如《蘭亭詩》之墨蹟流傳,但歸賞鑒之家,故不著藏書之錄。後好事者傳鈔成帙,乃列諸典籍之中耳[①]。惟輾轉繕錄,不免多謬。如以高嶠為司府郎中,《唐百官志》無此官,應從《世系表》改為司門郎中。又張錫於武后久視元年拜同平章事,本兗州東武城人,詩中誤以"錫東"為名。又弓嗣初、高瑾、周彥暉並曰"咸寧進士",唐無咸寧年號,惟高宗曾改元咸亨,"寧"字亦"亨"字之誤。茲並為改正云。

【彙訂】

① 鮑集原名《鮑吏部集》(見汪藻《浮溪集·鮑吏部集序》),直至鮑慎由謝世百年後其集才以《夷白堂小集》見錄於《直齋書錄解題》。《高氏三宴詩集》及《香山九老詩》,宋、元書目及有關文獻皆無著錄,當係明萬曆間以刻書知名於時的錢塘人楊爾曾(書鋪牌號為夷白堂)所刻。編者亦不可能為唐高正臣,而是明代書坊中妄人所為。(湯華泉:《關於四庫收錄的〈高氏三宴詩集〉的版本和編者問題》、《〈四庫提要〉訂正六則》)

篋中集一卷(江蘇巡撫採進本)

唐元結編。結有《次山集》,已著錄。是集成於乾元三年,錄沈千運、王季友、于逖、孟雲卿、張彪、趙微明[①]、元季川七人之詩,凡二十四首。前有自序,稱:"已長逝者遺文散失,方阻絕者不見近作。盡篋中所有,總編次之,命曰《篋中集》。"其詩皆淳古淡泊,絕去雕飾,非惟與當時作者門徑迥殊,即七人所作見於他集者,亦不及此集之精善。蓋汰取精華,百中存一。特不欲居刊薙之名,故託言篋中所有僅此云爾②。其沈千運《寄祕書十四兄》一首,較《河嶽英靈集》所載顛倒一聯,又少後四句,字句亦小有異同,而均以此本為勝③。疑結亦頗有所點定,《館閣書目》謂二十四首皆結作,則不然也。千運,吳興人,家於汝北。季友,河南人,家貧賣履,博極群書。豫章太守李勉引為賓客,杜甫詩所謂"豐城客子王季友"也。逖,里籍無考。李白、獨孤及皆有詩贈之。雲卿,河南人,或曰武昌人④,嘗第進士,官校書郎⑤。今所傳詩一卷,僅十七首,而悲苦之詞凡十三首,則亦不得志之士。彪,潁、洛閒人,杜甫詩所稱"張山人彪"者即其人。微明,天水人,名見竇臮《述書賦》。季川即結弟元融,獨書其字,未詳其故。或融之子孫所錄,如《玉臺新詠》之稱"徐孝穆"歟?

【彙訂】

① 趙微明當作趙徵明,文溯閣本提要不誤。(劉玉珺:《四庫唐集提要研究》)

② "託言",底本作"記言",據殿本改。

③ 此詩是王季友《寄韋子春》,《唐詩紀事》卷二六同,《河嶽英靈集》卷上作王季友《山中贈十四祕書山兄》。(楊守敬:《日本訪書志》;余嘉錫:《四庫提要辨證》)

④ "武昌",殿本作"成昌"。元結《送孟校書往南海》詩(《元次山集》卷三)前有小序云:"平昌孟雲卿,與元次山同州里,以詞學相友,幾二十年。"平昌縣屬德州平原郡。(傅璇琮主編:《唐才子傳校箋》)

⑤《唐詩紀事》卷二五、《唐才子傳》卷二均未言孟雲卿嘗進士及第,《全唐詩》卷一五七蓋混孟雲卿與孟彥深為一人,故云"第進士",《總目》襲之。(余嘉錫:《四庫提要辨證》)

河嶽英靈集三卷(江蘇巡撫採進本)

唐殷璠編。璠,丹陽人。序首題曰"進士",《書錄解題》亦但稱"唐進士",其始末則未詳也。是集錄常建至閻防二十四人,詩二百三十四首①,姓名之下各著品題,仿鍾嶸《詩品》之體。雖不顯分次第,然篇數無多,而釐為上、中、下卷,其人又不甚敘時代,毋亦隱寓鍾嶸三品之意乎?《文獻通考》作二卷,蓋字誤也②。其序謂"爰因退迹,得遂宿心",蓋不得志而著書者。故所錄皆淹蹇之士,所論多感慨之言。而序稱:"名不副實,才不合道,雖權壓梁、竇,終無取焉。"其宗旨可知也。凡所品題,類多精愜。"張謂"條下稱其《代北州老翁答湖上對酒行》,而集中但有《湖上對酒行》,無"代北州老翁答",疑傳寫有所脫佚。其中字句多與《國秀集》小異。又毛晉刊本"綦毋潛"條下註曰③:"小序與時刻不同。"蓋校刊者互有點竄,已非盡舊本矣。

【彙訂】

① 宋本《河嶽英靈集》二卷,卷首殷璠自敍云:"有詩二百三十四首,實闕其四。"明末汲古閣本析為三卷,其孟浩然詩視此減三首,以其二移置崔國輔名下,尚闕一首,乃襲自明嘉靖本。(張元濟:《寶禮堂宋本書錄》)

② 殷璠自敍云"分為上、下卷",故《新唐書·藝文志》、《直齋書錄解題》卷十五、《郡齋讀書附志》拾遺、《宋史·藝文志》皆作二卷,惟《崇文總目》、《通志·藝文略》作一卷,《文獻通考》即

引自《直齋書錄解題》。(余嘉錫：《四庫提要辨證》)

　　③ "刊本"，殿本作"刻本"。

　　國秀集三卷(江蘇巡撫採進本)

　　唐芮挺章編①。挺章，里貫未詳，諸書稱為國子進士，蓋太學生也。前有舊序，謂是集編於天寶三載②，凡九十人，詩二百二十首。宋元祐閒，曾彥和跋云："名欠一士，詩增一篇。"泊毛晉校刊，復謂"虛列三人"。今案編內，實八十五人，詩二百十一首③，晉未及詳檢也。唐以前編輯總集，以己作入選者，始見於王逸之錄《楚辭》，再見於徐陵之撰《玉臺新詠》。挺章亦錄己作二篇，蓋仿其例。然文章論定，自有公評，要當待之天下後世。何必露才揚己，先自表章？雖有例可援，終不可為訓。至舊序一篇，無作者姓氏，陳振孫《書錄解題》謂為樓穎所作。穎，天寶中進士，其詩亦選入集中。考梁昭明太子撰《文選》，以何遜猶在，不錄其詩，蓋欲杜絕世情，用彰公道。今挺章與穎④，一則以見存之人採錄其詩，一則以選己之詩為之作序，後來互相標榜之風，已萌於此⑤。知明人詩社錮習，其來有漸，非一朝一夕之故矣。以唐人舊本所選，尚有可採，仍錄存之。而特著其陋，以為文士戒焉。

　　【彙訂】

　　① 據序文，此書為芮侯所編。(朱吉餘：《國秀集的編輯年代與編者》)

　　② 此書目錄稱王維為尚書右丞，王為此官在乾元二年(759)，則此書之成必晚於乾元二年。序稱陳公、蘇公，陳即陳希烈，蘇為蘇源明。序又云"陳公已化為異物"，而未言蘇之亡，則

必作於蘇亡之前。據《杜詩詳註》卷十四《哭台州鄭司戶蘇少監》詩黃鶴注，蘇（源明）、鄭（虔）亡在廣德二年（764），《新唐書·鄭虔本傳》亦作廣德二年。則此書應成於乾元二年（759）至廣德元年（765）間，較"天寶三載（744）"晚十餘年。（同上）

③ 文淵、文津閣本皆收二百十六首。（劉玉珺：《四庫唐集提要研究》）

④ "挺章"，殿本作"挺章"，誤。

⑤ "一則以見存之人採錄其詩，一則以選己之詩為之作序，後來互相標榜之風"可溯源到僧慧凈《續詩苑英華》（有吳王諮議劉孝孫序，當編於貞觀十五年以前）。（傅璇琮、盧燕新：《〈續詩苑英華〉考論》）

唐御覽詩一卷（江蘇巡撫採進本）①

一名《唐歌詩》，一名《選進集》，一名《元和御覽》，唐令狐楚編。楚字殼士②，宜州華原人③。貞元七年登進士第，桂管觀察使王拱辟入幕。後歷辟太原節度判官，召授右拾遺，官至吏部尚書，檢校尚書左僕射，出為山南西道節度使，卒於官。事蹟具《唐書》本傳。是書乃憲宗時奉敕編進，其結銜題"翰林學士，朝議郎，守中書舍人"。考楚本傳稱皇甫鎛與楚厚善，薦為翰林學士，進中書舍人。元和十二年，裴度以宰相領彰義節度使，楚草制，其詞有所不合，停楚學士，但為中書舍人。則此書之進在元和十二年以前也。陸游《渭南文集》有是書跋曰④："右《唐御覽詩》一卷，凡三十人，二百八十九首，元和學士令狐楚所集也。案盧綸《墓碑》云：'元和中，章武皇帝命侍臣采詩，第名家得三百十一篇，公之章句奏御者居十之一。'今《御覽》所載綸詩三十二篇，正所謂居十之一者也。據此,則《御覽》為唐舊本不疑。然碑云'三百十一篇',而此纔二百八十九首,蓋散佚多矣。"云云。此本人數、詩數均與游所跋相合,蓋猶古本。所錄惟韋應物為天寶舊人,其餘李端、司空曙等皆大曆以下人,張籍、楊巨源並及於同時之人。去取凡例,不甚可解。其詩惟取近體,無一古體,即《巫山高》等之用樂府題者,亦皆律詩。蓋中唐以後,世務以聲病諧婉相尚,其奮起而追古調者,不過韓愈等數人。楚亦限於風氣,不能自異也。本傳稱楚"於牋奏制令尤善,每一篇成,人皆傳諷",《舊唐書‧李商隱傳》亦稱"楚能章奏,以其道授商隱",均不稱其詩。《劉禹錫集》和楚詩雖有"風情不似四登壇"句,而今所傳詩一卷,惟《宮中樂》五首、《從軍詞》五首、《年少行》四首差為可觀,氣格色澤皆與此集相同,蓋取其性之所近。其他如《郡齋詠懷》詩之"何時觟闉闍"、《九日言懷》詩之"二九即重陽"、《立秋日悲懷》詩之"泉終閉不開"、《秋懷寄錢侍郎》詩之"燕鴻一聲叫"、《和嚴司空落帽臺宴》詩之"馬奔流電妓奔車"、《郡齋栽竹》詩之"退公閒坐對嬋娟"、《青雲干呂》詩之"瑞容驚不散"、《譏劉白賞春不及》之"下馬貪趨廣運門",皆時作鄙句。而《贈毛仙翁》一首,尤為拙鈍,蓋不甚避俚俗者。故此集所錄如盧綸《送道士》詩、《駙馬花燭》詩,鄭鏦《邯鄲俠少年》詩,楊凌《閣前雙槿》詩,皆頗涉俗格,亦其素習然也。然大致雍容諧雅,不失風格,上比《篋中集》則不足,下方《才調集》則有餘,亦不以一二疵累棄其全書矣。

【彙訂】

①"唐",殿本無。

②"穀士",殿本作"愍士"。按,兩《唐書》令狐楚本傳、《唐詩紀事》卷四二、《唐才子傳》卷三均作"穀士"。"穀"同"愍"。

（楊武泉：《四庫全書總目辨誤》）

③ 劉禹錫《唐故相國贈司空令狐公集紀》曰：“公名楚，字殼士，敦煌人，今占數於長安右部。”又《和令狐僕射相公題龍回寺》詩自注：“相公家本咸陽，有喬木之思。”則敦煌乃郡望，後占籍咸陽（古人以西為右，咸陽正在長安西）。（尹楚兵：《唐五代作家考辨二題》）

④ 據《渭南文集》卷二十六《跋唐御覽詩》原文，“唐歌詩”乃“唐新詩”之誤。（劉玉珺：《四庫唐集提要研究》）

中興閒氣集二卷（江蘇巡撫採進本）

唐高仲武編。仲武自稱渤海人，然唐人類多署郡望，未知確貫何地也。是集前有自序云：“起至德初，迄大曆末，凡二十六人，詩一百四十首。”末有元祐戊辰曾子泓跋，稱獨遺鄭當一人，逸詩八首。蓋在宋時已殘闕，故陳振孫《書錄解題》云所選詩一百三十二首也。姓氏下各有品題，拈其警句，如《河岳英靈集》例，而張衆甫、章八元、戴叔倫、孟云卿、劉灣五人俱闕。考毛晉跋謂得舊鈔本，所闕張、章、戴諸評俱在，獨劉灣無考。故編中於四家姓氏之下，俱註云：“評載卷首。”今檢卷首無之，當由久而復佚耳。又案錢曾《讀書敏求記》謂得宋鋟本，如朱灣《詠玉》一首，“玉”字作“三”，蓋每句皆藏“三”字義也。後人不解詩義，翻謂“三”為譌字，妄改為《詠玉》。自元至明，刻本皆然。此本仍襲舊譌，知毛晉所云舊鈔本猶未足據也。仲武持論頗矜慎，其謂劉長卿“十首以後，語意略同，落句尤甚”，鑒別特精，而王士禎《論詩絕句》獨非之。蓋士禎詩修詞之功多於鍊意，其模山範水，往往自歸窠臼，與長卿所短頗同。殆以中其所忌，故有此自護之論耶？陸游集有是書跋曰："高適字仲武。此乃名仲武，非適也。"
然適自字達夫，游實誤記而誤辨①。至稱其"評品多妄"，又稱其
"議論凡鄙"，則尤不然。今觀所論，如杜誦之"流水生涯盡，浮雲
世事空"，語本習徑，而以為得生人始終之理；張繼之"女停襄邑
杼，農廢汶陽耕"，句太實相，而以為事理雙切，頗不免逗漏末派。
其餘則大抵精確，不識游何以詆之。至所稱錢起之"窮達戀明
主，耕桑亦近郊"、劉長卿之"得罪風霜苦，全生天地仁"，此自詩
人忠厚之遺，尤不得目以凡鄙。惟王世懋《藝圃擷餘》摘郎士元
"暮蟬不可聽，落葉豈堪聞"句，謂"聽"、"聞"合掌，而仲武稱其工
於發端。則切中其失，不為苛論矣。

【彙訂】

①《郡齋讀書志》《高適集》條云："高適達夫，又字仲武，渤
海人。"陸游所言非無據。（陳樂素：《宋史藝文志考證》）

極元〔玄〕集二卷（江蘇巡撫採進本）

唐姚合編。合有《詩集》，已著錄。合為詩刻意苦吟，工於點
綴小景，搜求新意，而刻畫太甚，流於纖仄者亦復不少。宋末江
湖詩派皆從是導源者也。然選錄是集，乃特有鑒裁。所取王維
至戴叔倫二十一人之詩，凡一百首，今存者凡九十九。合自稱為
"詩家射雕手"，亦非虛語。計敏夫《唐詩紀事》凡載集中所錄之
詩，皆註曰"右姚合取為《極元集》"，蓋宋人甚重其書矣。二十一
人之中，惟僧靈一、法振、皎然、清江四人不著始末，祖詠不著其
字，暢當字下作二方空①，蓋原本有而傳寫佚闕。其餘則凡字及
爵里與登科之年②，一一詳載。觀劉長卿名下註曰"宣城人"，與
《唐書》稱"河間人"者不同。又皇甫曾註天寶十二載進士，皇甫

冉註天寶十五載進士,以登科先後為次,置曾於冉之前,與諸書稱兄弟同登進士者亦不同。知為合之原註,非後人鈔撮諸書所增入③。總集之兼具小傳,實自此始,亦足以資考證也。

【彙訂】

① "二",底本作"一",據此集卷上"暢當"條及殿本改。

② "凡",殿本無。

③ 韋莊《又玄集序》、《新唐書·藝文志》、《崇文總目》卷五、《直齋書錄解題》卷一五、《宋史·藝文志》均著錄此書作一卷,汲古閣影宋抄本也作一卷。各人名下均無小傳,今存唐宋以前文獻亦未引錄或提及其中小傳。今本各小傳內容大多可從唐宋典籍中找到出處,且頗多與史實有出入處。可知絕非出自姚合所記,而是南宋以後人在將該書析為二卷時抄撮剪裁諸書而成。(傅璇琮主編:《唐才子傳校箋》)

　　松陵集十卷(編修汪如藻家藏本)

　　唐皮日休、陸龜蒙等倡和之詩。考卷端日休之序,則編而成集者龜蒙,題集名者日休也。龜蒙有《耒耜經》,日休有《文藪》,皆已著錄。依韻倡和,始於北魏王肅夫婦。至唐代,盛於元、白,而極於皮、陸。蓋其時崔璞以諫議大夫為蘇州刺史,辟日休為從事,而龜蒙適以所業謁璞,因得與日休相贈答。同時進士顏萱,前廣文博士張賁,進士鄭璧、司馬都,浙東觀察推官李縠,前進士崔璐,及處士魏朴、羊昭業等亦相隨有作,裒為此集。序稱共詩六百八十五首。今考集中,日休、龜蒙各得往體詩九十三首,今體詩一百九十三首,雜體詩三十八首,又聯句及問答十有八首。外顏萱得詩三首,張賁得詩十四首,鄭璧得詩四首,司馬都得詩二首,李穀得詩三首,崔璐、魏朴、羊昭業各得詩一首,崔璞亦得詩二首。其他如清遠道士、顏真卿、李德裕、幽獨君等五首,皆以追錄舊作,不在數內,尚得詩六百九十八首①,與序中所列之數不符,豈序以傳寫誤歟? 明宏治壬戌,吳江知縣濟南劉濟民以舊本重刊,都穆為之跋尾,歲久漫漶。毛晉又得宋槧本重校刻之,今所行者皆毛本。唐人倡和裒為集者凡三。《斷金集》久佚,王士禎記湖廣莫進士有《漢上題襟集》,求之不獲,今亦未見傳本。其存者惟此一集。錄而存之,尚可想見一時文雅之盛也。

【彙訂】

① 據《總目》所列,合計應為六百九十七首。《四庫》本實收六百九十一首。(賈晉華:《唐代集會總集與詩人群研究》)

　　二皇甫集七卷(江蘇蔣曾塋家藏本)

　　唐皇甫冉、皇甫曾兄弟合集也。冉字茂政,丹陽人。天寶十五載進士,大曆中官至左補闕。曾字孝常,天寶十二載進士,官至監察御史①,謫陽翟令以終。曾集一卷,與《書錄解題》合;冉集六卷,較《書錄解題》多五卷。然曾集前有大曆十年獨孤及序②,稱“三百有五十篇”,而此本僅二百三十四篇③,則已佚其一百十六篇。又《酬楊侍御寺中見招》、《送薛判官之越》、《送魏中丞還河北》、《賦得越山》皆三韻律詩,而編五言古詩中。《奉寄皇甫補闕》六言一首,乃張繼詩,冉有答詩並序可證,而亦編為冉詩。知舊本附答詩後,重刊者分體編次,乃雜入六言詩中,遂誤為冉詩,則並次第亦非其舊。觀其與曾集皆以五言排律別立一體,非惟唐無此名,即宋、元亦尚無此名④。其為高棅以後不學者所竄亂,審矣⑤。前有王廷相序,後有楊慎跋,並稱河中劉潤之輯《二皇甫集》。然則此集即潤之所編也。

【彙訂】

① 獨孤及《唐故左補闕安定皇甫公集序》(《毘陵集》卷十三)稱"君母弟殿中侍御史曾"，則皇甫曾之官乃殿中侍御史，非監察御史。(李裕民：《四庫提要訂誤》)

② 此序乃為皇甫冉撰。中云皇甫冉"大曆二年，遷左拾遺，轉右補闕。奉使江表，因省家丹陽，朝廷虛三署郎位以待君之復，不幸短命，年方五十四而歿"。其卒當在大曆三、四年間。而序中記皇甫曾"除喪"後即"銜痛"編集，托之作序。則此序當作於大曆四、五年間。(楊武泉：《四庫全書總目辨誤》)

③ "二百三十四"，底本作"一百三十四"，據殿本改。文淵閣《四庫》本八卷，前七卷為皇甫冉集，實收二百三十一首。

④ "宋元"，殿本作"宋代"，誤。高棅乃明人。

⑤ 《總目》卷一八八《唐音》條云："排律之名亦因此書，非(高)棅創始也。"卷一八九《唐詩品彙》條又云："至排律之名，古所未有。楊仲弘撰《唐音》，始別為一目。棅祖其說，遂至今沿用。"(胡玉縉：《四庫全書總目提要補正》)

唐四僧詩六卷(編修汪如藻家藏本)

唐僧靈澈詩一卷，靈一詩二卷，清塞詩二卷，常達詩一卷。案《書錄解題》載靈澈、靈一集，皆一卷，而清塞與常達失載。是集合而輯之，不知何人所編。靈澈、靈一及常達集前，各載宋沙門贊寧奉敕所撰本傳一篇，惟清塞無之①，蓋贊寧作《高僧傳》時偶遺其名也②。靈澈詩前有劉禹錫序一篇，《文獻通考》亦引之，蓋靈澈當時與僧皎然遊，得見知於侍郎包佶、李紓，故來往長安，其名較著,得以求序於名流。然禹錫序其詩凡十卷,茲僅一卷,則亦吉光片羽,非其完書矣。靈澈姓湯,字源澄,越州人。靈一姓吳,廣陵人。常達姓顧,字文舉,海隅人。清塞即周朴,其人後返初服,不應列為四僧。語詳李龏《宏秀集》條下,茲不具論焉。

【彙訂】

①"惟清塞無之",殿本無。

②"蓋贊寧作高僧傳時偶遺其名也",殿本作"蓋自贊寧續高僧傳中錄出"。按,《高僧傳》,梁僧慧皎撰;《續高僧傳》,唐釋道宣撰;贊寧則繼道宣書作《宋高僧傳》,說詳卷一四五"宋高僧傳"條訂誤。

薛濤李冶詩集二卷(編修汪如藻家藏本)

薛濤,蜀中妓;李冶,烏程女道士。濤與元稹相倡和,冶亦嘗與劉禹錫游,皆中唐人也①。《書錄解題》載薛濤詩一卷,李冶詩一卷,今皆不傳。此本皆後人鈔撮而成。濤集中如"聞道邊城苦"一首,兼載洪邁《唐人萬首絕句》、計有功《唐詩紀事》、楊慎《升菴詩話》之說,一詩兩見。又《唐詩紀事》之《五離詩》、《唐摭言》之《十離詩》,乃一事譌傳,其文互異,亦相連並載,其編輯頗為詳慎。附以補遺三篇,又採摭濤傳及諸書所載事蹟,考證亦殊賅備。冶集僅詩十四首,然其中《恩命追入留別廣陵故人》一首②,詳其詞意,不類冶作。殆好事者欲裒冶詩與濤相配,病其太少,姑摭他詩足之也③。濤《送友人》及《題竹郎廟》詩為向來傳誦,然如《籌邊樓》詩曰:"平臨雲鳥八窗秋,壯壓西南四十州。諸將莫貪羌族馬,最高層處見邊頭。"其託意深遠,有"魯嫠不恤緯,漆室女坐嘯"之思,非尋常裙屐所及,宜其名重一時。冶詩以五言擅長,如《寄校書七兄》詩、《送韓揆之江西》詩、《送閻二十六赴剡縣》詩,置之"大曆十子"之中,不復可辨。其風格又遠在濤上,未可以篇什之少棄之矣。

【彙訂】

①《中興間氣集》卷下載李冶與劉長卿等集開元寺,《唐詩紀事》卷二八曰"劉長卿謂季蘭(李冶字)為女中詩豪",《總目》誤長卿為禹錫。李冶死於興元元年,禹錫生於大曆七年,至是年始十三歲。(余嘉錫:《四庫提要辨證》)

②"唐陵",文溯閣本提要作"廣陵"。文淵、文津閣本及影宋鈔本《才調集》均作"廣陵"。(劉玉珺:《四庫唐集提要研究》)

③《唐才子傳》卷二李季蘭本傳明載有"恩命追入"之事。(余嘉錫:《四庫提要辨證》)

竇氏聯珠集五卷(兩江總督採進本)

唐西江褚藏言所輯竇常、竇牟、竇群、竇庠、竇鞏兄弟五人之詩,人為一卷,每卷各有小序,詳其始末。常字中行,官國子祭酒;牟字貽周,官國子司業;群字丹列,官容管經略;庠字胄卿,官婺州刺史;鞏字友封,官祕書少監,皆拾遺叔向之子。群、庠以薦辟,餘皆進士科。叔向有集一卷,常有集十八卷,見《唐書·藝文志》,今並不傳,此集五卷,《唐志》亦著錄。而宋時傳本頗稀,故劉克莊《後村詩話》稱:"惜未見《聯珠集》。"此本為毛晉汲古閣所刊,末有張昭跋,署"戊戌歲",晉高祖天福三年也。又有和峴跋及和嶠題字,署甲子歲,為宋太祖乾德二年。峴,凝之子。嶠,峴之弟。峴跋稱借鈔於致政大夫,即張昭也。又有淳熙戊戌王崧跋,亦稱"世少其本,今刊諸公府"。蓋鈔寫流傳,至南宋始有槧州雕版耳。最後為毛晉跋，引洪邁《容齋隨筆》及計有功《唐詩紀事》，附載叔向詩九篇，又補鞏詩六篇不載於此集者。褚藏言序稱牟、群、庠、鞏之集，並未遑編錄，蓋遺篇散見者也。又稱手錄《唐書》列傳於後，而此本無之，殆偶佚耶？集中附載楊憑、韓愈、韋執中①、李益、武元衡、韋貫之、劉伯翁、韋渠牟、元稹、白居易、裴度、令狐楚諸詩，蓋《謝朓集》中附載王融之例。庠詩一首，常詩一首，亦附載牟集之中，不入本集。蓋古人倡和，意皆相答，不似後來之泛應。必聚而觀之，乃互見作者之意。是亦編次之不苟耳。

【彙訂】

①　"韋執中"，殿本作"韋執誼"，誤。此集卷二有韋執中《陪韓院長韋河南同尋劉師不遇》詩，《全唐詩》卷三一三所錄亦同。

才調集十卷（江蘇巡撫採進本）

蜀韋縠編。縠仕王建為監察御史，其里貫事蹟皆未詳①。是集每卷錄詩一百首，共一千首。自序稱："觀李、杜集，元、白詩。"而集中無杜詩。馮舒評此集，謂崇重老杜，不欲芟擇。然實以杜詩高古，與其書體例不同，故不採錄。舒所說非也。其中頗有舛誤，如李白錄《愁陽春賦》，是賦非詩；王建錄《宮中調笑詞》，是詞非詩，皆乖體例。賀知章錄《柳枝詞》乃劉采春女所歌，非知章作，其曲起於中唐，知章時亦未有；劉禹錫錄《別蕩子怨》，乃隋薛道衡《昔昔鹽》②；王之渙錄《惆悵詞》，所咏乃崔鶯鶯、霍小玉事，之渙不及見，實王渙作，皆姓名譌異。然頗有諸家遺篇，如白居易《江南贈蕭十九》詩③、賈島《贈杜駙馬》詩，皆本集所無④；又沈佺期《古意》，高棅竄改成律詩；王維《渭城曲》"客舍青青楊柳春"句,俗本改為"柳色新"⑤;賈島《贈劍客》詩"誰為不平事"句,俗本改為"誰有"⑥。如斯之類,此書皆獨存其舊,亦足資考證也。穀生於五代文敝之際,故所選取法晚唐,以穠麗宏敞為宗,救餖疎淺弱之習,未為無見。至馮舒、馮班意欲排斥宋詩,遂引其書於崑體,推為正宗。不知李商隱等,《唐書》但有"三十六體"之目。所謂西崑體者,實始於宋之楊億等,唐人無此名也。

【彙訂】

①《十國春秋》卷五六"後蜀九"有《韋穀傳》,王士禎《才調集選》序文中亦作"孟蜀監察御史"。"仕王建為監察御史",未知所據。(傅璇琮、龔祖培:《才調集考》)

② 汲古閣本、日本藏舊鈔本、文淵閣《四庫》本《才調集》,此首皆在劉長卿詩內。(楊守敬:《日本訪書志》)

③ 詩題應為《江南喜逢蕭九徹因話長安舊游戲贈五十韻》。(傅璇琮、龔祖培:《才調集考》)

④ 明刻仿宋本《長江集》有《上杜駙馬》詩,則非本集所無。(近藤光男:《四庫全書總目提要唐詩集の研究》)

⑤《東坡集》有《陽關曲》三首,第二句第五字皆仄,疑"楊柳春"非也。(胡玉縉:《四庫全書總目提要補正》)

⑥《四部叢刊》所收影宋抄本、文淵閣《四庫》本《才調集》卷一皆作"誰有不平事"。(傅璇琮、龔祖培:《才調集考》)

搜玉小集一卷(江蘇巡撫採進本)

不著編輯者名氏。鄭樵《通志》已載之,則其來舊矣①。舊目題凡三十七人,詩六十三首,此本但三十四人,詩六十二首。蓋毛晉重刊所釐定,所註考證頗詳。然胡鵠等三人有錄無詩,晉並刪其姓氏，已非闕疑存舊之意。又人闕其三，而詩僅闕其二②，不足分配，三人必有一人之詩溷於他人名下矣。則所訂亦未確也。其次第為晉所亂，不可復考。既不以人敘，又不以體分，編次參差，重出疊見，莫能得其體例③。徒以源出唐人，聊存舊本云爾。

【彙訂】

①《新唐書·藝文志》已著錄《搜玉集》十卷。（余嘉錫：《四庫提要辨證》）

② 若“舊目題凡三十七人，詩六十三首，此本但三十四人，詩六十二首”，則下文應作“人闕其三，而詩僅闕其一”；若“詩僅闕其二”不誤，則上文應作“此本但三十四人，詩六十一首”。毛晉注云：“今三十四人，共六十一首。”文淵閣《四庫》本實際收錄三十四人，詩六十首。則胡皓（毛晉誤作胡鵠）、王翰、李澄之三人之詩或溷入他人名下。如《全唐詩》卷一〇八有胡皓《大漠行》，即與此集中署崔湜《大漠行》文同。（同上）

③ 其書實以應制、從軍、出塞、弔古、遠別等類相從，先後次序，莫不有意，此必唐人原本如此。（同上）

古文苑二十一卷（兩淮馬裕家藏本）

不著編輯者名氏。《書錄解題》稱：“世傳孫洙巨源於佛寺經龕中得之，唐人所藏。所錄詩賦雜文，自東周迄於南齊，凡二百六十餘首，皆史傳、《文選》所不載。”然所錄漢、魏詩文，多從《藝文類聚》、《初學記》刪節之本①，《石鼓文》亦與近本相同。其真偽蓋莫得而明也。南宋淳熙間，韓元吉次為九卷。至紹定間，章樵為之註釋。明成化壬寅，福建巡按御史張世用得本刊之。樵序稱："有首尾殘闕者,姑存舊編。復取史册所遺,以補其數,釐為二十卷。"又有雜賦十四首,頌三首,以其文多不全,別為一卷,附於書末,共為二十一卷。則已非經龕之舊本矣。中閒王融二詩,題為謝朓,蓋因附見朓集而誤;又《文木賦》出《西京雜記》,乃吳均所為[2],見段成式《酉陽雜俎》,亦不能辨別,則編錄未為精核。至《柏梁》一詩,顧炎武《日知錄》據所註姓名,駁其依託。錢曾《讀書敏求記》則謂舊本但稱官位,自樵增註,妄以其人實之,因啟後人之疑。又如宋玉《釣賦》"蜎淵"誤作"元洲",《曹夫人書》"官綿"誤作"官錦",皆傳寫之譌,而註復詳為之解,王應麟《困學紀聞》亦辨之。則註釋亦不能無失。然唐以前散佚之文,閒賴是書以傳,故前人多著於錄,亦過而存之之意歟?據此書所題。樵字升道,臨安人,以朝奉郎知吳縣事。成化《杭州府志》則作昌化人,知處州事。《宋詩紀事》亦作昌化人。其號曰峒麓,嘉定元年進士,歷官知漣海軍,授朝散郎知處州。蓋昌化即臨安屬縣,此書舉其郡名。處州乃所終官,此書則其知吳縣時所註也。

【彙訂】

①《古文苑》雖編於北宋,但所收錄的二百六十四篇作品中,有一百零三篇不見於《藝文類聚》、《初學記》,互見收錄者,也有許多篇章的文字遠遠多於兩部類書或頗多異文。(李芳:《〈古文苑〉初探》)

②《西京雜記》非吳均撰,説詳卷八七"別本讀書叢殘"條訂誤。

文苑英華一千卷(御史劉錫嘏家藏本)

宋太平興國七年,李昉、扈蒙、徐鉉、宋白等奉敕編,續又命蘇易簡、王祐等參修，至雍熙四年書成[1]。“宋四大書”之一也。
梁昭明太子撰《文選》三十卷，迄於梁初。此書所錄，則起於梁
末，蓋即以上續《文選》。其分類編輯，體例亦略相同，而門目更
為繁碎。則後來文體日增，非舊目所能括也。周必大《平園集》
有是書跋，稱：“《太平御覽》、《册府元龜》，今閩、蜀已刊。惟《文
苑英華》士大夫閒絕無而僅有。蓋所集止唐文章，如南北朝閒存
一二[2]。是時印本絕少，雖韓、柳、元、白之文，尚未甚傳。其他
如陳子昂、張說、張九齡、李翱諸名士文籍，世尤罕見。故修書官
於柳宗元、白居易、權德輿、李商隱、顧云、羅隱，或全卷收入。當
真宗朝，姚鉉銓擇十一，號《唐文粹》[3]，由簡故精，所以盛行。近
歲唐文摹印浸多[4]，不假英華而傳，其不行於世則宜。”云云。蓋
六朝及唐代文集[5]，南宋初存者尚多，故必大之言如是。迄今四
五百年，唐代詩集已漸減於舊，文集則《宋志》所著錄者殆十不存
一。即如李商隱《樊南甲乙集》，久已散佚，今所存本，乃全自是
書錄出。又如《張說集》，雖有傳本，而以此書所載互校，尚遺漏
雜文六十一篇。則考唐文者，惟賴此書之存，實為著作之淵海。
與南宋之初，其事迥異矣。書在當時，已多譌脫，故方崧卿作《韓
集舉正》，朱子作《韓文考異》，均無一字之引證[6]。彭叔夏嘗作
《辨證》十卷，以糾其舛漏重複。然如劉孝威《紹古詞》，一收於二
百三卷，一收於二百五卷，而字句大同小異者，叔夏尚未及盡究
也。此本為明萬曆中所刊[7]，校正頗詳，在活字版《太平御覽》之
上。而卷帙浩繁，仍多疏漏。今參核諸書，各為釐正。其無別本
可證者，則姑仍其舊焉。

【彙訂】

①《直齋書錄解題》卷十五：“至雍熙三年書成。”《續資治通

鑑長編》卷二七："（雍熙三年十二月）壬寅,上之。"（張澤咸:《中國古代史料學·隋唐五代史史料》）

②《文苑英華》卷二〇二節選"建安七子"之一徐幹《室思詩》六章之三,題為《自君之出矣》;卷一五七收魏時人程曉《嘲熱客》,題為《伏日作》。則此書所錄起於曹魏。另此書至少收錄南朝宋時三人六首作品,南齊四人六首,南梁八十四人六百十三首。且如丘遲、沈約之作,不乏與《文選》重複收錄者。（凌朝棟:《〈文苑英華〉收錄詩文上限考略》）

③ 姚鉉《文粹序》云:"大中祥符紀號之四祀,皇帝祀汾陰后土之月,吳興姚鉉集《文粹》成。"可見此書編成於大中祥符四年（1011）二月。《文粹序》又說:"十年於茲,始就厥志。"可見《唐文粹》的編選開始於宋真宗咸平五年（1002）。而《文苑英華》的編修始於太平興國七年（982）,初稿完成於雍熙三年（987）十二月。本擬與《文選》一同刊印,但由於"編次未精",在宋真宗景德四年（1007）又重新編選,於真宗大中祥符二年（1009）復校。大中祥符八年（1015）校勘稿又毀於"宮城火"。直到宋孝宗時期,"以祕閣本多舛錯,命周必大校讎以進。淳熙八年（1181）正月二十二日,以一百十冊藏祕閣"。現在所見到的最早的《文苑英華》刊本,即寧宗嘉泰元年（1201）開雕,嘉泰四年（1204）完成的周必大校本。可知姚鉉在編纂《唐文粹》時是不可能看到《文苑英華》的。《唐文粹》詩歌的總數約為九百八十一首。除掉作者有爭議的作品,兩書均選錄的共有一百八十首左右,約占《文苑英華》詩歌總量的十分之一,約占《唐文粹》詩歌總量的五分之一,重合率很小。且周必大奉命校讎《文苑英華》,實際參加校訂的主要是周氏的門生胡柯、彭叔夏等。彭氏等人使用的主要參校本之一

就是《唐文粹》。説明《唐文粹》與《文苑英華》源出兩途。（郭勉
愈：《〈唐文粹〉"銓擇"〈文苑英華〉説辨析》）

④"浸"，底本作"漫"，據周必大序原文及殿本改。（陳尚
君、張金耀主撰：《四庫提要精讀》）

⑤"文集"，殿本作"文章"。

⑥《韓集舉正》徵引《文苑英華》數百處，《韓文考異》亦間有
徵引。（陳尚君、張金耀主撰：《四庫提要精讀》）

⑦《四庫》底本實爲明隆慶刻本在萬曆年間的重印本，對原
版有所修補。（同上）

文苑英華辨證十卷（内府藏本）

宋彭叔夏撰。叔夏，廬陵人。自署曰鄉貢進士，其始末未
詳。《江西通志》亦但列其名於"紹熙壬子鄉舉"條下①，不爲立
傳，蓋已無考矣。是書蓋因周必大所校《文苑英華》而作。考必
大《平園集》有《〈文苑英華〉跋》曰："孝宗皇帝欲刻江鈿《文海》，
臣奏其去取差謬不足觀，乃詔館閣裒集《皇朝文鑑》。臣因及《文
苑英華》，雖祕閣有本，然舛誤不可讀。俄聞傳旨取入，遂經乙
覽。時御前置校正書籍一二十員，往往妄加塗註，繕寫裝飾，付
之祕閣。頃嘗屬荆帥范仲藝筠倅丁介，稍加校正。晚幸退休，求
別本與士友詳議，疑則闕之。惟是元修書非出一手，叢脞重複，
首尾衡决。一詩或析爲二，二詩或合爲一。姓名差互，先後顛
倒，不可勝計。其中賦多用'員來'，非讀《泰誓》正義，安知今日
之'云'字乃'員'之省文？以'堯韭'對'舜榮'，非讀《本草註》，安
知其爲'菖蒲'？又如'切磋'之'磋'、'馳驅'之'驅'、'挂帆'之
'帆'、'仙裝'之'裝'，《廣韻》各有側音，而流俗改'切磋'爲'效

課',以'駐'易'驅',以'席'易'帆',以'仗'易'裝'。今皆正之,詳註逐篇之下,不復徧舉。始於嘉泰初年,至四年秋訖工。"云云。是書之首亦有嘉泰四年叔夏自序,稱:"益公先生退老邱園,命以校讎,考訂商榷用功為多。散在本文,覽者難徧。因薈粹其說,以類而分,各舉數端,不復具載。"云云。則必大所稱"與士友詳議"者,蓋即叔夏。故與必大校本同以嘉泰四年成書也。所分諸類,一曰用字,為目凡三;二曰用韻,為目凡二;三曰事證,無子目;四曰事誤,為目凡二;五曰事疑,無子目;七曰人名,為目凡五;八曰官爵,為目凡三;九曰郡縣,為目凡三;十曰年月,為目凡四;十一曰名氏,為目凡三;十二曰題目,為目凡二;十三曰門類,無子目;十四曰脫文,為目凡四;十五曰同異,十六曰離合,十七曰避諱,十八曰異域,十九曰鳥獸,二十曰草木,均無子目;二十一曰雜錄,為目凡五②。其中如磋、驅、帆、裝諸字,與必大所舉者合。然序文稱:"小小異同,在所弗錄。原註頗略,今則加詳。其未註者,仍附此篇。"則視必大原本亦多所損益矣。《文苑英華》本繼《文選》而作,於唐代文章採摭至備,號為詞翰之淵藪。而卷帙既富,牴牾實多,在宋代已無善本。近日所行,又出明人所重刊,承訛踵謬,抑又甚矣。叔夏此書考核精密,大抵分承譌當改、別有依據不可妄改、義可兩存不必遽改三例。中如杜牧《請追尊號表》,以"高宗伐鬼方"為出《尚書》,顯然誤記。而叔夏疑是逸《書》,未免有持疑不決之處。然其用意謹嚴,不輕點竄古書,亦於是可見矣。

【彙訂】

① "條",殿本作"傳",誤。

② 書中分類實只二十例,《總目》所列無"六曰",文淵閣本

書前提要不誤。（周錄祥：《〈四庫全書簡明目錄・集部〉訂誤》）

唐文粹一百卷（内府藏本）

宋姚鉉編。陳善《捫蝨新話》以為徐鉉者，誤也。鉉字寶臣，廬州人，自署郡望，故曰吳興。太平興國中第進士，官至兩浙轉運使。事蹟具《宋史》本傳①。是編文、賦惟取古體，而四六之文不錄；詩歌亦惟取古體，而五、七言近體不錄。考阮閱《詩話總龜》載鉉於淳化中侍宴，賦賞花釣魚七言律詩，賜金百兩，時以比"奪袍賜花"故事。又江少虞《事實類苑》載鉉詩有"疎鐘天竺曉，一雁海門秋"句，亦頗清遠。則鉉非不究心於聲律者。蓋詩文儷偶，皆莫盛於唐。盛極而衰，流為俗體，亦莫雜於唐。鉉欲力挽其末流，故其體例如是。於歐、梅未出以前，毅然矯五代之弊，與穆修、柳開相應者，實自鉉始。其中如杜審言"臥病人事絕"一首，較集本少後四句，則鉉亦有所删削②。又如岑文本《請勤政改過疏》之類，皆《文苑英華》所不載，其蒐羅亦云廣博。王得臣《麈史》乃譏其未見《張登集》，殊失之苛。惟文中芟韓愈《平淮西碑》，而仍錄段文昌作，未免有心立異③。詩中如陸龜蒙《江湖散人歌》、皎然《古意》詩之類，一概收之，亦未免過求朴野，稍失別裁。然論唐文者，終以是書為總匯，不以一二小疵掩其全美也。

【彙訂】

①《宋史・文苑・姚鉉傳》："字寶之。"雍正《江南通志》卷一八七《文苑・廬州府人物》、光緒《安徽通志》卷二二八《人物志・文苑・廬州府》"姚鉉"條亦同。（楊武泉：《四庫全書總目辨誤》）

②"所"，殿本無。

③ 據《舊唐書·韓愈傳》,詔令磨去韓愈所撰《平淮西碑》,而命段文昌重撰文勒石。則姚鉉在碑類選用段文并非有心立異。(曾貽芬、崔文印:《中國歷史文獻學史述要》)

西崑酬唱集二卷(編修汪如藻家藏本)

不著編輯者名氏。前有楊億序,稱卷帙為億所分,書名亦億所題,而不言裒而成集出於誰手。考田況《儒林公議》云:"楊億兩禁①,變文章之體。劉筠、錢惟演輩從而效之,以新詩更相屬和。億後編敘之②,題曰《西崑酬唱集》。"然則即億編也。凡億及劉筠、錢惟演、李宗諤、陳越、李維、劉騭、刁衎、任隨、張詠、錢惟濟、丁謂、舒雅、晁迥、崔遵度、薛映③、劉秉十七人之詩④,而億序乃稱屬而和者十有五人,豈以錢、劉為主,而億與李宗諤以下為十五人歟⑤? 詩皆近體,上卷凡一百二十三首,下卷凡一百二十五首,而億序稱二百有五十首,不知何時佚二首也⑥。其詩宗法唐李商隱,詞取妍華而不乏興象,效之者漸失本真,惟工組織,於是有優伶摀搎之戲。石介至作《怪說》以刺之⑦,而祥符中遂下詔禁文體浮艷。然介之說,蘇軾嘗辨之。真宗之詔,緣於《宣曲》一詩有"取酒臨邛"之句。陸游《渭南集》有《西崑詩跋》,言其始末甚詳,初不緣文體發也。其後歐、梅繼作,坡、谷迭起,而楊、劉之派遂不絕如綫。要其取材博贍,練詞精整,非學有根柢,亦不能鎔鑄變化,自名一家,固亦未可輕訾。《後村詩話》云:"《西崑酬唱集》對偶字面雖工,而佳句可錄者殊少,宜為歐公之所厭。"又一條云:"君僅以詩寄歐公⑧。公答云:'先朝劉、楊風采聳動天下,至今使人傾想。'豈公特惡其碑版奏疏,其詩之精工穩切者自不可廢歟?"二說自相矛盾。平心而論,要以後說為公矣。

其書自明代以來,世罕流布⑨。毛奇齡初得舊本於江寧,徐乾學為之刻版,以剞劂未工,不甚摹印。康熙戊子,長洲朱俊升又重鐫之,前有常熟馮武序⑩。馮舒、馮班本主西崑一派,武其猶子,故於是書極其推崇。然武謂:"元和、大和之際,李義山傑起中原,與太原溫庭筠、南郡段成式,皆以格調清拔、才藻優裕,為西崑三十六體⑪。以三人俱行十六也。"考《唐書》但有"三十六體"之説,無"西崑"字。億序是集,稱取"玉山策府"之名,題曰《西崑酬唱集》。則"三十六"與"西崑"各為一事,武乃合而一之,誤矣。

【彙訂】

①《儒林公議》原文作"楊億在兩禁"。

②"後",殿本作"復"。《儒林公議》原文作"乃"。

③"薛映",殿本作"薛暎",誤。此集卷下《清風十韻》、《戊中年七夕五絕》有薛映所和詩作。《宋史》卷三百五有《薛映傳》。

④ 明嘉靖玩珠堂刻本此集僅書"秉"名,不著其姓。清代刻本始作劉秉。史料未載真宗朝有劉秉其人,應係張秉之誤,《宋史》卷三百一有《張秉傳》。(王仲犖:《西崑酬唱詩人略傳》)

⑤ 劉克莊《後村詩話續集》卷四:"今考十五人者,丁謂、刁衎、張詠、晁迥、李宗諤、薛映、陳越、李維、劉騭、舒雅、崔遵度、任隨、錢惟濟,有名秉不著姓,王沂公只有一篇,在卷末。"或後世傳本脱王曾,故只十七人。(黃永年:《釋西崑酬唱集作者人數及篇章數》;祝尚書:《宋人總集敘錄》)

⑥ 今本《西崑酬唱集》上卷收詩一百二十三首,下卷收詩一百二十七首,都凡二百五十首。明嘉靖玩珠堂刻本卷首楊億原序、《後村詩話續集》卷四引楊序、《郡齋讀書志》(衢本)卷二○著錄、《讀書敏求記》卷四下《西崑酬唱集跋》、《帶經堂詩話》卷六等

均作二百四十七首。唯《四庫》所據朱俊升聽香樓刻本卷首楊序謂"凡五、七言律詩二百五十章",疑係剜改。除脱王曾一首,卷上錢惟演《夜意》、卷下楊億《因人話建溪舊居》均有唱無酬,疑為屛入之作。(黃永年:《釋西崑酬唱集作者人數及篇章數》;祝尚書:《宋人總集敘錄》)

⑦"剌",殿本作"剌",誤。

⑧《後村詩話》卷二原文作"君謨以詩寄歐公"。(司馬朝軍:《四庫全書總目精華錄》)

⑨"世",殿本作"早"。

⑩馮武序所謂"西河毛季子"為毛晉第五子毛扆,西河乃其郡望,非指毛奇齡。(黃永年:《釋西崑酬唱集作者人數及篇章數》;祝尚書:《宋人總集敘錄》)

⑪"體",馮武序原文及殿本無。

同文館唱和詩十卷(浙江鮑士恭家藏本)

宋鄧忠臣等撰。同文館本以待高麗使人,時忠臣等司考校①,即其地為試院。因錄同舍唱和之作,彙為一編。案《宋史·藝文志》有蘇易簡《禁林宴會集》、歐陽修《禮部唱和詩集》,此書獨不著錄。《宋志》最為舛漏,蓋偶遺之。其相與酬答者,忠臣而外,為張耒、晁補之、蔡肇、余幹、耿南仲、商倚、曹輔、柳子文、李公麟、孔武仲等凡十一人。又有但題其名曰向、曰益,而不著姓者二人。益疑即溫益,向則不知何人也。耒、補之、肇、南仲、公麟、武仲、益七人,《宋史》有傳,忠臣、倚並入元祐黨籍,惟幹、子文行事不概見。輔亦非靖康時為樞筦者,樓鑰誤合為一,王應麟《困學記聞》已辨之矣。集中不著唱和年月。考《宋史》

耒、補之傳,俱稱元祐初為校書郎,以耒詩"讎書芝閣上"、補之詩"輟直讎書省"二語核之,乃正其官祕省時。而元祐三年知貢舉者為孔平仲,事見本傳。此集並無平仲之名,則非在三年可知②。惟忠臣詩有"單闕孟夏草木長"句,自註云:"丁卯四月還朝。"丁卯為元祐二年,意者即在是歲歟?又案輔詩云:"九人同日鎖重闈。"而子文又有"毛遂未至空連房"句,註云:"同舍十九人,余獨後入。"疑試官許先後入院,宋制本自如此。時共事十九人,而集中闕其八人。蓋古人真樸,不強為其所不能。如蘭亭修禊,與會者四十一人,有詩者僅二十六人,非佚脫也。諸家專集,惟耒《柯山集》、補之《雞肋集》、武仲《清江三孔集》今尚存於世。其餘如肇之《丹陽集》、忠臣之《玉池集》,已佚不傳。其餘並有集無集亦不可考。殘篇闕句③,實藉此以獲見一斑。即有集諸人,以集本校之,亦頗互異。如補之五言"官醪持餉婦",《雞肋集》"官醪"作"宮壺";七言"詩似涼風淒有興"句,《雞肋集》"淒有興"作"來有思"。此類頗多,題目亦往往不相合,亦未嘗不藉為參訂之助矣④。

【彙訂】

①　"司",底本作"同",據殿本改。

②　宋制,惟試進士諸科始命詞臣為知貢舉,其他考試并無此名。晁補之《雞肋集》卷十五《試院次韻呈兵部葉員外端禮並呈祠部陳員外元輿太學博士黃冕仲》詩自注云:"左選試經義,右選試兵策。"隔九首即《次韻鄧正字慎思秋日同文館》詩,明係作於一時,則同文館所試乃吏部文武選人耳。且據《宋史》卷三四四《孔文仲傳》,元祐三年知貢舉者乃文仲,非平仲。是歲知貢舉者亦不止文仲一人。(余嘉錫:《四庫提要辨證》)

③ "殘篇闕句"，殿本作"殘編佚句"。

④ "官醪持餉婦"句，《雞肋集》卷七實作"官壺"；"詩似涼風淒有興"句，卷十六亦作"來有思"。（余嘉錫：《四庫提要辨證》）

唐百家詩選二十卷（內府藏本）

舊本題宋王安石編。安石有《周禮新義》，已著錄。是書去取，絕不可解。自宋以來，疑之者不一，曲為解者亦不一，然大抵指為安石。惟晁公武《讀書志》云："《唐百家詩選》二十卷，皇朝宋敏求次道編。次道為三司判官，嘗取其家所藏唐人一百八家詩，選擇其佳者凡一千二百四十六首，為一編。王介甫觀之，因再有所去取，且題曰：'欲觀唐詩者，觀此足矣。'世遂以為介甫所纂。"其說與諸家特異。案《讀書志》作於南宋之初，去安石未遠。又晁氏自元祐以來，舊家文獻緒論相承，其言當必有自。邵博《聞見後錄》引晁說之之言，謂："王荊公與宋次道同為群牧司判官。次道家多唐人詩集，荊公盡即其本，擇善者籤帖其上，令吏鈔之。吏厭書字多，輒移所取長詩籤置所不取小詩上。荊公性忽略，不復更視。今世所謂《唐百家詩選》，曰'荊公定'，乃群牧司吏人定也。"其說與公武又異。然說之果有是說，不應公武反不知。考周煇《清波雜志》亦有是說，與博所記相合。煇之曾祖與安石為中表，故煇持論多左祖安石。當由安石之黨以此書不愜於公論，造為是說以解之，託其言於說之，博不考而載之耳①。此本為宋乾道中倪仲傳所刊，前有仲傳序，其書世久不傳。國朝康熙中，商邱宋犖始購得殘本八卷刻之。既又得其全本，續刻以行，而二十卷之數復完。當時有疑其偽者。閻若璩歷引高棅《唐詩品彙》所稱"以元宗《早渡蒲關》詩為開卷第一"，陳振孫《書錄解題》所稱“非惟不及李、杜、韓三家，即王維、韋應物、元、白、劉、柳、孟郊、張籍皆不及”，以證其真。又殘本佚去安石原序，若璩以《臨川集》所載補之，其文俱載若璩《潛邱劄記》中。惟今本所錄共一千二百六十二首，較晁氏所記多十六首，若璩未及置論。或傳寫《讀書志》者，誤以“六十二”為“四十六”歟？至王昌齡《出塞》詩，諸本皆作“若使龍城飛將在”，惟此本作“盧城飛將在”，若璩引唐平州治盧龍縣以證之。然唐三百年，更無一人稱“盧龍”為“盧城”者，何獨昌齡杜撰地名？此則其過尊宋本之失矣。

【彙訂】

① 凡宋人目錄及詩話、筆記，皆以此書為王安石所編，獨晁公武以為本宋敏求編。《臨川文集》卷八四《唐百家詩選序》：“時次道出其家藏唐詩百餘編，誘余擇其精者，次道因名曰《百家詩選》。”可知宋敏求未嘗加以選擇，去取之權，安石實專之也。（余嘉錫：《四庫提要辨證》）

會稽掇英總集二十卷（浙江鄭大節家藏本）

宋孔延之編。前自有序，首題其官為尚書司封郎中，知越州軍州事，浙東兵馬鈐轄，末署“熙寧壬子五月一日，越州清思堂”。案施宿《嘉泰會稽志》，延之於熙寧四年以度支郎官知越州，五年十一月召赴闕。壬子正當熙寧五年，其歲月與《會稽志》合。惟《志》稱延之為度支郎官，而此作司封郎中。集中有沈立等和蓬萊閣詩，亦作“孔司封”。集為延之手訂，於官位不應有誤，知施宿所記為譌也。延之以會稽山水人物著美前世，而紀錄賦詠多所散佚，因博加搜採，旁及碑版石刻，自漢迄宋，凡得銘、志、歌、詩等八百五篇，輯為二十卷，各有類目。前十五卷為詩，首曰州宅，次西園,次賀監,次山水,分蘭亭等八子目,次寺觀,分云門寺等四子目,而以祠宇附之,次送別,次寄贈,次感興,次唱和。後五卷為文,首曰史辭,次頌,次碑銘,次記,次序,次雜文。書中於作者皆標姓名,而獨稱王安石為"史館王相"。蓋作此書時,王安石柄政之際,故有所避而不敢直書歟?所錄詩文,大都由搜巖剔藪而得之,故多出名人集本之外,為世所罕見。如大曆浙東唱和五十餘人,今錄唐詩者,或不能舉其姓氏,實賴此以獲傳。其於唐、宋太守題名壁記,皆全錄原文,以資考證,裨益良多。其蒐訪之勤,可謂有功於文獻矣。其書世尟流傳,藏弆家多未著錄。此本乃明山陰祁氏淡生堂舊鈔,在宋人總集之中最為珍笈,其精博在《嚴陵》諸集上也。

清江三孔集四十卷(兩江總督採進本)

宋新喻孔文仲及其弟武仲、平仲之詩文①。慶元中,臨江守王遘所編也。文仲字經父,嘉祐六年進士,官中書舍人;武仲字常父,嘉祐八年進士,官禮部侍郎;平仲字毅父,治平二年進士,官金部郎中②。事蹟具《宋史》本傳。文仲兄弟與蘇軾、蘇轍同時,並以文章名一世,故黃庭堅有"二蘇聯璧,三孔分鼎"之語。南渡後遺文散佚,遘始訪求而刻之。前有慶元五年周必大序。陳振孫《書錄解題》稱文仲二卷,武仲十七卷,平仲二十一卷,與此本合③。文仲詩僅七首,然呂祖謙《宋文鑑》載其《早行》古詩一首,乃佚而不收。《文鑑》編於孝宗淳熙四年,《舍人集》編於寧宗慶元四年,在其後二十一年,不應不見,豈遘有所去取耶?武仲《侍郎集》,青詞、齋文同題曰"制",於例未安,似非原目。平仲《郎中集》中古律詩外,別出《詩戲》三卷,皆人名、藥名、回文、集句之類,蓋仿《松陵集》雜體別為一卷例也。案王士禎《居易錄》

載宋犖寄《三孔文集》，通僅五卷，惜其已非慶元之舊。士禎、犖皆家富圖籍，而所見尚非完帙。則此本巋然獨全，亦深足寶重矣。

【彙訂】

①　"三孔"的籍貫應為宋時之臨江軍新淦縣，明嘉靖五年析新淦地置峽江縣至今。任淵注釋《山谷內集》"二蘇上聯璧，三孔立分鼎"詩句云："三孔新淦人。"王偁《東都事略》卷九四《孔文仲傳》、陳振孫《直齋書錄解題》卷十七"清江三孔集"條、曾鞏《元豐類稿》卷四二《司封郎中孔君（"三孔"之父延之）墓誌銘》、蘇頌《蘇魏公集》《中書舍人孔公（文仲）墓誌銘》、《江西通志》、《臨江西江孔氏族譜》皆作新淦人。明隆慶和清康熙、同治《臨江府志》則作峽江人。此集有孔平仲《還鄉展省道中作四聲詩寄豫章僚友》詩，寫自己回故鄉祭掃祖墳的所見所感，詩中有句云："蕭灘波漵漵，巴丘山崔嵬。""巴丘"即指峽江縣。（聶言之：《三孔籍貫考辨》；黃宏：《北宋"三孔"籍貫新考》）

②　《總目》卷一二〇"珩璜新論"條已敘孔平仲仕履，此條當作"平仲有《珩璜新論》，已著錄"。

③　文淵閣《四庫》本實僅三十卷，即文仲二卷，武仲十七卷，平仲十一卷。（王嵐：《宋人文集編刻流傳叢考》）

三劉家集一卷（江西巡撫採進本）

宋劉渙、劉恕、劉羲仲撰。渙字凝之，筠州人，登天聖八年進士，為潁上令，以太子中允致仕。恕，渙之子，有《通鑑外紀》；羲仲，恕之子，有《通鑑問疑》，並已著錄。渙祖孫父子並剛直有史才，而恕最優。司馬光稱其"博聞強記，細大之事皆有稽據"，誠公論也。是集為咸淳中其裔孫御史元亨所輯。蓋南宋之末，已無傳本，僅掇拾於殘闕之餘。故渙僅詩四首，文二首，恕僅《〈通鑑外紀〉序》一首併其子所記《通鑑問疑》，羲仲僅《家書》一首。餘皆同時諸人唱和之作，及他人之文有關於渙父子者也。其中稱渙曰“西澗先生”，稱恕曰“祕丞”，稱羲仲曰“檢討”，固其子孫之詞。至於諸人詩文，標題一概刪去其稱字之文，而改曰西澗先生、祕丞、檢討，則非其實矣，是其編次之陋也。至明萬安貪鄙無恥，為世僇笑，而獨存其一跋於卷末，渙父子祖孫豈藉是人以表彰乎？今刊除之，俾無為三人玷焉。

二程文集十三卷附錄二卷（江西巡撫採進本）

宋明道程子、伊川程子合集也。陳振孫《書錄解題》載《明道集》四卷、《遺文》一卷，《伊川集》一本二十卷，一本九卷。又《河南程氏文集》十二卷，二程共為一集，為建寧所刻本。是宋世所傳已參錯不同。此本出自胡安國家，劉珙、張栻嘗刻之長沙。安國於原文頗有改削，如《定性書》、《明道行述》、《上富公謝帥書》中，刪落至數十字；又《辭官表》顛倒次第，《易傳序》改“泏”為“泝”，《祭文》改“姪”為“猶子”。珙等所刻，一以安國為主。朱子深以為不可，嘗以書抵珙及栻，盛氣詬爭，辯之甚力，具載《晦菴集》中。然二人迄不盡用其説。蓋南宋之初，學者猶各尊所聞[1]。不似淳祐以後，門戶已成，羽翼已衆，於朱子之言，一字不敢異同也。元至治閒，臨川譚善心重為校刊，始與蜀人虞槃商榷考訂[2]，悉從朱子所改。其《定性書》、《富謝》二書所刪字，亦求得別本補足。又搜輯程子遺文十六篇，遺事十一條，並朱子論胡本錯誤諸書，別為二卷，附之於後。惟伊川詩僅有三章，《河南府志》載其《陸渾樂游》詩云:"東郊漸微綠,驅馬欣獨往。舟縈野渡時,水樂春山響。身閒愛物外,趣逸諧心賞。歸路逐樵歌,落日寒山上。"集中無之③。地志率多假借名人以夸勝蹟,其殆好事者所依託歟④?

【彙訂】

① 殿本"所"上有"其"字。

② "虞槃",殿本作"虞盤",誤。此集附錄有虞槃跋。

③ 殿本此句下有"善心等亦未及收"七字。

④ "其殆好事者所依托歟",殿本作"其殆作志者所依托又出於善心之後歟"。

宋文選三十二卷(浙江巡撫採進本)

不著編輯者名氏。案張邦基《墨莊漫錄》稱:"崔伯易有《金華神記》,編入《聖宋文選》後集中。"則此乃其前集,在南渡以前矣。所選皆北宋之文,自歐陽修以下十四人,惟取其有關於經術、政治者,詩、賦、碑銘之類不載焉①。中無"三蘇"文字,而黃庭堅、張耒之文則錄之。豈當時蘇文之禁最嚴,而黃、張之類則稍寬歟②?又其中無"二程"文,蓋不以文士目之也。何焯《義門讀書記》跋所校《元豐類槁》後曰:"己卯冬,於保定行臺案,焯是時在直隸巡撫李光地署中。閱內府所賜大臣《古文淵鑒》,有在集外者六篇,則《書魏鄭公傳》、《邪正辨說》、《再上田正言書》、《上歐蔡書》也③。後知立齋相公案,立齋為大學士徐元文之別號。有建本《聖宋文選》數冊,其中有南豐文二卷,嘉善柯崇樸借鈔,遂傳於外。此六篇者皆在焉。"云云。案《書魏鄭公傳後》一篇,《宋文鑑》亦載,不僅見於此集中,焯蓋考之未審。然《南豐外集》、《續槁》今並不傳,其佚篇惟賴此集以存,蓋亦不為無功矣。宋人選宋文者,南宋所傳尚夥,北宋惟此集存耳。其賅備雖不及《文鑑》,然用意嚴慎,當為能文之士所編。尤未可與南宋建陽坊本出於書賈雜鈔者一例視之也。

【彙訂】

① 王禹偁《四皓廟碑》為唯一例外。(高津孝:《關於中國北宋的古文選集》)

② 當時禁書,蘇、黄並重。且此書編纂應在政和之後,黨禁已弛。三蘇文章可能收在今已失傳的後集中。(李培文:《聖宋文選全集考述》)

③ 據《義門讀書記》卷四四原文,六篇為《書魏鄭公傳後》、《邪正辨》、《説用》、《讀賈誼傳》、《再上田正言書》、《上歐蔡書》,《總目》所引脱《讀賈誼傳》一篇,又脱“用”字。

集部四十

總集類二

坡門酬唱集二十三卷（江蘇巡撫採進本）

宋邵浩編。浩字叔義，金華人。前有張叔椿序云："歲己酉，
竭來豫章。機幕邵君實隆興同升，出示巨編，目曰《坡門酬唱》，
總成六百六十篇。命工鋟木，以廣其傳。"末題"紹興元年五月二
十四日"。又有浩自作引云："紹興戊寅，浩年未冠，肄業成均。
隆興癸未，始得第以歸。因取兩蘇公兄唱弟和及門下六君子平
日屬和兩公之詩，摭而錄之，曰《蘇門酬唱》。淳熙己酉，浩官豫
章，臨江謝公為之作序，且更曰《坡門酬唱》。"末題"紹興庚戌四
月一日"。考癸未為孝宗隆興元年，己酉為淳熙十六年，上距高
宗紹興元年辛亥己五十九年。且庚戌為建炎四年，亦不得題紹
興。二序紀年顯然有誤。案淳熙己酉，孝宗內禪，次年庚戌，即
光宗紹熙元年，則序內"紹興"必"紹熙"之譌①。特據浩引所言
叔椿序當先成②，乃浩引題四月，叔椿序反題五月，亦為舛錯未
合。殆傳寫既久，或經後人所妄改歟？前十六卷為軾詩而轍及
諸人和之者，次轍詩四卷，次黃庭堅、秦觀、晁補之、張耒、陳師道
等詩三卷，亦錄軾及諸人和作，惟李廌闕焉。其不在八人之數而

別有繼和者,亦皆附入,為註以別之。其詩大抵同題共韻之作③,比而觀之,可以知其才力之強弱與意旨之異同。較之散見諸集,易於互勘,談藝者亦深有裨也④。至於本集所有⑤,《山谷外集》所載《次韻子瞻書〈黃庭經〉尾付蹇道士》、《次韻晁補之廖正一贈答詩》,補之又有《和子瞻種松贈杜輿秀才》三首,今坡集載坡詩止二首,而此集均未編入。小小挂漏,在所不免,亦不必為之苛責矣。

【彙訂】

① 紹熙元年豫章原刊本正作紹熙。(祝尚書:《宋人總集敍錄》)

② 邵浩序未言張叔椿序,館臣蓋誤"謝公"序為張序。(同上)

③ 殿本"同"上有"本集所已有然"六字。

④ 殿本"談"上有"於"字。

⑤ "本集所有",殿本無。

樂府詩集一百卷(江蘇巡撫採進本)

宋郭茂倩撰。《建炎以來繫年要錄》載茂倩為侍讀學士郭襃之孫,源中之子,其仕履未詳。本渾州須城人①,此本題曰太原,蓋署郡望也。是集總括歷代樂府,上起陶唐,下迄五代,凡《郊廟歌詞》十二卷,《燕射歌詞》三卷,《鼓吹曲詞》五卷,《橫吹曲詞》五卷,《相和歌詞》十八卷,《清商曲詞》八卷,《舞曲歌詞》五卷,《琴曲歌詞》四卷,《雜曲歌詞》十八卷,《近代曲詞》四卷,《雜謠歌詞》七卷②,《新樂府詞》十一卷。其解題徵引浩博,援據精審,宋以來考樂府者無能出其範圍。每題以古詞居前,擬作居後,使同一曲調,而諸格畢備,不相沿襲,可以藥剽竊形似之失。其古詞多前列本詞,後列入樂所改,得以考知孰為側,孰為趨,孰為豔,孰為增字、減字。其聲詞合寫不可訓詁者,亦皆題下註明,尤可以藥摹擬聲牙之弊。誠樂府中第一善本。明梅鼎祚《古樂苑》曰:"郭氏意務博贍,閒有詩題悞列樂府,如《採桑》則劉邈《萬山見採桑人》,《從軍行》則王粲《從軍詩》、梁元帝《同王僧辨從軍》、江淹《擬李都尉從軍》、張正見《星名從軍詩》、庾信《同盧記室從軍》之類。有取詩首一二語竄入前題,如《自君之出矣》則鮑令暉《題詩後寄行人》,《長安少年行》則何遜《學古》詩'長安美少年'之類。有辭類前題原未名為歌曲,如《苦熱行》,任昉、何遜但云《苦熱》;《鬥雞篇》,梁簡文但云《鬥雞》之類。有賦詩為題,而其本辭實非樂府,若張正見《晨雞高樹鳴》,本阮籍《詠懷》詩'晨雞鳴高樹,命駕起旋歸';張率《雀乳空井中》,本傅元《雜詩》'鵲巢邱城側,雀乳空井中'之類。亦有全不相蒙,如《善哉行》則江淹《擬魏文遊宴》;《秋風》則吳邁遠《古意贈今人》之類。有一題數篇半為牽合,如楊方《合歡詩》後三首為雜詩,《採蓮曲》則梁簡文後一首本《蓮花賦》中歌之類。並當刪正。"云云。其說亦頗中理。然卷帙既繁,牴牾難保,司馬光《通鑑》猶病之,何況茂倩斯集? 要之大廈之材,終不以寸朽棄也。

【彙訂】

① 茂倩祖名勸,字仲褒,《宋史》卷二九七有傳,云"鄆州須城(即東平)人",作"渾州"誤。《蘇魏公集》卷五九《職方員外郎墓誌銘》載其父名源明,字永叔。(陸心源:《儀顧堂續跋》;李裕民:《四庫提要訂誤》;王運熙:《郭茂倩與〈樂府詩集〉》)

② 《雜謠歌詞》乃《雜歌謠詞》之誤,文淵閣本書前提要不

誤。（江慶柏等整理：《四庫全書薈要總目提要》）

　　古今歲時雜詠四十六卷（江蘇巡撫採進本）

　　宋蒲積中編。積中履貫未詳。初，宋綬有《歲時雜咏》二十卷，晁公武《郡齋讀書志》謂：“宣獻昔在中書第三閣，手編古詩及魏、晉迄唐人歲時章什，釐為十八卷。今益為二十卷。”積中因其原本，續為此書。前有紹興丁卯自序，稱：“宣獻所集，允稱廣博。然本朝如歐陽、蘇、黃與夫半山、宛陵、文潛、無己之流，逢時感慨，發為辭章，不在古人下。因取其卷目而擇今代之詩附之，名曰《古今歲時雜詠》，鋟版以傳。”蓋所增惟宋人之詩，而目類則一仍其舊也。晁公武載綬原本詩一千五百六首，而此本二千七百四十九首，比綬所錄增一千二百四十三首①。則一代之詩，已敵古人五分之四，其蒐採亦可謂博矣。其書自一卷至四十二卷，為元日至除夜二十八目，其後四卷，則凡祇題月令而無節序之詩皆附焉。古來時令之詩，摘錄編類，莫備於此。非惟歌詠之林，亦典故之藪，頗可以資採掇云。

　　【彙訂】

　　①《四庫》本實收詩二千六百三十八首，比宋綬原本多一千一百三十二首。國家圖書館藏明抄本收二千七百五十八首。（李裕民：《四庫提要訂誤》增訂本）

　　嚴陵集九卷（浙江范懋柱家天一閣藏本）

　　宋董弅編①。弅，東平人，逌之子也。自著曰廣川，蓋欲附仲舒裔耳。紹興間知嚴州，因輯嚴州詩文，自謝靈運、沈約以下，迄於南宋之初。前五卷皆詩，第六卷詩後附賦二篇，七卷至九卷則皆碑銘、題記等雜文。弅自序謂嘗與僚屬修是州圖經，蒐求碑

版,稽考載籍,所得逸文甚多,又得郡人喻彥先家所藏書,與教授
沈愫廣求備錄而成。是集中如司馬光《獨樂園釣魚菴》詩,本作
於洛中,以首句用嚴子陵事,因牽而入於此集,未免假借附會,沿
地志之陋習。然所錄詩文,唐以前人雖尚多習見。至於宋人諸
作,自有專集者數人外,他如曹輔、呂希純、陳瓘、朱彥、江公望、
江公著、蔡肇、張伯玉、錢勰、李昉、扈蒙、劉昌言、丁謂、范師道、
張保雍、章岷、阮逸、關詠、李師中、龐籍、孫沔、王存、馮京、刁約、
元絳、張景修、岑象求、邵亢、馬存、陳軒、吳可幾、葉棐恭、劉涇、
賈青、王達、張綬、余闕、刁衎、倪天隱、周邦彥、羅汝楫、詹亢宗、
陳公亮、錢聞詩諸人,今有不知其名者,有知名而不見其集者,藉
夆是編,尚存梗概,是亦談藝者所取資矣。惟夆序作於紹興九
年,而第九卷中有錢聞詩《浚西湖記》,作於淳熙十六年,上距紹
興九年凡五十一年;又有陳公亮《重修嚴先生祠堂記》及《書瑞粟
圖》二篇,作於淳熙乙巳,《重修貢院記》一篇,作於淳熙丙午,亦
上距夆作序之時凡四十七八年。則後人又有所附益,已非夆之
本書,要亦宋人所續也。

【彙訂】

①　"董夆",殿本作"董莽",下同,誤。夆,丘高起貌,與其字
令升義相近。(李裕民:《四庫提要訂誤》)

南嶽倡酬集一卷附錄一卷(編修汪如藻家藏本)①

宋朱子與張栻、林用中同遊南嶽倡和之詩也。用中字擇之,
號東屏,古田人,嘗從朱子遊。是集作於乾道二年十一月,前有
栻序②,稱:"來往湖湘二紀,夢寐衡岳之勝。丁亥秋,新安朱元
晦來訪予湘水之上,偕為此遊。"而朱子詩題中亦稱栻為"張湖

南"③,蓋必栻當時官於衡、湘閒,故有此稱。而《宋史》本傳止載栻孝宗時任荆湖北路轉運副使,後知江陵府,安撫本路,不言其曾官湖南,疑史有脱漏也。其遊自甲戌至庚辰凡七日,朱子《東歸亂稾序》稱得詩百四十餘首,栻序亦云百四十有九篇。今此本所録止五十七題,以《朱子大全集》參校,所載又止五十題,亦有《大全集》所有而此本失載者。又每題皆三人同賦,以五十七題計之,亦不當云一百四十九篇。不知何以參錯不合。又卷中聯句,往往失去姓氏標題,其他詩亦多依《朱子集》中之題,至有題作"次敬夫韻",而其詩實為栻作者。蓋傳寫者譌誤脱佚,非當日原本矣。後有朱子《與林用中書》三十二篇,《用中遺事》十條,及朱子所作《字序》二首,皆非此集所應有。或林氏後人所附益歟?然以"南岳"標題,而泛及別地之尺牘;以"倡酬"為名,而濫載平居之講論;以三人合集,而獨載用中一人之言行④,皆非體例。姑以原本所有存之云耳⑤。

【彙訂】

①"南嶽倡酬集",殿本作"南嶽酬唱集",誤。明弘治刻本作《南嶽唱酬集》,文淵閣《四庫》本作《南嶽倡酬集》,書前提要不誤。

② 張栻序明言"乾道丁亥(三年,1167)秋"。

③"而",殿本無。

④"載",殿本作"贅"。

⑤ 今存此集刻本僅明弘治本一部,據鄧淮後敘,乃鄧氏自朱、張二人文集中摘出重輯之本。故多錯收、漏輯、偽作、張冠李戴等嚴重失誤。非據原本傳寫譌誤所致。(祝尚書:《〈南嶽唱酬集〉天順本質疑》)

萬首唐人絕句詩九十一卷（内府藏本）

宋洪邁編。邁有《容齋隨筆》，已著錄①。邁於淳熙閒錄唐五、七言絕句五千四百首進御，後復補輯得滿萬首為百卷，紹興三年上之。是時降敕褒嘉，有“選擇甚精，備見博洽”之諭。陳振孫《書錄解題》謂其中多採宋人詩，“如李九齡、郭震、滕白、王嵒、王初之屬。其尤不深考者，為梁何遜。”劉克莊《後村詩話》亦謂其“但取唐人文集雜説，鈔類成書，非必有所去取”。蓋當時瑣屑摭拾，以足萬首之數，其不能精審，勢所必然，無怪後人之排詆。至程珌《洺水集》責邁不應以此書進御，則與張栻詆吕祖謙不應編《文鑑》，同一偏見，論雖正而實迂矣。是書原本一百卷，每卷以百首為率，而卷十九至卷二十二皆不滿百首。又五言止十六卷，合之七言七十五卷，亦不滿百卷。目錄後載嘉定閒紹興守吳格跋②，謂原書歲久蠹闕，因修補以永其傳。此本當是修補之後，復又散佚也。

【彙訂】

① 依《總目》體例，當作“邁有《史記法語》，已著錄”。

② 吳格跋謂“嘉定辛亥識”，然嘉定無辛亥，或淳祐十一年辛亥之誤。（章鈺：《錢遵王讀書敏求記校證》）

聲畫集八卷（山東巡撫採進本）

宋孫紹遠編。紹遠字稽仲，自署曰谷橋，未知谷橋何地也。所錄皆唐、宋人題畫之詩，凡分二十六門，曰古賢，曰故事，曰佛像，曰神仙，曰仙女，曰鬼神，曰人物，曰美人，曰蠻夷，曰贈寫真者，曰風云雪月，曰州郡山川，曰四時，曰山水，曰林木，曰竹，曰梅，曰窠石，曰花卉，曰屋舍器用，曰屏扇①，曰畜獸，曰翎毛，曰蟲魚,曰觀畫題畫,曰畫壁雜畫。錢曾《讀書敏求記》謂其書不著編者姓氏,後人以卷首有劉莘老題《老子畫像》詩[②],因誤為莘老所輯。此本卷首有淳熙丁未十月紹遠自序,謂:"入廣之明年,以所攜前賢詩及借之同官擇其為畫而作者,編為一集,名之曰《聲畫》,用'有聲畫,無聲詩'之意也。"則為紹遠編集,確有明證。豈曾所藏本偶佚此序耶?其編次頗為瑣屑,如卷五"梅"為一門,卷六"花卉"門中又有早梅、墨梅諸詩,殊少倫緒。然序稱:"畫有久近[③],詩有先後,其他參差不齊甚多,故不得而次第之。"則紹遠已自言之矣。其所錄如劉莘老、李廌[④]、折中古、夏均父、徐師川、陳子高、王子思、劉叔贛、僧士珪、王履道[⑤]、劉王孟、林子來、李商老、李元應、喻迪孺、李誠之、潘邠老、崔德符、蔡持正、王佐才、曾子開[⑥]、陶商翁、崔正言、林子仁、吳元中、張子文、王承可、曹元象、僧善權、祖可、壁師、聞人武子、韓子華、蔡天啟、程叔易、李成年、趙乂若、謝民師、李膺仲、倪巨濟、華叔深、歐陽闢諸人,其集皆不傳,且有不知其名字者,頗賴是書存其一二[⑦]。則非惟有資於畫,且有資於詩矣。

【彙訂】

①"屏扇",殿本作"屏局",誤。此集卷六有"屏扇"門。

②"詩",殿本作"贊"。

③"久近",底本作"遠近",據自序原文及殿本改。

④"劉莘老李廌",殿本脫。此集載劉氏詩三首,李氏詩一首。

⑤"王履道",殿本脫。此集載其詩八首。

⑥"曾子開",殿本脫。此集卷四載其詩一首。

⑦《直齋書錄解題》卷十七"彭城集"條云:"中書舍人劉邠

叔贛父撰。"劉邠兄劉敞《公是弟子記》中亦稱叔贛,且《聲畫集》
所錄劉叔贛詩如《華山隱者圖》等多首皆見於《彭城集》。可證劉
叔贛即劉邠,非"其集皆不傳,且有不知其名字者"。(谷曙光、傅
怡靜:《中國古代第一部題畫詩別集——〈題畫集〉作者及成書
考略》)

宋文鑑一百五十卷(內府藏本)

宋吕祖謙編。祖謙有《古周易》,已著錄。案李心傳《建炎以
來朝野雜記》稱:"臨安書坊有所謂《聖宋文海》者,近歲江鈿所
編。孝宗得之,命本府校正刻版①。周必大言其去取差謬,遂命
祖謙校正。於是盡取祕府及士大夫所藏諸家文集,旁採傳記他
書,悉行編類,凡六十一門。"又稱:"有近臣密啟,所載臣僚奏議
有詆及祖宗政事者,不可示後世。乃命直院崔敦詩更定,增損去
留凡數十篇。然訖不果刻也。"此本不著為祖謙原本,為敦詩改
本。《朱子語錄》稱《文鑑》收蜀人吕陶《論制師服》一篇,為敦詩
所删。此本六十一卷中仍有此篇,則非敦詩改本確矣。商輅序
稱當時臨安府及書肆皆有版,與心傳所記亦不合。蓋官未刻,而
其後坊間私刻之,故仍從原本耳。祖謙之為此書,當時頗鑠於眾
口,張端義《貴耳集》稱:"東萊修《文鑑》成,獨進一本,滿朝皆未
得見,惟大璫甘昪有之。公論頗不與。得旨除直祕閣,為中書陳
騤所駁,載於陳之《行狀》。"《朝野雜記》又引《孝宗實錄》,稱:"祖
謙編《文鑑》,有通經而不能文詞者,亦表奏廁其閒,以自矜黨同
伐異之功。縉紳公論皆嫉之。"又載張栻時在江陵,與朱子書曰:
"伯恭好敝精神於閒文字中,何補於治道?何補於後學?承當編
此等文字,亦非所以成君德也。"而《朱子語錄》記其選錄五例,亦

微論其去取有未當。蓋一時皆紛紛訾議。案錄副本以獻中官，祖謙似不至是。所謂"通經而不能文章"者，蓋指伊川，然伊川亦非全不能文。至此書所載論政、論學之文，不一而足，安得盡謂之無補？栻殆聞有此舉，未見此書，意其議出周必大，必選詞科之文，故意度而為此語也。陳振孫《書錄解題》記朱子晚年語學者曰："此書編次，篇篇有意。其所載奏議，亦係當時政治大節。祖宗二百年規模與後來中變之意，盡在其閒，非《選粹》比也。"然則朱子亦未始非之。殆日久而後論定歟？

【彙訂】

①　"刻版"，殿本作"刊板"，誤，參《建炎以來朝野雜記》乙集卷五"文鑑"條原文。

古文關鍵二卷（江蘇巡撫採進本）

宋呂祖謙編。取韓愈、柳宗元、歐陽修、曾鞏、蘇洵、蘇軾、張耒之文，凡六十餘篇，各標舉其命意布局之處，示學者以門徑，故謂之"關鍵"。卷首冠以總論看文、作文之法。考《宋史·藝文志》載是書作二十卷。今卷首所載看諸家文法，凡王安石、蘇轍、李廌、秦觀、晁補之諸人俱在論列，而其文無一篇錄入①，似此本非其全書②。然《書錄解題》所載亦祇二卷，與今本卷數相合，所稱韓、柳、歐、蘇、曾諸家，亦與今本家數相合，知全書實止於此。《宋志》荒謬，誤增一"十"字也③。此本為明嘉靖中所刊，前有鄭鳳翔序。又別一本所刻，旁有鉤抹之處，而評論則同。考陳振孫謂其"標抹註釋，以教初學"，則原本實有標抹。此本蓋刊版之時，不知宋人讀書於要處多以筆抹，不似今人之圈點，以為無用而刪之矣。葉盛《水東日記》曰："宋儒批選文章，前有呂東萊，次則樓迂齋、周應龍，又其次則謝疊山也。朱子嘗以拘於腔子議東萊矣。要之，批選議論，不為無益，亦講學之一端耳。"云云。然祖謙此書實為論文而作，不關講學。盛之所云，乃《文章正宗》之批，非此書之評也。

【彙訂】

① 此書所收除韓、柳、歐陽、曾、蘇洵、蘇軾、張七家之文，尚有蘇轍文二篇：《三國論》、《君術》。（張智華：《南宋的詩文選本研究》）

② 清徐樹屏冠山堂本《古文關鍵》徐氏跋稱所據為家藏宋本，有無名氏跋語曰："余家舊藏有《古文鑰》（即《古文關鍵》）一册，乃前賢所集古祕，東萊先生批注詳明。"張云章序云："舊跋云前賢所集古今文之可為法者，東萊先生批注詳明，審此則非東萊所選可知。"此書既非呂祖謙編選，故而存在有選無評、有評無選的現象。樓鑰《東萊太史祠堂記》、《宋史·呂祖謙傳》列舉其著作亦無《古文關鍵》。（江枰：《呂祖謙編選〈古文關鍵〉質疑》）

③ 二卷為原編本，蔡文子作注，遂擴為二十卷。《季滄葦藏書目》、《藏園群書經眼錄》卷一七均著錄有二十卷宋刊本，今國家圖書館亦藏有二十卷宋本。（祝尚書：《宋人總集敘錄》）

回文類聚四卷補遺一卷（編修汪如藻家藏本）

宋桑世昌編，世昌有《蘭亭考》，已著錄。考劉勰《文心雕龍》曰："回文所興，則道原為始。"梅庚註謂"原"當作"慶"，宋賀道慶也。蓋其時《璇璣圖詩》未出，故勰云然。世昌以蘇蕙時代在前，故用為託始，且繪像於前卷首，以明創造之功，其説良是。然《藝文類聚》載曹植《鏡銘》八字，回環讀之，無不成文，實在蘇蕙以前[①]。乃不標以為始，是亦稍疎。又蘇伯玉妻《盤中詩》，據《滄浪詩話》，自《玉臺新咏》以外，別無出典。舊本具在，不聞有圖。此書繪一圓圖，莫知所本。考原詩末句稱"當從中央周四角"，則實方盤而非圓盤，所圖殆亦妄也。唯是咏歌漸盛，工巧日增，詩家既開此一途，不可竟廢。錄而存之，亦足以資博洽。是書之末有世昌自跋，稱至道御製登載卷首。此本無之，殆傳寫佚脱歟？其《補遺》一卷，則國朝康熙中蘇州朱存孝所採，兼及明人。然於《明典故》中所載御製回文詩三十圖在耳目前者，即已不收，則所漏亦多矣。姑附存以備參考云爾。

【彙訂】

① 丁晏《曹集銓評》云今本《藝文類聚》卷七十二有殷仲堪《酒盤銘》八字，顛倒成文，并無《鏡銘》。（劉躍進：《中古文學文獻學》）

五百家播芳大全文粹一百十卷（江蘇巡撫採進本）

宋魏齊賢、葉棻同編。齊賢字仲賢，自署鉅鹿人。棻字子實，自署南陽人。考宋南渡以後，鉅鹿、南陽皆金地。殆以魏氏本出鉅鹿，葉氏本出南陽，偶題郡望，非其真里籍也。是編皆錄宋代之文，駢體居十之六七。雖題曰五百家，而卷首所列姓氏實五百二十家，網羅可云極富。中閒多採宦途應酬之作，取充卷數，不能一一精純。又仿《文選》之例，於作者止書其字，人遠年湮，亦往往難以考見。疑為書肆刊本，本無鑒裁，故買菜求益，不免失於冗濫。朱彝尊嘗跋此書，惜無人為之删繁舉要，則亦病其冗雜矣。然渣滓雖多，精華亦寓。宋人專集不傳於今者，實賴是書略存梗概，亦鍾嶸所謂"披沙揀金，往往見寶"者矣。故彝尊雖恨其蕪，終賞其博也。又彝尊所見徐炯家宋刻本，稱二百卷。今鈔本止一百十卷，尋檢首尾，似無闕佚。殆彝尊記憶未審，或偶然筆誤歟？首載紹熙庚戌南徐許開序。開字仲啟，以中奉大夫提舉武夷沖祐觀。著有《志隱類稿》，見趙希弁《讀書附志》。

崇古文訣三十五卷（內府藏本）

宋樓昉撰。昉字暘叔，號迂齋，鄞縣人。紹熙四年進士，歷官守興化軍，卒追贈直龍圖閣。是集乃所選古文，凡二百餘首[1]。陳振孫《書錄解題》稱其“大略如呂氏《關鍵》。而所錄自秦、漢而下至於宋朝[2]，篇目增多，發明尤精，學者便之”。所言與今本相合。惟《書錄解題》作五卷，《文獻通考》亦同。篇帙多寡迥異，疑傳寫者誤脱“三十”二字也[3]。宋人多講古文，而當時選本存於今者不過三四家。真德秀《文章正宗》以理為主，如飲食惟取禦饑，菽粟之外，鼎俎烹和皆在其所棄；如衣服惟取禦寒，布帛之外，黼黻章采皆在其所捐。持論不為不正，而其説終不能行於天下。世所傳誦，惟呂祖謙《古文關鍵》、謝枋得《文章軌範》及昉此書而已。而此書篇目較備，繁簡得中，尤有裨於學者。蓋昉受業於呂祖謙，故因其師説，推闡加密，正未可以文皆習見而忽之矣。

【彙訂】

① 宋刊本此書作二十卷，有陳振孫序云“一百六十有八篇”，《天祿琳琅書目後編》卷十一有元刻本三十五卷，其解題云“凡文百九十三首”。明刊本皆與元本同。（余嘉錫：《四庫提要辨證》）

②《直齋書錄解題》卷十五原文作“所取自《史》、《漢》而

下"。（同上）

③宋刻本《迂齋標注諸家文集》五卷（存三卷）即《直齋書錄解題》所著錄五卷本。（張元濟：《寶禮堂宋本書錄》）

成都文類五十卷（兩淮鹽政採進本）

案《成都文類》，諸家著錄皆稱宋袁說友編。說友有《東塘集》，已著錄。是編前有說友序，蓋其慶元五年為四川安撫使時所作。然卷首別有題名一頁，稱："迪功郎、監永康軍崇德廟扈仲榮，迪功郎、新差充利州州學教授楊汝明，從事郎、廣安軍軍學教授費士威，從事郎、前成都府學教授何處固，文林郎、山南西道節度掌書記宋德之，文林郎、前利州東路安撫司幹辦公事趙震，宣教郎、新奏辟知綿州魏城縣、主管勸農公事徐景望，奉議郎、新雲安軍使兼知夔州雲安縣、主管勸農公事、借緋程遇孫編集。"而不列說友之名。說友序中亦但云："爰屬僚士，摭諸方策，裒諸碑誌。"而無自為裁定之語。然則此集之編，出說友之意；此集之成，則出八人之手。當時舊本題識本明，後人以序出說友，遂併此書而歸之，非其實也。所錄凡賦一卷，詩歌十四卷，文三十五卷。上起西漢，下迄孝宗淳熙閒，凡一千篇有奇。分為十有一門，各以文體相從，故曰《文類》。每類之中，又各有子目，頗傷繁碎。然《昭明文選》已創是例，宋人編杜甫、蘇軾詩亦往往如斯，當時風尚使然，不足怪也。以周復俊《全蜀藝文志》校之，所載不免於挂漏。然創始者難工，踵事者易密，固不能一例視之。且使先無此書，則逸篇遺什，復俊必有不能盡考者。其蒐輯之功，亦何可盡沒乎？

文章正宗二十卷續集二十卷（內府藏本）①

宋真德秀編。德秀有《四書集編》，已著錄。是集分辭命②、議論、敍事、詩歌四類,錄《左傳》、《國語》以下至於唐末之作。案總集之選錄《左傳》、《國語》自是編始,遂為後來坊刻古文之例。其持論甚嚴,大意主於論理而不論文。《劉克莊集》有《贈鄭寧文》詩曰:"昔侍西山講讀時,頗於函丈得精微。書如《逐客》猶遭黜,辭取'橫汾'亦恐非。箏笛焉能諧雅樂,綺羅原未識深衣。嗟予老矣君方少,好向師門識指歸。"其宗旨具於是矣。然克莊《後村詩話》又曰:"《文章正宗》初萌芽,以詩歌一門屬予編類,且約以世教民彝為主。如仙釋、閨情、宮怨之類皆弗取③。余取漢武帝《秋風辭》,西山曰:'文中子亦以此辭為悔心之萌,豈其然乎?'意不欲收。其嚴如此。然所謂'懷佳人兮不能忘',蓋指公卿扈從者,似非為後宮而設。凡余所取,而西山去之者大半。又增入陶詩甚多,如三謝之類多不收。"詳其詞意,又若有所不滿於德秀者。蓋道學之儒與文章之士各明一義,固不可得而強同也。顧炎武《日知錄》亦曰:"真希元《文章正宗》所選詩,一掃千古之陋,歸之正旨。然病其以理為宗,不得詩人之趣。且如《古詩十九首》,雖非一人之作,而漢代之風略具乎此。今以希元之所删者讀之,'不如飲美酒,被服紈與素',何異《唐風·山有樞》之篇'良人惟古歡,枉駕惠前綏',蓋亦《邶風》'雄雉于飛'之義。牽牛織女,意仿《大東》;兔絲女蘿,情同《車舝》。十九作中,無甚優劣。必以坊淫正俗之旨,嚴為繩削。雖矯昭明之枉,恐失國風之義。六代浮華,固當刊落,必使徐、庾不得為人,陳、隋不得為代,毋乃太甚。豈非執理之過乎?"所論至為平允,深中其失。故德秀雖號名儒,其說亦卓然成理,而四五百年以來,自講學家以外,未有尊而用之者。豈非不近人情之事,終不能強行於天下歟? 然專執其法以論文,固矯枉過直④。兼存其理以救浮華冶蕩之弊,則亦未嘗無禆。藏弆之家,至今著錄,厥亦有由矣。《續集》二十卷,皆北宋之文,闕詩歌、辭命二門,僅有敍事、議論,而末一卷議論之文又有錄無書。蓋未成之本。舊附前集以行,今亦仍並錄焉。

【彙訂】

① 文淵閣《四庫》本為《文章正宗》二十四卷、《綱目》一卷、《續文章正宗》二十卷(卷二十有錄無書)。(修世平:《〈四庫全書總目〉訂誤十七則》)

②"辭命",底本作"辭令",據殿本改。此集卷一至三為"辭命"。

③"弗",殿本作"勿"。

④"直",殿本作"正"。

天台前集三卷前集別編一卷續集三卷續集別編六卷(浙江范懋柱家天一閣藏本)

案是集皆裒輯天台題咏。《前集》宋李庚原本,林師蒧等增修。皆錄唐以前詩,成於寧宗嘉定元年戊辰,有郡守宣城李兼序。《前集別編》一卷,則師蒧子表民所輯補,又附拾遺詩十二首。有陳耆卿跋及表民自記,題"癸未小至",乃嘉定十六年。《續集》前二卷亦李庚原本,後一卷則師蒧、林登、李次暮等所彙錄,皆宋初迄宣、政閒人之詩,亦成於嘉定元年。後附拾遺詩七首,跋稱:"得此於會稽鬻書者十年,今刻之《續集》後。"似亦為表民所題也。《續集別編》,則表民以所得南渡後諸人之詩及《續集》內闕載者,次第裒次而成。前五卷末有表民自跋,題"戊申中秋",乃理宗淳祐八年;後一卷末題"庚戌夏五",則淳祐十年。蓋父子相繼甄輯,歷四十年而後成書也。庚字子長,其爵里無考。

惟李兼序有"李棻出其先公御史所裒文集"語,又有"寓公李公"語,則嘗官御史而流寓天台者也。師蔵字詠道,臨海人,嘗官州學學諭。表民字逢吉,與林登、李次晷仕履均不可考。表民別有《赤城集》,詩文兼載,此集則有詩而無文。雖僅方隅之賦詠而遺集淪亡者,每藉此以幸存百一,足為考古者採摭之所資,固當與《會稽掇英總集》諸書並傳不廢矣。此為明初刊本,而《前集》後題"台州州學教授姚宜中校勘"一行,《前集別編》後題"台州州學教授姜一容點檢"一行。蓋原從宋刻翻雕,故尚仍舊式。惟每集下以元、亨、利、貞四字分編。案"貞"乃宋仁宗嫌名,宋代諸書例皆改避,師蔵等不應於標目之中顯觸廟諱,殆重刻者所妄加歟[1]?

【彙訂】

[1] "刻",殿本作"刊"。

赤城集十八卷(浙江鮑士恭家藏本)

宋林表民編。集中載吳子良《赤城續志》序,稱其字曰逢吉,與撰《天台前集別編》之林表民合。又稱為東魯人,則里貫互異。蓋其先世自曲阜徙臨海,故從其祖貫言之,非別一人也。表民嘗續陳耆卿《赤城志》,復取記志、書傳、銘誄、讚頌之文為《志》所不載者,薈而輯之,以成此集。前有淳祐八年吳子良序,稱:"分門會稡,并詩為一。"今此集僅有文一百八十二首而無詩。又明謝鐸《赤城新志》載:"《赤城集》二十八卷,有刻本在內閣。"而此本亦祇十八卷。疑原本尚有詩十卷,為傳鈔者所脫佚,已非完本矣。

妙絕古今四卷(內府藏本)

不著編輯者名氏。前有嘉靖乙卯南贛巡撫談愷刊書序,後有南安知府王廷幹跋。但稱為宋人所選，而不得其本末。《宋史·藝文志》亦無此書之名。今以元趙汸《東山存稾》考之，蓋湯漢所編也。漢有《東澗遺集》，已著錄。是編甄輯古文，起《春秋左氏傳》，訖眉山蘇氏，凡二十一家，七十九篇。卷首原序有稱“東澗書”者，即漢之自題；其稱“紫霞老人”者，則趙汝騰所題。趙汸謂：“曾見鄱陽馬公文有《妙絕古今》序，後於書肆見是書，卷首不載馬公之序。”今此本亦無之。而馬廷鸞《碧梧玩芳集》世已失傳，惟《永樂大典》閒存一二，亦無此序。則其佚久矣。書中所錄，代不數人，人不數首，似不足概古今作者，故趙汸稱：“觀馬公詞意，若無取焉者。”獨汸以宋代衰微之故與漢出處大概推闡其旨，以為南渡忍恥事讎，理宗容姦亂政，故取《左氏》、《國策》所載之事以昭諷勸，而并及於漢、唐二代興亡之由。又取屈原、樂毅、韓愈《孟東野序》、歐陽修《蘇子美集序》諸篇[1]，有感於士之不遇而復進之於道，以庶幾乎知所自反。其去取之閒，篇篇具有深義，因作為題後以發明之。凡一千四百餘言，而漢著書之意始明。乃知以闕略議之者，由未論乎其世矣。書中閒有評註，當亦出漢原本，今並錄存之。自序稱“壬寅”，乃理宗淳祐元年[2]，蓋猶其未仕時所選定云[3]。

【彙訂】

①“集序”，據殿本補。趙汸《東山存稿》卷五《題〈妙絕古今〉篇目後》曰：“讀《屈原傳》、《答燕惠王》、《書客難》、《獲麟解》、《送孟東野序》、《蘇子美文集序》，士之不遇，可勝言哉！”

②壬寅乃理宗淳祐二年，淳祐元年歲次辛丑。（楊武泉：《四庫全書總目辨誤》）

③“選”，殿本作“撰”。

唐僧宏〔弘〕秀集十卷（內府藏本）

宋李龏編。龏有《翦綃集》，已著錄。此所選唐代釋子之詩，自皎然以下凡五十二人，詩五百首。前有寶祐六年龏自序，採摭頗富，而亦時有不檢。如釋寶月《行路難》一首，載《玉臺新咏》第九卷中，本非僻書。又鍾嶸《詩品》下卷以齊釋惠休、道猷、寶月共為一條，且詳錄其事曰："《行路難》是東陽柴廓所造，寶月嘗憩其家，會廓亡，因竊而有之。廓子齎手本出都，欲訟此事，乃厚賂止之。"云云，亦非僻事。龏乃錄之第五卷中，殊為舛誤。至賈島始為浮屠，名無本。周朴始為浮屠，名清塞①。後島遇韓愈，勸返初服，仕至長江簿。朴為姚合所賞，亦加冠巾。黃巢之亂，抗節罵賊而死。其人在士大夫中，亦卓然不愧於儒者。龏乃錄其詩四十五首入此集，亦為不類。如云追錄其為僧之作，則賈島一集何以又不採錄？此亦自亂其例也。豈誤以四卷所錄吟《馬嵬》、《濮上》諸詩之別一無本為即島耶②？唐釋能詩者眾，其最著者莫過皎然、齊己、貫休。然皎然稍弱，貫休稍麤，要當以齊己為第一人。今觀龏所錄，如集中《聽琴》、《劍客》、《登南岳祝融峯》諸篇，皆不見收。則別裁去取，亦未必盡諸僧所長。然唐僧有專集者不過數家，其餘散見諸書，漸就澌滅。龏能裒合而存之，俾殘章斷簡，一一有傳於後。其收拾散亡，要亦不能謂之無功也。

【彙訂】

①《文苑英華》卷七一四有林嵩《周朴詩集序》，敘其平生出處頗詳，不言嘗為僧。《唐詩紀事》卷七一有《周朴傳》，卷七六有《僧清塞傳》；《唐才子傳》卷九有《周朴傳》，卷六有《清塞傳》，謂俗姓周，名賀，則顯非一人。《新唐書·藝文志》有《周賀詩》一

卷,又有《周朴詩》二卷,《文獻通考》卷二四三同。(余嘉錫:《四庫提要辨證》)

②此集卷七錄無本詩四首:《馬嵬》、《行次漢上》、《尋隱者不遇》、《寄友》,《行次漢上》諸家所錄或作賈島詩,然詩題皆同。可知"濮上"乃"漢上"之誤。

衆妙集一卷(浙江巡撫採進本)

宋趙師秀編。師秀有《清苑齋集》,已著錄。是集錄唐代五、七言律詩,起沈佺期,訖王貞白,共七十六人①,不甚詮次先後。五言居十之九,七言僅十之一。師秀之詩大抵沿溯武功一派,意境頗狹,而是集乃以風度流麗為宗,多近中唐之格。馮氏《才調集》凡例謂其惟取名句,殆不盡然。陳振孫《書錄解題》不載其名。此本明季出自嘉興屠用明家,寒山趙靈均以授常熟馮班,班寄毛晉刊之,始傳於世。其書晚出,故談藝家罕論及之。然其去取之間,確有法度,不似明人所依託。疑當時偶爾選錄,自供吟咏,非有意勒為一編。故前後無序跋,亦未刊版行世②。惟傳其詩法者,轉相繕寫,幸留於後耳。觀其有近體而無古體,多五言而少七言,確為四靈門徑,與其全集可以互相印證。明末作偽之人,斷不能細意脗合如是也。

【彙訂】

①文淵閣《四庫》本此集實錄七十五人。(趙敏:《宋代晚唐體詩歌研究》)

②據《汲古閣珍藏祕本書目》,毛刊底本係影宋板精抄。瞿氏鐵琴銅劍樓藏舊鈔本《二妙集》有無名氏跋,云:"趙選《衆妙》、《二妙》二集,世不多見。吾友顧大石仁效過訪次山秦思宋,執是

為贄,次山藏焉。因假摹書,實為宋時刻本。"則《衆妙集》非未刊版行世。(孫詒讓:《溫州經籍志》;胡玉縉:《四庫未收書目提要續編》)

江湖小集九十五卷(兩淮鹽政採進本)

舊本題宋陳起編。起字宗之,錢塘人,開書肆於睦親坊,亦號陳道人。今所傳宋本諸書,稱"臨安陳道人家開雕"者,皆所刻也。是集所錄凡六十二家:洪邁二卷[①],僧紹嵩七卷,葉紹翁一卷,嚴粲一卷,毛珝一卷,鄧林一卷,胡仲參一卷,陳鑒之一卷,徐集孫一卷,陳允平一卷,張至龍一卷,杜旃一卷,李龏三卷,施樞二卷,何應龍一卷,沈説一卷,王同祖一卷,陳起一卷,吳仲孚一卷,劉翼一卷,朱繼芳二卷,林尚仁一卷,陳必復一卷,斯植二卷,劉過一卷,葉茵五卷,高似孫一卷,敖陶孫二卷附詩評,朱南杰一卷,余觀復一卷,王琮一卷,劉仙倫一卷,黄文雷一卷,姚鏞一卷,俞桂三卷,薛嵎一卷,姜夔一卷,周文璞三卷,危積一卷,羅與之二卷,趙希櫓一卷,黄大受一卷,吳汝式一卷[②],趙崇鉟一卷,葛天民一卷,張弋一卷,鄒登龍一卷,吳淵二卷,宋伯仁一卷,薛師石一卷附諸跋及《墓誌》,高九萬一卷,許棐四卷,戴復古四卷,利登一卷,李濤一卷,樂雷發四卷[③],張藴斗一卷[④],劉翰一卷,張良臣一卷,葛起耕一卷[⑤],武衍二卷,林同一卷。内惟姚鏞、周文璞、吳淵、許棐四家有賦及雜文,餘皆詩也。案方回《瀛奎律髓》曰:"寶慶初,史彌遠廢立之際,錢塘書肆陳起宗之能詩,凡江湖詩人俱與之善。刊《江湖集》以售,劉潛夫《南岳稾》亦與焉。宗之賦詩有云:'秋雨梧桐皇子府,春風楊柳相公橋。'本改劉屏山句也。'或嫁秋雨春風'句,為敖器之所作。言者併潛夫《梅》詩論列，劈《江湖集》版，二人皆坐罪，而宗之坐流配。於是詔禁士大夫作詩。紹定癸巳，彌遠死，詩禁乃解。"今此本無劉克莊《南岳稾》。且彌遠死於紹定六年，而此本諸集多載端平、淳祐、寶祐紀年，反在其後。又張端義《貴耳集》自稱其軮周晉仙詩載《江湖集》中，而此本無端義詩。又周密《齊東野語》載："寶慶間李知孝為言官，與曾極、景建有隙，每欲尋釁以報之。適極有《春》詩云：'九十日春晴日少，一千年事亂時多。'刊之《江湖集》中。因復改劉子翬《汴京紀事》一聯云：'秋雨梧桐皇子宅，春風楊柳相公橋。'以為指巴陵及史丞相。及劉潛夫《黃巢戰場》詩曰：'未必朱三能跋扈，祇緣鄭五欠經綸。'遂皆指為謗訕。同時被累者，如敖陶孫、周文璞、趙師秀及刊詩陳起，皆不免焉。"案此説與方回所記小異，未詳孰是。而此本無曾極詩，亦無趙師秀詩，且洪邁、姜夔皆孝宗時人，而邁及吳淵位皆通顯，尤不應列之江湖。疑原本殘闕，後人掇拾補綴，已非陳起之舊矣。宋末詩格卑靡，所錄不必盡工。然南渡後詩家姓氏，不顯者多賴是書以傳，其摭拾之功亦不可没也。

【彙訂】

①　所收洪邁《野處類稾》二卷乃抄朱松《韋齋集》，實係偽書。説詳卷一六〇"野處類稿"條訂誤。

②　"吳汝式"，底本作"吳汝弌"，據殿本改。此集卷六五錄吳汝式《雲臥詩集》。

③　此集卷七五至七七錄許棐詩文三卷，卷八四至八八錄樂雷發詩五卷。（李裕民：《四庫提要訂誤》）

④　"張蘊斗"，底本作"張蘊"，據殿本改。此集卷八九錄張蘊斗《野橐支卷》。

⑤ "葛起耕",殿本作"葛起井",誤。此集卷九二錄葛起耕《檜庭吟稿》。

江湖後集二十四卷(永樂大典本)

宋陳起編。案起以刻《江湖集》得名,然其書刻非一時,版非一律。故諸家所藏如黃俞邰、朱彝尊、曹棟、吳焯及花谿徐氏、花山馬氏諸本,少或二十八家,多至六十四家。輾轉傳鈔,真贗錯雜,莫詳孰為原本。今檢《永樂大典》所載,有《江湖集》,有《江湖前集》,有《江湖後集》,有《江湖續集》,有《中興江湖集》諸名。其接次刊刻之蹟,略可考見。以世傳《江湖集》本互校,其人為《前集》所未有者,凡鞏豐、周弼、劉子澄、林逢吉、林表民、周端臣、趙汝鐩、鄭清之、趙汝績、趙汝回、趙庚夫、葛起文、趙崇嶓、張榘、姚寬、羅椅、林昉、戴埴、林希逸、張煒、万俟紹之、儲泳、朱復之、李時可、盛烈、史衛卿、胡仲弓、曾由基、王諶、李自中、董杞、陳宗遠、黃敏求、程炎子①、劉植、張紹文、章采、章粲、盛世宗、程垣、王志道、蕭澥、蕭元之、鄧允端、徐從善、高吉、釋圓悟、釋永頤,凡四十八人。考林逢吉即林表民之字,蓋前後刊版所題偶異,實得四十七人。又詩餘二家,為吳仲方、張輯,共四十九人。有其人已見《前集》,而詩為《前集》未載者,凡敖陶孫、李龏、黃文雷、周文璞、葉茵、張蘊、俞桂、武衍、胡仲參、姚鏞、戴復古、危稹、徐集孫、朱繼芳、陳必復、釋斯植及起所自作,共十七人。惟是當時所分諸集,大抵皆同時之人,隨得隨刊,稍成卷帙,即別立一名以售。其分隸本無義例,故往往一人之詩,而散見於數集之內。如一一復其舊次,轉嫌割裂參差,難於尋檢。謹校驗《前集》,刪除重複,其餘諸集悉以人標目,以詩繫人,合為一編,統名之曰《江湖後集》。庶條理分明，篇什完具。俾宋季詩人姓名、篇什湮没不彰者，一一復顯於此日，亦談藝之家見所未見者矣②。

【彙訂】

①"程炎子"，殿本作"程炎午"，誤。此集卷十四錄其詩。

②《永樂大典》所錄《江湖集》諸本尚有《江湖詩集》、《江湖前賢文集》、《江湖前賢文集補遺》三種。今殘本《永樂大典》中各集所錄詩人為《四庫》本《江湖小集》、《江湖後集》所未收者有四十二人。（李裕民：《四庫提要訂誤》增訂本）

三體唐詩六卷（內府藏本）

宋周弼編。弼有《汶陽端平詩雋》，已著錄。是編乃所選唐詩，其曰"三體"者，七言絕句、七言律詩、五言律詩也。首載選例。七言絕句分七格，一曰實接，一曰虛接，一曰用事，一曰前對，一曰後對，一曰拗體，一曰側體。七言律詩分六格，一曰四實，一曰四虛，一曰前虛後實，一曰前實後虛，一曰結句，一曰咏物。五言律詩分七格，前四格與七言同，後三格一曰一意，一曰起句，一曰結句。宋末風氣日薄，詩家多不工古體。故趙師秀《衆妙集》、方回《瀛奎律髓》所錄者無非近體，弼此書亦復相同。所列諸格，尤不足盡詩之變。而其時詩家授受，有此規程，存之亦足備一説。考范晞文《對牀夜語》曰："周伯弼選唐人家法，以四實為第一格，四虛次之，虛實相半又次之。其説四實，謂中四句皆景物而實也。於華麗典重之中有雍容寬厚之態，此其妙也。昧者為之，則堆積窒塞，而寡於意味矣。是編一出，不為無補。後學有識高見卓，不為時習薰染者，往往於此解悟。閒有過於實而句未飛健者，得以起或者窒塞之譏。然刻鵠不成尚類鶩，豈不勝於空疎輕薄之為？使稍加探討，何患古人之不我同也。"云云。
又申明其四虛之説及前實後虛、前虛後實之説，頗為明白。乃知
弼撰是書，蓋以救江湖末派油腔滑調之弊，與《滄浪詩話》各明一
義，均所謂有為言之者也。舊有元釋圓至註，疏陋殊甚，已別存
其目。此本為高士奇所補正，雖未能本本元元，盡得出典，而文
從字順，視舊註差清整矣。

論學繩尺十卷（安徽巡撫採進本）

宋魏天應編，林子長註①。天應號梅墅，自稱鄉貢進士。子
長號筆峯，官京學教諭，皆閩人也。是編輯當時場屋應試之論，
冠以《論訣》一卷。所錄之文分為十卷，凡甲集十二首，乙集至癸
集俱十六首，每兩首立為一格，共七十八格②。每題先標出處，
次舉立説大意，而綴以評語，又略以典故分註本文之下。蓋建陽
書肆所刊，歲久頗殘闕失次。明福建提學僉事游明訪得舊本，重
為校補。又以原註多所譌誤，併為考核增損，付書坊刊行。何喬
新《椒邱集》有是書序，今本不載，蓋佚脱也。考宋《禮部貢舉條
式》，元祐法以三場試士，第二場用論一首。紹興九年定以四場
試士，第三場用論一首，限五百字以上成。經義、詩賦二科並同。
又載紹興九年國子司業高閌劄子，稱："太學舊法，每旬有課，月
一周之；每月有試，季一周之，皆以經義為主，而兼習論策。"云
云。是當時每試必有一論，較諸他文應用之處為多，故有專輯一
編以備揣摩之具者。天應此集，其偶傳者也。其始尚不拘成格，
如蘇軾《刑賞忠厚之至論》，自出機杼，未嘗屑屑於頭項心腹腰尾
之式。南渡以後，講求漸密，程式漸嚴，試官執定格以待人，人亦
循其定格以求合。於是"雙關三扇"之説興，而場屋之作遂別有

軌度。雖有縱橫奇偉之才，亦不得而越。此編以“繩尺”為名，其以是歟？《紹興重修貢舉式》中“試卷犯點抹”條下，有論策經義連用本朝人文集十句之禁。知拘守之餘，變為剽竊，故以是防其弊矣。然當日省試中選之文，多見於此，存之可以考一朝之制度。且其破題、接題、小講、大講、入題、原題諸式，實後來八比之濫觴，亦足以見制舉之文源流所自出焉。

【彙訂】

①《四庫全書》本乃據明成化本錄入，成化本名為《批點分格類意句解論學繩尺》，署名“京學學諭筆峰林子長箋解，鄉貢進士梅墅魏天應編選，福建按察司僉事游明大升重輯校正”。林子長是隆興元年（1163）進士，同年進士樓鑰、虞儔、袁說等人的文集裏均有和林子長詩。蔡正孫編成於1300年的《唐宋千家聯珠詩格》卷三《寄訊魏梅墅》題注云：“故友魏梅墅天應，菊莊之子”，菊莊乃《詩人玉屑》編者魏慶之號。則林的生活年代至少比魏早七八十年。現存《繩尺》十集中，可確定時間的約一百一十二篇。每集都有林子長之後的作品，而全部作品都在魏天應以前。林編選並箋解的篇數充其量也不過三四十篇，其餘大部分由魏編著而成。（張海鷗、孫耀斌：《〈論學繩尺〉與南宋論體文及南宋論學》）

② 卷一七格十二首，卷二至十各十六首，但格數不一，分別為八、十、十一、九、八、八、九、九、八。總計八十七格，去其重複則為五十四格，一百五十六首。（同上）

吳都文粹九卷（浙江鮑士恭家藏本）①

宋鄭虎臣編。案《蘇州府志》，虎臣字景兆，曾為會稽尉，宋德祐初，自請監押賈似道，殺之於木綿菴者，即其人也。是書於吳郡遺文綜緝頗富，其中若李壽朋之《劄補新軍》、汪應辰之《申奏許浦水軍》、趙肅之《三十六浦利害》、郟亶之《至和塘六得六失》諸篇，均有關兵農大計。其他輿地沿革，亦多有因文以著者。如書中龔頤正《企賢堂記》曰："長洲為縣，肇唐萬歲通天中。"而《吳地記》則云建自貞觀七年。考唐《地理志》，與頤正之《記》合，可以證《吳地記》之譌。又《吳地記》云常熟縣改自唐貞觀九年，而書中范成大《常熟縣題名記》曰："縣舊為毗陵，至梁而改。"又可與《吳地記》考異。蓋是書雖稱《文粹》，實與地志相表裏。東南文獻，藉是有徵[2]。與范成大《吳郡志》相輔而行，亦如驂有靳矣[3]。

【彙訂】

[1] 此書今存諸本均作十卷，《四庫全書》本亦為十卷。《浙江省第四次鮑士恭呈送書目》著錄正作十卷，文溯閣、文津閣本書前提要皆作十卷不誤。（江慶柏：《〈四庫全書總目〉考訂十七則》）

[2] "藉是有徵"，殿本作"多藉是以有徵"。

[3] 此書全依范成大《吳郡志》錄寫詩文，絕無增減。（余嘉錫：《四庫提要辨證》）

古文集成前集七十八卷（浙江汪啟淑家藏本）

舊本題盧陵王霆震亨福編，不著時代。觀其標識名字，魏徵猶作魏證，而宋人奏議於朝廷、國家諸字皆空一格，蓋南宋書肆本也。卷端題"新刊諸儒評點"字，凡呂祖謙之《古文關鍵》、真德秀之《文章正宗》、樓昉之《迂齋古文標註》，一圈一點，無不具載。

其理宗時所刊乎？集以十干為紀，而自甲至癸皆稱曰"前某集"，則有後集而佚之矣。凡甲集六卷，乙集八卷，丙集七卷，丁集九卷，戊集八卷，己集八卷，庚集八卷，辛集七卷，壬集八卷，癸集九卷。所錄自春秋以逮南宋，計文五百二十二首，其中宋文居十之八。雖多習見之作，而當日名流其集不傳於今者，如馬存、程大昌、陳謙、方恬、鄭景望諸人，亦頗賴以存。所引諸評，如槐城、松齋、敦齋、郎學士、《戴溪筆議》、《東塾燕談》之類，今亦罕見其書，且有未知其名者。宋人選本傳世者稀，錄而存之，亦足以資循覽也。

文章軌範七卷（兩江總督採進本）

宋謝枋得編。枋得有《疊山集》，已著錄①。是集所錄漢、晉、唐、宋之文，凡六十九篇。而韓愈之文居三十一②，柳宗元、歐陽修之文各五，蘇洵之文四，蘇軾之文十二，其餘諸葛亮、陶潛③、杜牧、范仲淹、王安石、李覯、李格非、辛棄疾，人各一篇而已。前二卷題曰《放膽文》，後五卷題曰《小心文》，各有批註圈點。其六卷《岳陽樓記》一篇，七卷《祭田橫文》、《上梅直講書》、《三槐堂銘》、《表忠觀碑》、《後赤壁賦》、《阿房宮賦》、《送李愿歸盤谷序》七篇，皆有圈點而無批註。蓋偶無獨見，即不填綴以塞白，猶古人淳實之意。其《前出師表》、《歸去來辭》，乃併圈點亦無之，則似有所寓意。其門人王淵濟跋謂漢丞相、晉處士之大義清節，乃枋得所深致意，非附會也。前有王守仁序，稱為當時舉業而作。然凡所標舉，動中竅會，要之，古文之法亦不外此矣。舊本以"王侯將相有種乎"七字分標七卷，近刻以"九重春色醉仙桃"七字易之。觀第三卷批有"先熟侯、王兩集"之語，則此本為枋得原題,近刻乃以意改竄之。雖無關大義,亦足見坊刻之好改古書,不可據為典要也。

【彙訂】

① 依《總目》體例,當作"枋得有《批點檀弓》,已著錄"。

②《總目》所稱六十九篇,是襲自王守仁序。今計所舉韓愈以下各家文,才得六十五篇。文淵閣《四庫》本《文章軌範》實收韓愈文三十二篇。范仲淹有《嚴先生祠堂記》、《岳陽樓記》二篇,均收在卷六。還有元結《大唐中興頌序》,收在卷六。胡詮《上高宗封事》,收在卷四。加上這四篇,方符合六十九篇之數。(劉曙初:《〈四庫全書總目〉辨證一則》)

③ 文淵閣《四庫》本《文章軌範》并無陶文,以光緒九年弦歌書院本校之,當在全書之末。(同上)

月泉吟社一卷(編修汪如藻家藏本)

宋吳渭編。渭字清翁,號潛齋,浦江人。嘗官義烏令。入元後退居吳溪,立月泉吟社。至元丙戌、丁亥閒,徵《賦春日田園雜興》詩①,限五、七言律體,以歲前十月分題,次歲上元收卷。凡收二千七百三十五卷,延致方鳳、謝翱、吳思齊評其甲乙。凡選二百八十人,以三月三日揭榜。此本僅載前六十人,共詩七十四首。又附錄句圖三十二聯,而第十八聯佚其名,蓋後人節錄之本,非完書也②。其人皆用寓名,而別註本名於其下。如第一名連文鳳改稱羅公福之類,未詳其意。豈鳳等校閱之時,欲示公論,以此代糊名耶? 首載社約、題意、誓文、詩評,次列六十人之詩,各為評點,次為摘句,次為賞格及送賞啟,次為諸人覆啟,亦皆節文。其人大抵宋之遺老,故多寓遯世之意及聽杜鵑③、餐薇

蕨語,王士禎《池北偶談》稱其"清新尖刻,別自一家",而怪所品
高下未當,為移第六名子進為第一①,第十三名魏子大為第二,
第九名全泉翁為第三,第五名山南隱逸為第四,第十五名躡云為
第五,第四名仙村人為第六,第十一名方賞為第七,第三名高宇
為第八,第四十二名俞自得為第九,第二十五名槐空居士為第
十,第四十三名東湖散人為十一,第三十七名徐端甫為十二,第
四十四名仇近村為十三,第三十一名陳希邵為十四,第五十三名
子直為十五,第二名司馬澄翁為十六,第四十五名陳緯孫為十
七,第五十一名聞人仲伯為十八,第五十九名君瑞為十九,第十
七名田起東為二十,第一名羅公福為二十一。然諸詩風格相近,
無大優劣,士禎所移與鳳等所定,均各隨一時之興,未見此之必
是,彼之必非也。李東陽《懷麓堂詩話》曰:"元季國初,東南士人
重詩社。每一有力者為主,聘詩人為考官,隔歲封題於諸郡之能
詩者,期以明春集卷私試,開牓次名。仍刻其優者,略如科舉之
法。今世所傳,惟浦江吳氏月泉吟社,取羅公福為首。其所刻詩
以和平溫厚為主,無甚警拔,而卷中亦無能過之者。"云云。則鳳
等所定,東陽固以為允矣。

【彙訂】

①"徵",殿本脱。

② 此書今存最早版本為明天啟間汲古閣刻本,卷首冠以正
德十年田汝籽《刻月泉吟社詩敍》,當係據田氏刻本翻刻。毛晉
自跋於書末云:"至元丙戌、丁亥間,吳潛齋執耳,分雜興題,共得
詩二千七百三十五卷,選中二百八十名。今兹集所載,僅六十
名,凡四韻詩七十有四首,又附摘句三十有三聯(非"三十二
聯")。"據田氏敍,其所據為正統十年吳克文本。又據咸豐九年

吳氏家刻本後跋，汲古閣本内容與正統刻本無異。而據正統十年諸家跋語，雖有增入的内容，但其中詩篇仍為吳渭至元刻本所固有。且吳渭自言：“《春日田園雜興》，此蓋借題於石湖作者。”（《月泉吟社·詩評》）范成大《田園雜興》正由六十首雜興詩組成。《總目》卷一六五“百正集”條亦云：“入選者二百八十卷，刊版者六十卷。”“節錄之本”說誤。（方勇：《元初月泉吟社詩集版本考略兼駁四庫提要“節錄之本”說》）

③“杜鵑”，殿本作“杜鵑”，誤。

④“為第一”，殿本作“第一名”。

文選補遺四十卷（兩江總督採進本）

宋陳仁子編。仁子有《牧萊脞語》，已著錄。是書前有廬陵趙文序，述仁子之言，謂《文選》存《封禪書》，何如存《天人三策》；存《劇秦美新》，何如存《更生封事》；存《魏公九錫文》，何如存《蕃、固諸賢論列》[①]？《出師表》不當删去《後表》，《九歌》不當止存《少司命》、《山鬼》，九章不當止存《涉江》。漢詔令取武帝不取高、文，史論贊取班、范不取司馬遷。淵明詩家冠冕，十不存一二[②]。又不當以詩賦先詔令、奏疏，使君臣失位，質文先後失宜。其排斥蕭統甚至，蓋與劉履《選詩補註》皆私淑《文章正宗》之說者。然《正宗》主於明理，《文選》原止於論文，言豈一端，要各有當。仁子以彼概此，非通方之論也。且所補司馬談《六家要旨論》則齊黄、老於《六經》，魯仲連《遺燕將書》則教人以叛主，高帝《鴻鵠歌》情鍾嬖愛，揚雄《反離騷》事異忠貞，蔡琰《胡笳十八拍》非節烈之言，《越人歌》、《李延年歌》直淫褻之語，班固《燕然山銘》實為貢諛權臣，董仲舒《火災對》亦不免附會經義。律以《正宗》之法,皆為自亂其例,亦非能恪守真氏者③。至於宋王《微咏賦》譌為宋玉《微咏賦》,則姓名、時代並譌;引佛經"橫陳"之説以註《諷賦》,則厖雜已甚;荆軻《易水歌》與《文選》重出,亦為不檢。觀所著《牧萊脞語》,於古文、時文之格律尚未分明④。則排斥古人,亦貿貿然徒大言耳。然其説云補《文選》,不云竟以廢《文選》,使兩書並行,各明一義,用以濟專尚華藻之偏,亦不可謂之無功。較諸舉一而廢百者,固尚有閒焉。

【彙訂】

① "論列",底本作"列傳",據書前趙文序原文及殿本改。(王重民:《跋新印本〈四庫全書總目〉》)

② "一二",底本作"三",據書前趙文序原文及殿本改。(同上)

③《燕然山銘》載於《文選》卷五六,此書"銘"類未收,唯卷三七"頌"類有班固《車騎賨將軍北征頌》。(楊武泉:《四庫全書總目辨誤》)

④ 殿本"分"上有"甚"字。

蘇門六君子文粹七十卷(原任工部侍郎李友棠家藏本)

不著編輯者名氏。卷首凡例稱或傳為陳亮所輯。然亮輯《歐陽文粹》,序載《龍川集》,而此書之序無考,則未必出於亮也。《宋史》稱黃庭堅、張耒、晁補之、秦觀為"蘇門四學士"。而此益以陳師道、李廌,稱"蘇門六君子"者,蓋陳、李雖與蘇軾交甚晚,而師道則以軾薦起官,廌亦以文章見知於軾,故以類附之也①。其文皆從諸家集中錄出,凡《淮海集》十四卷,《宛邱集》二十二卷,《濟北集》二十一卷,《濟南集》五卷,《豫章集》四卷,《后山集》

四卷②。頗有一篇之中刊去首尾繁文,僅存其要語者。觀其所取,大抵議論之文居多,蓋坊肆所刊,以備程試之用也。陸游《老學菴筆記》曰:"建炎以來,尚蘇氏文章,學者翕然從之,而蜀士尤盛。有語曰:'蘇文熟,吃羊肉;蘇文生,吃菜羹。'"云云。蓋風會所趨,併其從游之士,亦為當代所摹擬矣。然其去取謹嚴,猶工文之士所輯。且李廌集世無傳本,今始從《永樂大典》裒輯成帙,頗藉此書相補苴。又張耒集寫本僅存,字多舛誤;陳師道集刊本較詩差詳,較文則略,亦頗藉此書以勘正云。

【彙訂】

①《宋史·李廌傳》載其"謁蘇軾於黃州",時在元豐三年二月至元豐七年四月間。《后山居士文集》卷十七載《黃樓銘》,乃元豐元年三月蘇軾因治水有功,於徐州修建黃樓,命陳師道作,是為蘇、陳始交。則陳、李與蘇軾初交皆在元豐前期,不得謂甚晚。(王友勝:《蘇詩研究史稿》)

② 文淵閣《四庫》本此集卷一至二十二為《宛邱文粹》,卷二十三至三十六為《淮海文粹》,卷三十七至四十為《豫章文粹》,卷四十一至四十四為《後山文粹》,卷四十五至四十九為《濟南文粹》,卷五十至七十為《濟北文粹》,不當倒其序。(周錄祥:《〈四庫全書簡明目錄·集部〉訂誤》)

三國志文類六十卷(浙江范懋柱家天一閣藏本)①

不著編輯人名氏。今流傳有宋刊本。然《宋史·藝文志》載此書,註云:"集者不知名。"則當時已無可考矣。案柳宗元《河東集》有柳宗直《西漢文類》序,其文皆採之《漢書》。是編惟採《三國志》之文,蓋沿其例。凡分二十三門,曰詔書,曰教令,曰表奏,曰書疏,曰諫諍,曰戒責,曰薦稱,曰勸說,曰對問,曰議,曰論,曰書,曰牋,曰評,曰檄,曰盟,曰序,曰祝文,曰祭文,曰誄,曰詩賦,曰雜文,曰傳。所採上涉漢末而下及晉初,則以《魏志·太祖紀》其事皆在建安,而裴松之註所採多晉人書也。惟其中勸說、對問二門,皆當時口語,本非詞翰,取盈卷帙,於義未安。又陳壽所評正猶馬、班之贊,摘出別立篇名,亦乖體例。以其宋人舊本,姑存之以備考證焉。

【彙訂】

①"三國志文類",底本作"三國文類",據文淵閣庫書及殿本改。《浙江省第五次范懋柱家呈送書目》、《浙江採集遺書總錄簡目》皆著錄《三國志文類》六十卷。

增註唐策十卷(浙江巡撫採進本)

不著編輯者名氏。前有明正德丁丑新安汪燦序,惟言舊刊《唐策》,不知誰集。考書中魏徵作魏證,與《古文集成》同,則亦宋人作也。其集中所錄兼有唐人策論、書狀、表奏之文,而獨以"唐策"為名者,蓋輯以備答策之用,從所重耳。每篇略標其要語於上方,而卷前目錄又摘其所標之語於題下。中閒註語有"崇曰"、"張曰"、"李曰"、"竇曰"、"董曰"諸目。"崇曰"一處作"王崇",則是其名。而餘又皆題其姓,均莫詳其所自,亦不知諸人為誰。殆當時盛行,其本互相訓釋,而書賈合刊之耳。所註雖簡略,而所錄皆唐人名作,持擇頗審,非明代坊選冗濫無序者可比。存之亦足備采擇也。

十先生奧論四十卷(浙江范懋柱家天一閣藏本)

不著編輯者名氏,亦無刊書年月。驗其版式,乃南宋建陽麻沙坊本也。書中集程子、張耒、楊時、朱子、張栻、呂祖謙、楊萬里、胡寅、方恬、陳傳良、葉適、劉穆元、戴溪、張震、陳武、鄭湜諸人所作之論,分類編之,加以註釋。據其原目,凡前集、後集、續集各十五卷,此本續集脫去前五卷,僅存十卷,而前集第七卷以上亦屬後人鈔補,其原註并佚去不存。所亡之卷,已無篇目可考,不知作者凡幾。此四十卷中,核其所作者已十六人,但題曰"十先生",所未詳也。中閒《宋史》有傳者凡十一人。其餘若張震字東父,益寧人。孝宗時中書舍人龍大淵、曾覿除知閤門事,嘗繳回詞頭。事見《胡沂傳》。鄭湜有二,其一字溥之,福州人,光宗時為從臣,奏立太子監國,見《留正傳》;其一則紹熙元年為從政郎,進《治術》十卷,見《書錄解題》。此所載之鄭湜,其進《治術》者歟?陳武有《江東地利論》,見《永樂大典》。方恬、劉穆元二人,則史傳俱無可考見矣[1]。宋人文集名著史册者,今已十佚其八九。至於名姓無聞,篇章湮滅,如方恬諸人者,更指不勝屈。此書雖不出科舉之學,而殘編斷簡得存於遺軼之餘,議論往往可觀,詞采亦一一足取,固網羅放失者所不廢也。

【彙訂】

①《宋史·胡沂傳》未嘗言張震為何許人,《建炎以來朝野雜記》乙集卷六"臺諫給舍論龍、曾事始末"條載其字真父,非字東父。《南宋館閣錄》卷七云:"張震字真甫,綿竹人。"據方回《桐江續集》卷二十《贈方太初》詩自注、卷二五《送溪堂方先生五世孫觀歸馬金》詩序,方恬為方回之族曾祖,乾道五年以省元及第,官至太學博士,非名姓無聞者也。(余嘉錫:《四庫提要辨證》)

詩家鼎臠二卷（編修汪如藻家藏本）[①]

不著編輯者名氏。卷首有題詞，署曰“倦叟”，亦不知倦叟為誰也。所錄有王惲之詩，頗疑為元人所輯。然元王惲為東平人，而此題曰“古汴王惲”，里籍既不相符，考《秋澗集》內亦不載此詩，則非元王惲明矣。方回《瀛奎律髓》稱：“慶元、嘉定以來，有詩人為謁客者，錢塘湖山，什伯為群。阮梅峯秀實、林可山洪、孫花翁季蕃、高菊磵九萬，往往雌黃士大夫，口吻可畏。”今考是書，阮秀實、林洪、孫季蕃、高九萬諸人之詩並在選中，或即其時所刊，如陳起《江湖小集》之類歟？上卷凡五十八人，下卷凡三十七人，每人各著其里居、字號，為例不一。所存詩多者十餘首，少者僅一二首，蓋取“嘗鼎一臠”之意，故以為名。其閒家數太雜，時代亦多顛倒，編次頗為無緒。然宋末佚篇，賴此以存者頗多，亦未可以書肆刊本忽之矣。上卷首原脫半頁，上卷末《金沙夏》某一人，名字、詩篇均有闕佚，今亦姑仍之云。

【彙訂】

① 底本此條與文淵閣庫書次序不符。文淵閣庫書與殿本均置於“十先生奧論四十卷”條之前。

兩宋名賢小集三百八十卷（編修汪如藻家藏本）

舊本題宋陳思編，元陳世隆補。思有《寶刻叢編》，世隆有《北軒筆記》，並已著錄。是編所錄宋人詩集，始於楊億，終於潘音，凡一百五十七家[①]。有紹定三年魏了翁序，及國朝朱彝尊二跋。考所載了翁序，與《寶刻叢編》之序字句不易，惟更書名數字，其為偽託無疑。彝尊跋中謂是書“又稱為《江湖集》”，“刻於寶慶、紹定閒。史彌遠疑有謗己之言，牽連逮捕，思亦不免，詩版遂毀"。案,刊《江湖集》者乃陳起,非陳思。且《江湖集》所載皆南渡以後之人,而是書起自楊億、宋白,二書迥異。彝尊牽合為一,紕繆殊甚。然考彝尊《曝書亭集》有宋高菊磵《遺稾》序,中述陳起罹禍之事甚悉,未嘗混及陳思,而集中亦不載此跋。當由近人依託為之,未必真出彝尊手[②]。又跋內稱陳世隆為思從孫,於思所編六十餘家外,增輯百四十家。稾本散逸,曹溶復補綴之。今檢編中所錄,率多漏略。如王應麟集雖不傳,其遺篇見於《四明文獻集》者尚多,而此編僅以五首為一集,溶不應疎略若此。則謂曹溶補綴,亦不足信也。考王士禎《居易錄》曰:"竹垞輯宋人小集四十餘種,自前卷所列《江湖詩》外,如劉翼躔父《心游摘稾》,林希逸《鬳齋十一稾》,敖陶孫器之《臞翁集》,朱繼芳季實《靜佳集》,林尚志潤叟《端隱稾》,劉過改之《龍洲集》,劉仙倫叔擬《招山集》,黃文雷希聲《看雲集》,黃大受德容《露香拾稾》,武衍朝宗《藏拙稾》,張蘊仁溥《斗野集》,劉翰武子《小山集》,張良臣武子《雪窗集》,趙希櫂誼父《抱拙集》,利登履《道骹稾》,何應龍子翔《橘潭稾》,沈說惟肖《庸齋集》,釋永頤山老《雲泉集》,薛嵎仲止《雲泉集》,俞桂希郤《漁隱稾》,葛天民《無懷集》,姚鏞希聲《雪蓬集》。"云云。是彝尊本有宋人小集四十餘種。或舊稾零落,後人得其殘本,更掇拾他集合為一帙。又因其稾本出彝尊,遂嫁名偽撰二跋歟?然編詩之人雖出贗託,而所編之詩則非贗託。宋人遺稾,頗藉是以薈粹,其蒐羅亦不謂無功。黎邱〔丘〕幻技,置之不論可矣。

【彙訂】

①　一百五十七當作二百五十七。書中卷二四一收楊備詩,卷三六一收楊修詩。楊修實為"楊修之"之誤,修之乃楊備之字,

則實收二百五十六家。（王重民：《中國善本書提要》；李裕民：《四庫提要訂誤》增訂本）

② 不可因魏序偽而斷朱跋亦偽。跋內已明言《江湖集》只編入六十餘家，則楊億、宋白等人之作當係陳世隆所增補。彝尊或以陳起、陳思為一人，集中不載此跋或係漏收。（胡念貽：《南宋〈江湖前、後、續集〉的編纂和流傳》）

柴氏四隱集三卷（浙江鮑士恭家藏本）

宋柴望及其從弟隨亨、元亨、元彪之詩文也。望有《丙丁龜鑑》，已著錄。隨亨字瞻屺，登文天祥牓進士，歷知建昌軍事。元亨字吉甫，與隨亨同舉進士，歷官朝散大夫、荊湖參制。元彪字炳中，號澤臞居士，嘗官察推。宋亡以後，兄弟俱遁跡不仕，時稱“柴氏四隱”。望所著有《道州台衣集》、《詠史詩》、《涼州鼓吹》。元彪所著有《轆線集》。隨亨、元亨著作散佚，其集名皆不可考。明萬曆中，其十一世孫復貞等蒐羅遺槀，元亨之作已無復存，因合望與隨亨、元彪詩文共為一集，仍以“四隱”為名，因舊稱也。世所行者僅望《秋堂》一集，而實非足本，錢塘吳允嘉始得刻本鈔傳之。又據《江山志》及《吳氏詩永》，益以集外詩五首，遂為完書。其詩格頗近晚唐，無宋人枝椏之習，隨亨、元彪所作，差遜其兄。然諒節高風，萃於一門。雖遺編零落，而幽憂悲感之意，託諸歌吟者，往往猶可考見。存之足以勵風教，正非徒以文章重矣。

集 部 四 十 一

總 集 類 三

中州集十卷附中州樂府一卷（內府藏本）

金元好問編。好問有《續夷堅志》，已著錄。是集錄金一代之詩，首錄顯宗二首，章宗一首，不入卷數。其餘分為十集，以十干紀之。《辛集》目錄旁註“別起”二字，其人亦復始於金初。似乎七卷以前為正集，七卷以後為續集也。《壬集》自馬舜之下別標“諸相”一門，列劉瑑等十六人；“狀元”一門，列鄭子珊等八人；“異人”一門，列王中立等四人；“隱德”一門，列薛繼先、宋可、張潛、曹珏四人詩，而獨標繼先名，疑傳寫謁脱。《癸集》列“知己”三人，曰辛愿、李汾、李獻甫；“南冠”五人，曰司馬朴、滕茂實、何宏中、姚孝錫、朱弁，而附見宋遺民趙滋及好問父兄詩於末。前有好問自敍，稱魏道明作《百家詩略》，商衡為附益之。好問又增以己之所錄，以成是編。序作於癸巳，蓋哀宗天興二年也。其例每人各為小傳，詳具始末，兼評其詩。或一傳而附見數人，如《乙集》“張子羽”下附載僧可道、鮮于可、高鵾、王景徽、吳演之類；或附載他文，如《丙集》“党懷英”下附載誅永蹈詔書之類；或兼及他事，如《乙集》“祝簡”下附載所論王洙不註杜詩之類。大致主於借詩以存史，故旁見側出，不主一格。至《壬集》"賈益謙"條下述其言："世宗大定三十年中，能暴海陵蟄惡者，得美仕。史官修實錄，誣其淫毒很鷙，遺臭無窮。自今觀之，百無一信。"又稱："衛王勤儉，慎惜名器。較其行事，中材不能及者多。"如斯之類，尤足存一代之公論。王士禎《池北偶談》嘗論其記蔡松年事，不免曲筆，然亦白璧之瑕，不足以累全體矣。惟大書劉豫國號、年號，頗乖史法。然豫之立國，實金朝所命，好問金之臣子，宜有內詞，固不得而擅削之，亦未可以是為咎也。其選錄諸詩頗極精審，實在宋末江湖諸派之上。故卷末自題有"若從華實評詩品，未便吳儂得錦袍"及"北人不拾江西唾，未要曾郎借齒牙"句。士禎亦深不滿之，殆以門戶不同歟？後附《中州樂府》一卷，與此集皆毛晉所刊。卷末各有晉跋，稱初刻《中州集》，佚其《樂府》。後得陸深家所藏《樂府》，乃足成之。今考集中小傳，皆兼評其《樂府》，是《樂府》與《中州集》合為一編之明證。今亦仍舊本錄之，不別入詞曲類焉。

唐詩鼓吹十卷（通行本）

不著編輯者名氏。據趙孟頫序，稱為金元好問所編，其門人中書左丞郝天挺所註。國朝常熟陸貽典題詞則據《金史·隱逸傳》，謂天挺乃好問之師，非其門人。又早衰厭科舉，不復充賦，亦非中書左丞。頗以為疑。案王士禎《池北偶談》曰："金、元閒有兩郝天挺，一為元遺山之師，一為遺山弟子。考《元史·郝經傳》云：'其先潞州人，徙澤州之陵川。祖天挺，字晉卿，元裕之嘗從之學。裕之謂經曰："汝貌類祖，才器非常。"'者是也。其一字繼先，出於多羅原作"朵魯"，今改正。別族，父哈賞巴圖爾，原作"和上拔都魯",今改正。元太宗世多著武功。天挺英爽剛直,有志略,受業於遺山元好問。累官河南行省平章事,追封冀國公,諡文定。為皇慶名臣,嘗修《云南實錄》五卷,又註《唐詩鼓吹集》十卷。近常熟刻《鼓吹集》,乃以為《隱逸傳》之晉卿,而致疑於趙文敏之序稱尚書左丞,又於尚書左丞上妄加'金'字,誤甚。"云云。然則貽典等所考,知其一而不知其二矣。是集所錄皆唐人七言律詩,凡九十六家,共五百九十六首。作者各題其名,惟柳宗元、杜牧題其字,未喻何故。第四卷中宋邕詩十一首,天挺註以為實出《曹唐集》中,題作宋邕,當必有據。然第八卷中胡宿詩二十三首,今並見《文恭集》中,實為宋詩誤入,則亦不免小有疎舛。顧其書與方回《瀛奎律髓》同出元初,而去取謹嚴,軌轍歸一,大抵遒健宏敞,無宋末江湖、四靈瑣碎寒儉之習,實出方書之上。天挺之註雖頗簡略,而但釋出典,尚不涉於穿鑿,亦不似明廖文炳等所解橫生枝節,庸而至於妄也。據都印《三餘贅筆》,此書至大戊中江浙儒司刊本舊有姚燧、武一昌二序,此本佚之。又載燧序,謂宋高宗嘗纂唐、宋軼事為《幽閒鼓吹》,故好問本之[1]。案"《三都》、《二京》,《五經》鼓吹",其語見於《世說》,好問立名,當由於此。燧所解不免附會其文也。

【彙訂】

① 以元好問為本《幽閒鼓吹》者乃元佚名序,非姚燧序。

二妙集八卷(江蘇巡撫採進本)

金段克己、段成己兄弟詩集也。克己字復之,號遯菴;成己字誠之,號菊軒,稷山人。克己金末嘗舉進士,入元不仕。成己登正大閒進士,授宜陽主簿。元初起為平陽府儒學提舉,堅拒不赴。兄弟並以節終。初，克己、成己均早以文章擅名，金尚書趙秉文嘗目之曰"二妙"，故其合編詩集即以為名。泰定閒，克己之孫輔官吏部侍郎，以示吳澄，始序而傳之。朱彝尊《曝書亭書目》於《二妙集》下乃題作段鏞、段鐸撰。考虞集所作《段氏世德碑》，鏞、鐸實克己、成己之五世祖，鐸官至防御使，未嘗有集行世，彝尊蓋偶誤也。集凡詩六卷，樂府二卷，大抵骨力堅勁，意致蒼涼，值故都傾覆之餘，悵懷今昔，流露於不自知。吳澄序言其有感於興亡之會，故陶之達、杜之憂其詩兼而有之，所評良允。房祺編《河汾諸老詩》八卷，皆金之遺民從元好問遊者，克己兄弟與焉。而好問編《中州集》，金源一代作者畢備，乃獨無二人之詩。蓋好問編《中州集》時，為金哀宗天興二年癸巳，方遭逢離亂，留滯聊城。自序稱據商衡《百家詩略》及所記憶者錄之，必偶未得二人之作，是以不載。故又稱："嗣有所得，當以甲乙次第之。"非削而不錄也。《河汾諸老詩集》所載尚有克己《楸花》詩一首、成己《蘇氏承顏堂》等詩七首，皆不在此集中，疑當時所自刪削。又此集成己《冬夜無寐》一首、《中秋》二首、《云中暮雨》一首，《河汾諸老詩集》皆題為克己作。此集出自段氏家藏，編次必無舛錯，當屬房祺誤收。今姑各仍其舊，而特識其同異於此焉。

　　瀛奎律髓四十九卷（內府藏本）

　　元方回撰。回有《續古今考》，已著錄。是書兼選唐、宋二代之詩，分四十九類，所錄皆五、七言近體，故名"律髓"。自序謂取十八學士登瀛洲，五星聚奎之義，故曰"瀛奎"。大旨排西崑而主江西，倡為"一祖三宗"之說。一祖者，杜甫；三宗者，黃庭堅、陳師道、陳與義也。其說以生硬為健筆，以粗豪為老境，以鍊字為句眼,頗不諧於中聲。其去取之間,如杜甫《秋興》惟選第四首之類,亦多不可解。然宋代諸集不盡傳於今者,頗賴以存。而當時遺聞舊事,亦往往多見於其註。故厲鶚作《宋詩紀事》,所採最多。其議論可取者,亦不一而足,故亦未能竟廢之。此書世有二本,一為石門吳之振所刊,註作夾行,而旁有圈點。前載龍遵《敘》,述傳授源流至詳①。一為蘇州陳士泰所刊②,刪其圈點,遂併註中"所圈是句中眼"等句刪去。又以龍遵原序屢言圈點,亦併刪之以滅蹟。校讎舛駁,尤不勝乙。之振切譏之,殆未可謂之已甚焉。

【彙訂】

①　龍晉字遵叙,非名龍遵者之叙(序),説詳卷一三一《食色紳言》條訂誤。

②　存世尚有明成化三年龍遵敍刊本、嘉靖建陽劉氏慎獨齋刻巾箱本。清康熙間刊印黃葉村莊本主要係吳之振叔子吳寶芝之力,首載寶芝《重刊律髓記言》八則,詳述刊校之事。(詹杭倫:《方回著述考》)

谷音二卷(江蘇巡撫採進本)①

元杜本編。本有《清江碧嶂集》,已著錄。是編末有張榘跋,稱:"右詩一卷,凡二十三人,無名者四人,共一百首。"明毛晉跋則稱:"《谷音》二卷,宋末逸民詩也。凡二十有九人,詩百篇。"此本上卷凡十人,詩五十首;下卷凡十五人,無名者五人,詩五十一首。當為三十人,詩一百一首,與二跋皆不合。其釐為二卷,亦不知始自何人也。每人各載小傳,惟柯芝、柯茂謙父子共一傳,楊應登、楊零祖孫共一傳。凡小傳二十有八,其間如王澄、程自

修、冉琇、元吉、孟鰁，皆金、元閒人，張璜以牙兵戰没②，汪涯以
不草露布為賈似道所殺，毛晉以為皆宋逸民，亦約略大概言之
耳。本所著《清江碧嶂集》，詞意粗淺，不稱其名。而是集所錄，
乃皆古直悲涼，風格遒上，無宋末江湖齷齪之習。其人又皆仗節
守義之士，足為詩重。王士禎《論詩絶句》曰："誰嗣《篋中》冰雪
句，《谷音》一卷獨錚錚。"其品題當矣。

【彙訂】

①　底本此條與文淵閣庫書次序不符。文淵閣庫書與殿本
均置於"河汾諸老詩集八卷"條之前。

②　張璜乃張琰之誤，此集卷上收廣陵張琰汝玉五首。（胡
玉縉：《四庫全書總目提要補正》）

梅花百詠一卷（浙江巡撫採進本）

元馮子振與釋明本倡和詩也。子振字海粟①，攸州人②，官
承事郎集賢待制。明本姓孫氏，號中峰，錢塘人，居吳山聖水寺，
工於吟詠，與趙孟頫友善。子振方以文章名一世，意頗輕之。偶
孟頫偕明本訪子振，子振出示《梅花百韻詩》。明本一覽，走筆和
成。復出所作《九字梅花歌》以示子振，遂與定交。是編所載七
言絶句一百首，即當時所立和者是也。後又附"春"字韻七律一
百首，則僅有明本和章，而子振原倡已不可復見矣。《宋史·藝
文志》載李祺《梅花百詠》一卷③，久佚弗傳。又端平中有張道洽
者，作梅花詩三百餘首④，今惟《瀛奎律髓》僅存數首。子振才思
奔放，一題衍至百篇，往往能出奇制勝。而明本所和，亦頗彫鏤
盡致，足以壁壘相當。今明本所著《中峰廣錄》雖有傳本，而祇有
偈頌數十首，不載此詩。而子振著作則惟《元文類》諸書略見一

二,全集久佚無存。此集雖游戲之作,而半爪一鱗,猶可以窺見崖略。其詩別本互有同異,《東閣梅》一首,中峰和章原闕,而別見於《韋德珪集》。國朝夏洪基為之訂正校刊,頗有依據。今亦並仍之焉。

【彙訂】

①《翠寒集序》末署“延祐庚申孟冬海一粟馮子振序”,《贈朱澤民序》末署“海粟老人馮子振敍”,《〈居庸賦〉跋》末署“海粟道人馮子振”,可證“海粟”是號而不是字。其字或與名相同,亦為“子振”。(桂棲鵬:《馮子振生平三考》)

②《寰宇通志》卷五五《馮子振小傳》云:“馮子振,湘鄉人。”元代的湘鄉州(今湖南湘鄉)與攸縣同屬潭州路(治今湖南長沙),但并不接壤。明人吳瑛弘治三年(1490)任湘鄉知縣,曾為湘鄉的鄉賢祠寫過一篇《鄉賢祠記》,文云:“時有復於予曰:邑有三賢……元大德中有曰馮子振者,號海粟……有《梅花百詠》行於世……成化初前令嘗作堂於縣南祠之,塑像其中,扁曰‘三賢’。”(見嘉靖《湖廣通志》卷一五)同治《湘鄉縣志》卷二《地理志·古蹟》載:“馮待制子振故居:在七都山田街,今其後猶居此。舊藏子振手書有‘山田故居,巖下祖墓’之語。蓋子振本邑人,故其祖墓及宅皆在湘地(指湘鄉),而《元史》以為攸人,豈其宅墓皆不足為據耶?”同書同卷《地理志·名墓》又載:“元待制馮子振墓,在二十都巖下龜。”馮子振的後裔一直居於湘鄉,清代馮子振裔孫湘鄉馮鋒、馮漣等曾據家藏馮子振《梅花百詠》稿本刊刻此集,并附有家藏馮子振手書數幅。(見同治《湘鄉縣志》卷五《藝文志》)同治《攸縣志》雖然也記載馮子振為攸縣人,但基本上是承襲《元史》之說而來,其中沒有關於馮子振故居的記載。康熙《長沙府志》卷七《祀典附

《陵墓》所載馮子振墓,即在湘鄉而不在攸縣。(同上)

③"李祺",殿本作"李祺"。《宋史·藝文志七》載李祺《刀筆集》十五卷,又《象臺四六集》七卷,李縝《梅百詠詩》一卷。《藝文志八》載李祺《天聖賦苑》一十八卷,又《珍題集》三十卷。則撰《梅百詠詩》者乃李縝,李祺、李祺皆誤。

④"梅花詩",殿本作"梅詩"。

河汾諸老詩集八卷(安徽巡撫採進本)①

元房祺編。祺,平陽人。據高昂霄跋,稱祺為"大同路儒學教授",而祺作後序,自稱"橫汾隱者",豈罷官後乃編斯集耶?所編凡麻革、張宇、陳賡、陳颺②、房皡、段克己、段成己、曹之謙八人之詩,人各一卷,皆金之遺老從元好問游者。曹之謙本大同人,以流寓河汾,遂營邱墓,故總以"河汾諸老"題焉。祺後序稱好問有專集行世,故不錄其詩。然段氏兄弟亦自有《二妙集》,乃其孫輔所編。蓋《二妙集》出於泰定中,祺為此集時,尚未輯成,故其詩仍得錄入也。其書成於大德閒。皇慶癸丑,高昂霄為鋟版。明宏治十一年,御史沁水李叔淵復授開封同知謝景星刊行,河南按察司副使車璽為之序。今舊刻皆佚,此本為毛晉汲古閣所刊,稱以林古度、周浩若及智林寺僧所鈔三本互校,乃成完書。然祺後序稱:"古、律詩二百一首,皞皞郝先生序於前。"今郝序已佚,而詩止一百七十七首,則尚非全本矣。然諸老以金源遺逸,抗節林泉,均有淵明義熙之志。人品既高,故文章亦超然拔俗,吉光片羽,彌足寶貴,又何論其完闕乎?

【彙訂】

① 底本此條與文淵閣庫書次序不符。文淵閣庫書與殿本

均置於"瀛奎律髓四十九卷"條之前。

② 陳颺乃陳賡之誤,蓋因陳賡字子颺而誤。此集卷四收陳先生賡子京詩。(胡玉縉:《四庫全書總目提要補正》)

天下同文集四十四卷(兩淮馬裕家藏本)

元周南瑞撰。南瑞始末未詳。考吳澄《支言集》有《贈周南瑞序》,稱:"安成周南瑞敬修,扁'濂溪'二字於室,或者議之。"又稱:"敬修之文詞,固已早冠於鄉儒之上,自濂溪視之則陋也。盍暫舍其所已學,而勉其所未學。"云云,當即其人也。澄序多不滿之詞,至稱其"欲為濂溪後人,當知其門戶路徑"。是明以冒稱周子之裔誚之,其人蓋好趨附高名者。觀其目錄末標"隨有所傳錄陸續刊行"九字①,其體例與今時庸陋坊本無異,可以概見也。卷首有劉將孫一序,亦潦倒淺陋,似乎依託。然其所載頗有蘇天爵《文類》所未收,而足資當日典故者。如《元史》崔彧上寶璽事,見於《成宗本紀》及彧本傳,未詳得璽月日。是集所載崔彧《獻璽書文》,知為至元三十一年正月三十日。又《成宗本紀》元貞元年三月乙巳朔,安南世子陳日燇遣使上表,并獻方物。而《安南國傳》則紀其事於至元三十一年五月之下,與《本紀》互異。今考是集所載安南國王賀成宗登極表,末云"元貞元年三月初一日",知《列傳》為誤書。皆可以旁資考證。其他文亦多有可觀者。其中十七卷、十八卷、三十一卷、三十四卷、三十五卷、四十一卷並闕②。蓋麻沙舊式,分卷破碎,傳鈔易於佚脫。今既無別本校補,亦姑仍原本錄之,以存其真焉。

【彙訂】

① 目錄後應為"隨所傳錄陸續刊行"八字。(胡玉縉:《四庫

全書總目提要補正》)

　　② 文淵閣庫書卷三十"頌"亦闕,實存四十三卷。(笕文生、野村鮎子:《四庫提要南宋五十家研究》)

　　古賦辨體八卷外集二卷(江蘇巡撫採進本)

　　元祝堯編。《江西通志》載:"堯,上饒人,延祐五年進士。為江山尹,後遷無錫州同知。"《廣信府志》載堯字君澤,與此本所題同,惟云官萍鄉州同知,與《江西通志》異。其書自《楚詞》以下,凡兩漢、三國、六朝、唐、宋諸賦,每朝錄取數篇,以辨其體格,凡八卷。其《外集》二卷,則擬騷、琴操①、歌等篇,為賦家流別者也。採摭頗為賅備。其論司馬相如《子虛》、《上林賦》,謂問答之體其源出自《卜居》、《漁父》,宋玉輩述之,至漢而盛。首尾是文,中閒是賦。世傳既久,變而又變。其中閒之賦,以鋪張為靡,而專於詞者則流為齊、梁、唐初之俳體;其首尾之文,以議論為便,而專於理者則流為唐末及宋之文體。於正變源流,亦言之最確。何焯《義門讀書記》嘗譏其論潘岳《藉田賦》分別賦、頌之非,引馬融《廣成頌》為證,謂古人賦、頌通為一名。然文體屢變,支派遂分,猶之姓出一源而氏殊百族。既云辨體,勢不得合而一之。焯之所言,雖有典據,但追溯本始,知其同出異名可矣。必謂堯強主分別即為杜撰,是亦非通方之論也。

　　【彙訂】

　　① "琴操",殿本作"及操"。

　　圭塘欸乃集二卷(浙江鮑士恭家藏本)

　　元許有壬及其弟有孚、子楨倡和之詩也。有壬有《至正集》,已著錄。是集乃至正八年有壬既致仕歸,乃以賜金得康氏廢園

於相城之西，鑿池其中，形如桓圭，因以"圭塘"為名。日攜賓客
子弟，觴詠其閒，積成巨帙。共詩二百一十九首，樂府六十六首。
中惟《樂府十解》為其客馬熙所作，餘皆有壬、有孚及楨之作。既
而楨如京師，以其本示馬熙。熙復取而盡和之，凡詩七十八首，
詞八首，別題曰《圭塘補和》，附之於後。其詩雖多一時適興之
什，不必盡刻意求工。而一門之中，父子兄弟自相師友，其風流
文雅之盛，猶有可以想見者焉。集前周伯琦序，後有段天祐等八
跋，及趙桓、陸煥然題詩各一首，皆至正庚寅、辛卯、甲辰、丙午諸
年。惟末有洹濱一跋，不著名氏，稱此集"江湖友人躬錄裝潢者，
二十八年。南歸展讀，外皆破碎。兵後所存惟此本，乃力疾補
葺，遺我子孫"，後題"上章涒灘四月"。案上章涒灘為庚申歲，乃
明洪武之十三年。而丁文昇跋內亦有"從洹濱御史領歸鈔錄"
語，蓋洹濱乃有孚別號，而所謂"江湖友人"者，即文昇也。

忠義集七卷（編修汪如藻家藏本）

元趙景良編。初，南豐劉壎作《補史十忠詩》一卷，述宋末李
芾、趙卯發、文天祥、陸秀夫、江萬里、密佑[1]、李庭芝、陳文龍、張
世傑、張珏之事，壎自為序。其子麟瑞，復取宋末節義之士，撰述
遺事，賦五十律，題曰《昭忠逸詠》，凡四卷，亦自為前、後序。又
有岳天祐者序之。景良合二集為一編，又採宋末遺老諸作，續為
二卷，而併麟瑞詩四卷為三，總名之曰《忠義集》。於時《宋史》未
修，蓋藉詩以存史也。其書在元不甚著。明宏治中，江右何喬新
始序而梓之。序言附錄中有汪元量詩，然此本實無之，未詳其
故。又方回背宋降元，為世儇笑，其人最不足道。而景良列之忠
義中，亦所未解也[2]。壎有《隱居通議》，已著錄。麟瑞號如村，

至治中人。景良字秉善,二劉之鄉人也。

【彙訂】

①"密佑",殿本作"密祐",誤。《宋史》卷四五一《忠義六》有密佑。此集卷一《補史十忠詩》有"江西制置司都統密公佑"。

②《四庫》本卷七"附錄諸公詩二"中有"楚狂汪先生"詩一首《感慈元殿》,"楚狂汪先生"即汪元量(此詩又見《湖山類稿》卷一)。又卷六"附錄諸公詩一"收方回《挽呂襄陽(文煥)》、《復見丁先生(開)》二首,實以所詠呂、丁二人為忠義。(祝尚書:《宋人總集敘錄》)

　　宛陵群英集十二卷(永樂大典本)

　　元汪澤民、張師愚同編。澤民字叔志,婺源人。延祐戊午進士①,授承事郎,同知岳州路平江州事,歷南安、信州兩總管府推官,以母憂歸。服除,補平江路總管府推官,調濟寧路兗州知州②。至正三年,召為國子司業,與修"三史"。書成,遷集賢直學士③。尋以禮部尚書致仕,居宣城,自號堪老真逸。十五年,長槍賊陷寧國,被執不屈,罵賊死,年七十。贈江浙行中書省左丞,追封譙國郡公,諡文節。事蹟具《元史》本傳④。師愚字仲愚,寧國人,曾兩領延祐、天曆鄉薦,與澤民友善。《江南通志》稱其嘗撰《梅堯臣年譜》。然《年譜》乃其弟師曾所撰,已別著錄,以為師愚者誤也。是編蓋澤民晚居宣城時所輯。上自宋初,下迄元代,得詩一千三百九十三首,分古、今體,訂為二十八卷。同里施璠為鋟版以行,其後久佚不傳。故《寧國》、《宣城》二志"載籍門"內均不著其目。今核《永樂大典》各韻內所錄此集之詩,共得七百四十六首,作者一百二十九人,視原本猶存十之五六。中如王圭等七十餘人,載於宣城舊志《文苑傳》者,其遺篇往往藉此以見。又如梅鼎祚《宛雅》所錄諸家佚句,以為原詩散亡者,今其全什亦多見集中。宋、元著作放失者多,此集雖僅一鄉之歌詠,亦可云文獻之徵矣。謹裒集校定,釐為十二卷。凡其人之爵里、事蹟有可考者,俱補註於姓名之下,不可考者闕之。其《永樂大典》原本失載人名,無可參補者,則仍分類附錄於後,以待審訂焉。

【彙訂】

①《廿二史考異》卷九九《元史‧汪澤民傳》條云:"案,宋景濂《澤民神道碑》敍其里居世系甚悉。史稱藻七世孫,據《碑》乃藻兄槃之七世孫。汪氏自五代初遷婺源之還珠里,傳十世至穀,又自婺源遷饒州德之龍溪,即槃與藻之父也。槃子愃,又自德興遷宣州之宣城,子孫遂為宣城人。"雍正《江南通志》卷一二一《選舉志》載延祐進士有"汪澤民,宣城人"。(楊武泉:《四庫全書總目辨誤》)

②"濟寧路",底本作"濟南路",據《元史》卷一八五汪澤民本傳及殿本改。《元史》卷五八《地理一》濟寧路領州有兗州,"(至元)十六年隸濟寧路總管府"。濟南路屬州無兗州。(同上)

③"遷",殿本作"選"。

④《元史》本傳稱"年七十"。宋濂《文憲集》卷一七《汪先生神道碑銘》云:"乙未(至正十六年)夏六月,長槍叛帥瑣南班、程述等挾兵渡江,欲犯宣城……(八月丁丑)是夜三鼓,長槍軍攀堞而上,城遂陷……執先生逼降,不屈,遂遇害……得壽八十有三。"(楊武泉:《四庫全書總目辨誤》)

元文類七十卷目錄三卷(副都御史黃登賢家藏本)

元蘇天爵編。天爵有《名臣事略》,已著錄。是編刊於元統二年,監察御史王理、國子助教陳旅各為之序。所錄諸作,自元初迄於延祐,正元文極盛之時,凡分四十有三類。而理序仿《史記·自序》、《漢書·敘傳》之例,區為十有五類。蓋目錄標其詳,序則撮其綱也。天爵三居史職,預修武宗、文宗實錄。所著自《名臣事略》外,尚有《松廳章奏》、《春風亭筆記》諸書,於當代掌故最為嫻習。而所作《滋溪文集》,詞章典雅,亦足追躡前修。故是編去取精嚴,具有體要,自元興以逮中葉,英華採擷,略備於斯。論者謂與姚鉉《唐文粹》、呂祖謙《宋文鑑》鼎立而三。然鉉選唐文,因宋白《文苑英華》;祖謙選北宋文,因江鈿《文海》,稍稍以諸集附益之耳。天爵是編,無所憑藉而蔚然媲美,其用力可云勤摯。旅序篇末稱天爵此書所以纂輯之意,庶幾同志之士相與博採而嗣錄之。而終元之世,未有人續其書者,可以見其難能矣。葉盛《水東日記》曰:“蘇天爵《元文類》,元統中監察御史南鄭王理序之。有元名人文集,如王百一、閻高唐、姚牧菴、元清河、馬祖常、元好問之卓卓者,今皆無傳。案祖常《石田集》、好問《遺山集》,今皆有傳本。蓋明代不甚行於世,盛偶未見,故其說云然。則所以考勝國文章之盛,獨賴是編而已。嘗見至正初浙省元刻大字本,有陳旅序。此本則有書坊自增《考亭書院記》、《建陽縣江源復一堂記》,併《高昌偰氏家傳》。”云云。今此本無此三篇,而有陳旅序,蓋猶從至正元刻翻雕也。

　　元風雅前集十二卷後集十二卷(内府藏本)[1]

　　前集十二卷,元傅習所採集,孫存吾為之編次;後集十二卷,則存吾所續輯也。習字說卿,清江人。存吾字如山,廬陵人。習仕履不可考。存吾嘗為儒學正,亦不詳其始末也。前集首劉因,凡一百十四家；後集首鄧文原，凡一百六十六家。閒載作者爵里，俱不甚詳。所錄江西人詩最多，蓋里閈之閒，易於摭拾。惟一時隨所見聞，旋得旋錄，故首尾頗無倫序，或有一人而兩見者，殊乖體例。然元時總集傳於今者不數家，此集雖不甚賅備，而零章斷什不載於他書者頗多。世不習見之人與不經見之詩賴以得存者，亦不少矣。又案，范氏天一閣所藏有《元朝野詩集》二冊，亦題曰《元風雅》，不知何人所編，其體例與此迥殊。又傳寫多譌，參差失序，幾至不可句讀。蓋斷爛不全之本，無足甄錄。以二書同出元代，名又相淆，姑附著其異同於此，以祛來者之疑焉。

【彙訂】

①“元風雅前集十二卷後集十二卷”，殿本作“元風雅二十四卷”。

唐音十四卷（安徽巡撫採進本）

元楊士宏編。士宏字伯謙，襄城人①。是書成於至正四年，虞集為之序。凡《始音》一卷，《正音》六卷，《遺響》七卷，而士宏自記稱十五卷，蓋《遺響》有一子卷也。其《始音》惟錄王、楊、盧、駱四家。《正音》則詩以體分，而以初唐、盛唐為一類，中唐為一類，晚唐為一類。《遺響》則諸家之作咸在，而附以僧詩、女子詩。李白、杜甫、韓愈三家，皆不入選。其凡例謂三家世多有全集，故弗錄焉。其書積十年之力而成，去取頗為不苟。明蘇衡作劉敬伯《古詩選》序，頗以是書所分《始音》、《正音》、《遺響》為非。李東陽《懷麓堂詩話》則曰：“選詩誠難，必識足以兼諸家者，乃能選諸家；識足以兼一代者，乃能選一代。一代不數人，一人不數篇，而欲以一人選之，不亦難乎？選唐詩者，惟楊士宏《唐音》為庶

幾。"云云。其推之可謂至矣。高棅《唐詩品彙》即因其例而稍變
之,馮舒兄弟評韋縠《才調集》,深斥棅杜撰排律之非。實則排律
之名亦因此書,非棅創始也。曹安《讕言長語》稱舊有丹陽顏潤
卿註,今未見其本。此本題張震輯註。震字文亮,新淦人。其仕
履始末及朝代先後皆未詳。註極俚陋,明唐覲《延州筆記》嘗摘
其註李商隱《咸陽》詩"自是當時天帝醉"一條,李頎《贈從弟》詩
"第五之名齊驃騎"一條,盧照鄰《送趙司倉入蜀》詩"潘年三十
外"一條。他如楊炯《劉生》一首,乃樂府古題,而震曰:"劉生不
知何許人。後篇亦有劉生,要皆從軍之士也。"又炯《夜送趙縱》
一首,其詩作於初唐,而震曰:"趙縱,郭子儀之壻也,仕至侍郎。"
如斯之類,不可毛舉,殆必明人也。以原本所有,且閒有一二可
採者,姑附存之,備一解焉。

【彙訂】

①《明一統志》卷五五《江西‧臨江府‧人物》"楊士弘"條
云:"清江人,其先襄城人,士弘祖父世官於臨江,遂家焉。士
弘……嘗選唐詩,名《唐音》,行世。"《隆慶臨江府志》卷一二《楊
士弘傳》所載略同。(楊武泉:《四庫全書總目辨誤》)

古樂府十卷(浙江汪啟淑家藏本)

元左克明編。克明自稱豫章人,其始末未詳。自序題至正
丙戌,則順帝時也。是書錄古樂府詞,分為八類,曰《古歌謠》,曰
《鼓吹曲》,曰《橫吹曲》,曰《相和曲》,曰《清商曲》,曰《舞曲》,曰
《琴曲》,曰《雜曲》。自序謂:"冠以古歌謠詞者,貴其發乎自然;
終以雜曲者,著其漸流於新聲。"又謂:"風化日移,繁音日滋,懼
乎此聲之不作也。故不自量度,推本三代而上,下止陳、隋,截然

獨以為宗。雖獲罪世之君子，無所逃焉。"云云。當元之季，楊維楨以工為樂府傾動一時，其體務造恢奇，無復舊格。克明此論，其為維楨而發乎？考宋郭茂倩先有《樂府詩集》，所錄止於唐末，極為賅備。克明此集，似乎牀上之牀。然考李孝光刻《樂府詩集》序，稱其書歲久將弗傳。至元六年，濟南彭叔儀始得本校刻。是郭書刊版之時，僅在克明成書前六年。其版又在濟南，距江西頗遠[1]。則編此集時，當未必見郭書，非相蹈襲。且郭書務窮其流，故所收頗濫。如薛道衡《昔昔鹽》凡二十句，唐趙嘏每句賦詩一首，此殆如春官程試，摘句命題，本無關於樂府，乃列之薛詩之後，未免不倫。此集務溯其源，故所重在於古題、古詞，而變體、擬作則去取頗慎，其用意亦迥不同也。每類各有小序，核其詞氣，確為克明自作。其題下夾註則多摭《樂府詩集》之文，"紫玉歌"條下並明標"樂府詩集"字。今考其"臨高臺"條下，引劉履《風雅翼》之説，尚與克明相去不遠。至"紫騮馬"條下引馮惟訥《詩紀》之説，則嘉靖中書，元人何自見之？其由明人重刻，臆為竄入明矣。又馮舒校《玉臺新詠》於《焦仲卿妻詩》"守節情不移"句下註曰："案，活本、楊本此句下有'賤妾留空房，相見常日稀'二句，檢郭、左二《樂府》並無之。"今考此本，乃已有此二句，知正文亦為重刻所改，不止私增其解題矣。然元刻今未之見，無由互校刊除。姑仍明刻錄之，而附訂其謬如右。

【彙訂】

① 李孝光《樂府詩集》序曰："監察御史濟南彭叔儀父得其書，手自校讎，正其缺謬，及是更購求繕本吳粵之間，重為校之，使文學童萬元刻諸學宮。"考彭叔儀後至元六年任南臺監察御史，是年校刻《樂府詩集》於任上，而非老家濟南。"南臺"即設在

建康的江南諸道行御史臺,負責按治江浙、江西、湖廣三省。該書當刻於集慶路(即原建康路)學,實際全從郭書選錄,再加重編而成。(黃仁生:《楊維楨與元末明初文學思潮》)

玉山名勝集八卷外集一卷(浙江鮑士恭家藏本)

元顧瑛編。瑛有《玉山璞稾》,已著錄。其所居池館之盛,甲於東南,一時勝流多從之游宴,因裒其詩文為此集。各以地名為綱,曰玉山堂,曰玉山佳處,曰種玉亭,曰小蓬萊,曰碧梧翠竹堂,曰湖光山色樓,曰讀書舍,曰可詩齋,曰聽雪齋,曰白雲海,曰來龜軒,曰雪巢,曰春草池,曰綠波亭,曰絳雪亭,曰浣華館,曰柳塘春^①,曰漁莊,曰書畫舫,曰春暉樓,曰秋華亭,曰淡香亭,曰君子亭,曰釣月軒,曰拜石壇,曰寒翠所,曰芝雲堂,曰金粟影。每一地各先載其題額之人,次載瑛所自作春題,而以序記、詩詞之類各分系其後。元季知名之士,列其閒者十之八九。考宴集唱和之盛,始於金谷、蘭亭;園林題詠之多,肇於輞川、云谿。其賓客之佳,文詞之富,則未有過於是集者。雖遭逢衰世,有託而逃,而文采風流,照映一世,數百年後猶想見之。錄存其書,亦千載藝林之佳話也。

【彙訂】

① "柳塘春",殿本作"柳堂春",誤,參此集卷六。

草堂雅集十三卷(浙江巡撫採進本)

元顧瑛編。瑛早擅文章,又愛通賓客,四方名士無不延致於玉山草堂者。因仿段成式《漢上題襟集》例,編唱和之作為此集,自陳基至釋自恢,凡七十人。又仿元好問《中州集》例,各為小傳,亦有僅載字號、里居,不及文章行誼者。蓋各據其實,不虛標榜,猶前輩篤實之遺也。其與瑛贈答者,即附錄己作於後。其與他人贈答,而其人非與瑛游者,所作可取,亦附錄焉,皆低書四格以別之。蓋雖以《草堂雅集》為名,實簡錄其人平生之作。元季詩家,此數十人,括其大凡;數十人之詩,此十餘卷具其梗概。一代精華,略備於是。視月泉吟社惟賦《田園雜興》一題,惟限五、七言律一體者,賅備多矣。是書世罕傳本,王士禎《居易錄》記朱彝尊於吳門醫士陸其清家僅一見之。此本紙墨猶為舊鈔,疑或即陸氏本歟?

玉山紀遊一卷(浙江汪啟淑家藏本)

元顧瑛紀遊倡和之作,明袁華為類次成帙者也。所遊自崑山以外,如天平山、靈巖山、虎〔丘〕邱、西湖、吳江、錫山、上方山、觀音山,或有在數百里外者,總題曰玉山。游非一人,而瑛為之主;游非一地,而往來聚會悉歸玉山堂也。每遊必有詩,每詩必有小序,以志歲月。所與遊者,自華以外,為會稽楊維楨、遂昌鄭元祐、吳興郯韶、沈明遠、南康于立、天台陳基、淮南張渥、嘉興瞿智、吳中周砥、釋良琦、崑山陸仁,皆一時風雅勝流。又有顧佐、馮郁、王濡之三人,里貫、事迹皆未詳。然以其儕偶推之,定亦非俗士矣[1]。所收不及《玉山名勝集》、《草堂雅集》之富,而山水清音,琴樽佳興,一時文采風流,千載下尚如將見之也。華已入明,然其詩皆作於至正中。華編是集之時,亦尚在至正中。故不以編集之人為斷,而以作詩之人為斷,仍列諸元代焉。

【彙訂】

[1] "亦",殿本無。

大雅集八卷(編修汪如藻家藏本)

元賴良編。良字善卿,天台人。是集皆錄元末之詩,分古體四卷,近體四卷。前有至正辛丑楊維楨序,又有至正壬寅錢鼐序,末有王逢序,不署年月。維楨序稱其所採皆吳越人之隱而不傳者。序末良自識云:"良選詩至二千餘首,鐵崖先生所留者僅存三百。"鐵崖道人即維楨別號。是茲集乃良所裒輯,而維楨所刪定,故每卷前署"維楨評點"字也。然觀集中止首卷前數篇有維楨評語,七言律詩中顧瑛和維楨《唐宮詞》十首,亦列評語於其下,餘無維楨一語。或傳寫不完,或但經維楨點定,中閒偶評數首,良重其名,遂以評點歸維楨歟?顧嗣立選元詩三百家,衆作略備,然大抵有集者登選。雖稱零篇佚什各入癸集,而癸集實闕而未輯。此集所錄多嗣立之所未收,其去取亦頗精審。蓋維楨工於篇什,故鑒別終為不苟。又每人之下,皆略註字號里貫。元末詩人無集行世者,亦頗賴以考見。固不失為善本矣。

元音遺響十卷(浙江巡撫採進本)

不著編輯者名氏①。前八卷為胡布詩,又名《崆峒樵音》。後二卷則張達、劉紹詩也。三人皆元之遺民②。而他書罕稱其詩者,且亦罕稱其人者,故其出處莫之能詳。今即詩中考之,則紹為布姻家,曾入汝南王幕。布與紹詩序稱俱客閩帥,不遂所志,蓋元末皆嘗參謀軍事。布又有詩云:"我時瘴癘使,分迹南荒最。"又云:"自我使島夷,銜命出蠻障。"是布復嘗奉使海外矣。又布有《入理問所作》及丙辰歲《獄中元夕》詩③,註云:"先生以高蹈有忤時政,被謫。"又《丙辰十月初五發龍江》詩云:"羈人得遣如承檄,日暮登舟似到家。"丙辰為洪武九年,殆明初徵之不屈,被譴,既而得釋者也。至其《近聞》、《自從》諸詩中,有"想見霓旌擁行在"之句,當為順帝北狩後所作。故君舊國之思,拳拳不置,其志節可見。其詩格調亦皆高古,不失漢、魏遺意。雖聲華消歇,名氏翳如,而遺集猶存,固可與柴桑一老尚友於千載前矣。布字子申,達字秀充,皆盱江人。紹字子憲,黎川人也。

【彙訂】

① 朱彝尊《明詩綜》卷四:"劉紹,五首。紹字子憲……《詩話》:子憲與盱江胡布子申、張達季充為郡人,張烈光啟、胡福元澤類編其詩,號《元音遺響》。"(董運來:《〈四庫全書總目〉補正十則》,雜)

② 劉紹入明後曾為翰林應奉,不得稱為"元之遺民"。(王學泰:《元音遺響提要》)

③ "入",殿本作"大",誤。此集卷六有《入理問所作》詩,注云:"先生以高蹈有忤時政,被謫。"

風雅翼十四卷(編修汪如藻家藏本)

元劉履編。履字坦之,上虞人,入明不仕,自號草澤閒民。洪武十六年,詔求天下博學之士,浙江布政使強起之。至京師,授以官,以老疾固辭。賜鈔遣還,未及行而卒。《浙江通志》列之《隱逸傳》中。是編首為《選詩補註》八卷,取《文選》各詩刪補訓釋,大抵本之五臣舊註、曾原《演義》①,而各斷以己意。次為《選詩補遺》二卷,取古歌謠詞之散見於傳記、諸子及樂府詩集者,選錄四十二首,以補《文選》之闕。次為《選詩續編》四卷,取唐、宋以來諸家詩詞之近古者一百五十九首,以為《文選》嗣音。其去取大旨本於真德秀《文章正宗》,其銓釋體例則悉以朱子《詩集傳》為準。其論杜甫《三吏》、《三別》:"太迫切而乏簡遠之度,以視建安樂府,如典謨之後別有盤誥,足見風氣變移。"不知諷諭之語，必含蓄乃見優柔；敍述之詞，必真切乃能感動。王粲《七哀詩》曰："出門無所見，白骨蔽平原。路有饑婦人，抱子棄草間。顧聞號泣聲，揮涕獨不還。未知身死處，何能兩相完。"此何嘗非建安詩，與《三吏》、《三別》何異？又如《孤兒行》、《病婦行》、《上留田》、《東西門行》以及《焦仲卿妻詩》之類，何嘗非樂府詩，與《三吏》、《三別》又何異？此不明文章之正變，而謬為大言也。又論《塘上行》後六句，以為魏文帝從軍而甄后念之。不知古者采詩以入樂，聲盡而詞不盡，則刪節其詞；詞盡而聲不盡，則摭他詩數句以足之。皆但論聲律，不論文義，《樂府詩集》班班可考。《塘上行》末六句忽及從軍，蓋由於此。履牽合魏文帝之西征，此不明文章之體裁而橫生曲解也。至於以漢、魏篇章强分比興，尤未免刻舟求劍，附合支離。朱子以是註《楚詞》，尚有異議，況又效西子之顰乎？以其大旨不失於正，而亦不至全流於膠固，又所箋釋評論亦頗詳贍，尚非枵腹之空談，較陳仁子書猶在其上，固不妨存備參考焉。又案葉盛《水東日記》稱："祭酒安成李先生於劉履《風雅翼》嘗別加註釋，視劉益精。"安成李先生者，李時勉也。其書今未之見。然時勉以學問醇正，人品端方，為天下所重。詩歌非其所長，考證亦非其所長。計與履之原書，亦不過伯仲之間矣。

【彙訂】

① "曾原"乃"曾原一"之誤。《景定建康志》卷三三文籍類"書版"條載"《選詩演義》七十三版"，《文淵閣書目》卷一〇著錄《選詩演義》一部二冊，《千頃堂書目》卷三一著錄曾原一《選詩衍義》四卷。明嘉靖《贛州府志》卷一〇有曾原一傳："著有《選詩演義》、《蒼山詩集》。"今存孤本朝鮮活字版《選詩演義》二卷，有曾

原一序,每卷首題"贛川曾原一子實,一字太初"。(芳村弘道:《關於孤本朝鮮活字版〈選詩演義〉及其作者曾原一》)

荆南倡和集一卷(兩江總督採進本)

元周砥、馬治同撰。砥字履道,無錫人。治字孝常,宜興人。《明史·文苑傳》並附載《陶宗儀傳》末。至正癸巳、甲午、乙未三年,砥遭亂客治家。治館砥於宜興荆溪之南,隨事倡和,積詩一卷,錄成二帙,各懷其一。同時遂昌鄭元祐為之序,二人亦自有序。後砥從張士誠死於兵,而治入明為内邱縣知縣,遷建昌府知府①。與高啟友善,遂以此集手錄本付啟。啟復以與吕敏,有啟後序及徐賁題志。敏後仍歸諸馬氏。成化閒,鄉人李廷芝攜至京師,俾李應禎、張弼校正付梓。集後附錄數首,皆砥在荆南前後之作,及治賦砥哀詞與其追和之詩。砥以吟咏擅長,與顧阿瑛往來。《玉山雅集》、《紀遊》諸編中,多載所作,格調皆極諧婉。其撰是集,正元末喪亂之際,感時傷事,尤情致纏綿。治詩稍遜於砥,而雋句絡繹,工力亦差能相敵。以視《松陵倡和》、《漢上題襟》,雖未必遽追配作者,而兩人皆無全集行世,存之亦足見其一斑焉。

【彙訂】

① 文淵閣《四庫》本此集卷末李應禎書後:"孝常洪武初起家知内邱縣,仕終建昌府同知。"正德《建昌府志》卷十二,洪武朝建昌府同知有"馬孝常"。文淵閣《四庫》本書前提要亦作建昌同知。(周錄祥:《〈四庫全書簡明目錄·集部〉訂誤》)

案,周砥與馬治詩同一集而人隔兩朝,遂無時代可歸。今以治雖入明而在元所作,尚可謂之元詩,若砥則斷斷不可編於明。故以砥為主,綴元人之末。此不得已之變例也。

集 部 四 十 二

總 集 類 四

乾坤清氣集十四卷（浙江鮑士恭家藏本）

明偶桓編。桓字武孟，號海翁，因眇一目，又自號瞎牛，太倉人。洪武中，官荆門州吏目。是集錄元一代之詩，分體編次。其中如汪元量、瀛國公、元好問等，上該金、宋之末；張以寧、危素等，亦下涉明初。朱彝尊《靜志居詩話》稱："明初詩人操選政者，賴良直卿①、許中麗仲孚、劉仔肩汝弼、沈巽士俶、王俶孟敷，皆有所蔽。惟瞎牛《乾坤清氣》一編，能別開生面。惜余所鈔闕七言近體絕句，未得全書，恒以為憾。"此本稱鈔自孫氏蒼雪齋，所闕與彝尊本同。又以屬氏樊榭山房本、郁氏東嘯軒本參校，頗為精善。雖卷帙無多，而去取極為不苟。又編在明初，多見舊刻。如七言古詩中，陳旅《泰定元年八月》一首，張翥《周昉按樂圖》一首，鄭元祐《送林彦清》一首、《將還淮揚》一首；古樂府中，揭傒斯《馬上郎》、《車中女》二首，陳泰《漢使謠》一首，薩都拉_{原作薩都剌，今改正。}《秋夜長》一首、張憲《飛來狐》一首；五言律詩中，如馬祖常《寄邵允文》一首、《南征》一首，張翥《祿臺》一首、《遊石頭城清涼寺》一首，楊基《夏夜有懷》第二首。今本集皆佚不載，惟賴此集以存。又五言律詩中,趙孟頫《次袁學士上都集韻》一首,《松雪集》不載,而譚氏所刻《趙子昂詩集》有之,當亦從此本攟入也。他如《題金淵集》詩、《山村集》、《竹素山房集》皆作吾衍,此本作屠彝;《烏夜啼》、《將進酒》、《趙孝子歌》三首,《玉山草堂雅集》作柯九思,此作雅琥,皆足以考異。其餘字句互異諸集者,不一而足。甚如倪瓚《春日云林齋居》詩凡六韻六十字,而與本集相同者僅十七字。桓受知倪瓚最深,是必其手授定本,為編《云林集》者所未見矣。至於甘立《烏夜啼》一首,既見八卷古樂府,又載入一卷中,作《晚出西掖》第二首,編次亦未免小疏。李孝光《題楊鐵崖琴書安樂窩》詩“豔妻歡娛,自令身枯”二句,誤析“令”字為“人之”二字,傳寫亦未免有舛。然元詩選本,究當以此編為善也。

【彙訂】

①“賴良直卿”,殿本作“賴直良卿”,誤,參《靜志居詩話》卷六“倪桓”條。《總目》卷一八八著錄《大雅集》八卷,“元賴良編,良字善卿”。

元音十二卷(浙江巡撫採進本)

不著編輯者名氏。前有洪武甲子烏斯道序,稱寧波孫原理彙輯。又有曾用臧序,稱為定海丞張中達所刻。末題“辛巳九月下澣”,而空其年號兩字。考辛巳為建文三年,殆以靖難革除,剷削其板,蓋猶明初本也。所錄自劉因至龍雲從,凡一百七十六人。每人之下略註字號、爵里,大抵詳於元末而略於元初。末附無名氏詩十一首,又陳益稷詩一首,程文海詩四首,滕賓詩一首,虞集詩五首,別題曰“補遺”,均為原目所不載。其中無名氏諸篇,尤為淺俗,與全書體例稍異。或中逹刻板之時,以意增入歟?顧嗣立《元百家詩選》凡例嘗議宋公傳《元詩體要》、蔣易《元風雅》及原理是書,所收均為不廣。然是書於去取之間,頗具持擇。雖未能盡汰當時穠縟之習,而大致崇尚風格,已有除煩滌濫之功矣。

雅頌正音五卷(江西巡撫採進本)

明劉仔肩編。仔肩字汝弼,鄱陽人。洪武初,因薦應召至京,集同時之詩為此書。上自公卿,下至衲子,凡五十餘人。而仔肩所作亦附焉,用劉向、王逸、徐陵、芮挺章例也。有宋濂、張孟兼前後二序,皆作於洪武三年。所選之詩,每人寥寥數首[①]。蓋是時諸人之集皆未成編,隨得隨錄,故未能賅備。然明初諸家,今無專集行世者,頗藉以略存梗概。其時武功初定,文治方興,仔肩擬之《雅》、《頌》,固未免溢美。要其春容諧婉,雍雍乎開國之音,存之亦足以見明初之風氣也。此本猶洪武時舊刻,歲久刓敝,頗有模糊佚脫之處。無別本可校,今悉姑仍其舊焉。

【彙訂】

① "寥寥",殿本作"僅"。

唐詩品彙九十卷拾遺十卷(編修鄭際唐家藏本)

明高棅編。棅有《嘯臺集》,已著錄。宋之末年,江西一派與四靈一派,併合而為江湖派。猥雜細碎,如出一轍[①],詩以大弊。元人欲以新豔奇麗矯之。迨其末流,飛卿、長吉一派,與盧仝、馬異、劉叉一派,併合而為纖體,妖冶俶詭,如出一轍,詩又大弊。百餘年中,能自拔於風氣外者,落落數十人耳。明初閩人林鴻始以規仿盛唐立論,而棅實左右之,是集其職志也。所錄凡六百二十家,得詩五千七百六十九首②。分體編次,為五言古詩二十四卷;七言古詩十三卷,長短句附焉;五言絕句八卷,六言附焉;七言絕句十卷;五言律詩十五卷;五言排律十一卷;七言律詩九卷,排律附焉。始於洪武甲子,成於癸酉。至戊寅,又搜補作者六十一人,詩九百五十四首,為《拾遺》十卷附於後。考《玉臺新詠》有古絕句四首,棟以絕句居律詩前,蓋有所考。至排律之名,古所未有。楊仲宏撰《唐音》,始別為一目③。棟祖其説,遂至今沿用。二馮批點《才調集》,以堆砌板滯,雜亂無章之病歸咎於"排"之一字,詆棟為作俑。然詩家不善隸事,即二韻、四韻,未嘗不堆砌板滯,雜亂無章。是亦不必盡以"排"字為誤矣。諸體之中,各分正始、正宗、大家、名家、羽翼、接武、正變、餘響、旁流九格。其凡例謂大略以初唐為正始,盛唐為正宗,為大家,為名家,為羽翼,中唐為接武,晚唐為正變,為餘響,方外異人等詩為旁流。閒有一二成家,特立自異者④,則不以世次拘之。如以陳子昂與李白列在正宗⑤,劉長卿、錢起、韋應物、柳宗元與高適、岑參同在名家是也。其分初、盛、中、晚,蓋宋嚴羽已有是説。二馮嘗以劉長卿亦盛亦中之類,力攻其謬。然限斷之例,亦論大概耳。寒温相代,必有半冬半春之一日,遂可謂四時無別哉?《明史・文苑傳》謂終明之世,館閣以此書為宗。厥後李夢陽、何景明等摹擬盛唐,名為崛起,其胚胎實兆於此。平心而論,唐音之流為膚廓者,此書實啟其弊;唐音之不絕於後世者,亦此書實衍其傳⑥。功過並存,不能互掩。後來過毀過譽,皆門户之見,非公論也。至於章懷太子《黃臺瓜詞》、沈佺期《古意》之類,或點竄舊文;康寶月、劉令嫻之類,或泛收六代;杜常、胡宿之類,或誤採宋人。小小瑕疵,尤所未免。卷帙既富,核檢為難,第觀其大體可矣。

【彙訂】

① 江湖詩派雖受四靈詩派影響,但并非也只是專精五言,而是古體、近體都寫。(胡念貽:《略論宋詩的發展》)

② 實際收詩五千八百四十首。(申東城:《唐詩品彙研究》)

③ 仲宏乃楊載之字,其傳誌并無著《唐音》之記載。編《唐音》者乃楊士弘,見《總目》卷一八八"唐音"條與卷一九三"情采編"條。(楊武泉:《四庫全書總目辨誤》)

④ "自異",殿本作"與時異"。

⑤ "以",殿本無。

⑥《唐詩品彙》至嘉靖以後才有顯明影響,而明前期最通行且最受重視的唐詩選本是《唐音》。(陳國球:《唐詩選本與明代復古詩論》)

廣州四先生詩四卷(浙江巡撫採進本)

不著編輯者名氏,乃明初廣州黄哲、李德、王佐、趙介四人詩也。哲字庸之,用薦拜翰林待制,侍懿文太子讀書,出知東阿縣,陞東平通判,歸,尋坐法死。有《雪篷集》①。德字仲修,洪武中,用薦授雒陽長史,官至義寧縣知縣,有《易菴集》。佐字彦舉,本河東人,元末侍父官南雄,遂占南海籍。洪武初,徵至京師,授給事中。有《聽雨軒》、《瀛洲》二集。没後稿多遺逸,僅存詩一卷,郡人彭森刻於建安。介字伯貞,明初閉户讀書,不求仕進,屢薦皆辭免。坐累,逮赴京師,卒於南昌舟中。後以子純官監察御史,贈如其官。有《臨清集》。四人初與同郡孫蕡號"南園五先生",後惟蕡集流傳,四人著作已多散佚。此乃後人重輯之本。以蕡集别行,故惟稱"四先生"焉。雖網羅放失,篇帙無多。然如哲之五言古體,祖述齊、梁;德之七言長篇,胎息溫、李,俱可自名一家。惟佐氣骨稍卑,未能驂駕。而介詩所存太少,不足以見所長耳。然粵東詩派,數人實開其先。其提唱風雅之功,有未可沒者。故存之以著其概,俾與《西菴集》並傳焉。

【彙訂】

①"雪篷集",殿本作"雪蓬集",誤。清雍正《廣東通志》卷四七《人物志·文苑》有黃哲小傳,云:"哲始北上,時倚篷聽雪。常自詫曰:'天下奇音妙韻出自然者,莫是過也。'歸構一軒,名聽雪篷。學者遂稱為雪篷先生。"

三華集十八卷(兩淮鹽政採進本)

明無錫錢子正及弟子義、姪仲益合刻詩也。子正《綠苔軒集》六卷,前有王達序。子義《種菊菴集》四卷,前有洪武八年自序。仲益《錦樹集》八卷,前有魏驥序。三集初各自為書,正統中,仲益族子公善等始合而刻之。其曰"三華"者,蓋以三者皆錢氏英華也。按子正詩,朱彝尊《明詩綜》不載,但附見其名於子義之下。然二人出處始末,均無可考。獨仲益以元末進士知華亭縣,後為翰林修撰,見於魏驥序中。而《明詩綜》載仲益永樂初以翰林編修轉周王府長史,與驥序互有異同。又稱仲益"詩格爽朗,惜遺集罕傳。予從秦對巖前輩購得,亟錄八首,猶未盡其蘊"云云。然則彝尊僅見仲益遺集,未見斯本也。則亦罕覯之笈矣。

閩中十子詩三十卷(浙江汪汝瑮家藏本)

明袁表、馬熒同編①。表字景從,熒字用昭,皆福州人。"閩中十子"者,一曰福清林鴻,有《膳部集》;一曰長樂陳亮,有《儲玉齋集》;一曰長樂高廷禮,有《木天清氣集》、《嘯臺集》;一曰閩縣王恭,有《白云樵唱》、《鳳臺清嘯》、《草澤狂歌》諸集;一曰閩縣唐泰,詩軼不傳,散見《善鳴集》中;一曰閩縣鄭定,有《澹齋集》;一曰永福王偁,有《虛舟集》;一曰閩縣王褒,有《養靜集》;一曰閩縣周元,有《宜秋集》;一曰侯官黃元,其集名不傳。皆明初人。萬曆丙子,表等即高以陳家所藏諸人之詩,選為是集。考閩中詩派,多以十子為宗,厥後輾轉流傳,漸成窠臼。其初已有唐摹晉帖之評,其後遂至有詩必律,有律必七言。而晉安一派,乃至為世所詬厲,論閩中詩者嘗深病之。要其濫觴之始,不至是也。十人遺集已不盡傳,傳者亦不盡可錄。此編採擷菁華,存其梗概,猶可以見一時之風氣,固宜存以備一格焉。

【彙訂】

①“馬熒”,殿本作“馬熒”,下同,誤,參明萬曆刻本及文淵閣《四庫》本此書題名。

元詩體要十四卷(浙江巡撫採進本)

明宋緒編。緒字公傳,以字行,餘姚人。成祖時預修《永樂大典》時,同邑被徵者五人。及書成,宋孟嶽、趙膚迪、朱德茂、張廷皆授官,緒獨辭歸。是集錄元一代之詩。曹安《讕言長語》稱其分體三十有八。此本凡為體三十有六,曰四言,曰騷,曰選,曰樂府,曰柏梁,曰五言,曰七言,曰長短句,曰雜古,曰言,曰詞,曰歌,曰行,曰操,曰曲,曰吟,曰嘆,曰怨,曰引,曰謠,曰詠,曰篇,曰禽言,曰香奩,曰陰何,曰聯句,曰集句,曰無題,曰詠物,曰五言律,曰七言律,曰五言長律,曰五言絕,曰六言絕,曰七言絕,曰拗體。較安所列少七言長律體、側體二種,未喻其故①。各體之前皆有小序,仿方回《瀛奎律髓》之例。其中或以體分,或以題

分,體例頗不畫一。其以體分者,選體別於五言古,吟、嘆、怨、引
之類別於樂府,長短句別於雜古體,未免治絲而棼。其以題分
者,香奩、無題、詠物既各為類,則行役、邊塞、贈答諸門將不勝
載,更不免於挂漏。又第八卷楊維楨《出浴》絕句,實唐韓偓七言
律詩後四句,亦間有疎舛。然去取頗有鑒裁。鄧林序稱緒深於
詩,故選詩如此之精,非溢詞也。傳本頗稀。此本為秀水曹溶家
所藏,目錄卷六以下闕,書中亦間有闕頁,惜無別本可校矣。

【彙訂】

① 明宣德刻本此書凡為體三十有八。《四庫》本卷十三錄
有七言長律體詩五首。(劉思生:《元詩體要提要》;陳彝秋:《四
庫本〈元詩體要〉辨證與補佚》)

滄海遺珠四卷(浙江范懋柱家天一閣藏本)①

不著編輯者名氏。前有正統元年楊士奇序,稱都督沐公所
選。又稱其字曰景容〔顒〕②,黔寧王之仲子,佐兄黔國公為朝廷
鎮撫西南一方。考《明史》,黔寧王沐英之子晟為黔國公,鎮雲
南;昂為右都督,領雲南都司。則此集當為昂所編。惟昂字景
高,不字景容。疑其初字景高,至洪熙元年後避仁宗之諱,改
"高"為"容",史未及詳③。其以第三子為仲子,則疑誤以黔國公
為長也。所錄凡朱經、方行、朱緗、曾烜、周昉、韓宜可、王景彰、
樓璉、王汝玉、逯杲、平顯、胡粹中、楊宗彝、劉叔讓、楊子善、張
洪、范宗暉、施敬、僧天祥、機先、大用二十人之作④,共三百餘
首,皆明初流寓遷謫於雲南者。每人姓名之下,各註其字號、里
居。以其為劉仔肩、王偁諸家詩選所不及,故名曰"遺珠"。二十
人皆無專集。此編去取頗精審,所錄多斐然可觀。自古以來,武

人能詩者代代有之。以武人司選錄，而其書不愧善本者，惟此一集而已。是固不可不傳也。

【彙訂】

① 底本此條與文淵閣庫書次序不符。文淵閣庫書與殿本均置於"元詩體要十四卷"條之前。

② "容"，當作"顒"，底本避嘉慶諱改。殿本作"顒"。

③ 胡濙撰《定邊伯沐公神道碑》、正德《雲南志》卷十九、萬曆《雲南通志》卷九《沐昂傳》均謂沐昂字景顒。（方國瑜：《雲南史料目錄概說》）

④《總目》所列為二十一人，文淵閣《四庫》本所錄正為二十一人。（穆藥：《高名千古博南山"楊慎與楊門六子"（紀念楊慎誕辰五百周年）》）

中州名賢文表三十卷（浙江鮑士恭家藏本）

明劉昌編。昌字欽謨，吳縣人。正統乙丑進士，歷官河南提學副使，遷廣東參政。是編即其官河南時所蒐輯。凡許衡六卷，姚燧八卷，馬祖常五卷，許有壬三卷，王惲六卷，富珠哩翀 原作字術魯翀，今改正。二卷。又略依本集之體，各以碑志銘傳等篇附錄於後。考許衡《魯齋遺書》、馬祖常《石田集》、許有壬《至正集》、王惲《秋澗集》雖尚存傳本①，而惟《魯齋遺書》有刊板，餘皆輾轉傳鈔，舛譌滋甚②。賴此編擷其英華，得以互勘。至姚燧本集五十卷，富珠哩翀本集六十餘卷，見於諸家著錄者，已久佚不傳，獨賴此僅存。其表章之功，亦不可泯矣。每集末有昌所作跋語數則，亦頗見考訂。王士禎《香祖筆記》載其《勸宋牧仲重刻文表》，且云："欽謨諸跋當悉刻之，以存其舊。"此本實康熙丙戌宋犖授

錢塘汪立名所刊,其附入原跋,蓋本士禎之意也。昌自序又謂此
其內集,尚有外集、正集、雜集若干卷。今俱未見,殆久而散
佚歟?

【彙訂】

①"存",殿本作"有"。

②《石田集》有元至元五年揚州路儒學刻本(殘)、明弘治六
年熊卹刻本存世。《秋澗集》有元至治元年、二年嘉興路儒學刻
明修本(殘)及明弘治十一年馬龍、金舜臣刻本存世。(杜澤遜:
《四庫提要總集類辨正》)

明文衡九十八卷(兩江總督採進本)①

明程敏政編。敏政有《宋遺民錄》,已著錄。是編首代言,為
詞臣奉敕撰擬之文,次賦,次騷,次樂府,次琴操,次表箋,次奏
議,次論,次說,次解,次辨,次原,次箴,次銘,次頌,次贊,次七,
次策問,次問對,次書,次記,次序,次題跋,次雜著,次傳,次行
狀,次碑,次神道碑,次墓碣,次墓誌,次墓表,次哀誄,次祭文,次
字說,為類凡三十有八。悉從《玉臺新詠》之例,題作者姓名,惟
方孝孺則書字。蓋是時靖難文禁稍弛,而尚未全解,故存其文而
隱其名也。內琴操闕一首,表闕四首,奏議闕十首,辨闕一首,頌
闕一首,贊闕二首,記闕十一首,序闕十五首,題跋闕四首,雜著
闕一首,傳闕一首,神道碑闕十一首,墓碣闕四首,墓誌闕八首,
墓表闕二首,祭文闕二首,皆有錄無書,各註"闕"字於目中,未喻
其故。所錄如吳訥《文章辨體》序、《題劉定之雜志》之類,皆非
文體。而袁忠徹《瀛國公事實》之類,事既誣妄,文尤鄙俚,皆不
免蕪雜之譏。朱右《攖寧生傳》雜述醫案,至以一篇占一卷,亦乖

體例。然所錄皆洪武以後、成化以前之文。在北地、信陽之前，文格未變，無七子末流摹擬詰屈之僞體。稽明初之文者，固當以是編爲正軌矣。

【彙訂】

① 文淵、文瀾閣本均作一百卷。（何槐昌：《〈四庫全書總目〉著錄校正選輯四》）

　　新安文獻志一百卷（兩淮馬裕家藏本）

　　明程敏政撰①。是書於南北朝以後文章事蹟，凡有關於新安者，悉採錄之。六十卷以前爲甲集，皆其鄉先達詩文，略依眞德秀《文章正宗》之例，分類輯錄。其六十一卷以後，則皆先達行實，不必盡出郡人所論撰。分神跡、道原、忠孝、儒碩、勳賢、風節、才望、吏治、遺逸、世德、寓公、文苑、材武、烈女、方技十五目。其中有應行考訂者，敏政復閒以己意，參核而附註之。徵引繁博，條理淹貫。凡徽州一郡之典故，彙萃極爲賅備。遺文軼事，咸得藉以考見大凡。故自明以來，推爲鉅製。其中小小踳駁者，如凡例稱朱子詩文錄其涉於新安者，而《通判泰州江君墓銘》竟爾見遺；又朱子所作其父松《行狀》，松所作其父森《行狀》，既已並收，而《松韋齋集》中有錄曾祖父詩《後序》一篇，又復不錄，皆不免於脫略。然司馬光《資治通鑑》已稱牴牾不能自保。是書卷帙繁重，不能以稍有挂漏，遂掩其蒐輯之功也。

【彙訂】

①“撰”，殿本作“編”。

　　海岱會集十二卷（兵部侍郎紀昀家藏本）

　　明石存禮、藍田、馮裕、劉澄甫、陳經、黃卿、劉淵甫、楊應奎八人唱和之詩也。存禮字敬夫，號來山，益都人。宏治庚戌進士，官至知府。田有《北泉集》，已著錄。裕字伯順，號閭山，臨朐人。正德戊辰進士，官至按察司副使。澄甫字子靜，號山泉，壽光人。正德戊辰進士，官至布政司參議。經字伯常，號東渚，益都人。正德甲戌進士，官至兵部尚書。卿字時庸，號海亭，益都人。正德戊辰進士，官至布政參政。淵甫字子深，號范泉，澄甫之弟，正德戊午舉人①。應奎字文煥，號瀤谷，益都人，官至知府。嘉靖乙未、丙申閒，經以禮部侍郎丁憂里居，田除名閒住，淵甫未仕，存禮等五人並致仕。乃結詩社於北郭禪林，後編輯所作成帙，冠以社約、同社姓氏及長至日、五月五日、九月九日、上巳日、七月七日會集序五篇。其詩凡古樂府二卷，五言古詩二卷，七言古詩二卷②，五言律詩三卷③，五言排律一卷，七言律詩一卷，五言絕句一卷，七言絕句一卷，計詩七百四十九首。其編輯名氏原本未載，惟卷首萬曆己亥魏允貞序稱：“友人馮用韞以《海岱會集》自遠寄至。”據王士禎《古夫于亭雜錄》，蓋馮裕曾孫琦所選也。八人皆不以詩名，而其詩皆清雅可觀，無三楊臺閣之習，亦無七子摹擬之弊。故王士禎稱其“各體皆入格，非苟作者”。觀其社約中有“不許將會內詩詞傳播，違者有罰”一條，蓋山閒林下，自適性情，不復以文壇名譽為事，故不隨風氣為轉移。而八人皆閑散之身，自吟詠外，別無餘事。故互相推敲，自少疵纇。其斐然可誦，良亦有由矣。

【彙訂】

①　正德無戊午。文淵閣原本提要作正德庚午。雍正《山東通志》卷一五之二《選舉志》正德庚午（五年）舉人欄正有壽光人劉淵甫。（楊武泉：《四庫全書總目辨誤》）

② “二卷”乃“一卷”之誤。此集卷五為七言古詩。

③ “卷”，殿本作“首”，誤。此集卷六至八為五言律詩。

經義模範一卷（浙江鮑士恭家藏本）

不著編輯者名氏。前有王廷表序，稱：“嘉靖丁未，訪楊升菴於滇，得《經義模範》一帙，乃同年朱良矩所刻。”云云。考廷表為正德甲戌進士。是科《題名碑》有朱良、朱敬、朱裳、朱節、朱昭、朱方六人，未詳孰是。以字義求之，殆朱方為近乎？方，浙江永康人，其仕履亦未詳。所錄凡宋張才叔、姚孝寧、吳師孟、張孝四人經義，共十六篇。其弁首即才叔《自靖人自獻於先王》一篇，呂祖謙錄入《文鑑》者也。時文之變，千態萬狀，愈遠而愈失其宗，亦愈工而愈遠於道。今觀其初體，明白切實乃如此。考吳伯宗《榮進集》亦載其洪武辛亥會試中式之文。是為明之首科，其所作亦與此不相遠。知立法之初，惟以明理為主，不以修詞相尚矣。康熙中，編修俞長城嘗輯北宋至國初經義為《一百二十名家稾》。然所錄如王安石、蘇轍諸人之作，皆不言出自何書，世或疑焉。此集雖篇帙寥寥，然猶可見經義之本始。錄而存之，亦足為黜浮式靡之助。惟《劉安節集》載有經義十七篇，亦北宋程試之作。此集未載①，或偶未見歟？

【彙訂】

① “未”，殿本作“不”。

文編六十四卷（江蘇巡撫採進本）

明唐順之編。順之有《左編》，已著錄①。是集取由周迄宋之文，分體排纂。陳元素序稱以真德秀《文章正宗》為稾本②。然德秀書主於論理，而此書主於論文，宗旨迥異，元素說似未確也。其中如以《莊》、《韓》、《孫子》諸篇入之“論”中，為強立名目。又不錄《史記》、《漢書》列傳，而獨取《後漢書·黃憲傳》冠諸“傳”之上，進退亦多失據。蓋彙收太廣，義例太多，蹖駁往往不免。然順之深於古文，能心知其得失，凡所別擇，具有精意。觀其自序云：“不能無文，即不能無法。是編者文之工匠，而法之至也。”其平日又嘗謂：“漢以前之文，未嘗無法而未嘗有法，法寓於無法之中，故其為法也密而不可窺；唐與宋之文，不能無法而能毫釐不失乎法，以有法為法，故其為法也嚴而不可犯。”其言皆妙解文理。故是編所錄，雖皆習誦之文，而標舉脈絡，批導窾會，使後人得以窺見開闔順逆、經緯錯綜之妙，而神明變化，以蘄至於古。學秦、漢者，當於唐、宋求門徑；學唐、宋者，固當以此編為門徑矣。自正、嘉之後，北地、信陽聲價奔走一世，太倉、歷下流派彌長。而日久論定，言古文者終以順之及歸有光、王慎中三家為歸。豈非以學七子者，畫虎不成反類狗；學三家者，刻鵠不成尚類鶩耶？閻若璩《潛邱劄記》有《與戴唐器書》，述宋實穎之言曰：“荊川才大如海，評書有詳有略。惟《文編》出陳元素者非其原本。”又稱：“兩本舍下俱有，他日呈寄自知之。”云云。今世所行惟此一本，其為原本、陳本，不復可考[3]。要其大旨，固皆出於順之也。

【彙訂】

① 依《總目》體例，當作“順之有《廣右戰功錄》，已著錄”。

② “以真德秀《文章正宗》為稿本”之説，乃陳元素引李愚公語，非陳氏本人之説。（李裕民：《四庫提要訂誤》）

③ 此書嘉靖間刻原本今存，門人姜寶編次。（夏定域：《四庫全書提要補正》）

古詩紀一百五十六卷（內府藏本）

明馮惟訥撰。惟訥字汝言，臨朐人。嘉靖戊戌進士，官至江西左布政使，加光祿寺卿致仕。事蹟附見《明史·馮琦傳》。其書前集十卷，皆古逸詩。正集一百三十卷，則漢、魏以下，陳、隋以前之詩。外集四卷，附錄仙鬼之詩。別集十二卷，則前人論詩之語也。時代緜長，採摭繁富。其中真偽錯雜以及牴牾舛漏，所不能無。故馮舒作《詩紀匡謬》，以糾其失。然上薄古初，下迄六代，有韻之作，無不兼收。溯詩家之淵源者，不能外是書而別求。固亦採珠之滄海，伐木之鄧林也。厥後臧懋循《古詩所》、張之象《古詩類苑》、梅鼎祚《八代詩乘》相繼而出①，總以是書為藍本。然懋循書雖稱補此書之闕，而捃拾繁猥，珠礫混淆，又割裂分體，不以時代為次，使閱者茫不得正變之源流。之象書又以題編次，竟作類書。鼎祚書僅漢、魏全錄，晉、宋以下皆從刪節，已非完備之觀②。而漢、魏詩中，如所增蘇武妻詩之類，又深為藝林之笑噱。故至今惟惟訥此編為詩家圭臬。初，太原甄敬為刊版於陝西，一依惟訥原次，而剞劂甚拙，復閒有舛譌。此本為吳琯等重刊，雖去其前集、正集、外集、別集之名，合併為一百五十六卷，而次第悉如其舊，校讎亦較甄本為詳。故今從吳本錄之。惟訥別有《風雅廣逸》十卷，核其所載，即此編之前集。蓋初輯古逸諸篇，先刊別行，後乃續成漢、魏以下，併為一編③，實非有二④。今特別存其目，而其書則不復錄焉⑤。

【彙訂】

①《古詩類苑》實為《古詩紀》采輯用書之一。（冉旭：《〈唐音統籤〉研究》）

② 梅鼎祚編撰《六朝詩乘》的初衷并不是為讀者提供詳盡

的文獻資料。他把此書命名為"詩乘"，"乘"為史傳別稱。史之所貴，原本就不在於巨細靡遺，而是要有所裁斷。(楊焄：《明人編選漢魏六朝詩歌總集研究》)

③ "編"，殿本作"篇"。

④ 據張四維《詩紀序》，馮氏編撰《詩紀》"始事於甲辰之冬，集成於丁巳之夏"，即從嘉靖二十三年甲辰開始，直至嘉靖三十六年丁巳結束。又嘉靖三十年刊本《風雅廣逸》卷首載有馮氏本人撰於嘉靖二十七年戊申的自序，云："馮子既撰次《八代詩紀》，復采上古逸聲，別為一編。"可見自嘉靖二十三年至嘉靖二十七年之前，馮惟訥已經編竣漢魏六朝部分，只是并未立即刊刻。嘉靖二十七年時他又再編定《風雅廣逸》，并於嘉靖三十年由喬承慈主持刊行。以後直至嘉靖三十六年，馮惟訥又在兩者的基礎上合編而成《古詩紀》，但亦未刊行。直至嘉靖三十八年，其中的《漢魏詩紀》被單獨抽出，先行附梓。至於整部《古詩紀》的刊行，要到嘉靖三十九年。則非《風雅廣逸》輯錄在前，漢魏以下部分輯錄在後。其實只是在刊刻時間上，先秦部分最先問世，漢魏部分次之。(楊焄：《明人編選漢魏六朝詩歌總集研究》)

⑤ 存目未載《風雅廣逸》。(王重民：《中國善本書提要》)

詩紀匡謬一卷(江蘇巡撫採進本)

國朝馮舒撰。舒字巳蒼，號默菴，又號癸巳老人，常熟人。舒因李攀龍《詩刪》，鍾惺、譚元春《詩歸》所載古詩，輾轉沿譌，而其源總出於馮惟訥之《古詩紀》，因作是書以糾之。凡一百一十二條。其中如《於忽操》三章為宋王令詩，"兩頭纖纖青玉玦"一章為王建詩，《休洗紅》二章為楊慎詩，一一辨之。而楊慎《石鼓文》偽本全載卷中，乃置不一詰。又蘇伯玉妻《盤中詩》，《詩紀》作漢人，固謬。宋本《玉臺新詠》列於傅休奕詩後，不別題蘇伯玉妻，乃嘉定閒陳玉父刻本偶佚其名。觀《滄浪詩話》稱蘇伯玉妻有此體，見《玉臺集》。則嚴羽所見之本，實題伯玉妻名。又桑世昌《回文類聚》載《盤中詩》，亦題蘇伯玉妻。則惟訥所題姓名，不為無據。舒之所駁，是知其一，不知其二也。至《禹玉牒詞》實載《後漢書‧郡國志》註中，惟訥不言所出，但於題下留未刻之版一行，竟未及補。舒校正"斜柯"諸字之譌，而不及此條，亦為闕漏。然他所抉摘，多中其失，考證精核實出惟訥之上。原原本本，證佐確然，固於讀古詩者大有所裨，不得議為吹求。雖謂之羽翼《詩紀》可矣。

全蜀藝文志六十四卷（兩淮馬裕家藏本）

明周復俊編。復俊有《東吳名賢記》，已著錄。初，宋慶元中，四川安撫使袁說友屬知雲安縣程遇孫等八人裒《成都文類》五十卷，中閒尚有所未備。嘉靖中，復俊官四川按察司副使，復博採漢、魏以降詩文之有關於蜀者彙為此書，包括網羅，極為賅洽①。所載如宋羅泌《姓氏譜》、元費著《古器譜》諸書，多不傳於今。又如李商隱《重陽亭銘》，為《文苑英華》所不錄，其本集亦失載，徐炯、徐樹穀箋註《義山文集》，即據此書以補入。如斯之類，皆足以資考核。諸篇之後，復俊閒附案語。如漢初平五年《周公禮殿記》載洪适《隸釋》，並載史子堅《隸格》，詳略異同，彼此互見，亦頗有所辨證。其中若曹丕《告益州文》與魏人《檄蜀文》，偽詞虛煽，顛倒是非，於理可以不錄。然此《志》蒐羅故實，例主全收，非同編錄總集，有所去取。善惡並載，亦未足為復俊病。惟篇末不著駁正之詞，以申公義，是則義例之疏耳。

【彙訂】

① 此書清嘉慶丙辰、光緒乙巳本皆以為楊慎所編，并載楊慎自序。《千頃堂書目》卷七著錄作楊慎編。（胡玉縉：《四庫全書總目提要補正》）

古今詩刪三十四卷（江蘇巡撫採進本）

明李攀龍編。攀龍有《詩學事類》，已著錄。是編為所錄歷代之詩。每代各自分體，始於古逸，次以漢、魏、南北朝，次以唐，唐以後繼以明，多錄同時諸人之作，而不及宋、元。蓋自李夢陽倡不讀唐以後書之説，前後七子，率以此論相尚。攀龍是選，猶是志也。江淹作《雜擬詩》，上自漢京，下至齊代①，古今咸列，正變不遺。其序有曰："蛾眉詎同貌而俱動於魄，芳草寧共氣而皆悦於魂。"又曰："世之諸賢，各滯所迷，莫不論甘而忌辛，好丹而非素。豈所謂通方廣恕，好遠兼愛？"然則文章派別，不主一途，但可以工拙為程，未容以時代為限。宋詩導黃、陳之派，多生硬杈枒；元詩沿温、李之波，多綺靡婉弱。論其流弊，誠亦多端。然鉅製鴻篇，亦不勝數，何容刪除兩代，等之自鄶無譏。王士禎《論詩絕句》有曰："鐵崖樂府氣淋漓，淵穎歌行格儘奇。耳食紛紛説開寶，幾人眼見宋元詩？"其殆為夢陽輩發歟？且以此選所錄而論，唐末之韋莊、李建勳，距宋初閲歲無多；明初之劉基、梁寅，在元末吟篇不少。何以數年之内，今古頓殊，一人之身，薰蕕互異？此真門户之見，入主出奴，不緣真有限斷。厥後摹擬剽竊，流弊萬端，遂與公安、竟陵同受後人之詬厲。豈非高談盛氣有以激之，遂至出爾反爾乎？然明季論詩之黨判於七子，七子論詩之旨不外此編。錄而存之,亦足以見風會變遷之故,是非蜂起之由,未可廢也。流俗所行,別有攀龍《唐詩選》。攀龍實無是書,乃明末坊賈割取《詩刪》中唐詩,加以評註,別立斯名。以其流傳既久,今亦別存其目,而不錄其書焉。

【彙訂】

①"齊代",底本作"齊梁",據殿本改。江淹《雜體詩》三十首,末一首《休上人怨別》乃擬齊代湯惠休《怨詩行》。

唐宋元名表四卷(浙江汪啟淑家藏本)①

明胡松編。松有《滁州志》,已著錄。《明史》松本傳稱松"幼嗜學,嘗輯古名臣章奏",今未見其本。是編乃松督學山西時,選為士子程式之書。雖所錄皆各集所有,無奇祕未睹之篇,而去取極為不苟。前有自序曰:"是學也,昉於漢、魏六朝,盛於隋、唐而極於宋,其體不能盡同。然其意同於宣上德而達下情,明己志而述物則。其後相沿日下,競趨新巧,爭尚衍博,往往貪用事而晦其意,務屬詞而滅其質。蓋四六之本意失之遠矣。"其言頗為明切。自明代二場用表,而表遂變為時文,久而偽體雜出,或參以長聯。如王世貞所作一聯,多至十餘句,如《四書》文之二小比。或參以五、七言詩句,以為源出徐、庾及王、駱,不知徐、庾、王、駱用之於賦。賦為古詩之流,其體相近,若以詩入文,豈復成格?至於全用成句,每生硬而杌隉;閒雜俗語,多鄙俚而率易。冠冕堂皇之調,剽襲者陳膚;餖飣割裂之詞,小才者纖巧,其弊尤不勝言。松選此編,挽頹波而歸之雅,亦可謂有功於駢體者矣。

【彙訂】

① 文淵閣庫書分上、下二卷,上卷又分二卷,下卷又分三

卷。(沈治宏:《〈四庫全書總目〉集部著錄圖書失誤原因析》)

文氏五家詩十四卷(浙江汪汝㻛家藏本)

明長洲文氏三世五人之詩也[①]。文洪字功大,成化乙酉舉人,官淶水教諭,著《括囊槀詩》一卷,文一卷。其孫徵明,著《甫田集》詩四卷。徵明長子彭,字壽承,官南京國子監博士,著《博士詩》二卷。次子嘉,字休承,官和州學正,著《和州詩》一卷。彭之子肇祉,字基聖,官上林苑錄事,亦著詩五卷。中惟徵明名最盛,其家學之淵源,則自洪始[②]。如《靜志居詩話》所稱"野猿窺落果,林蝶戀殘花"、"自得翻書趣,渾忘對客言"諸句,饒有恬澹之致。徵明詩格不高,而意境自能拔俗。至彭、嘉、肇祉,亦能於耳擩目染之餘,力承先緒。所謂"謝家子弟,雖復不端正者,亦奕奕有一種風氣"也。徵明《甫田集》,已著錄。然卷帙相連,無容割裂。且除此一集,與"五家"之目亦不合。尤無容改其舊名,以"五"為"四"。故仍並錄之,而附著其互見之故焉。

【彙訂】

①"三世五人"應作"四世五人",文淵閣本書前提要不誤。(馬劉鳳:《"四庫"訂誤十五則》)

② 殿本"始"下有"之"字。

宋藝圃集二十二卷(浙江鮑士恭家藏本)

明李蓘編。蓘有《黃谷瑣談》,已著錄。是集選錄宋人之詩,殫力蒐羅,凡十三載,至隆慶丁卯而後成,所列凡二百三十有六人。而核其名氏,實二百三十有七人,蓋編目時誤數一人。末卷附釋衲三十三人,宮閨六人,靈怪三則,妓流五人,不知名四人,通上當為二百八十八人。而註曰共二百八十四人,則除不知姓名四人不數耳。王士禛《香祖筆記》稱所選凡二百八十人，亦誤數也。書中編次後先，最為顛倒。如以蘇軾、蘇轍列張詠、余靖、范仲淹、司馬光前，陳與義、呂本中[①]、曾幾列蔡襄、歐陽修、黃庭堅、陳師道前，秦觀列趙抃、蘇頌前，楊萬里列楊蟠、米芾、王令、唐庚前；葉采、嚴粲列蔡京、章惇前，林景熙、謝翱列陸游前者，指不勝屈。其最誕者，莫若以徽宗皇帝與邢居實、張栻、劉子翬合為一卷。夫《漢書·藝文志》以文帝列劉敬、賈山之間，武帝列蔡甲、倪寬之間；《玉臺新詠》以梁武帝及太子諸王列吳均等九人之後，蕭子顯等二十一人之前。以時代相次，猶為有説。至邢居實為邢恕之子，年十八早夭，在徽宗以前；劉子翬為劉韐之子，張栻為張浚之子，皆南宋高、孝時人，在徽宗以後。乃君臣淆列，尤屬不倫。殆由選錄時，隨手雜鈔，未遑銓次歟？至於廖融、江為、沈彬、孟賓于之屬，則上涉南唐；馬定國、周昂、李純甫、趙渢、龐鑄、史肅、劉迎之屬，則旁及金朝。衡以斷限，更屬未安。王士禛之所糾，亦未嘗不中其失也。然《香祖筆記》又曰：“隆慶初元，海內尊尚李、王之派，諱言宋詩。而子田獨闡幽抉異[②]，撰為此書，其學識有過人者。”則士禛亦甚取其書矣。

【彙訂】

①“呂本中”，殿本作“呂本仲”，誤。此集卷九錄呂本中詩七首。

②“子田”，底本作“于田”，據《香祖筆記》卷三及殿本改。蓑字子田，説詳卷一二七“黃谷璅談”條注。

元藝圃集四卷（浙江鮑士恭家藏本）

明李蓑編。此集續宋詩而選，所錄凡一百九人，詩六百二十

五首。自序稱："地僻少書籍，無以盡括一代之所長"。今觀所
錄，有虞集、范梈、揭傒斯，而無楊載，即一代名人號為四家者，已
闕其一。是漏略誠所不免。又劉辰翁乃宋人，王庭筠、高克恭、
元好問乃金人①，僧來復乃明人，一例載入，頗失斷限。其編次
則倪瓚、宋無、余闕等皆元末人，而名在最前；戴表元、白珽等皆
元初人，而名在最後。其他亦多先後顛倒，頗無倫序。似亦隨見
隨鈔，未經勘定之本，與《宋藝圃集》相同。殆憚於排纂，遂用唐
無名氏《搜玉小集》不拘時代之例歟。然其自序謂宋詩痼於理，
元詩鄰於詞，則深中兩代作者之弊。故其去取之間，頗為不苟。
以云備一代之詩，誠為不足。以云鑒別，則較之泛濫旁收，務盈
卷帙者，精審多矣。

【彙訂】

① 高克恭(1248—1310)確為元人。(陳垣：《元西域人華化考》)

唐宋八大家文鈔一百六十四卷(通行本)

明茅坤編。坤有《徐海本末》，已著錄。《明史・文苑傳》稱：
"坤善古文，最心折唐順之。順之所著《文編》，唐、宋人自韓、柳、
歐、三蘇、曾、王八家外無所取。故坤選《八大家文鈔》。"考明初
朱右已採錄韓、柳、歐陽、曾、王、三蘇之作，為《八先生文集》，實
遠在坤前。然右書今不傳，惟坤此集為世所傳習。凡韓愈文十
六卷，柳宗元文十二卷，歐陽修文三十二卷附《五代史鈔》二十
卷，王安石文十六卷，曾鞏文十卷，蘇洵文十卷，蘇軾文二十八
卷，蘇轍文二十卷，每家各為之引。說者謂其書本出唐順之，坤
據其槀本，刊版以行，攘為己作，如郭象之於向秀。然坤所作序
例，明言以順之及王慎中評語標入，實未諱所自來，則稱為盜襲

者誣矣。其書初刊於杭州，歲久漫漶。萬曆中，坤之孫著復為訂正而重刊之，始以坤所批《五代史》附入歐文之後①。今所行者，皆著重訂本也。自李夢陽《空同集》出，以字句摹秦、漢，而秦、漢為窠臼；自坤《白華樓稾》出，以機調摹唐、宋，而唐、宋又為窠臼。故坤嘗以書與唐順之論文，順之復書有"尚以眉髮相山川，而未以精神相山川"之語，又謂："繩墨布置，奇正轉摺，雖有專門師法，至於中閒一段精神命脈，則非具今古隻眼者，不足與此。"云云。蓋頗不以能為古文許之。今觀是集，大抵亦為舉業而設。其所評語②，疏舛尤不可枚舉。黃宗羲《南雷文定》有《答張自烈書》，謂其韓文內《孔司勳誌》，不曉句讀；《貞曜先生誌》所云"來弔韓氏"，謂不知何人；柳文內《與顧十郎書》，誤疑十郎為宗元座主；歐文內薛簡肅舉進士第一讓王巖，疑其何以得讓；又以《張谷墓表》遷員外郎，知陽武縣，為當時特重令職；又《孫之翰誌》學究出身，進士及第，為再舉進士，皆不明宋制，而妄為之說。又謂其"圈點批抹，亦多不得要領，而詆為小小結果"，皆切中其病。然八家全集浩博，學者徧讀為難，書肆選本，又漏略過甚。坤所選錄，尚得煩簡之中。集中評語，雖所見未深，而亦足為初學之門徑。一二百年以來，家弦户誦，固亦有由矣。

【彙訂】

① 茅著重刊《唐宋八大家文鈔》，附入《五代史抄》二十卷，事在崇禎四年。（王重民：《中國善本書提要》）

②"評語"，殿本作"評論"。

吳都文粹續集五十六卷補遺一卷（兩淮馬裕家藏本）①

明錢穀編。穀字叔寶，長洲人②，《明史·文苑傳》附見

《文徵明傳》中，但稱其能畫。朱彝尊《靜志居詩話》則稱穀"貧無典籍，遊文徵仲之門③。日取插架書讀之，手鈔異書最多，至老不倦。仿鄭虎臣《吳都文粹》，輯成《續編》，聞有三百卷。其子功甫繼之，吳中文獻藉以不墜"云云。功甫，錢與治之字也。所稱卷數與此本不符，疑合與治《續編》言之。或穀初所蒐羅，原有此數，後復加刪汰，以成今本。彝尊乃據其舊稾言之歟④？此本第五十三卷、五十四卷俱逸，第五十卷亦殘闕，檢勘他本並同。蓋流傳既久，不免脫遺，已非完本。其中所標二十一門，分類亦多未確，蓋能博而未能精者。然自說部、類家、詩編、文藁，以至遺碑、斷碣，無不甄錄。其採輯之富，視鄭書幾增至十倍。吳中文獻多藉是以有徵，亦未可以蕪雜棄矣。

　　【彙訂】

　　① 文淵閣庫書《補遺》為二卷，書前提要不誤。（沈治宏：《〈四庫全書總目〉集部著錄圖書失誤原因析》）

　　② 民國《吳縣志》卷六六上《錢穀傳》云："字叔寶……嘗編《續吳都文粹》若干卷。"而乾隆《長洲縣志》無此人。同治《蘇州府志》卷八〇"吳縣人物"卷引《列朝詩集》，亦作吳縣人，而長洲縣卷無此人。（楊武泉：《四庫全書總目辨誤》）

　　③ "文徵仲"，殿本作"文徵明"，誤，參《靜志居詩話》卷一四"錢穀"條原文。

　　④ 許元溥《吳乘竊筆》云曾藏此書稿，卷凡五十有六，又《補遺》一卷，世多遙慕而罕覯，文徵明謬傳為數百卷耳。據此，則朱說亦謬傳。（胡玉縉：《四庫全書總目提要補正》）

石倉歷代詩選五百六卷（浙江巡撫採進本）

明曹學佺編。學佺有《易經通論》，已著錄。是編所選歷代之詩，上起古初，下迄於明。凡古詩十三卷，唐詩一百卷，拾遺十卷，宋詩一百七卷，金、元詩五十卷，明詩初集八十六卷，次集一百四十卷。舊一名《十二代詩選》，然漢、魏、晉、宋、南齊、梁、陳、魏、北齊、周、隋，實十一代。既錄古逸，乃綴於八代之末，又併五代於唐、並金於元，於體例名目皆乖刺不合。故從其版心所題，稱《歷代詩選》，於義為諧。所選雖卷帙浩博，不免傷於糅雜，然上下二千年間作者皆略存梗概。又學佺本自工詩，故所去取，亦大都不乖風雅之旨，固猶勝貪多務得、細大不捐者。惟金代僅錄元好問一人，頗為疎漏。意其時毛晉所刊《中州集》、《河汾諸老詩》猶未盛行，故學佺未見歟？其冠於元詩之首，亦以一代祇一人，不能成集故也。據《千頃堂書目》，學佺所錄明詩尚有三集一百卷，四集一百三十二卷，五集五十二卷，六集一百卷，今皆未見，殆已散佚[①]。然自萬曆以後，繁音側調，愈變愈遠於古，論者等諸自鄶無譏。是本止於嘉、隆，正明詩之極盛。其三集以下之不存，正亦不足惜矣。

【彙訂】

① 清禮恭王昭槤《嘯亭雜錄》卷八“石倉十二代詩選”條云：“今余家所藏，則一千七百四十卷，較四庫所收多至千餘卷矣。古逸詩十三卷，唐詩一百卷，拾遺十卷，宋詩一百七卷，元詩五十卷，明詩初集八十六卷，次集一百四十卷，三集一百卷，四集一百三十二卷，五集五十二卷，六集一百卷，七集一百卷，八集一百零一卷，九集十一冊，十集四冊，續集十冊，再續集九冊，三續集五冊，三四續集、四五續集一冊，五續集三冊，五六續集一冊，南直

集八册,浙集八册,閩集八册,社集十册,楚集四册,川集一册,江西集一册,陝西集一册,河南集一册,九集後不分卷,以册代卷。"《嘯亭雜錄》作於嘉慶八年,其時《石倉歷代詩選》尚存一千七百餘卷。(朱偉東:《〈石倉十二代詩選〉全帙探考》)

四六法海十二卷(内府藏本)

明王志堅編。志堅有《讀史商語》,已著錄。秦、漢以來,自李斯《諫逐客書》始點綴華詞,自鄒陽《獄中上梁王書》始疊陳故事,是駢體之漸萌也。符命之作則《封禪書》、《典引》,問對之文則《答賓戲》、《客難》,駸駸乎偶句漸多。沿及晉、宋,格律遂成;流迫齊、梁,體裁大判,由質實而趨麗藻,莫知其然而然。然實皆源出古文,承流遞變,猶四言之詩至漢而為五言,至六朝而有對句,至唐而遂為近體。面目各別,神理不殊,其原本《風》、《雅》則一也。厥後輾轉相沿,逐其末而忘其本。故周武帝病其浮靡,隋李諤論其佻巧,唐韓愈亦斷斷有古文、時文之辨。降而愈壞,一濫於宋人之啟劄,再濫於明人之表判,剿襲皮毛,轉相販鬻。或塗飾而掩情,或堆砌而傷氣,或雕鏤纖巧而傷雅,四六遂為作者所詬厲。宋姚鉉撰《唐文粹》,至盡黜儷偶;宋祁修《新唐書》,至全删詔令。而明之季年,豫章之攻雲間者,亦以沿溯六朝相詆。豈非作四六者,不知與古體同源,愈趨愈下,有以啟議者之口乎!志堅此編所錄,下迄於元,而能上溯於魏、晉。如敕則託始宋武帝,册文則託始《宋公九錫文》,表則託始陸機、桓温、謝靈運,書則託始於魏文帝、應瑒、應璩、陸景、薛綜、阮籍、吕安、陸雲、習鑿齒,序則託始陸機,論則託始謝靈運。大抵皆變體之初,儷語散文相兼而用。其齊、梁以至唐人,亦多取不甚拘對偶者。俾讀者知四六之文，運意遣詞，與古文不異，於茲體深為有功。至於每篇之末，或箋註其本事，或考證其異同，或臚列其始末，亦皆元元本本，語有實徵，非明代選本所可及。據其凡例，雖為舉業而作，實則四六之源流正變，具於是編矣。未可以書肆刊本忽之也。

古樂苑五十二卷（兩淮馬裕家藏本）

明梅鼎祚撰。鼎祚有《才鬼記》，已著錄。是編因郭茂倩《樂府詩集》而增輯之。郭本止於唐末，此本止於南北朝，則用左克明《古樂府》例也。其所補者，如“琴曲歌詞”龐德公之《於忽操》，見《宋文鑑》中，乃王令擬作，非真龐所自作也。“雜歌曲詞”之《劉勳妻》，其詩《藝文類聚》稱魏文帝作，《玉臺新詠》稱王宋自作，邢凱《坦齋通編》稱曹植作。然總為五言詩，不云樂府，亦不以“劉勳妻”三字為樂府題也。左思《嬌女詩》自詠其二女嬉戲之事，亦不云樂府也。至梁昭明太子、沈約、王錫、王規、王纘、殷鈞之《大言》、《細言》，不過偶然游戲，實宋玉《大言賦》之流。既非古調，亦未被新聲，强名之曰樂府，則《世說新語》所謂“矛頭淅米劍頭炊，百歲老翁攀枯枝，井上轆轤臥嬰兒”、“盲人騎瞎馬，夜半臨深池”者，何又不入乎？溫子昇之《擣衣》本咏閨情，亦强名曰樂府；柳惲、謝惠連、曹毗所作亦同此題，何又見遺乎？梁簡文帝之“名士悅傾城”本題為《和湘東王》，亦偶拈成句，未必調名；沈約之《六憶詩》、隋煬帝之《雜憶詩》且明標“詩”字。以及閨思、閨怨、春思、秋思之類，無不闌入，則又何詩不可入樂乎？《婉轉歌》見吳均《續齊諧記》及《晉書》。劉妙容，鬼也；王敬伯，人也，劉妙容歌列“琴曲歌詞”中，王敬伯歌自應列於其後，即兩本字句小異，不過註“一作某”耳。乃以敬伯補入末卷“鬼歌”中，顛倒錯亂，殊不可解。又開卷為“古歌詞”，以“斷竹”之歌為首，迄於秦始皇《祀洛水歌》，已不及郭本之託始郊廟為得體。而“雜歌謠詞”中又出“古歌”一門，始於《擊壤歌》，迄於《甘泉歌》，不知其以何為別。他如隋煬帝之《望江南》，採摭偽撰之小説，絶不考唐段安節《樂府雜錄》，至李德裕時始有此調，則益糅雜矣。然其捃拾遺佚，頗足補郭氏之闕。其解題亦頗有所增益。雖有絲麻，無棄菅蒯，存之亦可資考證也。其《衍錄》四卷，記作者爵里及諸家評論，蓋剽剟馮惟訥《詩紀》別集而稍為附益，多採楊慎等之説。今亦並錄之，備參訂焉。

皇霸文紀十三卷（浙江巡撫採進本）

明梅鼎祚編。鼎祚輯陳、隋以前之文，編為《文紀》，以配馮惟訥《詩紀》。此編上起古初，下迄於秦，故曰《皇霸文紀》，乃其書之第一集也。洪荒以降，書契莫詳，事尚無徵，況其文字。傳於後者，非漢代緯書之依託，即戰國諸子之寓言。一概裒存，遂不免一真百偽。至《集古錄》、《博古圖》、《考古圖》所列諸銘，名姓時代半屬臆求，點畫偏旁多緣附會，劉、楊異釋，薛、鄭殊音。而確定為某商某周，編之簡牘，實為失於闕疑。甚至《�籩磬銘》六十三字，惟錄篆文，尤乖體例。他如《穆天子傳》、《詩序》之類，本各自為書，亦登文集，則錄所不當錄；屈原《楚詞》，惟載三篇，則刪所不當刪。何致之偽《岣嶁碑》、楊慎之偽《石鼓文》並出近代，漫無考證。“大橫庚庚”之兆，且以漢文誤入之。皆輯錄之疏，不可據為典要。然網羅繁富，周、秦以前之作，莫備於斯。蕪雜之中，菁英不乏。陸機所謂“雖榛楛之勿翦，亦蒙茸於集翠”者也。故病其濫而終取其博焉。

西漢文紀二十四卷（浙江巡撫採進本）

明梅鼎祚編。鼎祚《皇霸文紀》，真偽糅雜，頗有炫博之譏。其作是編，則一以《史記》、《漢書》為主，而雜採他書附益之。所據為根本者，較諸子雜言頗為典實。故所收於班、馬二史之外者，亦藉以參校是非，不至如《皇霸文紀》之濫。如飛燕奏牋，成帝答詔，張良、四皓往返書，孔臧與子、弟書，東方朔《寶甕銘》，李陵、蘇武往返書，劉向上《關尹子》、《子華子》、《於陵子》奏，揚雄《潤州牧箴》，卓文君《司馬相如誄》諸篇，依託顯然者，皆能辨之。其他如《西京雜記》、《東方朔別傳》、《搜神記》、《博物志》、《佛藏辨正論》所載諸篇，及孔安國《尚書序》、孔衍《家語序》等文，雖未一一釐正[①]，要其所漏不過百中之一矣。惟《新書》節錄數篇，則《新語》、《春秋繁露》之類，以例推之，何不並載？《列女傳》及揚雄諸賦並節錄其序，以例推之，其他亦將多不勝收，殊無義例。其於詔制既以各帝分編，又往往隨事附各篇之後，端緒龐雜，於編次之體亦乖。然三代以下，文章莫盛於西漢，西漢莫備於此編。含英咀華，固著作之淵藪矣。

【彙訂】

① 殿本“未”下有“能”字。

東漢文紀三十二卷（浙江巡撫採進本）

明梅鼎祚編。鼎祚《西漢文紀》，根據《史》、《漢》，故多為典確。是編雖亦以正史為宗，而雜書之作，始盛於東漢。即劉珍、張璠諸記，著錄正史者，亦逾八家。沿及六代，小說繁興。其時去雒京最近，故依託附會，尤較西漢為多。至於《集古》、《金石》諸錄，《博古》、《考古》諸圖，以迨《隸釋》、《隸續》而下，搜括舊刻，爭奇炫博者,彌不一家。而西漢自五鳳磚數事以外,寥寥無多。其碑碣文詞、器物銘識,亦往往惟稱東漢。鼎祚蒐羅既富,義取全收。其閒真贋互陳,異同蠭起,而訂譌正舛,亦不及《西漢文紀》之詳,固其所也。至如《曹全》一碑,近代始出,亦復捃摭不遺,其採輯亦云勤矣。若夫永和《裴岑破呼衍王碑》,遠在西域,我皇上天威耆定,儒者始睹其文。鼎祚生明季衰微之時,嘉峪關外,即為絕域。其略而不載,固未可以為疎漏焉。

西晉文紀二十卷(浙江巡撫採進本)

明梅鼎祚編。西晉相傳四葉,為日無多。何晏、王弼之徒,以莊、老清言轉相神聖,浸淫不返,遂至於南渡偏安。然觀鼎祚所編一代之文,則討論典故、崇勵風俗者,猶居其半。蓋東漢以來,老師宿儒之遺訓,越三國而猶有存焉。非鼎祚哀而輯之,不知建武以還,猶能立國者,為禮教未殄之故也。其中多採詩賦之序,以足篇帙,特較他代為繁,殊嫌割裂。又司馬懿以及師、昭,雖《晉書·本紀》三祖並登,而揆以史法,終乖限斷。鼎祚既通編八代之文,自宜附之魏末,使名號不舛,時代靡差。乃因仍《晉書》之失,存其帝號以冠篇,是亦失於糾正者矣。

宋文紀十八卷(浙江巡撫採進本)

明梅鼎祚編。鼎祚所輯八代《文紀》,卷溢三百。其版行者,自《皇霸》至《西晉》而止。鼎祚歿後,應天巡按御史張煊、寧國府知府周維新始為次第開雕。而此集先成,故卷首獨有煊及維新序。宋之文,上承魏、晉,清儁之體猶存;下啟齊、梁,纂組之風漸盛。於八代之內,居文質陞降之關,雖涉雕華,未全綺靡。觀鼎祚所錄,可以見風氣轉移,日趨日變之故焉。其編纂之體,略同漢、晉。中閒如《廬山公九錫文》、《和香方》之類，鉅細兼收，義取全備，猶之《魁表》、《頭責子羽文》諸作咸登前牒，不能以蕪累為譏。惟《宋公册封九錫》、《禪代》諸文，既為晉人所撰，自當附之於《晉紀》，移而入宋，於例殊乖。又司馬越女銘詞，雖發自宋年，而撰由晉代，附之簡末，尤無取義。是則編次之疎矣。

南齊文紀十卷（浙江巡撫採進本）

明梅鼎祚編。是集於酬答之文參錯附錄及誤載前代册誥，與諸集略同，而體例尤為叢脞。如《永明五年九月詔》，乃《齊書》撮敘其事，而以為詔詞。高祖《與周盤龍第二敕》，明帝《手詔王思遠》，皆衹常言五字，但可存為故實，豈宜目以文章？無姓名之文，例附於末，而《魚腹侯子響還本奏》獨列於前。代擬諸作，例歸操觚之人，而褚淵《禪齊詔》、江淹《築壘教》獨不畫一。曹景宗《與弟義宗書》、沈約《答陸厥樂藹書》，猶曰人雖入梁，事關齊代。至於宋順帝《答誅黃回詔》，則《宋文紀》自為一集，何以隔代闌入？若劉虬《答蕭子良書》，已見二卷，又見六卷，失檢抑又甚矣。其閒如高祖《與王彥之書》，《尺牘》誤以為世祖；崔覺《與妹書》，《尺牘》誤以為崔恭祖。亦閒有小小駁正。然如黃回一人，隔數頁而重註；曹虎一人，前註見北魏，而七卷之中乃別出曹虎之名，詳註爵里，矛盾者正復不少。徒以一代之文，兼收全備而存之耳。

梁文紀十四卷（浙江巡撫採進本）

明梅鼎祚編。是集采梁一代之文，多取之《梁書》、《南史》及諸家文集，故所錄不甚繁碎，考證亦頗精核。惟以後梁蕭巋退附外國之後，不與諸王同列，殊乖次序。又侯景矯詔入於簡文帝文內,亦非事實。他若梁武帝《請謚答詔》,不著其人,稍為疏漏。《江淹集》作於齊代,割以入齊,《齊文紀》既已發例,何佟之之文乃云以上作於齊朝,以下作於梁世,但為分註,而全入此集,亦未免自亂其例。然較他集,終為有條理也。梁代沿永明舊製,競事浮華,故裴子野撰《雕蟲論》以砭其失。簡文帝《與湘東王書》曰:"六典、三禮,所施則有地;吉凶嘉賓,用之則有所。未聞吟咏性情,反擬《内則》之篇;操筆寫志,更摹《酒誥》之作。遲遲春日,反學《歸藏》;湛湛江水,遂同《大傳》。"又曰:"時有效謝康樂、裴鴻臚文者,亦頗有惑焉。謝客吐言天拔,出於自然,時有不拘,是其糠粃。裴氏乃良史之才,了無篇什之美。謝故巧不可階,裴亦質不宜慕。"[1]一代帝王,持論如是,宜其風靡波蕩,文體日趨華縟也。然古文至梁而絕,駢體乃以梁為極盛。殘膏賸馥,沾溉無窮,唐代沿流,取材不盡。譬之晚唐五代,其詩無非側調,而其詞乃為正聲。寸有所長,四六既不能廢,則梁代諸家亦未可屏斥矣。

【彙訂】

[1]"質",殿本作"拙",疑誤。參此書卷二簡文帝《與湘東王繹書》原文,諸家所錄亦同。

陳文紀八卷(浙江巡撫採進本)

明梅鼎祚編。南朝六代,至陳而終,文章亦至陳而極敝。其時能自成家者,詩惟陰鏗、張正見;文則徐陵、沈炯以外,惟江總所傳稍多。而或久仕梁朝,上承異代;或晚歸隋主,尚署前銜。鼎祚兼其前後諸作,割併於陳,以足卷帙,未免朝代混淆。然鼎祚既取南北朝文通為編次,苟闕其一代,則源流始末有所未詳,斯亦不得已之變例也。況永明、天監，相去未遙，江左餘風，往往而在。韓、柳未出以前，王、楊之麗製，燕、許之鴻篇，多有取材於是者，亦不能以其少而廢之矣。

北齊文紀三卷（浙江巡撫採進本）

明梅鼎祚編。北齊著作，邢、魏居首，其餘零篇短札，取備卷帙而已。所採自正史以來，不過《文苑英華》、《藝文類聚》、《通鑑》諸書。蓋流傳本少，蒐輯為難，非其網羅之未備也。其首列高歡、高澄，亦同西晉之編濫登三祖。他如侯景《報高澄書》，史明言王偉；文宣《即位告天文》，史明言魏收；《天保元年大赦詔》，《藝文類聚》明言邢邵，而不歸操筆之人，竟冒署其所代。核以事實，亦未睹其安。又《顏氏家訓》各自為書，史志相沿著錄。設使全文載入，已於體例有乖，乃僅錄其《敘致》一篇。而一篇之中，又僅錄其首四五行。豈非以篇頁無多，忽而不檢，致是疏漏歟？考崇禎戊寅周鑣序鼎祚所輯《文紀》，自《東晉》以下，皆鼎祚沒後所刻。蓋中多草刱之稾，其後人未盡是正。因而刊之，亦非盡鼎祚之失也。

後周文紀八卷（浙江巡撫採進本）

明梅鼎祚編。按東漢、東晉之名，所以別於西；南齊之名，所以別於北。若周則豐鎬舊京，年祀綿遠，中原江左，別無國號相同。盧思道作《興亡論》，題曰後周，殊為無義。故令狐德棻所撰國史，但曰《周書》。鼎祚仍以"後"題，未免失於刊正。所錄宇文氏一代之文，不過八卷，而庾信一人乃居五卷，次則王褒撰著尚十八篇。使非借才異國，其寂寥更甚於高齊。然宇文泰為丞相時，干戈擾攘之中，實獨能尊崇儒術，釐正文體。大統五年正月，置行臺學。十一月,命周惠達、唐瑾制禮樂。大統十一年六月,患晉氏以來文章浮華,命蘇綽作《大誥》宣示群臣,仍命自今文章,咸依此體。今觀其一代詔敕,大抵溫醇雅令,有漢、魏之遺風。即間有稍雜俳偶者,亦摛詞典重,無齊、梁綺豔之習。他如《庾信集》中《春賦》、《鐙賦》之類,大抵在梁舊作。其入北以後諸篇,亦皆華實相扶,風骨不乏,故杜甫有"庾信文章老更成,凌雲健筆意縱橫"語。豈非黜雕尚樸,導之者有漸歟? 無平不陂,無往不復,六朝靡麗之風,極而將返,實至周而一小振。未可以流傳之寡而忽之也①。

【彙訂】

① "忽"下"之"字,殿本無。

隋文紀八卷(浙江巡撫採進本)

明梅鼎祚編。隋氏混一南北,凡齊、周之故老,梁、陳之舊臣,咸薈粹一朝,成文章之總匯。而人沿舊習,風尚各殊,故著作之林,不名一格。四十餘載,竟不能自為體裁。又世傳小說,唐代為多。而仁壽、大業去唐最近,遺篇瑣語,真贗相參,不能無所附會。故鼎祚所錄,此集又最糅雜。其中如《隋遺錄》、《開河記》、《迷樓記》、《海山記》、《大業拾遺記》,皆出依託,而王度《古鏡記》尤為迂怪不經。《搜神》、《異苑》之末流,《暌車》、《夷堅》之先路,豈可登之總集,自穢其書? 又如《甲秀堂帖》載煬帝《跋曹子建墨跡》,唐以來收藏賞鑒,皆所未聞,詞旨凡庸,顯出近代。而一概闌入,未免失於鑒裁。至於唐高祖、太宗、褚亮、李靖、陳叔達、溫大雅、魏徵諸人,不繫於隋,無煩擬議。乃以其文作於隋末,遂爾兼收。而李德林代靜帝之詔作於周時,顏之推請考樂之奏上於梁代，前則文隨人編，後則人隨文列。揆以斷限，厥例安居？若文帝《復姓令》之誤採史文；李德林之《修定五禮詔》題為文帝；祖君彥之《移郡縣書》、《與袁子幹書》，魏徵《與郇王慶書》，皆題為李密；孔德紹《遺秦王書》，題為竇建德，以及《罪蜀王秀文》已見一卷，復見二卷；戴逵《皇太子箴》已見五卷，復見七卷，又諸集之通病，不在所論矣。八卷之末，載梁神洊等十二人。蓋鼎祚《文紀》以此集為終，神洊等時代未詳，故統附於此。合觀所錄，雖牴牾罅漏，卷卷有之。然上起古初，下窮八代，旁搜博採，薈合成編[1]，使唐以前之文章源委相承，粲然可考。斯實藝苑之大觀，其功亦不為過掩矣。

【彙訂】

[1]“薈合”，殿本作“舊合”，誤。

按《千頃堂書目》載鼎祚所編尚有《三國文紀》、《東晉文紀》、《後陳文紀》、《三國》、《東晉》，今未見其本，姑從闕如。“後陳”併不知為何代，疑傳寫有譌，今亦未見其本。故置之不論焉[1]。

【彙訂】

[1]“後陳”乃“後魏”之誤。明崇禎刊本《文紀》十五種二百七十一卷，內《三國文紀》二十四卷，《東晉文紀》二十四卷，《後魏文紀》二十卷。《千頃堂書目》卷三一原文亦作《後魏文紀》。（胡玉縉：《四庫全書總目提要補正》）

釋文紀四十五卷（兵部侍郎紀昀家藏本）

明梅鼎祚編。是書成於崇禎辛未，裒輯歷代名僧之文以及諸家之文為釋氏而作者。冠以經典所譯西域梵書一卷，溯其源也。二卷以迄四十三卷，為東漢至陳、隋之作。四十四卷、四十五卷,則無名氏時代者,然皆唐以前人所著也。採摭極為繁富。每人名之下各註爵里,每篇題之下各註事實,亦頗便檢閱。其中如王巾《頭陀寺碑》載在《文選》,人人習讀。而蒐遠略近,失之眉睫之前。又如智永《題右軍〈樂毅論〉後》與《月儀獻歲帖》,其人雖釋氏之徒,而其文實不為釋氏作。一概收之,亦嫌泛濫,皆不免於小疵。然六代以前之異學,則已斑斑然矣。又其時文士競以藻麗相高,即緇流亦具有詞采,故大抵吐屬嫻雅,論說亦皆根據經典。尤不類唐以後諸方語錄,徒以俚語掉弄機鋒。即論其文章,亦不失為斐然可觀也。

文章辨體彙選七百八十卷(浙江巡撫採進本)

明賀復徵編。復徵字仲來,丹陽人。是書首無序目,書中有復徵自著《道光和尚述》云:"先憲副昔宦夔門,時為天啟甲子六月。越歲乙丑,予入蜀,悉其事。先憲副為郎南都,嗣後入粵歸吳。"又云:"先宮保中泠公請師演說《金剛經》。"又《吳吟題詞》云:"辛未秋,家大人粵西命下,予以病侍行。"考丹陽賀氏一家登科名者,邦泰,嘉靖己未進士;邦泰孫世壽,萬曆庚戌進士,官總督倉場戶部尚書;世壽子王盛,崇禎戊辰進士。按之復徵所序祖父官階年月,俱不相合。又每冊首有晉江黃氏父子藏書印記,而《千頃堂書目》乃不載是編,均莫詳其故也[1]。復徵以吳訥《文章辨體》所收未廣,因別為蒐討,上自三代,下逮明末[2],分列各體為一百三十二類。每體之首,多引劉勰《文心雕龍》及吳訥、徐師曾之言,閒參以己說,以為凡例。其中有一體而兩出者,如"祝文"後既附"致語",後復有"致語"一卷是也。有一體而強分為二者,如既有"上書",復有"上言",僅收《賈山至言》一篇;既有"墓表”，復有“阡表”，僅收歐陽修《瀧岡阡表》一篇；“記”與“紀事”之外，復有“紀”③；“雜文”之外，復有“雜著”是也。有一文而重見兩體者，如王褒《僮約》，一見“約”，再見“雜文”；沈約《脩竹彈甘蕉文》，一見“彈事”，再見“雜文”；孔璋《請代李邕表》，一見“表”，再見“上書”；孫樵《書何易于事》，一見“表”，再見“紀事”是也。又於金、元之文，所收過略。而後人擬仿偽撰之作，如張飛《新都縣真多山銘》之類，乃概為收入，未免失於別裁。意其卷帙既繁，槀本初脱，未經刊定，不能盡削繁蕪。然其別類分門，搜羅廣博，殆積畢生心力，鈔撮而成，故墜典祕文，亦往往有出人耳目之外者。且其書祇存鈔本④，傳播甚稀。錄而存之，固未始非操觚家由博返約之一助爾。

【彙訂】

① 丹陽賀氏晚明登進士者，還有天啟五年賀鼎、崇禎四年賀儒修。《千頃堂書目》卷二六著錄賀世壽《淨香池稿》七卷，又《詩稿》四卷。“字中泠，丹陽人。倉場總督、戶部尚書”。乾隆《鎮江府志》卷三二《恩封》載賀學仁“以子世壽累贈太子太保、戶部尚書”，可知“先宮保中泠公”即賀世壽。光緒《丹陽縣志》卷一七《名臣》所載賀納賢仕履與賀復徵所記“家大人”、“先憲副”一致。而據陳繼儒《壽憲副賀景崖大夫八十序》，其祖賀承恩家貧早逝。賀世壽僅是復徵同族的叔伯。（陸林：《〈文章辨體彙選〉“四庫提要”辨——兼論“施伯雨”撰〈水滸傳自序〉的來源》）

② 乾隆《鎮江府志》卷三六《名宦》載賀世壽“辛卯卒”，辛卯乃順治八年（1651），《道光和尚述》定在此後某年寫成。則收入此文的《文章辨體彙選》為清人著述，謂其收錄範圍“下逮明末”，自不足為據。（同上）

③"紀",底本作"記",據殿本改。此書卷五百六十至六百十五為"記",卷六百三十四至六百三十六為"紀事",卷六百三十七至六百三十八為"紀"。

④"祇",殿本作"祕"。

古詩鏡三十六卷唐詩鏡五十四卷(內府藏本)

明陸時雍撰。時雍字仲昭,桐鄉人,崇禎癸酉貢生。是編選自漢、魏以迄晚唐之詩,分為二集。前有《總論》一篇,其大旨以神韻為宗,情境為主。如云:"詩須觀其自得,古人佳處不在言語間。"又云:"氣太重,意太深,聲太宏,色太屬,佳而不佳,反以此病。"又云:"詩不患無材,而患材之揚;不患無情,而患情之肆;不患無言,而患言之盡;不患無景,而患景之煩。"所言皆妙解詩理。其間如《孔雀東南飛》一詩,譏其情詞之紕謬,而於儲光羲、孟浩然輩,亦俱有微詞。蓋其時王、李餘波,相沿未息,學者方以吞剝為工。故於蹊逕易尋者,往往加之排斥。欲以此針砭流俗,故不免於懲羹而吹齏。然其採摭精審,評釋詳核,凡運會升降,一一皆可考見其源流。在明末諸選之中,固不可不謂之善本矣。書中評語,間涉纖仄,似乎漸染楚風。然《總論》中所指晉人"華言是務,巧言是標",實以隱刺鍾、譚。其字句尖新,特文人綺語之習,與竟陵一派實貌同而心異也①。

【彙訂】

①"心",底本作"小",據殿本改。

漢魏六朝一百三家集一百十八卷(兩江總督採進本)

明張溥編。溥有《詩經註疏大全合纂》,已著錄。自馮惟訥輯《詩紀》,而漢魏六朝之詩匯於一編;自梅鼎祚輯《文紀》,而漢魏六朝之文匯於一編；自張燮輯《七十二家集》，而漢魏六朝之遺集匯於一編。溥以張氏書為根柢，而取馮氏、梅氏書中其人著作稍多者，排比而附益之，以成是集。卷帙既繁，不免務得貪多，失於限斷。編錄亦往往無法，考證亦往往未明。有本係經説而入之集者，如《董仲舒集》錄《春秋陰陽》，劉向、劉歆《集》錄《洪範五行傳》之類是也。有本係史類而入之集者，如《褚少孫集》全錄《補史記》，《荀悦集》全錄《漢紀論》之類是也。有本係子書而入之集者，如《諸葛亮集》錄《心書》，《蕭子雲集》錄《淨住子》是也①。有牴牾顯然而不辨者，如《張衡集》錄《周天大象賦》，稱"魏武黃星"之類是也。有是非疑似而臆斷者，如《陳琳傳》中有"袁紹使掌書記"一語，遂以《三國志註》紹《册烏桓單于文》錄之琳集是也。有偽妄無稽而濫收者，如《東方朔集》錄《真仙通鑑》所載《與友人書》及《十洲記序》之類是也。有移甲入乙而不覺者，如《庾信集》錄楊炯文二篇之類是也。有採摭未盡者，如束皙集所錄《餅賦》，寥寥數語，不知祝穆《事文類聚》所載尚多之類是也。有割裂失次者，如《鍾會集‧成侯命婦傳》，《三國志註》截載兩處，遂分其首尾名為一篇之類是也。有可以成集而遺之者，如枚乘《七發》、《忘憂館柳賦》、《諫吳王書》及《玉臺新詠》所載《古詩》，可成一卷；左思《三都賦》、《白髮賦》、《髑髏賦》及《文選》所載《咏史詩》，亦可成一卷，而擯落不載之類是也。然州分部居，以文隸人，以人隸代，使唐以前作者遺篇，一一略見其梗概。雖因人成事，要不可謂之無功也。明之末年，中原雲擾，而江以南文社乃極盛。其最著者，艾南英倡豫章社，衍歸有光等之説而暢其流；陳子龍倡幾社，承王世貞等之説而滌其濫；溥與張采倡復社，聲氣蔓衍，幾徧天下。然不甚爭學派，亦不甚爭文柄，故著作

皆不甚多。溥所撰述,惟《删定名臣奏議》及此編為巨帙。《名臣
奏議》去取未能盡允,此編則元元本本,足資檢核。溥之遺書,固
應以此為最矣。

【彙訂】

①　據此書卷七四《蕭子良集》,蕭子雲當係蕭子良之誤。

(劉躍進:《中古文學文獻學》)

古今禪藻集二十八卷(浙江汪啟淑家藏本)

明釋正勉、性潀同編,其裒輯則釋普文也。普文字理菴,正
勉字道可①,並嘉興人。性潀字蘊輝,應天人。所錄皆釋子之
作,而不必其有關於佛理。曰"禪藻"者,猶曰"僧詩"云爾。所載
上起晉支遁,下訖性潀所自作。以朝代編次,每代之中又自分諸
體。中閒如宋之惠休,唐之無本,後皆冠巾仕宦,與宋之道潛老
而遘禍,官勒歸俗者不同。一概收之,未免泛濫。又宋倚松老人
饒節,後為僧,名如璧,陸游《老學菴筆記》稱為南渡詩僧之冠,與
葛天民卒返初服者亦不同,乃漏而不載。至寶月《行路難》,鍾嶸
《詩品》明言非其所作,載構訟納賂事甚悉,而仍作僧詩,皆未免
疏於考訂。他如卷一之末,獨附讚、銘、誄、賦,蓋以六朝篇什無
多,借盈卷帙。然以此為例,則諸方偈頌,孰非有韻之文,正恐累
牘連篇,汗牛而載。於例亦為不純。特其上下千年,網羅頗富,
較之《唐僧宏秀集》惟取一朝,《宋九僧詩》但備數家者,較為完
具。存之亦可備採擇焉。

【彙訂】

①　"道可",殿本作"通可",誤,參清光緒《嘉興府志》卷六二
《方外》正勉小傳。

三家宮詞三卷（浙江巡撫採進本）

明毛晉編。晉有《毛詩草木鳥獸蟲魚疏廣要》，已著錄。三家者，一為唐王建，一為蜀花蕊夫人，一為宋王珪，各七言絕句一百首。建詩集，別著錄。其宮詞百首，舊刻雜入王昌齡《長信秋詞》一首，劉禹錫《魏宮詞》二首，白居易《後宮詞》一首，張籍《宮詞》二首，杜牧《秋夕作》一首、《出宮人》一首。晉並考舊本釐正。花蕊夫人，蜀孟昶妃費氏也。宋熙寧五年，王安國檢校官書，始得其手書於敝紙中，以語王安石，王安石以語王珪、馮京，始傳於世。珪所撰《華陽集》，明代已佚，今始以《永樂大典》所載裒輯著錄。惟此宮詞有別本孤行。而流俗傳寫，誤以其中四十一首竄入花蕊夫人詩中，而移花蕊夫人詩三十九首屬之於珪，又擷唐詩二首足之，顛舛殊甚。此本亦一一校改。建《贈王守澄》詩有"不是當家親向説，九重爭得外人知"句，雖一時劫制之詞，而宮禁深嚴，流傳瑣事亦未必不出於若輩，其語殆不盡誣。費氏身備掖庭，述所見聞[①]。珪出入禁闥，歷仕四朝，不出國門而至宰相，耳擩目染，亦異乎草野傳聞。晉裒而編之，皆足以考當日之軼事，不但取其詞之工也。

【彙訂】

① "見聞"，殿本作"聞見"。

二家宮詞二卷（浙江巡撫採進本）

明毛晉編。凡宋徽宗皇帝三百首，寧宗楊皇后五十首。徽宗卷末有帝姬長公主跋，稱："自建中靖國二年至宣和六年，緝熙殿所收藏御製宮詞，共三百首。命左昭儀孔禎同嬪御章安愷等收輯，類而成書。"云云。考蔡京改"公主"為"帝姬"，各有封號。

此既云"帝姬",又云"長公主",非當時之制。又"禎"字為仁宗廟
諱,當時改文貞為文正,改魏徵為魏證,嫌名猶避之甚嚴。豈有
宮中昭儀敢以此字為名者? 此跋殆出於依託。楊后卷末有潛夫
跋,不著名氏,毛晉謂不知何許人。考劉克莊字潛夫。跋稱"癸
酉仲春",為度宗咸淳九年,時代亦合。或克莊所題耶①? 毛晉
跋徽宗卷末,稱:"舊刻或二百八十首②,或二百九十二首,或三
百首,或三百首有奇,多混入鄙俚贗作。後從雲閒得一元本,止
闕二首。"則其書已屢經竄亂。即所謂雲閒元本,亦未必舊觀。
又跋楊后卷末,稱:"今本止三十首,餘二十首從未之見,乃天啟
丁卯得胡應麟家祕本所載。"又稱:"'迎春燕子尾纖纖'一首,'落
絮濛濛立夏天'一首,'紫禁仙輿詰旦來'一首,向刻唐人;'蘭徑
香消玉輦蹤'一首,'闕月流光入綺疏'一首,'輦路青苔雨後深'一
首,向刻元人。今姑仍原本。"云云。今考集中"阿姊攜儂近紫微,
蘂宮承寵鬪芳菲③。繡幃獨自裁新錦,怕看花開蝴蝶飛"一首④,亦
似楊妹子作,故有首句。《書史會要》稱楊妹子詩"語關情思,人或
譏之",蓋即此類。不應出楊后之筆。蓋此三百五十首者,皆後人
裒輯得之,真偽參半,不可盡憑⑤。姑以流傳已久存之耳。

【彙訂】

① 劉克莊卒於咸淳五年,年八十三,見宋林希逸《鬳齋續
集》卷二三《後村劉公行狀》。(楊武泉:《四庫全書總目辨誤》)

② 毛晉跋原文作"二百八十一首"。

③ "鬪",底本作"對",據此集卷下原詩及殿本改。

④ "怕看花開蝴蝶飛",原詩作"怕見花間雙蝶飛"。

⑤ "不可盡憑",殿本作"不盡可憑"。

集 部 四 十 三

總 集 類 五

御選古文淵鑒六十四卷

康熙二十四年，聖祖仁皇帝御選，内閣學士徐乾學等奉敕編註。所錄上起《春秋左傳》，下迄於宋，用真德秀《文章正宗》例。而睿鑒精深，別裁至當，不同德秀之拘迂。名物訓詁，各有箋釋，用李善註《文選》例。而考證明確，詳略得宜，不同善之煩碎。每篇各有評點，用樓昉《古文標註》例。而批導窾要，闡發精微，不同昉之簡略。備載前人評語，用王霆震《古文集成》例。而蒐羅賅備，去取謹嚴，不同霆震之蕪雜。諸臣附論，各列其名，用五臣註《文選》例。而夙承聖訓，語見根源，不同五臣之疎陋。至於甲乙品題，親揮奎藻，別百家之工拙，窮三準之精微，則自有總集以來，歷代帝王未聞斯著，無可援以為例者。蓋聖人之心無不通，聖人之道無不備。非惟功隆德盛，上軼唐虞，即乙鑒之餘，品題文藝，亦詞苑之金桴，儒林之玉律也。雖帝堯之煥乎文章，何以加哉！

御定全唐詩九百卷

康熙四十二年聖祖仁皇帝御定①。詩莫備於唐，然自北宋以來，但有選錄之總集，而無輯一代之詩共為一集者。明海鹽胡震亨《唐音統籤》始蒐羅成帙，粗見規模，然尚多所舛漏。是編稟承聖訓，以震亨書為稾本，而益以内府所藏《全唐詩集》。又旁採殘碑、斷碣、稗史、雜書之所載，補苴所遺②。凡得詩四萬八千九百餘首，作者二千二百餘人。冠以帝王、后妃，次以樂章、樂府，殿以聯句、逸句、名媛、僧道、外國、仙神、鬼怪、諧謔及諸雜體。其餘皆以作者先後為次，而以補遺六卷、詞十二卷別綴於末。網羅賅備，細大不遺。然如《册府元龜》所載唐高祖《賜秦王》詩，則考訂其偽託。又舊以六朝人誤作唐人者，如陳昭儀沈氏、衛敬瑜妻之類；以六朝人譌其姓名誤為唐人者，如楊慎即陳陽慎，沈煙即陳沈炯之類；以六朝詩誤入唐詩者，如吳均《妾安所居》、劉孝勝《武陵深行》誤作曹鄴，薛道衡《昔昔鹽》誤作劉長卿之類；唐詩之誤以詩題為姓名者，如上官儀《高密公主輓詞》作高密詩，王維《慕容承攜素饌見過》詩作慕容承詩之類，亦並釐正。《唐音統籤》收道家章咒、釋氏偈頌多至二十八卷，本非詩歌之體，傷於冗雜者，咸為删削，義例乃極謹嚴。至於字句之異同，篇章之互見，根據諸本，一一校註，尤為周密。得此一編，而唐詩之源流正變，始末釐然。自有總集以來，更無如是之既博且精者矣。

【彙訂】

① 書前曹寅、彭定求等《上言》云康熙四十五年十月初一日書成，進呈御覽。《御製全唐詩序》作於康熙四十六年四月十六日。（江慶柏等整理：《四庫全書薈要總目提要》）

② 此書實以季振宜《全唐詩》為稿本，而益以胡震亨《唐音統籤》，所輯佚句基本承襲照錄《唐音統籤》。（周勳初：《敍〈全唐詩〉成書經過》）

御定全金詩七十四卷

康熙五十年，聖祖仁皇帝御定。宋自南渡以後，議論多而事功少，道學盛而文章衰。中原文獻，實併入於金。特北人質樸，性不近名，不似江左勝流，動刊梨棗。迨汝陽版蕩①，散佚遂多。元好問撰《中州集》，掇拾畸零，得詩一千九百八十餘首，作者二百四十餘人，併樂府釐為十一卷。每人各以小傳述其軼事，頗為詳悉。然好問之意，在於借詩以存史，故於詩不甚求全，所錄未能賅備。郭元釪因取好問原本，重為葺綴，所增之詩，視舊加倍；所增之人，視舊三倍②。仍存好問之小傳，而取劉祁《歸潛志》以拾其遺，別題曰"補"。又雜取《金史》及諸家文集、說部，以備考核，別題曰"附"。元釪有所論說，亦附見焉。金源一代之歌詠，彬彬乎備矣。書成奏進，仰蒙聖祖仁皇帝製序刊行。伏讀序文，知是編薈粹排纂，實經御筆。而目錄之首，猶題"臣郭元釪補緝"一條。大聖人善與人同，一長必錄之盛心，尤足以昭示千古也。

【彙訂】

①"汝陽"，殿本作"汝南"。

②"所增之詩視舊加倍所增之人視舊三倍"，底本作"所增之人視舊加倍所增之詩視舊三倍"，據殿本改。文淵閣《四庫》本卷前提要云："是編所增補者，卷六倍之，人幾三倍之，詩倍之。"按此集所增之詩確有三千餘首，然所增之人不過一百餘，《總目》所言不免夸大。

御定四朝詩三百一十二卷

康熙四十八年，聖祖仁皇帝御定，右庶子張豫章等奉敕編次。凡宋詩七十八卷，作者八百八十二人。金詩二十五卷，作者三百二十一人。元詩八十一卷，作者一千一百九十七人①。明詩一百二十八卷②，作者三千四百人。每代之前，各詳敘作者之爵里。其詩則首帝製，次四言，次樂府歌行，次古體，次律詩，次絕句，次六言，次雜言，以體分編。唐詩至五代而衰，至宋初而未振。王禹偁初學白居易，如古文之有柳、穆，明而未融。楊億等倡西崑體，流布一時。歐陽修、梅堯臣始變舊格，蘇軾、黃庭堅益出新意，宋詩於時為極盛。南渡以後，《擊壤集》一派參錯並行。遷流至於四靈、江湖二派，遂弊極而不復焉。金人奄有中原，故詩格多沿元祐。迨其末造，國運與宋同衰，詩道乃較宋為獨盛。元好問《自題〈中州集〉後》詩曰："鄴下曹劉氣儘豪，江東諸謝韻尤高。若從華實評詩品，未便吳儂得錦袍。"豈虛語乎③！有元一代，作者雲興，虞、楊、范、揭以下，指不勝屈。而末葉爭趨綺麗，乃類小詞。楊維楨負其才氣，破崖岸而為之，風氣一新，然訖不能返諸古也。明詩總雜，門戶多岐。約而論之，高啟諸人為極盛。洪熙、宣德以後，體參臺閣，風雅漸微。李東陽稍稍振之，而北地、信陽已崛起與爭，詩體遂變。後再變而公安，三變而竟陵，淫哇競作，明祚遂終。大抵四朝各有其盛衰，其作者亦互有長短。而七百餘年之中，著作浩繁，雖博識通儒，亦無從徧觀遺集。至於澄汰沙礫，披檢精英，合四朝而為一巨帙，勢更有所不能矣。我國家稽古右文，石渠、天祿之藏，既逾前代。我聖祖仁皇帝游心風雅，典學維勤，乙覽之餘，咸無遺照。用能別裁得失，勒著鴻編。非惟四朝作者得睿鑒而表章，即讀者沿波以得奇，於詩家正變源流，亦一一識其門徑。聖人之嘉惠儒林者，寧淺尟歟？

【彙訂】

① 這是《御選元詩》書前兩卷"姓名爵里"所列詩人之數。

然其中有一人數出，或書中未收其詩，實際有一千二百零七人。
（楊鐮：《元詩史》）

②文淵、文瀾兩閣本明詩實止一百二十卷，故總卷數為三百零四卷。（修世平：《〈四庫全書總目〉訂誤十四則》）

③"豈虛語乎"，殿本作"誠非虛語"。

御定佩文齋詠物詩選四百八十六卷

康熙四十五年，聖祖仁皇帝御定。自《藝文類聚》、《初學記》，始以詠物之詩分隸各類。後宋綬、蒲積中有《歲時雜詠》，專收節序之篇；陳景沂有《全芳備祖》，惟采草木之什。未有蒐合遺篇，包括歷代，分門列目，共為一總集者。明華亭張之象始有《古詩類苑》、《唐詩類苑》兩集，然亦多以人事分編，不專於詠物。其全輯詠物之詩者，實始自是編。所錄上起古初，下訖明代，凡四百八十六類，又附見者四十九類。諸體咸備，庶彙畢陳，洋洋乎詞苑之大觀也。夫鳥獸草木，學詩者資其多識，孔門之訓也。郭璞作《山海經贊》，戴凱之作《竹譜》，宋祁作《益部方物略記》，並以韻語敘物產，豈非以諧諸聲律，易於記誦歟？學者坐諷一篇，而周知萬品，是以摛文而兼博物之功也。至於借題以託比，觸目以起興，美刺法戒，繼軌風人，又不止《爾雅》之注蟲魚矣。知聖人隨事寓教，嘉惠藝林者深也。原本未標卷第，惟分六十四冊，篇頁稍繁。今依類分析，編為四百八十六卷。

御定題畫詩一百二十卷①

康熙四十六年，聖祖仁皇帝御定。裒合題畫之詩共為一集者，始於宋之孫紹遠。然書止八卷，所錄僅唐、宋之作，未為賅備。所分二十六門，義例亦未能盡協。自是以來，論書畫者，如

無名氏之《鐵網珊瑚》，案《鐵網珊瑚》舊誤稱朱存理作，今已訂正。語詳本
條之下。郁逢慶之《書畫題跋記》，張丑之《清河書畫舫》、《真蹟日
錄》，汪砢玉之《珊瑚網》，孫承澤之《庚子銷夏記》，吳其貞之《書
畫記》[②]，高士奇之《江邨銷夏錄》，卞永譽之《書畫彙考》，所錄皆
題跋為多，詩句僅附見其一二。即《御定佩文齋書畫譜》，與此書
同時並纂，亦不立題詠一門。臣等竊以管蠡之見，窺測高深，或
以古人題畫者多，題書者少，卷帙既慮偏枯。又《書畫譜》為卷一
百，而此書篇什繁富，為卷一百二十，如併為一編，則末大於本，
亦未協體例。是以分命廷臣，各為編校歟[③]？集中所錄，凡詩八
千九百六十二首，分為三十門。如樹石別於山水，名勝亦別於山
水，古蹟別於名勝，古像別於寫真，漁樵、耕織、牧養別於閒適，蘭
竹、禾麥蔬果別於花卉，配隸俱有條理。末為人事、雜題二類，包
舉亦為簡括。較諸孫氏舊編，實博而有要。披覽之餘，覺名物典
故，有資考證，鴻篇巨製，有益文章。即山川景物，開卷如逢。魚
鳥留連、煙云供養，亦足以悅性怡情。及恭讀御製序文，則謂：
"不逾几席，而得流觀山川險易之形；近在目前，而可考鏡往代留
遺之蹟。以至農耕蠶織，纖悉必具；雞犬桑麻，宛然如睹。庶幾
與昔人《豳風》、《無逸》之圖，有互相發明者焉。"益知聖人之心，
即物寓道，所見者大，又不徒作藝事觀焉。

【彙訂】

①　此條與文淵閣庫書次序不符。文淵閣庫書及殿本皆置
於"御定全唐詩九百卷"條之後。

②　"吳其貞之書畫記"，殿本無。

③　書前有康熙四十六年四月十六日御製序云："翰林陳邦
彥衷輯彙鈔……繕本呈覽。朕嘉其用意之勤，命授工鋟梓。"卷

首題陳邦彥奉旨校刊。可知此書為陳邦彥獨力編集。（余紹宋：《書畫書錄解題》）

御定歷代賦彙一百四十卷外集二十卷逸句二卷補遺二十二卷[①]

康熙四十五年，聖祖仁皇帝御定。賦雖古詩之流，然自屈、宋以來，即與詩別體。自漢迄宋，文質遞變，格律日新。元祝堯作《古賦辨體》，於源流正變，言之詳矣。至於歷代鴻篇，則不能備載。明人作《賦苑》，近人作《賦格》，均千百之中錄存十一，未能賅備無遺也。是編所錄，上起周末，下訖明季，以有關於經濟學問者為正集，分三十類，計三千四十二篇。其勞人思婦、哀怨窮愁、畸士幽人、放言任達者，別為外集，分八類，計四百二十三篇。旁及佚文墜簡、片語單詞見於諸書所引者，碎璧零璣，亦多資考證，裒為逸句二卷，計一百一十七篇。又書成之後，補遺三百六十九篇，散附逸句五十篇。二千餘年體物之作，散在藝林者，耳目所及，亦約略備焉。揚雄有言：「能讀千賦則善賦。」[②]是編且四倍之。學者沿波得奇，於以黼黻太平，潤色鴻業，亦足和聲鳴盛矣。

【彙訂】

① 此條與文淵閣庫書次序不符。文淵閣庫書與殿本均置於「御定全金詩七十四卷」條之前。

②「善賦」，底本作「能賦」，據殿本改。桓譚《新論·道賦》：「子雲曰：能讀千賦則善賦。」

御選唐詩三十二卷附錄三卷

康熙五十二年，聖祖仁皇帝御定。其註釋則命諸臣編錄，而取斷於睿裁。詩至唐，無體不備，亦無派不有。撰錄總集者，或得其性情之所近，或因乎風氣之所趨，隨所撰錄，無不可各成一家。故元結尚古淡，《篋中集》所錄皆古淡；令狐楚尚富贍，《御覽詩》所錄皆富贍；方回尚生拗，《瀛奎律髓》所錄即多生拗之篇；元好問尚高華，《唐詩鼓吹》所錄即多高華之製。蓋求詩於唐，如求材於山海，隨取皆給。而所取之當否，則如影隨形，各肖其人之學識。自明以來，詩派屢變，論唐詩者亦屢變。大抵各持偏見，未協中聲。惟我聖祖仁皇帝，學邁百王，理研四始，奎章宏富，足以陶鑄三唐。故辨別瑕瑜，如居高視下，坐照纖微。既命編《全唐詩》九百卷，以窮其源流。復親標甲乙，撰錄此編，以正其軌範。博收約取，瀝液鎔精。譬諸古詩三千，本里閭謠唱，一經尼山之刪定，遂列諸六籍，與日月齊懸矣。詩中註釋，每名氏之下，詳其爵里，以為論世之資；每句之下，各徵所用故實與名物訓詁[1]，如李善註《文選》之例[2]。至作者之意[3]，則使人涵泳而自得，尤足砭自宋以來説唐詩者穿鑿附會之失焉。

【彙訂】

① 殿本"與"下有"其"字。

② 殿本"如"上有"一"字。

③ 殿本"至"下有"於"字。

御定千叟宴詩四卷

康熙六十一年奉敕編。欽惟聖祖仁皇帝昌運膺圖，沖齡踐祚，削平三蘗，砥屬四瀛，聖德懋其緝熙，神功昭乎啟佑。用能欽崇永保，無逸延年，壽考康强，符薄海無疆之祝。而深仁厚澤，涵育龐洪，嗺嗺春祺，桐生茂豫。所謂皇建其有極，斂五福用敷，錫厥庶民,驗以箕疇,允符古義。是以平格之瑞,翊運者咸登;淳固之氣,飲和者靡算。鮐背黃髮,駢聯相屬。既俯允臣民之請,肇舉萬壽盛典。驩心普洽,陬澨嵩呼,業已恭勒鴻編,昭垂弈禩。復詔舉高年,宏開嘉讌,申延洪之慶,表仁壽之徵。酒醴笙簧,賡歌颺拜,彬彬焉,郁郁焉,自攝提、合雒以來,未有如斯之盛也。爰命裒集詩篇,通為一集。首以聖製,與《伊耆》神人暢曲曠代齊光;繼以群臣和章,與周京《天保》諸什雅音接響。其餘諸作,亦與《豳風》稱觥之文、堯民《擊壤》之詠,後先一軌焉。伏而讀之,如華鯨奏威,鳳儀鏗震,耀八音會而五色彰也。化國之日舒以長,盛世之音安以樂,具見於斯。允宜襲琅函而貯石渠矣。

御選唐宋文醇五十八卷

乾隆三年御定。明茅坤嘗取韓、柳、歐、蘇、曾、王之文,以編《唐宋八家文鈔》[①],國朝儲欣增李翱、孫樵為十家。皇上以欣所去取尚未盡協,所評論亦或未允,乃指授儒臣,定為此集。其文有經聖祖仁皇帝御評者,以黃色恭書篇首。皇上御評,則朱書篇後。至前人評跋有所發明,及姓名、事蹟有資考證者,亦各以紫色、綠色分系於末。考唐之文體,變於韓愈,而柳宗元以下和之。宋之文體,變於歐陽修,而蘇洵以下和之。愈《與崔立之書》深病場屋之作。修知貢舉,亦黜劉幾等以挽回風氣。則八家之所論著,其不為程試計可知也。茅坤所錄,大抵以八比法說之。儲欣雖以便於舉業譏坤,而核其所論,亦相去不能分寸。夫能為八比者,其源必出於古文,自明以來,歷歷可數。坤與欣即古文以講八比,未始非探本之論。然論八比而沿溯古文,為八比之正脈,論古文而專為八比設,則非古文之正脈。此如場屋策論以能根

柢經史者為上,操文柄者亦必以能根柢經史與否定其甲乙。至
講經評史^②,而專備策論之用,則其經不足為經學,其史不足為
史學。茅坤、儲欣之評八家,適類於是。得我皇上表章古學,示
所折衷,乙覽之餘,親為甄擇。其上者足以明理載道,經世致用,
其次者亦有關法戒,不為空言。其上者矩矱六籍,其次者波瀾意
度,亦出入於周、秦、兩漢諸家。至於品題考辨,疏通證明,無不
抉摘精微,研窮奧奧。蓋唐宋之文以十家標其宗,十家之文經睿
裁而括其要矣。茅坤等管蠡之見,烏足仰測聖人之權衡哉^③!

【彙訂】

①"以",殿本無。

② 殿本"至"下有"於"字。

③ "權衡",殿本作"衡鑒"。

御選唐宋詩醇四十七卷

乾隆十五年御定。凡唐詩四家,曰李白,曰杜甫,曰白居易,
曰韓愈;宋詩二家,曰蘇軾,曰陸游。詩至唐而極其盛,至宋而極
其變。盛極或伏其衰,變極或失其正,亦惟兩代之詩最為繁雜。
於其中通評甲乙,要當以此六家為大宗。蓋李白源出《離騷》,而
才華超妙,為唐人第一;杜甫源出於《國風》、二《雅》,而性情真
摯,亦為唐人第一。自是而外,平易而最近乎情者,無過白居易;
奇創而不詭於理者,無過韓愈。錄此四集,已足包括衆長。至於
北宋之詩,蘇、黃並騖;南宋之詩,范、陸齊名。然江西宗派,實變
化於韓、杜之間。既錄杜、韓,可無庸複見。《石湖集》篇什無多,
才力、識解亦均不能出《劍南集》上。既舉白以概元,自當存陸而
刪范。權衡至當,洵千古之定評矣。考國朝諸家選本,惟王士禎

書最為學者所傳。其《古詩選》，五言不錄杜甫、白居易、韓愈、蘇軾、陸游，七言不錄白居易，已自為一家之言。至《唐賢三昧集》，非惟白居易、韓愈皆所不載，即李白、杜甫亦一字不登。蓋明詩摹擬之弊，極於太倉、歷城；纖佻之弊，極於公安、竟陵。物窮則變，故國初多以宋詩為宗。宋詩又弊，士禎乃持嚴羽餘論，倡神韻之說以救之。故其推為極軌者，惟王、孟、韋、柳諸家。然《詩》三百篇，尼山所定，其論《詩》，一則謂"歸於溫柔敦厚"，一則謂"可以興觀群怨"。原非以品題泉石，摹繪煙霞。洎乎畸士逸人，各標幽賞，乃別為山水清音。實詩之一體，不足以盡詩之全也。宋人惟不解溫柔敦厚之義，故意言並盡，流而為鈍根；士禎又不究興觀群怨之原，故光景流連，變而為虛響。各明一義，遂各倚一偏。論甘忌辛，是丹非素，其斯之謂歟？茲逢我皇上聖學高深，精研六義，以孔門刪定之旨，品評作者，定此六家，乃共識風雅之正軌。臣等循環雒誦，實深為詩教幸，不但為六家幸也。

皇清文穎一百二十四卷

康熙中，聖祖仁皇帝詔大學士陳廷敬編錄未竟。世宗憲皇帝復詔續輯，以卷帙浩博，亦未即蕆功。我皇上申命廷臣，乃斷自乾隆甲子以前，排纂成帙。冠以列聖宸章、皇上御製二十四卷，次為諸臣之作一百卷。伏考總集之興，遠從西晉，其以當代帝王詔輯當代之文者不少概見。今世所傳，惟唐令狐楚《御覽詩》奉憲宗之命，宋呂祖謙《文鑑》奉孝宗之命爾。然楚所錄者佳篇多所漏略，祖謙所錄者眾論頗有異同。固由時代太近，別擇為難，亦由其時為之君者不足以折衷群言，故或獨任一人之偏見，或莫決眾口之交譁也。我國家定鼎之初，人心返樸，已盡變前朝纖仄之體。故順治以來，渾渾噩噩，皆開國元音。康熙六十一年中，太和翔洽，經術昌明，士大夫文采風流，交相照映。作者大都沈博絕麗，馳驟古今[1]。雍正十三年中，累洽重熙，和聲鳴盛。作者率春容大雅，渢渢乎治世之音。我皇上御極之初，肇舉詞科，人文蔚起。治經者多以考證之功研求古義，摛文者亦多以根柢之學抒發鴻裁，佩實銜華，迄今尚蒸蒸日上。一代之著作，本足凌轢古人。又恭逢我世祖章皇帝、聖祖仁皇帝、世宗憲皇帝，聰明天亶，制作日新。我皇上復游心藻府，煥著堯文，足以陶鑄群才，權衡眾藝。譬諸伏羲揲策而演卦，則讖緯小術不敢侈其談；虞舜拊石而鳴韶，則弦管繁聲不敢奏於側。故司事之臣，其難其慎，幾三十載而後能排纂奏御，上請睿裁。迄今披檢鴻篇，仰見國家文治之盛與皇上聖鑒之明，均軼千古。俯視令狐楚、呂祖謙書，不猶日月之於爝火哉！

【彙訂】

[1] “古今”，殿本作“古人”。

欽定四書文四十一卷

乾隆元年內閣學士方苞奉敕編。明文凡四集，曰化治文，曰正嘉文，曰隆萬文，曰啟禎文，而國朝文別為一集。每篇皆抉其精要，評騭於後。卷首恭載諭旨，次為苞奏摺，又次為凡例八則，亦苞所述，以發明持擇之旨。蓋經義始於宋，《宋文鑑》中所載張才叔《自靖人自獻於先王》一篇，即當時程試之作也。元延祐中，兼以經義、經疑試士。明洪武初，定科舉法，亦兼用經疑。後乃專用經義，其大旨以闡發理道為宗。厥後其法日密，其體日變，其弊亦遂日生。有明二百餘年，自洪、永以迄化、治，風氣初開，文多簡樸。逮於正、嘉，號為極盛。隆、萬以機法為貴，漸趨佻巧。至於啟、禎，警闢奇傑之氣日勝，而駁雜不醇。猖狂自恣者，亦遂錯出於其閒。於是啟橫議之風，長傾詖之習，文體蠱而士習彌壞，士習壞而國運亦隨之矣。我國家景運聿新，乃反而歸於正軌。列聖相承，又皆諄諄以士習文風勤頒誥誡。我皇上復申明清真雅正之訓。是編所錄，一一仰稟聖裁，大抵皆詞達理醇，可以傳世行遠。承學之士，於前明諸集，可以考風格之得失；於國朝之文，可以定趨向之指歸。聖人之教思無窮，於是乎在，非徒示以弋取科名之具也。故時文選本，汗牛充棟，今悉斥不錄。惟恭錄是編，以為士林之標準。原本不分卷第，今約其篇帙，分為四十一卷焉。

欽定千叟宴詩三十六卷

乾隆五十五年奉敕編①。洪惟我皇上斡元陳樞，體乾行健，會歸有極，德合無疆。曼壽延洪，固預卜億萬斯年。康強逢吉而品彙含生，得沐盛朝之涵育，亦夐與盛長，百昌蕃秀，熙熙然弗異華胥。在廷紱佩，既多符《君奭》之銘。即蔀屋茅簷，歲以百齡蒙賜者，春官之籍，亦縷指不能殫數。豈但東都耆舊，僅有潞公；晉邑老人，惟傳絳縣而已哉？斯誠太平至治之徵也！昔我聖祖仁皇帝，以海甸承平，咸登仁壽，曾以康熙壬寅詔開嘉宴，以千叟為名。我皇上揚烈觀光，克繩祖武，歲乙巳正月六日親臨賜宴，式繼前規。一時龐眉皓首，扶鳩杖瞻龍顏者，計三千餘人。仍以"千叟"賜名，舉成數也，亦循舊典也。燕飲歡洽，錫賚便蕃，睿藻先頒，頌聲競作。儒臣排次成編，凡得三十六卷。既恭呈御覽，剞劂頒行。謹恭錄入《四庫全書》，以昭久道化成之盛美。夫草木滋榮,根柢盤深,人知草木之滋生,不知天之功也;川嶽流峙,亙古貞固,人知川嶽之流峙,不知天之力也。然則四海恬熙,高年耆耈,非臣民之自能壽。惟皇上之深仁厚澤,培養而致此壽。此臣等所以拜手稽首,為聖人頌也。抑德侔天地者,壽亦必符於天地,臣等能勿拜手稽首,為聖人祝哉?

【彙訂】

① 文淵閣《四庫》本為詩三十四卷卷首二卷。書前提要作乾隆五十年奉敕編,五十四年四月繕校完竣。按書首載乾隆四十九年三道諭旨命編是書,四庫館不應拖延五年之久才開始編纂。"乾隆五十五年奉敕編"之說顯誤。(修世平:《文淵閣〈欽定四庫全書總目〉訂誤六則》)

明文海四百八十二卷(兩淮鹽政採進本)

國朝黃宗羲編。宗羲有《易學象數論》,已著錄。宗羲於康熙乙卯以前,嘗選《明文案》二百卷。既復得崑山徐氏所藏明人文集,因更輯成是編。分體二十有八,每體之中又各為子目。賦之目至十有六,書之目至二十有七,序之目至五,記之目至十有七,傳之目至二十,墓文之目至十有三。分類殊為繁碎,又頗錯互不倫。如"議"已別立一門,而"奏疏"內復出此體;既立"諸體文"一門,而《却巧》、《瘞筆》、《放雀》諸篇復別為一類。而止目為文,尤為無謂。他若書序、傳記諸門,或析學校、書院為二,或敘文苑於儒林之上,或列論文、論詩於講學、議禮、議樂、論史之前。編次糅雜,頗為後人所譏。考閻若璩《潛邱劄記》辨此書體例,謂:"必非黃先生所編,乃其子主一所為。"若璩嘗游宗羲之門,其說當為可據,蓋晚年未定之本也①。明代文章,自何、李盛行,天下相率為沿襲剽竊之學。逮嘉、隆以後，其弊益甚。宗羲之意，在於掃除摹擬，空所倚傍，以情至為宗。又欲使一代典章人物，俱藉以考見大凡。故雖游戲小說家言，亦為兼收並採，不免失之泛濫。然其蒐羅極富，所閱明人集幾至二千餘家②。如桑悅《北都》、《南都》二賦，朱彝尊著《日下舊聞》時，搜討未見，而宗羲得之，以冠茲選。其他散失零落，賴此以傳者，尚復不少，亦可謂一代文章之淵藪。考明人著作者，當必以是編為極備矣。其書卷帙繁重，傳鈔者希，此本猶其原槀。四百八十一及八十二卷內文十二篇，有錄無書，無可核補，今亦並仍之云。

【彙訂】

①《潛邱劄記》卷五《與戴唐器》原文曰："昨如李太白所云：今日醉飽，樂過千春。然不為折福者，以一日之善得焉。請具陳之：第一，聞高論《椰經》、《珠經》只算得東坡《酒經》，入文集雜著類中，豈得標一目曰'經'，實以《椰經》、《珠經》乎？真不通！必非黃先生之本意也，主一為之……第三，枕中思《明文授讀》必不出黃先生之手，果出黃先生手，敢直標其父名黃尊素乎？"《椰經》、《珠經》在《明文授讀》卷六十二末"經"體下列此二文，閻氏認為不通，所疑正確。此二文《明文海》是列入卷四百八十二"稗"類中，而無"經"之文體。由此可明閻氏所指是《明文授讀》，也證其未見過《明文海》。在《明文海》中，黃尊素之名的確避家諱而題黃忠端，而《明文授讀》刊本中題黃尊素，尊素二字缺末筆，也是一種避諱方式。閻氏兩點質疑均以《明文授讀》所發。《明文授讀》雖由黃宗羲圈選，然編排却出自百家與錫琨之手，體例與《明文海》異。（童正倫：《〈明文海〉的編纂與傳本》）

②《明文海》現存最早和最完整的清初抄本，已缺略九卷

半,收錄為七百三十餘家,四千七百三十餘篇。全書應無二千餘家。(同上)

二家詩選二卷(內府藏本)

國朝王士禎刪錄明徐禎卿、高叔嗣二人詩也。明自宏治以迄嘉靖,前、後七子,軌範略同。惟禎卿、叔嗣雖名列七子之中,而泊然於聲華馳逐之外[1]。其人品本高,其詩亦上規陶[2]、謝,下摹韋、柳,清微婉約,寄託遙深,於七子為別調。越一二百年,李、何為眾口所攻,而二人則物無異議。王世懋之所論,其言竟果驗焉。語詳“蘇門集”條下。豈非務外飾者所得淺,具內心者所造深乎?士禎之詩,實沿其派,故合二人所作,簡其菁華,編為此集。禎卿詩多取《迪功集》,其少年之作見於外集、別集者,十不存一。叔嗣惟取其五言詩,其七言則闕焉。取所長而棄所短,二人佳什亦約略備於是矣。

【彙訂】

① 前、後七子之名,分別見《明史·李夢陽傳》及《李攀龍傳》,均無高叔嗣。(楊武泉:《四庫全書總目辨誤》)

②“亦”,殿本無。

唐賢三昧集三卷(江蘇巡撫採進本)[1]

國朝王士禎撰。士禎有《古懽錄》,已著錄。初,士禎少年嘗與其兄士祿撰《神韻集》,見所作《居易錄》中[2]。然其書為人改竄,已非其舊。故晚定此編,皆錄盛唐之作。名曰“三昧”,取佛經自在義也。詩自太倉、歷下以雄渾博麗為主,其失也膚;公安、竟陵以清新幽渺為宗,其失也詭。學者兩途並窮,不得不折而入宋,其弊也滯而不靈,直而好盡,語錄、史論,皆可成篇。於是士禎等重申嚴羽之説，獨主神韻以矯之。蓋亦救弊補偏，各明一義。其後風流相尚，光景流連，趙執信等遂復操二馮舊法，起而相爭。所作《談龍錄》，排詆是書，不遺餘力。其論雖非無見，然兩説相濟，其理乃全，殊途同歸，未容偏廢。今仍並錄存之，以除門户之見。又閻若璩《潛邱劄記》有《與趙執信書》，詆此集所錄如張旭四絶句，本宋蔡襄詩而誤收。又詆其祖詠詩誤以京水為涇水，孟浩然詩誤以潯陽為潯陽，王維詩誤以御亭為卸亭、蔡洲為蔡州，高適《燕歌行》誤以渝關為榆關，全不講於地理之學。引據精詳，皆切中其病。然士禎自品詩格，原不精於考證。若璩所云，不必為是集諱，亦不必為是集病也。

【彙訂】

① 底本此條與文淵閣庫書次序不符。文淵閣庫書與殿本均置於“二家詩選二卷”條之前。

② 王士禎《居易錄》卷二一云：“廣陵所刻《唐詩七言律神韻集》，是予三十年前在揚州，啟涑兄弟初入家塾，暇日偶摘取唐律絶五七言授之者，頗約而精。”《漁洋山人自撰年譜》卷上云：“（順治辛丑）秋七月……又嘗摘取五七言若干卷，授嗣君清遠兄弟讀之。名為《神韻集》。”謂與兄共撰，乃誤記。（葛云波：《〈唐詩神韻集〉版本以及研究價值》）

唐人萬首絶句選七卷（內府藏本）

國朝王士禎編。洪邁《唐人萬首絶句》務求盈數，踳駁至多。宋倉部郎中福清林清之真父鈔取其佳者，得七言一千二百八十首，五言一百五十六首，六言十五首，勒為四卷，名曰《唐絶句選》，見於陳振孫《書錄解題》。蓋十分之中，汰其八分有奇。然其書不傳，無由知其善否。士禎此編刪存八百九十五首，作者二百六十四人，更十分而取其一矣。其書成於康熙戊子，距士禎之沒僅三年，最為晚出。又當田居閒暇之時，得以從容校理，故較他選為精審。然其序謂以當唐樂府，則不盡然。樂府主聲不主詞，其采詩入樂，亦不專取絕句。士禎此書，實選詞而非選聲，無庸務為高論也。

明詩綜一百卷（通行本）

國朝朱彝尊編。彝尊有《經義考》，已著錄。明之詩派，始終三變。洪武開國之初，人心渾樸，一洗元季之綺靡。作者各抒所長，無門戶異同之見。永樂以迄宏治，沿三楊臺閣之體，務以春容和雅，歌詠太平。其弊也冗沓膚廓，萬喙一音，形模徒具，興象不存。是以正德、嘉靖、隆慶之間，李夢陽、何景明等崛起於前，李攀龍、王世貞等奮發於後，以復古之說，遞相唱和，導天下無讀唐以後書。天下響應，文體一新。七子之名，遂竟奪長沙之壇坫。漸久而摹擬剽竊，百弊俱生，厭故趨新，別開蹊徑。萬曆以後，公安倡纖詭之音，竟陵標幽冷之趣，么弦側調，嘈囋爭鳴。佻巧蕩乎人心，哀思關乎國運，而明社亦於是乎屋矣。大抵二百七十年中，主盟者遞相盛衰，偏袒者互相左右。諸家選本，亦遂皆堅持畛域，各尊所聞。至錢謙益《列朝詩集》出，以記醜言偽之才，濟以黨同伐異之見，逞其恩怨，顛倒是非，黑白混淆，無復公論。彝尊因眾情之弗協，乃編纂此書，以糾其謬。每人皆略敘始末，不橫牽他事，巧肆譏彈。里貫之下，各備載諸家評論，而以所作《靜志居詩話》分附於後。雖隆、萬以後，所收未免稍繁。然世遠者篇章易佚，時近者部帙多存，當亦隨所見聞，不盡出於標榜。

其所評品,亦頗持平,於舊人私憎私愛之談,往往多所匡正。六七十年以來,謙益之書久已澌滅無遺,而彝尊此編獨為詩家所傳誦。亦人心彝秉之公,有不知其然而然者矣。

宋詩鈔一百六卷(內府藏本)

國朝吳之振編①。之振有《黃葉村莊詩集》,已著錄。是編以宋詩選本叢雜,因蒐羅遺集,共得百家。其本無專集及有集而所選不滿五首者,皆不錄。每集之首,繫以小傳,略如元好問《中州集》例。而品評考證,其文加詳。蓋明季詩派,最為蕪雜。其初厭太倉、歷下之剽襲,一變而趨清新。其繼又厭公安、竟陵之纖佻,一變而趨真樸。故國初諸家,頗以出入宋詩矯鈎棘塗飾之弊。之振是選,即成於是時。以其人自為集,故甫刊一帙,即摹印行世。所傳之本,往往多寡不同。此本首錄無書者,尚有劉弇、鄧肅、黃榦、魏了翁、方逢辰、宋伯仁、馮時行、岳珂、嚴羽、裘萬頃、謝枋得、呂定、鄭思肖、王柏、葛長庚、朱淑真十六家。蓋剞劂未竣,故竟無完帙也。近時曹庭棟病其未備②,因又有《宋人百家詩存》之刻③,以補其闕,皆之振之所未錄④。然之振於遺集散佚之餘,創意蒐羅,使學者得見兩宋詩人之崖略,不可謂之無功。與庭棟之書互相補苴,相輔而行,固未可偏廢其一矣。

【彙訂】

① 吳之振序稱"余與晚村、自牧所選",可知非一人所編,晚村即呂留良,自牧乃之振之姪。(李裕民:《四庫提要訂誤》)

② "曹庭棟",殿本作"曹廷棟",下同,誤。《總目》本卷著錄曹庭棟《宋百家詩存》二十八卷。

③ "人"字衍。(李裕民:《四庫提要訂誤》)

④"所"上"之"字,殿本無。

宋元詩會一百卷(浙江巡撫採進本)

國朝陳焯編。焯字默公,桐城人。順治壬辰進士,官兵部主事。是編裒輯宋、元諸詩,自云:"散錄零鈔,或得諸山水圖經,或得諸厓碑摩揭,以及市坊村塾、道院禪宮、敝簏殘蹟。窮極蒐求,積累歲時,成茲巨帙。"凡九百餘家。每家名氏之後,倣元好問《中州集》例,詳其里居出處。正史之外,旁取志乘、稗說,以補訂闕漏,其用心可謂勤矣。王士禛《香祖筆記》載:"甲子祭告南海時,歲杪抵桐城,焯攜是編相商,縱觀竟日。"而不言其書之可否。今觀其書,不載諸詩之出處,猶明人著書舊格。其間網羅既富,亦不免於疏漏蕪雜。然宋、元遺集,迄今多已無傳。焯能蒐輯散佚,存什一於千百,披沙簡金,往往見寶,亦未嘗不多資考據也。

粵西詩載二十五卷粵西文載七十五卷附粵西叢載三十卷(浙江巡撫採進本)

國朝汪森編。森字晉賢,桐鄉人,休寧籍,官桂林府通判。森在粵西,以輿志闕略殊甚,考據難資,因取歷代詩文有關斯地者,詳搜博採,記錄成帙。歸田後復借朱彝尊家藏書,薈萃訂補,共成《詩載》二十四卷,附詞一卷,《文載》七十五卷。又以軼聞瑣語可載於詩文者,更輯為《叢載》三十卷。其中如錄謝朓詩誤為晉人;又唐鄭愚、蔡京授嶺南節度使二制,本《文苑英華》所引《玉堂遺範》之文,初無撰人姓名,乃譌"玉堂"為"王堂",頗有舛誤。其志、傳二門,多采黃佐、蘇濬之《通志》,亦殊挂漏。然其體例明整,所錄碑版題咏,多採諸金石遺刻,如宋何麟、曾元、曹師孔、魯師道、石天岳諸作,皆志乘所未備。其《文載》中所分山川、城郭、

官署、學校、書院、宮室、橋梁、祠廟、軍功、平蠻諸子目，皆取其有
關政體者。故於形勢扼塞、控置得失、興廢利弊諸大端，紀錄尤
詳。以視《全蜀藝文志》，雖博贍不及，而體要殆為勝之。至《叢
載》所分二十目，雖頗近冗碎，而遺文軼事，多裨見聞，亦足以資
考證。固未可以近於説部廢之焉。

　　元詩選一百一十一卷（內府藏本）

　　國朝顧嗣立編。嗣立有《温飛卿詩註》，已著錄。是選凡三
集，每集之中，又以十干分為十集。而所為癸集，實有錄無書，故
皆止於九集[①]。蓋其例以甲集至壬集分編有集之人，以癸集總
收零章斷什、不成卷帙之作。其事浩繁，故欲為之而未成也。所
錄自帝王別為卷首外，初集凡元好問以下一百家。二集所錄，凡
段克己兄弟以下一百家。三集所錄，凡麻革以下一百家。每人
下各存原集之名，前列小傳，兼品其詩。雖去取不必盡當，而網
羅浩博，一一採自本書，具見崖略，非他家選本餖飣綴合者可
比[②]。有元一代之詩，要以此本為巨觀矣。嗣立稱所見元人之
集約四百餘家。方今詔採遺書，海內祕藏，大都輻輳。中閒為嗣
立所未見者，固指不勝屈。而嗣立所見，今不著錄者，亦往往而
有。蓋相距五六十年，隱者或顯，而存者亦或偶佚。殘膏賸馥，
轉賴是集以傳，正未可以不備為嫌也。

【彙訂】

　　① 實僅初集分九集，而二、三集只有八集，都缺少丁集。癸
集現存清乾隆間鈔本、嘉慶三年席世臣掃葉山房刻本，非有錄無
書。此外尚有未刻稿本二十六家傳世。（羅鷺：《〈元詩選〉與元
詩文獻研究》）

②　顧嗣立於此書凡例中所云"兹集所傳,并從全稿錄入,不敢止以選本為憑也……一代詞人,凡有全稿可據者,選成八集",乃針對初集而言。後續編二集、三集時,只能從選本和其他文獻中輯佚成集。(同上)

全唐詩錄一百卷(編修徐天柱家藏本)

國朝徐倬編。倬有《蘋村類稿》,已著錄。是編以唐詩卷帙浩繁,乃採擷菁華,輯為一集。每人各附小傳,又間附詩話、詩評,以備考證。康熙丙戌,恭逢聖祖仁皇帝聖駕南巡,倬繕錄進呈,得旨嘉獎。特由侍讀擢禮部侍郎,以旌好學,並御製序文,賜帑金刊版。儒臣榮遇,至今傳焉。謹案《御定全唐詩》用胡震亨《統籤》之例,或分體,或不分體,各因諸家原集,以存其舊。倬是編惟仙鬼之詩仍不分體,餘皆以古體、今體分編。《全唐詩》以上官昭容、宋若昭姊妹列"帝后"之後,倬則以長孫皇后、徐賢妃、江采蘋附於"帝王",而以上官昭容等別入"宮閨"。又聯句隨人類附,不另為門。韓愈《效玉川子月蝕》詩不入愈本集,而附於盧仝詩下;香山九老詩不人自列名,而附於白居易詩下。體例與《全唐詩》亦殊。蓋《全唐詩》編纂成書在康熙四十六年丁亥,倬是書則先一年成。雖以《全唐詩錄》為名,實未見頒行之本,故編次稍有異同云。

甬上耆舊詩三十卷(浙江巡撫採進本)

國朝胡文學編。其傳則李鄴嗣作也。文學有《疏稿》,鄴嗣有《杲堂文鈔》,俱已著錄。輯明州詩文者,宋有《鄞江集》,今已失傳。王應麟《四明文獻集》亦復佚闕①。至明宋士之《四明雅集》二十家,戴鯨之《續集》六十家,張時徹之《四明風雅》一百二十家，於作者采綴稍廣，而源流未備。鄞嗣嘗撰《甬上耆舊傳》，紀其鄉先哲行事頗詳。文學因即其傳中之人搜錄遺詩，論定編次，而各以原傳繫之。始自周文種、漢大黃公，終於明季諸家。凡四百三十人，得詩三千餘首，本四十卷。甫授梓而文學即世，其子得邁因以前三十卷先刊行之。每卷之首，俱有小序。略依其才品名位高下為次，使各以類從，而不盡以時代為斷，於支派極為詳晰。中如宋袁燮之《絜齋集》、袁甫之《蒙齋集》，亡佚已久，今始得於《永樂大典》中裒集成編，文學等固宜目所未睹。至樓鑰《攻媿全集》，尚有遺本流傳，而僅據其選集鈔存，亦為搜羅未至。然其體例精審，於部居州次之中，寓論世知人之義。徵文考獻，條理秩然。固非釣名悅俗，瓦礫雜陳者所得而相比矣。

【彙訂】

① "王應麟"，殿本無。

携李詩繫四十二卷（浙江巡撫採進本）

　　國朝沈季友撰。季友有《學古堂詩集》，已著錄。是編輯嘉興一郡之詩，自漢、晉以迄本朝，凡縉紳、韋布、閨秀、方外、土著、流寓有吟咏傳世者，皆錄之。而以仙鬼題咏、謠諺附焉。姓氏之下，又各為小傳，略敘梗概。其山川、古蹟、土風、物產，亦間加附註，以備考據。初，明景泰中，嘉興朱翰嘗詮次洪、永以來郡人之詩為《携李英華》一書，所收不盡雅馴。崇禎末，秀水蔣之翹復續為《携李詩乘》。其卷帙之富，什倍《英華》。而遺棄散佚，遂無傳本。季友此書踵二家之後，而更加詳博。殘章賸句，蒐訪麗遺。捃摭之勤，殊為不苟。其間若趙孟堅小傳，沿《山房隨筆》之誤，以為卒於元時①；吳鎮没於至正間，與楊璉真伽時代迥不相及②，

而謂楊發諸墳,不及鎮墓。此類皆為疎於考核。然其甄綜頗備,
一鄉文獻亦有藉以足徵焉。

【彙訂】

① 元蔣子正撰《山房隨筆》無一語涉趙孟堅,當係元姚桐壽
《樂郊私語》之誤。(楊武泉:《四庫全書總目辨誤》)

② "楊璉真伽時代",殿本作"札木揚喇勒智"。

古文雅正十四卷(兵部尚書蔡新家藏本)

國朝蔡世遠編。世遠有《二希堂集》,已著錄。是集選錄自
漢至元之文,凡二百三十六篇①。前有自序曰:"名之曰'雅正'
者,其辭雅,其理正也。"案《詩·大雅》、《小雅》及《爾雅》,古註疏
皆訓為正。然《史記·五帝本紀》稱:"百家言黃帝,其文不雅
馴。"《司馬相如傳》稱:"從車騎雍容,閒雅甚都。"顧野王《玉篇》
亦曰:"雅,儀也。嫻,雅也。"是自漢以來,雅、正已分兩訓,世遠
蓋用此義也。考總集之傳,惟《文選》盛行於歷代,殘膏賸馥,沾
漑無窮。然潘勖《九錫》之文,阮籍《勸進》之箋,名教有乖,而簡
牘並列,君子恒譏焉。是雅而不正也。至真德秀《文章正宗》、金
履祥《濂洛風雅》,其持論一準於理,而藏弄之家但充插架。固無
人起而攻之,亦無人嗜而習之,豈非正而未雅歟? 夫樂本於至
和,然五音六律之不具,不能嘔啞吟唱以為和;禮本於至敬,然九章
五采之不備,不能袒裼跪拜以為敬也。文質相輔,何以異茲? 世遠
是集以理為根柢,而體雜語錄者不登;以詞為羽翼,而語傷浮豔者不
錄。劉勰所謂"扶質立幹、垂條結繁"者,殆庶幾焉。數十年傳誦藝
林,不虛也。或以姚鉉刪《文苑英華》為《唐文粹》,駢體皆所不收,而
此集有李諤《論文體書》、張說《宋公遺愛碑頌》諸篇,似乎稍濫。不

知散體之變駢體,猶古詩之變律詩,但當論其詞義之是非,不必論其格律之今古。杜甫一集,近體強半,論者不謂其格卑於古體也。獨於文則古文、四六判若鴻溝,是亦不充其類矣。兼收儷偶,正世遠深明文章正變之故,又何足為是集累乎?

【彙訂】

① 乾隆丁酉陳守詒重校本收錄二百三十七篇,館臣或將卷五諸葛亮《與群下教》及又一篇合計為一。又《四庫全書》本少歐陽修《吉州學記》(卷十)、王安石《芝閣記》、《祭歐陽文忠公文》(卷十一)三篇。(陳旭東:《清修〈四庫全書〉福建採進本與禁毀書研究》)

鄱陽五家集十五卷(江西巡撫採進本)

國朝史簡編。簡字文令,鄱陽人。是編輯其鄉人之詩,自宋末至明初,凡五家。一曰《芳洲集》三卷,黎廷瑞撰。廷瑞字祥仲,宋咸淳辛未進士,授迪功郎,肇慶府司法參軍。二曰《樂菴遺稾》二卷,吳存撰。存字仲退,延祐元年舉於鄉,官至饒州路鄱陽縣主簿。三曰《松巢漫稾》三卷,徐瑞撰。瑞字山玉,號松巢,宋末元初人,嘗為鄱邑書院山長。集末附其從子駥詩三十六首,曰《仰山集》①。四曰《寓菴詩集》二卷②,葉蘭撰。蘭字楚庭,號醉漁,元太常寺禮儀院奉禮郎。明太祖召之,投水死。末附《葉德新先生僅存詩》一卷。德新名懋,蘭之父也,元時官嘉興路總管。五曰《春雨軒集》四卷,劉炳撰。所錄以詩為主,間亦及詩餘及賦。考五家之中,惟劉炳全集有傳本,已著於錄。其餘四家及所附錄二家,則刊本殊稀,頗賴此刻以存。其詩大都諧雅可誦,非誇飾風土、濫盈卷帙者比也。葉懋為葉蘭之父③,而其詩附刻蘭詩後,蓋用《黃庭堅集》附刻《伐檀集》例,於義未允。今移此卷於蘭詩之前焉。

【彙訂】

① 文淵閣《四庫》本此集所收《仰山集》作者為徐孜,《松巢漫稿》卷一前《徐瑞傳》附徐孜小傳,云:"公姪孜,字仲予,一字子文,號仰山……"書前提要不誤。(周錄祥:《〈四庫全書簡明目錄·集部〉訂誤》)

② "寓菴詩集",底本作"寓齋詩集",據殿本改。文淵閣《四庫》本此集卷九、卷十為葉蘭《寓菴詩集》。《豫章叢書》本此集所收為《寓菴詩集》,文溯閣《四庫》本提要亦作《寓菴詩集》。(王重民:《跋新印本〈四庫全書總目〉》)

③ "葉蘭",殿本作"蘭"。

南宋雜事詩七卷(浙江巡撫採進本)

國朝沈嘉轍、吳焯、陳芝光、符曾、趙昱、厲鶚、趙信等同撰。鶚有《遼史拾遺》,已著錄。嘉轍字樂城,焯字尺鳧,曾字幼魯,皆錢塘人。芝光字蔚九,昱字功千,信字意林,皆仁和人。七人之中,惟曾以薦舉官至戶部郎中,鶚以康熙庚子舉於鄉,餘皆終於諸生。是書以其鄉為南宋故都,故捃摭軼聞,每人各為詩百首,而以所引典故註於每首之下。意主紀事,不在修詞,故警句頗多,而牽綴填砌之處亦復不少。然採據浩博,所引書幾及千種,一字一句,悉有根柢,萃説部之菁華,采詞家之腴潤。一代故實,巨細兼該,頗為有資於考證。蓋不徒以文章論矣。

宋百家詩存二十八卷(江蘇巡撫採進本)

國朝曹庭棟編①。庭棟有《易準》,已著錄。初,吳之振輯《宋詩鈔》,雖盛行於世②,然闕略尚多,且刊刻未竟,往往有錄無書。庭棟因搜採遺佚,續為是編。所錄凡一百家,皆有本集傳世者。始於魏野《東觀集》,終於僧斯植《採芝集》。賀鑄本北宋末人,而升以弁首,置於魏野之前,自云少時所最愛。然選六朝詩者,陶、謝不先於潘、陸;選唐詩者,李、杜不先於沈、宋。以甲乙而移時代,此庭棟之創例,古所無也。其中如穆脩以古文著,傅察以忠節傳,林亦之、陳淵以道學顯,於詩家皆非當行。許棐③、張至龍、施樞諸人載於《江湖小集》者④,王士禎《居易錄》詆為概無足取者,亦皆錄其寸長,不遺採擇。雖別裁未必盡當,然宋人遺集,徐乾學傳是樓二十八家之本,朱彝尊曝書亭五十家之本,皆未刊刻,輾轉傳鈔,陶陰多誤。其餘專集行世者,又各自為帙,未能匯合於一。庭棟裒輯成編,以補吳之振書之闕。宋詩大略,已幾備於此二集矣。

【彙訂】

①"曹庭棟",殿本作"曹廷棟",下同,誤,參清乾隆刻本及文淵閣《四庫》本此集。

②"雖",殿本無。

③"許棐",殿本作"許樂",誤。清乾隆刻本卷十八、文淵閣《四庫》本卷三六此集皆錄許棐《梅屋集》一卷,《江湖小集》卷七五至七七收許棐詩文三卷。

④"者",殿本無。

右總集類一百六十五部,九千九百四十七卷①,皆文淵閣著錄。

【彙訂】

①"一百六十五部九千九百四十七卷",殿本作"一百六十四部九千七百二十卷",皆不確。實際著錄一百六十五部,九千九百十八卷。

集 部 四 十 四

總集類存目一

文選句圖一卷（江蘇巡撫採進本）

宋高似孫撰。似孫有《剡録》，已著録。案摘句為圖，始於張為。其書以白居易等六人為主，以楊乘等七十八人為客。主分六派，客亦各有上入室、入室、升堂、及門四格。排比聯貫，事同譜牒，故以“圖”名。後九僧各摘名句，亦曰《句圖》，蓋非其本。似孫此書亦沿舊名，所録皆《文選》諸詩，去取不甚可解。如蘇武詩之“馥馥我蘭芳，芬馨良夜發”[①]，上、下聯各割一句，尤為刱調。其句下附録之句，蓋即鍾嶸《詩品》“源出某某”之意。其句下附録一、兩首者，則莫喻其體例矣。

【彙訂】

① “芬馨良夜發”，殿本作“馨香中夜發”，疑誤，參《文選》卷二十九蘇子卿詩原文。

文選纂註十二卷（江蘇巡撫採進本）

明張鳳翼撰。鳳翼有《夢占類考》，已著録。是書雜採諸家詮釋《文選》之說，故曰“纂註”。然所引多不著所出。夫詮釋義理,可以融會群言,至於考證舊文,豈可不明依據①。言各有當,不得以朱子《集傳》、《集註》藉口也。其論《神女賦》"王"字譌"玉"、"玉"字譌"王",蓋採姚寬《西溪叢語》之説,極為精審。其註無名氏古詩,以"東城高且長"與"燕趙多佳人"分為兩篇,十九首遂成二十。不知陸機擬作,文義可尋,未免太自用矣。

【彙訂】

①"明",殿本作"言"。

選詩約註十二卷(内府藏本)

明林兆珂撰。兆珂有《詩經多識編》,已著錄。是編取《昭明文選》所錄諸詩,重為編次,以時代先後為序。其訓釋文義較舊註稍為簡約,亦無考證發明。

文選章句二十八卷(内府藏本)

明陳與郊編。與郊有《檀弓集註》,已著錄。此書以坊刻《文選》顛倒棼亂,每以李善所註竄入五臣註中。因重為釐正,汰其重複,斥五臣而獨存善註。凡善所錄舊註,如《楚辭》之王逸,《兩京賦》之薛綜①,《詠懷詩》之顔延之、沈約,皆仍存之,亦時時正其舛誤,較閔齊華、張鳳翼諸本差為勝之。然點竄古人,增附己説,究不出明人積習,不如存其原本之愈也。

【彙訂】

①"兩京賦",殿本作"兩都賦",誤。《文選》卷二收張衡《西京賦》、《東京賦》,有薛綜注,其下有李善注文曰:"舊注是者因而留之,并於篇首題其姓名。其有乖繆,善乃具釋,并稱'善'以別之。他皆類此。"卷一班固《兩都賦》無薛綜注。

文選尤十四卷(內府藏本)

明鄒思明編。思明字見吾,歸安人。始末未詳。前有韓敬序。其私印已稱"庚戌會狀兩元",則萬曆後人也[1]。其書取《文選》舊本,臆為刪削,以三色版印之。凡例謂:"總評分脈則用朱,細評探意則用綠,釋音義、解文詞則用墨。"云。

【彙訂】

[1] 據《浙江通志》及此書朱國楨序,鄒思明字汝誠,號見吾,烏程人,嘉靖甲子舉人,刻是書時,已年逾八十。(夏定域:《四庫全書提要補正》;徐大軍:《〈四庫全書總目〉總集類存目辨證》)

文選瀹註三十卷(內府藏本)

明閔齊華編。齊華,烏程人,崇禎中,以歲貢任沙河縣知縣[1]。是書以六臣註本刪削舊文,分繫於各段之下。復採孫鑛評語,列於上格。蓋以批點制藝之法施之於古人著作也。

【彙訂】

[1] 黃虞稷《千頃堂書目》卷三一稱:"(閔齊華)字赤如,烏程人。天啟中貢士,沙河知縣。"崇禎《烏程縣志》卷六科第目,天啟貢士下正有閔齊華之名。同治《蘇州府志》卷五四,常熟縣訓導有閔齊華之名,云:烏程人。歲貢。崇禎五年任,陞沙河知縣。可知閔氏乃天啟中貢士,崇禎五年任常熟縣訓導,後才陞沙河知縣。(徐大軍:《〈四庫全書總目〉集部存目提要辨證》)

昭明文選越裁十一卷(內府藏本)

國朝洪若皋編。若皋有《南沙文集》,已著錄。是編取《昭明文選》重為刪定,復捃拾諸家之註,略為詮解。其圈點評語則全

如時文之式①。其謂之"越裁"者,自序謂時避居越城,志地亦志
僭也。案昭明舊本,唐人奉為蓍龜。以杜甫詩材凌跨百代,猶有
"熟精《文選》理"之句,餘子可以知矣。若皋橫加剗薙,可謂不自
揣量。即以開卷一篇而論,班固《兩都賦》文本相承,乃删去《東
都》一篇,遂使語無歸宿,全乖本意。是於作賦之故且茫然未
考矣。

【彙訂】

①"時文",底本作"詩文",據殿本改。

選詩定論十八卷(內府藏本)

國朝吳淇撰。淇字伯其,號冉渠,睢陽人①。其書以《文選》
所錄諸詩歌,自漢高帝以下以時代編次,而荆軻《易水歌》十五字
別為一卷終焉。前列《六朝選詩緣起》一卷,皆雜引《六經》以釋
之,迂遠鮮當。次統論古今詩及總論六朝一卷,區分時世,至謂
陳、隋無選詩,宋、金、元皆無詩。而明人古體學《選》,律詩學唐,
亦七子之緒論。其詮釋諸詩,亦皆高而不切,繁而鮮要。如解
《中山王孺子妾歌》之類,於考證尤疎也。

【彙訂】

① 湯斌《湯子遺書》卷七《冉渠吳公墓誌銘》云:"公姓吳氏,
諱淇,字伯其,別號冉渠。先世山西洪洞人,明初遷睢州……所
著《雨蕉齋詩集》、《選詩定論》、《唐詩定論》……"乾隆《歸德府
志》卷二五《人物略·吳淇傳》所載同。吳淇亦即《總目》卷二〇
〇著錄之《粵風續九》的編者。清康熙書林陳君錫、華玉森刻本
此集題"睢陽後學吳淇伯其甫著"。(楊武泉:《四庫全書總目辨
誤》;杜澤遜:《四庫存目標注》)

文選音義八卷（安徽巡撫採進本）

國朝余蕭客撰。蕭客有《古經解鉤沈》，採掇舊詁，最為詳核，已別著錄。此書則罅漏叢生，如出二手。約舉其失，凡有數端。一曰引證亡書，不具出典。如李善《進〈文選註〉表》，"化龍"引《晉陽秋》、"蕭成"引王沈《魏書》、"筴"字引徐邈、李順《莊子音》①。如斯之類，開卷皆是。舊籍存佚，諸家著錄可考。世無傳本之書，蕭客何由得見？此輾轉裨販而諱所自來也。一曰本書尚存，轉引他籍。如《西都賦》"火齊"引龐元英《文昌雜錄》："《南史》：'中天竺國說火齊。'"云云，何不竟引《南史》也！《逸民傳論》引宋俞成《螢雪叢說》："嚴子陵本姓莊，避顯宗諱，遂稱嚴氏。"此說果宋末始有耶②？一曰嗜博貪多，不辨真偽。《海賦》"陰火"引王嘉《拾遺記》："西海之西，浮玉山巨穴。"云云，與木華所云"陰火"何涉？盧諶《覽古》詩"和璧"引杜光庭《錄異記》："歲星之精墮於荆山。"云云，是晉人讀五代書矣。《飲馬長城窟行》"雙鯉魚"引《元散堂詩話》："試鶯以朝鮮原繭紙作鯉魚。"云云，此出龍輔《女紅餘志》。案錢希言《戲瑕》明言《嬭孁記》、《女紅餘志》諸書皆桑懌依託③，則《女紅餘志》已屬偽本，所引《元散堂詩話》更偽中之偽。乃據為實事，不亦偵耶？一曰摭拾舊文，漫無考訂。如《閒居賦》"櫻"字引《鬼谷子》："崖蜜，櫻桃也。"案此惠洪《冷齋夜話》之文，《鬼谷子》實無此語。蕭客既没惠洪之名，攘為己有，又不知宋人已屢有駁正。《吳都賦》"欃槍"引李周翰註，以為鯨魚目精。此因《博物志》"鯨魚死，彗星出"之文，而加以妄誕。陸機《贈從兄》詩"言樹背與襟"引謝氏《詩源》"堂北曰背，堂南曰襟"，亦杜撰虛詞，不出典記。《歸去來詞》"西疇"引何焯批本曰："即農服先疇之意，西、先古通用。"案"西"古音"先"，非義同"先"也。"西疇"正如《詩》之"南畝"，偶舉一方言之耳。如是穿鑿，則本詞之"東皋"何以獨言東耶？凡斯之類，皆疏舛也。一曰疊引瑣説，繁複矛盾。如《三都賦》序"玉樹"引顏師古《漢書》註，謂左思不曉其義。《甘泉賦》"玉樹"又引王楙《野客叢書》，謂師古註甚謬。劉琨《重贈盧諶》詩下註引《蔡寬夫詩話》曰："秦漢以前，平仄皆通，魏、晉間此體猶存。潘岳詩'位同單父邑④，愧無子賤歌，豈敢陋微官，但恐忝所荷'是也。"潘岳《河陽詩》下又註曰："《國語補音》：'負荷'之荷，亦音何。"兩卷之中，是非頓異，數頁之後，平仄迥殊，將使讀者何從耶？一曰見事即引，不究本始。如《蜀都賦》"琥珀"引曹昭《格古要論》，不知昭據《廣韻》"楓"字註也；《飲馬長城窟行》引吳兢《樂府解題》："或云蔡邕。"不知兢據《玉臺新詠》也；《尚書》序"伏生"引《經典敍錄》云"名勝"，不知《晉書·伏滔傳》稱"遠祖勝"也。至於凡註花草，必引王象晉《群芳譜》，益不足據矣。一曰旁引浮文，苟盈卷帙。首引何焯批本，稱《麈史》："宋景文母夢朱衣人攜《文選》一部與之，遂生景文，故小字選哥。"已為枝蔓。又沿用其例，於顏延年《贈王太常》詩"玉水記方流"句下註曰："王定保《唐摭言》：'白樂天及第，省試《玉水記方流》詩。'"此於音義居何等也？一曰鈔撮習見⑤，徒溷簡牘。如《賢良詔》"漢武帝"下註："向曰：'《漢書》云諱徹，景帝中子。'"《洛神賦》"曹子建"下註："翰曰：'武帝第三子。'"世有不知漢武帝、曹子建而讀《文選》者乎？至於八言詩見《東方朔本傳》，蕭統序所云八字，正用此事。乃引呂延濟註，以八字為魏文帝樂府詩，已為紕繆。又引何焯批本，蔓引三言至五言，獨遺八字，挂漏者亦所不免。惟《魏都賦》註"《廣蒼》"一條、《效曹子建》題註"孫巖《宋書》"一條，並引《隋書·經籍志》為證；

《洞簫賦》註"顏叔子"一條,引毛萇《詩傳‧巷伯篇》為證;《曲水詩序》"三月三日"一條,引《宋書‧禮志》為證;《東京賦》註"偷字協韻"一條,引沈重《毛詩音義》為證,糾何焯批本之誤,為有考正耳。蓋蕭客究心經義,詞章非所擅長。強賦六合,違才易務,其見短也宜矣。

【彙訂】

① 清乾隆靜勝堂刻本此書卷一《上〈文選註〉表》"筴"字注引作徐邈《莊子音》與李頤《莊子註》。《新唐書‧藝文志》著錄李頤《莊子集解》二十卷。

②《總目》卷一二七"螢雪叢説"條曰:"宋俞成撰……前有慶元庚申自序,稱年四十後即不應科舉,優游黃卷,考究討論,付之書記。囊螢映雪,無所不為。塵積日久,遂成一編。"可推知其人生於紹興年間,為南宋中葉人。(楊武泉:《四庫全書總目辨誤》)

③ 錢氏《戲瑕》并未言《嫏環記》、《女紅餘志》為桑氏偽撰,又桑懌乃桑悦(字民懌)之誤,説詳卷一二六《戲瑕》條訂誤。

④ "潘岳",殿本作"潘安",誤。《文選》卷二十六收潘岳《河陽縣作》二首,其第二首末四句即"位同單父邑,愧無子賤歌,豈敢陋微官,但恐忝所荷"。潘岳字安仁。

⑤ "一",殿本脱。

馮氏校定玉臺新詠十卷(兵部侍郎紀昀家藏本)

國朝馮舒所校,其猶子武所刊也。舒有《詩紀匡謬》,已著錄。徐陵《玉臺新詠》久無善本,明人所刻多以意增竄,全失其真。後趙宧光得宋嘉定乙亥永嘉陳玉父刊本翻雕,世乃復見原書。舒此本即據嘉定本為主，而以諸本參核之，較諸本為善。如序中"投壺玉女，為歡盡於百嬌"，據《神異經》及《西京雜記》改為"百驍"之類，皆確有依據，不為竄亂。然如蘇武詩一首，宋刻本無標題，與《文選》同，舒乃據俗本題曰《留別妻》^①。徐幹《室思》詩六章，有宋孝武帝擬作及《藝文類聚》所引可證，乃據俗本改為《雜詩》五首、《室思》一首。《塘上行》據李善《文選》註，本有四說，宋刻所題蓋據《歌錄》第二說。乃據《宋書》不確之說，改為魏武，移於文帝之前。石崇《王明君詞序》，"其造新曲"句有李善《文選》註、劉履《文選補遺》可證，乃據俗本改為"新造"。楊方《合歡詩》五首有《藝文類聚》及《樂府詩集》可證，乃據《詩紀》改為《合歡詩》二首、《雜詩》三首。梁簡文帝《率爾為詠》，"為"字本讀去聲，乃誤讀平聲，遂據俗本改為"成詠"。王筠《和吳主簿》詩"青骹逐黃口"句，有《西京賦》可證，乃臆改為"青鶻"。皆未免失考。至於張衡《同聲歌》之"恐慄若探湯"句，宋刻誤"慄"為"瞟"；又"思為莞蒻席"句，宋刻誤"莞"為"菀"；蘇伯玉《盤中詩》有《滄浪詩話》可證，宋刻誤連入傅元詩中；漢成帝時童謠"燕燕尾涎涎"句，有舊本《漢書》可證，宋刻誤為"尾殿殿"，皆譌舛顯然。而曲為回護，又往往失之拘泥。今趙氏翻雕宋本流傳尚廣，此刻雖勝俗刻，終不能及原本。故僅附存其目焉。

【彙訂】

① "題曰"，殿本作"改為"。

玉臺新詠箋註十卷（兵部侍郎紀昀家藏本）

國朝吳兆宜撰。兆宜有《庾開府集註》，已著錄。是書引證頗博，然繁而無當。又多以後代之書註前代之事，尤為未允。惟每卷以明人濫增之作退之卷末，註曰"以下宋本所無"，較諸本為善。

二馮評點才調集十卷（內府藏本）

國朝馮舒、馮班所評點，其猶子武合刊之。班有《鈍吟雜錄》，已著錄。此書去取大旨，具見武所作凡例中。凡所持論，具有淵源，非明代公安、竟陵諸家所可比擬。故趙執信祖述其説。然韋縠之選是集，其途頗寬，原不專主晚唐。故上自李白①、王維，以至元、白長慶之體，無不具錄。二馮乃以國初風氣矯太倉、歷城之習，競尚宋詩，遂藉以排斥江西，尊崇崑體。黃、陳、溫、李，斷斷為門戶之爭。不知學江西者其弊易流於粗獷，學崑體者其弊亦易流於纖穠。除一弊而生一弊，楚固失之，齊亦未為得也。王士禛謂趙執信崇信是書，鑄金呼佛，殊不可解。杭世駿《榕城詩話》亦曰："戚進士牼言，德清人，每為二馮左袒。予跋其《才調集》點本後曰：'固哉馮叟之言詩也。承轉開合，提唱不已，乃村夫子長技。緣情綺靡，寧或在斯，古人容有。細心通才必不當為此迂論，右西崑而黜西江。夫西崑盛於晚唐，案晚唐無西崑之名，此語失考。西江盛於南宋。今將禁晉、宋之不為齊、梁，禁齊、梁之不為開元、大曆，此必不得之數。風會流轉，人聲因之。合三千年之人為一朝之詩，有是理乎？'二馮可謂能持詩之正，未可謂遂盡其變也。"云云，其論頗當。惟謂承轉開合乃村夫子長技，則又主持太過。《孟子》曰："梓匠輪輿能與人規矩，不能使人巧。巧在規矩之外，而亦不能出乎規矩之中。"故詩必從承轉開合入，而後不為泛駕之馬。久而神明變化，無復承轉開合之迹，而承轉開合自行乎其閒。譬如毛嫱、西子，明眸纖步，百態橫生，要其四體五官之位置不能與人有異也。豈有眉生目下、足著臂旁者哉？王士禎《蠶勺亭觀海》詩曰："春浪護魚龍，驚濤與漢通。石華秋散雪，海扇夜乘風。"竟不知士禎斯遊為在春、在秋、在晝、在夜。豈非但標神韻，不講承轉開合之故哉！世駿斯言，徒欲張新城之門戶，而不知又流於一偏也。

【彙訂】

①"自"，殿本作"至"。

諸儒性理文錦八卷（內府藏本）

舊本題兵部尚書常挺編①，不著時代。考《萬姓統譜》："常挺字方叔，連江人。宋嘉祐進士，累官吏部尚書，參知政事。"似乎即此常挺，惟"吏部"字不同。疑二書當有一誤，或編此書時適官兵部耶？其書全錄宋儒性理之文，間亦上及韓愈、柳宗元等。分六十四類，文以類附，蓋專為科舉之用。前有吳登甲、翁以孫序。據序所言，蓋登甲又有所補輯，非原本矣。

【彙訂】

①"常挺"，底本作"常珽"，下同，據殿本改。常挺，《宋史》卷四二一有傳。《萬姓統譜》卷五一亦作常挺。雍正《福建通志》卷四三《福州府・人物》有《常挺傳》，邵經邦《弘簡錄》卷一五四有《臺諫常挺傳》。（楊武泉：《四庫全書總目辨誤》）

桃花源集一卷（永樂大典本）

宋姚孳編。孳，四明人。元祐辛未，補武陵令。因道士龔元正所輯古石刻文及諸家題詠輯為是編。前有自序，稱："沅水去牂柯西，流貫武陵，東會洞庭。而桃源枕其涯，異人逸士多寓焉。故錄嘉祐以前諸公詩文，綴為一卷。"云。

詩準三卷附錄一卷詩翼四卷（兩江總督採進本）

舊本題宋何無適、倪希程同撰[①]。其詩雜撮古謠諺詞一卷，又《附錄》一卷，復掇漢、魏、晉、宋詩二卷，而以齊江淹一首終焉，命曰《詩準》。雜撮唐杜甫、李白、陳子昂、韋應物、韓愈、柳宗元、權德輿、劉禹錫、孟郊，宋蘇軾、黃庭堅、歐陽修、王安石、陳師道、陳與義、秦觀、張耒、郭祥正、張孝祥詩為四卷，而以陸游一首終焉，命曰《詩翼》。蓋影附朱子“古詩分為三等，別為一編”之説，而剿竊真德秀《文章正宗》緒論以為之。龐雜無章，是非參差，又出陳仁子《文選補遺》下。疑為明人所偽託[②]。觀其《岣嶁山碑》全用楊慎釋文，而《大戴禮·几銘》並用鍾惺《詩歸》之誤本，其作偽之迹顯然也[③]。

【彙訂】

① 明嘉靖三年郝梁刊本有淳祐癸卯王柏自序，而無“宋何無適、倪希程同撰”之文。據此序可知實為何、倪原編，王柏合編。（程元敏：《王柏之生平與學術》；杜澤遜：《四庫存目標注》）

② 國家圖書館藏宋刊本《詩準》四卷（存二卷）、《詩翼》四卷（存二卷）。明葉盛《菉竹堂書目》卷四載“《唐宋詩翼》一冊”，又“《唐宋名賢詩準》一冊”。葉氏年代亦早於楊慎、鍾惺。傅增湘《藏園群書題記》卷一八《明本〈詩準詩翼〉跋》謂以宋刻與明本對勘，“大體相同，字句微有脱誤”。《總目》所據乃萬曆十二年新樂王朱載璽刻本，已經沈大忠附葺補注。萬曆《金華縣志》曰：“《詩準》、《詩翼》，王魯齋編。”王柏《跋何無適帖》云：“君諱欽，字無適，北山先生（何基）之嗣子也。”又《送倪君澤序》云：“君舊字希程，今改字君澤。”《南宋館閣續錄》載：“倪普，字君澤，婺州人，庚戌（1250）進士。”則無適、希程皆為字非名。（程元敏：《論詩準、

詩翼之真本與僞本》;祝尚書:《宋人總集敍錄》;杜澤遜:《四庫存目標注》)

③ 郝梁刊本此書未收《岣嶁山碑》。《古詩歸》卷一所錄《几銘》較《大戴禮‧武王踐阼》之《几銘》多一"口"字,而郝本此書所錄無。(程元敏:《王柏之生平與學術》)

發蒙宏綱三卷(永樂大典本)

宋羅黃裳編。黃裳,池州人。咸淳中,曾為番禺守。明《内閣書目》曰:"《發蒙宏綱》,宋咸淳閒,羅黃裳撰五言詩十二篇,又擇古文凡有關於蒙養者三十篇以訓蒙。"今考所錄,皆鄉塾習誦之文。無所鑒別亦無所發明,殊無一長之可取,不知何以流傳於後也。

宋四家詩四卷(兩江總督採進本)

不著編輯者名氏。一為施樞《漁隱橫舟槀》①,一為徐集孫《竹所吟槀》,一為林希逸《竹溪十一槀詩選》,一為敖陶孫《臞翁詩集》。不解何以取此四家,配為一集之意。殆偶得《宋名賢小集》之殘本,裝為一册也②。

【彙訂】

①"漁隱橫舟稿",殿本作"芝隱橫舟稿",皆誤。《總目》卷一六四著錄宋施樞撰《芸隱橫舟稿》一卷、《芸隱倦遊稿》一卷,《南宋名賢六十家小集》亦收入《芸隱橫舟稿》一卷、《芸隱倦遊稿》一卷。(祝尚書:《宋人別集敍錄》)

②"也",殿本作"耳"。

宋名臣獻壽集十二卷(兩淮馬裕家藏本)

不著撰人名氏。所載皆南宋祝壽之文。編次既無義例,稱名亦無體式，蓋其時書肆所為也。

群公四六續集十卷（浙江范懋柱家天一閣藏本）

不著編輯者名氏。凡自甲至癸十卷，皆南宋人通候之啟。其正集今未之見，此其續集也。所錄無非應酬泛語，無足採錄。如方雲翼、葛謙白等賀秦太師諸啟，尤穢簡牘也。

大全賦會五十卷（永樂大典本）

不著編輯者名氏。皆南宋程試之文①。案宋禮部科舉條例，凡賦限三百六十字以上成。其官韻八字一平一仄相間，即依次用；若官韻八字平仄不相間，即不依次用。其違式不考之目，有詩賦重疊用事、賦四句以前不見題、賦押官韻無來處、賦得一句末與第二句末用平聲不協韻、賦側韻第三句末用平聲、賦初入韻用隔句對、第二句無韻。拘忌宏多，頗為煩碎。又《淳熙重修文書式》，凡廟諱、御名本字外，同音之字應避者凡三百一十七。又有舊諱濮王、秀王諸諱應避者二十一。是下筆之時，先有三四百字禁不得用。則其所作，苟合格式而已。其浮泛庸淺，千手一律，固亦不足怪矣。

【彙訂】

① 殿本“文”下有“也”字。

啟劄錦繡一卷（永樂大典本）

舊本題清曠趙先生編，不著其名。所錄皆南宋人啟劄，而不題作者之姓名①。蓋當時盛行此體，書賈採輯刊版，備摛撦之用耳②。不足以言文章也。

【彙訂】

① “之”，殿本無。

② "耳"，殿本無。

宋遺民錄一卷（兩淮馬裕家藏本）

此卷皆宋遺民詩詞雜文，未知誰所編錄。宋之故老，入元後多懷故國之思，作詩者衆矣。此本所錄，僅謝翺、方鳳、納新、原本作迺賢，今改正。李吟山、王學文、梁棟、林德暘、王炎午、黃潛、吳師道十人之作，已多挂漏。又潛及師道皆元臣，而納新為郭囉洛原作葛邏祿，今改正。氏，為元色目人，與宋尤邈不相涉。概曰遺民，殊不可解。殆書肆賈豎偽託之以售欺也①。

【彙訂】

① 此書乃割截拼湊程敏政撰十五卷《宋遺民錄》而成之偽書，《總目》所列選入作者較汲古閣本少韓性、唐肅和兩人，說詳卷六一"宋遺民錄"條訂誤。

唐詩鼓吹箋註十卷（通行本）

金元好問編。國朝錢朝鼐、王俊臣註，王清臣、陸貽典箋。朝鼐字次鼎，俊臣字子籲，清臣字子清，貽典字敕先，並常熟人①。《唐詩鼓吹》舊有郝天挺註。明萬曆己卯，新會廖文炳重為補正，增以詮釋，名曰《唐詩鼓吹註解大全》。朝鼐等又以廖所註解為未善，復删改以成是編。其實三家所註，相去無幾。廖固不足服郝，四人亦未能服廖也。惟其僅改廖解，未改郝註，又以廖註與郝註別列，朝鼐等補註與廖註又別列。其字句異同，郝註稱："某，一作某。"朝鼐等所加則變文曰："一本作某。"尚可以尋舊本之迹。較明人臆改古書，淆亂不可復辨者，差為勝之耳。

【彙訂】

① 清乾隆十一年刻本此集卷首有虞山蒙叟（錢謙益）序云：

"里中陸子敕先、王子子澈、子籲,偕余從孫次飌,服習《鼓吹》,重為較讎,兼正定廖氏註解。"卷下題"元資善大夫中書左丞郝天挺註,古岡後學廖文炳解,虞山後學錢朝鼐、王俊臣、王清臣、陸貽典參校"。可知朝鼐字次飌,清臣字子澈。(徐大軍:《〈四庫全書總目〉集部存目提要辨證》)

濂洛風雅六卷(浙江巡撫採進本)

元金履祥編。履祥有《尚書表註》,已著錄。是編乃至元丙申,履祥館於韓良瑞家齊芳書舍所刻①。原本選錄周子、程子以至王柏、王侃等四十八人之詩,而冠以《濂洛詩派圖》②。但以師友淵源為統紀,初不分類例。良瑞以為濂、洛諸人之詩固皆《風》、《雅》之遺,第《風》、《雅》有正變大小之殊,《頌》亦有周、魯之異。於是分詩、銘、箴、誡、贊、詠四言者為"風雅之正",其楚辭、歌騷、樂府、韻語為"風雅之變",五、七言古風則"風雅之再變",絕句、律詩則又"風雅之三變"云云,具見良瑞所作序中。蓋選錄者履祥,排比條次者則良瑞也。昔朱子欲分古詩為兩編而不果。朱子於詩學頗邃,殆深知文質之正變,裁取為難。自真德秀《文章正宗》出,始別為談理之詩。然其時助成其橐者為劉克莊③,德秀特因而刪潤之。故所黜者或稍過,而所錄者尚未離乎詩④。自履祥是編出,而道學之詩與詩人之詩千秋楚越矣。夫德行、文章,孔門即分為二科;儒林、道學、文苑,《宋史》且別為三傳。言豈一端,各有當也。以濂、洛之理責李、杜,李、杜不能爭,天下亦不敢代為李、杜爭。然而天下學為詩者,終宗李、杜,不宗濂、洛也。此其故可深長思矣。

【彙訂】

① 元代至元間無丙申年。清雍正刻本此集有"元貞丙申四

月既望石泉唐良瑞撰"序,金華叢書本《仁山文集》卷五亦附有唐良瑞《濂洛風雅》序,"韓良瑞"誤。"元貞丙申"為1296年,金履祥六十四歲。(張體雲:《仁山叢考》)

② "以",殿本無。

③ "其時",殿本作"當時"。

④ 殿本"未"上有"皆"字。

中州啟劄二卷(永樂大典本)

元吳宏道撰。宏道字仁卿,金臺蒲陰人,江西省檢校掾史。是書作於大德辛丑。前有許善勝序,稱:"吳君裒中州諸老往復書尺,類為一編,凡若干卷。體製簡古,文詞渾成。其上下議論,率於政教彝倫有關。風流篤厚,典型具存。"今考其所載,有趙秉文、元好問、張斯立、杜仁傑諸人劄子,大抵皆一時名流。《永樂大典》載宋、元啟劄最夥,其猥濫亦最甚。惟此一編,猶稍稍近雅。以文多習見,故亦僅存其目焉。

唐詩說二十一卷(兩淮鹽政採進本)①

元釋圓至撰。圓至有《牧潛集》,已著錄。此書蓋取宋周弼所選《三體唐詩》為之註釋,前有大德九年方回序。其書詮解文句,頗為弇陋,坊本或題曰《磧沙唐詩》。考都穆《南濠詩話》曰:"長洲陳湖磧沙寺有僧魁天紀者居之,與高安僧圓至友善。至嘗註周弼所選《唐三體詩》②,魁割其資,刻置寺中,方萬里特為作序。由是《三體詩》盛傳人間,今吳人稱'磧沙唐詩'是也。"則其來已久矣。

【彙訂】

① 明嘉靖二十八年吳春刻本此集卷端題"箋注唐賢絕句三

體詩法”，卷首先列“綱目”，分絕句體七卷，七言體六卷，五言體七卷，凡二十卷，乃摹印鐵琴銅劍樓藏元刊本。諸家書目皆錄作二十卷。四庫館臣所見或即《藏園群書經眼錄》載明刊本，有八首補抄附於卷末，稱第二十一卷。（徐大軍：《〈四庫全書總目〉集部存目提要辨證》）

②“周弼”，殿本作“周伯弜”。周弼字伯弜。

元朝野詩集無卷數（浙江范懋柱家天一閣藏本）

一名《元風雅》，不著編輯者名氏。所錄大抵仁宗以後、順帝以前之詩，首貫酸齋，終熊澗谷。不分時代，亦不分體製，次序殊為雜亂。案當時別有《元風雅》二十四卷，乃傅習孫存吾所輯，視此較為完備。是編殘闕舛錯，幾不可讀，疑為未全之帙。顧嗣立《元詩選》序例載有蔣易《元風雅》一書，或即其殘本歟？

武夷山詩集二卷（兩淮鹽政採進本）

不著編輯者名氏。前《總錄》一篇，述山之得名及歷代興建封號之事。後雜錄詩二卷，皆遊人題詠之什①。唐惟李商隱一首，餘皆宋、元人作也②。前有後至元三年舊序云：“萬年宮提舉張一村攜示。”似即一村所纂輯，其人無可考矣。

【彙訂】

①“詩二卷，皆”，殿本無。

②“人”，殿本無。

庚辛唱和詩一卷（兩淮鹽政採進本）

元繆思恭等撰。乃至正庚子、辛丑間思恭等分韻唱和之作①。庚子為張士信亂後，辛丑則游景德寺作也。先後共詩二十八首。重見者二人，共二十六人。明郁嘉慶因考其爵里，為

《考世編》附於後。其名公手翰二十二條,則嘉慶以意附編,非原
書所有。後朱彝尊亦嘗編訂是書,於每詩之前,人各為傳,所述
與《考世編》相出入。其跋云:"舊本姓名之下概無爵里、事蹟,特
一一考而補之。"蓋未見嘉慶本也。中有王綸字昌言,檇李人,為
嘉興教授,見《劉基集》及邵復孺《懷友詩》註。而嘉慶與彝尊皆
未之及,信乎考證之難矣。又鮑恂字仲孚,彝尊作"字仲子"。以
其名推之,蓋彝尊筆誤云。

【彙訂】

① "作",殿本作"詩"。

靜安八咏詩集一卷(浙江汪啟淑家藏本)

元釋壽寧編。壽寧字無為,號一菴,上海人。居於邑西之靜
安寺。寺建於吳赤烏中,最稱古刹。名蹟有七:曰赤烏碑,曰陳
檜,曰鰕子潭,曰講經臺,曰滬瀆壘,曰湧泉,曰蘆子渡①。壽寧
又手植檜竹桐柏,積十年而參天,自號曰綠雲洞,以續古蹟為八,
因作《靜安八咏》。並彙諸家之作,請序於會稽楊維楨。維楨復
各為之評點。卷首有吳興錢鼐所作《事蹟述》一篇②。後嘉靖中
邑人伊府紀善張抑及其兄參議紘重校刊之。末載紘《八咏》詩,
蓋即其時所附入也。

【彙訂】

① 今存明刻本此集卷首有楊維楨《綠雲洞志》云:"淞東北
去九十里支邑為上海,邑之陰古伽藍曰靜安……迹有七曰:吳
碑、檜、滬壘、湧泉、鰕禪、土臺、蘆花村。"次有錢鼐《靜安八詠事
迹》,有"鰕子禪"一條云:"師諱智儼……會渡江,值鰕者,乃貫鰕
一斗,掬水啗之……仍吸水吐活鰕還之……世名鰕子禪。"此集

中所收詩亦皆以“鰕子禪”為題。明崇禎《松江府志》卷五二載：
“静安教寺在蘆浦……有赤烏碑、陳朝檜、講經臺、鰕子禪、湧泉、
綠雲洞與滬瀆壘、蘆子渡為八咏。”其中“鰕子禪”見卷四五“方
外”所載：“鰕子和尚名智儼……今静安寺有鰕子道場。”近人皆
已附會作“鰕子潭”。（徐大軍：《〈四庫全書總目〉集部存目提要
辨證》）

②“錢熏”，底本作“錢羆”，據殿本改。

殘本諸儒奧論策學統宗二十卷（浙江巡撫採進本）

元譚金孫編。金孫字叔金，號存理，自稱古雲人。不知古雲
為何地也。是編雜選宋人議論之文，分類編輯，以備程試之用。
凡後集八卷，續集七卷，別集五卷，而闕其前集，蓋不完之本。原
本又以陳繹曾《文筌》、石桓《詩小譜》冠於卷首，而總題曰《新刊
諸儒奧論策學統宗》。增入《文筌》、《詩譜》，文理冗贅，殆麻沙庸
陋書賈所為。今析《文筌》、《詩譜》別入“詩文評類”，而此書亦復
其本名，庶不相淆焉。

贈言小集一卷（編修汪如藻家藏本）

不著編輯者名氏。皆題畫之作。末有舊跋，稱：“元季詩文
之盛，惟玉山唱酬諸家最稱風雅。《贈言》之集，昔寓金陵邵氏，
見其藏本，為帙頗多。甲申兵燹之後，遂不復覯。適從孫青選留
心蒐祕，略備數種，惜僅十之二三。”云云。考其詞意，殆指為顧
瑛《玉山草堂雅集》所佚。考《玉山草堂雅集》傳本甚多，不應云
“竟不復覯”。且此集所收詩二十九首，詞一首，皆不見《玉山草
堂雅集》中。不應與瑛贈答之什，瑛自佚脫，轉待後人收之。又
瑛但以詩名，其書僅朱珪《名蹟錄》中載其自書墓誌。李日華《六

研齋筆記》稱其"行楷楚楚^①，奄有《洛神》、《畫贊》風軌"。畫則從無片楮，而諸家收藏跋尾亦無一字及之。此集忽競題其畫，已不相符^②。且瑛本崑山人，而秦約序中稱"雲閒顧子"，皆不可解。考《畫史會要》："顧祿字謹中，松江人，官太常典簿。善雜畫，亦能鉤勒竹石。"其人在元末明初，與顧瑛同時。殆當時贈祿之作。後人以瑛與同姓，而名為較重，故移掇於瑛，復以偽跋實之耶？其序三首，皆題畫之作，非序此集，而亦移掇以冠卷，其偽益見矣。

【彙訂】

①"李日華"，殿本作"李君實"。李日華字君實，見《總目》卷六十"梅墟先生別錄"條。

②顧瑛畫山水，有《疏樹茅亭圖》、《棧道圖》見著錄。（謝巍：《中國畫學著作考錄》）

風林類選小詩一卷（兩江總督採進本）^①

明朱升編。升有《周易旁註》，已著錄^②。是編皆錄五言絕句，始於漢、魏，終於晚唐。分三十八體：曰直致，曰情義，曰工緻，曰清新，曰高逸，曰富麗，曰豔冶，曰淒涼，曰衰暮，曰曠達，曰豪放，曰俊逸，曰清潤，曰沈著，曰邊塞，曰宮怨，曰閨情，曰客況，曰離別，曰悲愁，曰異鄉，曰感舊，曰癡想^③，曰寄贈，曰喟嘆，曰消遣，曰諷諫，曰頌善，曰戲嘲，曰懷古，曰景物，曰風土，曰時事，曰樂府，曰風人，曰問答，曰摘句。而附錄閨閣、仙鬼詩於末，實三十九門。分類頗為瑣屑，有似於《瀛奎律髓》。蓋宋末元初，方回稱詩於新安，升其鄉人，故尚沿其故法。其序中"文之精者為詩"語，亦本回《瀛奎律髓》序，可以證也。所列諸詩，如"富麗類"

中《崑崙子》,乃王維五言律詩前半首;"邊塞類"中蓋嘉運《伊州歌》,乃沈佺期五言律詩前半首,《戎渾》亦王維五言律詩前半首;"客況類"之《長命女》,乃岑參五言律詩中四句。蓋當時採以入樂,取聲律而不論文義,故郭茂倩《樂府詩集》各載於本調之下。今因而錄之,殊失考證。"淒涼類"中《蕪城曲》,韋縠《才調集》刪前四句,實無端緒。升因之取為絕句,亦殊未協。至"樂府類"中以《白頭吟》前三解分為三首,"悲愁類"中以李商隱《夜飲》詩割中二聯為絕句,則自我作古,更無稽矣。又"直致類"中《夜雨滴空階》詩題曰何遜,案"夜雨滴空階,曉燈暗離室"句見遜本集。此詩詞氣不類,莫詳所據。"清新類"中《江行》六首題曰錢起,案《江行》一百首乃起孫錢玥之作,因附刻起集之後,遂以孫易祖。王維《山中書事》二首,乃蘇軾所戲擬,本集不載,乃竟以為維詩。近人補入維集,實由此誤。至"風人類"中《相思》一首,實王維詩,見於本集,而乃別題曰雍陶,疎舛尤甚。他如序稱"女流靈異之作,亦附見焉",集中崔鶯鶯二詩附於卷末,蓋即其例。而武翊之《將遊上苑》、張文姬之《溪上雲》、姚玉京之《咏燕》、南海女子之《送兄》、侯夫人之《自感》、元宗宮人之《題梧葉》[4]、宣宗宮人之《題紅葉》、劉采春之《囉嗊曲》、卓文君之《白頭吟》、龍安佳人之《阿㝡歌》,皆屬女流,乃散見各類,亦未免自亂其例。均未足以言善本也。

【彙訂】

① 殿本"督"下有"高晉"二字。

②《總目》卷七著錄朱升撰《周易旁註圖說》。

③ "窹想",殿本作"悟想"。

④ "元宗",殿本作"元宋",誤。《題梧葉》應即《全唐詩》卷

七九七所收天寶宮人《題洛苑梧葉上》詩。

尺牘筌蹄三卷（永樂大典本）

明陳桱編[1]。桱有《通鑑續編》，已著錄。是書選錄宋代書簡，其標目有曰要套，曰書式，曰具位，曰具禮，曰官稱。又曰合用故事，可於《事文類聚》、《翰墨全書》、《書言故事》內隨意擇用。則村塾俗書，未必真出於桱也。

【彙訂】

[1] "明"，底本作"元"，據殿本改。《總目》卷四七"通鑑續編"條云："舊本題元陳桱撰。桱，字子經，奉化人，流寓長洲。後入明為翰林編修，以附楊憲，遷待制。見《明史》憲本傳。題元人者誤也。"

麟溪集二十二卷別篇二卷（編修勵守謙家藏本）

明鄭太和編。太和字順卿，浦江人，世所稱為"義門鄭氏"者也。是集成於元至正十年，裒輯宋以來諸家題贈詩賦及碑誌、序記、題跋之類，為表揚義門而作者，共為一編。前十卷以十干紀卷，後十二卷以十二支紀卷。末為《別篇》二卷，則續入者也。前有潘庭堅、程益二序，又有王褘後序[1]。其曰《麟溪集》者，鄭氏所居在婺州東二十八里，地名麟溪故也[2]。

【彙訂】

[1] 此書至正十三年夏六月鄭濤序云："未及終篇而府君歿，濤念府君之志不可不就也，同季弟濟盡發所藏足成之。且令濟繕書刻於梓。卷帙不改於前，而增多者倍其數……凡有所得，輒隨類入之……理難相入者，則疏為別集上下，以繼其後，亦見之附錄……茲集始完，而府君之賚在殯已兩月，竟不能一視其

成……從祖龍灣府君之輯士君子所述義門詩若文者也,每卷皆空其末簡,俾後得者相續而書。"王禕後序亦作於此時。又此書寅卷至正十四年黃溍至正癸巳秋九月為太和子鄭欽所作《墓誌銘》云:"去年夏四月龍灣仕至建康龍灣務提領大使……府君以疾不起,予來弔哭。"又明初刻本十二卷本《麟谿集》卯卷有鄭氏家譜,謂此書編者龍灣府君鄭文融(一名大和)享壽九十。可知其生卒年為1264—1353,乃元代人,并未入明。(桂寶麗:《〈麟谿集〉輯者考辨》;劉桂芳:《〈四庫提要·麟谿集〉辨證》;徐大軍:《〈四庫全書總目〉集部存目提要辨證》)

② 王禕後序云:"婺之浦江縣東二十八里,其地曰白麟溪,鄭氏之居在焉。"雍正《浙江通志》卷十七載:"白麟溪,在縣東二十五里,其源出金芙蓉山麓東,流入浦陽江。謹按:元義門鄭氏家於溪側,其後人名濤者,集名賢貽贈詩文為《白麟溪集》。"據《圭齋文集》卷十四《白麟溪三大字後》:"溪舊號香嚴,在縣東二十八里。白麟則(鄭)太和二十六世祖之名也。有惠淮者,字季淵,實白麟十九世孫。由遂安遷溪上,易以今名,示有先也。"(徐大軍:《〈四庫全書總目〉集部存目提要辨證》)

餘姚海隄集一卷(浙江范懋柱家天一閣藏本)

明葉翼編。翼,寧波人。其祖恒,字敬常,元天曆閒為餘姚判官,築隄捍海,民賴其利[1]。至正末,詔封仁功侯,立廟祀之。其子晉為南臺掾,嘗輯當時名人序記、詩文為一集,未及刊而燬於火。宣德中,翼復裒綴散佚,以成是編。

【彙訂】

① 天曆為文宗年號(1328—1330),《浙江通志》卷二五四錄

有此編,下有注云:"至元己卯(1339),餘姚州判葉恒敬常築石堤,子晉輯名賢述作以褒揚之,從孫翼刊行。"據顧炎武《天下郡國利病書·浙江卷》,元順帝至元六年(1340)六月餘姚潮水大作,毁壞農田無數。時任餘姚州判葉恒上書建議築堤捍海,於是府委恒督治。適葉恒期滿離任,由府尹於嗣宗募民出粟築之。至元七年六月,大潮復沖潰海堤,府吏王永又勸民出粟築堤。以後歷有修茸,非葉恒一人之功。(徐大軍:《〈四庫全書總目〉集部存目提要辨證》)

殘本光嶽英華十五卷(浙江范懋柱家天一閣藏本)

明許中麗編。中麗爵里未詳。朱彝尊《明詩綜》稱"明初操選政者有許中麗"云云,則洪武中人也,此書傳本殘闕,僅存七言律體一門。唐後即接以元、明,不錄宋、金①。然則李攀龍撰《詩删》,並廢宋、元,其來亦有漸矣。

【彙訂】

① 傅增湘《藏園群書題記續集》卷五載是書洪武原刻本跋云:"此為汝南許中麗所編,專選唐、元、明三朝七律詩為一集,凡十五卷……各卷首題'汝南許中麗仲孚編輯,豫章揭軌孟同校正'……前有洪武十九年丙寅揭軌序……序末又言'既刻二代之詩於環翠亭,又采聖朝治世之音并刻於後',是明詩其所續選增入者也。"焦竑《國史經籍志》、黃虞稷《千頃堂書目》、徐𤊺《紅雨樓書目》卷四、朱彝尊《明詩綜採摭書目》皆著錄十五卷,而未云殘缺。此書專收七律一體,餘體皆舍而不錄。(徐鵬、劉遠遊:《四庫提要補正》;徐大軍:《〈四庫全書總目〉集部存目提要辨證》)

五倫詩五卷（浙江汪啟淑家藏本）

明沈易編，易字翼之，華亭人。是編前有洪武己未錢惟善序，稱易“游學北方，南還鄉里，為童子師，得束脩以奉二親。其教之也，一以躬行為主。嘗編《五倫詩集》，俾知人之所以為人，在乎此五者”云云。則此集本為課蒙而作，故所錄皆淺近通俗之作。據其原目，共內集五卷、外集七卷。內集五倫分五卷，外集則睦族、並言、<small>案易自註，“並言”者，一詩並及五倫者也。其立名殊鄙，謹附訂於此。</small>務本、尚志、比喻、警省、詩餘分七卷。此本但有內集，蓋不完之本。卷末有跋，稱鈔自朱彝尊家，原闕後七卷。則其佚久矣。

姑蘇雜詠二卷（浙江巡撫採進本）

明周希孟、周希夔同編。上卷為高啟原唱，下卷為其祖南老續作。啟詩凡古、今體一百三十六首。南老復因其題，各賦五言六韻。末又增疊韻吳官詞一首，補遺四首，續附詞二首。案啟所作已具見本集中，南老追其後塵，未能聯步。合而刊之，殆有“蒹葭玉樹”之目。南老字正道，自號拙逸子①，亦明初人也。

【彙訂】

①“拙逸子”，底本作“拙遺子”，據殿本改。明萬曆四十六年周氏刻本此集有周南老自敍，署“拙逸老人”。卷末洪武十五年盧熊後序云：“先生名南老，自號拙逸子。”《姑蘇志》卷五十四《人物·儒林》小傳、《吳都文粹續集》卷三十九吳沈《周先生墓碣銘》皆載周南老所著有《姑蘇雜詠》、《拙逸齋稿》。

金蘭集三卷附錄一卷（山東巡撫採進本）

明徐達左編。達左所編《顏子》，<small>案是書已為高陽所竄亂，改名《顏</small>

子鼎編》。然《鼎編》非達左之舊名，故仍稱以《顏子》。已著錄①。達左當未仕以前，家蘇州之光福里，於所居築耕漁軒。一時名流往還，多為題詠。此集乃其所輯同時酬贈之作。又《附錄》一卷，則達左兄子濟出守邵武及歸田後②，與友朋倡和之詩③。其十一世孫翶為之校梓以行。前附載正統九年徐珵所作《耕漁子傳》。珵即有貞初名也。

【彙訂】

① 殿本"已著錄"三字在注文前。

② 殿本"邵"上有"福建"二字。

③ 殿本"倡"上有"相"字。

文章類選四十卷（安徽巡撫採進本）

不著編輯者名氏。前有洪武三十一年凝真子序，並慶府圖章。以史考之，蓋慶王㮶也。為太祖第十六子，好學有文。洪武二十六年就藩寧夏，三十年始建邸。是書刊於三十一年，則在建邸後矣。序稱："暇日會諸儒，將昔人所集《文選》、《文粹》、《文鑑》、《翰墨全書》、《事文類聚》諸書所載之文，類而選之。"分五十八體。然標目冗碎，義例舛陋，不可枚舉。如同一奏議也，而分之為論諫，為封事，為疏，為奏，為彈事，為劄。詩不入選，而曲操、樂章仍分二類。又如"序事類"載《左傳·隱桓本末》、《鄭莊公叔段本末》及《子產從政》，凡三篇，而《戰國策·范雎見秦王》反刊於前，顛倒失次。其甄綜之無識，又概可知矣。

虎邱〔丘〕詩集一卷（兩淮馬裕家藏本）

明王賓編。賓有《光菴集》，已著錄。是編專錄虎邱題詠，自樓鑰至顧阿瑛，得詩一百八十八首。然止及宋、元兩朝，不免多所遺漏。末有朱彝尊跋云："此編為項氏萬卷樓藏書。中有郏經詩云：'虎邱山前新築城，虎邱寺裏斷人行。'[①]虎邱築城當屬淮張時事，吳人鮮有知者。"末云："竹垞老人識，時年七十有三。"觀其筆蹟，乃從原本影鈔者，非即項氏萬卷樓所藏也。

【彙訂】

①　"斷"，殿本作"有"，誤，參朱彝尊《明詩綜》卷十六載郏經《春陪呂志學曾彥魯劉仲原同登虎丘賦呈居中長老》詩原文。

燕山八景圖詩一卷（兩淮鹽政採進本）

明永樂十二年左春坊左中允吉水鄒緝等倡和之作也。燕山八景，始見於金《明昌遺事》。《永樂大典》載《洪武北平圖經》，亦具列其目。然如"瓊島春雲"作"瓊島春陰"、"太液晴波"作"太液秋風"、"薊門煙樹"作"薊門飛雨"、"金臺夕照"作"道陵夕照"[①]，皆與此編所載名目不符。元陳孚《剛中橐》有《神京八景》詩，所列八題惟"金臺夕照"與此編同，餘並與《北平圖經》相合。疑《圖經》所載本元時舊名，而此編則明初諸人所改，至今沿之。其"道陵"二字，近畿無此地名，或《永樂大典》繕錄之誤也。此本凡詩百二十首，皆緝首倡，而翰林學士胡廣，國子祭酒胡儼，右庶子楊榮，右諭德金幼孜，侍講曾棨、林環，修撰梁潛、王洪、王英、王直，中書舍人王紱、許翰等十二人和之，廣獨再和焉。前有廣序。後有楊榮跋，稱："寫《八景圖》，並集諸作置各圖之後，裱為一卷，藏之篋笥。"則此集乃後人從圖卷中錄出者也。

【彙訂】

①　"道陵夕照"，底本作"道陵西照"，據殿本改。元陳櫟《燕山八景賦考評》曰："愚聞'金壺夕照'本曰'道陵夕照'。"（《定宇

集》卷十四）元馮子振《鸚鵡曲·燕南八景》曰："盧溝清絶霜晨住，步落月問倚闌父。薊門東直下金臺，仰看棱臺飛雨。道陵前夕照蒼茫，疊翠望居庸去。玉泉邊一派西山，太液畔秋風緊處。"（《朝野新聲太平樂府》卷一）

　　文章辨體五十卷外集五卷（江蘇巡撫採進本）

　　明吳訥編。訥有《祥刑要覽》，已著錄。是編採輯前代至明初詩文，分體編錄，各為之説。内集凡四十九體，大旨以真德秀《文章正宗》為藍本。外集凡五體①，則皆駢偶之詞也。程敏政作《明文衡》，特錄其敘錄諸體，蓋意頗重之。陸深《溪山餘話》亦稱："《文章辨體》一書，號為精博，自真文忠《文章正宗》以後，未有能過之者。"今觀所論，大抵剽掇舊文，罕能考核源委，即文體亦未能甚辨。如内集純為古體矣，然如陸機《文賦》、謝惠連《雪賦》、謝莊《月賦》已純為駢體，但不隔句對耳。至駱賓王《討武曌檄》純為四六，而列之内集。又孔稚圭《北山移文》亦附之"古賦"，是皆何説也？《古樂府》備列吳聲歌曲、西曲歌、江南曲諸體，淫詞豔語，並登簡牘。而獨斥律詩為變體，非耳食歟？外集收及詞曲，已為泛濫。而以王維《渭城曲》、劉禹錫《竹枝詞》、白居易《楊柳枝詞》綴於簡末，謂之附錄。夫《渭城曲》本題為《送元二使安西》，當時伶人採以入樂耳。遽別之於絶句之外，已為憒憒。且唐歌曲乃宋、元詞曲之先聲，反附錄於宋、元人後，直本末倒置矣。其餘去取，亦漫無別裁，不過取盈卷帙耳，不足尚也。

　　【彙訂】

　　① 此書内集分為五十一體：古歌謡辭、古賦、樂府、古詩、歌行、諭告、璽書、批答、詔、册、制、誥、制册、表、露布、論諫、奏疏、

議、彈文、檄、書、記、序、論、說、解、辨、原、戒、題跋、雜著、箴、銘、
頌、贊、七體、問對、傳、行狀、謚法、謚議、碑、墓碑、墓碣、墓表、墓
誌、墓記、埋銘、誄辭、哀辭、祭文。外集分九體：連珠、判、律賦、
律詩、排律、絕句、聯句詩、雜體詩、近代詞曲。總計六十體。(仲
曉婷：《〈文章辨體〉的文體分類數目考》)

橋門聽雨詩一卷(浙江范懋柱家天一閣藏本)

明金庠編。庠,蘇州人。永樂己丑進士,官至監察御史。是
編乃永樂七年會試,得陳燧等九十五人。時值巡幸北京,諸貢士
寓居太學俟廷對,雨中取杜甫"好雨知時節"及"落日放船好"二
律,人各一韻,賦詩見志。庠因彙而成帙。凡九十五人,中除前
科已經冠帶及肄四裔書者不與,餘八十人,又以憂去者二人,詩
凡七十八首。內闕史安、鄧昌二首。蓋編錄之時,已偶失其
槀也。

鼓吹續編九卷(浙江范懋柱家天一閣藏本)

明朱紹、朱積同編。紹字善繼,積字善慶,江陰人。二人兄
弟也。是編成於永樂二十二年,蓋續《唐詩鼓吹》而作,故所錄仍
皆七言律詩。凡宋詩一卷,元詩二卷。鉅手名篇,率不一選,而
明人之詩乃多至六卷。其去取乖方,可以想見。明初風氣猶淳,
而已有後來坊刻社槀之習,殆不可解。

士林詩選一卷(兩淮馬裕家藏本)

明懷悅編。悅字用和,嘉興人。永樂中,以納粟官通判①。
是集所載皆一時友朋之作。近體最多,持擇亦未精審。

【彙訂】

① 據與懷悅有詩歌倡和及《士林詩選》入選者之生活年代,

懷悅至少天順間尚在世。謂永樂中已以納粟授官恐失之過早。
（陳尚君、汪涌豪：《司空圖〈二十四詩品〉辨偽》）

　　興觀集一卷附山村遺詩雜著一卷（浙江巡撫採進本）
　　明瞿暹編。暹舊藏仇遠手書七言律詩三十八首，有元末明初諸人題跋。其邑人翰林修撰王希範常以"興觀"二字題卷端，故暹名之曰《興觀集》。宣德三年，暹又乞其伯父長史佑書所為七律五十首於卷後。故魏驥序曰："《興觀集》者，錢塘瞿暹集其鄉人先達仇山村、瞿存齋二先生所著七言近體八十八首。"世或專稱仇遠《興觀集》，誤也。後綴《山村逸詩》一卷，凡詩五十四首，雜著二首，不知何人所附。今《山村遺稿》已有新本，而遠《金淵集》復從《永樂大典》中裒集成帙，刊刻以行。此不完之本不足為重，故僅存其目焉。

　　柳黃同聲集二卷（浙江鮑士恭家藏本）①
　　明杜桓編。桓字宗表，徽州人。是編刻於宣德己酉。以柳貫、黃溍皆其鄉人，因採貫延祐庚申以國子監助教分教上都詩三十二首，至治癸亥考試進士於上都時詩九首；溍至順辛未以翰林應奉扈從上都詩十二首，合為一集。其時溍集未刻，故所載虞集諸人題跋，較貫詩獨詳云。

【彙訂】
　　①"二"，殿本作"三"，疑誤。《浙江省第四次鮑士恭呈送書目》載《柳黃同聲集》二卷。

　　存存稿十卷續稿三卷（兩江總督採進本）
　　《存存稿》，明周泰編；《續稿》，周寀編，皆其先世遺集也。《存存稿》凡《石初集》五卷，周霆震撰①；《達止集》三卷，霆震子莊撰;《提舉集》一卷,莊長子靜撰;《蹄涔集》一卷,莊次子庸撰。泰合編之為十卷,泰即庸之孫也。其書成於正統丙寅。至萬曆十九年,其裔孫寀又益以周永錫《愚直存槀》一卷、周正方《佩韋存槀》二卷,名曰《續編》,合訂成帙。案霆震《石初集》有單行之本,已別著錄。其餘五集特子孫自珍其手澤,為一家之書耳,實皆非霆震比也。其曰《存存槀》者,寀序稱:"或取緜緜之義,或取存其所存。"是其命名,其子孫已不得詳之矣。

【彙訂】

①"周霆震",殿本作"周震霆",下同,誤。《總目》卷一六八著錄周霆震撰《石初集》十七卷。今存諸抄本《石初集》十卷附錄一卷,皆署周霆震撰。

雙桂集六卷(江蘇巡撫採進本)

明徐㙦編,㙦,無錫人。是集錄其祖環、父允之詩。環字伯樞,元兵部侍郎憲之子。洪武閒,常以茂才薦,擢上元縣主簿,終臨桂縣丞。所著有《臨桂集》。允字邦孝,所著有《水南集》。㙦合為一集刊之,統名曰《雙桂》。朱彝尊《明詩綜》蒐羅至三千四百餘家,而環父子之詩不載一字。然其詩皆未成家,疑彝尊刪之,未必不見也。

詩學權輿二十二卷(兩淮馬裕家藏本)

明黃溥編。案明有兩黃溥。其一鄞縣人,有《簡籍遺聞》,已著錄。此黃溥字澄濟,自號石厓居士,弋陽人。正統戊戌進士,官至廣東按察使。是書兼收衆體,各為註釋。定為名格、名義、韻譜、句法、格調諸目,復雜引諸説以證之。然採摭雖廣,考證多疎。如卷首《董少平歌》①,不知"鳴"、"平"為韻,古多此格,乃誤以為七言一句之歌。甚至以"楚辭"與"騷"分為二體,可謂不知而作矣。

【彙訂】

① "董少平歌",底本作"董少年歌",據殿本改。《樂府詩集》卷八十五有《董少平歌》,其辭曰:"枹鼓不鳴董少平。"

二麓正議三卷(浙江巡撫採進本)①

明湯光烈及其子護所著也。光烈號西麓,新建人,官海豐縣教諭。護號小麓,嘗受業於張元禎。元禎攜之入都,欲薦於朝。會元禎卒,不果。光烈於正統時嘗上禦戎、勤王、擇官養民、開科取士四疏。護嘗作《野史辨誣》,以糾李賢《天順日錄》之舛。其郡人艾璞合刊之,名《二麓正議》,而以詩歌雜著及同時贈答之作各附載於後。前有宏治戊午張元禎序,蓋刊於護未北上之日也。光烈所作凡一卷,以《禦戎疏》為冠。其第一條欲"於沿路多掘陷穽,架以二木,中置長錐,覆以草土,待敵自入。坑其一騎,則十騎錯愕;坑其十騎,則百騎驚疑;坑其百騎,則萬騎猶豫,自不敢長驅"。殆毫不曉事之腐儒。護所作凡二卷,其辨李賢誣景帝而諛英宗,是固不免。至於以奪門之功比之湯武征誅,又力為石亨辨冤,事事為之回護,以為社稷純臣,功高受戮,乃韓信、岳飛之匹。則殊乖公論。考張元禎之學出於吳與弼,而護之學出於元禎。或因亨嘗薦與弼,以門戶之故,感而修報歟?

【彙訂】

① 此書在《各省進呈書目》中僅著錄於《浙江省第九次進呈書目》與《浙江採集遺書總錄》,又見於《二老閣進呈書》,"浙江巡撫採進本"應為"浙江鄭大節家藏本"之誤。(江慶柏:《四庫全

書私人呈送本中的鄭大節家藏本》）

齊山詩集七卷（兩江總督採進本）

明釋祖浩與其徒道瑠同編。二人並齊山寺僧。案齊山在池州貴池縣，有十餘峯，以其正相齊等，故曰齊山。或云唐刺史齊映有善政，嘗好遊之，因而得名。宋李壁曰：“《唐書》載映為江西觀察使，不言其作池州①。池州郡牧題名有齊照，當是以此得名也。”自唐杜牧齊山登高有詩，後之遊者多繼作。此集彙採成帙，並雜著、記序附焉。書成於宏治甲寅。

【彙訂】

①底本“州”下有“守”字，據殿本刪。李壁《王荊公詩注》卷三十《和王微之秋浦望齊山感李太白杜牧之》注文曰：“齊山在池州貴池縣南五里。王晳《齊山記》云：‘山有十餘峰，其高正等，故曰齊山。或謂齊刺史齊映有善政，好此山，因名焉。’按《唐書》載映為江西觀察使，不作池州。郡牧題名却有齊照，當是以此得名也。”

雍音四卷（陝西巡撫採進本）

明胡纘宗撰。纘宗有《安慶府志》，已著錄。是編專輯秦中之詩①。始於泰伯、文、武、周公、成王、宣王諸逸篇，下迄於元，凡百五十人。分體排纂，以合於雅音者為《內編》二卷，未盡雅馴者為《外編》二卷。然李陵、蘇武諸詩概列之《外編》中，其進退殊不甚可解也②。

【彙訂】

①既曰輯，則為胡纘宗編次，非撰也。（高明：《胡纘宗的生平與著述》）

② 明嘉靖二十七年刊本內、外編皆收有李陵、蘇武詩,其他眾多詩人之作,如李白、杜甫等應入雅音者亦是內、外編皆有。胡氏於卷三目錄後云:"外編云者,於諸先正非敢有所軒輊,特以雍詩錄有未盡,檢有及者續輯而類編之云爾。"(徐大軍:《〈四庫全書總目〉集部存目提要辨證》)

石鐘山志八卷(浙江范懋柱家天一閣藏本)

明王恕撰。案是時有二王恕。一為三原人,《明史》有傳。一即此王恕,字尚忠,湖口人,景泰甲戌進士,官至廣東布政司參議。湖口有上、下石鐘山,即蘇軾作《記》者。恕以其為邑名勝,因輯古今題咏賦、傳、記、跋等文,都為一編。雖以"志"為名,實總集也。

江南春詞一卷(浙江巡撫採進本)①

明沈周等追和元倪瓚作也。時吳中有得瓚手槀者,因共屬和成帙。首有作者姓氏,自周以下共五十人。嘉靖十八年,袁表序而刻之,後有袁褧跋,二人亦皆有和作。又有張鳳翼、湯科、陳瀚三人之作,卷首不載姓氏,疑刻成後所續入也。瓚原倡題三首,而其後和者皆作二首。祝允明跋云:"案其音調是兩章,而題作三首,豈誤書耶?"袁表則云:"細觀墨蹟,本書二首,後人以詞一闋謬增為三也。"今考《雲林詩集》,惟《春風顛》一首載入"七言古體",題作《江南曲》,而無《汀州夜雨》一首。則後一首是七言詩,而前一首是詞耳②。然文徵明《甫田集》云:"追和倪元鎮《江南春》,亦載入詩內。"則當時實皆以詩和之。蓋唐人樂府被諸管絃者,往往收入詩集。自古而然,固非周之創例矣。

【彙訂】

① 此書在《各省進呈書目》中僅著錄於《浙江省第九次進呈書目》與《浙江採集遺書總錄》,又見於《二老閣進呈書》,"浙江巡撫採進本"應為"浙江鄭大節家藏本"之誤。(江慶柏:《四庫全書私人呈送本中的鄭大節家藏本》)

② 文淵閣《四庫》本倪瓚《清閟閣全集》卷四"七言古詩"收《江南春》一首,上闋起句"汀州夜雨生蘆筍",下闋起句"春風顛,春雨急,清淚泓泓江水濕"。後附周履靖《江南春詞二闋和倪云林韻》二首,可知確如袁表所云,倪瓚之作原為一首。

新安文粹十五卷(兩淮馬裕家藏本)

明金德玹撰,蘇大重訂正之。其第十五卷則蘇大自載其詩文也。德玹字仁本,大字景元,皆休寧人。此書成於景泰、天順閒,程敏政《新安文獻志》成於宏治初。《文獻志》載此書之目於《事略》,此書《補遺》之內亦出敏政名①。則二書同時所作,略有先後耳。中閒所錄之文,不及《文獻志》之博,而頗有《文獻志》所不載者。二書固互相表裏也。

【彙訂】

① 天順四年刻本此集卷十四《補遺》未載程敏政之名。

聯句錄五卷(兩淮鹽政採進本)

明李東陽編。東陽有《東祀錄》,已著錄①。此其官翰林時,與同年進士及同遊士大夫聯句之作。東陽自為序,而丹徒知縣江夏王溥刊行之。侍讀學士莆田吳希賢復輯題名一通冠於前,凡六十有九人。詩不盡工。又焦芳、李士實之流亦廁其閒,交遊未免稍濫。然其時館閣儒臣,過從唱和,以文章交相切劘。說者謂明之風會,以成、宏為極盛,即此亦可以想見也。

【彙訂】

① 依《總目》體例,當作"東陽有《燕對錄》,已著錄"。

雅音會編十二卷(內府藏本)

明康麟編。麟字文瑞,廣東順德人。天順中,官福建按察司僉事。是書以平聲三十韻為綱,以諸詩案韻分隸。蓋因宋人《十二先生詩宗》之體,稍變通之。所列始音、正音、遺響亦沿楊士宏〔弘〕《唐音》之例,無所發明。

詠史集解七卷(浙江巡撫採進本)①

明程敏政編,林喬松註。敏政有《宋遺民錄》,已著錄。喬松,晉江人,始末未詳。其註此書,則官景寧縣知縣時也。其書取古人詠史之作,依代編次。自三代迄宋末,止七言絕句一體,採輯頗備。然亦有本非詠史而因類編入者,又有改竄原題者,體例頗為冗雜。喬松之註亦多就事鋪敘,依文訓義,不足以資考證也。

【彙訂】

① 此書在《各省進呈書目》中僅著錄於《浙江省第九次進呈書目》,又見於《二老閣進呈書》,"浙江巡撫採進本"應為"浙江鄭大節家藏本"之誤。(江慶柏:《四庫全書私人呈送本中的鄭大節家藏本》)

唐氏三先生集二十八卷附錄三卷(安徽巡撫採進本)

明程敏政編。凡唐元《筠軒集》詩八卷,文五卷;唐桂芳《白雲集》詩五卷,文二卷;唐文鳳《梧岡集》詩四卷,文四卷。前列諸集原序,後附以傳記、銘誌之文,彙成而毀於火。正德戊寅,唐氏裔孫澤濂得其副於程師魯,因重為補輯,徽州知府張文林刊之。今三集已別著錄,存其總目於此,以不没搜輯之功焉。

明珠玉八卷(浙江范懋柱家天一閣藏本)

明王謂編。謂字秉忠,江陰人。是編成於成化甲午。選明一代之詩,自劉基以下凡數百家。而所錄祇七言律詩一體,蓋用《唐詩鼓吹》例也。然猥雜殊甚,不及元好問書多矣。

海釣遺風集四卷(兩淮馬裕家藏本)

明蕭鳴鳳編。鳴鳳字子雛,浙江山陰人。正德九年進士,官至廣東提學副使。事蹟具《明史》本傳。鳴鳳父顯,字文明,別號海釣[①]。永樂甲申進士,官至給事中。其卒也,李東陽等各為詩以哀之,題曰《海釣遺風》。鳴鳳因取顯遺詩及東陽等所作序傳,並為此集,而仍其舊名[②]。體例糅雜,編次殊為無法。

【彙訂】

① “別”,殿本無。

② 蕭鳴鳳之父名昱,字用光,天順六年舉人,未成進士,官僅知縣,見乾隆《紹興府志》卷四七《蕭昱傳》及嘉慶《山陰縣志》卷十四《蕭昱傳》。檢《明清進士題名碑錄》,明代有兩進士名蕭顯,一為福建福安人,中永樂二年(甲申)榜;另一為山海衛人,登成化八年榜。據薛應旂《蕭公鳴鳳墓表》(載焦竑編《獻徵錄》卷九九),蕭鳴鳳“生於成化庚子”,庚子為成化十六年,上距蕭顯成進士之時,已七十六年。考李東陽《蕭公顯墓誌銘》(載《獻徵錄》卷九十),山海衛人蕭顯,字文明,號海釣,登成化八年進士,官至給事中。據此可知,有遺詩入《海釣遺風集》者,為山海衛人蕭顯,其人既非永樂進士,亦與蕭鳴鳳之父不同名。《總目》既誤合

同姓名之人，又誤合其名近似之人。（楊武泉：《四庫全書總目辨誤》）

　　春秋詞命三卷（江蘇巡撫採進本）

　　舊本題明王鏊撰，王徹註。鏊有《史餘》，已著錄。徹自署松江人，始末未詳。是書雜採《左氏》所載應對之詞，釋以通俗之語，似非鏊之所作，疑為書肆所託名。然序文乃載鏊集中，朱彝尊《經義考》亦著錄，則事之不可解者也。所錄雖源出《春秋》，而於經義無關，於傳義亦不相涉。今以其輯錄舊文，為童蒙誦讀之用，姑附之"總集類"中。

卷一九二

集部四十五

總集類存目二

浙元三會錄無卷數（浙江巡撫採進本）①

明楊守阯編。守阯有《碧川文選》，已著錄。是書乃以浙江解元同仕於朝者邀為文會。其六元文會始於成化六年，范理、商輅、姚夔、楊守陳、盧楷及守阯也。至成化十五年復為七元會，則胡謐、沈繼先、楊文卿、黃珣、謝遷及守陳、守阯也。成化二十二年再為後七元會，則李旻、王華、胡謐、沈繼先、謝遷及守陳、守阯也。守阯兄弟後先三會皆與焉，故守阯錄贈答倡和詩文，彙為此編。

【彙訂】

① 此書在《各省進呈書目》中僅著錄於《浙江省第九次進呈書目》與《浙江採集遺書總錄》，又見於《二老閣進呈書》，"浙江巡撫採進本"應為"浙江鄭大節家藏本"之誤。（江慶柏：《四庫全書私人呈送本中的鄭大節家藏本》）

二戴小簡二卷（浙江范懋柱家天一閣藏本）

不著編輯者名氏。所載一曰《贅言錄》，明戴豪撰。一曰《筠溪集》,戴顒撰。豪字師文,台州太平人。成化戊戌進士,官至廣東布政司參政。顒字師觀,豪之弟。正德辛未進士,官至兵科給事中。《萬姓統譜》載豪所著有《贅言錄》若干卷,《太平志》載顒有《倦歌集》,又有《筠溪雜橐》。此本以兩人書簡各一卷,合為一編。蓋摘錄於全集之中,而仍以原集標目①,非其完本也。

【彙訂】

① "而",殿本作"故"。

宸章集錄一卷(左都御史張若溎家藏本)

明費宏編。宏有《文集》,已著錄。此書乃嘉靖五年六月十三日世宗御平臺,召宏及大學士楊一清、石珤、賈詠入見,各賜御製詩。宏得七言古詩一章,一清、珤、詠各得五言古詩一章。宏等疏謝,並依原韻和進,帝復賜以批答。宏因集為一帙,梓而傳之。《明史》傳本傳稱:"帝嘗御平臺,特賜御製七言詩一章,命輯倡和詩集,署其銜曰'內閣掌參機務輔導首臣'。其見尊禮,前此未有。張璁、桂萼滋害宏寵,萼言:'詩文小技,不足勞聖心。且使宏得憑寵靈,凌壓朝上。'帝置不省。"云云。然則此書乃承世宗之命所編也。

振鷺集一卷(衍聖公孔昭煥家藏本)

明陳鎬編。鎬有《闕里志》,已著錄。宏治十六年,孔子六十二代孫襲封衍聖公孔聞韶入覲京師。事畢將還,朝臣咸賦詩贈行。館閣自大學士劉健以下三十五人為一軸,吳寬為之序。卿寺自馬文升以下三十六人為一軸,謝鐸為之序。聞韶為李東陽壻,故朝士出東陽之門者,又別為一軸,凡二十一人,靳貴為之序。鎬時為山東提學副使①,乃合而梓之。以聖系出自殷後,故以“振鷺”為名。然衍聖公非三恪之列，數典頗為不切也。

【彙訂】

① 此書卷首有正德六年丙寅陳鎬序，自題提刑按察司副使提督學政。（夏定域：《四庫全書提要補正》）

聯句私鈔四卷（兩江總督採進本）

明毛紀編。紀有《密勿稿》，已著錄。是集前有《引》一篇，稱：“昔在翰林，與僚友及諸司善鳴者會晤遊賞，多形之聯句，得二卷。後為部佐，與同年數公相處，因事感懷，復得一卷。其末卷則在內閣與諸老同作者。總七言律二百二十五首，排律二首，五言古詩一首。歸田後葺錄為一帙。”並題姓名履貫於卷首，自華亭顧清以下共三十有三人①。

【彙訂】

① “三十有三人”，殿本作“三十有二人”，誤。明嘉靖刻本此集卷前《引》云：“屈指舊遊三十二人”，《聯句名氏》所列包括作者共三十三人。

古黃遺蹟集一卷（兩淮鹽政採進本）

明盧濬編。濬，天台人。成化丁未進士，宏治中官黃州府知府。是編輯黃州古蹟題詠，大旨以詩賦為主，而以唐許遠祠祭文三篇錯雜諸詩之內。又《宣聖遺像碑記》亦附卷末，頗無體例。至王禹偁《黃州竹樓記》在耳目之前，轉遺不採，亦莫喻其故也。

文翰類選大成一百六十三卷（兩淮馬裕家藏本）

明李伯璵、馮原同編①。伯璵，上海人，官淮王府長史。原，慈谿人，官淮王府紀善。是書即奉淮王之命作也。前有淮王序，自稱西江頤仙。案《明史》，仁宗子淮靖王瞻墺，以永樂二十二年封，宣德四年就藩饒州[2]。瞻墺子康王祁銓，以正統十一年嗣封[3]。此書作於成化、宏治閒，則所稱“頤仙”者，即祁銓也。其書總錄前代及明人詩，分體編次[4]。每體之中各以時代為次，採掇頗詳。然愛博而無所持擇，往往乖誤。如以梁劉琨為晉劉琨，以班婕妤詩為《漢宮怨》，以阮籍《咏懷》為《咏歌》，以宋楊傑為不知爵里，皆疎舛之甚者。至於李白詩中收入李赤詩，又以吳隱之為唐人，與李義山同編，尤為顛舛。

【彙訂】

①“馮原”應為“馮厚”之誤。明成化刻弘治嘉靖遞修本此集卷末有馮厚自序，《千頃堂書目》、《天一閣書目》亦作馮厚。（朱家濂：《讀〈四庫提要〉札記》；徐大軍：《〈四庫全書總目〉集部存目提要辨證》）

②《明史》卷一一九：“淮靖王瞻墺，仁宗第七子。永樂二十二年封，宣德四年就藩韶州。英宗即位之十月，以韶多瘴癘，正統元年徙饒州。”（徐大軍：《〈四庫全書總目〉集部存目提要辨證》）

③《明史》卷一百三《諸王世表》：“康王祁銓，正統十三年襲封，弘治十五年薨。”正統十一年乃瞻墺薨逝之年。（王重民：《中國善本書提要》）

④ 此書非僅錄詩，亦錄有文。大致以《文選》為標準分六十四類，其中有頌、銘、記、序、書、論、行狀、墓誌等文類。（徐大軍：《〈四庫全書總目〉集部存目提要辨證》）

古括遺芳四卷（浙江巡撫採進本）

舊本題南山鄭宣撰。不著時代，亦無序跋。考書中所錄止於明天順中,則明人也。其書裒輯處州之文凡三十三家,分序文、奏疏、策論、辨說四門。採摭甚略,似乎鈔撮志乘為之。未博考於諸集,其考證亦多舛陋。如著《漢雋》者本林鉞,見《書錄解題》,而以《青田志》不載鉞有著述疑之。至以鮑彪《〈戰國策〉序》誤疑為劉向之文,則更異矣。

群公小簡六卷(浙江范懋柱家天一閣藏本)

不著編輯者名氏。前有成化乙未徐傳序,稱蘇文忠、方秋崖、趙清曠、盧柳南、孫仲益五先生之所著,而第六卷乃為歐陽修作。其第一卷題《五先生手簡》,自第二卷以下又題曰《六先生手簡》。後有成化二十年周信跋,稱出《醉翁帖》一帙贈徐,徐亦以此書報贈。又稱:“捐俸命工,仍舊本重刊。”則末一卷為信所增入。其改題“六先生”亦信所為也[1]。蓋明代朝覲述職之官,例以一書一帕贈京中親故。其書皆潦草刊版,苟應故事,謂之書帕本,即此之類。其標題顛舛,固不足深詰矣。

【彙訂】

①“徐傳”為“徐傅”之誤。徐傅,江南長洲人,天順四年進士。據其序可知此書歐陽修一卷由徐傅等補,先後參與其事的有方文煒、陳廷璉等。周信不過據以刊刻。(江慶柏:《〈四庫全書總目〉考訂十七則》)

太白樓集十卷(浙江范懋柱家天一閣藏本)

明蔡鍊編。鍊字懋成。餘姚人。宏治庚戌進士,官工部主事。此編乃其管理山東河道時,以濟寧州城東南有太白樓,為李白遺蹟,因錄諸題詠碑刻之文,合為一集,而《二賢祠碑》亦附入焉。二賢祠者,州人所建以祀白及賀知章者也。

東甌詩集七卷補遺一卷續集八卷（江蘇周厚堉家藏本）

明趙諫編。諫字士忠,溫州人。初,成化中樂清蔡璞嘗輯溫州一郡之詩,自王十朋以下為七卷,又《補遺》一卷。諫以其去取為未善,乃因蔡本而增損之。溫州知府趙淮序而刊之。又為《續集》八卷,或補人,或補詩,以拾蔡本之遺,諫自序之。並刻於宏治庚戌①。其體例頗雜,不出地志之積習。如張子容本襄陽人,為樂成尉,故其詩多永嘉所作。子容及孟浩然集中諸詩,班班可考,《續集》乃以為永嘉人。然則《謝靈運集》不當同入此選歟?

【彙訂】

① "趙淮"乃"鄧淮"之誤,明刻本此集卷首有弘治癸亥(1503)溫州知府吉水鄧淮序。趙諫序亦作於弘治癸亥。據卷末《東甌詩集》後序,乃正德丁卯(1507)刊刻完成。(徐大軍:《〈四庫全書總目〉集部存目提要辨證》)

金華正學編十二卷（兩江總督採進本）

明趙鶴編,唐邦佐重輯。鶴字叔鳴,江都人。宏治丙辰進士,官至山東提學副使。邦佐字維良,蘭谿人。隆慶戊辰進士,官至光州知州。初,嘉靖閒鶴官金華知府①,以宋呂祖謙、何基、王柏,元金履祥、許謙皆金華名儒,因錄五家之文涉於講學者數篇,及其本傳、行狀、墓誌等各為二卷。萬曆庚寅,邦佐復取鶴原書為之刪訂,而益以明章懋。以祖謙朱子之友,基等皆傳朱子之派,故命曰"正學"。

【彙訂】

① 明正德七年楊鳳刻本此集十卷,前冠趙鶴正德六年辛未自序,據序可知其官金華在正德間,非嘉靖間。(朱家濂:《讀

〈四庫提要〉札記》)

金華文統十三卷（副都御史黃登賢家藏本）

明趙鶴編。是書於《正學編》外，兼錄金華耆舊之文。宋宗澤、梅執禮、潘良貴、鄭剛中、賈廷佐、范浚、陳亮、呂祖儉、徐僑、何恪、時少章、喬行簡等十二人，元柳貫、張樞、吳師道、黃溍、吳萊等六人，明宋濂、王褘、蘇伯衡、胡翰、戴良、吳沈、王紳、章懋等八人。而宋濂所錄獨多。蓋視諸人較呂祖謙等為稍亞，故所錄亦稍寬。然前列呂祖謙修《文鑑》法、朱子取文字法，及王柏、吳師道論文之語，則大旨仍以講學為宗。故劉孝綽、駱賓王、舒元輿之文皆所不取。然唐仲友亦不登一字，則門戶之見殊未能化矣。

來蘇吳氏原泉詩集八卷（內府藏本）

明吳宗周編。宗周字子旦，號石岡，宣城人。宏治丙辰進士，官至臨江府知府。是編輯其先世以來之詩，始宋迄明。據宗周自序稱："以先人之作為《內集》，外人所贈為《外集》，附以拙作。"此本自五卷至七卷皆宗周詩。宗周詩後益以按察司副使大本、貢士茱、府庠士木。又有宗周《拾遺》，而無所謂《外集》者。蓋其後人所損益，已非復宗周之舊矣。

唐文鑑二十一卷（安徽巡撫採進本）

明賀泰編。泰字志同，吳縣人。宏治己未進士，官至監察御史，巡按福建。是編雜採唐文，所見殊為陋。前有林瀚序稱："兩漢有《文鑑》，宋亦有《文鑑》，惟唐一代闕焉。"如曰一朝必當有一《文鑑》，文何以必當名"鑑"也？如曰唐文無總集，是並姚鉉書未見矣。蓋明代書帕之本，其紕繆往往如此。

洞庭君山集三卷（兩淮馬裕家藏本）

明胥文相編。文相，巴陵人。宏治乙丑進士，官至柳州府知府。是編纂輯屈原而後歷代題詠湖山及岳陽樓者，共為一編。自載所作二詩，淺陋殊甚。蓋特好事者流也。

廣文選六十卷（副都御史黃登賢家藏本）

舊本題明劉節編。節有《春秋列傳》，已著錄。是書以補《文選》之遺，前有王廷相、呂柟二序，皆稱八十二卷。而此本實六十卷。卷末有晉江陳蕙跋，稱："節舊本所錄凡千七百九十六篇，其中譌字逸簡雜出，又文義之甚悖而俚者閒在焉。迺以視盬之暇，與揚郡守王子松，教授林璧，訓導曾辰、李世用，共校讎增損之，刻置淮揚書院。删去二百七十四篇，增入三十篇。"云云①。則此本為蕙等重編，非節之舊矣。蕭統妙解文理，擷歷代之菁華，以成一集。雖以杜甫文章凌跨百代，猶有"熟精《文選》理"之句，其推重詎出漫然。此可知當時去取別裁，具有深意。徐陵與統同時，所撰《玉臺新詠》，頗採《文選》所遺，劉克莊已有"皆統棄餘"之誚。則操筆繼作，何可易言。節不度德量力，乃有是集。蕙等又謬種流傳，如塗塗附。田藝蘅《留青日札》嘗摘其張協諸人詩與《文選》複收，及《阮嗣宗碑》諸篇誤改姓名之類，不一而足。今更校之，如其凡例以《焦仲卿妻詩》為俚俗，斥而不錄。又《亢倉子》本唐王士元所撰，實非古書，而題曰"周亢倉楚"，特稱其《君道》、《政道》等四篇為高古，所見已為甚淺。其編次亦仿《文選》分類，而顛舛百出。如《文選》陸機《文賦》無類可歸，故別立"論文"一門。此書乃以荀卿《禮》、《智》二賦及揚雄《太元賦》當之。其為學步，寧止壽陵餘子耶！曹植《蟬賦》、傅咸《螢賦》入

之"鳥獸",而傅亮《金燈草賦》不入"草木",謝朓《遊後園賦》不入
"遊覽",陸雲《南征賦》不入"紀行";陶潛《桃花源詩》入"咏史",
《史記·禮書》、班固《律曆志》入"雜文",皆不可理解。又"胡姬
年十五"一篇,本梁劉琨作,郭茂倩《樂府詩集》可考。而沿《文翰
類選》之誤,以為晉劉琨。莊忌本漢人,而誤以為梁人。《柏梁
詩》本聯句,而註曰六首。徐樂上書本無標題,而名曰《論土崩瓦
解書》。《左傳》"呂相絕秦"本為口語,而名曰《絕秦書》。《史
記·自序》中"下大夫壺遂"云云②,本文中之一段,而刪除前後,
名曰《答壺問》,隔數卷後又出《太史公自序》一篇。《文心雕龍·
序志篇》本其第五十篇,而改名曰《〈文心雕龍〉序》。至於諸葛亮
《黃陵廟記》之類,以贗文竄入,更無論矣。

【彙訂】

①　明嘉靖十六年陳蕙揚州書院刻本此集有陳蕙後序云:
"乃以視醻之暇,與楊郡守王子松,教授林璧,訓導曾宸、李世用,
共校讎增損之,刻置維揚書院。"可知"林璧"、"曾辰"、"淮揚書
院"皆誤。(杜澤遜:《四庫存目標注》)

②　壺遂之官爵,《史記·太史公自序》作上大夫。《索隱》
云:"案遂為詹事,秩二千石,故位上大夫也。"(楊武泉:《四庫全
書總目辨誤》)

文苑春秋四卷(山東巡撫採進本)

明崔銑編。銑有《讀易餘言》,已著錄。是集所錄,起漢高帝
《入關告諭》,迄明太祖《諭中原檄》,凡一百篇。各仿《毛詩》小序
之體,篇首綴以數言,而別無詮釋。大旨謂非關世教人心者不
錄,故名曰"春秋"。亦《文章正宗》之屋下屋也。

　　二陸集三卷(兩江總督採進本)

　　《長白山人集》二卷,明陸之箕撰。《南門續集》一卷,其弟之裘撰。之箕字肖孫,一字汝瞻,別號復泉,太倉人,宏治中貢生。之裘字象孫,官景寧縣教諭。其合二集而刻之,則太倉知州莆田蕭奇勳也。

　　殘本成仁遺稾五卷(安徽巡撫採進本)

　　明舒芬編。芬有《周易箋》,已著錄[①]。是書前有正德丙辰芬自序云:"行篋中有《文山指南集》二册,《集杜句》一册,《長嘯集》一册,又有《壘山詩文集》二册。因訂其譌脱,並取《宋史》本傳與祠記、銘狀、祭文、輓詞之類各附於後,總題曰《成仁遺稾》,付書林余氏刻之。"今是編五卷,一、二卷為《指南集》,三卷為《集杜詩》,四卷為《長嘯集》,五卷為《天祥附錄》,而枋得詩文、附錄皆無之。目錄又標作《成仁遺稾前》,蓋坊賈刻印時妄加分析,以此為前集,而以枋得詩文為後集耳[②]。

　　案此編雖僅存文天祥之著作,然芬之原本實兼文、謝二家,特藏弄者佚其半耳。故仍列之"總集類"中。

　　【彙訂】

　　①《總目》卷七著錄舒芬《易問箋》一卷,并無《周易箋》一書。《明史‧藝文志》亦作《易問箋》。(徐大軍:《〈四庫全書總目〉集部存目提要辨證》)

　　② 正德無丙辰,丙辰為弘治九年或嘉靖三十五年。《明儒學案》卷五三《諸儒學案下》"文節舒梓谿先生芬"條云:"正德丁丑進士第一……丁亥三月卒,年四十四。"丁亥為嘉靖六年,則弘治九年時舒芬僅十三歲。新安書林余氏正德十五年刻本《重訂

成仁遺稿》七卷,舒芬自序末題作"正德十五年八月朔日丙辰",
卷末有牌記云:"正德庚辰孟冬新安余氏甫齋。"正德十五年正為
庚辰。卷前目錄頁題作"成仁遺稿前總目錄",卷一至卷五皆題
為《文山先生集》,次題有《疊山先生集》後卷之一、卷之二。《疊
山先生集》目錄終標曰:"成仁遺稿前總目錄終。"可知"成仁遺稿
前"即正文之前的總目錄之一,非分作前、後集之意。(楊武泉:
《四庫全書總目辨誤》;徐大軍:《〈四庫全書總目〉集部存目提要
辨證》)

　　蓉溪書屋集四卷續集五卷(浙江巡撫採進本)

　　《正集》,明方豪編。《續集》,高第編。豪有《斷碑集》,已著
錄。第,絳州人,正德甲戌進士。初,絳州左都御史金爵居州城
東三里,所居有水,迤邐而南入於涪江。水上多植芙蓉,因以名
溪,頗擅林壑之勝。爵以按察使罷歸時,嘗構屋數楹,徜徉其閒,
名之曰蓉溪書屋。後復起掌憲,思之不置。於是禮部尚書劉春、
喬宇等皆有賦詠,以紀其勝。士大夫聞而和者甚多。正德十四
年,因屬豪裒集成書,凡作者七十八人。至嘉靖二年,繼和者益
衆,復屬第編為《續集》,凡作者七十一人。爵字舜舉,成化己丑
進士,官至刑部尚書。其父良貴,以進士累官左參政。子皋,以
進士為翰林。皞亦以進士為主事。三世通顯,交遊甚盛,故一時
題贈至盈八九卷云。

　　金石古文十四卷(兩淮鹽政採進本)

　　明楊慎撰。慎有《檀弓叢訓》,已著錄。是編所採皆金石之
文。上起古初,下迄於漢。然真偽錯雜,殊多疏漏。如《陽虛石
室倉頡文》、《岣嶁禹碑》、《廬山禹刻》、《比干銅盤銘》,皆顯然偽

撰,人所共知。而列以冠首,豈足傳信。《石鼓文》韓愈已云缺畫,鄭、薛諸家所載,無不譌缺。慎乃臆為補足,詭稱得之李東陽,不知東陽《懷麓堂集》固明云未見完本也。又如《沙邱石槨銘文》見《左傳》①,秦刻《嶧山》諸石《史記》具載,非至慎之時尚有金石可據。一概泛登,不挂一漏萬乎?至《孔彪》、《魯峻》等碑,但記姓名,無關文字。漢碑如此之類,恐亦不勝其載也。

【彙訂】

①《左傳》并無衛靈公石槨事,乃見於《莊子》、《博物志》。(沈濂:《紀文達纂書有誤》)

古雋八卷(浙江巡撫採進本)

明楊慎編①。雜採周、秦、漢諸子之文,惟末數篇為孔融、阮瑀、應瑒諸人雜文。每篇各立標目,不甚分類,亦不甚敘時代。蓋隨手鈔記之本,後人取而刻之耳。前有王象乾《〈楊太史別集〉序》,稱:"慎遺書自詩文以外約七十餘種。懼有湮没,檄取其家,得《餘冬序錄》、《古今諺》、《詞品》、《謝華啟秀》、《韻寶》、《古雋》各種。合為一集,付之梓。"云云。則此其所刻之一種,而冠以七種之序也。

【彙訂】

①"編",底本作"撰",據殿本改。

風雅逸篇十卷(浙江吳玉墀家藏本)

明楊慎編。是編採錄古來有韻之文,上起古初,下迄戰國末。又附載有篇目而無其辭者,自《葛天氏》八闋訖於師延《流徵》、《濮角》。馮惟訥《風雅廣逸》即據此書為藍本,而紕漏之處亦即沿此書之譌。末一卷所載逸詩諸名,尤多牽合。既有《詩紀》，此無庸複錄矣。

李太白詩選五卷杜少陵詩選六卷（内府藏本）

翰苑瓊琚八卷（内府藏本）

舊本題明楊慎編。其書餖飣補綴，類鄉塾兔園册子。中閒割裂《尚書》，尤為庸妄。疑非慎之所為。

三蘇文範十八卷（内府藏本）

舊本題明楊慎編。然所取皆近於科舉之文，亦不類慎之所為。殆與《翰苑瓊琚》均出依託也。

李太白詩選五卷杜少陵詩選六卷（内府藏本）

不著編輯者名氏。李白詩選之首有楊慎序，辨白里貫出處甚詳。末云："吾友禺山張子愈光嘗謂余曰：'李、杜齊名。杜公全集外，節鈔選本凡數十家，而李何獨無之？'乃取公集中膾炙人口者一百六十餘首，刻之明詩亭，屬慎題詞其端。"愈光為永昌舉人張含之字，則是編含所選也①。然烏程閔氏所刊朱墨版，其卷端評語引及鍾惺、梅鼎祚，皆明末人。含及慎在嘉靖中，何自見之？則已非含之原本矣。杜甫詩凡二百四十餘首，前後無序跋②，多載劉辰翁評及慎評，其去取殊無別裁。蓋閔氏以意鈔錄，取配李氏並行耳。明末刊版，真偽錯雜皆類此，不足異也。

【彙訂】

① 依《總目》體例，當補"含有《禺山文集》、《詩集》，已著錄"。

② 明天啟間烏程閔氏朱墨套印本卷首有閔映璧《杜詩選》序，共選杜詩二百六十四首。（鄭慶篤等：《杜集書目提要》）

婺賢文軌四卷拾遺一卷（江蘇巡撫採進本）

明戚雄編。雄字世英，金華人。正德辛未進士，官至監察御史。是編以《金華文統》去取未當,乃取其鄉先輩潘良貴、范浚、呂祖謙、陳亮、唐仲友、夏明誠、何恪、時少章、何基、王柏、柳貫、金履祥、許謙、吳師道、胡助、黃溍、吳萊、宋濂、王禕、胡翰、戴良、馮宿、陳樵二十三人之文①,薈而錄之。大旨謂宗澤、梅詢皆以忠義功業顯,不必取其尋常酬應之作。又謂唐仲友雖與朱子為難,而善不可沒。持論皆頗切當。然所載文章惟呂祖謙《佚老堂記》為本集所無,其他亦不出習見之作也。

【彙訂】

① 明嘉靖三十八年咸寵常熟縣學刻本實共收有二十四人,《總目》失載蘇伯衡。(徐大軍:《〈四庫全書總目〉集部存目提要辨證》)

南華合璧集五卷(內府藏本)

明黃魯曾編。魯曾字得之,吳縣人。正德丙子舉人,五岳山人省曾之弟也①。是編選王寵之詩,而附以己作,合為一集②。寵所著《雅宜集》,深為顧璘等所推。朱彝尊《靜志居詩話》則謂寵亦中材,譽過其實。魯曾詩更不逮寵,殆欲借寵以行,故有是刻。自序謂:“執是編請正於友生,適諷蒙莊之詞,遂命曰《南華合璧集》。”其立名尤無所取義矣。

【彙訂】

①《總目》卷六一“續吳中往哲記”條已概述黃魯曾籍貫等,此重出。且魯曾為省曾之兄,雍正《江南通志》卷一六五《文苑·黃魯曾傳》、同治《蘇州府志》卷八〇《人物七·黃省曾傳》可證。(楊武泉:《四庫全書總目辨誤》)

② 據明嘉靖刻《吳中二集》本,此書為吳中蔡羽與王寵二

集。(杜澤遜:《四庫存目標注》)

六藝流別二十卷(兩淮馬裕家藏本)

明黃佐撰。佐有《樂典》,已著錄①。是書大旨以六藝之源皆出於經,因採摭漢、魏以下詩文,悉以《六經》統之。凡《詩》之流五,其別二十有一;《書》之流八,其別四十有九;《禮》之流二,其別十有六;《樂》之流二,其別十有二;《易》之流十二,而無所謂別②。分類編敘,去取甚嚴。其自序言欲補摯虞《文章流別》而作。然"文本於經"之論,千古不易,特為明理致用而言。至劉勰作《文心雕龍》,始以各體分配諸經,指為源流所自。其說已涉於臆創。佐更推而衍之,剖析名目,殊無所據,固難免於附會牽合也。

【彙訂】

① 依《總目》體例,當作"佐有《泰泉鄉禮》,已著錄"。

② 明嘉靖四十一年歐大任刻本目錄及正文,《詩》五卷,下分二十一類;《書》七卷,分四十九類;《禮》二卷,分十六類;《樂》二卷,分十二類,《春秋》三卷,分十二類;《易》一卷,不另分類。(徐大軍:《〈四庫全書總目〉集部存目提要辨證》)

南滁會景編十二卷(內府藏本)

明趙廷瑞編。林燧又增以《十景圖》①。自宋至明,篇什略備。廷瑞,開州人。正德辛巳進士,官至兵部尚書。燧有《覆瓿草》,已著錄。其作是書時,皆為南太僕寺卿。明南太僕寺署建於滁州故也。

【彙訂】

① 林燧不但增《十景圖》,詩文亦多所附益。(王重民:《中

國善本書提要》)

九代樂章二十三卷(浙江鄭大節家藏本)

明劉濂撰。濂有《易象解》①,已著錄。是書取自漢迄唐九代之詩,分門編次。大略以詩樂之義後人不能辨,故所選以音聲為主,分風、雅、頌為三。每代又別里巷、儒林為兩類。自謂:"三百篇後,不可無此選。"其言極為狂誕②。夫古樂府之存於今者,後人亦第能習其句讀,而不可播之管絃。濂乃指為某代某音、某代某調,穿鑿配合,已屬強為解事。至如東方《誡子》、仲長《述志》之類,本非入樂之詩,而亦為之辨別宮商,尤不知其何據。又每代下各為總論一篇,而北齊伶人曹妙達等封王及《無愁伴侶曲》諸事③,乃以屬之陳後主,殊為不考。特故為高論而已。

【彙訂】

① 殿本"有"上有"著"字。

② "狂誕",殿本作"妄誕"。

③ "曹妙達",殿本作"曹孫達",誤。《隋書·音樂志》載:"(齊)後主唯賞胡戎樂,耽愛無已。於是繁手淫聲,爭新哀怨。故曹妙達、安未弱、安馬駒之徒,至有封王開府者。"明嘉靖二十九年此書卷七所引略同,惟誤作陳後主事。

石洞遺芳二卷(浙江吳玉墀家藏本)

明郭鈇編。鈇,金華人,始末未詳。石洞山在東陽邑治之南。宋淳熙中,邑人郭欽止築書院於洞旁,延師以訓子弟①。一時名儒如呂祖謙、魏了翁、葉適輩,皆主講其中②。其山水名勝,陸游、陳傅良等亦多題咏。鈇為欽止之裔孫,正德中,取當時諸人碑刻題咏及誌銘、狀序、哀輓諸作彙成此編。欽止字德誼③,

其學出於張九成。而朱子為作墓銘，稱其"子弟服師儒之訓，鄉閭識遜弟之方，霍然其變豪傑之窟，煥乎其闢禮義之場"。不以淵源之異為嫌，則亦有深取其人者。集中詩文凡為郭氏作者皆在，不盡關乎欽止。然郭氏以儒顯，則欽止其宗也。

【彙訂】

① 雍正《浙江通志》卷二八《書院篇》"石洞書院"條載葉適《石洞書院記》稱："自君（郭欽止）之為是（指建此書院）至今五十年。"末署"慶元四年"。可推知書院建於紹興十八九年。康熙《金華府志》卷一〇《學校篇》"石洞書院"條、道光《東陽縣志》卷二三《勝蹟篇》"石洞"條亦作紹興間。（楊武泉：《四庫全書總目辨誤》）

② 據康熙《金華府志》、道光《東陽縣志》，其時主講者為葉適，呂、魏等人有往來與題識而已。（同上）

③ 黃宗羲《宋元學案》卷四〇《橫浦學案》、《浙江通志》卷一八九均載郭欽止字德誼。（徐大軍：《〈四庫全書總目〉集部存目提要辨證》）

滕王閣集十卷（內府藏本）

明董遵編。遵始末未詳。是編成於正德中，輯滕王閣由唐至明之詩文。是閣自王勃、韓愈以後，為世所豔稱。故題詠特多，蕪雜亦甚。

宏〔弘〕正詩鈔十卷（江蘇周厚堉家藏本）

不著編輯者名氏。惟卷首曹忭序謂："二山楊君工於詩，所選宏治、正德閒詩鈔，正如淘沙見金，非具大金剛目力者不能。"云云。不知楊二山者何名①。所錄凡李夢陽、何景明、康海、薛

蕙、徐楨〔禎〕卿、鄭繼之、王廷相、邊貢、孫一元、殷雲霄十人之
詩。前無目錄,亦不知其完否。考黃虞稷《千頃堂書目》有《明十
二家詩類鈔》十二卷,又有《盛明十二家詩選》無卷數,皆宏、正閒
詩。然所列十二家之名②,均與此互有出入,非一書也。

【彙訂】

① 此書作者為楊巍,字伯謙,號夢山,山東海豐人。嘉靖二
十六年進士,官至吏部尚書,《明史》有傳。(陸林:《明代〈弘正
詩鈔〉輯者考》)

② "列",底本作"刻",據殿本改。

吳興絕唱集四卷續集二卷(浙江巡撫採進本)

明邱〔丘〕吉編。吉字大祐,湖州人。是編成於正德末,皆錄
其鄉元、明兩代之詩,亦閒及流寓。其人非吳興而詩為吳興作者
亦附著焉。所錄多涉俗豔,不盡諸家之長。且以"絕唱"為名,而
吉所自作亦復載入,亦未免嫌於自炫。又閻若璩《潛邱劄記》載
吉是編選其父詩,而直書其父之名,深以為譏。吉蓋未見《中州
集》中有元好問之舊例耳。

皇華集二卷續集一卷(安徽巡撫採進本)

明翰林院修撰唐臯、兵科給事中史道,於正德十六年以頒世
宗即位詔奉使朝鮮,與其藩臣日有唱和。國王李懌特命書局編
為此集。《皇華集》卷首有嘉靖元年議政府左議政南袞序,載二
使初至國境及歸朝,與議政府右議政李荇等唱和之作。《皇華續
集》卷首有嘉靖元年李荇序,專載唐臯留別國王二律及議政府領
議政金詮以下和韻之作。考臯等奉使,不見於《明史》本紀及《朝
鮮列傳》,惟《世宗實錄》載其事於八月乙巳。此書南袞序謂以十

二月乙酉抵王京,則距奉命日幾五月也①。又南袞《皇華集》序謂:"初入境至出疆,僅浹三旬,紀行之作,登高之賦,凡若干篇。"今考集中初入境之作有唐皋《登迎薰樓》詩,標云"長至後十日"。考《實錄》,是年十一月十四日長至,則是作在二十四。其出疆之作有唐皋《至頌山寄懷藩京諸君子》詩,標云"臘月辛丑"。考《實錄》,是年十二月己卯朔,則辛丑乃是月二十三日。與序所云"唱和將浹三旬"適相符合云。

【彙訂】

①"日",殿本無。

皇華集十三卷(内府藏本)

明朝鮮國所刊使臣唱酬之作。所錄惟天順元年、二年、三年、四年、八年,成化十二年,宏治元年、五年,正德十六年,嘉靖十六年之詩。考明代遣使往朝鮮者,不僅此十年,似有闕佚。然世所傳本並同,或使臣不盡能詩,其成集者止此耶①?

【彙訂】

① 此集朝鮮活字印本有嘉靖本五卷、萬曆三十四年本六卷、天啟元年六卷本等,原是隨得隨刻,皆用同一名而無定本。蓋年久多有散逸,又無人為之裁定釐正,故已零落不全,已非全帙。(徐大軍:《〈四庫全書總目〉集部存目提要辨證》)

輔臣贊和詩集一卷(左都御史張若澂家藏本)

案此集乃嘉靖六年除夕,世宗作五言律詩一首,以示閣臣。於是大學士楊一清、謝遷、張璁、翟鑾等並和韻錄進。帝彙書成帙,御製序冠其端,且命一清為之後序。世宗序題七年正月四日,一清後序則正月六日所上也。

翊學詩一卷（左都御史張若澂家藏本）

案此集乃嘉靖七年五月，經筵官進講《大學衍義》，世宗因製五言古詩一章，並序以賜閣臣。大學士楊一清、賈詠、翟鑾等奉表謝，並和以進。既而謝遷、張璁相繼入閣，亦令和進。命集為一册，以“翊學”為名。《明史·藝文志》作一卷①，與此本同。

【彙訂】

① 殿本“作”上有“著錄”二字。

詩學正宗十六卷（内府藏本）

明浦南金編。南金有《修詞指南》，已著錄。是集選歷代之詩，起唐、虞古辭，至唐人近體。自四言至七言絶句，分體有九。每體中又分正始、正音、正變、附錄四門。其分繫殊多未當，如《孔子去魯》等歌，雖不免或有依託，然如以為偽，則當刪汰；如以為真，則固聖人之作也。降而列之“正變”，於義未協。至既分古樂府一體，而《安世房中歌》則列之四言古詩，《長歌行》、《怨歌行》、《苦寒行》、《箜篌引》之類則列之五言古詩，體例亦殊叢脞。又三謝之作雖多偶句，究與唐律不同，而竟入之排律中。尤踵楊慎《律祖》之説而失之者矣。

明文範六十六卷（通行本）①

明張時徹編。時徹有《善行錄》，已著錄。是集成於隆慶己巳，錄明洪武至嘉靖之文凡四百四十二家②。初名《文苑》，病其太繁，乃覆加芟削，以成此本。自序稱：“銓綜者積褉。其始也，十而取六七焉。其繼也，十而取四五焉。又其繼也，十而取二三焉。迄今存者，裁十之一二焉。”故自序又曰：“苑者無所不蓄，範者如以範範金也。”然於正、嘉之文，尚病其少所別裁焉③。

【彙訂】

① 隆慶、萬曆刻本《皇明文範》均為六十八卷目錄二卷,《國史經籍志》、《明史·藝文志》、《千頃堂書目》等所錄皆為六十八卷。(徐大軍:《〈四庫全書總目〉集部存目提要辨證》)

② 據《販書偶記》,此書有嘉靖甲子九十六卷刻本。卷首列有"氏名爵里",計收作者四百一十六家。(同上)

③ "焉",殿本無。

四明風雅四卷(浙江范懋柱家天一閣藏本)

明宋宏〔弘〕之編,戴鯨增删,張時徹又增删之。宏之仕履未詳①。鯨字時霖,號南蒼,鄞縣人。嘉靖癸未進士,官至福建布政司參議。所錄明代寧波之詩,自洪武迄嘉靖,凡六十五人。

【彙訂】

① 此書編者名宋恔,字弘之,康熙《鄞縣志》卷一五有傳。(楊武泉:《四庫全書總目辨誤》)

樂府原十五卷(內府藏本)

明徐獻忠撰。獻忠有《吳興掌故集》,已著錄。是書取漢魏六朝樂府古題①,各為考證,並錄原文而釋其義。然所見殊淺,而又索解太鑿。如杜氏《通典》謂《房中樂》為楚聲,獻忠則謂屈、宋騷辭每言著一"兮"字,乃楚人怨歎之本聲,而以《安世房中歌》為非其倫,亦未免拘泥鮮通矣。

【彙訂】

① 是書第十五卷為近代曲辭。(周期政:《唐樂府文獻敘錄》)

金石文七卷(兩淮鹽政採進本)

明徐獻忠撰。是編輯錄三代以來金石之文。商一卷,周一

卷,秦一卷,漢四卷①。然未能博徵金石,皆採掇於《博古圖》、
《考古圖》、《集古錄》、《金石錄》、《鍾鼎款識》、《隸釋》、《隸續》諸
書。音訓不免異同,傳寫亦多舛誤。閒有附論,亦皆以意推求,
別無考證。至第四卷內所載之《鞶銘》,非金非石,而一概編列,
尤龐雜之甚矣。

【彙訂】

①"四卷",殿本作"五卷",誤。此集卷四至七為漢代金
石文。

六朝聲偶七卷(浙江范懋柱家天一閣藏本)

明徐獻忠編。是書因楊慎《五言律祖》而廣之,取南、北朝人
五言詩以明唐律所自出。然以齊、梁、陳、北齊、周、隋謂之六朝,
未免自我作古。況永明體載在《齊書·王融傳》,聲病宮商載在
《梁書·沈約傳》①,而李商隱、溫庭筠諸集所謂齊梁體者亦皆具
有明文,此本不待考而知者。慎書已為多事,獻忠何必又衍為此
書。如曰以為詩法,則詩又不以齊、梁為極則也。

【彙訂】

①《南齊書·王融傳》未載"永明體"之事,實出於《南齊
書·陸厥傳》。《梁書·沈約傳》亦未提及"聲病宮商"。(徐大
軍:《〈四庫全書總目〉集部存目提要辨證》)

五十家唐詩無卷數(內府藏本)

不著編輯者名氏。自唐太宗、元宗至儲光義凡五十家。各
家之詩但分古、近體,亦有載賦數首者。閒存原序,似皆從舊本
錄入。考明徐獻忠有《百家唐詩》一百卷。是編前無序目,或即
獻忠之本而佚其半歟①?

【彙訂】

① 明嘉靖十九年刊本《唐百家詩集》一百七十一卷,據朱警跋,乃與其父朱亭所編,其中無儲光羲。(冉旭:《〈唐音統籤〉研究》)

麻姑集十二卷(兩淮馬裕家藏本)

明陳克昌編。克昌,仁和人。嘉靖丙戌進士,官至建昌府同知。麻姑山為建昌所屬,唐顏真卿《仙壇記》後題詠滋多,克昌因彙成此集。所錄多明人之作,故卷帙若是之多焉。

武夷遊詠一卷(浙江巡撫採進本)①

明田汝成、蔡汝楠同撰。汝成有《炎徼紀聞》,汝楠有《說經劄記》,皆已著錄。嘉靖二十年四月,汝楠以刑部員外郎告歸,省父於延平。適汝成為福建提學副使,校士崇安。二人因偕遊九曲,各成五言古詩十首,編為一帙。

【彙訂】

① 此書在《各省進呈書目》中僅著錄於《浙江省第五次鄭大節呈送書目》及《二老閣呈送書》,則應為浙江鄭大節家藏本,作"浙江巡撫採進本"誤。(江慶柏:《四庫全書私人呈送本中的鄭大節家藏本》)

驪珠隨錄五卷(浙江汪啟淑家藏本)

明楊儀編。儀有《螭頭密語》,已著錄。是書雜錄諸文,自序謂皆取不盛傳於世者。然如《陰符經》、《握奇經》之類,實非祕笈;《比干墓銘》之類,本屬依託;《瘞鶴銘》自歐陽修《集古錄》以下均未見完篇,而此所載為全文。是亦未可盡信也。

古虞文錄二卷文章表錄一卷（浙江范懋柱家天一閣藏本）

明楊儀撰。是書採古人著作之關於常熟者，裒為一帙。凡文一卷，自梁鴻至楊肪凡三十六篇。詩一卷，自支遁至王寵凡四十二首[1]。其《文章表錄》一卷，凡文六篇，詩三篇，皆為常熟之先賢、列女作者。意取型俗，故曰"表錄"。末一首為《白茆民謠》[2]，則元後至元甲辰張士誠鑿白茆港時民閒之怨詞，附存以為戒者也[3]。

【彙訂】

① 清乾隆辛未抄本此集文一卷目錄共二十六篇，實收二十五篇。詩一卷目錄四十二首，正文中尚多黃鉞《題楊氏隱居》一首，共四十三首。（徐大軍：《〈四庫全書總目〉集部存目提要辨證》）

② "白茆"，殿本作"日茆"，誤。

③ 元後至元無甲辰。張士誠起事在至正十三年，亡於至正二十七年。遣呂珍掘白茆港當在至正二十四年甲辰。（楊武泉：《四庫全書總目辨誤》）

浯溪詩文集二卷（兩淮馬裕家藏本）

明黃焯編。焯自號龍津子，始末未詳。是書成於嘉靖戊子，輯元結以下至明代諸人題詠碑銘。前列《浯溪小志》，紀其山水之勝。

訂補浯溪集二卷（浙江朱彝尊家曝書亭藏本）

明陳斗編。斗字民仰，祁陽人，官永寧縣主簿。浯溪在祁陽縣南五里，為唐道州刺史元結故蹟。結所撰《中興頌》，顏真卿書者，即磨厓刻溪上。故後來題詠考證，相續日繁。是編成於嘉靖

戊子,皆輯前人詩文為是溪而作者。題曰"訂補",而不云補何人
之書。王士禎《〈浯溪考〉序》稱:"浯溪前後舊有兩集,為李仁剛、
綦光祖撰,見於《輿地碑目》,皆無傳。"云云。考王象之《輿地碑目》
"永州"條下云,《浯溪前集》李仁剛編,《後集》侍其光祖編。侍其,複姓,實非姓
綦,士禎殊誤。此集中有乾道乙酉謝褒《續千文》跋云:"邑大夫侍其公,以其曾大
父所續《千文》刻諸厓石。"當即其人。蓋侍其良器之曾孫也。然則斗所訂補
者,當即黃焯書耳。所載詩文《浯溪考》中多未收,知二書皆士禎
所未見矣。

　　三賢集三卷(浙江范懋柱家天一閣藏本)

　　明楊名編。名字實卿,遂寧人。嘉靖己丑進士,官翰林院編
修。三賢祠在夔州蓮花峯下,以周子嘗判夔州,王十朋嘗為夔
帥,明初宋濂亦卒於夔,故知府張儉為立斯祠,並屬名集其遺文
為一集。然周子僅《太極圖》、《通書》二篇,世所共見,毋煩甄錄。
至《梅溪》、《潛溪》二集文極繁富,而所採寥寥,尤難免於挂漏矣。

　　秉忠定議集二卷(內府藏本)

　　不著編輯者名氏。嘉靖十年,都御史宋滄巡撫四川,平真州
劇盜周天星等。時同官於蜀者作為凱歌、露布等篇,彙成一書,
以紀其事。其名《秉忠定議集》者,蓋取世宗所賜璽書有"秉忠定
議,條奏膚功"語也。

　　玉峯詩纂六卷(兩淮馬裕家藏本)

　　明周復俊編。復俊有《東吳名賢記》,已著錄。玉峯者,崑山
之別名。所纂諸詩,自西晉迄於明代,蓋邑乘之餘也。

　　名家表選八卷(江西巡撫採進本)

　　明陳壇編。壇,餘姚人。嘉靖壬辰進士,官至廣東提學副

使。是編即在廣東所選以訓士子者。凡唐表一卷，宋表七卷。案胡松有《唐宋元名表》一書，所錄頗為醇雅。此與松書體例相近，而簡當則遠不及之矣。

清泉精舍小志一卷（浙江巡撫採進本）

明黎民表編。民表有《瑤石山人槀》，已著錄。兹編乃其家居唱和之詩。卷首自序稱："友人結社於粵山之麓，講德論義，必以詩教為首。且夕酬酢，可諷詠者至千餘篇。年祀浸遠，散佚逾甚。暇日拾篋中，得古、近體若干首，哀而錄之。"云。

平吳凱旋錄四卷（浙江巡撫採進本）

明朱澤編。澤字東漁，定海人。初，嘉靖乙未，崇明海寇秦璠、黃艮、黃庠者為亂，官軍屢衂。己丑，以湯和之裔孫慶為左軍都督，充巡捕江淮總兵官，督帥邳、揚二衛官兵，合蘇、松、常、鎮四郡民兵以剿平之①。吳中士大夫各贈以詩文，澤編次以成此集。

【彙訂】

①"以"，殿本作"攻"。

郴州文志七卷（兩淮鹽政採進本）

明王心編。心自號後隅子，龍江衛籍，天長人。嘉靖戊戌進士，官郴州同知。據此書原序，蓋既輯《郴志》六卷，又與郴諸生袁大邦等集古今之文為郴而作者，勒成此集，以輔《郴志》。其以命制、紀載、議論、詠歌四類分編，略倣真德秀《文章正宗》之例。所載詠歌內以漢《周憬功勳碑銘》為安康邦作，亦不免沿譌也。

二溫詩集四卷（浙江孫仰曾家藏本）

《太谷詩集》二卷，明溫新撰。《中谷詩集》二卷，新弟秀撰。

新字伯明,洛陽人。嘉靖戊戌進士,官户部主事。秀字仲實,由
舉人官至襄陽府同知。秀游李夢陽之門,故詩多亢厲之音。新
詩刻意學杜,而僅得浮聲,蓋亦宗北地之學者也。

盛明百家詩三百卷(浙江范懋柱家天一閣藏本)

明俞憲編。憲字汝成,無錫人。嘉靖戊戌進士,官至湖廣按
察使。世傳李攀龍《送俞臬使赴湖廣》詩有“江漢日高天子氣,樓
臺秋敞大王風”,以為似陳友諒僭位柱聯者,即其人也。是編所
錄諸集,每人各冠以小序,略如殷璠《河岳英靈集》例。然其學沿
七子之餘波,未免好收摹仿古調、填綴膚詞之作。又務以標榜聲
氣為宗,不以鑒別篇章為事。故略於明初,而詳於同時。至以其
子淵、沂之詩列為二家,殆有王福畤之癖矣。

越望亭詩集二卷(浙江巡撫採進本)[①]

明陳鶴編。鶴有《海樵山人集》,已著錄。越望亭在紹興府
城卧龍山巔,前對秦望。初名望海,後更此名。或曰為越地之
望,或曰可以望越,未之詳也。嘉靖戊戌,紹興守湯紹恩重創斯
亭,一時多為題咏。同知孫令、推官周鳳岐因令鶴輯錄成編,前
繪山川城郭圖。詩則溯唐迄明,雖名以“詩集”,而賦亦綴焉。紹
恩號篤齋,安岳人。嘉靖丙戌進士,其治越有惠政。事蹟具《明
史·循吏傳》。

【彙訂】

① 此書在《各省進呈書目》中僅著錄於《浙江省第九次進呈
書目》與《浙江採集遺書總錄》,又見於《二老閣進呈書》,“浙江巡
撫採進本”應為“浙江鄭大節家藏本”之誤。(江慶柏:《四庫全
書私人呈送本中的鄭大節家藏本》)

名筆私鈔六卷（浙江范懋柱家天一閣藏本）

明曾佩編。佩字元山，臨川人。嘉靖辛丑進士，官至監察御史。是編乃其按閩時搜羅各郡縣藝文，自宋迄明凡關於風土者，胥見採錄。然編次無倫，如所載《羅江風物賦》與《烏石山賦》自為一類，乃一編於朱子《書廖德明仁壽條約》之前，一編於劉鈇《新建道學淵源祠記》之後。李侗《初見羅從彥書》與楊時《見程明道書》亦自為一類，乃一編於《龍頭巖記》之前，一編於《新建四賢堂記》之後。蓋佩為是書，第從各志乘中錯雜鈔撮，於體例未暇詳考耳。

黎川文緒四卷（江西巡撫採進本）

明王材編。材字子難，江西新城人。嘉靖辛丑進士，官至太常寺卿，掌國子監祭酒事①。黎灘鎮自宋紹興中析置，故稱黎川。宋以來人文頗盛，具見虞集所作《新城學記》。今惟李覯《旴江》一集尚孤行無恙，其餘多不顯於世。材搜輯遺佚，分為文三卷，詩一卷。然終以李覯為主，他家特輔之而已。

【彙訂】

① 依《總目》體例，當作“材有《念初堂集》，已著錄”。

二妙集十二卷（浙江范懋柱家天一閣藏本）①

明萬士和編。士和有《履菴集》，已著錄。初，唐順之選漢、魏至明之詩為《二妙集》，蓋取陳獻章論詩“法與理俱妙”之語以名其書。士和受業於順之，因摘其中七言律詩、七言絕句二體，又益以順之七言律詩一卷，共為十二卷②。唐取杜甫、王維、劉長卿、韋應物、王建、張籍、呂嵒七人，宋取王安石、黃庭堅、邵子、朱子四人，元取劉因一人，明取莊㫤③、王守仁二人。順之長於古文,至詩道則全然不解。持論以談理為宗,尤不可與口舌爭。士和序中亦稱"集成而世無好者",則是非之心人皆有之矣。

【彙訂】

①"十二卷",殿本作"八卷",誤。《浙江省第五次范懋柱家呈送書目》、《浙江採集遺書總錄》均作十二卷。

②"十二卷",殿本作"八卷",誤。

③"莊㴊",殿本作"莊杲",誤。莊㴊,《明史》卷一七九有傳。《總目》卷一七一著錄其《莊定山集》十卷。

遊峨集一卷(浙江巡撫採進本)①

明殷綺編。綺始末未詳,其刊此書時,則署雅州知州事也。嘉靖九年庚寅,四川巡按御史邱〔丘〕道隆偕官吏游峨嵋山,有詩唱和。嘉靖二十一年壬寅,巡按御史謝瑜亦踵昌故事。綺因合二人暨同遊諸詩編為一集。大抵一時宦場酬應之詞②,無可採錄。

【彙訂】

① 此書在《各省進呈書目》中僅著錄於《浙江省第九次進呈書目》與《浙江採集遺書總錄》,又見於《二老閣進呈書》,"浙江巡撫採進本"應為"浙江鄭大節家藏本"之誤。(江慶柏:《四庫全書私人呈送本中的鄭大節家藏本》)

②"宦",殿本作"官"。

唐詩選七卷(內府藏本)

舊本題明李攀龍編,唐汝詢註,蔣一葵直解。攀龍有《詩學事類》,汝詢有《編蓬集》,一葵有《堯山堂外紀》,皆已著錄。攀龍所選歷代之詩,本名《詩刪》,此乃摘其所選唐詩。汝詢亦有《唐詩解》①。此乃割取其註,皆坊賈所為。疑蔣一葵之直解亦託名矣②。然至今盛行鄉塾閒,亦可異也。

【彙訂】

① 殿本"有"上有"自"字。

② 明萬曆二十一年集賢書舍刊本《唐詩選》七卷《附錄》一卷,有蔣一葵跋,自言疏解是編。(王重民、屈萬里:《普林斯頓大學葛思德東方圖書館中文善本書志》)

尺牘清裁六十卷補遺一卷(內府藏本)

明王世貞編。世貞有《弇山堂別集》,已著錄。是書蓋因楊慎原本而增修之。慎所錄自《左》、《史》迄於六朝,共為八卷。世貞益為二十八卷,復採唐代至明之作通為六十卷。又旁搜稗史,得梁、隋以前佚作四十餘條,為《補遺》一卷。然真贋錯雜,簡擇未為盡善也。慎書本作"赤牘",世貞改為"尺"字。趙崡《石墨鐫華》曰:"宋《游師雄墓誌》書'只尺'作'只赤','赤'與'尺'通。楊用修以'尺牘'為'赤牘',本之《禽經》'雉上有丈,鷃上有赤'。王元美又引《華山石闕》云:'高二丈二赤。'《平等寺碑》云:'高二丈八赤。'而疑其隱僻,故改作'尺牘'。據此志則宋已多用之,非僻也。"云云。崡好金石之文,故字體喜於從古。然書契之作,將使百官治而萬民察,原取其人人共喻。必用假借之古字,使學士大夫讀之而駭。義雖有據,事實難行。如"歐陽"書作"歐羊",亦有漢碑可證,廬陵之族其肯從之改氏乎?況文之工拙,書之善否,亦不絕在字之古今。平心而論,正不必是慎而非世貞矣。

蓬萊觀海亭集十卷(浙江范懋柱家天一閣藏本)

明潘滋編。滋,婺源人,始末未詳。觀海亭在登州蓬萊閣,為觀海市之地。嘉靖庚戌,滋為登州府推官,承臺檄輯古來詩賦碑記之文為一編,凡作者一百十七人。中如唐人《海上生明月賦》、《白雲照春海賦》、《望海上五色雲賦》、《大鵬賦》、《鯤化為鵬賦》、《北溟有魚賦》、《巨鼇冠靈山賦》、《釣鼇賦》諸篇,俱賦物之作,與蓬萊閣無涉。乃一概闌入,殊為牽合。

三異人集二十二卷(浙江巡撫採進本)

明李贄編。贄有《九正易因》,已著錄。是書凡方孝孺詩文十卷,于謙奏疏四卷、文一卷、詩三卷,楊繼盛奏疏、詩文各一卷,附錄一卷。贄各為之評。贄狂悖自恣,而是集所評乃皆在情理中,與所作他書不類。卷首題“吳山俞允諧汝欽正”,或允諧所為,託之於贄歟? 三人皆自有集,皆自足千古,初不假贄之表章。況以贄之得罪名教,流毒後學,而選錄三人之文,不足以為三人榮,反足以為三人辱矣[1]。

【彙訂】

[1]“足”,殿本無。

文章正論十五卷緒論五卷(內府藏本)

明劉祐編。祐,萊州人。嘉靖癸丑進士[1],官至大同巡撫。是書錄歷代古文,自《左傳》訖於元季,以足垂法戒者為《正論》,以詞勝而理未足者為《緒論》。自序擬諸真德秀《文章正宗》、崔銑《文苑春秋》,其持論未嘗不正。然以李密《陳情表》列諸《緒論》,義頗未安。又以宋人《五經》之序升諸《左》[2]、《國》之前,亦涉標榜之習。德秀姑無論,恐尚未能逮銑也。

【彙訂】

[1]明萬曆十九年徐圖刻本各卷下皆題為“巡撫大同都察院

右僉事都御史東萊劉祜選，巡按直隸監察御史東萊徐圖校”。卷首又有劉祜自序。祜乃嘉靖三十二年癸丑科三甲一百九十七名進士。（徐大軍：《〈四庫全書總目〉集部存目提要辨證》）

②“之”，殿本無。

文體明辨八十四卷（兩江總督採進本）

明徐師曾撰。師曾有《古文周易演義》，已著錄①。是編凡綱領一卷，詩文六十一卷，目錄六卷，附錄十四卷，附錄目錄二卷。蓋取明初吳訥之《文章辨體》而損益之②。訥書內編僅分體五十四，外編僅分體五③。前代文格，約略已備。師曾欲以繁富勝之，乃廣正集之目為一百有一，廣附錄之目為二十有六。首以古歌謠詞，皆漢以前作，真偽不辨。而以李賀一詩參其閒，豈東京而後，祇此一詩追古耶？次四言詩，以分章者為正體，以不分章者為變體。次楚辭，分古賦之祖、文賦之祖、摹擬楚辭三例。次賦，分古賦、俳賦、文賦、律賦四例，又有正體而閒出於俳、變體，流於文賦之漸二變例。次樂府，全竊郭茂倩書，而稍益以《宋史·樂志》，其不選者亦附存其目④。次詩，取《文選》門類稍增之，所錄止於晚唐，宋以後無一字。次詔、誥諸文，皆分古體、俗體二例。次為書、表諸表，則古體之外添唐體、宋體。碑則正體、變體之外又增一別體，甚至墓誌以銘之字數分體。其餘亦莫不忽分忽合，忽彼忽此。或標類於題前，或標類於題下，千條萬緒，無復體例可求。所謂“治絲而棼”者歟？

【彙訂】

①《總目》卷七著錄徐師曾撰《今文周易演義》十二卷。（朱

家濂：《讀〈四庫提要〉札記》）

②“之”，殿本無。

③ 吳訥《文章辨體》内集分為五十一體，外集分九體，説詳卷一九一“文章辨體”條訂誤。

④“其”，殿本作“所”。

六李集三十四卷（浙江汪汝瑮家藏本）①

明内鄉李氏二世六人之詩也。凡李宗《木杏山集》八卷，李蓘《太史集》六卷，李蔭《比部集》九卷，李雲鵠《侍御集》四卷，李雲雁《白羽集》二卷，李雲鴻《秋羽集》五卷。中惟李蓘最知名，其詩源出何景明。故諸李之詩，大抵安雅有法度，而頗乏深警之思，則才分之不逮也。

【彙訂】

① “三十四卷”，殿本作“三十二卷”，疑誤。《浙江省第四次汪汝瑮家呈送書目》作三十四卷，《浙江採集遺書總錄》作三十三卷，明萬曆三十五年刻本作三十五卷（《木杏山集》為九卷，其餘與《總目》著錄同）。（杜澤遜：《四庫存目標注》）

泰山蒐玉四卷（兩淮馬裕家藏本）①

明袁稹撰。稹字玉田②，懷遠人，官泰安州知州。是編採泰山碑銘詩文彙為一帙，皆嘉靖乙卯以後之作。

【彙訂】

① “四卷”，殿本作“二卷”，疑誤。《兩淮商人馬裕家呈送書目》作四卷。

② 袁稹撰當作袁稹編，係袁氏雜採泰山各體詩文三百篇而成。玉田乃其號。（王傳明：《四庫全書·總目提要》中的泰山

要籍)

三臺文獻錄二十三卷(江蘇巡撫採進本)

明李時漸編。時漸字伯鴻,號磐石,壽光人。嘉靖丙辰進士,官至陝西按察司副使。是編乃其守台州時與郡人王允〔胤〕東、陳公綸、黃承忠等採訪台州一郡往哲遺文,分類選錄。自唐迄明嘉靖,凡二百九十六人。得文十六卷,賦、詩七卷。卷首所列姓氏,有正編,有續編,而集中則合為一。不知前何以分,後又何以合也。

詞海遺珠四卷(浙江汪啟淑家藏本)

明勞堪編。堪字道亭,江西德化人。嘉靖丙辰進士,官至副都御史。此書雜採金石文字以及詩詞雜文,不分體製,亦不敘時代。又多刪節原文,餖飣割裂。其中紕繆不可彈數①。如王羲之《月儀帖》,乃索靖之語;劉禹錫"春江一曲柳千條"詩以為本集不載,乃元稹之詩,刪八句為四句;又載裴度《題嶽廟石闕》詩,乃司空圖作,載在本集;又《古黃姑歌》二句,乃梁武帝《東飛伯勞歌》;又《青史子》一篇,不知為賈誼《新書》所載;晉無名氏《三言詩》,不知為傅元作;漢鑑銘《鍊形神冶》一篇,不知為《太平廣記》所載唐人作。他如《左傳》衛靈公《石槨銘》②、聲伯《夢涉洹水歌》,《禮記》伊耆氏《蠟詞》,皆載於經;蕭子顯《齊書郡國志贊》,亦見正史。皆曰"遺珠",尤疎舛矣。

【彙訂】

①"中",殿本無。

②《左傳》并無衛靈公《石槨銘》事,説詳本卷"金石古文"條訂誤。

名公翰藻五十卷（浙江汪啟淑家藏本）

明凌迪知編。迪知有《左國腴詞》，已著錄。此集錄有明一代書牘，意取博收，而冗雜特甚。

宋文鈔無卷數（浙江巡撫採進本）

明查志隆編。志隆有《山東鹽法志》，已著錄。是書僅從《宋文鑑》諸書摘錄成編，未能賅備，別裁亦未能精審。

徽郡詩八卷（安徽巡撫採進本）

明陳有守、汪淮、李敏仝編。有守字達甫，淮字禹乂，敏字功甫，皆休寧人①。是編創始嘉靖丁巳，成於己未，共得作者一百四十六人，計詩七百五十四首。皆斷自明初，而有守等三人之詩亦附於末。

【彙訂】

① 依《總目》體例，當補"淮有《汪禹乂詩集》，已著錄"。

崑山雜詠二十八卷（浙江汪啟淑家藏本）

明俞允文編。允文有《俞仲蔚集》，已著錄。宋嘉定中，龔昱嘗輯《崑山雜咏》三卷，續集一卷。開禧中，知嘉定縣事徐挺之曾刊之縣齋①。至明王綸，又集近代詩歌百篇，附益其後，已非舊本。允文復溯晉、唐以來得數百篇，增為二十八卷，仍因舊名而別分十六類。然三人所選，混而為一，非惟龔本之初集、續集不可復考，即孰為龔選，孰為王選，孰為允文所增，亦不可復辨②。二家之書遂亡③。體例殊為未善也。

【彙訂】

① 開禧年號在嘉定之前，且《宋史·地理志》"嘉定縣"條云："嘉定十五年析崑山縣置，以年為名。"開禧中何來知嘉定縣

事？道光《崑（山）新（陽）兩縣志》卷一四《職官表》載："徐挺之，嘉定元年知縣。"（楊武泉：《四庫全書總目辨誤》）

②"不"，殿本作"未"。

③ 龔昱《崑山雜詠》三卷，今存宋開禧三年崑山縣齋刻本。（李裕民：《四庫提要訂誤》續）

荆溪唱和詩一卷（浙江范懋柱家天一閣藏本）

明俞允文編。是編為嘉靖辛酉顧從義、姚昭、董宜陽、馮遷、朱察卿、姚遇、姚遂、沈明臣八人同游荆溪所作，允文為合而刊之。從義字汝和，上海人。昭字如晦①，宜陽字子元，遷字子喬，察卿字邦憲，遂字以良，遇字以奇，皆從義之里人。明臣有《通州志》，已著錄。

【彙訂】

①"如晦"，底本作"知晦"，據清同治《上海縣志》卷十八小傳及殿本改。

衡門集十五卷（浙江汪汝瑮家藏本）

明鄭履淳編，其子心材續成之。履淳有《鄭端簡年譜》，心材有《鄭京兆集》，均已著錄。是編乃履淳以其父刑部尚書曉所喜讀古人詩文近於閒適曠達者，彙次成集，分體排纂。凡詩十一卷，文僅四卷，亦摘錄史傳為多。每篇之首皆不題作者姓名，殊無體例。始刊於隆慶己巳，尚多闕略。至萬曆乙酉，心材始補輯為此本。其曰《衡門集》者，言其非臺閣之書，不為世俗所好也。

西湖八社詩帖無卷數（浙江范懋柱家天一閣藏本）

明嘉靖壬戌，閩人祝時泰游於杭州，與其友結詩社西湖上，凡會吟者八：曰紫陽社，曰湖心社，曰玉岑社，曰飛來社，曰月巖

社,曰南屏社,曰紫雲社,曰洞霄社。時泰與光州知州仁和高應
冕,承天府知府錢塘方九敘①,江西副使錢塘童漢臣,諸生徽州
王寅、仁和劉子伯,布衣仁和沈仕等分主之,以所作唱和詩集為
此編②。分春社、秋社二目。明之季年,講學者聚徒,朋黨分而
門戶立;吟詩者結社,聲氣盛而文章衰。當其中葉,兆已先
見矣③。

【彙訂】

① "天"下"府"字,殿本無。

② 嘉靖壬戌(1562)方九敘序曰:"頃歲丙午,予嘗與田豫陽
氏八人結社湖曲,賦詩紀遊,今所傳西湖詩社是也。"可知結詩社
乃在嘉靖丙午(1546),而唱和之集編成於壬戌。(徐大軍:《〈四
庫全書總目〉集部存目提要辨證》)

③ 方九敘《西湖八社詩帖序》明言其結社宗旨在於"以託其
幽閒之跡,而忘乎閒寂之懷",不過是"士之無事而樂焉"的文學
活動,而非政治性的社團。(何宗美:《明末清初文人結社研究
續編》)

文章指南五卷(兩淮馬裕家藏本)

舊本題明歸有光編。有光有《易經淵旨》,已著錄。是書前
有舊序,稱原無書名,有光登第後授其同年南海知縣詹仰庇,仰
庇以授其友黃鳴岐,鳴岐校而刻之,為題此名。然此實鈔本,非
其原刻。凡分六十六則,由《左傳》以下迄於明,錄文百十八篇。
每則、每篇皆有評說,而以總論《看文字法》冠於卷端。閒雜以駢
體,如《北山移文》、《歸去來兮辭》之類。蓋鄉塾教授之本,殊不
類有光之所為。考舊本《震川集》末有其族孫泓跋語,稱有光選

韓、柳文有刻本,為俗人攛改,非復原書。又王懋竑《白田雜著》有《跋歸震川〈史記〉》一篇,稱所見武陵胡氏、桐城張氏諸本迥乎不同。且稱:"有光文集為其後人刪改,至見夢於坊人翁某。況此點次本子獨存其家,豈無所增損改易。"云云。是有光手定之書,尚且全非其舊。則此晚出選本不足為信,更不待深詰矣①。

【彙訂】

① 此書傳本異名頗多,現存刻本中最早的版本為明隆慶壬申刻本《新刊批釋舉業切要古今文則》,八十八則,署"震川崑山歸有光選批",卷首有同年進士許國《刻古今文則序》。又三宿齋抄本《文章指南》,亦六十六條,選文一百一十八篇,有詹仰庇序、乾隆壬寅李保泰跋。二本同則下的內容大同小異。其文用意、用詞皆與歸有光論著高度一致。歸氏既以時文名家,曾講授文章作法,則編定文選并做批點,如唐順之《文編》、茅坤《唐宋八大家文鈔》,不但是講習文章之需,亦是明代風習使然。體例不純,或係身後由其門人子姪整理成書所致。(楊峰:《歸有光研究》;劉明今:《〈文章指南〉解讀》)

桃花源集三卷(兩淮馬裕家藏本)

明馮子京撰。子京字南台,錢塘人。嘉靖乙丑進士,官至湖廣按察使。桃花源在湖南常德府桃源縣,即陶潛所記者也。宋淳熙間,趙彥琇、張櫟曾修《桃花源集》一卷,見晁公武《讀書志》①。隆慶中,子京取舊集補其闕逸,更為詮次,又增以元人、明人之作。

【彙訂】

①《郡齋讀書志》未著錄此集,實見於《直齋書錄解題》卷十

五。(黃嬿婉:《〈四庫全書總目〉誤引〈郡齋讀書志〉訂正十則》)

少林古今錄二卷(浙江范懋柱家天一閣藏本)[①]

明劉思溫撰。思溫,渾源人。嘉靖中,官登封縣知縣。少林寺在嵩山之麓,相傳為達摩面壁之所。是編上卷為詩,下卷為記。所錄下迄於明,上及唐代而止。顧炎武《日知錄》曰:"少林寺有唐太宗為秦王時賜寺《僧教》。其詞曰:'王世充叨竊非據,敢違天常。法師等並能深悟機變,早識妙因,擒彼凶孽,廓茲淨土。聞以欣尚,不可思議。今東都危急,旦夕殄除,並宜勉終茂功,以垂令範。'"云云。此《錄》佚而不載,則挂漏者多矣。

【彙訂】

① 明清諸家藏書目錄皆著錄此書書名為《少林古今集錄》,《萬卷樓書目》作《少林寺古今集錄》,明陸柬《嵩嶽志》卷首所列"考證書目"亦作《少林古今集錄》。(欒星:《嵩嶽文獻敘錄》)

青溪詩集七卷(兩淮馬裕家藏本)

明徐楚編,李高續輯。楚號青溪,淳安人,官至四川布政司參政。高字抑中,雲南人,官至嚴州府通判。青溪在浙之淳安縣,即所謂新安江也。楚生於其地,因採前人題詠,編為一集,成於嘉靖丙寅。後高官於其地,又增廣之,成於崇禎乙亥。

廣中五先生詩選二卷(江蘇周厚堉家藏本)

明陳暹編。暹爵里未詳。五先生者,孫蕡、王佐、黃哲、李德、趙介也。五人之中,孫、王、黃、李皆仕宦,趙則隱居不出,所謂《臨清集》者,亦不傳。嘉靖丁巳,無錫談愷刻五先生詩[①],僅得孫、王、黃、李四家,以汪廣洋嘗為廣東行省參政,因合而刻之,以足五人之數。朱彝尊《詩話》云:"伯貞集雖不傳,然名在五先生之列。刊詩者去伯貞而冠汪忠勤於卷首,可為失笑。"即指談刻也。此本乃嘉靖乙丑陳暹重訂,謂得舊本《趙臨清集》,命工刻之,以補五先生之闕。而以汪右丞詩別自為集,於是五先生之詩始復其舊。五人集前各有小傳,爵里行事略具。惟《孫蕡傳》云:"洪武二十二年,以事謫戍遼東。時梅思祖節鎮三韓,迎置家塾。是年竟以黨禍見殺。"考《明史・文苑傳》,蕡坐累戍遼東。已大治藍玉黨,蕡嘗為玉題畫,遂論死。而梅思祖本傳,十五年與平章潘元明同守雲南,是年卒。安得有二十二年鎮遼東之事?暹蓋據黃佐《廣州人物傳》所載,未及詳考耳。

【彙訂】

① "無錫",底本作"無錫",據殿本改。

清江二家詩四卷(浙江范懋柱家天一閣藏本)

明熊遴編。遴,清江人。是編選錄孫偉、敖英二人之詩。偉字朝望,號鷺沙,宏治壬辰進士①,官至鶴慶府知府。其詩曰《鷺沙集》。英有《慎言集訓》,已著錄。其詩曰《心遠稾》。二人皆與遴同鄉里,遴因刪錄其集,各為二卷,並為之評點。然去取不甚允愜,且往往濫載壽詩。殆以桑梓之故,因詩以存其人。又書成於嘉靖丁巳,是時嚴嵩已敗矣②。而偉集開卷即錄送嵩北上詩六首,亦可以不必也。

【彙訂】

① 弘治無壬辰。雍正《江西通志》卷五三《選舉志》載清江人孫偉為弘治十五年壬戌科進士。(楊武泉:《四庫全書總目辨誤》)

② 丁巳為嘉靖三十六年,其時嚴嵩勢焰正熾。(同上)

彤管新編八卷（兩淮馬裕家藏本）

明張之象編。之象有《太史史例》，已著錄。是編以世所傳《彤管集》篇帙未備，更為輯補。自周迄元，凡詩歌、銘頌、辭賦、贊誄六百五十四首，《璇璣圖》一篇，序誡、書記、奏疏、表三十三首。採掇頗富，而譌舛亦復不少。

唐雅二十六卷（內府藏本）

明張之象編。是集取唐君臣唱酬之作二千餘篇，分部五十有三，以類編次，自武德訖於開元。以天寶而後，風格漸卑，故不與焉。其論似高而無當。蓋是時七子之派方熾，故遵其"詩必盛唐"之說也。且賦雖古詩之流，而自漢以來，體裁久別。雜入《喜雨》諸賦，亦為例不純。

唐詩類苑二百卷（內府藏本）

明張之象編。初，宋趙孟堅有《分類唐詩》，佚闕不完，世無刊本。之象因復有此作，凡分三十六部①，以類隸詩。意取博收，不復簡擇，故不免失之冗濫。蓋類書流也②。然《文選》及《文苑英華》本有分類之例，故與所作《古詩類苑》仍併入總集。是集未刊之先，其稾為浙江卓明卿所得，割取初、盛唐詩刊之，遂掩為己有。華亭王徹重為辨正釐定，乃復之象之舊。故世有二本，然今皆知為之象書也。

【彙訂】

① 明萬曆二十九年曹仁孫原刻本即《總目》據以存目之本，共分四十部，其中末卷雜部有目無文。（徐大軍：《〈四庫全書總目〉集部存目提要辨證》）

② 此書編纂目的在於："蓋欲盡唐音，不得不妍媸並收，庶

存一代之制作,為千秋大觀。"顯然與類書便於讀者採擷麗辭秀句的出發點有別。且書中不像類書常有刪節,基本保持作品的完整性。而對於"《藝文類聚》、《初學記》所載詩,多係採摘,吉光片羽,不欲棄置,一二並存",表現出審慎的治學態度和通變的詩學眼光。(楊波:《張之象〈唐詩類苑〉編刻考》)

　　古詩類苑一百二十卷(浙江汪啟淑家藏本)

　　明張之象編。是編前有黃體仁序,稱之象此書與《唐詩類苑》均家貧不能刊,以授其同里俞顯卿。顯卿亦未刊而卒。萬曆庚子,吳門曹氏始為刊其《唐詩》。至壬寅,顯卿之弟顯謨乃與之象壻王潁、陳甲校刊之[①]。是其刻在《唐詩》後。其凡例有云:"是編首自上古,下迄陳、隋,一枝片玉,搜括無遺。有唐一代之作,別有《類苑》,茲不重錄。"是其編纂亦在《唐詩》後也[②]。其書以馮惟訥《詩紀》為槁本[③],較《唐詩》易於為力。漢以後箴銘頌贊馮本不錄,之象增之。然文章各有體裁,著述各有斷限。馮本所收封禪文之類,馮舒作《詩紀匡謬》已深駁之,正宜盡從刊削。而復捃摭續貂,殊不免傷於嗜博。又割裂分隸,門目冗瑣。如全書既以"古詩"為名,而第七十七卷人部又立"古詩"一門,是何體例乎?其凡例至稱"道家歌詩出《列仙傳》、《真誥》等書"云云,《真誥》歌詩誠不一而足,《列仙傳》七十二人未有一人載詩也。足見其隨意剿掇,不盡考古書矣。

【彙訂】

　　① 明萬曆三十年俞顯謨、王潁、陳甲刻本此集一百三十卷,《浙江省第四次汪啟淑家呈送書目》、《浙江採集遺書總錄》亦作一百三十卷。據黃體仁序,王潁、陳甲乃俞顯謨婿。(王重民、屈

萬里:《普林斯頓大學葛思德東方圖書館中文善本書志》;杜澤遜:《四庫存目標注》)

　　②所引凡例乃俞顯漢在刊行此書時所撰。其所謂"別有《類苑》,兹不重錄",只是從《唐詩類苑》刊行在前這一角度而言,并非指編纂時間的早晚。據馮時可《唐詩類苑序》、趙應元《刻唐詩類苑序》,《唐詩類苑》當是張氏晚年未定之稿,而據黃體仁《古詩類苑序》,此書早已編竣。(楊波:《張之象〈唐詩類苑〉編刻考》)

　　③《古詩類苑》實為《古詩紀》採輯用書之一,説詳卷一八九《古詩紀》條訂誤。

　　吳越錢氏傳芳集二卷(兩淮鹽政採進本)

　　明錢筠、錢籬同編。筠字飛卿,籬字章卿,紹興人。是集錄錢氏一家之詩,自吳越武肅王鏐至明諸生淮,凡六十二人,一百三十一首。初,吳越文穆王元瓘有《錦樓集》,忠懿王俶有《政本集》,俶子惟演因採鏐及元瓘、宏佐、倧、俶五王之詩合為一編,名曰《傳芳集》。後族子仙芝復益以群從所作,纂為五卷,目曰《後集》,宋綬為之序。明嘉靖中,筠等又為搜輯增益,鋟之於木,仍以宋綬序冠於前。然序稱惟演所得五王格律、長言共四十五首,而此編所載僅九首,又卷數亦與《後集》不合。蓋散佚之餘,重為裒輯。雖尚沿其名,已非原本之舊矣。

　　百花鼓吹五卷梅花鼓吹二卷(兩淮鹽政採進本)

　　明王化醇撰。化醇字和甫,別號應峯,無錫人。嘉靖中國子監生。《百花鼓吹》皆雜採唐人詠花之詩,凡三十八種。《梅花鼓吹》則惟采宋、元及明人之詩,以唐人詠梅之作已載入《百花鼓吹》故也。其書採摭頗博，而傳寫不免譌誤。如陸凱《寄梅》一詩，譌"凱"為"開"，又溷入唐人詩中，列柳宗元後。殊未詳校也。

經世宏辭十五卷（浙江巡撫採進本）

明沈一貫編。一貫有《易學》，已著錄。一貫曾以吏部侍郎加太子賓客假歸，復特起教習庶吉士。因檢列朝館課諸作，自詔疏以迄詩賦，分類選錄，名曰《增定館課》。就正於大學士王錫爵，遂以《經世宏辭》題其端，且為序而刊行之。其中搜採極富，而所收多課試之作，不足以盡一代之文獻。王守仁、李夢陽、楊繼盛等皆未官翰林，而並錄其章疏數十篇，亦為自亂其例也。

吳越遊槖一卷（浙江巡撫採進本）①

明沈明臣、沈一貫、余寅唱和之詩也②。寅有《同姓名錄》，皆已著錄③。是編乃嘉靖丙寅三人結伴於錢塘④，北遊至揚州，積途中題咏得詩五十首，因合刻之。考一貫登隆慶戊辰進士，寅登萬曆庚辰進士，時皆未第，故與明臣同遊也。後有揚州卞襄跋，一貫亦有《卞長卿園燕集》詩一首。長卿殆即襄字歟？

【彙訂】

① 此書在《各省進呈書目》中僅著錄於《浙江省第九次進呈書目》與《浙江採集遺書總錄》，又見於《二老閣進呈書》，"浙江巡撫採進本"應為"浙江鄭大節家藏本"之誤。（江慶柏：《四庫全書私人呈送本中的鄭大節家藏本》）

② 底本此句下有"明臣有通州志"六字，本卷《荊溪唱和詩》條已言之，據殿本刪。

③ 依《總目》體例，當作"寅有《乙未私志》，已著錄"。

④ "於"，殿本作"渡"。

靈洞山房集二卷（浙江汪啟淑家藏本）①

明趙志皋編。志皋有《內閣奏疏藁》，已著錄②。靈洞山在蘭谿東南十五里，為金華山分支。有棲真寺，久廢。萬曆初，志皋自嶺南謫所歸，買得其地，建祕書樓、三山齋、六虛堂諸勝，又標為十二景。一時賓客競相題詠。既志皋起為南京吏部侍郎，乃裒而刻之。

【彙訂】

① 明萬曆十七年趙志皋自刻本為上、中、下三卷。

②《總目》卷五六著錄為趙志皋《內閣奏題藁》十卷。（徐大軍：《〈四庫全書總目〉集部存目提要辨證》）

滑耀編無卷數（浙江巡撫採進本）

明賈三近編。三近字德修，嶧縣人。隆慶戊辰進士，官至兵部侍郎。事蹟具《明史》本傳。是書皆採錄寓言，如《送窮》、《乞巧》、《責龜》、《册虎》之類，悉為收載。其曰“滑耀”者，取莊子“滑疑之耀，聖人所圖”語也。前有寧鳩子序，寧鳩子即三近之寓名。各篇之後，閒附評語。其《送窮文》篇末謂：“窮鬼本出有窮氏，嘗從孔子遊陳、蔡閒，既而歸魯，舍於顏回、原憲家。”云云。以聖賢供筆墨之遊戲，亦佻薄甚矣。

唐詩紀一百七十卷（內府藏本）

明吳琯編。琯，漳浦人，隆慶辛未進士。嘗校刊馮惟訥《古詩紀》，因準其例輯此書。甫成初唐、盛唐詩，即先刊行。故止一百七十卷，非完書也。其始事者為黃清甫，同時纂輯者為陸弼、謝陛、俞體初、俞策諸人，具見於序例。而卷首題“滁陽方一元彙編”，未喻其故①。大抵雜出眾手，非一家之書矣。

【彙訂】

① 此書即黃德水、吳琯所編《唐詩紀》,當係方一元剗改原版編訂人名氏而成。(王重民、屈萬里:《普林斯頓大學葛思德東方圖書館中文善本書志》)

岳陽紀勝彙編四卷(浙江汪啟淑家藏本)

明梅淳撰。淳,當塗人。隆慶辛未進士。初,元釋天鏡嘗輯錄岳陽樓石刻諸詩,其本久佚。嘉靖中,有取岳陽題詠與洞庭分為二集者,蕪雜無次。淳因合洞庭君山、岳陽諸作,都為一編,共十五部。又雜著一部,即外紀之類,亦冗碎不足採錄也。

詩女史十四卷拾遺二卷(内府藏本)

明田藝蘅編。藝蘅有《大明同文集》,已著錄。是書採錄閨閣之詩,上起古初,下迄明代。《拾遺》二卷,則皆宋以前人也。採摭頗富,而考證太疎。如《皇娥歌》出《拾遺記》,本王嘉偽託,乃不能辨別,復妄增"嫘祖"字。蘇伯玉妻本晉人,故《玉臺新詠》列傅元之後。乃承《詩紀》之誤,以為漢詩。王宋詩本魏文帝擬作,詳載《藝文類聚》,而承《玉臺新詠》誤本,竟署宋名。《吳興妖神贈謝覽》詩,見《太平御覽》,亦承《詩紀》之誤,作"吳興伎童"。甚至《拾遺》之首冠以南齊蘇小小詞,其詞乃《減字木蘭花》,尤為可異。藝蘅未必至此,毋乃書肆所託名耶?

梅墟貽瓊四卷(兩江總督採進本)

明周履靖編,姚士粦刪定。履靖所輯《夷門廣牘》,士粦所輯《陸氏易解》,均已著錄。履靖在隆、萬間號為隱士,而聲氣頗廣。凡有著作,必請勝流為之題詠序跋。積久漸多,因集為此帙,並往來書牘附之。凡十一體,一百六十餘篇。蓋明季山人例以標榜相尚也。

國雅二十卷續國雅四十卷（浙江巡撫採進本）①

明顧起綸編。起綸有《句漏集》，已著錄。是編選明諸家之詩，上起洪武，下迄隆慶②。首列《品目》一卷，仿鍾嶸《詩品》、殷璠《河岳英靈集》、高仲武《中興閒氣集》例。但《詩品》不載詩，此則載詩。《英靈》、《閒氣》二集分列諸家姓名下，此則總冠卷首耳。所錄詩篇，採摭頗富。然起綸當嘉、隆之際，太倉、歷下聲價方高，故惟奉《藝苑卮言》為圭臬。持論似乎精詣，而錄詩多雜庸音。又聲氣交通，轉相標榜。其入品者洪武至正德僅七十九人，嘉、隆兩朝乃至五十三人③，而附見名姓者尚不在其數。大抵與起綸攀援唱和，有瓜葛者居多。卷末附書牘二十篇，皆答徵詩謝入選者，其大略可睹矣。

【彙訂】

① 萬曆吳武陵郡顧氏奇字齋刻本《國雅》二十卷、《續國雅》四卷、《雜附》一卷、《國雅品》一卷，當為初刊本，《總目》"四十卷"之"十"字為衍文。（王重民：《中國善本書提要》）

② 書中選詩下至萬曆。（王學泰：《中國古典詩歌要籍叢談》）

③ "五十三"，底本作"五十二"，據殿本改。明萬曆奇字齋刻本此集卷首《國雅品·士品四》下注："嘉靖至今五十有三人。"

市隱園詩文無卷數（浙江巡撫採進本）

明姚涷及其子之裔所編。涷，江寧人。李維楨作其《海月樓集》序，稱為"金陵典客"，蓋以質庫為業者也。有別墅在秦淮之東，曰市隱園，頗有林麓之勝。標為十有八景，招邀一時知名之士為之記序題詠。隨得隨刊，故不分卷帙，但以《初紀》、《二紀》別之。案劉元卿《應諧錄》載："上元姚三老貲甲閭右，嘗買別墅，其中有池亭假山，皆太湖怪石。有狂客王大癡，詢知姚謀之久，其主以無可奈何而賤售。因諷以當效刻石平泉，垂戒子孫，異時無可奈何，不宜賤售。"其里貫與溯相同，未知即謂此園否。果即此園，則此集亦不足尚也。

集部四十六

總集類存目三

今文選十二卷（兩江總督採進本）

明孫鑛編①。鑛有《孫月峰評經》，已著錄。是編裒錄明人之文，所選自羅玘至李維楨，凡三十一人。並撮舉其姓氏、爵里於卷前②。其前七卷稱《今文選》，後五卷稱《續選》。觀其自序，蓋以李夢陽為宗，故明初諸人皆不之及焉。

【彙訂】

①"編"，底本作"撰"，據殿本改。

②"舉"，殿本無。

三忠集十四卷（安徽巡撫採進本）

明郭惟賢編①。惟賢，晉江人。萬曆甲戌進士，官至左副都御史，以憂歸。起戶部右侍郎，未上而卒。事蹟具《明史》本傳。是集乃惟賢官湖廣巡撫時所編。前有萬曆甲午自序，謂屈原，秭歸人；孔明，南陽人；岳忠武雖起家湯陰而封鄂王，苗裔迄今在武②、黃間。均以楚稱，故合為一編。於《離騷》取朱子註，編為七卷；於《武侯集》兼取《將苑》、《心書》及雜文，編為三卷；於《忠武集》則取《金陀粹編》中家集十卷，汰其大半，編為四卷。其大篇關一時興亡得喪者，多不見採，於三賢事狀、文章俱無可證驗。惟賢一代名臣，此編則未為精善。蓋一時書帕本也。

【彙訂】

① "編"，底本作"撰"，據殿本改。

② 殿本"在"上有"猶"字。

文府滑稽十二卷（兩江總督採進本）

明鄒迪光編。迪光有《鬱儀樓集》，已著錄。是書選周、秦迄於唐、宋寓言俳諧之文，故以"滑稽"為名。而正言莊論，時亦採入，為例已自不純。或錄全篇，或摘數語，亦漫無體例。又雖分文部、說部二目，而配隸實無定軌。如莊子《齊物論》，以"齧缺問於王倪"一段入文部，"罔兩問景"一段入說部，"瞿鵲子"一段復入文部。《人閒世》"匠石之齊"一段入文部，"南伯子葵"一段入說部。《大宗師》"子祀"、"子輿"一段入文部，"意而子見許由"一段入說部①。其餘忽謂之文，忽謂之說，似此類者，不可枚舉。其編次無緒可知矣。

【彙訂】

① 據明萬曆三十七年刻本此集目錄，卷一至卷八標為文部，卷九至卷十二為說部。"齧缺問於王倪"、"瞿鵲子"、"匠石之齊"、"子祀"四段收在卷一，"罔兩問景"、"南伯子葵"、"子輿"三段收在卷九。然其正文卷一至卷十皆為文部，卷十一、十二方題為說部，《總目》所舉實都入文部。（徐大軍：《〈四庫全書總目〉集部存目提要辨證》）

釣臺集六卷（兩江總督採進本）

明陳文煥編。文煥字靜菴，臨川人，官嚴州府知府。是集成於萬曆丙子,因《釣臺集》舊本,續以後來詩文,別無發凡起例之處。

詩宿二十八卷(內府藏本)

明劉一相編。一相字維衡,長山人。萬曆丁丑進士,官至陝西布政使。是編採周、秦、漢、魏、六朝、三唐之詩,區別差次,為部二十八,子目一百五十有四。陳、隋以上詩體不甚異者都稱古詩,惟以時代為序。唐則類以題分,人以詩分,詩以體分。亦張之象《唐詩類苑》之流亞也。

翰墨選註十二卷(浙江巡撫採進本)

舊本題明屠隆撰。隆有《篇海類編》,已著錄。是書皆歷代尺牘,謬妄不可殫述。如前載漢晁錯《與友人索詩編》尺牘一篇曰:“日外入芳圃,知騎氣南遊。抱恨而返,所謂南山千萬峯儘是相思情也。吟編久客左右,偶欲檢點,敢請頒下。霜月更白,尚容瀆寒往見,話前人工拙。”云云,則其他可知矣。隆雖縱誕之士,不以學問名,然其陋不應至是。必書肆偽託也。

鉅文十二卷(安徽巡撫採進本)

舊本題明屠隆撰。是集雜選經傳及古文詞,分宏放、悲壯、奇古、閒適、莊嚴、綺麗六門,僅八十篇。以《考工記》、《檀弓》諸聖賢經典之文與稗官小說如《柳毅傳》、《飛燕外傳》等雜然並選,殊為謬誕。疑亦坊賈託名也。

四六叢珠彙選十卷(副都御史黃登賢家藏本)

明王明嶅編。明嶅字懋良,晉江人。萬曆己卯舉人,官至寧波府通判。宋葉適所編《四六叢珠》凡四十卷,見於《千頃堂書目》①,明時鈔本尚存。明瞀病其繁冗,因別為選錄刊行。所分大目十一,子目數百,皆仍葉氏之舊。然適原書所採多錄全文,今散見《永樂大典》中者,尚可考見其體例。明瞀乃隨意刊削,僅存摘句。又不列標題,不著撰人名氏,一仿坊刻表聯活套之式。割裂破碎,遂致盡失其本來。亦可謂不善變矣。

【彙訂】

①《千頃堂書目》於類書類、總集類兩見《四六叢珠》四十卷,均不注撰人。《皕宋樓藏書志》卷六十著錄《聖宋名賢四六叢珠》一百卷,舊鈔本,題“建安葉蕡子實編”。(杜澤遜:《四庫存目標注》)

詩所五十六卷(通行本)

明臧懋循編。懋循有《負苞堂集》已著錄。初,臨朐馮惟訥輯上古至三代諸詩為《風雅廣逸》,後又益以漢、魏迄於陳、隋諸詩,總名曰《古詩紀》。懋循是編,實據惟訥之書為藁本。惟訥書以詩隸人,以人隸代,源流本末,開卷燦然。懋循無所見長,遂取其書而割裂之,分二十有三門:曰郊祀歌辭,曰廟祀歌辭,曰燕射歌辭,曰鼓吹曲辭,曰橫吹曲辭,曰相和歌辭,曰清商曲辭,曰舞曲歌辭,曰琴曲歌辭,曰古歌辭,曰雜曲歌辭,曰雜歌謠辭,曰古語古諺,曰古雜詩,曰四言古詩,曰五言古詩,曰六言古詩,曰七言古詩,曰雜言古詩,曰騷體古詩,曰闕文,曰璇璣圖詩,曰雜歌詩,曰補遺。顛倒瞀亂,茫無體例。且古詩之名本對近體而起,故沈、宋變律以後,編唐、宋詩者二體迴分。若陳、隋以前,無非古體。乃亦稱曰“幾言古詩”,於格調已為檮昧。中如傅元《有女篇》本樂府,而入之古詩;傅毅“冉冉孤生竹”一首本古詩,而入之歌曲者，不可僕數。又《詩紀》蒐採雖博，亦頗傷泛濫。故後來常熟馮舒有《匡謬》一書，頗中其病。懋循不能有所考訂，而掇拾餖飣，以博相誇。又不分真偽，裨販雜書以增之。甚至庾信諸賦以句雜七言，亦復收入，尤為冗雜矣。

唐詩所四十七卷（通行本）

明臧懋循編。凡十有四門：曰古樂府，曰樂府系，曰三言、四言古詩，曰五言古詩，曰七言古詩，曰雜體古詩，曰風體、騷體古詩，曰五言律詩，曰七言律詩，曰五言排律，曰七言排律，曰五言絕句，曰七言絕句，曰闕文。每門之內又各以題目類從，餖飣割裂，亦張之象《唐詩類苑》之流也。每卷之首皆註“前集”二字，則當有後集，今未之見。然大概可睹矣。

詞致錄十六卷（兩江總督採進本）

明李天麟編。天麟，大興人。萬曆庚辰進士，官至監察御史，巡按浙江①。是集皆載詞命之文，分制詞、進奏、啟劄、祈告、雜著五門，中又各分子目。所採上自漢、晉，下迄於宋，頗勝明末之猥濫。然意主於剽剟詞藻，仍餖飣之學耳。

【彙訂】

①《總目》卷八〇已述李天麟籍貫仕履，作“武定人”，雍正《山東通志》卷一五之一《選舉志》、咸豐《武定府志》卷二〇《選舉志》均作武定人。且李天麟“官至按察使”。（楊武泉：《四庫全書總目辨誤》）

廣廣文選二十三卷（副都御史黃登賢家藏本）

明周應治編。應治有《霞外塵談》，已著錄。嘉靖中，劉節嘗編《廣文選》，此又拾節之遺，故曰《廣廣文選》。猶之《反離騷》後有《反反離騷》,《非國語》後有《非非國語》也。其舛漏踳駁,與節書亦魯、衛之政。甚至《松柏歌》題曰"齊王建",是並"共建住者客耶"一句亦未觀也①。《〈越絕書〉序》題"周吳平",如據《論衡》及書末題詞則平為後漢人,亦不得謂之周②,如以為周人書,則當曰子貢、子胥,不得謂之吳平也。則其他可不問矣。

【彙訂】

① 據《史記正義》,秦始皇滅齊,遷齊王建於共,齊人怨王建不與五國合作抗秦,聽姦臣賓客以亡其國,故歌之曰:"松耶? 柏耶? 住建共者客耶?"《總目》誤引作"共建住者客耶",大違原意。(楊武泉:《四庫全書總目辨誤》)

② "亦",殿本無。

江皋小築集三卷(兩淮馬裕家藏本)

明李元弼撰。元弼字靖吾,廣東人。萬曆中卜築江皋,題為十景。集友朋唱和成編,而以所作詩槁附錄焉。

順則集八卷(編修勵守謙家藏本)

明程文潞編。文潞字希古,歙縣人。是編成於萬曆壬午。輯程氏先世遺詩,自後唐程炳迄明程百教凡百有四人。但分時代,而皆不詳其仕履,蓋以別有譜牒在也。其稱"順則"者,以世業耕鑿,取"順帝之則"意爾。

塤箎音二卷(兩江總督採進本)

明虞淳熙、虞淳貞同撰。淳熙有《孝經集靈》,已著錄。淳貞字僧孺,淳熙弟也。是集凡賦《溪上落花》詩一百五十首,又次韻沈嘉則《雜咏》一百二十首。又倣杜甫《同谷七歌》,淳熙作者命曰《塤音》,淳貞作者命曰《箎音》。原序稱其《溪上落花》詩,伯仲皆一夜而就。大意欲夸多鬭捷耳。不知一題衍至百餘首，即曹、劉、沈、謝亦不必工也。

韓文杜律二卷（内府藏本）

明郭正域編。正域有《批點考工記》，已著錄。是編選錄韓愈文一卷，杜甫七言律詩一卷，各為之評點，大抵明末倡狂之論。如謂《佛骨表》不知佛理之類，多不足與辨。所評杜詩，欲矯七子摹擬之弊，遂動以肥濁為詬病。是公安之驂乘，而竟陵之先鞭也。

頻陽四先生集四卷（陝西巡撫採進本）

明劉兌編。兌始末未詳。其編此書，則官富平縣知縣時也。所錄為張紞、李宗樞、楊爵、孫丕揚四人詩文。紞有《雲南機務鈔》，黃爵有《周易辨錄》，丕揚有《論學篇》，均已著錄。宗樞字子西，號石疊。嘉靖癸未進士，官至右僉都御史，巡撫河南。四人皆富平人。富平古頻陽地，故稱“頻陽四先生”。是集之編在萬曆甲申，於時丕揚方以右副都御史家居。兌以丕揚所作為四家之一，殊乖古人蓋棺論定之義。明季標榜之習，大率如斯矣。

明文徵七十三卷（浙江巡撫採進本）①

明何喬遠編。喬遠有《閩書》，已著錄。是集以明代詩文分體編次，各體之中又復分類，自洪武迄崇禎初年。自序云：“國家之施設建立，士大夫之經營論著，悉具其中。下及於方外、閨秀，無不兼收並錄。”然其稍傷冗濫，亦由於此。其附時藝數篇，則《宋文鑑》例也。

【彙訂】

① 明崇禎四年原刻本《皇明文徵》為七十四卷。卷首靳於

中序亦云:"韻語二十二卷,文筆五十二卷。"(沈津:《美國哈佛大學哈佛燕京圖書館中文善本書志》;徐大軍:《〈四庫全書總目〉集部存目提要辨證》)

評註八代文宗八卷(內府藏本)

舊本題明袁黃編。黃有《皇都水利》,已著錄。是編取《文選》中之近於舉業者,掇拾成書。有全刪者,有節取數段者,舛謬百出,不能縷舉。在坊刻中亦至陋之本。黃雖不以文章名,亦未必紕繆至是也。

釣臺集二卷(兩淮馬裕家藏本)

明楊束編。束,建安人,官桐廬縣知縣。嚴光釣臺詩文,宏治中嚴州府推官龔宏始輯錄而未成,同知酈才乃續成十卷刊之。後新安程敏政為增補記文銘贊等六十餘篇。至萬曆四年,知府陳文煥又屬教諭劉伯潮重編。萬曆十四年,束復刪補以成此本。始末凡經五人,故體例頗不畫一。所載碑記等既不盡存其年月,所載諸詩亦不盡著其原題。且其目則列卷一至卷四,而其書止有上、下二卷。是篇第尚不能釐正[①],無論其他矣。

【彙訂】

①"尚",殿本作"且"。

嵩少集四卷(兩淮馬裕家藏本)

明鄭太原編。太原,潞安人,官登封縣知縣。初,嘉靖中渾源劉思溫嘗輯少林寺題詠碑,刻為《少林古今錄》。萬曆戊子,太原因其舊本增入嵩嶽、嵩麓諸寺詩文,故名之曰《嵩少集》。

古文輯選六卷（内府藏本）

明馮從吾編。從吾有《元儒考略》，已著錄。是編所錄古文，自春秋、秦、漢以迄宋、元①，僅百餘篇，自謂皆至精者。然其大旨以近講學者為主，不足盡文章之變也。

【彙訂】

①“自春秋秦漢以迄宋元”，殿本作“自春秋迄元”。

中原文獻二十四卷（兩江總督採進本）

舊本題明焦竑編。竑有《易筌》，已著錄。是書分經集六卷，史集六卷，子集七卷，文集四卷，末附通考一卷。其自序云：“一切典故無當於制科者，概置弗錄。”識見已陋。至首列《六經》，妄為刪改，以為全書難窮，祇揭大要，其謬更甚。竑雖耽於禪學，敢為異論。然在明人中尚屬賅博，何至顛舛如是，殆書賈所偽託也。

三忠文選三卷（江西巡撫採進本）

明吳達可編。達可有《奏疏遺稾》，已著錄。是編錄嘉靖朝三諫臣之文，一周怡，一楊爵，一劉魁。怡《訥溪奏議》、爵《楊忠介集》、魁《省愆稾》，皆有本別行。達可為怡之門人，因並爵、魁所著彙而刻之。皆摘錄梗概，故所存甚略。蓋意在存其人，不在備其文也。

世玉集選二卷（江西巡撫採進本）

明孫梗編。梗字汝良，豐城人。孫氏在豐城為望族，世有聞人。是編次其先世詩文，自明初國子監博士貞，訖嘉靖中泰州知州樾，凡二十四人。上卷為詩、詞、賦，下卷為雜文。書成於萬曆辛卯。

小孤山詩集一卷(浙江巡撫採進本)^①

明陳恪編。恪字克謹,鄞縣人。萬曆壬辰進士,官宿松縣知縣。是編乃恪於宏治七年因修小孤山廟落成^②,偕寮友登半山亭,見古今題詠,懼其殘剝不傳,錄而梓之。前繪山圖。其所載詩,起南宋迄於明。蓋就所見而錄之,故寥寥特甚,不足以備考證也。

【彙訂】

① 此書在《各省進呈書目》中僅著錄於《浙江省第五次鄭大節呈送書目》及《二老閣呈送書》,則應為浙江鄭大節家藏本,作"浙江巡撫採進本"誤。(江慶柏:《四庫全書私人呈送本中的鄭大節家藏本》)

② "於宏治七年因",殿本無。弘治七年甲寅(1494)下距萬曆二十年壬辰(1592)九十八年,殿本或據此刪去六字。然《明清進士題名碑錄》載明代進士有二陳恪,一為浙江鄞縣人,萬曆二十年壬辰科三甲第二百零八名;一為浙江歸安人,成化二十三年(1487)丁未科三甲第一百四十九名。《明實錄》正德十三年四月丙辰條載:"大理寺卿陳恪卒。恪字克謹,浙江歸安人,成化二十三年進士,授宿松知縣。"康熙《安慶府志》卷一二《人物志·名宦·陳恪傳》載:"浙江歸安人,由進士知宿松縣……在任七年,召為監察御史。"光緒《歸安縣志》卷三十四《人物傳二·名臣二》小傳引《兩浙名賢錄》云:"字克謹,號鉅齋,歸安人。成化二十三年進士,授宿松縣知縣。"《總目》誤為一人。且據小傳,歸安陳恪歷任監察御史、江西按察副使、貴州按察副使、山東布政使、右都御史巡撫南贛,官至大理寺卿,非僅任宿松縣知縣。(楊武泉:《四庫全書總目辨誤》)

明文雋八卷（江蘇巡撫採進本）

舊本題曰袁宏道精選，邱〔丘〕兆麟參補，陳繼儒標旨，張鼐校閱，吳從光解釋①，陳萬言彙評。蓋坊閒刻本，託宏道等以行。前有周宗建序，謂：“有志公車業者，其沈酣之無後。”亦必非宗建語也。

【彙訂】

① 明師儉堂蕭少衢刻本此集題“寧埜吳從先解釋”，作“吳從光”誤。（杜澤遜：《四庫存目標注》）

明百家詩選三十四卷（通行本）

明朱之蕃編。之蕃有《奉使槀》，已著錄。是編前有萬曆丙辰自序，稱：“錫山俞公憲殫生平之精力，搜羅四百餘家，編帙浩繁，難於廣布。閱之幾半載，始克卒業。因汰其七八，僅存二三①。友人周時泰謬相許與，用廣梓傳。因人成事，良足自媿。”云云。其標題稱“百家”，而首卷所載名氏實三百一十八人，蓋用王安石《唐百家詩》之例。惟以詩分體，而不以詩繫人，與分家之說名實相迕。首列賦二卷，末附《詩餘》一卷②，與編錄之體亦乖。其去取尤漫無持擇，非善本也。

【彙訂】

① “僅存”，殿本作“存僅”。

② “一卷”，底本作“二卷”，據殿本改。明萬曆周時泰刻本此集卷三十四後半為《詩餘》九十三首。

鳳山鄭氏詩選二卷（福建巡撫採進本）

明曹學佺編。學佺有《易經通論》，已著錄。是集乃所選鄭孔道、鄭大亨之詩也。孔道號一所，閩縣人，官至雲南兵備副使。

所著有《一齋集》。大亨字慕塘,孔道從子,所著有《書種堂集》。學佺撰《八代詩選》,皆採錄之。其元孫光裔因即《八代詩選》所錄,別刊此本。然卷首有崇禎己卯徐𤈦序,稱:"孔道之孫惟嘉命序簡端。"則刊版者光裔①,編次者實惟嘉也。閩縣有鳳凰山,鄭氏聚族於是。題曰鳳山,蓋從所居也②。

【彙訂】

①"則",殿本無。

②"也",殿本作"云"。

湛園雜咏一卷(兩淮馬裕家藏本)

明米萬鍾撰。萬鍾字友石,一字仲詔,宛平人。萬曆乙未進士,官至太僕寺少卿。《明史‧文苑傳》附見《董其昌傳》中。嘗構漫園、勺園,又構湛園,標園中佳勝為十八題。因裒集一時賦詠,類為此編。

百家論鈔十二卷(浙江巡撫採進本)

明王思任編。思任字季重,山陰人①。萬曆乙未進士,官至江西九江道按察使僉事②。是書所取皆有明一代議論之文。前有思任自序,曰:"宋不如唐,唐不如漢,漢不如三代,此文談舊唾也。吾以為文章至明而始妙。"是何言歟!

【彙訂】

①"山陰",殿本作"於潛",誤。清乾隆《紹興府志》卷三十一《選舉志二‧進士》萬曆二十三年乙未科朱之蕃榜有王思任,云:"宛平籍山陰人,九江僉事。"《總目》卷一一四《弈律》條亦謂山陰人。

② 依《總目》體例,當作"思任有《弈律》,已著錄"。

謫仙樓集三卷（浙江巡撫採進本）

明駱駸曾編。駸曾字象先，武康人。萬曆戊戌進士，官至監
察御史。太平府西北二十五里采石江有牛渚磯。磯之東，謫仙
樓在焉，以李白得名。又有白墓在府城東南二十里青山，而采石
庚賢坊亦有後人所作衣冠墓。其地江山秀麗，稱為勝蹟。正德
壬申，御史酈文博始集樓中題咏授梓。萬曆丙辰，駸曾巡按應
天，復加續輯。凡文一卷，詩二卷，而以榮昌冷宗元所繪圖冠之
卷首。

唐音戊籤二百一卷閏餘六十四卷（江蘇巡撫採進本）

明胡震亨編。震亨有《海鹽縣圖經》，已著錄。其所撰《唐音
統籤》凡一千二十七卷，以十干為紀①。卷帙浩繁，均未鋟版。
國朝康熙乙丑，其孫成之、曾孫頎始以《戊籤》刊行，即此本也。
蓋當明末國初時，太倉、歷下之摹古，與公安、竟陵之趨新，久而
俱弊，遂相率而為宋詩。宋詩又弊，而馮舒、馮班之流乃尊崑體
以攻江西，而晚唐之體遂盛。《戊籤》二百一卷，所錄皆晚唐之
詩。《閏餘》六十四卷，所錄皆南唐、吳越、閩國之詩。風會所趨，
故及時先出爾。方其剞劂之始，尚欲相繼刊布全書。故此集始
於五百五十三卷，迄於八百一十七卷，編帙之數尚仍《統籤》之
舊。迨《御定全唐詩》出，而諸籤遂廢。惟《癸籤》僅有續刊，餘則
繕錄之本亦日傳日減矣②。

【彙訂】

① 據故宮博物院圖書館藏范文若抄配本（海內孤本全帙），
甲至壬為一千卷，《癸籤》為三十三卷，合一千三十三卷。（周本
淳：《胡震亨的家世生平及其著述考略》）

②　至遲到康熙四十年前後,甲、乙、丙、丁、戊、癸籤當已刊刻完成並流布。(冉旭:《〈唐音統籤〉研究》)

清源文獻十二卷(禮部尚書曹秀先家藏本)①

明何炯編。炯,晉江人,官靖江縣教諭。是集成於萬曆丁酉,皆錄其郡人之詩文。前列《爵里》一卷,首曰寓賢,凡僑寓於泉者,自唐秦系至元王翰十二人。次曰遡賢,乃其身未家於是而子孫載族以徙者,為宋李昭玘、傅堯俞二人。次曰孕賢,則誕生其地及其父、祖為泉人者,為宋王曾、韓琦,明邱濬三人。次曰郡賢,薦紳則自唐歐陽詹至明周訓二百五人,藩王則宋陳洪進一人,武弁則明俞大猷、鄧城二人,爵里疑誤者宋段全等五人,布衣唐王轂等二十六人,閨秀三人,釋子三人②,女冠一人,羽士二人。凡詩、賦、雜文,悉加甄錄,蒐採頗廣。然如王曾、邱濬皆終身未至其地,而亦援以為重,未免失於限斷也。

【彙訂】

①　明萬曆二十五年程朝京刻本此集十八卷,江蘇、兩淮進呈本皆有十八卷足本。(杜澤遜:《四庫存目標注》)

②　程朝京刻本卷此集首《清源文獻姓名爵里》列釋子二十人。

嶺南文獻三十二卷(江蘇周厚堉家藏本)

明張邦翼編。邦翼,蘄州人。萬曆戊戌進士,官至廣東提學副使。是集採粵中前哲之文,分類編次,先文後詩。起唐張九齡,迄於明之萬曆,凡二百六十餘人,於嶺南諸集搜輯頗廣。然明人著作,百分之中幾居其九焉①。蓋時彌近而所收彌濫②,亦明季標榜之習氣也。

【彙訂】

① "九焉"，殿本作"九十九"。

② "蓋"，殿本無。

文璿清娛四十八卷（內府藏本）

明華國才編。國才號鶴叟，長洲人，萬曆庚子舉人。是書於諸選本、類書中採摘其短章小品①，故曰"清娛"。上起宋玉、荀卿，下迄於元。不分體裁，惟以時代為後先，間附小傳及評語。觀其見解，蓋陳繼儒一流也。

【彙訂】

① 據清宗廷輔《選例匯鈔》，此集非僅錄短章小品。（王欣夫：《蛾術軒篋存善本書錄》）

續文選三十二卷（浙江汪啟淑家藏本）

明湯紹祖編。紹祖字公孟，海鹽人，東甌王湯和裔也。是編成於萬曆壬寅，採自唐及明詩文以續昭明之書①。然所錄止唐人、明人②，無五代、宋、金、遼、元。又明人惟取正、嘉"後七子"一派，而洪、永以來劉基、高啟諸人僅錄一二。蓋恪守太倉、歷下之門戶而又加甚焉。所分門目，一從《文選》，惟賦闕京都、郊祀、耕耤三類，而易"江海"為"山海"。"物色"一門謂昭明"惟取天文，殊似未該，今用廣之是也"。然王世貞《竹林七賢圖賦》謂之物色，則亦孰非物色乎？盧柟《壽成皇王賦》入"志"，徐楨〔禎〕卿《反反離騷》入"論文"③，是何體例也？

【彙訂】

① 書中卷二十七既選有《文心雕龍》四篇，則其上限豈能斷自唐代？（楊明照：《文心雕龍》板本經眼錄）

② 萬曆三十年壬寅（1602）希貴堂刻本此集亦收有庾信、隋煬帝等南北朝及隋代各家詩文。（徐大軍：《〈四庫全書總目〉集部存目提要辨證》）

③ "反反離騷"，殿本作"反反騷"，誤。此集卷五"論文"類有徐禎卿《反反離騷》。

梁園風雅二十七卷（浙江鮑士恭家藏本）

明趙彥復編①。彥復字微生，杞縣人。萬曆甲辰進士，官至湖廣按察司副使。是編選中州之詩凡九家。李夢陽五卷，何景明五卷，王廷相一卷，孟洋一卷，薛蕙二卷，高叔嗣二卷，劉繪一卷，張九一三卷，謝榛五卷，而彥復詩一卷附焉②。李、薛皆秦產，以夢陽祖籍扶溝，蕙祖籍偃師，遂並闌入。謝榛本臨清人，以遊蹟偶至，遂強為流寓。以是為例，今古詩人其可以攀附者強半矣，又何止是三人乎？梁王兔園僅漢時一別館，取以概名中州之詩，尤無謂也。

【彙訂】

①《千頃堂書目》云此編由趙彥復與臨清汪元、范明生同輯。清康熙四十三年陸廷燦刻本卷首有汪元、范明生所作"諸公爵里"。（徐大軍：《〈四庫全書總目〉集部存目提要辨證》）

②《總目》所列僅二十六卷，與卷前"諸公爵里"同，然正文中劉繪詩實有卷十七、十八凡二卷。（同上）

尺牘雋言十二卷（江西巡撫採進本）

明陳臣忠編。臣忠字景周，莆田人。萬曆甲辰進士，官至南京刑部郎中。是書摘錄古人書牘，自周、秦訖於宋、元。各為點論,以朱墨版印之。去取既乏鑒裁,評論亦無可採。

古論元〔玄〕箋八卷(浙江巡撫採進本)

明傅振商編。振商有《杜詩分類》,已著錄。是編乃萬曆壬子振商巡按直隸時所刊。雜採戰國至唐、宋之文,多竄易篇名,強題曰"論"。如莊子之《齊物論》本以"物論"二字相屬,乃摘取加以"論"名,尚可曰沿劉勰之誤。至淮南子《氾論訓》亦割去"訓"字,題曰《氾論》;韓愈《原道》、《原毀》則加一"論"字,曰《原道論》、《原毀論》;《張中丞傳後敘》亦改曰《張中丞傳後論》[1],其乖謬率皆類此。則其書可不必問矣。

【彙訂】

① 明萬曆四十年刻本此集卷五實改作《書許中丞傳後論》。

緝玉錄五卷(兩淮馬裕家藏本)

明傅振商撰。是編乃其為御史時巡按關隴,即其所歷山川名勝,各裒輯其題咏,共為一編。皆明人之作也[1]。

【彙訂】

① "之",殿本無。

蜀藻幽勝集四卷(安徽巡撫採進本)

明傅振商編。蜀雖僻處一隅,而自漢、晉以來,文章為盛。宋慶元中有程遇孫等《成都文類》,明嘉靖中又有周復俊《全蜀藝文志》。蒐羅賅備,業已巨細兼登,菁華畢萃。振商此集採掇十一,分為二十五類,去取頗無條理。蓋當時書帕之本,不足以言別裁也[1]。後有振商自跋,以《秦蜀幽勝錄》標題,又有"留滯秦川,披尋舊簡,秦、蜀幽文,幾無賸采"之語。蓋原刻尚有《秦藻幽勝集》合為一編,此本佚其半耳。

【彙訂】

①"不足以言別裁也"，殿本無。

四家詩選四卷（內府藏本）

明傅振商編。是集選顧起元、焦竑、郭正域、葉向高四人之詩，人各一卷。蓋崇禎元年為南京兵部侍郎時所刻，亦書帕本也。

嶺南文獻補遺六卷（江蘇周厚堉家藏本）

明楊瞿崍編。瞿崍有《易互》，已著錄①。先是，廣東提學張邦翼撰《嶺南文獻》三十二卷。瞿崍繼為提學，復輯是書。自序謂："張刻詳於人，補則詳於事理，必其事與理關切者，纂而補之。"有文無詩，亦略分體。中閒又自分理類、事類等目，閒綴評語。蓋與張本同為採選嶺南之文，而用意則各有在也。

【彙訂】

①《易互》六卷，清楊陸榮撰，《總目》卷九經部存目、《清史稿》卷一四五所錄皆同。《總目》卷八有楊瞿崍《易林疑說》。（徐大軍：《〈四庫全書總目〉集部存目提要辨證》）

豳風概一卷（兩江總督採進本）

明蔣如苹編。如苹有《萬曆容城縣志》，已著錄。是集乃其官邠州知州時採歷代歌詩之有關於風土者，彙為一編，刻於萬曆戊申。凡七十餘篇，首冠以《豳風‧七月》之詩。

古文瀆編二十三卷（通行本）①

明王志堅撰。志堅有《讀史商語》，已著錄。是編乃其督學湖廣時所選唐、宋八家古文。凡諸集中稍涉俳偶者，皆不採錄。

以志堅別有《四六法海》一書②,登載駢體故也。其曰"瀆編"者,取劉熙《釋名》"瀆者獨也,獨出其所而注於海"之義。蓋以八家爲正派,餘爲支流。故所選歷代之文,別名《瀾編》云。

【彙訂】

① 明崇禎六年刻本爲八種二十九卷。(杜澤遜:《四庫存目標注》)

② "志堅",殿本無。

文儷十四卷(浙江巡撫採進本)

明陳翼飛編。翼飛有《慧閣詩》,已著錄。是書所錄,自漢及唐皆以駢儷爲主,略依《文選》之例。惟不載詩,與《文選》稍異耳。

天籟集二卷(庶吉士戴震家藏本)

明釋無相編。無相始末未詳。是集成於萬曆己酉,所錄皆宋以前不工文者之詩。如《易水歌》、《黃臺瓜詞》之類。序稱:"詩以道性情。後世雕繪字句,囂爭宗派,於所謂'詩言志'者無當也。孔聖删《詩》,多取委巷歌謠。毋乃不工於文者,反能直抒性情,爲風雅正軌乎。"云云。殆爲明季風氣而言,然矯枉過直矣。

詩歸五十一卷(內府藏本)

明鍾惺、譚元春同編。惺有《詩經圖史合考》,元春有《嶽歸堂詩集》,均已著錄①。是書凡古詩十五卷,唐詩三十六卷。大旨以纖詭幽涉爲宗,點逗一二新雋字句,矜爲元〔玄〕妙。又力排選詩惜群之說,於連篇之詩隨意割裂,古來詩法於是盡亡。至於古詩字句,多隨意竄改。顧炎武《日知錄》曰:"近日盛行《詩歸》

一書，尤為妄誕。魏文帝《短歌行》：'長吟永歎，思我聖考。''聖考'謂其父武帝也，改為'聖老'，評之曰：'聖老字奇。'②《舊唐書》載李泌對肅宗言：'天后有四子。長曰太子宏〔弘〕，天后方圖稱制，乃鴆殺之，以雍王賢為太子。賢自知不免，與二弟日侍父母之側，不敢明言，乃作《黃臺瓜詞》，使樂工歌之。其詞曰：種瓜黃臺下，瓜熟子離離。一摘使瓜好，再摘使瓜稀，三摘猶尚可，四摘抱蔓歸。其言'四摘'者，以況四子也。以為非'四'所能盡，改為'摘絕'。案高棅《唐詩品彙》載此詩，已作'摘絕'，則非惺之所改。然惺因仍誤本，是亦其失。故仍存炎武之說。此皆不考古而肆臆之說，豈非小人而無忌憚者哉！"朱彝尊《詩話》謂是書乃其鄉人託名。今觀二人所作，其門徑不過如是，殆彝尊曲為之詞也。

【彙訂】

① 《總目》卷一八○著錄譚元春《嶽歸堂集》十卷。（王昕：《〈四庫提要〉竟陵派條目辨證》）

② 鄧之麟《海粟詩話》云："曹子恒《短歌行》：'長吟短嘆，懷我聖考。'刊本譌'考'為'老'，鍾批云：'聖老字奇。'"則亦非鍾惺所改，實因仍誤本。（胡玉縉：《四庫全書總目提要補正》）

明詩歸十卷補遺一卷（內府藏本）

舊本題明鍾惺、譚元春編，其邑人王汝南校刊。汝南又為之補綴。凡評語稱"鍾曰"、"譚曰"者，其原本；稱"補曰"者，汝南所加也①。然所錄如錢秉鐙《南從紀事》詩②，首稱："皇帝十四載，仲冬月上弦。"是崇禎辛巳歲也。考鍾惺沒於天啟乙丑，元春亦以崇禎辛未旅卒③，何從得秉鐙辛巳之詩而評之？王士禎《池北偶談》稱："坊間有《明詩歸》，鄙俚可笑，託名竟陵。"蓋前人已知其偽矣。

【彙訂】

① 鍾、譚明言只評選古、唐《詩歸》，并未評選明詩，何來"元本"，可斷定全書均為王汝南所評選。（王昕：《〈四庫提要〉竟陵派條目辨證》）

② 錢澄之初名秉鐙，《總目》所述其詩見於此集卷九第一家第一題，作《南徙紀事》；亦收入錢氏《藏山閣集·詩存》卷一，後者題為《移家白門紀事》，又題注"一作《南徙紀事》"。（朱則傑、夏勇：《〈四庫全書總目〉十種清詩總集提要補正》）

③ 乙丑為天啟五年。《明人傳記資料索引》據《新刻譚友夏合集·退谷先生墓誌銘》，謂鍾惺生卒年為 1574—1624，吳榮光《歷代名人年譜》、王重民《中國善本書提要》"明詩紀年"條亦云卒於天啟四年。辛未為崇禎四年。李明睿《鍾譚合傳》說："（元春）丁丑赴公車，抱病卒於長店。"《安陸府志》也稱："崇禎丁丑會試，行至長店去京三十里，時夜半猶讀《左傳》，平明起攝衣，一晌而逝，年五十二。"譚家復稿本《譚元春年譜》謂譚元春生於萬曆十四年丙戌（1586），卒於崇禎十年丁丑（1637）。（楊武泉：《四庫全書總目辨誤》；王昕：《〈四庫提要〉竟陵派條目辨證》）

名媛詩歸三十六卷（內府藏本）

舊本題明鍾惺編。取古今宮閨篇什，裒輯成書，與所撰古、唐《詩歸》並行。其間真偽雜出，尤足炫惑後學。王士禛《居易錄》亦以為坊賈所託名①。今觀書首有書坊識語，稱"《名媛詩》未經刊行，特覓祕本，精刻詳訂"云云。核其所言，其不出惺手明甚②。然亦足見竟陵流弊，如報仇之變為行劫也。

【彙訂】

① 王士禎明言其偽之言見於《池北偶談》卷十八"名媛詩"條，非載於《居易錄》。（王昕：《〈四庫提要〉竟陵派條目辨證》）

② 此書中評語多引用《唐詩歸》中評語，且更具體、詳細地加以評論，評語中如深細、厚、雅、氣、幽、真、豔、莊、淡、情、清、孤等詞都具有明顯的竟陵派特徵。應是鍾惺所編。（陳鴻亮：《略論〈名媛詩歸〉》）

周文歸二十卷（內府藏本）

明鍾惺編①。其書刪節《三禮》、《爾雅》、《家語》、三《傳》、《國語》、《楚詞》、《逸周書》共為一編，以時文之法評點之。明末士習輕佻放誕，至敢於刊削聖經，亦可謂悍然不顧矣。

【彙訂】

① 鍾惺卒於天啟甲子年（1624），而此書成於崇禎年間。據卷首各家序文，實成於陳渼子之手。（徐大軍：《〈四庫全書總目〉集部存目提要辨證》）

宋文歸二十卷（兩江總督採進本）

明鍾惺編①。宋文多樸實，而惺以纖巧之法選之，以佻薄之語評之。是為南轅而北轍，其去取之得失可以不必問矣。

【彙訂】

① 此書與《歷代文歸》中諸集等均係偽托。（王昕：《〈四庫提要〉竟陵派條目辨證》）

合評選詩七卷（內府藏本）

明凌濛初編。濛初有《聖門傳詩嫡冢》，已著錄。是編全錄《文選》諸詩，而雜採各家評語附於上方，以朱墨版印之。所採惟鍾、譚為多,圈點則一依郭正域本。其宗旨可以概見也。

陶韋合集十八卷(內府藏本)

明凌濛初編。是書前有濛初題詞曰:“從來以繼陶者莫如左司,而兩集無合刻者。合之自何觀察露始。余游白門,以其刻見示。”又曰:“諸家之評其詩者,陶則宋人獨詳,韋則近世亦復不少。其丹鉛雜見,不能適於一。斟酌其閒,則余竊有取焉爾。”然則合刻者何露,其評則濛初所定也。版用朱、墨二色,刊刻頗工,而所評率無足取。陶集八卷,前有焦竑序,指為昭明太子之舊本。考是集自陽休之重定之後,昭明本不傳久矣。宋人不得見,而竑乃得見之耶?萬曆以後,士大夫務為誕偽,例皆如此,不足深怪。韋集末附桂天祥評曰:“蘇州古詩,沖雅極高。律詩閒澹,然不古矣。”其說故為大言,不知所謂古者定當何似,亦明季習氣也。

八代文鈔無卷數(江蘇巡撫採進本)

明李賓編。賓字煙客,梁山人。是編首列文家姓氏,起屈原至明鍾惺,凡九十有二人。別無卷目①。序云:“文之為物,善行而數變。東、西京而下,由晉、唐歷宋迄明,宗工鉅匠,在在可數。暇日遴撮諸家之勝,別為一集,以便披覽。而以屈、宋冠之,此文人之宗祖也。”按《漢志》“詞賦”首屈原、宋玉,《隋志》“集部”首荀況、宋玉。賓所採錄,惟取有集者刪之,故託始二人。然文章不止詞賦,以二人為宗祖,則未免失詞。且所選明代十七人中②,如袁宏道、鍾惺,亦未能抗行古之作者。其去取殆不足憑也。

【彙訂】

① 傳世明刻本此集題作一百零六卷,卷首“文家姓氏”所列

凡一百零六人,其每頁載十四人之名,四庫館臣所見之本或適闕一頁。(王重民:《中國善本書提要》)

②卷首"文家姓氏"所列明人有宋濂、劉基、王禕、崔銑、李夢陽、何景明、徐禎卿、楊慎、王守仁、唐順之、歸有光、王維楨、李攀龍、王世貞、汪道昆、徐渭、袁宏道、湯顯祖、鍾惺十九人。(徐大軍:《〈四庫全書總目〉集部存目提要辨證》)

晉安風雅十二卷(福建巡撫採進本)

明徐熥編。熥有《幔亭詩集》,已著錄。是編輯福州一府之詩。其曰"晉安"者,福州在晉時為晉安郡也,所錄起洪武迄萬曆,得二百六十四人。詩以體分,姓氏下各載其里居出處及所著作,並以"右某朝若干人"列數於左。其例多仿高棅《品彙》。惟"閨秀"一類,另立"妓女"以別薰蕕,為小異云。

閩南唐雅十二卷(浙江汪啟淑家藏本)

明徐𤊹編,費道用、楊德周等補之。德周序言之甚明,而卷首題名乃稱道用輯,德周訂,而𤊹校之。殆𤊹為閩人,而道用、德周皆閩令,故讓善於二人也。所錄皆閩中有唐一代之詩,自薛令之以下得四十人[①]。是時胡震亨《唐音統籤》已出,鈔合較易,故所載頗詳。然秦系、周朴、韓偓,其人既一時流寓,其詩又不關於閩地,一概錄之,未免借材之誚也,𤊹有《榕陰新檢》,德周有《澹圃芧紀》,皆已著錄。道用字闍如,石阡人,官福清縣知縣。

【彙訂】

① 明崇禎刻本此集卷一錄五人,卷二錄七人,卷三錄五人,卷四錄一人,卷五、卷六皆錄黃滔一人之詩,卷七、八、九皆錄徐寅一人之詩,卷十錄一人,卷十一錄四人,卷十二錄十二

人,共三十七人。(徐大軍:《〈四庫全書總目〉集部存目提要辨證》)

古逸書三十卷(原任工部侍郎李友棠家藏本)

明潘基慶編。基慶字良耜,松江人,萬曆戊午貢生①。是集名為"逸書",而實皆習見。如《陰符》、《素問》、《逸周書》、《山海經》之類,已為不倫。甚至《周禮·考工記》、《爾雅·釋地》、《釋天》,列在學官,亦稱"古逸",不亦僎乎? 其分神、妙、奧、閎、麗、特、纖、希、迅、奇、幻、疏、夷、逸、舊、恣十六品,每品又各分內、外,隨意標目,尤為無所取義。

【彙訂】

①《千頃堂書目》卷十六、三十一謂:"基慶,烏程人,萬曆戊午貢生。"清光緒《烏程縣志》卷三一《著述一》著錄潘基慶(字良耜,例貢生)《古逸書》三十卷。(王重民、屈萬里:《普林斯頓大學葛思德東方圖書館中文善本書志》)

秦漢鴻文二十五卷(內府藏本)

明顧錫疇編。錫疇有《綱鑑正史約》,已著錄。是編凡秦文五卷,漢文二十卷。秦文首錄《戰國策》,而《楚辭》之《卜居》、《漁父》皆在焉。漢文亦僅採前、後《漢書》。所錄評論,惟鍾惺為最多。

六朝聲偶刪補七卷(內府藏本)

明邵一儒編。一儒字仲魯,海陽人。是書成於萬曆庚申之九月。時廷議以萬曆四十八年八月以後為泰昌元年,故其序以泰昌紀元也。初,徐獻忠有《六朝聲偶》,大致本楊慎《五言律祖》而廣之。此又因獻忠之本重為刪補。

蔡氏九賢全書九卷（福建巡撫採進本）

明蔡鷗編①。鷗，元定十五世孫也。自元定之父發，及元定之子淵、沆、沈，孫模、格、杭、權，凡九人，各載其遺詩，而略紀其生平梗概。惟蔡發一卷所載皆形家之言，不應列之詩集。前有俞德光序，以伏羲、堯、舜、孔子比諸蔡，尤妄之甚矣。

【彙訂】

① 清雍正十一年蔡重刻道光五年蔡本源修補印本題《蔡氏九儒書》，《福建省呈送第一次書目》亦作《蔡氏九儒書》。據卷前蔡有鷗（蔡鷗似誤）、朱世澤、張煒、周學健各序及蔡重跋所云，此書實由明萬曆間蔡有鷗延朱世澤編定成集，清雍正間蔡重增輯重刻。（徐大軍：《〈四庫全書總目〉集部存目提要辨證》；杜澤遜：《四庫存目標注》）

奕世文集十六卷（兩江總督採進本）

明蕭自開編。自開，萬安人，由廩生官詹事府主簿。是編輯其先世文集五種。凡《二休居士集》一卷，蕭纘撰；《石巖山房集》四卷，蕭乾元撰；《小石集》二卷，蕭晹撰；《修業堂集》五卷，蕭廩撰；《復菴集》四卷，蕭中行撰。每集之後，各附以誌銘傳贊之屬。纘字昌緒，成化癸卯舉人，官潛江縣知縣。乾元字必充，宏治己未進士，官雲南金騰兵備副使。晹字惟賓，嘉靖壬午舉人，官零陵縣知縣。廩字可發，號兌嵎，嘉靖乙丑進士，官兵部右侍郎。中行字復菴，太學生，即自開父也。

漢魏名家無卷數（通行本）

明汪士賢編。士賢，徽州人。是編所錄自漢董仲舒迄周庾信，凡二十二集。刊於萬曆中，在張溥《百三家集》之前，與張燮

《七十二家》互相出入。中又有題呂兆僖、焦竑、程榮校者，則非士賢一人所手定也。中如《謝惠連集》，以《南史》本傳為李燾撰，亦多舛謬。

玉屑齋百家論鈔十二卷（浙江巡撫採進本）

明張文炎編。文炎字維謙，杭州人。其書取明一代之文，泛論經史疑義者，總萃成編。其體有論，有辨，有評，有解，有説，有考，有敘，有原，有志，有紀，有難，有略，有讀。所錄凡一百十一家。云“百家”，舉成數也。

經濟文鈔十一卷（浙江巡撫採進本）

明張文炎編。是集雜選明代之文，分十一類，每類為一卷。凡例謂：“取便舉業，非當今急務，則博雅新聞，其詳略並無軒輊。”蓋其書本為場屋對策設，間或足資考證，而冗雜者居多。

尚元齋三世詩十二卷（兩江總督採進本）

明姚悅及其子兗、孫舜聰之詩也。悅字汝闓，秀水人；兗字叔信，號元岳山人，均以布衣終。舜聰字伯達，官休寧縣訓導。初，悅以富甲一鄉，兗獨折節與文士游。所為詩號《尚元草》，凡十餘卷。朱國祚為刪定之[1]，存八卷。又別為《詠物詩》二卷，用戴復古《石屏集》首載其父詩例，以悅《西郭遺槁》一卷弁前。舜聰又用顧況《華陽集》末附載其子非熊詩例，以己作《汗漫游草》一卷綴後。悅詩僅十六首，而八首和杜甫《秋興》，八首和林逋《梅花》，亦可云敢嬰勁敵矣。

【彙訂】

[1] “定之”，殿本無。

唐樂府十八卷（兩江總督採進本）

明吳勉學編。勉學所編《河間六書》，已著錄。是集彙輯唐人樂府，祇登初、盛，而不及中、晚，皆郭茂倩《樂府詩集》所已採。閒有小小增損，即多不當。如王勃《忽夢遊仙》、宋之問《放白鷴篇》之類，皆實非樂府而濫收。而《享龍池樂章》之類，乃反佚去。至詩餘雖樂府之遺，而已別為一體，李白《菩薩蠻》、《憶秦娥》之類亦不宜泛載。且古題、新題，漫然無別，既無解釋，復鮮詮次，是真可以不作也。

情采編三十六卷（浙江巡撫採進本）

明屠本畯撰。本畯有《閩中海錯疏》，已著錄。是編選漢、魏至唐之詩，既蹖駁不倫，又參以杜撰。如“古詩”之名，《文選》所有也；“古絕句”之名，亦《玉臺新詠》所有也。此外則王融、沈約以下，文用宮商，當時謂之永明體，唐人謂之齊梁體而已。至“律詩”之名，始於沈佺期、宋之問，《唐書》列傳可考；“排律”之名，始於楊士宏《唐音》，亦可考也。本畯乃於古詩、律詩之閒，別立一名，謂之“聲詩”，以齊梁體當之，已為妄作。乃復以齊邱〔丘〕巨源等四十人之詩列為五言律詩，以梁元帝等十三人之詩列為五言排律[①]，則創見罕聞。殆因楊慎《五言律祖》之說而彌失彌遠者矣。其他如古詩四十餘首，昭明所錄，偶然得其十九，非有定數可拘。乃雜摭諸篇，為《後十九》以配之。是何異郡縣志書地必有景，景必有八，題必四字，詩必七律者乎？至唐上官昭容之《綵毫怨》，誤題梁范靖妻沈滿願；梁劉孝標之《淇上戲蕩子婦》，誤題王筠；唐崔融之《寶劍篇》，誤題北魏崔鴻，甚至以宋周密《癸辛雜識》所載女仙之詩“柳條金嫩不勝鴉”一首，題為《小秦王》，竄入唐人詩者，更指不勝屈也。

【彙訂】

① 明萬曆二十六年屠本畯自刻本此集七卷至十三卷皆為五言律詩,共收詩人一百三十九家;十四卷至十六卷皆為五言排律,共收詩人四十家。(徐大軍:《〈四庫全書總目〉集部存目提要辨證》)

文壇列俎十卷(内府藏本)

明汪廷訥編。廷訥字昌期,號無我,新都人。其書分十類,一曰經翼,二曰治資,三曰鑒林,四曰史摘,五曰清尚,六曰掇藻,七曰博趣,八曰别教,九曰賦則,十曰詩概。所錄上及周、秦,下迄明代。如無名氏之《雕傳》,佛家之《心經》,俱載入之,特為冗雜。其《詩概部》序曰:"六朝以上去四言,無四言也;於唐去五言古,無五言古也。"知為依附太倉、歷下者矣。

寒山蔓草十卷(直隷總督採進本)

明趙宦光編。宦光有《説文長箋》,已著錄。朱彝尊《靜志居詩話》稱:"宦光饒於財,卜築城西寒山之麓。淘汰泥沙,俾山骨畢露,高下泉流。凡遊於吳者無不造廬談讌,廣為樂方。"云云。蓋宦光雖號隱居,而聲氣交通,實奔走天下。此集即其山居贈答之作也。其曰"蔓草",則取《鄭風·野有蔓草》之意。自序謂:"先簡子與客賦詩,子太叔賦《野有蔓草》。至'邂逅相遇,適我願兮',先子起而拜曰:'吾子之惠也。寒山投珠,實有賴焉。'"因以命名,亦可謂遙遙華胄。況其事乃趙武非趙鞅,左氏之《傳》具在,益為數典而忘矣。

啟雋類函一百九卷(内府藏本)

明俞安期編①。首《職官考》五卷,次載牋疏表啟,分古體二卷,近體一百二卷②。近體又分二十九部,上自諸王、宰相,下逮丞簿、教職,終以婚書及募緣疏引,大旨皆為應俗設也。安期自作凡例云:"江陵秉政,凡牋啟中得一二警語,立躋顯要。"可知當時所尚矣。

【彙訂】

① 依《總目》體例,當補"安期有《唐類函》,已著錄"。

② 明萬曆刻本卷首"總目"載《職官考》五卷,古體二卷,近體凡一百二卷,合一百九卷。次又有"目錄"九卷,詳列各卷所收文章及作者,然止於卷一百婚姻部,無"總目"所列末二卷募緣部,正文亦無。可知末二卷實未刻,僅刻一百七卷。(徐大軍:《〈四庫全書總目〉集部存目提要辨證》)

古文品外錄十二卷(江蘇巡撫採進本)

明陳繼儒編。繼儒有《邵康節外紀》,已著錄①。是書選自秦、漢迄宋、元之文,大抵沿公安、竟陵之波,務求詭雋,故以"品外"為名。然實皆習見之文也。去取亦多乖剌。如楚詞僅取《天問》一篇,是何別裁乎?

【彙訂】

① 依《總目》體例,當作"繼儒有《建文史待》,已著錄"。

古論大觀四十卷(副都御史黃登賢家藏本)

明陳繼儒編。前有自序,稱:"往者坊刻論膾,皆門生輩裒集成之。就中某一論為士大夫訾議,余不知也。茲古論多至四十餘卷,純駁錯出,安知無此類雜於其閒。"云云。繼儒之意,蓋自知去取未精,故先作斯言,以預杜攻詰之口。今觀是書,不但漫無持擇,亦且體例龐雜,罅漏百出。雖以"古論"為名,而實多非論體。往往雜掇諸書，妄更名目。如《史記》、《漢書》諸傳之序，以及《史通》、《文心雕龍》、《新論》、《亢倉子》，其篇題本無論名，乃悉強增一"論"字，已自無稽。杜佑《通典》、鄭樵《通志》、馬端臨《文獻通考》，不過於徵引典故之後，附以案語；荀悅、袁宏前後《漢紀》，司馬光《資治通鑑》，不過於紀載事實之下，附以評斷。亦加以論名，並各為造作題目，尤為杜撰。甚至魏文帝《典論·論文》，增一字曰《典論論文論》；馮衍《自敘》，改其名曰《自論》；索靖《草書勢》，改其名曰《草書論》；韓愈《送高閒上人序》，亦改其名曰《草書論》，任情點竄，不可究詰。循其例而推之，將古今之書無不可改題為論，萬卷可得，何止四十卷乎。

秦漢文膾五卷（内府藏本）

明陳繼儒編。是編雜選秦、漢之文，如《戰國策》、《史記》、《漢書》之類，皆不標本書之名。又如留侯致四皓定太子、霍光廢昌邑、李陵降敵始末、蘇武出使始末，更杜撰篇目，不用原書標題。改《管晏列傳》為《管仲傳》，改《屈原賈生列傳》為《屈原傳》，改《滑稽列傳》為《淳于髡傳》，尤多所竄亂。至於魏文帝《典論·論文》、曹植《求自試表》、鍾會《檄蜀文》，列之秦、漢，更無理矣。

唐詩選脈會通評林六十卷（通行本）

明周珽編。珽字無瑕，海寧人。初，其曾祖敬輯《唐詩選脈》一書，刊未竟而燬於倭變。珽輯綴殘槁，續成是編。其持論以高棅《品彙》、李攀龍《詩删》為宗。每體之中，各分初、盛、中、晚。又箋釋其字句典故，名之曰"證"；發明其詞意脈絡，名之曰"訓"；而以諸家議論及珽所自品題者標於簡端，是為"評林"。大抵貪多務博，冗雜特甚，疎舛亦多。

秦漢文鈔十二卷（內府藏本）

明馮有翼編。有翼字君卿，杭州人。是書前後無序跋，不知刊於何時。其版式則萬曆以後之坊本也。凡秦文二卷，西漢文五卷，東漢文三卷。冠以楚詞，惟錄《卜居》、《漁父》二篇，題為秦人，是不足與論矣。

師子林紀勝二卷（兩淮馬裕家藏本）

明釋道恂撰。師子林在蘇州府城內。元至正中，天如禪師居寺中，倪瓚為之疊石成山。地址偪仄，而起伏曲折，有若穹谷深巖，遂為勝地。頂一石，狀若狻猊，故名曰師子林①。勝流來往，題詠至多。道恂裒而編之，以成是集。自翠華南幸，繪圖題句，奎藻輝煌，一邱一壑，藉以千古。回視斯編，又不啻爝火之光矣。

【彙訂】

① 元歐陽玄《師子林菩提正宗寺記》載：“姑蘇城中有林曰師子，有寺曰菩提正宗，天如維則之門人為其師創造者也。林有竹萬個，竹下多怪石，有狀如狻猊者，故名師子林。且師得法普應國師中峰本公，中峰倡道天目山之師子巖，又以識其授受原也。”（《吳都文粹續集》卷三〇）顧嗣立《天如禪師惟則》云：“惟則字天如，吉之永新人族姓譚氏，得法於普應國師中峰本公……則公以中峰倡道天目師子巖，故名師子，識不忘也。”（《元詩選》初集卷六八）明王鏊《姑蘇志》卷五八載：“維則字天如，姓譚氏，永新人，得法於本中峰，本時住天目山之師子巖。至正初，門人築室以居則，名曰師子林，蓋以識其授受之原也。”可知非倪瓚所築。（徐大軍：《〈四庫全書總目〉集部存目提要辨證》）

三僧詩三卷（兩江總督採進本）

三僧均不著其名。一曰《二楞詩橐》，一曰《高松詩橐》，一曰《中峯詩橐》。考《千頃堂書目》有智觀《中峰草》，註曰："字止先，號蔚然。江都僧，雪浪弟子，居吳興雙髻峰。"其二僧則未詳。然其《高松詩橐》中又附書啟數首，三僧均有酬倡之作，蓋同時人。中峰詩內有陳繼儒、湯賓尹、文震孟、姚希孟諸人，則皆當明季也。

西曹秋思一卷（庶吉士梁上國家藏本）

明黃道周、葉廷秀、董養河倡和詩也。道周有《易象正》，養河有《羅溪閣詩》，皆已著錄。廷秀字謙齋，濮州人。天啟乙丑進士，官至兵部右侍郎，事蹟附見《明史》道周傳。是編皆七言律詩，依上、下平韻各為三十首。養河子師吉隨侍獄中，合而編之。前有廷秀小引，後有師吉跋。考《明史》道周本傳，道周以劾楊嗣昌貶為江西按察使照磨。久之，江西巡撫解學龍薦所部官，推獎道周備至。大學士魏照乘者，惡道周，擬旨責學龍濫薦。帝發怒，立逮二人下刑部獄，並究黨與。詞連工部司務董養河等，戶部主事葉廷秀救之，皆繫獄。案道周照磨之貶在崇禎十一年，後之繫獄，史不言何歲。今以此編跋語考之，蓋十四年辛巳也。

古文奇賞二十二卷續奇賞三十四卷三續奇賞二十六卷明文奇賞四十卷（通行本）①

明陳仁錫編。仁錫有《繫詞十篇書》，已著錄。是書初集自屈平《離騷》至南宋文天祥、王炎午，依時代編次。前有萬曆戊午自序，謂："折衷往古，有一代大作手，有一代持世之文，有一代榮世之文。"其目錄內即以此三者或標註人名之下，或標註篇題之旁。而於漢文中又各分類標題,或以人為類,則分天子、侯王、郡守相、皇太子、藩國、將帥、邊塞、學者;或以事為類,則分應制、薦舉、彈駮、乞休、理財、議禮、災異、籌邊、議律、頌冤、治河、策士、奏記。其最異者,又別立“一代超絕學者”、“一代超絕才子”之目。自漢以後,又改此例,仍以時代為序。體例殊為龐雜。其續集序稱:“文章有殺生而無奇正。殺生,奇也,奇外無正。文,兵也。兵,禮也。始《武經》,繼《戴禮》,終《文苑英華》以此。蓋武事之不張,由文心之不足。”云云。其議論紕繆,編次亦甚不倫。其三續則題曰《廣文苑英華》。序稱:“舊有《古文類》一書,盈數百卷,大率倣《英華》而廣之。偶得之故家,各從其類,删成一書。”分類尤為瑣碎。其《明文奇賞》自宋濂、楊維楨以至陳勳、王衡,凡一百八十餘人,去取亦多未審。蓋務博而不精,好分流品而無緒,悉不免冗雜之失云。

【彙訂】

① 明萬曆至天啟間刻本此集所收為《古文奇賞》二十二卷、《續古文奇賞》三十四卷、《奇賞齋廣文苑英華》二十六卷、《四續古文奇賞》五十三卷、《明文奇賞》四十卷。(徐大軍:《〈四庫全書總目〉集部存目提要辨證》)

古文彙編二百三十六卷(內府藏本)

明陳仁錫編。以經、史、子、集分部,然所配多不當理,如《水經》屬地理,當列之史,《太元》當列之子。乃因其以“經”為名,遂列於經。而《左氏春秋傳》反列諸史。又芟削《周禮》,而顛倒其六官。體例龐雜,無足觀者。考仁錫嘗刻《古周禮》,不應此選自亂其例。其託名歟?

秦漢文尤十二卷（内府藏本）

明倪元璐編。元璐有《兒易内外儀》，已著錄。元璐氣節文章，震耀一世。而是書龐雜特甚，殊不類其所編①。其以屈原、宋玉列之秦人，既乖斷限，且名實舛迕②。疑亦坊刻託名也。

【彙訂】

① “編”，殿本作“為”。

② 明末刻本楊廷麟序云：“先秦兩漢，爰拔其尤。”則“秦”實指先秦。其卷一卷二“秦文”所收除屈、宋外，尚有鄒忌、蘇秦、荀卿等亦可證。（徐大軍：《〈四庫全書總目〉集部存目提要辨證》）

國瑋集六十一卷（通行本）

明方岳貢編。岳貢字禹修，穀城人。天啟壬戌進士，官至東閣大學士。事蹟具《明史》本傳。是編乃其官松江府知府時所刻，故徐孚遠、李雯、陳子龍、宋徵璧共為校讎，而張采為之序，皆松江人也。據其凡例，蓋所錄自秦、漢以迄南宋，即《公羊》、《穀梁》二傳及陸賈《新語》、賈誼《新書》、桓寬《鹽鐵論》諸子書，班、范以下諸史贊，亦皆摘鈔。而此本僅有唐文二十八卷，宋文三十三卷。殆刊刻未全之本，或有所散佚歟①？

【彙訂】

① 此書共一百四十一卷，分為周秦、兩漢六朝、唐宋三部分。（滕俊仁：《〈四庫全書總目〉補正一則——〈國瑋集〉》）

經濟文輯二十三卷（内府藏本）①

明陳其愫編。其愫字素心，餘杭人。是編選明代議論之文，分聖學、儲宮、宗藩、官制、財計、漕輓、天文、地理、禮制、樂律、兵政、刑法、河渠、工虞、海防、邊夷十六目②。書成於天啟丁卯，所

錄皆嘉靖、隆慶以前之文③。大抵勦諸類書、策略，空談多而實
際少。其斯為明人之經濟乎④？

【彙訂】

①"二十三卷"，底本作"三十二卷"，據天啟七年自刻本此
集及殿本改。（杜澤遜：《四庫存目標注》）

②"邊夷"，殿本作"邊防"，皆誤。天啟七年自刻本分十七
目，海防後末二種為九邊、四夷。（王重民：《中國善本書提要》）

③ 此編所收有王世貞、周弘祖、黃省曾等嘉靖、隆慶間人之
文。（徐大軍：《〈四庫全書總目〉集部存目提要辨證》）

④"其斯為明人之經濟乎"，殿本作"也"。

唐詩解五十卷（通行本）

明唐汝詢撰。汝詢有《編蓬集》，已著錄。是書取高廷禮《唐詩
正聲》、李于麟《唐詩選》二書，稍為訂正，附以己意，為之箋釋。《書
影》曰："唐汝詢五歲而瞽①，默坐聽諸兄佔畢而暗識之。積久遂淹
貫。嘗解唐詩，掇拾古文以為箋註。溯流從源，蒐羅略盡。必先經
後史，不少紊淆。雖詩賦之屬，亦從年代次序之。如某字某句，秦、漢
並用，則必博採秦人，不以漢先。"其推挹之甚至②。然所註實多冗蕪，
不盡得古人之意，亦不盡得其所出。徒以幼而失明，乃口授耳治，博通
群籍，且能著書，實為亙古所稀有。故世以為異，至今傳之耳。

【彙訂】

①"書影曰唐"，殿本無。

②"其"，殿本作"人"。

古詩解二十四卷（江蘇巡撫採進本）

明唐汝諤撰。汝諤有《詩經微言合參》，已著錄。其兄汝詢

有《唐詩解》①，故此以古詩配之②。其註釋體例略同。惟《唐詩解》以五、七言分古、近體③，此則分為五類，曰古歌謠辭，曰古逸雜篇，曰漢歌謠辭，曰樂府，曰詩。其訓詁字義，頗為簡略。所發明作意，亦皆敷衍。又樂府之類，聲詞合寫者，汝諤不究其源，一一強為之說，尤多牽強。其凡例謂五言起於鄒、枚。考枚乘之說，見《文心雕龍》及《玉臺新詠》。鄒不知其所指，亦不知其所本。《漢郊祀歌》註鄒子樂名，又非五言，所言已為荒誕。又以《十九首》冠於蘇、李之前，不知"冉冉孤生竹"一篇，《文心雕龍》稱為傅毅作，毅固東漢人。"去者日以疏"、"客從遠方來"二首，鍾嶸《詩品》稱為"舊疑建安中陳王所製"，則時代尤後。乃俱躋之蘇、李以前，殊為失考。所註解抑可知矣。

【彙訂】

① 唐汝詢應為汝諤之弟，其生平見錢謙益《列朝詩集小傳》。明崇禎李潮刻本此集題"華亭唐汝諤士雅父選釋，弟汝詢仲言父參定"。此書錢龍錫敘稱"其弟仲言"，唐汝詢《唐詩解凡例》云"家伯兄"。《總目》卷一八〇"編蓬集"條亦稱"其兄汝諤"。（楊焄：《明人編選漢魏六朝詩歌總集研究》；徐大軍：《〈四庫全書總目〉集部存目提要辨證》）

② 著手編撰《古詩解》當在《唐詩解》之前。不過《唐詩解》先成，梓以行世。（楊焄：《明人編選漢魏六朝詩歌總集研究》）

③ "近體"，底本作"今體"，據殿本改。

古今濡削選章四十卷（江蘇周厚堉家藏本）

明李國祥編。國祥字休徵，南昌人。天啟中，官開封府同知。是書選錄四六書啟，以官制為類。每類之首，載《官制考》一篇。所選上起六朝，下迄宋、明，而宋、明尤詳。國祥及其弟鼎作亦附焉。大抵為應酬而作。其體則總集，其實則類書也。

　　滕王閣續集十九卷（兩淮鹽政採進本）

　　明李嗣京撰。嗣京，揚州興化人。崇禎戊辰進士，官南昌府推官。巡撫解學龍屬其取明中葉以後滕王閣中賦詠，編成此集。蓋以續正德中董遵所輯也。

　　金華詩粹十二卷（浙江汪啟淑家藏本）

　　明阮元聲編。元聲有《南詔野史》，已著錄。此書輯自梁迄明婺人所作詩二百五十四家。自樂府迄六言，皆以體分，每篇後閒附評語。蒐輯頗富，而略遠詳近①，未免失之泛濫。

　　【彙訂】

　　①“詳”，底本作“評”，據殿本改。

　　古文正集二編無卷數（兩江總督採進本）

　　舊本題葛鼐、葛鼒評輯①。楊廷樞、顧絪二序及鼒自為序②，言皆不及鼐③，文中評語亦止載鼒字。蓋鼐為鼒兄，附名其閒，實則鼒作也。鼒字端調，吳縣人④，崇禎庚午舉人。是書題曰《二編》，當已先有《初編》，此為續集。所錄凡二十二家，曰顏真卿，曰陸贄，曰李德裕，曰杜牧，曰韓琦，曰范仲淹，曰司馬光，曰范純仁，曰鄒浩，曰二程子，曰李覯，曰張耒，曰黃庭堅，曰楊時，曰王十朋，曰朱子，曰陸九淵，曰陳亮，曰真德秀，曰文天祥，曰劉因，曰虞集。每人各以小傳冠集前。所錄猶採自本集，差勝村書之稗販。然去取皆漫無持擇，其蕪雜亦相去無幾耳⑤。

　　【彙訂】

　　①“葛鼒”，底本作“葛鼐”，下同，據殿本改。明崇禎九年刻

本此集各卷目錄題"吳郡葛鼎靖調葛鼐端調評輯"。

② "為",殿本無。

③ "言",殿本無。

④ 葛鼐乃崑山人。清光緒《昆新兩縣續修合志》卷十八《選舉表二》明崇禎三年庚午科舉人有葛鼐。(陸林:《〈王漁洋事迹徵略〉拾遺補缺》)

⑤ "其蕪雜亦相去無幾耳",殿本無。

漢魏詩乘二十卷(通行本)

明梅鼎祚編。鼎祚有《才鬼記》,已著錄。其所輯漢魏六朝之詩,名《八代詩乘》,六朝詩多所刪削,而漢、魏詩則全載。又其書先出,故刊本或亦別行。孫皓、韋昭諸作,別題曰"吳詩",亦以時代類附焉。此書作於馮惟訥《詩紀》之後,頗欲補其軼闕。然真僞雜糅,不能考正。如蘇武妻詩之類,至今為藝林口實也。

書記洞詮一百十六卷(內府藏本)

明梅鼎祚編。先是,楊慎編《赤牘清裁》一書,自左氏至六朝,僅八卷。王世貞益之,訖於明代,為六十卷。是書仍楊慎之舊,起周、秦,訖陳、隋,凡長篇短幅,採錄靡遺,卷帙幾十倍於楊。而真贗並收,殊少甄別。至《左傳》所載問對之辭,並非形諸筆劄,非類強附,尤為不倫。總目載有《補遺》四卷,此本無之。然今世傳本並同,蓋當日本有錄無書,非關佚也。

宛雅十卷續宛雅八卷宛雅三編二十四卷(浙江巡撫採進本)①

《宛雅》十卷,明梅鼎祚編。所載皆自唐至明宣城之詩,凡九十二家②。《續宛雅》八卷,國朝蔡蓁春、施閏章同編。採明嘉靖以後至崇禎末年諸作，以續鼎祚所集，凡六十五家③。後施念曾、張汝霖又蒐採唐、宋諸詩為二集所遺者，益以國朝之作，為《宛雅三編》二十四卷。所補凡唐三人，五代一人，宋三人，元五人，明三十人，國朝二百十五人。閨閣，明一人，國朝三人。方外，唐五人，宋三人，元一人，明三人，國朝五人。妓女，唐一人，附聯句、逸句一卷，詩話三卷，視前二集為完備，惟近詩所錄稍繁。蓋選錄一地之詩者，大勢類然，不但斯集也。蓁春始末未詳。閏章有《矩齋雜記》，汝霖有《澳門志略》，皆已著錄。念曾號竹窗，閏章孫也④。

【彙訂】

① 據吳慰祖《四庫採進書目》，《總目》所據為清乾隆十四年西陂草堂刻本，題作《宛雅初編》八卷《宛雅二編》八卷《宛雅三編》二十四卷。（徐大軍：《〈四庫全書總目〉集部存目提要辨證》）

② 正文前《宛雅初編總目》云："詩八卷，共六百四十六首。人九十一人：唐二人，宋九人，元五十九人，明二十一人。"則"九十二家"誤。（同上）

③ 正文前《宛雅二編總目》云："詩八卷，共四百五十一首。人七十三人：明嘉靖十二人，明隆、萬四十三人，明天、崇十八人。"則"六十五家"誤。（同上）

④ 《宛雅三編》卷首梅谷成序及卷末龍溪孫喆之跋皆稱念曾為施閏章曾孫。卷六選施閏章詩若干，前題"曾孫念曾、芸野張汝霖編輯"。（同上）

文致　無卷數（內府藏本）

明劉士鏻編。士鏻，杭州人，崇禎辛未進士。是集輯漢魏六

朝以至明人所著,通爲一書。不分卷數,但別爲十有七門。詮次
頗傷於蕪雜,無所取裁①。

【彙訂】

① "無所取裁",殿本無。

史漢文統十五卷(內府藏本)

明童養正編。養正字聖功,會稽人。是集序稱丙子,凡例稱
竣於乙亥,均不著年號。卷端有"王思任鑒定"字,凡例中又稱張
綵,則崇禎八年、九年也。凡《史記統》五卷,刪節《史記》,多所未
安。《西漢文統》五卷,《東漢文統》五卷,分錄兩漢之文。而《漢
書》則附於東漢中,又與《史記》例異。相其評點,蓋坊刻射利之
本也。

同時尚論錄十六卷(江蘇巡撫採進本)

明蔡士順編。士順,蘇州人,由國子監生官福建按察司照
磨。此錄成於崇禎丁丑,所輯皆東林諸人詩文。以科目先後爲
序,始萬曆甲戌,終崇禎辛未。

南園五先生集二卷(安徽巡撫採進本)

明葛徵奇編。徵奇有《蕪園詩集》,已著錄。初,嘉靖乙
丑,陳暹合刻孫蕡、王佐、黃哲、李德、趙介五人之詩爲《廣中五
先生集》。崇禎丁丑,徵奇以御史巡撫廣東,又訂正而重
刻之①。

【彙訂】

① 丁丑爲崇禎十年。雍正《廣東通志》卷二七《職官志》"巡
按御史"條云:"葛徵奇,浙江海寧人,進士,(崇禎)十年任。"又據
《明史·陳士奇傳》,崇禎十五年,葛徵奇爲四川按察司副使,崇

禎十年丁丑不當已官至巡撫。（楊武泉：《四庫全書總目辨誤》）

　　三忠文選十六卷（內府藏本）

　　明胡接輝編。接輝字篤父，廬陵人，官監察御史。是編成於崇禎丁丑，選錄宋胡銓、周必大、文天祥之文。曰“三忠”者，以銓諡忠簡，必大諡文忠，天祥諡忠烈也。按廬陵原有三忠堂，一為歐陽文忠修，一為楊忠節邦乂，一為胡忠簡銓，建於嘉泰四年，周必大為之序。岳珂《桯史》載其始末甚詳[①]。邦乂以節義著，其文不傳。修集則固具在。補以必大、天祥，當合為四。接輝增周文而去歐陽，殆未詳考《平園集》歟？卷首序文，一為李建泰，一為阮大鋮，一為楊文驄[②]。以是三人弁冕三忠，殊嫌著穢，不知當日何以氣類相從？如斯巧合，斯亦可異也已。

　　【彙訂】

　　① 楊邦乂諡忠襄，見《桯史》卷一一《三忠堂記》、羅大經《鶴林玉露》甲編卷三“前輩志節”條及《宋史》本傳。（楊武泉：《四庫全書總目辨誤》）

　　② 胡接輝崇禎丁丑自刻本《里先三忠先生文選》十四卷，卷首有李建泰、周鳳祥、戴澳、侯峒曾、阮大鋮、陳函輝、楊文驄八人之序。（徐大軍：《〈四庫全書總目〉集部存目提要辨證》）

　　小瀛洲社詩六卷（浙江巡撫採進本）

　　明錢孺穀、鍾祖述同編。嘉靖中，襄陽府知府徐咸致仕歸海鹽，築園城闉，名小瀛洲。招同邑布衣朱朴、思南府知府錢琦、福建布政使吳昂、布衣陳鑑、海寧指揮使劉銳、濟南府知府鍾梁、龍巖縣知縣陳瀛、僧永瑛，並咸兄光澤縣知縣泰，共十人，為社會，飲酒賦詩。陳詢為繪圖，而咸自作記。崇禎己卯，琦孫孺穀、梁孫祖述輯十人之詩為此集。孺穀又各為小傳,列於首卷。

成氏詩集五卷(直隸總督採進本)

明大名成氏之家集也。一曰《適和堂初集》,成宰撰;一曰《適和堂繼集》,宰子之蓮撰;一曰《東壁園詩集》,蓮仲子仲龍撰;一曰《鷾鵝園集》,蓮季子少龍撰;一曰《永言集》,仲龍之子象斑撰。前四集皆稱象斑纂錄,象斑集則稱倪元璐、王思任、蔣鳴玉三人選。則此集象斑所合刻也。

玉臺文苑八卷續玉臺文苑四卷(兩淮馬裕家藏本)

《玉臺文苑》,明江元禧編。《續集》,江元祚編。二人兄弟,而元禧自署曰醴陵,元祚自署曰橫山。疑元禧自託江淹後,襲其侯國之名也。其書錄女子之文,自周訖明,中閒多採小説傳奇。如張麗貞《上太守書》之類,至為猥雜。又如魏文帝《寡婦賦序》曰:"為丁廙妻作。"此乃直作"丁廙妻"。梁元帝《為姣宏〔弘〕夜姝謝東宮賚合心花釵啟》,此乃直作"宏夜姝",又誤"姝"為"珠"。宋李清照即李易安,此乃分為二人。唐侯莫陳邈妻鄭氏乃三字複姓,此乃誤為陳邈①。又如《漢武內傳》、《神仙傳》、《真誥》之屬,皆純構虛詞,託言神怪。此本乃題曰漢西王母、漢上元夫人、漢麻姑、晉右英夫人、晉九華安妃,尤為不經矣。

【彙訂】

① "誤",殿本作"譌"。

漢魏名文乘無卷數(江蘇巡撫採進本)

明張運泰、余元熹同編。二人皆閩中書賈也。所錄凡六十家,蓋雜採何鏜《漢魏叢書》、張溥《百三家集》二書合併而成。惟增公孫宏〔弘〕文,偽題曰《公孫子》;趙充國文,偽題曰《趙營平集》；又改東方朔文為《吉雲子》而已。

元四家詩二十六卷（江蘇巡撫採進本）

明毛晉編。晉有《毛詩陸疏廣要》，已著錄。是編凡虞集詩八卷，楊載詩八卷，范梈詩七卷，揭傒斯詩三卷。集詩乃晉以意摘鈔，非其完本。且四家各有專集，亦無庸此合編也。

吳興藝文補四十八卷（浙江巡撫採進本）

明董斯張、閔元衢、韓千秋同編，而韓昌箕為校錄刊刻。斯張有《吳興備志》，元衢有《歐餘漫筆》，皆已著錄①。千秋字聖開，昌箕字仲弓，並烏程人。是書採錄自漢至明藝文之有關湖州者，彙為一編，以補舊志所未備。其自唐以前為斯張手輯，宋、元以後則元衢、千秋諸人共成之。所採錄前代頗詳，而明代則漸濫，亦志乘之通病也。

【彙訂】

①《總目》卷一二八著錄閔元衢撰《歐餘漫錄》。且依《總目》體例，當作"元衢有《羅江東外紀》，已著錄"。

十六名家小品三十二卷（浙江巡撫採進本）

明陸云龍編。云龍字雨侯，錢塘人①。是編評選屠隆、徐渭、李維楨、董其昌、湯顯祖、虞淳熙、黃汝亨、王思任、袁宏道、文翔鳳、曹學佺、陳繼儒、袁中道、陳仁錫、鍾惺、張鼐十六家之文，每篇皆有評語。大抵輕佻猥薄，不出當時之習。前有何偉然序，偉然即嘗刻《廣快書》者，宜其氣類相近矣。

【彙訂】

①《江南通志》卷一二九《選舉志》謂無錫人，萬曆七年舉人，當從。（王兆鵬：《詞學史料學》）

唐詩韻匯無卷數（江蘇巡撫採進本）

明施端教編。端教有《讀史漢翹》，已著錄。是書採唐人近體諸詩，以上下平韻隸之，大抵取供集句者之用。前有王震序，稱其集句為絕藝。可知是書所由作矣。

文字會寶無卷數（江蘇巡撫採進本）

明朱文治撰。文治字簡叔，錢塘人。是書取前代之文，浼善書者書之，人各一篇，裒而成集。據其凡例，書家姓氏悉從文之朝代後先，遞為序次。而篇目則王勃在江淹之前，劉禹錫在駱賓王之前，李華在李白之前，邱遲、唐太宗在終軍、范蔚宗之前，而《阿房宮賦》又誤杜牧為杜甫。斯皆事在耳目之前，不煩稽考，而顛倒如此[①]。其字畫亦傳刻失真。既非總集，又非法帖，更為兩無所取也。

【彙訂】

① “如此”，殿本作“如斯”。

集古文英八卷（江蘇巡撫採進本）

明顧祖武編。祖武字爾繩，號纊塘，無錫人。是書裒集古文、賦、表、奏疏之類。其師錢鍾義序曰：“湘纍之騷，非不油然忠愛，而聱牙沈晦之詞，非應時制科所急，將別冊另存。至如古詩歌行、選律近體，李、杜、高、王、岑、孟諸賢，誠可繼‘三百篇’遺響。而佔畢之士，猶當舍旃。”云云。是此書特為場屋而作[①]，可無庸深論矣。

【彙訂】

① “此”，殿本無。

天台詩選五卷（浙江巡撫採進本）

明許鳴遠編。鳴遠字有望，天台人。自序謂：“天台先正詩多湮没失傳，慮後學並此近今者而失之，因加蒐羅①。閒入仙釋及占籍之士。”起南宋迄明，凡二百二十四家。搜採不可謂不廣。然元以前僅得二十餘人，餘皆明人也。

【彙訂】

①“蒐羅”，殿本作“蒐輯”。

古表選十二卷（浙江巡撫採進本）

明張一卿編。一卿字次公，自號求如居士，涇縣人。是書輯歷代表章，上起六朝之末，下逮於元。然六朝不過庾信、盧思道等數篇，元惟阿嚕台原作阿魯台，今改正。一篇，餘皆唐、宋作也。分八門，曰賀，曰進上，曰辭讓，曰謝官，曰陳請，曰詔賜謝恩，曰遷謫謝恩，曰乞休陳情。末附補遺九篇。其凡例稱：“未入儷偶者，不諧聲律者，簡儉無可取材者，文義無關制學者，並經裁汰。”則為場屋擬表作矣。凡本題事實及引用典故皆略為註釋，而不著出典。殊不出兔園册子錮習①。

【彙訂】

①“殊不出兔園册子錮習”，殿本無。

唐詩近體集韻三十卷（內府藏本）

明施重光編。重光字慶徵，里貫未詳。是集以唐人近體分上、下平三十韻編次。案上、下平聲分三十部，乃劉淵《壬子新刊禮部韻略》所並，與唐韻不同①。唐人私相歌咏者，又與官韻不同。如東、冬二部，蕭、肴、豪三部，鹽、咸二部，皆互有出入。此書及《唐詩韻匯》均以宋韻分隸唐律，不免時有牽混。而此書之漏略，則又出《韻匯》下焉。

【彙訂】

①“平水韻”乃金朝人王文郁所撰，劉淵僅刊書人而已。

（錢大昕《十駕齋養新錄》）

唐詩廣選七卷（內府藏本）

明凌宏〔弘〕憲編。宏憲始末未詳。初，李攀龍撰《詩刪》，王世貞序之。後坊閒割其中所錄唐詩刊行，別題曰《唐詩選》，已非于鱗之舊。宏憲又病其無評點，乃雜摭諸家之評，綴於簡端，以朱墨版印之，改題此名。蓋坊刻翻新之技耳。

西園遺藁無卷數（安徽巡撫採進本）

明汪茂槐編。茂槐字廷植，績溪人，以歲貢授宜陽主簿。是編一曰《康范詩集》，宋汪晫撰；一曰《北遊詩集》，宋汪夢斗撰，皆已著錄。茂槐為二人裔孫，復合而刻之。西園者乃汪氏所居里名也。後有《外集》，則宋蘇軾贈汪覃，蘇轍贈汪琛、汪宗臣諸人之詩。以其皆為汪氏而作，故亦附之於末云。

海虞文苑二十四卷（江蘇巡撫採進本）

明張應遴編。應遴字選卿，常熟人。是書輯其鄉有明一代賦、詩、雜文，以類敘次而成。其中如桑悅《兩都賦》，朱彝尊修《日下舊聞》未見其本。牟俸《請興水利疏》，《續文獻通考》及《明史·河渠志》皆載之，而不及此之詳盡。明之中葉，嘗平減蘇松賦役，載在《明史·食貨志》，而與此略有異同。張洪《與緬甸五書》，亦較《明史》列傳為備。特時代既近，牽於鄉曲之恩怨，不免有所濫收。蓋凡輯一鄉之文者，均不免此失，亦其勢然也。

荊溪外紀二十五卷（安徽巡撫採進本）

明沈敕編。敕字克寅，宜興人。是編輯錄其邑藝文人物，上起漢,下迄明。凡詩十一卷,詞、賦、碑銘、序、奏議、書、題跋各一卷,記、傳各二卷,風土記拾遺、紀遺雜説各一卷附焉①。採摭頗為詳贍。惟詩以絶句居律體前,律體居古風前,稍為失次。又四言亦謂之絶句,而七言古詩之外又別出歌、行為二門,亦非體例。至所列諸傳,皆採之正史及地志。以為紀錄人物,則挂漏太多;以為藝文之一體,則此種例不入集。尤為進退無據矣。

【彙訂】

①《總目》所列僅二十四卷,此集卷二十一至二十三皆為傳。

名媛彙詩二十卷(内府藏本)

明鄭文昂編。文昂始末未詳。閨秀著作,明人喜為編輯。然大抵輾轉剿襲,體例略同。此書較《名媛詩歸》等書,不過增入雜文,其餘皆互相出入,譌謬亦復相沿。魯、衛之閒,固無可優劣也①。

【彙訂】

① 是編實為收錄女詩最多的詩歌總集。(郭海文:《試論"七絶"是唐五代女性詩人最喜用的詩歌體裁》)

漢鐃歌發一卷(兩淮馬裕家藏本)

明董説編。説有《易發》,已著錄。是書取《漢鐃歌》十八章,反復解説。首論大意,次論韻①,次論音②。其論韻則有伏,有擊,有進退,有同攝,有同母同入。論音本《周禮》三宫之説,按宫、商、角、徵、羽,篇分章位,章分句位。立説殊為創闢。然沈約嘗言《漢鐃歌》"大字為詞,細字為聲"③。後來聲詞合寫,不復可辨，遂無文義可尋，但存其聲而已。自唐後樂府失傳，新題迭作，於是並聲而亦亡之。説不知聲詞合寫之源，而强為索解，已迷宗旨。至《鐃歌》乃鼓吹之曲，但奏其音而不歌其詞。故十八章或韻或不韻，亦猶《風》、《雅》皆有韻而《頌》不盡韻也。説一概强為叶讀，非惟不知古音，亦並不知樂府體裁矣。

【彙訂】

① 殿本"次"下有"為"字。

② 殿本"次"下有"為"字。

③ 此係《樂府詩集》卷十九《宋鼓吹鐃歌三首》題解語，非沈約之言。（王運熙：《漢魏六朝樂府詩研究書目提要》）

翰墨鼎彝十卷（江蘇周厚堉家藏本）

不著編輯者名氏，但標曰"車書樓選刻"。卷首有金谿聶文麟序，稱："養恬集輯古名公牘札，溯周而下，迄於宋、元，莫不詳加訂正。"亦不知養恬為誰也。所錄皆踳駁不倫。如《左氏傳》所載諸辭命問答，如"薛侯長滕"之類，特假言詞，非寓書策。且出於左氏潤飾之文。乃至指為其人之牋札，標署其姓名，殊為杜撰。其他顛倒舛謬，更不可縷舉。蓋書肆射利之本耳。

吟堂博笑集五卷（浙江范懋柱家天一閣藏本）

不著編輯者名氏。雜採隋、唐以來閨閫之作，以死節、勸戒、奇遇、題詠、寄情分為五類。惟首二卷尚有裨風教，然采擇亦頗疏舛。其後三卷則多鄙穢之詞，不出小説家言矣。

二十六家唐詩無卷數（内府藏本）

不著編輯者名氏。二十六家者，李嶠、蘇頲、虞世南、許敬宗、李頎、王昌齡、崔顥、崔曙、祖詠、常建、嚴武、皇甫冉、皇甫曾、權德輿、李益、司空曙、嚴維、顧況、韓翃[①]、武元衡、李嘉祐、耿湋、秦系、郎士元、包何、包佶也。所選詩甚寥寥。於唐人之中獨錄此數家,亦未知何所取義。前後無序跋,惟目錄後題曰:"姑蘇吳時用書,黃周賢、金賢刻。"疑明末書賈所為云[②]。

【彙訂】

① "韓翃"乃"韓翊"之誤。此編收有"韓君平"一集,君平乃名列"大曆十才子"的韓翊之字。(徐大軍:《〈四庫全書總目〉集部存目提要辨證》)

② 明嘉靖三十三年甲寅江夏黃氏浮玉山房刻本有黃姬水、黃貫曾、皇甫冲序,卷末及目錄末或有刻工:"吳時用書,黃周賢、金賢刊。"可知係嘉靖間黃貫曾輯刻,非"明末書賈所為"。(杜澤遜:《四庫存目標注》)

三蘇文粹七十卷(內府藏本)

不著編輯者名氏,前後亦無序跋,其曰《文粹》,蓋仿陳亮《歐陽文粹》例也。凡蘇洵文十一卷,蘇軾文三十二卷,蘇轍文二十七卷。所錄皆議論之文,蓋備場屋策論之用者也[①]。

【彙訂】

① "者也",殿本無。

賦苑八卷(兵部侍郎紀昀家藏本)

不著編輯者名氏。前有蔡紹襄序,但稱曰李君,不著歲月[①]。凡例稱:"甲午歲始輯。"亦不著年號。相其版式,是萬曆以後書也。所錄諸賦,始於周荀況,終於隋蕭皇后,以時代為編次。大抵多取之《藝文類聚》諸書,故往往殘闕。又次序顛倒殊甚,黃香《九宮賦》已見於漢,又見於南北朝中,題其字曰黃文疆。

張超《誚青衣賦》已見於漢,改其題曰《譏青衣賦》,改其名曰張安超,又見於南北朝中,仍其故題,而題其字曰張子並。至公孫《乘月賦》,則一見漢,一見南北朝,顯然複出,亦全不檢。蓋明季選本大抵如斯也。

【彙訂】

① 普林斯頓大學葛思德東方圖書館藏明萬曆刊本《賦苑》八卷,有茅國縉序,云:"吳郡李漸卿氏……嘗輯古賦八卷……命之曰《賦苑》。"《千頃堂書目》卷三十一著錄李鴻《賦苑》八卷,注云:"字漸卿,吳人。"(王重民、屈萬里:《普林斯頓大學葛思德東方圖書館中文善本書志》)

諸儒文要八卷(内府藏本)

不著編輯者名氏。所錄周、程、張、朱及陸九淵、張栻、楊簡、陳獻章、王守仁十家之文,凡八十篇。而朱子與守仁居其半,皆講學之言①。

【彙訂】

① 明黃虞稷《千頃堂書目》卷十一著錄:"唐順之《諸儒要語》十卷,又《諸儒文要》八卷。"《總目》卷九六著錄唐順之所編《諸儒語要》二十卷,云:"是編采諸儒之言,十四卷以前以人分,凡周子、二程子、張子、謝良佐、楊時、胡宏、朱子、張栻、陸九淵、楊簡、王守仁十有二家。十五卷以下以類分,其為某人之言或注或不注,閱之殊不甚了了。"或《千頃堂書目》所錄二書即由此書割裂重分而成。(徐大軍:《〈四庫全書總目〉集部存目提要辨證》)

集 部 四 十 七

總集類存目四

蕭氏世集無卷數（山東巡撫採進本）

國朝蕭伯升編。伯升字孟昉，泰和人。是集皆錄其先世詩文，曰《正固先生集》，詩、文各一卷，蕭岐撰。岐字尚仁，洪武初以賢良徵，授潭府左長史，改平涼訓導。自顏其齋曰“正固”。一曰《坦行自誌》，岐子遵撰。遵字用道，號坦行，以明經薦，授靖江王府長史，永樂閒謫宣府鷂兒嶺巡檢。有《仕學齋集》①，散佚不存。獨存其《自誌》所載《陳靖江王八啟》及《四門箴》一篇。曰《雪崖詩集》，蕭晅撰。晅字仰善，號雪崖。宣德丁未進士，官南京禮部尚書。前有伯升自序，稱與吏部郎中蕭士瑋《春浮園集》並士瑋弟士琦《陶菴雜記》、《牘雋》諸書同時合刻，為《蕭氏世集》。今士瑋、士琦之書各有別本，而此帙之內均不載。未知何故也。

【彙訂】

① “仕學齋集”，底本作“任學齋集”，據殿本改。清康熙刻本此集所收《坦行先生自志》云：“有《仕學齋集》詩文五百餘篇。”書前彭世望《蕭氏世集》序亦云：“長史嘗為仕學齋詩文五百餘

篇,今惟《自志》一篇附《正固集》後,篇中載《啟王條陳八事》及
《王門四箴》而已。"

太倉十子詩選十卷(浙江巡撫採進本)

國朝吳偉業編。偉業有《綏寇紀略》,已著錄。是書採其同
里能詩者得十人,人各一集。首周肇《東岡集》,次王揆《芝廛
集》,次許旭《秋水集》,次黃與堅《忍菴集》,次王撰《三餘集》,次
王昊《碩園集》,次王抃《健菴集》,次王曜升《東皋集》,次顧湄《水
鄉集》,次王攄《步蟾集》①,皆其同時之人。前有偉業序,蓋猶明
季詩社餘風也。偉業本工詩,故其所別裁,猶不至如他家之冗
濫。特風格如出一手,不免域於流派,是亦宗一先生之故耳。

【彙訂】

① 此編順治刻本所收王攄之集題作《步簷集》。(徐大軍:
《〈四庫全書總目〉集部存目提要辨證》)

樂府英華十卷(江蘇巡撫採進本)

國朝顧有孝編。有孝字茂倫,吳江人。自序稱:"自漢迄唐
樂府有數十家,而最著者郭茂倩之《樂苑》、案郭茂倩書名《樂府詩集》,
不名《樂苑》。名《樂苑》者乃梅鼎祚書。左克明之《樂府》、吳兢之《樂
錄》、案吳兢書名《樂府古題要解》,不名《樂錄》。郗昂之《題解》、沈建之
《廣題》、徐獻忠之《樂府》,各有意見。因取而參定之。"然所分各
類,亦多踵茂倩舊目,於體製無所考訂。惟每章下略加註釋,而
附以評語。蓋其例主於選詩,與吳、郭諸家用意各不同也。

同人集十二卷(兩江總督採進本)

國朝冒襄編。襄字辟疆,如皋人。自號巢民,所居有樸巢、
水繪園、深翠山房諸勝。晚年卻掃家居,與友朋觴詠,輯其酬答

詩文都為一集，凡十二卷。蓋仿顧阿瑛《玉山草堂雅集》而作。然阿瑛但文酒之歡，此併其壽序之類亦皆載入。故繁富勝之，而精美則不及焉。

　　唐宮閨詩二卷（內府藏本）

　　國朝費密編①。密有《燕峯文鈔》，已著錄。是編錄唐代女子之作，頗有別裁，然皆習見。

　　【彙訂】

　　① 此書編者實為劉雲份。書前有費密序、劉雲份自序。（胡文楷：《歷代婦女著作考》）

　　牘雋四卷（兵部侍郎紀昀家藏本）

　　國朝蕭士琦撰①。士琦字季公，泰和人，前明貢生。是編選自漢至宋尺牘，分三十二門。卷首有其子伯升所記緣起，大旨主於清省。故所錄往往摘一二語，非其全文。又如龔使者《告隗炤妻》一條，原非尺牘，而亦載之，殊不可解也。

　　【彙訂】

　　① 清順治刻本此集題"西昌蕭士珂輯"。（杜澤遜：《四庫存目標注》）

　　斯文正統十二卷（直隸總督採進本）

　　國朝刁包編。包有《易酌》，已著錄。是編所錄歷代理學諸儒之文凡二百一十有六篇①。其凡例稱專以品行為主，若言是人非，雖絕技無取。蓋本真德秀《文章正宗》之例，持論可云嚴正。然三代以前，文皆載道，三代以後，流派漸分。猶之衣資布帛，不能廢五采之華；食主菽粟，不能廢八珍之味。必欲一掃而空之，於理甚正，而於事必不能行。即如《文章正宗》，行世已久，究不能盡廢諸集，其勢然也。至蘇軾《大悲閣》、《四大菩薩》諸記，因題製文，原非講學。言各有當，義豈一端？而包於歐陽修《本論》評語中極詞詆斥。然則真德秀《西山集》中為二氏而作者不知凡幾，包既講學，不應不見是集，何以置之不言？豈非以蘇氏為程子之敵，真氏則朱子之徒乎？恐未足服軾之心也。

【彙訂】

① "理學"，殿本無。

樂府廣序三十卷（編修勵守謙家藏本）

國朝朱嘉徵編。嘉徵字岷左，別號止谿圃人，海寧人。前明崇禎壬午舉人，入國朝，官徽州府推官。此編取漢、魏樂府及詩分為三集，以相和、吟嘆、平調、清調、瑟調、楚調、大曲、雜曲之類為風，以鼓吹、橫吹之類為雅，以雅舞、雜舞之類為變雅，以郊祀樂章為頌，而別附以歌詩、琴曲。又仿《詩序》之例，每篇各為小序，以明其意。蓋刻意續經，惟恐一毫之不似。然三代樂制，全漢盡亡。樂府之於"三百篇"，猶阡陌之於井田，郡縣之於封建也。端緒亦有時相屬，而不相屬者十之九。嘉徵必摹擬刻畫，一一以風①、雅、頌分配之，牽強支離，固其所矣。

【彙訂】

① "一一"，殿本作"一"。

三蘇談十卷（兵部侍郎紀昀家藏本）

國朝高阜撰。阜字康生，號蘿棲，祥符人。所錄凡蘇洵文二卷，蘇軾文六卷，蘇轍文二卷。每篇為之反覆詳論，故名曰《三蘇談》。其言瀾翻不竭，亦足以自暢其說。然必謂三蘇本旨如是，則不盡然也。

柳洲詩集十卷（浙江巡撫採進本）

國朝陳增新等編。增新字子更，嘉善人。柳洲在嘉善熙寧門外。順治初，增新與同里魏學渠等結詩社相倡和，稱“柳洲八子”①。其後攀附者日衆，因遴次所作錄為一編，共七十餘人。其詩體格相似，大抵五言多宗選體，七言悉學唐音。蓋猶明季幾社餘派也。

【彙訂】

①“柳洲八子”又稱“魏里八子”（魏里即魏塘，係嘉善縣治，亦借指嘉善）。光緒重修《嘉善縣志》卷三《區域志·三》“古蹟”門“柳洲亭”條有如下記載：“崇禎間，錢繼振、郁之章、魏學濂、吳亮中、魏學洙、魏學渠、曹爾堪、蔣玉立，每月於此會文。邑侯李陳玉題其堂，曰‘八子會文處’。”又卷三二《藝文志·三》“雜文”門收有李陳玉《魏里八子序》：“魏里有‘八子’：魏學濂、學洙、學渠……錢繼振……郁之章……蔣玉立、吳亮中……曹爾堪……倡予和汝，結社鶴湖之陰。”據此可知，“柳洲八子”的活動時間主要在明末崇禎年間，而此集第一編者陳增新顯然不在“柳洲八子”之內。此集編者凡例第一款開頭就說：“我里人文蔚起，莫盛於丁丑、戊寅間。切磨道誼，敦尚古學，則‘柳洲八子’實首功焉。”這裏的“丁丑”、“戊寅”即為崇禎十年（1637）、十一年（1638）。（朱則傑、夏勇：《〈四庫全書總目〉十種清詩總集提要補正》）

江左十五子詩選十五卷（内府藏本）

國朝宋犖編。犖有《滄浪小志》，已著錄。是編乃犖為蘇州巡撫時，甄拔境内能文之士王式丹等十五人①，各選詩一卷刻之。考自古類舉數人共為標目,《四八》之所載,其來久矣,然文士則無是名也。文士之有是名,實胚胎於建安之七子。歷代沿波,至明代而前、後七子,廣、續五子之類,或分壘交攻,或置棋不定,而泛濫斯極。往往以聲氣之標榜,釀為朋黨之傾軋,覆轍可歷歷數也。犖與王士禎並以文章宿老,領袖詩壇。士禎既以同時之人為《十子詩選》,犖亦以所拔之士編為此集。雖獎成後進,原不失為君子之用心,究未免前明詩社之習也。夫諸人詩儻不佳,裒刻何益? 其詩果佳,則人人各足以自傳,又何必藉此品題乎?

【彙訂】

① “甄拔”,殿本作“甄別”。

溯洄集十卷(浙江汪啟淑家藏本)

國朝魏裔介撰。裔介有《孝經註義》,已著錄。裔介嘗選國初詩為《觀始集》,今未見傳本①。是編乃所選康熙中詩,以續前集者也。意求備一時之人,故限於卷帙,不能備一人之詩,大抵一人三數首而已。惟每體之末,必附以己作,所收較他人為夥,則似不若待諸他人之論定焉。

【彙訂】

① 今存清順治十二年刻本《觀始集》十二卷。(謝正光、余汝豐編著:《清初人選清初詩匯考》)

高言集四卷(江蘇周厚堉家藏本)

國朝田茂遇、董俞同編。茂遇字羆淵,順治戊子舉人。俞字蒼水,終於布衣。皆華亭人。是書題曰《十五國風高言集》,而別標一“閩”字為子目。據其凡例,乃以一省之詩為一集。此乃十五集中之一也。

古文輯略無卷數（湖北巡撫採進本）

國朝曹本榮編。本榮有《奏議稽詢》，已著錄。是書文以體分，各體前俱引《文體明辨》一條，大概因是書而廣之。然所分子目，冗瑣特甚，舛誤尤多。漢文帝《賢良文學策問》、武帝《賢良策問》之類亦往往一文而兩載，皆失詳檢。"鐵券文"類止載《唐德宗賜王武俊》一篇①，"諭祭文"類止載隋文帝《祭薛濬》一篇之類，亦殊挂漏。至所載之文②，每篇删削，尤不免失其本末③。

【彙訂】

①《唐文粹》卷三十一載陸贄《唐德宗神武皇帝賜李納田悦王武俊鐵券文》，此書"鐵券文"類所載同。

②"所載之文"，殿本無。

③"本末"，殿本作"本來"。

臨川文獻八卷（兩淮馬裕家藏本）

國朝胡亦堂編。亦堂字二齊①，慈谿人。順治辛卯舉人，官臨川縣知縣，後行取主事。是編選臨川一縣之文。宋晏殊、晏幾道、王安石三人，明章袞、陳九川、帥機、湯顯祖、邱兆麟、章世純、艾南英、羅萬藻、陳際泰、揭重熙十人，國朝游東昇、傅占衡二人。皆有集行世者。每集各為小序，書中仍各標本集之名，略如張溥《百三家集》例。但溥書全錄其集，此則多所删削耳。

【彙訂】

① 此編康熙十九年夢川亭刻本題作二十五卷，卷首湯序云"二齋胡君"，胡氏自序末署"慈溪胡亦堂二齋父題公署之夢川亭"，各卷卷下亦題曰"慈溪胡亦堂二齋撰"。胡氏另著有《二齋

文集》。(徐大軍:《〈四庫全書總目〉集部存目提要辨證》)

詩原二十五卷(江蘇周厚堉家藏本)

國朝顧大申撰。大申有《堪齋詩存》,已著錄。是編以詩教起於"三百"。降而屈、宋,則有王逸之《章句》;漢魏六朝,則有昭明之《文選》;三唐之詩,則以明李攀龍之《詩選》為能存唐聲。於是總輯諸家,裒為五集①:一集曰《毛詩》四卷,附以子夏之序;二集曰《楚詞》五卷,述王逸之《章句》;三集曰《選詩》五卷,四集曰《選賦》四卷,錄昭明之所選;五集曰《唐詩》七卷,錄攀龍之所選②。音釋撰次,命曰《詩原》,每集皆有自序。夫"三百篇"列為《六經》,豈容以後人總集僭續其後? 王逸、蕭統已病不倫,乃更益以李攀龍,不亦異乎?

【彙訂】

① "五集",殿本作"一集",疑誤。

② "所選",殿本作"詩選"。

滕王閣集十三卷滕王閣續集無卷數(江西巡撫採進本)

國朝蔡士英編。士英字伯彥,奉天人,官漕運總督。順治十四年,士英巡撫江西,葺滕王閣①。因集自唐至明登臨記勝之作,分類詮次為十三卷。又徵近人詩文為二巨册,但分體而不分卷,蓋欲附入前集各體後也。陳維崧《迦陵集》有《滕王閣賦》,絕工麗,非諸人所及。然是集不載,或刊版時尚未得其槀歟?

【彙訂】

① 據《清史稿》卷一九七,蔡士英以順治九年四月為江西巡撫,順治十二年離任,總督漕運。順治十四年八月因召離任。又據《清史稿》卷二〇一,張朝璘於順治十三年五月至順治十八年

任江西巡撫。雍正《江西通志》卷三八載蔡士英於順治十一年主
持重建滕王閣。（徐大軍：《〈四庫全書總目〉集部存目提要
辨證》）

　　宋金元詩永二十卷補遺二卷（內府藏本）

　　國朝吳綺選。綺有《嶺南風物記》，已著錄。是編選宋、金、
元詩合為一集，首有康熙戊午綺自序。其凡例謂："所選諸篇，品
骨氣味，規矩方圓，要不與李唐丰格致有天淵之別。"云云，故頗
能刊除宋人生硬之病與元人縟媚之失。然一朝之詩，各有體裁；
一家之詩，各有面目，江淹所謂"楚謠、漢風既非一骨，魏製、晉造
固已二體。蛾眉詎同貌而俱動於魂，芳草寧共氣而皆悅於魄"者
也。必以唐法律宋、金、元，而宋、金、元之本真隱矣。即如唐人
之詩，又豈可以漢魏六朝繩之，漢魏六朝又豈可以《風》、《騷》繩
之哉？是集之所以隘也。

　　澄遠堂三世詩存八卷（浙江巡撫採進本）

　　國朝李繩遠編。繩遠有《姓氏譜》，已著錄。是集合刻其曾
祖應徵、祖士標、父寅之詩。應徵字伯遠，萬曆癸酉舉人，官臨安
縣教諭，遷國子監博士。所著曰《藿園詩存》，凡六卷。士標字窿
菴，官山東寧海同知。所著曰《蒼雪齋詩存》，凡一卷①。寅字寅
生，縣學生。所著曰《視彼亭詩存》，凡一卷。應徵詩有《青蓮
館》、《汗漫遊》、《蒯易寓言》、《苕溪漫草》、《兩都社草》、《河梁
編》、《兩目紀遊》、《偶寄軒槀》諸編。茲集總題《藿園詩存》，蓋繩
遠彙為一集也②。朱彝尊《靜志居詩話》謂："弇州標榜前、後五
子而外，廣為'四十子'，若似乎此外無遺賢矣。說詩者遇隆、萬
朝士或置不觀，不知隆、萬諸人已力挽叫囂之習③，歸於平淡。

而定陵初年，人皆修辭琢句，出入風雅之林，若李伯遠、鄭允升、歸季思、區用孺輩，尤卓然名家，未見萬曆初之不及嘉靖季也。"今觀《藿園》一集，誠戞戞獨造，亦能自立門徑者，其子孫則沿波而討奇耳。

【彙訂】

① 康熙三十九年李繩遠自刻本所收《蒼雪齋詩存》前有蔣薰撰《李公窴菴傳》，云士標自號窴菴，卷下題作"嘉興李士標霞舉"。《千頃堂書目》卷二八載："李士標《蒼雪齋詩存》，字霞舉，嘉興人。"《嘉興府志》卷五〇亦作字霞舉，號有窴菴等。（徐大軍：《〈四庫全書總目〉集部存目提要辨證》）

② 康熙原刻本目錄前有楊鏡永《李齊巖公傳》，云李應徵所著諸集有《青蓮館初稿》、《藿園集》、《寄苔漫草》、《蓟易寓言》、《汗漫遊草》、《河梁編》、《兩都社草》、《兩目紀遊》、《偶寄軒稿》。（同上）

③ 《靜志居詩話》卷一五"李應徵"條原文為"隆慶諸臣"，而改為"隆、萬諸人"則與下文"定陵（即指萬曆）初年"重複。（朱則傑、夏勇：《〈四庫全書總目〉十種清詩總集提要補正》）

古詩選三十二卷（山東巡撫採進本）

國朝王士禎編。士禎有《古懽錄》，已著錄。此編凡五言詩十七卷，七言詩十五卷。五言自漢魏六朝以下，唐代惟載陳子昂、張九齡、李白、韋應物、柳宗元五人。七言古逸一卷，漢魏六朝一卷。唐則李嶠、宋之問、張說、王翰四人為一卷，王維、李頎、高適、岑參、李白為一卷，而王昌齡、崔顥二人則稱附錄。五卷以下則唐杜甫、韓愈，宋歐陽修、王安石、蘇軾、黃庭堅、晁說之、晁補之、陸游，金元好問，元虞集、吳萊十二人之詩①，而李商隱、蘇轍、劉迎、劉因四人稱附錄。夫五言肇於漢氏，歷代沿流，晉、宋、齊、梁業已遞變其體格。何以武德之後，不容其音響少殊？使生於隋者，如侯夫人《怨詞》之類，以正調而得存；生於唐者，如杜甫之流，亦以變聲而見廢。且王粲《七哀》，何異杜甫之《三別》？乃以生有先後，使詩有去留。揆以公心，亦何異李攀龍“唐無五言古詩而有其古詩”之説乎？至七言歌行，惟鮑照先為別調，其餘六朝諸作大抵皆轉韻抑揚。故初唐諸人多轉韻，而李白以下始遙追鮑照之體。終唐之世，兩派並行。今初唐所錄寥寥數章，亦未免拘於一格。蓋一家之書，不足以盡古今之變也。至於《越人歌》惟存二句之類，則校刊者之疎，或以是而議士禎，則過矣。

【彙訂】

①“十二”，底本作“十三”，據清康熙天藜閣刻本《阮亭選古詩》及殿本改。

十種唐詩選十七卷（山東巡撫採進本）

國朝王士禎編。取唐人總集八家及摘宋姚鉉《唐文粹》所載諸詩，各為刪汰。凡《河岳英靈集》一卷，《中興閒氣集》一卷，《國秀集》一卷，《篋中集》一卷，《搜玉集》一卷，《御覽集》一卷，《極元〔玄〕集》一卷，《又元〔玄〕集》一卷，《才調集》三卷，《唐文粹》六卷，附以士禎所選《唐賢三昧集》，共為十種①。其去取一以神韻為宗，猶其本法。惟《才調集》、《唐文粹》刪汰未精，門徑叢雜，而《文粹》尤甚。如盧仝《月蝕》詩、陸龜蒙《江湖散人歌》，皆不能謂之盛唐格也。又韋莊《又元集》原書已佚，今所傳者乃贋本。馮氏《才調集》凡例言之，而士禎仍為選錄，亦失別裁。其《三昧集》

一種,乃其生平宗旨所在,去取較為精密。世多摘出別行,今亦別著於錄。又士禎《居易錄》曰:"近日金陵有刻《唐詩十集》者,謂為予所訂。或作序假予言曰:'余奉此為金科玉律,年來於此道稍有會心者,得力於是書良多。'云云。及訪是書閱之,乃標華亭唐汝詢仲言名。大旨在通高漫士、李滄溟、鍾退谷三選之郵,而以汝詢詩解附之,强分甲乙丙丁等目,淺陋割裂,可一笑也。"然則是書未出以前,先有偽本矣[2]。今偽本已不傳,蓋辨之早也。

【彙訂】

①《總目》所列唐人總集凡九種,若加上《唐文粹》已十種,再計入《唐賢三昧集》,應為十一種。(徐大軍:《〈四庫全書總目〉集部存目提要辨證》)

②《居易錄》所言金陵刻《唐詩十集》應指唐汝詢《唐詩十集》四十八卷,《千頃堂書目》卷三一著錄,與《十種唐詩選》本不相干。(王昕:《〈四庫提要〉竟陵派條目辨證》)

載書圖詩一卷(浙江巡撫採進本)

國朝王士禎編。康熙辛巳,士禎官刑部尚書時,乞假旋里,改窆其親,載書數車以歸。其門人揚州禹之鼎繪為是圖。一時多為題詠,士禎彙以成編。圖後首載奏疏二篇,次序二篇,次題圖詩八十六首,皆其門人所作,而附其姪啟《座送還京》詩一首。次贈行二十四首,皆朝臣之作,而附侍講尤侗《寄懷》詩一首。次《賜沐起程》一篇[1],而附朱彝尊《池北書庫記》一篇[2],則以載書及之也。

【彙訂】

①《賜沐起程》乃《賜沐紀程》之誤。(朱則傑:《清詩總集誤

作別集辨正》)

②"而",殿本無。

樵川二家詩四卷(福建巡撫採進本)

國朝朱霞編。案《浙江通志》載:"朱霞,建德人,順治乙未進士。"未知即此人否也①。樵川為今邵武縣。二家者,宋嚴羽、元黃鎮成也。羽有《滄浪集》,鎮成有《秋聲集》,皆已著錄。是本每集分為二卷,諸雜體為一卷,五七言近體為一卷。而附《滄浪詩話》於其後焉。

【彙訂】

① 清康熙綏安雙笏山房刻本此集題"同郡綏安後學朱霞天錦訂"。民國《建寧縣志》卷十四有《朱霞傳》,云字天錦,有《樵川二家詩》。則此書編者非順治乙未進士浙江建德人朱霞。(杜澤遜:《四庫存目標注》)

宋四名家詩無卷數(內府藏本)

國朝周之鱗、柴升同編。之鱗字雪蒼,海寧人。升字錦川,仁和人。是編選蘇軾、黃庭堅、范成大、陸游之詩,分體排次。《東坡集》選六百首,《山谷集》選三百首,《石湖集》選四百首,《劍南集》選九百首①。較吳之振《宋詩鈔》所錄較多,而去取未能悉當也。

【彙訂】

① 此編康熙刻本卷首目錄中標明各家各體詩所選數目,計《東坡集》七百二十二首,《山谷集》四百零二首,《石湖集》四百二十首,《劍南集》九百八十六首。(徐大軍:《〈四庫全書總目〉集部存目提要辨證》)

楊氏五家文鈔十二卷（江西巡撫採進本）

國朝楊長世及其從子以叡、以儆，從孫兆鳳、兆年合刻槀也。長世字延會，瑞金人。官興安縣訓導，著《影居文鈔》一卷。以叡字維明，邑諸生，著《汲亭文鈔》一卷，《詩鈔》二卷。以儆字維莊，貢生，著《强恕齋文鈔》四卷。兆鳳字爾翔，官上饒縣訓導，著《寓鴻亭文鈔》二卷。兆年字爾逢，官宜黃縣訓導，著《栩栩園文鈔》二卷。以叡《汲亭槀》中有詩二卷，而總題曰《文鈔》，用《文選》例也。

翠樓集三卷（內府藏本）

國朝劉之份編①。之份字平勝，里籍未詳。是集選明代閨閣之詩，分初集、二集、新集，集各一卷。其族里別編於前。朱彝尊《靜志居詩話》嘗譏其真贗交錯云。

【彙訂】

① 清康熙野香堂刻本此集題"淮南劉雲份平勝選訂"，前有劉雲份自序。（杜澤遜：《四庫存目標注》）

詩苑天聲二十一卷（江蘇巡撫採進本）

國朝范良撰①。良字眉生，徽州人。是集選自漢至明之詩為五類，曰樂章，曰應制，曰應試，曰朝堂，曰館課，各冠以小引。所選皆鋪張富麗之作，由其體宗臺閣故也。然精觕互呈，頗為淆雜。而卷首列參訂姓氏凡五百九人，亦斷無是事也②。

【彙訂】

① 清順治十六年旋采堂刻本此集作二十二卷，題"黃海范與良眉生評選"。（杜澤遜：《四庫存目標注》）

② "也"，殿本無。

練音集補七卷（浙江汪啟淑家藏本）

國朝王輔銘編。輔銘字翊思，嘉定人。初，明翟校嘗以嘉定代有作者，而詩篇多散逸，因採宋天聖以後迄於宏治合為一集。其第一卷為宦志，皆官於嘉定者所作。中四卷則邑人之詩。第六卷為附卷，則流寓游覽諸人。第七卷為外卷，則釋道之作也。其後版燬於倭，僅存鈔本。輔銘以其尚有遺闕，因搜採釐訂，補入三十四人。其原有姓氏而詩什未備，更加補輯者，又二十六人。原本每人各著出處本末，輔銘間採他書附之。如楊之彝嘗為都統制官，非真釋子，校誤載入方外中，亦為駁正。其曰“練音”者，因嘉定本古之練祁市也。

國朝練音集十二卷（浙江汪啟淑家藏本）

國朝王輔銘編。輔銘既輯補翟校《練音集》，復採本朝詩人之作[1]，編為此集。所收自官師至方外共三百人。其體例略仿翟校原本，惟閨秀一類為輔銘所增。至校凡例，其人尚存者不錄，深合古法。而輔銘此集，第一卷所載見存者至三十六人，并及其子所作[2]，亦視校原本較為泛濫矣。

【彙訂】

①“本朝”，殿本作“國朝”。

②“第一卷”實為“第八卷”之誤。蓋此集第一卷所收作者僅三十一人，并且均非“尚存者”，而第八卷共收三十七人，均係“見存者”，最後一人又正是編者王輔銘之子王元令。卷首王輔銘自引之二，曾明確提到見存者“彙置第八卷”，亦可證。（朱則傑、夏勇：《〈四庫全書總目〉十種清詩總集提要補正》）

姑蘇楊柳枝詞一卷（内府藏本）

國朝汪琬編。琬有《堯峯文鈔》，已著錄。初，琬自翰林告歸，居堯峯別業。偶仿白樂天作《姑蘇楊柳枝詞》十八章，一時東南文士多相屬和。琬乃手自選定，得一百十二家，一百九十七首。令周枝栥排次成帙，而周靖為之箋註。刊本題為枝栥所輯，非其實也。今仍題琬名焉。

金華文略二十卷（副都御史黄登賢家藏本）

國朝王崇炳編。崇炳有《金華徵獻略》，已著錄。是編錄金華一郡之文。始自漢尚書楊喬，迄於國朝徐騰，共一百一十七人，而崇炳之文亦自錄焉。凡例稱取《金華文徵》十之五，《金華文統》十之二，而益以他書十之三。又稱《文統》之例，凡論及兵機、政術及為釋氏而作者不錄。是選漢文不及長沙家令，選宋文不及蘇學士矣。故惟側詞豔語在所禁絕，他則悉憑文章，不區疆域云。

尺牘新語二十四卷（内府藏本）

國朝徐士俊、汪淇同編。士俊字野君，淇字憺漪，並錢塘人①。是編刻於康熙癸卯，采明末國初諸家尺牘，分二十四門，各有評語。大抵不出萬曆以來纖仄之派。

【彙訂】

①“憺漪”，底本作“瞻漪”，據殿本改。汪淇實為休寧西門人，字右子，號憺漪。説詳卷一百五“濟陰綱目”條注。

説唐詩二十二卷（内府藏本）

國朝徐增撰。增字子能，長洲人①。所錄唐詩三百餘首，一一推闡其作意。其説悠謬支離，皆不可訓。至於分解之説，始於樂府。如《陌上桑》等篇，所註"一解"、"二解"、"三解"字，尚不拘句數。晉、魏所歌古辭，如《白頭吟》、《塘上行》等篇，乃註四句為一解，所謂"古歌以四句為一解，俞歌以一句為一解"是也。然所說乃歌之節奏，非詩之格律。增與金人瑞遊，取其"唐才子書"之說，以分解之說施於律詩。穿鑿附會，尤失古人之意。

【彙訂】

① 依《總目》體例，當作"增有《靈隱寺志》，已著錄"。

百名家詩選八十九卷（福建巡撫採進本）

國朝魏憲編。憲字惟度，福清人。杭世駿《榕城詩話》載所著有《枕江樓集》，今未見其本①。世駿稱其《同友宿白雲洞》詩一首，則浮聲也。憲以曹學佺有《十二代詩選》，止於天啟，因選是集以補之。自天啟甲子以後、康熙壬子以前，由縉紳迄方外，共得百人②，人各立一小引，并列字號、籍貫於前。其詩或以體序，或以類序，或以時與地序，各從原本。其登選則以得詩之先後為次，不拘行輩，而憲詩亦附於後焉。今觀所選諸人，大抵皆聲氣標榜之習。至葉方藹以下十人，未得其詩而先列其目，益見其不為論詩作矣。

【彙訂】

① 今存康熙十二年有恒書屋刻《枕江樓詩集》十卷、《文集》不分卷。（李靈年、楊忠主編：《清人別集總目》）

② 此編康熙枕江堂自刻本卷前有"登選姓氏"一目，自魏裔介至魏憲本人，共九十一人。（徐大軍：《〈四庫全書總目〉集部存目提要辨證》）

皇清詩選三十卷（內府藏本）

國朝孫鋐編。鋐字思九，江南華亭人。其書採國初諸詩①，分體編錄。其凡例有曰:“論詩者必規摹初、盛,誠類優孟衣冠。然使挾其佻巧之姿,曼音促節,以為得中、晚之祕,則風斯下矣。”又曰:“數年以來,又家眉山而戶劍南矣。在彼天真爛漫,畦徑都絕,此誠詩家上乘。倘不衫不履,面目頹唐;或大袖方袍,迂闊可厭,輒欲奪宋人之席,幾何不見絕於七子耶?”其持論未為不當。然其所選,則皆為交游聲氣之地,非有所別裁也。

【彙訂】

① “國初”,殿本作“國朝”。

國雅初集 無卷數(副都御史黃登賢家藏本)

國朝陳允衡編。允衡有《古人幾部》,已著錄。是編選國初人詩。體例一倣明顧起綸之舊,故亦以《國雅》為名。自魏裔介以下凡五十餘家。

宋詩刪二十五卷(內府藏本)

國朝顧貞觀編。貞觀字華封,無錫人。由監生考授祕書院中書,後中康熙丙午舉人,遷國史院典籍。是編蒐採宋代之詩,分體纂集。自謂:“寬於正變,而嚴於雅俗。刪繁就簡,得詩二千五百有奇。”然採擷既富,頗不能自守其例。

歷朝賦格十五卷(內府藏本)

國朝陸葇編。葇字義山,平湖人。康熙丁未進士,授內閣典籍。己未召試博學宏詞,改翰林院編修,官至內閣學士兼禮部侍郎。是編彙選歷代之賦,分為三格,曰文賦,曰騷賦,曰駢賦。於三格之中,又各分為五類①,曰天文,曰地理,曰人事,曰帝治,曰物類。起自荀卿、宋玉,下迄元、明。每格前有小引,皆其壻沈季友所作。騷賦之引則為騷賦一篇,駢賦之引則為駢賦一篇,殊為纖仄，古無是例也。

【彙訂】

① "為"，殿本無。

續垂棘編三集十卷四集九卷（山西巡撫採進本）

國朝范鄗鼎編。鄗鼎有《理學備考》，已著錄。初，鄗鼎父芸茂當明末年，嘗選輯山西之文二十卷，題曰《晉國垂棘》。鄗鼎復取其鄉近人之文，依例彙輯成帙，謂之《續垂棘編》。前後共為四集。茲僅其三、四兩集，非全本也。三集所錄凡五十二人，四集所錄凡四十七人。然多有人已前見而文屬補錄者，又有一集之中而一人之文前後分見者。蓋隨選隨刊，故漫無體例如是耳。

傳是樓宋人小集無卷數（江蘇巡撫採進本）

不著編輯者名氏。卷尾有嘉定戴范雲跋語云是崑山徐氏所輯，故仍題之曰《傳是樓宋人小集》，然則徐乾學家本也。所錄凡二十二家，一廉村薛嵎仲止《雲泉詩》，一剡溪姚鏞希聲《雪蓬稿》，一長沙劉翰武子《小山集》，一大梁張良臣武子《雪窗小集》，一笠澤葉茵景文順《適堂吟稿》前集及續集，一滄州高九萬《菊磵小集》及續編，一錢塘俞桂晞郤《漁溪詩稿》及《漁溪乙稿》，一壺山許棐忱父《梅屋詩稿》及《融春小綴》、《梅屋雜著》、《梅屋第三稿》、《第四稿》，一山陰葛天民《無懷小集》，一邠州張蘊仁溥《斗野稿支卷》，一南豐石門黃大受德容《露香拾稿》，一陽穀周文璞晉僊《方泉先生詩集》，一錢唐陳起宗之《芸居乙稿》，一龍泉沈説惟肖《庸齋小集》，一金華王同祖與之《學詩初稿》，一錢唐何應龍子翔《橘潭詩稿》，一浮玉施樞《芸隱勌游稿》及《芸隱橫舟稿》，一臨川危積逢吉《巽齋小集》①，一螺川羅與之與甫《雪坡小稿》，一

雪川吳仲孚《菊潭詩集》,一建州張至龍季靈《雪林删餘集》,一唐
栖釋永頤山老《雲泉詩集》。皆吳之振《宋詩鈔》所未收。然陳起
《江湖小集》中則皆已收錄,所遺者惟釋永頤一人耳。

【彙訂】

①"危稹",殿本作"危禎",誤。危稹,《宋史》卷四百十五有
傳:"字逢吉……所著有《巽齋集》。"

榕村講授三卷(兩淮馬裕家藏本)

國朝李光地編。光地有《周易觀象》,已著錄①。是書凡分
三編,上編載周、張、二程、朱子所著,中編為董仲舒、揚雄、王通、
韓愈及邵子、胡宏所著,下編則賈誼、匡衡、劉向、谷永、劉歆、班
固、諸葛亮、歐陽修、宋祁及王安石、曾鞏、陸九淵、真德秀所著。
多取其足發聖賢之理者,大抵皆儒者之言。其揚雄、谷永、劉歆
諸人,則不以人廢之義也。光地自序舉成、宏之文章以勖人,舉
王鏊會試墨卷以韓愈成句對《論語》者為法,而以讀雜書異説為
深戒。蓋即科舉之文以誘掖初學之書也。

【彙訂】

① 依《總目》體例,當作"光地有《周易通論》,已著錄"。

古文精藻二卷(內府藏本)

國朝李光地編。光地為兵部侍郎時,提督順天學政。選錄
此集以誨鄉曲諸生,不求盡古文之變也。

群雅集十二卷(內府藏本)

國朝李振裕編。振裕有《白石山房槀》,已著錄。是編乃其
督學江南時,選錄諸生詩賦、雜文,彙刻成集,凡十二卷,而目錄
則作四卷。蓋卷一中分四子卷,卷二分二子卷,卷三、卷四又各

分三子卷。由於隨時續鐫，故輾轉增益。其編次漫無體例，亦由於是也。

　　瑞竹亭合稾四卷（江西巡撫採進本）

　　國朝王愈擴及其弟王愈融撰。愈擴字若先，泰和人，康熙庚戌進士。愈融字侶新，終於諸生。兄弟俱從魏禧遊。愈擴文長於論古，頗能曲折如意①，蓋其師授如是也。愈融筆力稍弱，風骨尚未老成，較亞於其兄。是集初刻燬於兵。後愈融子元坤得舊本於建昌布衣梁份所，又手錄而重刊之。

　　【彙訂】

　　①“如意”，殿本作“如志”。

　　姚江逸詩十五卷（浙江巡撫採進本）

　　國朝黃宗羲編。宗羲有《易學象數論》，已著錄。是編皆錄餘姚一邑之詩。自南齊迄明，以時代為敘。其方外、閨秀、仙鬼則總彙於末卷。每人各為小傳，頗足以補史事之闕。然第十五卷《韓應龍傳》末云：“梨洲先生選逸詩，廣極搜輯，不解何故遺此。”則此卷為後人所續無疑，非宗羲之原書，不知何以混而一之①。又劉妙容事出於吳均《續齊諧記》。其人乃吳令劉惠明之女，沒後魂見，是鬼非神，題曰神女，已大謬。又王敬伯雖餘姚人，而女則不知何方之產，所遇之地又在吳中，引而入之姚江，尤為無理。亦必非宗羲之舊也。

　　【彙訂】

　　① 此編有康熙南雷懷謝堂刻康熙五十七年倪繼宗重修本。據卷首黃宗羲序及倪繼宗跋，可知黃氏所選原本刻後不久散失，後倪氏得原本全集，參照舊刻補全，已非黃氏原刻。《韓應龍傳》

在此重刻本第十四卷,倪氏重刻時自韓氏族孫處購得原本失收之詩,并代為補全。則此卷并非全為後人所續。(徐大軍:《〈四庫全書總目〉集部存目提要辨證》)

明文授讀六十二卷(浙江巡撫採進本)

國朝黃宗羲編。初,宗羲輯有明一代之文為《文案》,後得崑山徐氏傳是樓藏書,益以所未見文集三百餘種,增為《文海》。後其子百家以《文海》卷帙浩繁,請宗羲選其尤者為此編①。其序則仍《文海》之舊。蓋其門人寧波張錫琨移冠此集,以見去取宗旨云。

【彙訂】

①《明文授讀》共收文章七百九十三篇,其中《明文海》未收者有九十四篇。《明文授讀》中有二十一名作者《明文海》未收其一篇文章。可知《明文授讀》并非全自《明文海》中選出,選編時《明文海》還未定稿。(徐由由:《〈明文海〉非黃宗羲編定》)

洛如詩鈔六卷(浙江巡撫採進本)

國朝朱彝尊選錄,陸奎勳編次。彝尊有《經義考》,奎勳有《陸堂易學》,皆已著錄。此集皆康熙丁亥平湖人社集之作①。據奎勳詩集,載洛如之唱起丙戌三月,至丁亥而中閒。詩什則奎勳集中編次,頗有前後不同,未詳其故。其以“洛如”名者,洛如花名,幹如竹,實似莢,郡有文士則生也。

【彙訂】

① 清康熙四十七年戊子(1708)陸氏尊道堂刻本此集各卷作品,均按作期先後編次,其卷一開頭兩題為《丙戌上巳,集陸魚滄集虛堂,賦得風簾入雙燕(仿唐人試帖體,錄三首)》、《即席用

范石湖上巳日萬歲池坐上呈程詠之韻(七律,錄五首)》;卷六有明確時間的倒數第四題,為《戊子上元,陸藻亭、淳川攜酒早服堂,集字,限成五律(錄三首)》,可知實跨康熙四十五年"丙戌"(1706)至四十七年"戊子",頭尾凡三年,非"皆康熙丁亥平湖人社集之作"。(朱則傑、夏勇:《〈四庫全書總目〉十種清詩總集提要補正》)

漢詩音註五卷漢詩評五卷(直隸總督採進本)

國朝李因篤撰。因篤有《受祺堂集》,已著錄。是編評點漢詩,兼註音韻。一卷至五卷題曰《漢詩音註》,六卷至十卷題曰《漢詩評》,一書而中分二名。又前五卷之評夾註句下,後五卷之評大書詩後,體例亦迥不同,不知其何所取也①。顧炎武有《與因篤書》,極論古今音韻,刻於所撰《音學五書》前,蓋以因篤為知古音者。然聲音文字,與世轉移,三代有三代之音,秦、漢有秦漢之音,晉、宋有晉、宋之音,齊、梁有齊、梁之音,自唐以後,有唐以後之音。猶之籀變而篆,篆變而隸,隸變而行。因革損益,輾轉漸移,不全異亦不全同,不能拘以一律。自吳棫舉六朝以上概曰古音,於是或執後以擾前,其失也雜;或執前以繩後,其失也拘。如《朱虛侯歌》"疏"與"之"韻,證之史游《急就篇》亦然;梁鴻《適吳》詩"隅"與"流"、"浮"、"休"韻,證以《日出南東隅行》亦然;《燕刺王歌》"鳴"與"人"韻,證以崔駰《安封侯》詩亦然。知漢人有漢人之韻,下不可律以今,上亦不可律以古。因篤概以"三百篇"之韻斷其出入,未免膠柱之見。至其所評,亦罕精鑒。如謂司馬遷尊項羽為本紀,冠之《漢書》,為千古具眼之類,猶隆、萬後人好為高論習氣也。

【彙訂】

① 清康熙三十五年王梓孝昌官署刻本作《漢詩音註》十卷，清康熙康乃心刻本《漢詩》十卷，版心刻"漢詩評"。《總目》所據前五卷為王梓本，後五卷為康乃心本，所謂配補本也。（杜澤遜：《四庫存目標注》）

詩觀十四卷別集二卷（內府藏本）

國朝鄧漢儀編。漢儀字孝威，泰州人。康熙己未，召試博學鴻詞，以年老授中書舍人。是編皆選輯國初諸人之作，別集則閨閣詩也。

朱子論定文鈔二十卷（浙江巡撫採進本）

國朝吳震方編。震方有《讀書正音》，已著錄。是編取經傳子史以至唐、宋諸家之文曾經朱子論定者，摘錄成編。皆先列朱子之論，而以其文列於後。然編次過於求全，有因一字而錄一篇者。如因辨一"臘"字，遂錄"晉假道於虞"全傳；"公矢魚于棠"自是《春秋》經文，朱子惟辨一"矢"字，與傳無關，而亦全錄公子彄諫詞。如是者不一而足。蓋明末國初王學漸厭，又折而宗朱。風氣所趨，事事借朱子以為重，遂不免牽連闌入，取盈卷帙耳。

鳳池集無卷數（內府藏本）

國朝沈玉亮、吳陳琬〔琰〕同編①。玉亮字瑤岑，武康人。陳琬有《春秋三傳同異考》，已著錄。是編刻於康熙乙酉，裒國朝應制之詩，分體編輯，無所詮擇②。末附雜劇一折，則自古所無之創例也。

【彙訂】

① "琬"，當作"琰"，下同，乃避嘉慶諱改。殿本作"琰"。

②康熙四十四年(乙酉)刻本卷首編目列有卷數,分卷一古體詩附集經……卷十詞餘等,實分十卷。正文各卷卷首皆標明此卷所收詩體,正與目錄相符。(徐大軍:《〈四庫全書總目〉集部存目提要辨證》)

續三體唐詩八卷(內府藏本)

國朝高士奇編。士奇有《春秋地名考略》,已著錄。士奇嘗校註周弼《三體唐詩》,因復輯此編。弼書以七言絕句、七言律詩、五言律詩為三體。故此以五言古詩、七言古詩、五言排律為續三體,以補其闕。惟弼書每體分數格,而此書則每體以人為序,各有小傳、詩話,為例小異耳。獨是士奇既以弼書為未備,則當補完諸體。乃亦襲三體之目,仍不錄五言絕句,將謂非詩之一體乎?

唐詩掞藻八卷(內府藏本)

國朝高士奇編。是書仿《文選》、《文苑英華》之例,分類選錄。凡三十二門①,皆館閣之體,故名曰"掞藻"。

【彙訂】

①此編康熙三十二年刻本凡例、目錄、正文皆作四十二門,惟高士奇自序誤作二十二門。(孫琴安:《唐詩選本提要》;徐大軍:《〈四庫全書總目〉集部存目提要辨證》)

楚風補五十卷(浙江巡撫採進本)

國朝廖元度編。元度字大隱,長沙人。是書成於康熙甲子、丙子之閒。乾隆丙寅,長沙府知府呂肅高重為刪定刻之①。然意主誇多,冗雜特甚,又疎於考證,舛漏尤多。如神農因茶山之葬,而收其《蠟詞》;虞舜因蒼梧之巡,而收其《南風》詩;甚以楚為高陽之苗裔,而收其《丹書》。假借牽附,不一而足。而羅含《湘中記》所載禹《玉牒詞》,見《後漢書·郡國志》註者,乃遺而不載。沈諸梁、石乞諸口語靡不濫入,而《楚詞》乃删削不完。至戴凱之《竹譜》之類,本非詩篇;漢高帝《鴻鵠歌》之類,無與楚事,亦牽率並登,殆不可解。又如劉跂子乃北宋人,而列於六朝之際[2];嚴羽乃昭武人,而引於三湘之閒。蓋州縣志書,率多附會先賢,借為光耀。而元度乃據志書以為之,宜其至於如是也。

【彙訂】

① 此編乾隆十四年己巳際恒堂刻本卷首夏之蓉、呂肅高、譚之綱序述及刊刻由來,各序皆作於乾隆十四年。(徐大軍:《〈四庫全書總目〉集部存目提要辨證》)

② “際”,殿本作“內”。

四家詩鈔二十八卷(江西巡撫採進本)

國朝王企埥編。企埥字葱遠,雄縣人。康熙乙丑進士,官至江西巡撫。四家者,清苑郭棻、鉅鹿楊思聖、任邱龐塏、文安紀炅也。所錄棻《學源堂集》凡六卷,思聖《且亭集》凡八卷,塏《叢碧山房集》凡六卷,炅《桂山堂集》凡八卷[1]。每集各為之序[2]。

【彙訂】

① 此書實際上并非足本,而僅僅是《畿輔七名家詩鈔》中的一部分。(朱則傑、夏勇:《四庫全書總目》十種清詩總集提要補正)

② 底本此句下尚有“棻及塏、炅皆有集,已著於錄。惟思聖集今未見,獨見於此編耳”,據殿本删。《總目》卷一八一著錄楊

思聖《且亭詩集》無卷數,卷一八二著錄郭棻《學源堂文集》十八卷,卷一八三著錄龐塏《叢碧山房集》五十七卷附《詩義固説》二卷,未著錄紀昀文集。(楊武泉:《四庫全書總目辨誤》)

濂洛風雅九卷(兩江總督採進本)

國朝張伯行編。伯行有《道統錄》,已著錄。是編輯周子、二程子、邵子、張子、游酢、尹焞、楊時、羅仲素[1]、李侗、朱子、張栻、真德秀、許衡、薛瑄、胡居仁、羅洪先十七家之詩。乃其官福建巡撫時所刊。案金履祥先有《濂洛風雅》,伯行是書仍其舊名,而一字不及履祥,不可解也[2]。

【彙訂】

[1]"羅仲素",殿本作"羅見素",誤。《宋史·道學傳》載:"羅從彦,字仲素。"

[2]此書與金履祥所編《濂洛風雅》無涉。(祝尚書:《宋人總集敍錄》)

歷朝賦楷八卷(内府藏本)

國朝王修玉編。修玉字倩修,錢塘人。是編成於康熙丙寅。卷首恭錄聖祖仁皇帝御製《闕里檜賦》、《竹賦》二篇,次為御試葉方藹、彭孫遹、汪霦、徐乾學四賦,均不入卷數。其集中所錄,則由周末至國朝康熙中,凡一百六十七篇,各為之註,修玉所自作七賦亦附焉。末又有李興祖《梅》、《竹》二賦,則刻成以後所續入,故題曰"增選",意其欲作補遺而未成也。

于野集七卷(江西巡撫採進本)

國朝王原編。原號西亭,青浦人。康熙戊辰進士,官至給事中。是編刻於康熙庚子,乃其同郡朱霞等三十二人唱和之作[1],

請原鼇擇而選定之。名曰"于野"者,取《易》"同人于野"義也。

【彙訂】

① 庚子為康熙五十九年(1720),但此集清康熙遂安堂刻本為十卷,所收作者四十八人(前七卷三十二人),卷首兩序均作於康熙六十年辛丑(1721),且正文各題明顯按時間先後排列,而卷五第一題就已經是《康熙六十年春正茸城蹋歌》。與《總目》約略同時的法式善《陶廬雜錄》卷三亦著錄此集十卷。(朱則傑:《〈四庫全書總目〉五種清詩總集提要補正》)

唐宋十大家全集錄五十一卷(通行本)

國朝儲欣編。欣有《春秋指掌》,已著錄。是編乃仿明茅坤《唐宋八家文鈔》,增李翱、孫樵為十家,各為批評,亦閒附考註。其中標識,悉依茅本之舊。欣自序謂:"即茅所評論以窺其所用心,大抵為經義計耳。予欲破學者抱匱守殘之見,所錄加倍焉。至增入習之、可之,似屬創見。然大家豈有定數,可以八,即可以十。"云云。其説良是。然觀其持論,仍不離乎經義之計。恭讀御製《唐宋文醇》序文有曰:"欣用意良美,顧其識之未充,而見之未當。則所去取,與茅坤亦未始徑庭。"睿鑒高深,物無遁狀,斯誠萬古之定論矣。

松風餘韻五十一卷(浙江汪啟淑家藏本)

國朝姚宏緒編。宏緒號聽巖,婁縣人。康熙辛未進士,官翰林院檢討。是選上自六朝,下迄有明,凡云閒諸人之以全集傳,或篇什之僅存一二者,悉收輯之。人各綴以小傳,義取博收,不能一一澄汰。其凡例有云:"集内詩有鄙僿可笑者,以採得不忍復逸,存詩所以存其人也。一之已甚。"云云。則宏緒已自言之矣。

　　述本堂詩集十八卷（內閣中書方維甸家藏本）

　　國朝桐城方氏三世家集也。凡《依園詩略》一卷，《星硯齋存稾》一卷，《垢硯吟》一卷，《葆素齋集》三卷，《如是齋集》一卷，皆方登嶧撰。《陸塘初稾》一卷，《出關詩》一卷，皆登嶧之子式濟所撰。《東閭剩稾》一卷，《入塞詩》一卷，《懷南草》一卷，《豎步吟》一卷，《叩舷吟》一卷，《宜田彙稾》一卷，《看蠶詞》一卷，《松漠草》一卷，皆式濟之子觀承撰。登嶧字鳧宗，號屏垢①。康熙甲戌貢生，官工部主事。坐事謫黑龍江卜魁塞。式濟有《龍沙紀略》，本附刻此集之中，今別著錄。觀承別有《薇香》、《燕香》諸集，亦別著錄。

　　【彙訂】

　　①“屏垢”，殿本作“屏坧”。

　　青谿先正詩集無卷數（浙江巡撫採進本）

　　國朝鮑�編。榣字覺庭，餘杭人。康熙丙子舉人，官知縣。是編採淳安之詩，合為一編。以淳安古青溪地，故以為名。凡唐一人，宋六人，元五人，明十人，國朝二人。其總目所列宋之方一夔，元之方道堅、夏溥、洪震老、徐貫、國朝之徐士訥等七人，《總目補遺》又有宋方有開等六人，元汪雲等二人，明余溥等七人，皆有錄無書。非完本也。

　　延陵書塾合璧四卷（江蘇周厚堉家藏本）

　　國朝吳季長編。季長始末未詳。前有康熙丁丑自序，稱：“少嗜儷體文，平生酷愛梁簡文、江文通二家，以為開徐、庾之先，莫有過於此者。爰手錄合為一集，遂名曰《延陵書塾合璧》。”蓋以一人之嗜好,偶錄為誦讀之本,其實未為定論也。徐、庾生於梁代,於江淹為後輩,於簡文則為同時。當其早年,競為輕豔,猶可肩隨。洎乎晚歲,則徐視庾瞠乎後矣,又何論簡文乎?

八劉唐人詩集八卷(內府藏本)

題曰淮陰劉青夕選,不著其名。前有康熙癸未李翰熙序,稱青夕嘗有《唐詩十三家》之刻,又輯為此本。凡劉叉、劉商、劉言史、劉得仁、劉駕、劉滄、劉兼、劉威八人,皆《全唐詩》所已具。且既以家數區分,而版心又標曰“中唐詩”、“晚唐詩”,體例亦殊未協也。

唐詩叩彈集十二卷續集三卷(內府藏本)

國朝杜詔、杜庭珠同編。詔有《云川閣詩集》,已著錄。庭珠,秀水人,尚書臻之子也①。是書以明高棅《唐詩品彙》所錄皆貞元以前之詩,故選錄元和迄唐末諸作,凡一千八百七十餘篇,以補所遺。名曰“叩彈”,取陸機《文賦》語也。諸人繫以小傳,卷末閒有品評。其訓釋考證,亦頗多可採。然如元稹《鶯鶯詩》、李群玉《杜丞相筵中作》及韓偓《香奩集》諸詩,皆所謂靡靡之音。一概濫登,於精審猶有愧焉。

【彙訂】

①“也”,殿本無。

邱〔丘〕海二公文集合編十六卷(副都御史黃登賢家藏本)

國朝焦映漢、賈棠所刻邱濬、海瑞集也。濬、瑞皆瓊州人。映漢與棠同官於瓊,故有茲刻。濬《瓊臺類槀》本七十卷,此選定為十卷;瑞集有自作槀引,不著卷數,此選定為六卷。映漢為濬作傳,又載梁云龍所作瑞傳。蓋是編刻於康熙戊子,時《明史》尚未成也。

明文遠無卷數（直隸總督採進本）

國朝徐文駒編。文駒有《師經堂集》，已著錄。是編輯有明一代之文。前後無序跋，亦無目錄。其圈點批語，皆用八比之法。至如戴良係元代遺老，王猷定係國朝人[1]，俱收入明代，殊失斷限也。

【彙訂】

[1]“係”，殿本作“已入”。

尺牘嚶鳴集十二卷（內府藏本）

國朝王相編。相字晉升，臨川人。是書成於康熙己丑。采明末及國初簡札分十二類，類中又分子目四十有三。大抵輕佻纖巧，沿陳繼儒等之餘習。

文章鼻祖六卷（江蘇巡撫採進本）

國朝楊繩武編。繩武字文叔，長洲人。康熙乙未進士，官翰林院編修[1]。是編錄六代以前詩文凡十四篇，各為評註。一《堯典》，二《禹貢》，三《洪範》，四《國語·桓公自莒反》一篇，五《左傳·城濮之戰》，六《邲之戰》，七《鄢陵之戰》，八《史記·項羽本紀》，九《高祖本紀》，十《封禪書》，十一《平準書》，十二《漢書·霍光金日磾傳》，十三《古詩為焦仲卿妻作》，十四庾信《哀江南賦》，皆鴻筆也。然以為千古文章盡從此出，則繩武一家之說矣。

【彙訂】

[1] 乙未為康熙五十四年，但雍正《江南通志》卷一二四《選舉志》載楊繩武為康熙五十二年癸巳科進士。乾隆《長洲縣志》卷二五《人物·楊繩武傳》、同治《蘇州府志》卷六三《選舉志》、民

國《吳縣志》卷六六《列傳四》所載均作癸巳科進士。（楊武泉：
《四庫全書總目辨誤》）

　　唐四家詩八卷（內府藏本）

　　國朝汪立名編。立名有《鐘鼎字源》，已著錄。是編合刻唐
王維、孟浩然、韋應物、柳宗元四家之詩。前有自序，稱四家詩為
宋、元人鼻祖，學宋、元詩者當仍於唐詩求之。故以此矯其弊云。

　　二家詩鈔二十卷（內府藏本）

　　國朝邵長蘅編。長蘅有《青門集》，已著錄①。此其所選新
城王士禎、商邱宋犖之詩也。是時士禎為刑部尚書②，犖為蘇
州巡撫。而長蘅實長洲人③，又犖之門客。趙執信見之，有違
言。故士禎寄犖詩有“尚書北闕霜侵鬢，開府江南雪滿頭。當
日朱顏兩年少，王揚州與宋黃州”之句。蓋言己為揚州推官之
日，犖為黃州通判之日，已同以詩名，初不以致位通顯始並稱
也。然長蘅實不自遠嫌，致干物議。至今論者不允，殆亦有
由矣④。

　　【彙訂】

　　①《總目》未著錄《青門集》，卷一八三有邵長蘅《青門
麓稿》。

　　② 據蔣寅《王漁洋事迹徵略》，當此集刊刻的康熙三十四年
乙亥（1695），王士禎實任戶部左侍郎，其官“刑部尚書”，乃在康
熙三十八年己卯（1699）。此外如宋犖《西陂類稿》卷二九尺牘
《寄阮亭侍郎》三通之二交代“《二家詩鈔》刻已竟，尚在校閱，容
即續寄”，其稱王士禎為“侍郎”，亦可證。（朱則傑、夏勇：《〈四
庫全書總目〉十種清詩總集提要補正》）

③ 長蘅乃武進人,說見卷一七三《西陵類稿》條注。(楊武泉:《四庫全書總目辨誤》)

④ "矣",殿本作"歟"。

棣華書屋近刻四卷(山東巡撫採進本)

國朝歷城朱緗、朱絳、朱綱兄弟三人之合集也。緗有《橡村集》,綱有《蒼雪山房槀》,皆已著錄。絳字子桓①,由貢生官至廣東布政使。此集凡緗《嶺南草》一卷,《端江集》一卷,乃其省親粵東時作。絳《嶺南草》一卷,蓋與緗同行所作。綱《濟南草》一卷,中有《聞二兄自粵北歸》詩,蓋與緗、絳嶺南詩同時所作,故合刊云。

【彙訂】

① 此編清刻本卷首題作"魚丘朱絳子垣"。(徐大軍:《〈四庫全書總目〉集部存目提要辨證》)

誠求堂彙編六卷(江蘇周厚堉家藏本)

國朝徐開錫撰。開錫字定山,常山人。康熙中貢生,官至彰德府同知。是編第一卷曰贈言,為出都時贈行之作。第二卷曰杞言,官杞縣知縣時邑人相贈之作。第三卷曰介言,為紳士介壽之作。曰雜著,為頌揚政績之作。第四卷曰詩草,第五卷曰文槀,第六卷曰實政,則皆詩文及案牘也。

明文在一百卷(江蘇巡撫採進本)

國朝薛熙編。熙有《練閱火器陣記》,已著錄。是書仿《昭明文選》體例,於諸體之中各以類從,所錄亦頗存鑒別。蓋熙為汪琬門人,於古文有所受之也。然數多則簡擇難精,世近則是非未定。榛楛未翦,則亦勢使之然耳①。

【彙訂】

① "則",殿本作"固"。

漢詩說十卷(浙江巡撫採進本)

國朝費錫璜、沈用濟同編。錫璜字滋衡,吳江人,自署曰成都。蓋其父費密自成都避亂,家於江南,錫璜猶署其故里也①。用濟字方舟,錢塘人。是編因馮惟訥《詩紀》、梅鼎祚《詩乘》所錄漢詩,略為評釋。卷首有凡例,持論似高,而所說殊草草。如漢人鐃歌、鼓吹諸曲,沈約《宋書·樂志》明言聲詞合寫,不可復辨。本無文義可推,而必求其說以通之,遂橫生穿鑿。又本詞與入樂之詞,截然有別。如《白頭吟》中"郭東亦有樵"諸句,乃伶工增入以諧律。亦曲為之解,更嫌附會。至《鐸舞曲》之"聖人制禮樂"篇,不過以字記聲,亦錄之以為詩式。又不考據《宋志》,明其句讀,尤進退無據。其中仍馮氏《詩紀》、梅氏《詩乘》之謬,皆不及訂正。於辨證尤疏也②。

【彙訂】

① 費密父子家於揚州,非吳江,說詳卷一八一《燕峰文鈔》條訂誤。

② "於辨證尤疏也",底本作"他姑勿論如龐德公於忽操三章本王禹偁所擬今載於宋文鑑中而列於漢詩之內一例推尊茫無鑒別是可云識曲聽真乎",據殿本改。《宋文鑑》卷一二九載王令《於忽操》,則"王禹偁"乃"王令"之誤。《總目》卷一八九"詩紀匡謬"條亦云:"其中如《於忽操》三章,為宋王令詩。"同卷"古樂苑"條云:"龐德公之《於忽操》見《宋文鑑》中,乃王令擬作。"

嶺南五朝詩選三十五卷（浙江汪啟淑家藏本）

國朝黃登編。登宇俊升，號積菴，番禺人。是編分為二帙。第一帙二十卷，皆載詩之為粵東作者。第二帙凡十五卷，則皆粵東人詩也①。第一帙謂之“名宦”，頗為無理。無論其人不仕於粵東，即開卷之杜審言、宋之問、沈佺期，《唐書》具載其事，何可以“名宦”稱歟？

【彙訂】

① 據此集清康熙三十九年庚辰（1700）自刻本，原書分為兩大類：前一類作者為寓賢，後一類為土著。寓賢類又分兩塊：前一塊均稱“名宦”，凡十七卷；後一塊為“高僧”三卷、“才女”一卷，凡四卷，兩塊卷次各為起訖，合計實為二十一卷。卷首凡例曰：“名宦風雅從志中訂者，多是省郡名勝之作；從原集訂者，則各體并錄，不區區於嶺吟也。”可知所收亦有不為“粵東作者”。土著類該本凡十六卷，同時卷十一之前還有“卷十一上”專收屈大均。即使撇開土著類“卷十一上”不計，全書也有三十七卷。（朱則傑：《〈四庫全書總目〉五種清詩總集提要補正》；徐大軍：《〈四庫全書總目〉集部存目提要辨證》）

義門鄭氏奕葉吟集七卷（江蘇巡撫採進本）

國朝鄭爾垣編。爾垣字一樞，浦江人，義門二十世裔也。鄭氏自宋建炎至明初，合族而居者十三世，故稱義門。永樂十六年，鄭昺輯其先世之詩為三卷，其從叔檢討棠序之。康熙中，爾垣又續編四卷，是為此本。其於昺原書或有所增竄與否，則莫能詳也。集中或題其字，或題其官，而以其名及仕履側註於下。考元結撰《篋中集》，載其弟融之詩，題曰季川。呂向《文選註》謂任昉啟自稱任君,乃因其家集之文。而《玉臺新詠》徐陵獨題其字,趙宦光以為亦其子姓所鈔。則家集書字,原為古例。但五卷以下既題官題字於前,而每題之下又大書姓名,則自亂其例耳。其詩往往如出一手,疑不能無所粉飾也。

義門鄭氏奕葉集十卷(江西巡撫採進本)

國朝鄭爾垣編。爾垣既續鄭昺之書為七卷,又編次遺文得十五種。曰元鄭大和《貞和集》,曰元鄭欽《青楳居士文》,曰元鄭濤《菊房集》,曰元鄭泳《半軒集》,曰明鄭淵《遂初齋集》,曰明鄭幹《恕齋集》,曰明鄭楷《鳳鳴集》,曰明鄭棠《道山集》,曰明鄭柏《進德齋稾》。凡僅存三首者,亦列於中。其全佚者八十種,則附存其目。大和一名又融,字順卿①,官至建康龍灣務提領大使。欽字子敬。濤字仲舒,官至太常博士。泳字仲潛,官溫州路經歷。淵字仲涵。幹字叔恭,官至監察御史。楷字叔度,官至蜀府長史。棠字叔美,官至翰林檢討。柏字叔端。

【彙訂】

① 康熙五十四年鄭氏祠堂刻本所收元龍灣大使《貞和集》,有小傳曰:“公諱文融,一名大和,字順卿。”(徐大軍:《〈四庫全書總目〉集部存目提要辨證》)

宋十五家詩選十六卷(內府藏本)①

國朝陳訏編。訏有《句股引蒙》,已著錄。十五家者,梅堯臣、歐陽修、曾鞏、王安石、蘇軾、蘇轍、黃庭堅、范成大、陸游、楊萬里、王十朋、朱子、高翥、方岳、文天祥也。每集各繫小傳及前人詩話,而以己所評論附焉。

【彙訂】

① "選",殿本脫。今存康熙三十二年刻本《宋十五家詩選》十六卷。

篤敘堂詩集五卷（福建巡撫採進本）

侯官許氏之家集也。凡作者七人,集八種。前明一人,曰《春及堂遺槀》,許豸撰。國朝六人,曰《米友堂集》,許友撰;曰《紫藤花菴詩鈔》,許遇撰;曰《少少集》,許鼎撰;曰《雪邨集》、《玉琴書屋詩集》,許均撰;曰《客遊草》,許藎臣撰;曰《影香窗存槀》,許良臣撰。豸字玉史,崇禎辛未進士,官至浙江提學副使。友字有介①,號甌香,豸子也。喜書畫,慕米芾之為人,構米友堂祀之。新城王士禎嘗稱其詩。遇字不棄,號月溪,友子也。康熙閒官陳留、長洲二縣知縣。鼎號梅崖,均號雪邨,皆遇子。藎臣號秋泉,良臣號石泉,皆鼎子。其家有篤敘堂,為華亭董其昌所題額,因以名集。

【彙訂】

① "有介",殿本作"介有",誤。《清史列傳》卷七十本傳、《國朝耆獻類徵初編》卷四二八小傳均作"字有介",今存《許有介先生詩稿》一卷。

續姚江逸詩十二卷（浙江巡撫採進本）

國朝倪繼宗編。繼宗字復野,餘姚人。初,黃宗羲作《姚江逸詩》,所錄自齊迄明。此集續選國朝之詩,即以宗羲為首。所錄凡七十五人,每人各為小傳。採輯事實,頗為詳備。然亦時有附會。如第二卷"譚宗"條下曰:"一日於維揚酒樓唱《西樓錯夢》,按板諧聲,備極婉轉。俄有人起自鄰座曰:'子歌誠善,但中

有某字猶未盡調耳。'宗初猶負氣不相下。繼詢其人,即譜曲之
于叔夜也。遂相與登西樓,訪穆素徽,盡興而別。顧其時穆已紅
顏化為白髮。"云云。案《西樓記》為袁于令所作,王士禎詩所謂
"紅顏顧曲袁荊州"者是也。于叔夜乃其寓名,何得云即于叔夜?
況西樓今在吳江縣,距揚州尚遠,何得即相與同登? 恐流傳失
實。似此不檢者多矣。

韜光菴紀遊集無卷數(浙江巡撫採進本)

國朝釋山止編。初,唐沙門韜光卓錫西湖之巢隖。白居易
守杭日,相與倡和。後人因以韜光名其菴。菴踞山之勝,歷代遊
人頗多題咏。山止康熙中住持是菴,因裒集付梓。自唐迄本朝,
得古、今體詩五百餘首。然其中多同時投贈山止之作,聲氣攀
援,不盡為勝地作也。

興善寺歷代名賢留題集二卷(兩淮鹽政採進本)

國朝釋淨溥編。興善寺在嘉興府治東南秦溪之上。是書上
卷載詩,下卷載碑記。內有明大學士呂原記云:"寺創自梁天監二
年。至周顯德年閒,坦法師開山為報恩院。宋治平元年,改興善
院。"然卷首載盧綸《題興善寺後池詩》,則寺之著名在唐代,豈原未
之考耶? 全書篇幅寥寥,可資考證者殊少。舊本題明釋淨溥撰。今
考國朝彭孫遹諸人詩皆載於後,則淨溥為康熙中人,舊題誤矣①。

【彙訂】

①"舊本題明釋淨溥撰今考國朝彭孫遹諸人詩皆載於後則
淨溥為康熙中人舊題誤矣",殿本無。

倪城風雅二卷(山東巡撫採進本)

國朝勞崞編。崞有《半菴詩槀》,已著錄。是編所錄皆陽信

一縣之詩。上卷自明代嘉靖以後，得劉世偉等十人。下卷自國朝雍正以前，得張崖等二十三人。上卷少而可觀，下卷不免冗濫矣，則同時假借之故也。

三詩合編三卷（江西巡撫採進本）

國朝黃光岳編。光岳字碩廬，上高人。雍正甲辰進士，官金華縣知縣。是編合刻其鄉吳學詩、黃鎡、李堅三人之詩。學詩字伯興，號虛宇，嘉靖乙丑進士，官山西按察使副使。鎡字文叔，隆慶庚午舉人，官西和縣知縣，即光岳之從高祖。堅號雙江。學詩詩共一百四十餘首。鎡所著集九種，俱殘闕，光岳錄其全者得一百六十九首。堅詩一百四十七首。三人同時相倡和，其詩格亦頗相似。

渠風集略七卷（山東巡撫採進本）

國朝馬長淑編。長淑字漢荀，安邱人。雍正庚戌進士，官至磁州知州。初，安邱張貞欲輯其邑自明以來迄於國朝之詩，名曰《渠風》。久而未就，長淑因踵成是編。稱“渠風”者，安邱古渠邱〔丘〕地也。書凡四卷，其五卷則專輯馬氏一家詩，其六卷為流寓、方外、閨秀、續編四門，其七卷為詩餘。然意主夸飾風土，不免附會古人。如《方外》內闌入唐釋皎然一詩，殊不合斷自前明之例①。而《流寓》內首列蘇軾，亦非事實也。

【彙訂】

① 此編乾隆八年輯慶堂刻本卷前馬氏自序云：“吾邑張杞園先生嘗輯邑中古今人詩，名曰《渠邱詩留》，又曰《渠風》。”杞園即張貞之號，則張貞所輯并非限於明、清，故馬氏所續收入皎然之作，自屬尋常。（徐大軍：《〈四庫全書總目〉集部存目提要辨證》）

七十二峯足徵集一百一卷（江蘇巡撫採進本）

國朝吳定璋編。定璋字友篁，吳縣人。是集蒐歷代文士之生於太湖七十二峯閒者，錄其所作，共為一編。凡詩八十三卷，詞二卷，賦三卷，文十三卷①。所選之詩不敍時代，惟每姓各以類從，題曰“某氏合編”。仿《中州集》之例，人各冠以小傳。徵引頗為賅洽，而大旨在因詩以存人，不免夸飾之見，復不免鄉曲之私。濫採兼收，固其勢所必至。又如稱濮婪為吳季札之孫，錄其《高山詩》三章。其詩自古未聞，不識出何典記。稱周術即甪里先生，為泰伯之後，載其《紫芝歌》一首。無論四皓姓名出於附會，先儒辨之已明。即舊籍流傳，此歌亦但稱四皓，未云獨出甪里也。是蓋家牒地志自古相沿之通病，無足深詰者矣。

【彙訂】

①　清乾隆十年吳氏依綠園刻本卷一至卷八六為詩，總計一百零四卷。（朱則傑、夏勇：《〈四庫全書總目〉十種清詩總集提要補正》）

明倫初集五卷續集五卷（福建巡撫採進本）

國朝鄭文炳編。文炳字慕斯，莆田人。是書取歷朝文之有關五倫者，分類輯之。每篇綴評語於後。《初集》刊於雍正辛亥，《續集》刊於乾隆甲申①。其立義甚正，而所選諸文頗無體例②。即如帝王詔誥，獨載唐元宗焚珠玉錦繡一敕，所收未免太隘。至於徐淑答兄弟、鍾琬〔琰〕與妹兩書③，不附於昆弟，而列於夫婦，尤為未協矣。

【彙訂】

①　“集”，殿本脫。

②"諸",殿本無。

③"琬",當作"琰",乃避嘉慶諱改。殿本作"琰"。

長林四世弓冶集五卷(禮部主事任大椿家藏本)

國朝林其茂編。其茂有《山陰集》,已著錄。是集裒其家四世之詩。《後樂堂集》一卷,《雙峯吟》一卷,皆其茂曾祖逸作。《貽桂軒集》一卷,其茂祖秉中作。《吟臺詩草》一卷,其茂父贊龍作。《斅音集》一卷,則其茂自作也。逸字德子,順治庚子舉人。秉中字與人,康熙己卯副榜貢生。贊龍有《學易大象要參》,已著錄。

廣東詩粹十二卷(浙江汪啟淑家藏本)

國朝梁善長編。善長字崇一,順德人,乾隆己未進士。此集所選廣東詩,上起於唐,下至國朝。凡四百一十三家,一千五百五十餘首,各為之評註。先是,黃登有《五朝詩選》。善長以其持擇未精,故更加蒐訪,定為此集云。

莆風清籟集六十卷(福建巡撫採進本)

國朝鄭王臣編。王臣字慎人,一字蘭陔,莆田人。乾隆辛酉拔貢生,官至蘭州府知府。是集選興化一府自唐至國朝之詩,凡三千餘篇,作者一千九百餘人。仿金元好問《中州集》例,於詩首詳其人之里居出處、生平著作,并綴以各家評語。而所自著《蘭陔詩話》亦附載焉,則朱彝尊《明詩綜》例也。其仙遊一縣,本莆陽舊地,唐時析置。明鄭岳撰《莆陽文獻》,嘗並載入。王臣則別為三卷,以示區別。然蔡襄、蔡京、蔡卞本為同里,襄以名流推重,遂收之莆田;京、卞以姦跡彰聞,遂推之仙遊。鄭樵夾漈草堂,今仙遊尚有遺迹,而以其博洽,又移之莆田。則亦不符公論矣①。

【彙訂】

① "不符",殿本作"不盡"。《宋史·鄭樵傳》、《寰宇通志》卷四六《福建興化府·人物》"鄭樵"條、《宋詩紀事》卷四五《鄭樵小傳》、《總目》卷四〇"爾雅註"條均言"莆田人"。民國《福建通志》卷七《興化府·莆田縣》"福建山經"條亦謂夾漈草堂在縣西北八十里。(楊武泉:《四庫全書總目辨誤》)

山左明詩鈔三十五卷(廣東潮陽縣知縣李文藻家刊本)

國朝宋弼編。弼字仲良,德州人。乾隆乙丑進士,官至甘肅按察使。是集輯明代山東一省之詩,所錄凡四百三十一人。其體例全仿朱彝尊之《明詩綜》。其去取之間,則謹守王士禎之門徑,纖毫不肯異同也。

豐陽人文紀略十卷(江西巡撫採進本)

國朝聶芳聲編。芳聲字晦之,永豐人。是編裒其邑人之文,自宋至明,分類編輯。然宋、元不過十人,餘皆明人之作也①。

【彙訂】

① "也",殿本無。

南園後五子詩集二十八卷(江西巡撫採進本)

國朝陳文藻等編。明順德歐大任、梁有譽,從化黎民表,南海吳旦,番禺李時行五人詩也。大任六卷,有譽五卷,民表七卷,旦四卷,時行六卷。前列五人姓氏並諸家詩評,每集之前又各附小傳,其曰"南園後五子"者。南園即抗風軒,在廣州城東南大忠祠側。明初孫蕡、趙介、李德、黃哲、王佐唱酬於此,稱"南園五子"。故大任等有"後五子"之目也。大任等四人各有專集,皆已著錄。惟吳旦之詩久無刊本,藉此集以流傳。然雖編四卷,每卷僅數首而已。後附《南園花信》一卷,則明末番禺黎遂球於揚州社集詠黃牡丹十首,當時推為第一。歸粵之後,同里追和者九人,人各十首。編是書者因併刻於後,以備粵詩故實焉。

　　二南遺音四卷(陝西巡撫採進本)

　　國朝劉紹攽編。紹攽有《周易詳説》,已著錄。是編所錄皆國朝關中人詩。自孫枝蔚以下共一百四十人,每人俱載履貫於前。其曰《二南遺音》者,以周時岐豐建國而言。其實《周》、《召》二南之地不止關中也。

　　崇川詩集十二卷(兩江總督採進本)

　　國朝孫翔編。翔字吕溪,南通州人。是集輯通州及州屬如皋、泰興、海門三邑之詩。自宋、元至國朝,附以《流寓》。每人記其姓氏爵里,後綴《補遺》一卷。其第十卷所載皆同時之人,殊非《文選》不收何遜之義也。

　　東皋詩存四十八卷(兩江總督採進本)

　　國朝王之珩編。之珩字楚白,如皋人。是集選其邑人之詩。自宋以迄於國朝,每人各詳其字號、官爵。所載既多近時之作,而之珩之詩收至二百餘首。王逸、徐陵、芮挺章自錄己作,未如是之繁富也[①]。

【彙訂】

　　①“王逸徐陵芮挺章自錄己作未如是之繁富也”,殿本無。乾隆三十一年(1766)文圃刻本凡《東皋詩存》四十八卷,并附詩餘四卷,各卷卷下皆題作“同里汪之珩璞莊徵輯”。卷四十八末有其小傳云:“汪君之珩,字楚白,號璞莊,一號瓷簫海客。”又有

竹樓王國棟跋曰："會今年五月梓人畢集,將付開雕而璞莊歿。"
故由同人將汪氏之詩編入云云。而非汪氏本人所為。(徐大軍:
《〈四庫全書總目〉集部存目提要辨證》)

濮川詩鈔三十五卷(浙江巡撫採進本)

不著編輯者名氏。所載濮淙《澹軒集》一卷,沈機《梅涇集》
二卷,沈朗《恬翁集》一卷,馮允秀《梅花逸叟集》一卷,楊煒《云竹
集》一卷,楊燮《勖亭集》一卷,楊炯《南遊草》一卷,周映康《雪芝
集》一卷,周龍雯《懷孟草》一卷,周甸《嶰山集》一卷,陳選《藍染
齋集》一卷,徐晞《赤巖集》一卷,徐嘉《得月樓集》一卷,張其是
《碧草軒集》一卷,陳曾祉《心隱集》四卷,沈履端《竹岳樓草》一
卷,沈堯咨《晚盥集》三卷,濮光孝《學圃集》一卷,程琦《芳峻槀》
一卷,陳樂《故鄉草》一卷,曹勳《萍梗集》一卷,鍾梁《來霞集》一
卷,陳光裕《荻書樓槀》一卷、《石墩草》一卷,張宏〔弘〕牧《懶髯
集》一卷,陳梓《客星零草》一卷、《寓硤草》一卷,張宏〔弘〕範《霽
陽集》二卷,沈鍾泰《荻書樓遺槀》一卷,潘亮《一得吟》一卷,釋佛
眉《龍潭集》一卷,凡二十九人之詩。觀張宏範《霽陽集》後有陳
春宇跋,稱:"從祖謹堂公選刻《濮川詩鈔》。"而陳光裕《荻書樓
槀》前題曰《謹堂集》,是編殆即光裕所輯歟[1]?

【彙訂】

[1] 據民國二十一年(1932)石印本此集卷首第一篇陸奎勳
序,此書編者為沈堯咨、陳光裕。卷首"總目"載作者三十四家,
其中第二十七家屠嘉正注明"原闕",實際為三十三家。別集三
十五種、四十五卷,其中曹士勳《萍梗集》、沈孔鍵《柴門集》卷數
較正文各衍一卷,實際為四十三卷。《總目》所列作者僅二十九

人，小集僅三十一種三十八卷，尚缺仲弘道《甌香集》二卷、周
□《順寧樓槀》一卷、沈孔鍵《柴門集》一卷、釋豁眉《隨扣集》一
卷。其標題總稱三十五卷，亦與具體所列三十八卷自相抵牾。
其所列作者姓氏，"陳選"當作"陳選勳"，"曹勳"當作"曹士勳"；
小集中周映康《雪芝集》當作《雪芸集》。（朱則傑：《〈四庫全書
總目〉五種清詩總集提要補正》；杜澤遜：《四庫存目標注》）

閨秀集初編五卷（兩淮鹽政採進本）

國朝季嫻編。季嫻字靜姎，興化女子，適李氏。是集選前明
閨閣諸詩，編為四卷，皆近體也。後附詞一卷。

磁人詩十卷（直隸總督採進本）

國朝楊方晃編。方晃有《孔子年譜》，已著錄。是集皆錄磁
州之詩。自唐迄本朝作者八十餘人，得詩千餘首。各繫其人之
事蹟、出處甚詳，亦頗有考據。然意在表彰，未能嚴於決擇。其
第八卷至第十卷悉載方晃及孫濂詩。濂亦磁州諸生，即校刊此
集者也。

晚唐詩鈔二十六卷（內府藏本）

國朝查克宏〔弘〕編①。克宏，海寧人。是集所錄凡一百一
十二家。蓋本明胡震亨《唐音戊籤》刊削成帙，人各綴以小傳，兼
附考核。杜牧、李商隱、溫庭筠三家所收最多，皮日休、陸龜蒙二
家次之，餘皆不滿百篇。其以五代末人入宋者，溷入晚唐，亦仍
震亨之舊。

【彙訂】

① 康熙四十二年查克弘刻本此集卷前有凌紹乾序，言及選
定之事。次有查克弘序云："與研友凌子子健衡宇相望，遂出《晚

唐戊籤》讀之,相與選訂,編為二十六卷。"又有楊兆璘序云:"余
素不知詩,年來與查子可亭、凌子子健遊……因讀《戊籤》,取其
麗以則者,編次二十六卷。"各卷卷下皆題作"海寧查克弘可亭、
錢塘凌紹乾子健同選,楊兆璘友三校"。可知此編實乃三人之
力。(徐大軍:《〈四庫全書總目〉集部存目提要辨證》)

友聲集七卷(浙江巡撫採進本)

國朝賴鯤升編①。鯤升字滄嶠,會昌人。其父方勃偕弟方
度於邑治之西闢霞綺園②,與邑人沈開進、胡應柏③、曾鑑、歐有
駿讀書其中,一時多為題詠。後鯤升兄弟復讀書園中,因輯投贈
之作合為一編。凡序、記、書、傳、賦二卷,詩五卷,蓋仿《玉山草
堂集例》也。

【彙訂】

①康熙五十六年賴氏霞綺園刻本此集各卷卷下皆題作"霞
綺園後學鳳升桐村、鯤升滄嶠、緯�粦立輯",則為賴鳳升、賴鯤
升、賴緯鄺三人所編。(徐大軍:《〈四庫全書總目〉集部存目提
要辨證》)

②卷前吳正名序及正文中數人所作《霞綺園記》,皆云霞綺
園在會昌之北。(同上)

③"胡應柏",底本作"胡應相",據殿本改。此集卷一有胡
應柏《沈仲孚詩序》,詩五卷中有其詩作多首。

殘本湖陵江氏集五卷(江西巡撫採進本)

國朝江八斗編①。八斗字四達,號純夫,貴溪人。其始祖公
榮自宋建炎閒官弋陽,始遷居於貴溪之湖陵,是為湖陵江氏。其
後仕宦頗盛。故八斗輯其先世詩文,分體編次,以成此集。八斗

所自作亦載入焉。目錄列文五卷,詩二卷,弁以歷代敕命制誥,而終以《附錄》。此本闕第二卷、第七卷及《附錄》,疑裝緝佚之。其編次頗為參錯,如禱疏在題草之先,四言、六言在詞調之後,《子夜》、《采蓮》本為古詩,而別之為曲。其都議、關議諸名,他集亦不經見也。

【彙訂】

① 清八斗堂刻本此集各處書名皆無"氏"字。又卷首"總目"題"薌溪鈍夫江八斗四達偕男蟾丹書、虹臥波、蟠奠溪輯"。因此嚴格說來,其編者還應當加上江蟾、江虹、江蟠三人。(朱則傑、夏勇:《〈四庫全書總目〉十種清詩總集提要補正》)

　右總集類三百九十八部,七千一百三十四卷①,內二十六部無卷數。皆附存目。

【彙訂】

① "三百九十八部七千一百三十四卷",殿本作"四百一部七千二百一十六卷",實際著錄三百九十八部,底本七千一百二十三卷,殿本七千一百一十六卷,皆有二十三部無卷數。

集部四十八

詩文評類一

　　文章莫盛於兩漢。渾渾灝灝，文成法立，無格律之可拘。建安、黃初，體裁漸備。故論文之説出焉，《典論》其首也。其勒為一書傳於今者，則斷自劉勰、鍾嶸。勰究文體之源流，而評其工拙；嶸第作者之甲乙，而溯厥師承，為例各殊。至皎然《詩式》，備陳法律；孟棨《本事詩》；旁採故實，劉攽《中山詩話》、歐陽修《六一詩話》，又體兼説部。後所論著，不出此五例中矣。宋、明兩代，均好為議論，所撰尤繁。雖宋人務求深解，多穿鑿之詞；明人喜作高談，多虛憍之論，然汰除糟粕，採擷菁英，每足以考證舊聞，觸發新意。《隋志》附總集之内，《唐書》以下則並於集部之末，別立此門。豈非以其討論瑕瑜，別裁真偽，博參廣考，亦有裨於文章歟？

　　文心雕龍十卷（内府藏本）

　　梁劉勰撰。勰字彦和，東莞莒人。天監中，兼東宮通事舍人，遷步兵校尉，兼舍人如故。後出家為沙門，改名慧地。事蹟具《南史》本傳。其書《原道》以下二十五篇，論文章體製；《神思》

以下二十四篇，論文章工拙，合《序志》一篇為五十篇。據《序志篇》，稱上篇以下，下篇以上[①]，本止二卷。然《隋志》已作十卷，蓋後人所分。又據《時序篇》中所言，此書實成於齊代。此本署梁通事舍人劉勰撰，亦後人追題也。是書自至正乙未刻於嘉禾，至明宏治、嘉靖、萬曆閒凡經五刻[②]，其《隱秀》一篇皆有闕文。明末常熟錢允治稱得阮華山宋槧本，鈔補四百餘字。然其書晚出，別無顯證，其詞亦頗不類。如"嘔心吐膽"，似摭《李賀小傳》語；"鍛歲煉年"，似摭《六一詩話》論周朴語；稱班姬為"匹婦"，亦似摭鍾嶸《詩品》語，皆有可疑。況至正去宋未遠，不應宋本已無一存，三百年後，乃為明人所得。又考《永樂大典》所載舊本，闕文亦同。其時宋本如林，更不應內府所藏無一完刻。阮氏所稱，殆亦影撰。何焯等誤信之也。至字句舛譌，自楊慎、朱謀㙔以下，遞有校正，而亦不免於妄改。如《哀誄篇》"賦憲之諡"句[③]，皆云"賦憲"當作"議德"。蓋以"賦"形近"議"，"憲"形近"悳"。"悳"，古"德"字也。然考王應麟《玉海》曰[④]："《周書·諡法》：'惟三月既生魄，周公旦、太公望相嗣王發，既賦憲，受臚於牧之野，將葬，乃制作諡。'《文心雕龍》云'賦憲之諡'，出於此。"然則二字不誤，古人已言。以是例之，其以意雌黃者多矣。

【彙訂】

① 《序志篇》原文作"上篇以上"、"下篇以下"。（陳尚君、張金耀主撰：《四庫提要精讀》）

② 明魯藩隆慶三年亦曾翻刻弘治十七年馮允中本。明代單刻本、叢書本有三十餘種。（楊明照：《文心雕龍板本經眼錄》）

③ 此書無《哀誄篇》，"賦憲之諡"出自《哀悼篇》，另有《誄碑

篇》，文淵閣本書前提要不誤。（陳尚君、張金耀主撰：《四庫提
要精讀》）

④ 此段文字實出自王應麟《困學紀聞》卷二，《玉海》卷六七
雖有載，但甚簡略。（同上）

文心雕龍輯註十卷（江蘇巡撫採進本）①

國朝黃叔琳撰。叔琳有《研北易鈔》，已著錄。考《宋史‧藝
文志》有辛處信《文心雕龍註》十卷，其書不傳。明梅慶生註，麤
具梗概，多所未備。叔琳因其舊本，重為删補，以成此編。其譌
脫字句，皆據諸家校本改正。惟《宗經篇》末附註，極論梅本之舛
誤，謂宜從王惟儉本。而篇中所載，乃仍用梅本，非用王本。殊
自相矛盾。所註如《宗經篇》中“《書》實紀言，而訓詁茫昧，通乎
《爾雅》，則文義曉然”句，謂《爾雅》本以釋《詩》，無關《書》之訓
詁。案《爾雅》開卷第二字，郭註即引《尚書》“哉生魄”為證，其他
釋《書》者不一而足，安得謂與《書》無關？《詮賦篇》中“拓宇於楚
詞”句，“拓宇”字出顏延年《宋郊祀歌》，而改為“括宇”，引《西京
雜記》所載司馬相如“賦家之心，包括宇宙”語為證。割裂牽合，
亦為未協。《史傳篇》中“徵賄鬻筆之愆，公理辨之究矣”句，公理
為仲長統字，此必所著《昌言》中有辨班固徵賄之事。今原書已
佚，遂無可考。觀劉知幾《史通》亦載班固受金事，與此書同。蓋
《昌言》唐時尚存，故知幾見之也。乃不引《史通》互證，而引陳壽
索米事為註，與《前漢書》何預乎？又《時序篇》中論齊無太祖、中
宗，《序志篇》中論李充不字宏〔弘〕範，皆不附和本書。而《指瑕
篇》中“《西京賦》稱‘中黃、賁、獲之疇’，薛綜繆註，謂之閹尹”句，
今《文選》薛綜註中實無此語，乃獨不糾彈。小小舛誤，亦所不

免。至於《徵聖篇》中"四象精義以曲隱"句,註引"《易》有四象,所以示也"。又引朱子《本義》曰:"四象謂陰陽老少。"案《繫辭》"《易》有四象",孔疏引莊氏曰:"四象謂六十四卦之中有實象,有假像,有義象。有用象,為四象也。"又引何氏說,以"天生神物"八句為四象。其解"兩儀生四象",則謂"金木水火秉天地而有"。是自唐以前均無"陰陽老少"之說。劉勰梁人,豈知後有邵子《易》乎?又"秉文之金科"句引揚雄《劇秦美新》,"金科玉條"又引註曰:"謂法令也。言金玉,佞詞也。"案李善註曰:"金科玉條謂法令。言金玉,貴之也。"此云佞詞,不知所據何本。且在《劇秦美新》,猶可謂之佞詞②,此引註《徵聖篇》而用此註,不與本意刺謬乎?其他如註《宗經篇》"三墳、五典、八索、九丘",不引《左傳》,而引偽孔安國《書序》;註《諧讔篇》"荀卿《蠶賦》",不引荀子賦篇,而引明人《賦苑》,尤多不得其根柢③。然較之梅註,則詳備多矣。

【彙訂】

① "江西巡撫采進本",底本作"江蘇巡撫采進本",據殿本改。《四庫採進書目》中僅"江西巡撫海第四次呈送書目"著錄此集。(江慶柏:《殿本、浙本〈四庫全書總目〉著錄圖書進獻者主名異同考》)

② "猶",殿本無。

③ 荀卿《蠶賦》通篇皆形似之言,至末語始云:"夫是之謂蠶理。"足明諧讔之意。不然,雖全抄《蠶賦》一篇,意仍不明,非不知《蠶賦》在荀子賦篇也。以人所共知,不須兼引。(許瀚:《讀四庫全書提要志疑》)

詩品三卷(內府藏本)

梁鍾嶸撰。嶸字仲偉,潁川長社人。與兄岏、弟嶼,並好學有名。齊永明中為國子生。王儉舉本州秀才,起家王國侍郎。入梁,仕至晉安王記室,卒於官。嶸學通《周易》,詞藻兼長。所品古今五言詩,自漢、魏以來一百有三人①,論其優劣,分為上、中、下三品。每品之首,各冠以序②,皆妙達文理,可與《文心雕龍》並稱。近時王士禎極論其品第之閒,多所違失。然梁代迄今,邈踰千祀,遺篇舊製,什九不存。未可以掇拾殘文,定當日全集之優劣。惟其論某人源出某人,若一一親見其師承者,則不免附會耳③。史稱嶸嘗求譽於沈約,約弗為獎借,故嶸怨之,列約中品。案約詩列之中品,未為排抑。惟序中深詆聲律之學,謂:"蜂腰鶴膝,僕病未能;雙聲疊韻,里俗已具。"是則攻擊約說,顯然可見,言亦不盡無因也。又一百三人之中,惟王融稱王元長,不著其名,或疑其有所私尊。然徐陵《玉臺新詠》亦惟融書字。蓋齊、梁之閒,避齊和帝之諱,故以字行,實無他故。今亦姑仍原本,以存其舊焉。

【彙訂】

①《詩品》并無"一百有三人"之本。《吟窗雜錄》本為一百二十三人,較諸刊本多一人,因諸本均脫去"謝混"之故。(中沢希男:《詩品考》)

② 每品所冠小序,皆與該品并無關係,而是通論性質或通用於全書各品的,可知其序原是一篇,不應割截分置。(姜書閣:《鍾嶸〈詩品序〉不當分為三篇》)

③ 南朝文人寫詩,往往有意識地模擬前人,有時在題目上都予以標明。如鮑照有《學劉公幹體》五首,江淹有《效阮公詩》

十五首。謝靈運詩在南朝影響廣泛,史傳等記載中述及當時文人作詩學謝靈運體的,屢見不鮮。從寫作角度看,學習前人詩體,已成為一種風氣;那麼從評論角度看,研討後起者在詩體上主要接受前代哪些人的影響,也是很自然的事。《詩品》探討前後作家淵源關係的評論,固然不一定都中肯,但這種研究評論方法卻無可厚非,它正是結合創作實踐來進行的。(王運熙:《讀古書須明其義例》)

　　文章緣起一卷(兩淮馬裕家藏本)

　　舊本題梁任昉撰①。考《隋書‧經籍志》載任昉《文章始》一卷,稱"有錄無書",是其書在隋已亡。《唐書‧藝文志》載任昉《文章始》一卷,註曰"張績補"。績不知何許人。然在唐已補其亡,則唐無是書可知矣。宋人修《太平御覽》,所引書一千六百九十種,摯虞《文章流別》、李充《翰林論》之類,無不備收,亦無此名。今檢其所列,引據頗疎。如以"表"與"讓表"分為二類,"騷"與"反騷"別立兩體;"挽歌"云起繆襲,不知《薤露》之在前;"玉篇"云起《凡將》②,不知《蒼頡》之更古③;崔駰《達旨》即揚雄《解嘲》之類,而別立"旨"之一名;崔瑗《草書勢》乃論草書之筆勢,而強標"勢"之一目。皆不足據為典要。至於謝恩曰"章",《文心雕龍》載有明釋,乃直以"謝恩"兩字為文章之名,尤屬未協。疑為依託,併書末洪适一跋亦疑從《盤洲集》中鈔入④。然王得臣為嘉祐中人,而所作《麈史》有曰:"梁任昉集秦、漢以來文章名之始,目曰《文章緣起》。自詩、賦、離騷至於藝⑤、約,凡八十五題,可謂博矣。既載相如《喻蜀》,不錄揚雄《劇秦美新》;錄《解嘲》,而不收韓非《說難》;取劉向《列女傳》,而遺陳壽《三國志》評。"又曰："任昉以三言詩起晉夏侯湛,唐劉存以為始'鷺于飛,醉言歸';任以頌起漢之王褒,劉以始於周公時邁;任以檄起漢陳琳檄曹操,劉以始於張儀檄楚;任以碑起於漢惠帝作《四皓碑》,劉以管子謂無懷氏封太山刻石紀功為碑;任以銘起於秦始皇登會稽山,劉以為蔡邕《銘論》'黃帝有巾几之銘'"云云⑥。所説一一與此本合,知北宋已有此本。其殆張績所補,後人誤以為昉本書歟?明陳懋仁嘗為之註,國朝方熊更附益之。凡編中題"註"字者,皆懋仁語;題"補註"字者,皆熊所加。其註每條之下,蔓衍論文,多掇拾摯虞、李充、劉勰之言,而益以王世貞《藝苑卮言》之類,未為精要。於本書閒有考證,而失於糾駁者尚多。議論亦往往紕繆。如謂枚乘《七發》源於《孟子》、《莊子》之七篇,殊為附會。又謂"鄉約"之類當仿王褒《僮約》為之,庶不失古意。不知《僮約》乃俳諧遊戲之作,其文全載《太平御覽》中,豈可以為鄉約之式?尤為乖舛⑦。以原本所有,姑附存之云爾。

【彙訂】

① 依《總目》體例,當補"昉有《述異記》,已著錄"。

② "玉"字衍,此書未及《玉篇》,當據文淵閣《四庫》本書前提要刪。(吳承學、李曉紅:《任昉〈文章緣起〉考論》)

③《隋書·經籍志》稱"亡"之書未必不存。《文選序》:"又少則三字,多則九言,各體互興,分鑣並驅。"五臣呂向注:"《文始》:'三字起夏侯湛,九言出高貴鄉公。'言此已上各執一體,互有興作。亦猶鑣轡雖異,馳騖乃同,鑣轡排並也。"《文始》應即《文章始》,其內容與現存《文章緣起》所著"三言詩,晉散騎常侍夏侯湛所作"、"九言詩,魏高貴鄉公所作"完全一致。另《文選序》:"自炎漢中葉,厥途漸異。退傅有在鄒之作,降將著河梁之

篇,四言、五言區以別矣。"李周翰注曰:"漢,火德,故稱炎。武帝
居十二帝之中,故稱中葉,言文章漸殊於古。退傅謂韋孟,傅楚
元王孫《代作四言詩》,諷王自此始也;降將謂李陵,降匈奴,《蘇
武別河梁上作》,五言詩自此始也,是區分也。"也與現存《文章緣
起》所言四言、五言起源的篇目相同。可證盛唐時《文章始》存
世。又成書於唐昭宗時的《日本國見在書目》載"《文章始》(冷泉
院)",可見確有其書。依《舊唐書‧經籍志》體例,"張績補"應為
補訂,而非補亡另撰。書中所舉之例亦無一出於任昉之後。據
《事林廣記》元至順、至元刊本,"反騷"皆作"反文"。《文章始》之
"始",不是純粹的時間概念,而是帶有文章定型與規範之始的含
義。故任昉以"挽歌"起於繆襲,"篇"起於《凡將》。(同上)

④　南宋末陳元靚編《事林廣記》後集卷七"辭章類"引梁任
昉《文章緣起》全文,篇末載洪适撰刻本跋,結語為"紹興三十年
四月二十日鄱陽洪适識",而今本但作"洪适題"三字。《盤洲集》
卷六十三所載《跋〈文章緣起〉》一文末亦未署年月。可知其識語
為宋代流行之本原有,非自《盤洲集》鈔入。(胡道靜:《元至順
刊本〈事林廣記〉解題》)

⑤　"藝",底本作"勢",據《麈史》卷中"論文"原文及殿本改。
然此書末二題實為"勢,漢濟北相崔瑗作《草書勢》。約,漢王褒
作《僮約》"。

⑥　"巾几",殿本作"巾机",誤。《麈史》卷中"論文"云:"任
以銘起於始皇登會稽山,劉以蔡邕《銘論》'黃帝有金几之銘'其
始也。"《太平御覽》卷五百九十引《銘論》:"黃帝有巾几之法。"

⑦　所舉《七發》、鄉約兩例皆方熊"補注"之文。(許瀚:《讀
四庫全書提要志疑》)

本事詩一卷（兩江總督採進本）

唐孟棨撰。棨字初中，爵里未詳。王定保《唐摭言》稱[①]，棨出入場籍垂三十餘年[②]，年稍長於小魏公[③]，其放榜日[④]，出行曲謝云云，則嘗於崔沆下登第[⑤]。書中"韓翃"條內稱："開成中，余罷梧州。"亦不知為梧州何官。《新唐書·藝文志》載此書，題曰"孟啟"。毛晉《津逮祕書》因之。然諸家稱引，並作"棨"字，疑《唐志》誤也[⑥]。是書前有光啟二年自序云："大駕在襃中。"蓋作於僖宗幸興元時。皆採歷代詞人緣情之作[⑦]，敍其本事。分情感、事感、高逸、怨憤、徵異、徵咎、嘲戲七類。所記惟樂昌公主、宋武帝二條為六朝事，餘皆唐人。其中士人代妻答詩一首，韋縠《才調集》作《葛鵶兒》。二人相去不遠，蓋傳聞異詞。"薔薇花落"一詩乃賈島刺裴度作，棨所記不載緣起，疑傳寫脫誤。其李白"飯顆山頭"一詩，論者頗以為失實。然唐代詩人軼事頗賴以存，亦談藝者所不廢也[⑧]。晁公武《讀書志》載五代有處常子者，嘗續棨書為二卷。仍依棨例，分為七章，皆唐人之詩。今佚不傳，惟棨書僅存云。

【彙訂】

① "唐摭言"，殿本作"摭言"。

② "餘"，殿本脫。《唐摭言》卷四"與恩地舊交"條云："孟棨年長於小魏公。放榜日，棨出行曲謝。沆泣曰：'先輩吾師也。'沆泣，棨亦泣。棨出入場籍三十餘年。"

③ "稍"字，殿本無。

④ "其"字，殿本無。

⑤ "嘗"，殿本作"棨"。

⑥ 《新唐書·藝文志》、《宋史·藝文志》、《直齋書錄解題》

卷一五、《全唐文》卷八一七及此書三種版本所存自序署名均作"啟"。近年洛陽出土孟氏家族墓志中,有孟啟撰其妻李琡及其叔母蕭威兩方墓志,可證其名當作"啟",亦與其字初中相副。(陳尚君:《〈本事詩〉作者孟啟家世生平考》)

　　⑦ 胡震亨《唐音癸籤》卷三二曰:"《本事詩》唐孟棨撰,纂詞人緣情感事之詩,敘其本事,凡七類。"略去"感事",則失之片面。(湯華泉:《〈四庫提要〉訂正六則》)

　　⑧ 此書記事大抵本於唐人之記述,非孟氏首創,許多作詩本事在今存唐人筆記中都可找到。其中部分紀事源出於小説家言,不可輕信。(吳企明:《讀孟棨〈本事詩〉書後》)

　　詩品一卷(內府藏本)①

　　唐司空圖撰。圖有《文集》,已著錄。唐人詩格傳於世者,王昌齡、杜甫、賈島諸書,率皆依託②。即皎然《杼山詩式》,亦在疑似之間。惟此一編,真出圖手③。其《一鳴集》中有《與李秀才論詩書》,謂:"《詩》貫六義,諷諭抑揚,渟蓄淵雅,皆在其中。惟近而不浮,遠而不盡,然後可言意外之致。"又謂:"梅止於酸,鹽止於鹹,而味在酸鹹之外。"其持論非晚唐所及。故是書亦深解詩理,凡分二十四品:曰雄渾,曰沖淡,曰纖穠,曰沈著,曰高古,曰典雅,曰洗鍊,曰勁健,曰綺麗,曰自然,曰含蓄,曰豪放,曰精神,曰縝密,曰疏野,曰清奇,曰委曲,曰實境,曰悲慨,曰形容,曰超詣,曰飄逸,曰曠達,曰流動。各以韻語十二句體貌之。所列諸體畢備,不主一格。王士禎但取其"采采流水,蓬蓬遠春"二語,又取其"不著一字,盡得風流"二語,以為詩家之極則,其實非圖意也。

【彙訂】

① 文淵閣《四庫全書》未載此書。(修世平:《文淵閣〈欽定四庫全書總目〉訂誤六則》)

② 中唐時日本僧人空海《書劉希夷集獻訥表》云:"王昌齡《詩格》一卷。"其《文鏡祕府論》所引王昌齡《詩格》(同時稍早僧皎然《詩式》流傳有緒,亦有引用)當系出於王氏。既為語錄體,或出於門人筆錄彙輯,難免摻入某些後出文獻。《吟窗雜錄》所引則不免真偽混雜,已非語錄體,引王氏詩不稱名而稱字,顯經後人整理改竄。(李珍華、傅璇琮:《談王昌齡的〈詩格〉——一部有爭議的書》;張伯偉:《全唐五代詩格彙考》)

③《二十四詩品》非詩格類作品。(陳尚君、汪涌豪:《司空圖〈二十四詩品〉辨偽》)

六一詩話一卷(江蘇巡撫採進本)

宋歐陽修撰。修有《詩本義》,已著錄。是書前有自題一行,稱:"退居汝陰時集之,以資閒談。"蓋熙寧四年致仕以後所作。越一歲而修卒,其晚年最後之筆也①。陳師道《後山詩話》謂修不喜杜甫詩,葉夢得《石林詩話》謂修力矯西崑體。而此編載論蔡都尉詩一條,劉子儀詩一條,殊不盡然。毛晉後跋所辨,亦公論也。其中如"風暖鳥聲碎,日高花影重"一聯,今見杜荀鶴《唐風集》,而修乃作周朴詩。魏泰作《臨漢隱居詩話》,詆其謬誤。然考宋吳聿《觀林詩話》曰:"杜荀鶴詩句鄙惡,世所傳《唐風集》首篇'風暖鳥聲碎,日高花影重'者,余甚疑不類荀鶴語。他日觀唐人小說,見此詩乃周朴所作,而歐陽文忠公亦云爾。蓋借此引編,以行於世矣。"云云。然則此詩一作周朴,實有根據,修不誤也。惟九僧之名,頓遺其八,司馬光《續詩話》乃為補之。是則記憶偶疎耳。

【彙訂】

① 熙寧五年歐陽修尚作有《擬剝啄行寄趙少師》絶句一首,《會老堂詩》等律詩六首,及《跋三絶帖》等文。則此書未必為最後之筆。(李裕民:《四庫提要訂誤》)

續詩話一卷(江蘇巡撫採進本)

宋司馬光撰。光有《易説》,已著錄。是編題曰《續詩話》者,據卷首光自作小引,蓋續歐陽修《六一詩話》而作也。光《傳家集》中具載雜著,乃不錄此書。惟左圭《百川學海》收之。然《傳家集》中亦不錄《切韻指掌圖》,或二書成於編集之後耶①? 光德行功業,冠絶一代,非斤斤於詞章之末者。而品第諸詩,乃極精密。如林逋之“疎影橫斜水清淺,暗香浮動月黄昏”、魏野之“數聲離岸櫓,幾點别州山”、韓琦之“花去曉叢蝴蝶亂,雨餘春圃桔槔閒”、耿仙芝之“草色引開盤馬地,簫聲吹暖賣餳天”,寇準之《江南春》詩,陳堯佐之《吳江》詩,暢當、王之涣之《鸛雀樓》詩及其父《行色》詩,相沿傳誦,皆自光始表出之。其論魏野詩誤改“藥”字,及説杜甫“國破山河在”一首,尤妙中理解,非他詩話所及。惟“梅堯臣病死”一條,與詩無涉,乃載之此書,則不可解。考光别有《涑水記聞》一書,載當時雜事。豈二書並修,偶以欲筆於彼册者,誤筆於此册歟②?

【彙訂】

①《切韻指掌圖》實為南宋人偽托之作,説詳卷四二《集韻》條訂誤。蘇軾撰《司馬文正公行狀》謂有《文集》八十卷,《續詩

話》一卷,可知皆在其生前已成書。《行狀》、《墓誌銘》及《文集》
劉嶠序均稱自編者為《文集》,《傳家集》與《溫國文正司馬公文
集》卷數同,祇多收《答范夢得》等幾篇文章,應是後人所編,在
《續詩話》之後。今存《增廣司馬溫公全集》編於南宋初,其中便
收入《續詩話》。劉攽《中山詩話》已引及此書。(李裕民:《四庫
提要訂誤》)

②《六一詩話》"鄭谷詩名"條載劉原父戲謂聖俞官必止於
都官,未幾梅堯臣病卒。《續詩話》"梅聖俞之卒"條乃載沈文通
對韓欽聖有"次及欽聖"之譖,不數日欽聖抱疾而卒。雖與詩無
涉,"以其與聖俞同時,事又相類,故附之"。即續"鄭谷詩名"條。
(郭紹虞:《宋詩話考》)

中山詩話一卷(江蘇巡撫採進本)

宋劉攽撰。攽有《文選類林》,已著錄。當熙寧、元祐之間,
攽兄弟以博洽名一世,而吟咏則不甚著,惟此論詩之語獨傳。宋
人所引,多稱《劉貢父詩話》。此本名曰"中山",疑本無標目,後
人用其郡望追題,以別於他家詩話也。花蕊夫人《宮詞》本一百
首,攽稱僅見三十餘篇。疑王安國初傳之時,或好事者有所摘
鈔,攽未見其全本也。其論李商隱《錦瑟》詩,以為令狐楚青衣之
名,頗為影撰。其論"赫連勃勃蒸土"一條,亦不確當。不但解杜
甫詩"功曹非復漢蕭何"句,考之未審,為晁公武所糾①。至開卷
第二條所引劉子儀詩,誤以《論語》"師也辟"為"師也達",漫無駁
正,亦不可解。所載嘲謔之詞,尤為冗雜。攽好詼諧,嘗坐是為
馬默所彈。殆性之所近,不覺濫收歟?北宋詩話惟歐陽修、司馬
光及攽三家號為最古。此編較歐陽、司馬二家,雖似不及。然攽

在元祐諸人之中,學問最有根柢,其考證論議,可取者多。究非江湖末派鈎棘字句,以空談説詩者比也。

【彙訂】

①《王直方詩話》引江子載説、吳可《藏海詩話》已糾其誤,均早於晁公武《郡齋讀書志》。(郭紹虞:《宋詩話考》)

後山詩話一卷(江蘇巡撫採進本)

舊本題宋陳師道撰。師道有《後山叢談》,已著錄①。是書《文獻通考》作二卷。此本一卷,疑後人合併也。陸游《老學菴筆記》深疑《後山叢談》及此書,且謂《叢談》或其少作,此書則必非師道所撰。今考其中於蘇軾、黃庭堅、秦觀俱有不滿之詞,殊不類師道語。且謂蘇軾詞"如教坊雷大使舞,極天下之工,而終非本色"。案蔡絛《鐵圍山叢談》稱:"雷萬慶,宣和中以善舞隸教坊。"軾卒於建中靖國元年六月,師道亦卒於是年十一月,安能預知宣和中有雷大使,借為譬況?其出於依託,不問可知矣。至謂陶潛之詩切於事情而不文,謂韓愈《元和聖德》詩於集中為最下,而裴説《寄邊衣》一首,詩格柔靡,殆類小詞,乃亟稱之,尤為未允。其以王建《望夫石》詩為顧況作,亦閒有舛誤。疑南渡後舊槀散佚,好事者以意補之耶②?然其謂:"詩文寧拙毋巧,寧朴毋華,寧麤毋弱,寧僻毋俗。"又謂:"善為文者因事以出奇,江河之行,順下而已。至其觸山赴谷,風搏物激,然後盡天下之變。"持論閒有可取。其解杜甫《同谷歌》之"黃獨"、《百舌》詩之"讒人",解韋應物詩之"新橘三百",駁蘇軾《戲馬臺》詩之"玉鈎"、"白鶴",亦閒有考證。流傳既久,固不妨存備一家爾。

【彙訂】

①《總目》卷一四〇著錄陳師道撰《後山談叢》。

② 吕本中《童蒙詩訓》亦曰："魯直詩有太尖新、太巧處。"然未有人據此疑《童蒙詩訓》為偽托。《王直方詩話》載陳無己云："荆公晚年詩傷工,魯直晚年詩傷奇。"正可與《後山詩話》"詩欲其好,則不能好。王介甫以工,蘇子瞻以新,黃魯直以奇,獨子美之詩,奇常工易新陳無不好者"一段相印證。此書中言及秦觀者二條,"退之以文為詩"是正面肯定秦詞的書寫價值,"王荆平甫之子"則是引述王荆之語,并非作者的評議。《鐵圍山叢談》卷六云:"太上皇在位,時屬升平。手藝人之有稱者,棋則劉仲甫,號'國手第一'……教坊……舞有雷中慶,世皆呼之為'雷大使'……及政和初……"則雷中慶(非雷萬慶)政和(1111—1118)前已出名,非宣和(1119—1125)中,建中靖國元年(1101,陳師道卒於是年十二月)前已出名亦非不可能。且宋人著作如《苕溪漁隱叢話》等引述《後山詩話》,皆未言其為偽書。(周祖譔:《〈後山詩話〉作者考辯》;李妮庭:《〈後山詩話〉真偽辨析》;韋海英:《關於〈後山詩話〉的真偽問題》)

臨漢隱居詩話一卷(編修程晉芳家藏本)

宋魏泰撰。泰有《東軒筆錄》,已著錄。泰為曾布婦弟,故嘗託梅堯臣之名,撰《碧雲騢》以詆文彦博、范仲淹諸人①。及作此書,亦黨熙寧而抑元祐。如論歐陽修則恨其詩少餘味,而於"行人仰頭飛鳥驚"之句始終不取;論黃庭堅則譏其自以為工,所見實僻,而有"方其拾璣羽,往往失鵬鯨"之題;論石延年則以為無大好處;論蘇舜欽則謂其以奔放豪健為主;論梅堯臣則謂其乏高致，惟於王安石則盛推其佳句。蓋堅執門戶之私，而甘與公議相左者②。至“草草杯柈供笑語，昏昏鐙火話平生”一聯，本王安石詩，而以為其妹長安縣君所作，尤傳聞失實③。然如論梅堯臣《贈鄰居》詩不如徐鉉，則亦未嘗不確。他若引韓愈詩證《國史補》之不誣，引《漢書》證劉禹錫稱衛縮之誤，以至評韋應物、白居易、楊億、劉筠諸詩，考王維詩中顛倒之字，亦頗有可採①。略其所短，取其所長，未嘗不足備考證也。

【彙訂】

①《碧云騢》確係梅堯臣所撰，非魏泰偽作，説詳卷一四一“東軒筆錄”條訂誤。

② 所舉五人，惟黃庭堅屬元祐黨人，且書中亦不乏讚揚肯定之詞。（李裕民：《四庫提要訂誤》）

③《臨川集》卷一九收此詩，題為《示長安君》，其中“自憐湖海三年隔，又作塵沙萬里行”之句與王安石宦迹不符，而與其妹身世切合。應係誤收。（同上）

④ 張宗泰《魯巖所學集》有《跋〈臨漢隱居詩話〉》，謂：“書只有孟浩然入翰苑訪王維一語，其餘無一語及王維。”王楙《野客叢書》引《漢皋詩話》有“字顛倒可用”一條。（郭紹虞：《宋詩話考》）

優古堂詩話一卷（兩江總督採進本）

宋吳开撰。开字正仲，滁州人①。紹聖丁丑，中宏詞科。靖康中，官翰林承旨。與耿南仲力主割地之議②，卒誤國事。又為金人往來傳道意旨，立張邦昌而事之。建炎後竄謫以死。其人本不足道，而所作詩話乃頗有可採。其書凡一百五十四條，多論北宋人詩，亦閒及唐人。惟卷末載楊萬里一條，時代遠不相及，疑傳寫有譌，或後人有所竄亂歟③？所論惟卷末"吏部文章二百年"一條，"裹飯非子來"一條，"王僧綽蠟鳳"一條，"荷囊"一條，"陽燧"一條，"陽關圖"一條，"珠還合浦"一條，"黃金臺"一條，"以玉兒為玉奴"一條，"東坡用事切"一條，"妓人出家詩"一條，"蒸壺似蒸鴨"一條，"望夫石"一條，"落梅花折楊柳"一條，兼涉考證。其餘則皆論詩家用字鍊句，相承變化之由。夫奪胎換骨，翻案出奇，作者非必盡無所本。實則無心闇合，亦多有之。必一句一字求其源出某某，未免於求劍刻舟。即如李賀詩"桃花亂落如紅雨"句、劉禹錫詩"搖落繁英墮紅雨"句，开既知二人同時，必不相襲。岑參與孟浩然亦同時，乃以參詩"黃昏爭渡"字為用浩然《夜歸鹿門》詩，不免強為科配。又知張耒詩"飛鳥外"字本於楊巨源④，而不知"夕陽西"字本於薛能。可知輾轉相因，亦復搜求不盡。然互相參考，可以觀古今人運意之異同與遣詞之巧拙。使讀者因端生悟，觸類引申，要亦不為無益也。其中"蓬生麻中"一條，"畜不吠之犬"一條，"韓退之全用《列子》文"一條，"韓退之學文而及道"一條，"定命論"一條，"富鄭公之言出元璹"一條，"寧人負我勿我負人"一條，皆兼論雜文，不專詩話。又"手滑"一條，"應聲蟲"一條，更詩文皆不相涉。蓋詩話中兼及雜事，自劉攽、歐陽修等已然矣⑤。

【彙訂】

①《建炎以來繫年要錄》卷一："(吳)开，清流人。"《宋史·地理志四》"淮南東路""滁州"有清流縣。(鄧國軍：《宋詩話考論》)

②"力"，殿本無。

③ 其書凡一百五十六條，除"楊誠齋論山谷"一條時代頗不相及外，其餘全部錄自《能改齋漫錄》等書，係托名吳开雜湊之作。（鄧國軍：《宋詩話考論》）

④ "飛鳥外"，底本作"夕陽外"，據殿本改。此書"飛鳥外，夕陽西"條："張文潛詩云：'新月已生飛鳥外，落霞更在夕陽西。'蓋用郎士元《送楊中丞和番》詩耳。郎詩云：'河源飛鳥外，雪嶺大荒西。'"此條應襲自《苕溪漁隱叢話》後編卷三三"張右史"條引《復齋漫錄》之文。

⑤ 此書所記與詩無關者十二條。歐陽修《詩話》凡二十八條，均與詩有關。（李裕民：《四庫提要訂誤》增訂本）

詩話總龜前集四十八卷後集五十卷（兩江總督採進本）

宋阮閱撰。閱有《郴江百詠》，已著錄。案胡仔《苕溪漁隱叢話》序曰："舒城阮閱昔為郴江守，嘗編《詩總》，頗為詳備。蓋因古今詩話，附以諸家小說，分門增廣。獨元祐以來諸公詩話不載焉。考編此《詩總》，乃宣和癸卯。是時元祐文章禁而弗用，故阮因以略之"云云。據其所言，則此書本名《詩總》。其改今名，不知出誰手也。此本為明宗室月窗道人所刊，併改其名為阮一閱，尤為疏舛。其書《前集》分四十五門，所採書凡一百種，《後集》分六十一門，所採書亦一百種①。摭拾舊文，多資考證。惟分類瑣屑，頗有乖於體例。前有郴陽李易序，乃曰："阮子舊集頗雜，月窗條而約之，彙次有義，棼結可尋。"然則此書已經改竄，非其舊目矣。

【彙訂】

① 阮閱所編《詩總》凡十卷，四十六門。入南宋後有人改書

名為《詩話總龜》,增為五十卷,仍分四十六門。後集非阮閱所編,乃主要據《苕溪漁隱叢話》、《韻語陽秋》、《碧溪詩話》雜湊而成。實際採錄之書亦不止二百種。(劉德重、張寅彭:《詩話概説》;李裕民:《四庫提要訂誤》增訂本)

彦周詩話一卷(江蘇巡撫採進本)

宋許顗撰。顗,襄邑人,彦周其字也,始末無可考。書中有"宣和癸卯,予遊嵩山"之語,下距建炎元年僅三年,當已入南宋矣①。觀書中載與惠洪面論《冷齋夜話》評李商隱之誤,惠洪即改正。又極推其《題李愬畫像》詩,稱:"在長沙相從彌年。"惠洪《冷齋夜話》亦記顗述李元膺《悼亡》長短句。蓋亦宗元祐之學者。所引述多蘇軾、黃庭堅、陳師道語,其宗旨可想見也②。顗議論多有根柢,品題亦具有別裁。其謂韓愈"齊梁及陳隋,衆作等蟬噪"語,"不敢議,亦不敢從";又謂"論道當嚴,取人當恕",俱卓然有識。惟譏杜牧《赤壁》詩為"不説社稷存亡,惟説二喬"。不知大喬,孫策婦;小喬,周瑜婦。二人入魏,即吳亡可知。此詩人不欲質言,變其詞耳。顗遽詆為"秀才不知好惡",殊失牧意。又以"適怨清和"解李商隱《錦瑟》詩,亦穿鑿太甚。至漢武帝《李夫人歌》本以之、時為韻③,乃讀"立而望之偏"為句,則此歌竟不用韻,尤好奇而至於不可通。其他雜以神怪夢幻,更不免體近小説。然論其大致,瑕少瑜多。在宋人詩話之中,猶善本也。

【彙訂】

① 此書言及十七歲時曾在金陵從李端叔父執游蔣山,據曾棗莊《李之儀年譜》,李之儀(字端叔)於崇寧五年(1106)至大觀二年(1108)間移居金陵,則許顗生年為1090年左右。陸增祥

《八瓊室金石補正》卷一一三《永州太平寺鐘銘》題款中有"右儒林郎永州軍事判官許顗"，此銘又見於汪藻《浮溪集》卷二十一，末云："紹興庚午，春再浹辰，散吏是銘。"則紹興二十年庚午(1150)尚健在。(鄧國軍：《宋詩話考論》；李舜臣、歐陽江琳：《許顗生平事迹考述》))

②"想"，殿本無。

③《李夫人歌》曰："是邪非邪？立而望之，翩何姍姍其來遲。"無"時"字。(許瀚：《讀四庫全書提要志疑》))

紫微詩話一卷(江蘇巡撫採進本)

宋呂本中撰。本中有《春秋集解》，已著錄。本中歷官中書舍人，權直學士院。故詩家稱曰呂紫微，而所作詩話亦以"紫微"為名。其中如李鼎祚《易解》諸條，偶涉經義；秦觀《黃樓賦》諸條，頗及雜文；吳儔"倒語"諸條，亦閒雜諧謔。而大致以論詩為主。其學出於黃庭堅，嘗作《江西宗派圖》，以庭堅為祖，而以陳師道等二十四人序列於下。宋詩之分門別戶，實自是始。然本中雖得法於豫章，而是編稱述庭堅者惟"范元實"一條，"從叔知止"一條，"晁叔用"一條，"潘邠老"二條，"晁无咎"一條，皆因他人而及之。其專論庭堅詩者，惟"歐陽季默"一條而已。餘皆述其家世舊聞及友朋新作。如橫渠張子、伊川程子之類，亦備載之①，實不專於一家。又極稱李商隱《重過聖女祠》詩"一春夢雨常飄瓦，盡日靈風不滿旗"一聯，及《嫦娥》詩"嫦娥應悔偷靈藥，碧海青天夜夜心"二句，亦不主於一格。蓋詩體始變之時，雖自出新意，未嘗不兼採衆長。自方回等一祖三宗之說興，而西崑、江西二派乃判如冰炭，不可復合。元好問題《中州集》末，因有

“北人不拾江西唾,未要曾郎借齒牙”句。實末流相詬,有以激之。觀於是書,知其初之不盡然也。王士禎《古夫于亭雜錄》曰:“《紫微詩話》載張子厚詩‘井丹已厭嘗蔥葉,庾亮何勞惜薤根’。三韭二十七,乃杲之事,與元規何涉?張誤用而居仁亦無辨證,何也?”今考《南齊書・庾杲之傳》,杲之“清貧自業,食惟有韭菹、瀹韭、生韭、雜菜。或戲之曰:‘誰謂庾郎貧?食鮭嘗有二十七種。’”則杲之但有食韭事,實不云薤。《晉書・庾亮傳》載:“亮噉薤,因留白。陶侃問曰:‘安用此為?’亮曰:‘故可以種。’”則惜薤實庾亮事,與杲之無關。此士禎偶然誤記,安可反病本中失於辨證乎!

【彙訂】

① 書中所載“張先生子厚”當指張戬,事迹見《宋史》卷四五八《隱逸傳》。非指張載(亦字子厚)。(李裕民:《四庫提要訂誤》)

四六話二卷(江蘇巡撫採進本)

宋王銍撰,銍有《侍兒小名錄補遺》,已著錄。其書皆評論宋人表啟之文。六代及唐,詞雖駢偶,而格取渾成。唐末五代,漸趨工巧。如羅隱代錢鏐《賀昭宗更名表》,所謂“右則虞舜之全文,左則姬昌之半字”者,當時以為警策是也。宋代沿流,彌競精切。故銍之所論,亦但較勝負於一聯一字之閒。至周必大等,承其餘波,轉加細密。終宋之世,惟以隸事切合為工。組織繁碎,而文格日卑,皆銍等之論導之也。然就其一時之法論之,則亦有推闡入微者。如詩家之有句圖,未可廢也。上卷之末,載其父素為滕甫《辨謗乞郡劄子》誤刻蘇軾集中。銍據素手迹,殆必不誣。

今軾集仍載此文,蓋失於釐正①。此亦足以資考訂焉。

【彙訂】

① 王素此文與蘇軾《代滕甫辨謗乞郡狀》僅前小半相同,後半幅全異,不能遽斷蘇集為誤。(王宜瑗:《四六話提要》)

珊瑚鈎詩話三卷(江蘇巡撫採進本)

宋張表臣撰。表臣字正民,里貫未詳。官右承議郎,通判常州軍州事。紹興中,終於司農丞①。是編名曰"珊瑚鈎"者,取杜甫詩"文采珊瑚鈎"句也。其書雖以詩話為名,而多及他文,閒涉雜事,不盡論詩之語。又好自載其詩,務表所長,器量亦殊淺狹。其論杜甫《遊龍門奉先寺》詩,改"天闕"為"天閱",引據支離,已為前人所駁。又如論杜牧"擬把一麾江海去"句,以為誤用顏延年語,以"麾斥"之"麾"為麾旄。然考崔豹《古今注》曰:"麾者所以指麾也,武王執白旄以麾是也。乘輿以黃,諸公以朱,刺史二千石以纁。"據其所說,則刺史二千石乃得建麾。牧將乞郡,故有"擬把一麾"之語,未可云誤。表臣所論亦非也。然表臣生當北宋之末,猶及與陳師道遊,與晁說之尤相善,故其論詩往往得元祐諸人之餘緒。在宋人詩話之中,固與惠洪《冷齋夜話》在伯仲之閒矣。

【彙訂】

①《咸淳毘陵志》卷九載紹興十三年十月,張表臣以右承務郎、添差通判常州軍州事,十五年七月罷。則非終於司農丞。(李裕民:《四庫提要訂誤》)

石林詩話一卷(江蘇巡撫採進本)

宋葉夢得撰。夢得有《石林春秋傳》,已著錄。是編論詩,推重王安石者不一而足。而於歐陽修詩,一則摘其評《河豚》詩之誤;一則摘其語有不倫,亦不復改;一則摭其疑"夜半鐘聲"之誤。於蘇軾詩,一則譏其"繫灤"、"割愁"之句為險譎,一則譏其"捐三尺"字及"亂蛙兩部"句為歇後,一則譏其失李廌,一則譏其不能聽文同,一則譏其"石建揄厠"之誤。皆有所抑揚於其閒①。蓋夢得出蔡京之門,而其壻章沖則章惇之孫,本為紹述餘黨。故於公論大明之後,尚陰抑元祐諸人②。然夢得詩文,實南、北宋閒之巨擘。其所評論,往往深中竅會,終非他家聽聲之見,隨人以為是非者比。略其門户之私,而取其精核之論,分別觀之,瑕瑜固兩不相掩矣。

【彙訂】

①　書中對王安石并非一味讚揚維護,如批評他早年之詩"不復更為含蓄"。摘歐陽修評《河豚詩》之誤極有可能借鑑自孔平仲《珩璜新論》所評,而孔氏坐元祐黨籍。"夜半鐘聲"則宋范成大《吳郡志》、龔明之《中吳紀聞》、吳曾《能改齋漫錄》、陸游《老學菴筆記》等皆嘗議之,并非葉夢得有意責難。所記蘇軾好論時事,不聽文同規勸一則,實為愛憐其曠達不羈,并無譏刺之意。(潘殊閒:《葉夢得研究》)

②　葉夢得與元祐黨人亦有親誼關係,其母即晁補之女。書中論歐陽修詩"婉麗雄勝",蘇軾所作挽詩"天生作對,不假人力",又稱司馬光"出處大節,世固不容復議",顯與紹述餘黨迥異。(李裕民:《四庫提要訂誤》)

藏海詩話一卷(永樂大典本)

案《藏海詩話》載於《永樂大典》中,不著撰人名氏。自明以來,諸家亦不著錄。考《永樂大典》載宋吳可有《藏海居士集》①,已裒輯成編,別著於錄。與此書名目相合。又集中有《為王銑題春江圖》詩,又多與韓駒論詩之語。所載宣和、政和年月,及建炎初避兵南竄,流轉楚、粵,與此書卷末稱"自元祐至今六十餘年"者,時代亦復相合。則是書其可所作歟?其論詩每故作不了了語,似乎禪家機鋒,頗不免於習氣。他如引徐俯之說,以杜甫"天棘夢青絲"句為見柳而憶馬②,頗病支離。謁"渝陰"為"陰渝",併謁《廣雅》為《爾雅》,亦小有舛誤。然及見元祐舊人,學問有所授受。所云:"詩以用意為主,而附之以華麗。寧對不工,不可使氣弱。"足以救西崑穠艷之失。又云:"凡看詩須是一篇立意,乃有歸宿處。"又云:"學詩當以杜為體,以蘇、黃為用。杜之妙處藏於內,蘇、黃之妙處發於外。"又云:"絕句如小家事,句中著大家事不得。若山谷《蟹》詩用'虎爭'及'支解'字,此家事大,不當入詩中。"又云:"七言律詩極難做,蓋易得俗,所以山谷別為一體。"皆深有所見。所論有形之病、無形之病,尤抉摘入微。其他評論考證,亦多可取。而胡仔《苕溪漁隱叢話》、魏慶之《詩人玉屑》網羅繁富,俱未及採錄。則在宋代已不甚顯。固宜表而出之,俾談藝者有考焉。

【彙訂】

① 殿本"宋"上有"有"字。

② "夢",底本作"蔓",據殿本改。杜甫《己上人茅齋》詩:"江蓮搖白羽,天棘蔓青絲。"然此書中載:"徐師川云:'工部有"江蓮搖白羽,天棘夢青絲"之句。於江蓮而言搖白羽,乃見蓮而思扇也。蓋古有以白羽為扇者。是詩之作,以時考之,乃夏日故也。於天棘言夢青絲,乃見柳而思馬也。蓋古有以青絲絡

馬者。'"

風月堂詩話二卷(內府藏本)

宋朱弁撰。弁有《曲洧舊聞》,已著錄。是編多記元祐中歐陽修、蘇軾、黃庭堅、陳師道、梅堯臣及諸晁遺事①。首尾兩條,皆發明鍾嶸"'思君如流水',既是即目;'明月照積雪',羌無故實"之義②,蓋其宗旨所在。其論黃庭堅"用崑體工夫,而造老杜渾成之地",尤為窺見深際。後來論黃詩者皆所未及。前有自序,題"庚申閏月"。考庚申為紹興十年,當金熙宗天眷三年。弁以建炎元年使金,羈留十七年乃還,則在金時所作也。末有咸淳壬申月觀道人跋,稱得於永城人朱伯玉家。蓋北方所傳之本。意弁使金時遺其槀於燕京,度宗時始傳至江左,故晁、陳二家皆不著錄。觀元好問《中州集》收錄弁詩,知其著作散落北方者多,固不得以晚出疑之矣。其序但題甲子,不著紹興紀年。殆亦金人傳寫,不用敵國之號,為之削去歟?

【彙訂】

① 歐陽修、梅堯臣卒於元祐前,此書所記皆屬其生存時事。(楊武泉:《四庫全書總目辨誤》)

② 鍾嶸《詩品》卷二原文為:"'思君如流水',既是即目;'高臺多悲風',亦唯所見;'清晨登隴首',羌無故實;'明月照積雪',詎出經史?"(周錄祥:《〈四庫全書簡明目錄·集部〉訂誤》)

歲寒堂詩話二卷(永樂大典本)

宋張戒撰,錢曾《讀書敏求記》作趙戒,傳寫誤也。考戒名附見《宋史·趙鼎傳》,不詳其始末。惟李心傳《建炎以來繫年要錄》載:"戒,正平人。紹興五年四月以趙鼎薦,得召對,授國子監丞。"鼎稱其登第十餘年，曾作縣令，則嘗舉進士也。又載紹興八年三月，戒以兵部員外郎守監察御史。是年八月，守殿中侍御史。十一月，為司農少卿。旋坐疏留趙鼎，改外任。十二年，羅汝楫劾其沮和議，黨於趙鼎、岳飛，特勒停。二十七年九月，以佐宣教郎主管台州崇道觀①。不言所終，蓋即終於奉祠矣②。初，戒以論事切直，為高宗所知。其言當以和為表，以備為裏，以戰為不得已，頗中時勢。故淮西之戰，則力勁張浚、趙開。而秦檜欲屈己求和，則又力沮，卒與趙鼎並逐。蓋亦鯁亮之士也。是書通論古今詩人，由宋蘇軾、黃庭堅上溯漢、魏、風、騷，分為五等。大旨尊李、杜而推陶、阮。始明言志之義，而終之以無邪之旨，可謂不詭於正者。其論唐諸臣詠楊太真事，皆為無禮，獨杜甫立言為得體③，尤足維世教而正人心。又專論杜甫詩三十餘條，亦多宋人詩話所未及。考《說郛》及《學海類編》載此書，均止寥寥三四頁。此本為《永樂大典》所載，猶屬完帙④。然有二條，此本遺去，而見於《學海類編》者。今謹據以增入，庶為全璧。《讀書敏求記》本作一卷。今以篇頁稍繁，釐為上、下卷云。

【彙訂】

①"佐宣教郎"，殿本作"佐宣教"。《建炎以來繫年要錄》卷一七七載紹興二十七年九月，"左宣教郎張戒主管台州崇道觀。戒坐趙鼎累斥去凡十九年，至是得祠"。（陳應鸞：《歲寒堂詩話校箋》）

②《建炎以來繫年要錄》卷八七載趙鼎薦張戒在紹興五年三月甲午，非四月。又據卷一四七等載，"羅汝楫"當作"羅汝檝"。張戒被斥在紹興十二年，斥去後十九年，應為紹興三十年，非二十七年。同書卷一八五紹興三十年五月甲辰載"左宣教郎

張戒主管台州崇道觀”，正與“斥去凡十九年，至是得祠”相合。
（李裕民：《四庫提要訂誤》）

③“獨杜甫立言為得體”，殿本無。此書卷下云：“楊太真
事，唐人吟咏至多，然類皆無禮。太真配至尊，豈可以兒女語黷
之耶？惟杜子美則不然。”

④“屬”，殿本作“為”。

庚溪詩話二卷（江蘇巡撫採進本）

宋陳巖肖撰。巖肖字子象，金華人。父德固，死靖康之
難。紹興八年，以任子中詞科，仕至兵部侍郎。此編記其於靖
康間游京師天清寺事，猶及北宋之末。而書中稱高宗為太上
皇帝，孝宗為今上皇帝，光宗為當今皇太子，則當成於淳熙中。
上溯靖康已六十年，蓋其晚年之筆也。卷首先載宋累朝御製，
附以漢高帝、唐文皇、宣宗三條。次即歷敘唐、宋詩家，各為評
騭。而於元祐諸人，徵引尤多。蓋時代相接，頗能得其緒餘，
故所論皆具有矩矱。其中如趙與旹《賓退錄》所稱虞中琳送林
季仲詩，殊嫌陳腐。又屬鶚《宋詩紀事》摘所載蔡肇睦州詩“疊
嶂巧合丁字水，臘梅遲見二年花”句，實為杜牧之詩，亦間舛
誤。然大旨不詭於正。其論山谷詩派一條，深斥當時學者未
得其妙，而但使聲韻拗捩，詞語艱澀，以為江西格，尤為切中後
來之病。至遺篇佚句，綴述見聞，亦間有宋人詩集所未及者。
宋末左圭嘗輯入《百川學海》中，但題“西郊野叟述”，而佚其名
氏。明胡應麟《筆叢》據中間論皇太子作詩一條自題其名，始
考定為巖肖所作。然吳師道《敬鄉錄》已云巖肖著《庚溪詩
話》，具有明文，不待應麟始知矣。

韻語陽秋二十卷（兩江總督採進本）

宋葛立方撰。立方有《歸愚集》，已著錄①。是編雜評諸家之詩，不甚論句格工拙，而多論意旨之是非，故曰“陽秋”，用晉人語也。然晉人以避諱之故，改“春”為“陽”可也。宋不諱“春”，而立方乃襲舊文，是好奇而無理矣。其中如偏重釋氏，謂歐陽修夢見十王，得知罪福，後亦信佛之類，則未免虛誣。議屈原自沈為不知命之類，則未免偏駁。論李杜、蘇黃皆相輕相詆之類，則未免附會。趙與峕《賓退錄》嘗議其誤以鄭合敬詩為鄭谷詩，又議其不知阮咸出處。今觀所載，如以江淹“雜擬赤玉隱瑤溪”句為謝靈運詩，以蘇軾“老身倦馬河堤永，踏盡黃榆綠槐影”句為杜甫詩，以李白“解道澄江淨如練，令人長憶謝元暉”句為襲鄭谷之語，皆未免舛誤，尚不止與峕之所糾。然大旨持論嚴正，其精確之處亦未可盡没也。

【彙訂】

①《總目》未著錄《歸愚集》。（楊武泉：《四庫全書總目辨誤》）

碧谿詩話十卷（浙江鮑士恭家藏本）

宋黃徹撰。徹字常明，陳振孫《書錄解題》作莆田人。《八閩通志》作邵武人，振孫時去徹未遠，當得其真也①。朱彝尊《曝書亭集》有是書跋，厲鶚《宋詩紀事》亦載徹詩。彝尊但據《八閩通志》知為紹興十五年進士，鶚亦但據此書自序言其嘗官辰州，皆不詳其始末。惟鮑氏知不足齋藏本前有乾道四年陳俊卿序，又有徹子廓、徹孫熹，及黃永存、聶棠四跋，熹跋載楊邦弼所作《墓誌》，稱徹登宣和甲辰第，授辰州辰溪縣丞，就升令。在任五年，辟差沅州軍事判官攝倅事。繼權麻陽縣，尋辟鄂之嘉魚令。復權岳之平江，越半歲即真。復忤權貴，棄官歸。張浚欲辟之入幕，不肯就，遂終老於家。又稱其在沅州定猺賊之亂，在麻陽擒巨寇曹成，在平江佐征楊么，運餉亦有功。而卒以不善諧俗罷。所敘徹之生平，尚可概見。彝尊及鸚蓋均未見此本，故所言或舛或略也[②]。其論詩大抵以風教為本，不尚雕華。然徹本工詩，故能不失風人之旨。非務以語錄為宗，使比興之義都絕者也。

【彙訂】

[①]《八閩通志》卷五三明載黃徹為興化縣人，興化即莆田。同書卷五二作邵武人，誤。（李裕民：《四庫提要訂誤》）

[②]“也”，殿本無。

唐詩紀事八十一卷（江蘇巡撫採進本）

宋計有功撰。有功字敏夫，其始末未詳。李心傳《建炎以來繫年要錄》載：“紹興五年秋七月戊子，右承議郎新知簡州計有功提舉兩浙西路常平茶鹽公事。有功，安仁人，張浚從舅也。”又考郭印《雲溪集》有《和計敏夫留題雲溪》詩曰：“知君絕學謝芸編，語默行藏不礙禪。親到雲溪重說偈，天開地辟見純全。”則敏夫為南渡時人[①]。詳印詩意，蓋耽味禪悅之士。而是集乃留心風雅，採摭繁富，於唐一代詩人或錄名篇，或紀本事，兼詳其世系爵里，凡一千一百五十家。唐人詩集不傳於世者，多賴是書以存。其某篇為某集所取者，如《極元〔玄〕集》、《主客圖》之類亦一一詳註。今姚合之書猶存。張為之書獨藉此編以見梗概，猶可考其孰為主，孰為客，孰為及門，孰為升堂，孰為入室。則其輯錄之功，亦不可沒也。惟其中多委巷之談。如謂李白微時曾為縣吏，併載其牽牛之謔、溺女之篇。俳諧猥瑣，依託顯然。則是榛楛之勿翦耳。

【彙訂】

① 除《總目》所引見於卷九一，《建炎以來繫年要錄》卷一一一、一一四、一七九、一八五、一九二、一九三均載計有功事迹，不得謂始末未詳。（余嘉錫：《四庫提要辨證》）

觀林詩話一卷（浙江范懋柱家天一閣藏本）

宋吳聿撰。聿字子書，自署楚東人。楚東地廣，莫能知其邑里①。陳振孫《書錄解題》載此書，亦云不知何人。案書中稱："衣冠中有微時為小吏者，作《三角亭》詩，有'夜欠一簷雨，春無四面花'之語。獻其所事，異之，使學。果後登第，今為郎矣。"云云。案曾三異《同話錄》載此事，稱為余子清之祖仁廓。則子書蓋南宋初人。故所稱引，上至蘇軾、黃庭堅、賀鑄，下至汪藻、王宣而止也。其中如辨陸厥《中山王孺子妾歌》誤用安陵君一條，李善《文選註》已先有此論。聿抒為新得，蓋偶未及檢。又引《摭言》"趙牧學李長吉歌詩"一條，《摭言》無此文。蓋記杜牧語，又誤增"學李長吉歌詩"一句，亦為疎舛。卷末錄謝朓事三條，不加論斷，殊無所取。核其詞意，似乎欲解王安石、歐陽修倡和詩中"吏部文章二百年"句，而其文未畢。或傳寫有所佚脱，又誤分一則為三則歟？聿之詩學出於元祐，於當時佚事，尤所究心。如謂黃庭堅論黃獨為土芋，而云或以為黃精者，乃指蘇軾"詩人空腹待黃精，生事祇看長柄械"句，而不欲顯名。又陳師道所稱"但解開門留我住，主人不問是誰家"句，乃蘇軾《藏春》兩絕句之一，託云古語。又蘇軾"不向如皋閒射雉，人閒何以得卿卿"句，世譏軾

誤以如皐為地名。聿謂親見其手寫《會獵》詩，"不向"乃作"向
不"。又軾嘗名賈耘老之妾曰雙荷葉，世不曉所謂。聿謂其事載
《泉南老人集》，取雙髻並前之義，其名出於温庭筠詞。《澠水燕
談》稱張舜民題蘇軾《老人行役》詩乃蘇轍作，王闢之誤記。軾
《梅花》詩用"返魂"字乃用韓偓《金鑾祕記》中語，説者誤引蘇德
哥及聚窟州返魂香事。皆查慎行《補註蘇詩》所未及。又如黄庭
堅《與惠洪》詩，實用陳平"傅解衣臝而刺船"句相謔，洪作《冷齋
夜話》，乃以欲加冠巾自解。與庭堅自稱從王安石得古詩句法，
及安石詞"揉藍一水縈花草"句乃追用所見江上人家壁間絕句諸
事，亦他書所未言。至於引郭義恭《廣志》證陸龜蒙詩"蕙炷"字；
引尉遲樞《南楚新聞》證僧詩"甎根"字；引《隋書·禮志》證古詩
"長跪問故夫"句；引許慎《説文》證衣亦可名"不借"，不獨草屨；
引《南史·邱〔丘〕仲宇傳》證唐詩"半夜鐘"[②]；引《宋書》證吳融
誤用虞嘯事；引《世説新語》庾亮事證"著屐登樓"；引元結自序證
歐陽修、黄庭堅誤讀"筹筲"字；引潘岳《西征賦》證晁錯之"錯"可
讀七各切；引江淹《雜擬詩》證《東觀奏記》誤稱沈約；引顧愔《新
羅圖記》證"松五粒"非五鬣；引《歌錄》證《殷芸小説》誤解蜻蜒；
引《西京雜記》駁賀鑄詞誤用"玉硯生冰"，以及駁蘇軾誤以白居
易《除夜》詩為《寒食》詩，以長桑君為倉公，以《左傳》"小人之食"
為"小人之羹"諸條，皆足以資考證。在宋人詩話之中，亦可謂之
佳本矣。

【彙訂】

①"邑里"，殿本作"里邑"。

②《南史》無《丘仲宇傳》。此書第五九條云："《南史》：丘仲
孚喜讀書，常以中宵鐘鳴為限。乃知半夜鐘聲，不獨見唐人詩

句。"其引文與《南史・丘仲孚傳》全同。(楊武泉:《四庫全書總目辨誤》)

四六談麈一卷(浙江汪啟淑家藏本)

案此書為左圭《百川學海》所刊舊本。卷首但題"靈石山藥寮"字,不著撰人。《書錄解題》載為謝伋撰,考書中時自稱伋,則其說是也。伋字景思,上蔡人,官至太常少卿。參政克家之子,良佐之從孫。所稱"逍遙公",即良佐也。其論四六,多以命意遣詞分工拙,視王銍《四六話》所見較深。其謂:"四六施於制誥、表奏、文檄,本以便宣讀,多以四字、六字為句。宣和間多用全文長句為對,習尚之久,至今未能全變。前輩無此格。"又謂:"四六之工在於翦裁。若全句對全句,何以見工?"尤切中南宋之弊。其中所摘名句,雖與他書互見者多,然實自具別裁,不同剿襲。如王銍《四六話》載廖明略賀安厚卿、張丞相諸啟,凡數聯,伋皆不取,而別取其為厚卿《舉挂功德疏》一篇,知非隨人作計者矣。費袞《梁溪漫志》曰:"謝景思《四六談麈》甚新奇,然載陳去非草《義陽朱丞相制》有語忌,令貼改事。"又載:"謝顯道初不入黨籍,朱震乞依黨籍例命官事,皆誤。朱制乃有旨令綦處厚貼麻,非令其自貼改。謝顯道崇寧元年實曾入黨籍,景思記當時所見,偶爾差舛。恐誤作史者採取,故為是正之。"云云。是疏漏之處,亦所不免。然不以一二微瑕掩也。

環溪詩話一卷(永樂大典本)

不著撰人名氏。皆品評吳沆之詩及述沆論詩之語。卷首稱沆為"先環溪",又註其下曰:"此集非門人所編,只稱先生為環溪。"蓋其後人所追記。趙與峕《賓退錄》稱為"吳德遠《環溪詩話》",似乎沆所自著者,誤也①。沆所著有《三墳訓義》、《易璇璣》、《論語發微》、《易禮圖説》、《老子解》、《環溪集》諸書。今惟《易璇璣》存,已著於錄②。其經術頗有足取,而詩亦戛戛自為,不囿於當時風氣。其大旨以杜甫為一祖,李白、韓愈為二宗,亦間作黃庭堅體,然非所專主。其與張右丞論杜詩"旌旗日暖龍蛇動"句為"一句能言五物","乾坤日夜浮"句為"一句能滿天下"一條,_{案第一條"孫尚書"下註曰:"環溪所與人議論。只稱官職不敢指名字。"}故《賓退錄》不知張右丞之名。今亦仍其原文。《賓退錄》嘗駁之曰:"若以句中事物之多為工,則必皆如陳無已'椒檜柟櫨楓柞樟'之句,_{案陳師道此句實本之《柏梁臺》詩"枇杷橘栗桃李梅",非所自創。趙與旹不引漢詩而引此句,或以漢詩僅六物與。}而後可以獨步,雖杜子美亦不能專美。若以'乾坤日夜浮'為滿天下句,則凡言天地、宇宙、四海者皆足以當之矣,何謂無也。張輔喜司馬子長五十萬言紀三千年事,張右丞喜杜子美一句談五物,識趣正同。"云云,其掊擊頗當。蓋宋詩多空疎率易,故沆立多用實字則健之説。而主持太過,遂至於偏。又所舉白閒、黃裏,殺青、生白,素王、黃帝,小烏、大白,竹馬、木牛,玉山、銀海諸偶句,亦小巧細碎,頗於雅調有乖。所自為詩如"草迷花徑煩調護,水汨蓮塘欠節宣"之類,自謂摹仿豫章。實僅得其不佳處,尤不可訓。然其取法終高,宗旨終正,在宋人詩話之中,不能不存備一家也。趙與旹《娛書堂詩話》亦稱其《觀獲》詩"新月輝輝動,黃雲漸漸收"之句為形容最工云。

【彙訂】

①　書中所論諸條,皆屬環溪論詩主張,即其稱述張右丞語、從兄宗老語云云,亦當出於環溪所自記。則其書雖出後人編次,

要與自撰無別。（郭紹虞：《宋詩話考》）

　　②《四庫全書》尚收錄吳沆《通言》一卷（《總目》卷九五著錄）。（李裕民：《四庫提要訂誤》續）

　　竹坡詩話一卷（江蘇巡撫採進本）

　　宋周紫芝撰。紫芝有《太倉稊米集》，已著錄。周必大《二老堂詩話》辨"金鎖甲"一條，稱："紫芝《詩話》百篇。"此本惟存八十條①。又《山海經》詩一條，稱："《竹坡詩話》第一卷。"則必有第二卷矣。此本惟存一卷，蓋殘闕也。必大嘗譏其解"綠沈金鎖"之疎失②，又譏其論陶潛"刑天舞干戚"句剿襲曾紘之説，又譏其論《譙國集》一條，皆中其失。他如論王維襲李嘉祐詩，尚沿李肇《國史補》之誤；論柳宗元身在刀山之類，亦近於惡譚。然如辨《嘲鼾睡》非韓愈作，辨"留春不住"詞非王安石作，辨韓愈《調張籍》詩非為元稹作，皆有特見。其餘亦頗多可採。惟其中李白、柳公權與文宗論詩一條，時代殊不相及。此非僻人僻事，紫芝不容舛謬至此。殆傳寫者之誤歟？

　　【彙訂】

　　①《二老堂詩話》"金鎖甲"條謂"周紫芝《竹坡詩話》第一段云杜少陵游何將軍山林詩"，又"綻葩二字"條謂"紫芝末篇又云今日校《譙國集》"，今傳《竹坡詩話》一卷本首尾二條正與之同，或一卷本與三卷本（《儀顧堂題跋》著錄有宋刊本）只分合之異，而與完缺與否無關，"詩話百篇"不過約舉其數。（郭紹虞：《宋詩話考》）

　　②"嘗譏其解綠沈金鎖之疎失"，殿本作"所辨自解綠沈金鎖一條外"。

苕溪漁隱叢話前集六十卷後集四十卷①（江蘇巡撫
採進本）②

宋胡仔撰。仔字元任，績溪人。舜陟之子，以蔭授迪功郎、
兩浙轉運司幹辦公事，官至奉議郎，知常州晉陵縣。後卜居湖
州，自號苕溪漁隱。其書繼阮閱《詩話總龜》而作。前有自序，稱
閱所載者皆不錄。二書相輔而行，北宋以前之詩話大抵略備矣。
然閱書多錄雜事，頗近小說。此則論文考義者居多，去取較為謹
嚴。閱書分類編輯，多立門目。此則惟以作者時代為先後，能成
家者列其名，瑣聞軼句則或附錄之，或類聚之，體例亦較為明晰。
閱書惟採摭舊文，無所考正。此則多附辨證之語，尤足以資參
訂。故閱書不甚見重於世，而此書則諸家援據，多所取資焉。
《新安文獻志》引方回《〈漁隱叢話〉考》曰：“元任寓居雪上，謂阮
閱閎休《詩總》成於宣和癸卯，遺落元祐諸公。乃增纂集自國風、
漢魏六朝，以至南渡之初。最大家數，特出其名，餘入雜紀，以年
代為後先。回幼好之，學詩實自此始。元任以閎休分門為不
然③，有湯巖起者，閎休鄉人，著《詩海遺珠》，又以元任為不然。
回聞之吾州羅任臣毅卿，所病者元任紀其自作之詩不甚佳耳。
其以歷代詩人為先後，於諸家詩話有去有取，閒斷以己意。視
《皇朝類苑》中概而並書者，豈不為優。”云云。雖鄉曲之言，要亦
不失公論也。

【彙訂】

① 底本此條與文淵閣庫書次序不符。文淵閣庫書與殿本
均置於“竹坡詩話一卷”條之前。

② 大連圖書館藏鈔宋本係《四庫》底本，鈐有黃叔琳“養素
堂藏書印”、“北平黃氏萬卷樓藏書”兩方藏書印，《四庫採進書

目》亦著錄為其子黃登賢進呈,而非江蘇巡撫採進。(王雨霖:《〈苕谿漁隱叢話〉四庫底本考》)

③"不然",底本作"未然",據《新安文獻志》卷七八《胡待制舜陟傳》注文引方回《〈漁隱叢話〉考》及殿本改。

文則二卷(江蘇巡撫採進本)

宋陳騤撰。騤有《南宋館閣錄》,已著錄。按《太平御覽》引摯虞《文章流別論》曰①:"古詩之四言者,'振鷺于飛'是也②,漢郊廟歌多用之。五言者,'誰謂雀無角,何以穿我屋'是也,樂府用之。六言者,'我姑酌彼金罍'是也,樂府亦用之。七言者,'交交黃鳥止于桑'是也,於俳調倡樂世用之。九言者,'泂酌彼行潦挹彼注茲'是也,不入歌謠之章,故世希為之。"文章句法,推本《六經》,茲其權輿也。劉知幾《史通》特出《模擬》一篇,於貌同心異、貌異心同辨析特精,是又不以句法求《六經》矣。騤此書所列文章體式,雖該括諸家,而大旨皆準經以立制。其不使人根據訓典,鎔精理以立言,而徒較量於文字之增減,未免逐末而遺本。又分門別類,頗嫌於太瑣太拘,亦不免舍大而求細。然取格法於聖籍,終勝摹擬調於後人。其所標舉,神而明之,存乎其人。固不必以定法泥此書,亦不必以定法病此書也。

【彙訂】

① 殿本"引"上有"所"字。

②"古詩之四言者振鷺于飛是也",殿本作"古詩之三言者鷺于飛是也",誤,參宋本《太平御覽》卷五八六引《文章流別論》原文。

二老堂詩話一卷(江蘇巡撫採進本)

宋周必大撰。必大有《玉堂雜記》,已著錄。是書其論詩之

語,凡四十六條。原載《平園集》中,此後人鈔出別行者也。必大
學問博洽,又熟於掌故,故所論多主於考證。如"王禹偁不知貢
舉"一條,"劉禹錫《淮陰行》"一條,"歐陽修詩'報班齊'"一條,又
"陸游説蘇軾詩"一條,"周紫芝論金鎖甲"一條,"司空山李白詩"
一條,"杜甫詩閒、殷闇韻"一條,皆極精審。至於"奚斯作頌"一
條,偏主揚雄之説;"梅葩墜素"一條,牽合韓愈之語,皆未免偏
執。又辨"縹緲"字一條,知引蘇軾詩,而不知出王延壽《靈光殿
賦》;辨"一麾江海"一條,知不本顔延之詩,而不知出於崔豹《古
今注》,是皆援據偶疎者。然較其大致,究非學有本原者不能
作也。

　　誠齋詩話一卷(江蘇巡撫採進本)

　　宋楊萬里撰。萬里有《誠齋易傳》,已著錄。此編題曰詩話,
而論文之語乃多於詩,又頗及諧謔雜事。蓋宋人所著,往往如
斯,不但萬里也。萬里本以詩名,故所論往往中理。而萬里為
詩,好用文句及俚語。故以李師中之"山如仁者壽,水似聖之清"
為善用經,以蘇軾之"避謗詩尋醫,畏病酒入務"、僧顯萬之"探支
春色牆頭朵,闌入風光竹外梢"為善用字,與自稱其"立岸風大
壯,還舟鐙小明",以《詩》篇名對《易》卦者,均非定論。又李商隱
"夜半宴歸宮漏永,薛王沈醉壽王醒"二句,暴揚國惡,至為無禮。
萬里以為"微婉顯晦,盡而不汙",尤宋人作詩好為訐激之習氣
矣。至於萬里時代距南渡初不遠,乃以隆祐太后布告中外手詔
為勸進高宗手書,於考論典故亦為紕謬。殆所謂瑕瑜不掩,利鈍
互陳者歟?全書已編入《誠齋集》中。此乃別行之本,今亦別著
於錄焉。

餘師錄四卷（永樂大典本）

宋王正德撰。正德《宋史》無傳，其爵里皆未詳。此書前有自序，稱紹熙四年，則光宗時人也。其書輯前代論文之語，自北齊下迄於宋①。雖習見者較多，而當時遺籍今不盡傳者，亦往往而在。宋人論文，多區分門户，務為溢美溢惡之辭。是《錄》採集衆説，不參論斷，而去取之閒，頗為不苟，尤足尚也。徵引時有小誤，蓋傳寫之譌。序稱："疲於酬答，錄此以代口述。"故時代先後，略不詮次。此書《宋志》不著錄。《文淵閣書目》載王正德《餘師錄》一部，一册，亦久無傳本。惟載於《永樂大典》中，首尾雖完具，而不分卷數。今約略篇頁，定為四卷。各考其譌闕，詮於句下。序次則仍其舊云。

【彙訂】

① 書中所收最早者為西漢孔臧，次為魏文帝，其三為北齊顏之推。則非始於北齊。（李裕民：《四庫提要訂誤》增訂本）

滄浪詩話一卷（内府藏本）

宋嚴羽撰。羽有詩集，已著錄。此書或稱《滄浪吟卷》，蓋閩中刊本以詩話置詩集之前為第一卷①，故襲其詩集之名，實非其本名也。首詩辨，次詩體，次詩法，次詩評，次詩證，凡五門，末附《與吳景僊論詩書》。大旨取盛唐為宗，主於妙悟，故以"如空中音，如象中色，如鏡中花，如水中月，如羚羊挂角，無迹可尋"，為詩家之極則。明胡應麟比之"達摩西來，獨闢禪宗"，而馮班作《嚴氏糾繆》一卷，至詆為囈語。要其時宋代之詩競涉論宗，又四靈之派方盛，世皆以晚唐相高。故為此一家之言，以救一時之弊。後人輾轉承流，漸至於浮光掠影，初非羽之所及知。譽者太過，毀者亦太過也。錢曾《讀書敏求記》又摘其"《九章》不如《九歌》，《九歌·哀郢》尤妙"之語，以為《九歌》之內無《哀郢》，詆羽未讀《離騷》。然此或一時筆誤，或傳寫有譌，均未可定。曾遽加輕詆，未免佻薄。如趙宧光於六書之學固為弇陋，然《說文長箋》引"虎兕出於柙"句誤稱《孟子》，其過當在鈔胥。顧炎武作《日知錄》，遽謂其未讀《論語》，豈足以服其心乎？

【彙訂】

① 在明正德閩刻本《滄浪吟卷》之前，已有元刻本《滄浪嚴先生吟卷》將嚴羽的論詩著作列在詩作之前。說詳卷一六三"滄浪集"條訂誤。

詩人玉屑二十卷（內府藏本）

宋魏慶之撰。慶之字醇甫，號菊莊，建安人。是編前有淳祐甲辰黃昇序，案"昇"字原本作"昜"，蓋偶從篆體，說在昇"花菴詞"條下。稱其"有才而不屑科第，惟種菊千叢，日與騷人逸士觴咏於其閒"。蓋亦宋末江湖一派也①。宋人喜為詩話，裒集成編者至多。傳於今者，惟阮閱《詩話總龜》、蔡正孫《詩林廣記》、胡仔《苕溪漁隱叢話》及慶之是編卷帙為富。然《總龜》蕪雜，《廣記》挂漏，均不及胡、魏兩家之書。仔書作於高宗時，所錄北宋人語為多，慶之書作於度宗時②，所錄南宋人語較備。二書相輔，宋人論詩之概亦略具矣。慶之書以格法分類，與仔書體例稍殊。其兼採齊己《風騷旨格》偽本，詭立句律之名，頗失簡擇。又如禁體之中載蒲輅詩之類，亦殊猥陋。論韓愈《精衛銜石填海》"人皆譏造次，我獨賞專精"二句，為勝錢起"曲終人不見，江上數峯青"二句之類，是非亦未平允。然採摭既繁，菁華斯寓。鍾嶸所謂"披沙簡金，往往見寶"者,亦庶幾焉。固論詩者所必資也。

【彙訂】

①　江湖派提倡學習晚唐賈島、姚合、許渾作品。而《詩人玉屑》乃以李杜為唐詩典範,且謂唐末人詩"格致卑淺",并無推舉賈、姚、許之處。(陳漢文:《從〈詩人玉屑〉的編纂看魏慶之的晚唐詩觀》)

②　淳祐乃理宗年號,則應作於理宗時。(劉德重、張寅彭:《詩話概說》)

娛書堂詩話一卷(浙江范懋柱家天一閣藏本)

宋趙與虤撰。"虤"字《集韻》音牛閑切,《説文》訓為虎怒,故其字為威伯。以《宋史・宗室表》連名次第考之,蓋太祖十世孫也。書中多稱陸游、楊萬里、樓鑰晚年之作,又稱"宗人紫芝",是寧宗以後人矣。其論詩源出江西,而兼涉於江湖宗派。故所稱述如羅隱、范仲淹釣臺詩,高端叔《雨》詩又"桂子"、"梅花"一聯,毛國英投岳飛詩,羅隱《繡》詩,沙門遊鴈宕詩,唐宣宗百丈山詩,姜夔、潘轉菴贈答詩,黃景説賀周必大致仕詩,無名氏濞亭詩,危積送柴中行致仕詩,徐得之《明妃曲》,黃居萬《瀑布》詩,無名氏《龜峯》詩,周鎬《將雨》詩、《壽趙倅》詩,劉《詠八月十四夜》詩①、《雙柏》句、《撲滿子》句、《寓興》詩,楊萬里所稱劉應時詩,唐人《汴河》詩,陸九淵少作,石延年夷齊廟詩,無名氏天開圖畫亭詩,劉敞《種柏》詩,吳鎰絶句,江東客獻楊萬里詩,劉概詩,徐似道、楊萬里贈答詩,趙橫釣臺詩,白居易"周公恐懼流言日"一首及作詩用法語一條。大抵皆凡近之語,評品殊為未當。蓋爾時風氣類然。然名章俊句,軼事逸文,亦絡繹其間,頗足以資聞見。失

於蕪雜則有之,要其精華不可棄也。書中辨證僅兩條。其一解
錢惟演《無題》詩"夜長惟有辟寒金"句,據《拾遺記》"嗽金鳥"事,
謂"辟"字當作"畏辟"之辟,讀去聲,惟演誤讀入聲,以為"辟除"
之辟。其説頗允。其一解楊億《無題》詩"死諱文成食馬肝"句,
不引《史記》之正文,而牽引《拾遺記》"馬肝石"事,則支離無理。
且兩條皆惟據王嘉書,知考據非其所長,存而不論可矣。

【彙訂】

① 此條原文作"元城劉忠定公詠八月十四夜月云萬古照臨
終忌滿一輪明徹豈須圓"。

後村詩話前集二卷後集二卷續集四卷新集六卷(編修汪如
藻家藏本)①

宋劉克莊撰。克莊有《後村集》,已著錄。所撰詩話惟《前
集》有本別行,其餘皆編入文集中,共十四卷。末有自跋,稱前、
後二集為六十至七十歲時所作②。《續集》四卷,為八十歲時所
作。《新集》六卷,則八十二歲時作也。克莊晚節頹唐,詩亦漸趨
潦倒。如《髮脱》詩之"論為城旦寧非恕,度作沙彌亦自佳",《老
吏》詩之"只恐閻羅難抹過,鐵鞭他日鬼臀紅",殆足資笑噱。然
論詩則具有條理,真德秀作《文章正宗》,以詩歌一門屬之克莊。
克莊所取,如漢武《秋風詞》及三謝之類,德秀多删之,克莊意不
為然。其説今載《前集》第一卷中。蓋克莊於詩為專門,而德秀
於詩則未能深解,宜其方枘而圓鑿也。《前集》、《後集》、《續集》
統論漢、魏以下,而唐、宋人詩為多。《新集》六卷,則詳論唐人之
詩。皆採摘菁華,品題優劣。往往連錄全篇,較他家詩話兼涉考
證者,為例稍殊。蓋用《唐詩紀事》之例。所載宋代諸詩,其集不

傳於今者十之五六，亦皆賴是書以存，可稱善本。其中如《韓詩外傳》、《西京雜記》、《朝野僉載》諸書，往往連篇鈔錄至一二十條不止，以至沈既濟駁《武后本紀》之類，泛及史事，皆與詩無涉，殊為例不純。又如謂杜牧兄弟分黨牛、李，以為高義，而不知為門戶之私；謂吳融、韓偓國蹙主辱，絕無感時傷事之作。似但據《唐英歌詩》、《香奩集》，而於《韓內翰集》則殊未詳閱，持論亦或偶疏。至於既詆《玉臺新詠》為淫哇，而又詳錄其續集；既稱歐陽修厭薄楊、劉，又稱其推重楊、劉，尤自相矛盾。然要其大旨則精核者多，固迥在南宋諸家詩話上也。

【彙訂】

① 底本此條與文淵閣庫書次序不符。文淵閣庫書與殿本均置於"娛書堂詩話一卷"條之前。

②《詩話》之末有跋語，云："前、後《集》各二卷，六十歲至七十歲間所作。《續集》四卷，乃公告老歸後所作，時近八十。《新集》凡六卷，專采唐詩之新警者，咸淳戊辰五月夏間也，時年已八十二矣。"此稱"乃公告老歸後所作"，為第三者口氣，疑全集編者之語。《續集》之作"時近八十"，明非八十，《續集》卷三放翁詩條下自注："甲子七月讀《唐書》記，時年七十八。"甲子為宋理宗景定五年（1264），《續集》當作於是年。又《前集》卷一首條記淳祐丙午事，丙午為淳祐六年（1246），是年克莊六十一歲，則此書應為六十二至七十歲間所作，比較跋所稱六十至七十歲間作更確切些。（李裕民：《四庫提要訂誤》）

荊溪林下偶談四卷（內府藏本）

不著撰人名氏。以所載"文字好罵"一條，知其姓吳。書中

推重葉適,不一而足。姚士粦跋謂:"以《水心集》考之,惟有《即
事兼謝吳民表宣義》詩六首及《答吳明輔》一書,不知即其人否。"
案元無名氏《南溪詩話》引此書一條,稱為吳子良《荊溪林下偶
談》。又陳櫟《勤有堂隨錄》曰:"陳筠窗名耆卿,字壽老。吳荊溪
名子良,字明輔。二人皆宗水心為文。"然則此書確為子良作矣。
子良,臨海人。寶慶二年進士,官至湖南運使、太府少卿①。別
著有《荊溪集》,今已佚,惟陳景沂《全芳備祖前集》載其《葵花》一
絕句。此書皆其論詩評文之語,所見頗多精確。所記葉適作《徐
道暉墓志》、《王本叔詩序》、《劉潛夫詩卷跋》皆有不取晚唐之説,
蓋其暮年自悔之論。獨詳錄之,其識高於當時諸人遠矣。舊本
八卷,此本四卷,殆士粦所合併也②。

【彙訂】

①　方回《桐江集》卷三《讀筭牖荊溪集跋》載吳子良終司農
少卿,天台寧海人。(余嘉錫:《四庫提要辨證》)

②　明萬曆繡水沈氏刊本此書校訂者郁嘉慶云:"昔分八卷,
今作四卷。"(王宜瑗:《荊溪林下偶談提要》)

草堂詩話二卷(江蘇巡撫採進本)

宋蔡夢弼撰。夢弼,建安人,其始末未詳。嘗著《杜工部草
堂詩箋》及此書。今《詩箋》久佚①,惟此書僅存,皆論説杜甫之
詩。曰"草堂"者,甫客蜀時所居也。凡二百餘條②,皆採自宋人
詩話、語錄、文集、説部,而所取惟《韻語陽秋》為多。《宋史·藝
文志》載方道醇《集諸家老杜詩評》五卷,方銓《續老杜詩評》五
卷,陳振孫《書錄解題》載莆田方道深《續集諸家老杜詩評》一
卷③,又載《杜詩發揮》一卷。今惟方道深書見於《永樂大典》中,

餘皆不傳。然道深書瑣碎冗雜，無可採錄，不及此書之詳贍。近代註杜詩者徵引此書，多者不過十餘則，皆似未見其全帙。此本為吳縣惠棟所藏，蓋亦希覯之笈矣。舊本與魯訔、趙子櫟所撰《杜工部年譜》合為一冊，而以魯訔一序冠於此書之前。蓋以篇中有王士禎跋語，先訔而後夢弼，故編次從之④。今魯、趙二《譜》別入“傳記類”中，故仍移訔序冠於譜前，以復其舊，不更載於此書焉。

【彙訂】

① 《杜工部草堂詩箋》未佚，有《古逸叢書》本、《後知不足齋叢書》本。（郭紹虞：《宋詩話考》）

② 全書僅八十餘條。（李裕民：《四庫提要訂誤》）

③ 陳振孫《直齋書錄解題》卷二二、《天一閣書目》卷四、《永樂大典》所錄《續諸家老杜詩評》卷一、《總目》卷一九七“老杜詩評”條提要、《李木齋書目》所錄清初抄本及殘存之明抄本皆作方深道。《道光福建通志·經籍志》謂方醇道著。據方深道序，此書乃醇道、深道兄弟二人所輯。（鄭慶篤等：《杜集書目提要》；周采泉：《杜集書錄》）

④ “從”，殿本作“後”，誤。

文章精義一卷（永樂大典本）

是書世無傳本，諸家書目亦皆不載，惟《永樂大典》有之。但題曰李耆卿撰，而不著時代，亦不知耆卿何許人。考焦竑《經籍志》有李塗《文章精義》二卷，書名及李姓皆與此本相合，則耆卿或塗之字歟？載籍無徵，其為一為二，蓋莫之詳矣。其論文多原本《六經》，不屑屑於聲律章句。而於工拙繁簡之間，源流得失之辨,皆一一如別白黑,具有鑒裁。其言蘇氏之文不離乎縱橫,程氏之文不離乎訓詁,持平之論,破除洛、蜀之門户,尤南宋人所不肯言[1]。又世傳"韓文如海,蘇文如潮"[2],及"春蠶作繭"之説,皆習用而昧其出處。今檢核斯語,亦具見於是書。蓋其初本為世所傳誦,故遺文剩語,口授至今。嗣以卷帙寥寥,易於散佚,沈晦者遂數百年。今逢聖代右文,得以復見於世,亦其名言至理有不可磨滅者歟?

【彙訂】

[1] 此書《總目》列為南宋人著作。其存世有元至順三年于欽刻本,後有于欽跋云:"先生姓李,名塗(程矩夫《雪樓集》卷二十《故國子助教李性學墓碑》謂名淦,當從),字耆卿。性學,當代名公巨卿區其齋居之號……予十八九時,從性學先生學,每讀書講究義理之暇,則論古今文章。予資質魯鈍,恐其遺忘,故隨筆之於簡帙……藏於家四十餘年……至順三年冬十有二月……遂繡諸梓,與士大夫共之。"又云:性學乃"朱子門人之門人也"。據柳貫《柳待制文集》卷十一《于思容墓誌銘》,于欽卒於至順四年,年五十。則從李性學學習當在元初。性學由宋末入元,又"仕至國子助教,卒於官",應定為元人。明葉盛《水東日記》卷二十三"李性學文章精義"條、明曾鼎輯《文式三編》、明末錢謙益《絳雲樓書目》卷四《文説類》、清初黃虞稷《千頃堂書目》卷三十二、清初倪燦《補遼金元藝文志》卷四《文史類》、清錢大昕《補元史藝文志》卷四《文史類》皆列為元人。(王樹林:《〈文章精義〉作者考辨》;王宜瑗:《〈文章精義〉提要》)

[2] "韓文如海蘇文如潮",底本作"韓文如潮蘇文如海",據殿本改。此書原文作"韓如海,柳如泉,歐如瀾,蘇如潮"。(陳祖

美：《讀〈蘇軾詩集〉漫筆》）

竹莊詩話二十四卷（浙江范懋柱家天一閣藏本）①

不著撰人名氏。錢曾《讀書敏求記》作竹莊居士，不知何時人。徧搜古今詩評、雜錄，列其説於前，而以全首附於後，乃詩話之中絶佳者②。考《宋史·藝文志》有何谿汶《竹莊詩話》二十七卷，蓋即此書。惟今本二十四卷，其數少異。或傳寫佚其三卷，或後人有所合併，或《宋史》誤"四"為"七"，均未可知。然出自宋人則無疑也。是書與蔡正孫《詩林廣記》體例略同，皆名為詩評，實如總集。使觀者即其所評與原詩互相考證，可以見作者之意旨，并可以見論者之是非。視他家詩話但拈一句一聯而不睹其詩之首尾，或渾稱某人某篇而不知其語云何者，固為勝之③。惟正孫書以評列詩後，此以評列詩前，為小變耳。其所引證，如《五經詩事》、《歐公餘話》、《洪駒父詩話》、《潘子真詩話》、《桐江詩話》、《筆墨閒錄》、劉次莊《樂府集》、邵公序《樂府後錄》之類，今皆未見傳本④。而《呂氏童蒙訓》論詩之語，今世所行重刊本，皆削去不載。此書所錄，尚見其梗概。又此書作於宋末，所見詩集猶皆古本⑤。如《焦仲卿妻詩》，明人活字版《玉臺新詠》妄增"賤妾留空房，相見常日稀"二句，謬傳至今。實則郭茂倩、左克明兩家《樂府》及舊本《玉臺新詠》皆無之，此書亦無此二句，足相證明。即其所載習見之詩，亦有資考校也。

【彙訂】

① 底本此條與文淵閣庫書次序不符。文淵閣庫書與殿本均置於"文章精義一卷"條之前。

② "之中"，殿本作"中之"。

③ 此書作者為何汶，見方回《桐江集》卷七，《宋史·藝文志》誤衍"溪"字。又此書於詩話雖附錄全篇，而所摘警句仍只是一句一聯。（余嘉錫：《四庫提要辨證》）

④ 書中未引用劉次莊《樂府集》、邵公序《樂府後錄》，唯引《樂府錄》三條。（李裕民：《四庫提要訂誤》）

⑤ 此書作於宋寧宗開禧二年（1206），當為南宋中期。（同上）

浩然齋雅談三卷（永樂大典本）

宋周密撰①。密所著書凡數種。其《癸辛雜識》、《齊東野語》皆記宋末元初之事，《雲煙過眼錄》皆記書畫古器，今並有刊版。其《澄懷錄》、《續錄》則輯清談，《志雅堂雜鈔》則博涉瑣事，今惟鈔本僅存。皆已別著錄。《千頃堂書目》載密所著尚有《志雅堂耳目鈔》及此書②，而藏弆之家並無傳本，惟此書散見《永樂大典》中。其書體類説部，所載實皆詩文評。今搜輯排纂，以考證經史、評論文章者為上卷，以詩話為中卷，以詞話為下卷。各以類從，尚裒然成帙③。密本南宋遺老，多識舊人舊事。故其所記佚篇斷闋，什九為他書所不載。朱彝尊編《詞綜》，厲鶚編《宋詩紀事》，符曾等七人編《南宋雜事詩》，皆博採群書，號為繁富。而是書所載故實，亦皆未嘗引據，則希覯可知矣。其中考證經義，如解《詩》"巧笑倩兮"，疑口輔當為笑靨，而不知《類篇》"面部"已有此文；解《易》"井谷射鮒"，以鮒為鯽，不知《説文》"鯽"字本訓烏鰂，後世乃借以名鮒，羅願《爾雅翼》辨之已明。如斯之類，於訓詁皆未免稍疎。然密本詞人，考證乃其旁涉，不足為譏。若其評騭詩文，則固具有根柢，非如阮閲諸人漫然蒐輯，不擇精触者也。宋人詩話,傳者如林,大抵陳陳相因,輾轉援引。是書頗具鑒裁,而沈晦有年,隱而復出,足以新藝苑之耳目。是固宜亟廣其傳者矣。

【彙訂】

① 依《總目》體例,當補"密有《武林舊事》,已著錄"。

②《千頃堂書目》卷一二載《浩然齋視聽鈔》□卷,《浩然齋意鈔》□卷,而無《志雅堂耳目鈔》。書前提要不誤。(李裕民:《四庫提要訂誤》增訂本)

③ 卷上有十一則論詩,二則論詞。(同上)

對牀夜話五卷(大理寺卿陸錫熊家藏本)

宋范晞文撰。晞文字景文,號葯莊,錢塘人,太學生。咸淳丙寅,同葉李、蕭規等上書劾賈似道。似道文致其泥金飾齋匾事,竄瓊州。元世祖時,程鉅夫薦晞文及趙孟頫於朝。孟頫應詔即出,晞文迄不受職,流寓無錫以終①。是編成於景定中,皆論詩之語。其閒如論曹植《七哀詩》,但知古者未拘音韻,而不能通古韻之所以然。故轉以魏文帝詩押"橫"字入陽部,阮籍詩押"嗟"字入歌部為疑。論杜甫律詩拗字,謂:"執以為例,則盡成死法。"不知唐律雙拗、單拗,平仄相救,實有定規,非以意為出入。論古人某句本某句,而於劉灣《雲南行》"妻行求死夫,父行求死子"句,不知本漢《華容夫人歌》,亦或不盡得根源。至於議王安石誤以皇甫冉詩為杜詩,其說是矣。而李端《蕪城懷古》詩則誤執《才調集》刪本,指為絕句;王維《送邱〔丘〕為下第》詩,則誤以為沈佺期作,亦不能無所舛譌。其推重許渾而力排李商隱,尤非公論。然當南宋季年,詩道陵夷之日,獨能排習尚之乖。如曰:

"四靈倡唐詩者也,就而求其工者趙紫芝也。然具眼猶以為未盡者,蓋惜其立志未高,而止於姚、賈也。學者闖其閫奧,闢而廣之,猶懼其失。乃尖纖淺易,萬喙一聲,牢不可破,曰此四靈體也。其植根固,其流波漫,日就衰壞,不復振起,宗之者反所以累之也。"又曰:"今之以詩鳴者,不曰四靈,則曰晚唐。文章與時高下,晚唐為何時耶?"其所見實在江湖諸人上。故沿波討源,頗能探索漢魏六朝、唐人舊法,於詩學多所發明云。

【彙訂】

① 厲鶚《絕妙好詞箋》卷六:"范晞文……入元,以程鉅夫薦,擢江浙儒學提舉,轉長興丞。"元張伯壽《養蒙文集》卷二有《送范藥莊序》謂:"長興為湖大邑……錢塘范君提舉鄉郡學事且三年……姑丞是邑。"張之翰《西巖集》卷七有《送范藥莊浙東憲幕之任》詩,方回《桐鄉續集》卷十二有《送范景文之長興丞》詩,均可證晞文絕非"迄不受職"。(方建新、潘淑瓊:《〈四庫總目提要〉補正拾遺》)

詩林廣記前集十卷後集十卷(兵部侍郎紀昀家藏本)

宋蔡正孫撰。正孫字粹然,自號蒙齋野逸。前有自序,題"歲在屠維赤奮若",蓋己丑年作。考"黃庭堅寄蘇轍詩"條引熊禾語,則當為元太祖至元二十六年①,時宋亡十年矣。《謝枋得集》附錄贈行諸篇中有正孫詩一首,蓋即其人也。其書《前集》載陶潛至元微之共二十四人,而九卷附錄薛能等三人,十卷附錄薛道衡等五人。《後集》載歐陽修至劉攽二十八人,止於北宋②。其目錄之末稱:"編選未盡者,見於《續集》刊行。"今《續集》則未見焉。兩集皆以詩隸人,而以詩話隸詩。各載其全篇於前,而所

引諸説則下詩二格，條列於後。體例在總集、詩話之閒。國朝厲
鶚作《宋詩紀事》，實用其例。然此書凡無所評論考證者，即不空
錄其詩。較鶚書之兼用《唐詩紀事》例者，又小異爾。

【彙訂】

① 至元為元世祖年號。（楊武泉：《四庫全書總目辨誤》）

②《前集》共收三十人，《後集》實收二十九人。附詩之作者
共八十二人。（李裕民：《四庫提要訂誤》）

集 部 四 十 九

詩 文 評 類 二

文説一卷（永樂大典本）

元陳繹曾撰。繹曾字伯敷，《元史》附見《儒學傳》，作處州人，而《吳興續志》亦載其名。蓋家本括蒼，而僑居苕水者也。至順中，官至國子監助教。嘗從學於戴表元，而與陳旅友善。師友淵源，具有所自，故所學頗見根柢。是書乃因延祐復行科舉，為程試之式而作。書中分列八條，論行文之法①。時《五經》皆以宋儒傳註為主，懸為功令，莫敢異趨。故是書大旨皆折衷於朱子。《吳興續志》稱繹曾嘗著《文筌》、《譜論》、《科舉天階》，使學者知所向方，人爭傳錄。焦竑《經籍志》又載繹曾《古今文矜式》二卷②。今考繹曾所著《文筌》八卷附《詩小譜》二卷，元時麻沙坊刻，附列於《策學統宗》之首。今尚有傳本，其文與此編迥殊。惟《科舉天階》與《古今文矜式》今未之見。疑此編即二書之一，但名目錯互，莫能證定。今姑仍《永樂大典》舊題，以《文説》著錄，用闕所疑③。卷首所稱"陳文靖公"，蓋即元翰林學士東平陳儼，亦以文名。至其自稱"先尚書"者，則已失其世系，無可考矣。

【彙訂】

① 四庫本《文説》非陳繹曾所著《文説》的本來面目,而是摻雜了別人文字的輯本。而《文説》也不是為應付科舉考試的程文之式而作,乃是各種文體寫作的總論。(何麗敏、高洪巖:《四庫本〈文説〉考辨》)

② 焦竑《國史經籍志》卷五著錄陳繹曾《古文矜式》二卷。(張健:《元代詩法校考》)

③《古文矜式》收於陳繹曾《文章歐冶》(《文筌》)中,《文説》別是一書。(王宜瑗:《古文矜式提要》)

修辭鑑衡二卷(編修汪如藻家藏本)

元王構編。構字肯堂,東平人。官至翰林學士承旨,謚文肅。事蹟具《元史》本傳。據至順四年王理序,是編乃構官濟南總管時以授其門人劉氏,而理為刻於集慶路者。舊本殘蠹,闕其前頁,其劉氏之名則不可考矣①。上卷論詩,下卷論文,皆採宋人詩話及文集、説部為之。構所附論者,惟下卷結語一條而已②。所錄雖多習見之語,而去取頗為精核。《元史》稱構弱冠以詞賦中選,至元十一年為翰林國史院編修,草伐宋詔書,為世祖所賞。又稱構練習臺閣故事,凡祖宗謚議冊文皆所撰定。又稱其子士熙、士點皆能以文學世其家。則構在當時實以文章名世,宜是編所錄具有鑒裁矣。其中所引如《詩文發源》、《詩憲》、《蒲氏漫齋錄》之類,今皆亡佚不傳,賴此書存其一二。又世傳《吕氏童蒙訓》非其全帙,此書所採凡三十一條,皆今本所未載,亦頗足以資考證。較《詩話總龜》之類浩博而傷猥雜者,實為勝之,固談藝家之指南也。此書久無刊本,傳寫多譌,而卷中不著書名者凡十條。又上卷佚其第五頁,序文僅存末頁,中亦時有闕字。今檢其可考者補之,其無可考者則姑仍原本,以存其舊焉。

【彙訂】

①《天一閣書目》著錄此書,題為劉起宗編。則劉氏之名非不可考。(朱家濂:《讀〈四庫提要〉札記》)

② 書中出自王構己意者共六條。(張煦:《校讀〈文章一貫〉後記》)

金石例十卷(山東巡撫採進本)

元潘昂霄撰。昂霄有《河源記》,已著錄。是書一卷至五卷述銘誌之始,於品級、塋墓、羊虎、德政、神道、家廟、賜碑之制,一一詳考。六卷至八卷述唐韓愈所撰碑誌,以為括例,於家世、宗族、職名、妻子、死葬日月之類,咸條列其文,標為程式。九卷則雜論文體。十卷則史院凡例。然昂霄是書以《金石例》為名,所述宜止於碑誌,而泛及雜文之格與起居注之式,似乎不倫。又雜文之中,其目載有“郝伯常先生編類金石八例”、“蒼崖先生十五例”二條,皆有錄無書。九卷之末有跋云:“右先生《金石例》,皆取韓文類輯以為例,大約與徐秋山括例相去不遠。若再備錄,似為重複,故止記其目於此。”然則最後二卷,其始必別自為編,附之《金石例》後。後人刊版,乃併為一書。又知六卷至八卷所謂“韓文括例”者,皆全採徐氏之書,非昂霄所自撰矣。其書敍述古制,頗為典核。雖所載括例但舉韓愈之文,未免舉一而廢百。然明以來金石之文,往往不考古法,漫無矩度,得是書以為依據,亦可謂尚有典型,愈於率意妄撰者多矣。書在元代,版凡三刻,此本乃其子謅至正五年刊於鄱陽者也①。

【彙訂】

① 是書凡三刻。一濟南本,文偉之子翊刊定;一鄱陽本,王思明校正;一為龍宗武摹泰和楊寅弼鈔本而刻者。王思明序云:"至正丁亥,余忝教鄱陽,公之子敏中為理官,嘗屬郡士楊本端如緝其次第,既已刻於家而公諸人,學之賓師,景陽吳君旭、子謙吳君以牧,謂此書將歸中州,則邦之人焉能一一見之,乃復加校正而壽諸梓。"署"戊子夏六月"。蓋翊本雖校於鄱陽,而實刻於濟南,故思明復雕此本,列之鄱陽學宮,以垂永久。(楊紹和:《楹書隅錄》)

作義要訣一卷(永樂大典本)

元倪士毅撰。士毅有《四書輯釋》,已著錄。是編皆當時經義之體例。自宋神宗熙寧四年始以經義試士。元太宗從耶律楚材之請,以三科選舉,經義亦居其一。至仁宗皇慶二年,酌議科舉條制,乃定蒙古、色目人第一場經問五條,漢人、南人第一場經疑二問,限三百字以上,不拘格律。元統以後,蒙古、色目人亦增經義一道。明以來科舉之文,實因是而引伸者也。是書所論,雖規模淺狹,未究文章之本源。然如云:"第一要識得道理透徹,第二要識得經文本旨分曉,第三要識得古今治亂安危之大體。"又云:"長而轉換新意,不害其為長;短而曲折意盡,不害其為短。務高則多涉乎僻,欲新則類入乎怪。下字惡乎俗,而造作太過則語澀;立意惡乎同,而搜索太甚則理背。"皆後來制藝之龜鑑也。國家設科取士,仍以經義為先。我皇上聖訓諄諄,釐正文體,操觚之士皆知以先正為步趨。是書又在明前,法雖小異而理則相通。錄而存之,或亦先河後海之義歟?原序稱兼採謝氏、張氏之說①，《永樂大典》註其說已載《舉業筌蹄》卷中，故不復錄。今是卷適佚，姑仍舊本闕之。然大旨則已具於此矣。

【彙訂】

①　書前自序云："茲又見南窗謝氏、臨川章氏及諸家之說，遂重加編輯，條具於左，以便初學云。"

墓銘舉例四卷（山東巡撫採進本）

明王行撰。行有《半軒集》，已著錄。行以墓誌銘書法有例，其大要十有二事①，曰諱，曰字，曰姓氏，曰鄉邑，曰族出，曰治行，曰履歷，曰卒日，曰壽年，曰妻，曰子，曰葬。其序次或有先後，要不越此十餘事而已。取唐韓愈、李翱、柳宗元，宋歐陽修、尹洙、曾鞏、王安石、蘇軾、朱子、陳師道、黃庭堅、陳瓘、晁補之、張耒、呂祖謙一十五家所作碑誌，錄其目而舉其例，以補元潘昂霄《金石例》之遺。墓誌之興，或云宋顏延之，或云晉王戎，或云魏繆襲，或云漢杜子夏，其源不可詳考。由齊、梁以至隋、唐諸家，文集傳者頗多，然詞皆駢偶，不為典要。惟韓愈始以史法作之，後之文士率祖其體。故是編所述以愈為始焉。

【彙訂】

①　"十有二事"，殿本作"十有三事"。《總目》所列為十二事，文淵閣《四庫》本書前提要則作："其大要十有三事，曰諱，曰字，曰姓氏，曰鄉邑，曰族出，曰行治，曰履歷，曰卒日，曰壽年，曰妻，曰子，曰葬日，曰葬地。"與書中卷一所列相同。

懷麓堂詩話一卷（浙江范懋柱家天一閣藏本）

明李東陽撰。東陽有《東祀錄》，已著錄①。李、何未出以前，東陽實以臺閣耆宿主持文柄。其論詩主於法度音調，而極論剽竊摹擬之非,當時奉以為宗。至何、李既出[②],始變其體。然贋古之病,適中其所詆訶,故後人多抑彼而伸此。此編所論,多得古人之意。雖詩家三昧不盡於是,要亦深知甘苦之言矣。姚希孟《松瘦集》有此書跋云:"李長沙詩以勻穩為主。其為古樂府,弇州譏其類《小學史斷》。廼其談詩,頗津津。是時詞林諸公多以詩為事,卷中所載如彭民望、謝方石輩,相與抨彈甚切。讀之猶想見前輩風致。"云云。核其詞意,似頗不滿於東陽。然王世貞詆《西涯樂府》乃其少年盛氣之時,迨其晚年作《西涯樂府》跋,已自悔前論。希孟所引,殊不足為憑。惟好譽其子兆先,殆有王福畤之癖,是其一瑕耳。林炫《卮言餘錄》曰:"成化閒,姑熟夏宏集句有《聯錦集》。《懷麓堂詩話》載其'客醉已無言,秋蛩自相語'為高季迪詩,宏揑寫他人姓名。今考集中無之。"云云。《聯錦集》今未見[③]。然炫與東陽均正德閒人,所見之本不應有異,或東陽偶誤記歟? 近時鮑氏知不足齋刻此編,於浦源"雲邊路繞巴山色,樹裏河流漢水聲"句下註曰:"案,二句《宋詩紀事》以為鬼詩。"今考《宋詩紀事》所載吳簡詩,誠有此聯,惟上句稍異一二字。然屬鶚所據乃《荊門紀略》,其書為康熙戊戌、己亥閒胡作炳所撰,餖飣龐雜,頗無根據,似未可執以駁東陽。況浦源此事,都穆《南濠詩話》亦載之,知當時必有所據。安知非《荊門紀略》反摭源此聯偽撰鬼詩耶? 是尤不當輕信新聞,遽疑舊記矣。

【彙訂】

① 依《總目》體例,當作"東陽有《燕對錄》,已著錄"。

② "何李",殿本作"李何"。

③ 今存明景泰刻王廷吉增修本夏宏《聯錦詩集》二卷。(崔建英等:《明別集版本志》)

頤山詩話二卷（浙江范懋柱家天一閣藏本）

明安磐撰。磐字公石，頤山其號也，嘉定州人。宏治乙丑進士，官至兵科給事中。嘉靖初，以爭大禮廷杖除名。事蹟具《明史》本傳。其論詩以嚴羽為宗。其中如以海棠為杜甫母名，尚沿小說之誤。又以“朝扣富兒門”四句譏杜甫致君堯舜之妄，亦失之固。所載譏陳循詩、嘲裁傳奉官詩，亦皆近乎小說，無關詩法。然其議莊㫤“溪邊鳥共天機語，杖上梅挑太極行”句①，論梅堯臣“歌欲論《長恨》，人將問少君”句，及排周紫芝論林逋梅詩，則固公論也。磐亦能詩，王士禎《池北偶談》嘗載其數篇，深許其工。故其評論古人，多中窾會。蓋深知其甘苦而後可定其是非，天下事類如是也。

【彙訂】

①　“挑”，底本作“花”，據殿本改。此書所載與莊㫤《定山集》卷四《與謝汝申飲北山周紀山堂石洞老師在焉》詩原文均作“溪邊鳥共天機語，擔上梅挑太極行”。

詩話補遺三卷（浙江范懋柱家天一閣藏本）

明楊慎撰。慎有《檀弓叢訓》，已著錄。此編乃其戍雲南後所作，其門人曹命編次者也。慎在戍所，無文籍可稽，著書惟憑腹笥。中如稱宋本杜甫集《麗人行》中有“足下何所有？紅蕖羅襪穿鐙銀”二句之類，已為前人之所糾。至於稱“渤海、北海之地，今哈密、扶餘。中國之滄州、景州名渤海者，蓋僑稱以張休盛”云云，不知哈密在西，扶餘在東，絕不相及；滄、景一帶，地皆瀕海，故又有瀛州、瀛海諸名。謂曰僑置，殊非事實。又“香雲”、“香雨”並出王嘉《拾遺記》，而引李賀、元稹之詩，又以盧象“雲氣杳流水"句誤為"香"字。如斯之類，亦引據疎舛。然其賅博淵通，究在明人諸家之上。去瑕存瑜，可採者固不少也。

藝圃擷餘一卷（兩江總督採進本）

明王世懋撰。世懋有《卻金傳》，已著錄。是編雜論詩格，大旨宗其兄世貞之説。而成書在《藝苑巵言》之後，已稍覺摹古之流弊。故雖盛推何、李，而一則曰："我朝越宋繼唐，正以豪傑數輩得使事三昧。第恐數十年後必有厭而掃除者，則其濫觴末弩為之也。"一則曰："李于鱗七律俊傑響亮，余兄推轂之。海内為詩者爭事剽竊，紛紛刻鶩，至使人厭。"一則曰："嘗謂作詩初命一題，神情不屬，便有一種供給應付之語。畏難怯思，即以充數。能破此一關，沈思忽至，種種真相見矣。"一則曰："徐昌穀、高子業皆巧於用短。徐能以高韻勝，高能以深情勝。更千百年，李、何尚有興廢，二君必無絶響。"皆能不為黨同伐異之言。其論鄭繼之亦平允，未可與七子夸談同類而觀也。

唐音癸籤三十三卷（江蘇巡撫採進本）

明胡震亨撰。震亨有《海鹽縣圖經》，已著錄。所撰《唐音統籤》凡十集，此其第十集也。九集皆錄唐詩，此集則錄唐詩話。舊無刊版，至國朝康熙戊戌，江寧書肆乃得鈔本刻行[1]。為目有七：一曰體裁，凡一卷，論詩體。二曰法微，凡三卷，分二十四子目，自格律以及字句、聲調，無不備論。三曰評彙，凡七卷，集諸家之評論。四曰樂通，凡四卷，論樂府。五曰詁箋，凡九卷，訓釋名物典故。六曰談叢，凡五卷，採擷逸事。七曰集錄，凡三卷[2]，首錄唐集卷數，次唐選各總集，次金石墨蹟。震亨蒐括唐詩，用力最劇。九籤之中，惟戊籤有刻[3]。而所錄不出御定《全唐詩》

之外,亦不甚行。獨詩話採擷大備,為《全唐詩》所未收。雖多錄明人議論,未可盡為定評。而三百年之源流正變,犁然可按,實於談藝有裨。特錄存之,庶不没其蒐輯之勤焉。

【彙訂】

① 此書成於明崇禎年間,今存諸本版式全同,首頁有"金陵劉鳳鳴刻",卷七、卷八末有"戊戌秋刻"字樣,不避康熙帝諱,當刻於順治十五年戊戌(1658)。(周本淳校點:《唐音癸籤》)

② "凡三卷",當作"凡四卷"。(同上)

③ 甲、乙、丙、丁籤亦曾刊刻,説詳卷一九三"唐音戊籤"條訂誤。

金石要例一卷(山東巡撫採進本)

國朝黃宗羲撰。宗羲有《易學象數論》,已著錄。是編凡為例三十六則,後附《論文管見》九則。自序謂潘蒼崖有《金石例》,大段以昌黎為例。顧未嘗著為例之義與壞例之始。亦有不必例而例之者,如上代兄弟宗族姻黨有書有不書,不過以著名不著名,初無定例。故摘其要領,稍為辨正,所以補蒼崖之闕。其考據較潘書為密。然如《比干銅盤銘》出王俅《嘯堂集古錄》[1],乃宋人偽作;《夏侯嬰石椁銘》出吳均《西京雜記》,亦齊、梁人影撰。引為證佐,未免失考。又據孫何《碑解》論碑非文章之名,其説固是,然劉勰《文心雕龍》已列此目。如樂府本官署之名,而相沿既久,無不稱歌詞為樂府者。是又不必定以古義拘矣。

【彙訂】

① "王俅",殿本作"王球",疑誤。《東都事略》卷十二、《宋史·欽宗本紀》並作"王俅"。(秦緗業、黃以周等輯:《續資治通

鑑長編拾補》)

　歷代詩話八十卷(浙江巡撫採進本)①

　國朝吳景旭撰。景旭字旦生,歸安人。是書前後無序跋,而中有塗乙之處,蓋猶初定之槀。分為十集,以十干為目。甲集六卷,皆論"三百篇"。乙集六卷,皆論《楚詞》。丙集九卷,皆論賦。丁集六卷,皆論古樂府。戊集六卷,皆論漢魏六朝詩。己集十二卷,前九卷論杜詩,後三卷為《杜陵譜系》。庚集九卷,皆論唐詩。辛集七卷,皆論宋詩。壬集十卷,前三卷論金詩,後七卷論元詩。癸集九卷,皆論明詩。其體例仿陳耀文《學林就正》。每條各立標題,先引舊說於前,後雜採諸書以相考證。或辨其是非,或參其異同,或引伸其未竟,或補綴其所遺,皆下一格書之。有舊說所無而景旭自立論者,則惟列本詩於前,而以己意發揮之。雖皆採自詩話、說部,不盡根柢於原書。又嗜博貪多,往往借題曼衍,失於芟薙。然取材繁富,能以眾說互相鉤貫,以參考其得失。於雜家之言,亦可謂淹貫者矣。較以古人,固不失《苕溪漁隱叢話》之亞也。

　【彙訂】

　① 底本此條與文淵閣庫書次序不符。文淵閣庫書與殿本均置於"金石要例一卷"條之前。

　漁洋詩話三卷(編修勵守謙家藏本)

　國朝王士禎撰。士禎有《古懽錄》,已著錄。其論詩之語散見於所著《池北偶談》諸書中,未有專帙。張潮輯《昭代叢書》,載《漁洋詩話》一卷。實所選古詩凡例,非士禎意也。是編乃康熙乙酉士禎歸田後所作,應吳陳琬〔琰〕之求者①。初止六十條,戊子又續一百六十餘條,裒為一集,付其門人蔣景祁刻之。士禎論詩主於神韻,故所標舉,多流連山水,點染風景之詞②,蓋其宗旨如是也。其中多自譽之辭,未免露才揚己。又名為詩話,實兼說部之體。如記其兄士祜論焦竑字③,徐潮論蟹價,汪琬跋其兄弟尺牘,冶源馮氏別業,天竺二僧訴諜,劉體仁倩人代畫諸事,皆與詩渺不相關。雖宋人詩話往往如是,終為曼衍旁支④,有乖體例。至如石谿橋壁書絕句,乃晚唐儲嗣宗詩點易數字。士禎不辨而盛稱之,亦疎於考證,然其中清詞佳句採掇頗精,亦足資後學之觸發。故於近人詩話之中,終為翹楚焉。

【彙訂】

①“琬”,當作“琰”,下同,乃避嘉慶諱改。殿本作“琰”。

②“詞”,殿本作“作”。

③“兄”,殿本作“弟”,誤。王士禎《帶經堂集》卷四十九《賜進士出身先兄東亭(士祜號東亭)行述》曰:“兄生於明崇禎壬申(1632)十二月八日寅時。”宋犖《西陂類稿》卷三十一《資政大夫刑部尚書阮亭王公暨配張宜人墓誌銘》曰:“生於明崇禎甲戌(1634)閏八月二十八日亥時。”

④“支”,殿本作“文”,誤。

師友詩傳錄一卷續錄一卷(編修程晉芳家藏本)

《師友詩傳錄》,國朝郎廷槐編。《續錄》,國朝劉大勤編。二人皆學詩於新城王士禎,各述其師說,以成其書。以郎《錄》在前,故劉《錄》稱“續”焉。郎《錄》雖以士禎為主,而亦兼質於平原張篤慶、鄒平張實居,故每一問而三答。其稱“歷友”者,篤慶之號;稱"蕭亭"者,實居之號也。篤慶於士禛為中表,所著有《崑崙山房集》;實居於士禛為婦兄,所著有《蕭亭詩集》,士禛皆嘗論次之。故三人所答,或共明一義,或各明一義,然大旨皆不甚相遠。中閒如篤慶答《古詩十九首》一條,歷引《玉臺新詠》、《文心雕龍》,證為枚乘所作,而力駁"遊戲宛洛,詞兼東京"之說。然考鍾嶸《詩品》,稱"去者日以疏"四十五首,舊疑是建安中曹、王所製。"客從遠方來"、"橘柚垂華實",亦為驚絶矣。嶸與劉勰同時,而稍在徐陵前,其說必有所受,似未可盡懸斷為西京之作。篤慶又稱《文選》以《十九首》為二十,蓋分"燕趙多佳人"以下自為一章。不知此明張鳳翼之《文選纂註》,李善及五臣舊本均不若是,<small>嚴羽《詩話》稱《玉臺新詠》以"越鳥巢南枝"以下另為一首,則析一為二乃徐陵,非蕭統。然宋本《玉臺新詠》實不另為一首,未審羽何以云然。謹附識於此。</small>篤慶誤也。士禛答樂府一條,稱樂府之名始於漢初,引高祖《三侯之歌》、唐山夫人《安世房中歌》為證。然樂府始漢武帝,史有明文,漢初實無是名。篤慶又稱:"樂府主紀功,古詩主言情。"實居又稱:"樂府之異於古詩者,往往敍事。古詩貴溫裕純雅,樂府貴遒深勁絶,又其不同也。"不知郊祀、鐃歌之類,倚聲製詞之樂府也,與詩稍別;清商平調之類,採詩入律之樂府也,其初本皆古詩。故《孔雀東南飛》,樂府雜曲歌詞也,而本題曰《古詩為焦仲卿妻作》。其序曰:"時人傷之,為詩云爾。"《紫騮馬》,樂府橫吹曲詞也,而吳均《樂府解題》曰:"'十五從軍征'以下,古詩也。"[①]其說甚明,不必以後世之法,遽區分其本始。至《君子行》為言理之作,《怨歌行》乃緣情之什,亦何嘗專敍事乎? 又士禛答稱七言換韻始於陳、隋。案吳均、費昶之《行路難》,蕭子顯之《燕歌行》，皆已排偶換韻，啟"初唐四傑"之體，安得云始於陳^②、隋耶？劉錄所載皆士禎語。如所答大勤問截句一條，稱"截句或截律詩前四句，如後二句對偶是也；或截律詩後四句，如起二句對偶是也。非一句一截之謂。"又稱："此等迂拘之說，總無足從。"是矣。然何不云漢人已有絕句，在律詩之前，非先有律詩，截為絕句，不尤明白乎？<small>古絕句四章，載《玉臺新詠》第十卷之首。</small>又答唐人省試排律，本止六韻而止，不知《元〔玄〕元皇帝應見》詩未嘗不至八韻，《詠青》詩未嘗不四韻，《文苑英華》可以覆案。又稱至杜始為長律，元、白又蔓延至百韻。不知杜甫《秋日夔府詠懷奉寄鄭監李賓客》詩正一百韻，杜集亦可覆案也。至"辨桃無綠葉，認杏有青枝"乃石延年詩，而云晚唐作；《詩苑類格》之李淑乃宋仁宗時人，而云唐李淑。<small>案以李淑為唐人，乃沿《詩家禁臠》之誤。</small>引證偶誤，又其小焉者矣。蓋新城詩派以盛唐為宗，而不甚考究漢魏六朝；以神韻為主，而不甚考究體製。故持論出入，往往不免。然其談詩宗旨，具見於斯。較諸家詩話所見，終為親切，固不以一眚掩全璧也。郎《錄》中士禎之語或鈔出別行，名《漁洋定論》，劉《錄》亦有本別行，名《古夫于亭詩問》，實皆一書。今附存其名，不別著錄焉。

【彙訂】

① 吳均，《梁書》、《南史》本傳均未言撰《樂府解題》。其人卒於梁武帝普通元年，而《樂府詩集》所引《樂府解題》提及梁簡文，可知非吳均作。唐開元時人吳兢，撰《樂府古題要解》，《樂府詩集》常引作《樂府解題》，《總目》所指當即此書。（楊武泉：《四庫全書總目辨誤》）

② "於"，殿本作"之"。

聲調譜一卷(浙江巡撫採進本)[①]

國朝趙執信撰。執信有《因園集》,已著錄。執信嘗問聲調於王士禎,士禎靳不肯言。執信乃發唐人諸集,排比鉤稽,竟得其法,因著為此書。其例古體詩五言重第三字,七言重第五字,而以上、下二字消息之。大抵以三平為正格。其四平切腳如李商隱之"咏神聖功書之碑",兩平切腳如蘇軾之"白魚紫蟹不論錢"者,謂之落調,柏梁體及四句轉韻之體則不在此限焉。律詩以本句平仄相救為單拗,出句如杜甫之"清新庾開府",對句如王維之"暮禽相與還"是也。兩句平仄相救為雙拗,如許渾之"溪云初起日沈閣,山雨欲來風滿樓"是也。其他變例數條,皆本此而推之,而起句、結句不相對偶者則不在此限焉。其說頗為精密。惟所列李賀《十二月樂府》,所標平仄不可解。卷末附以《古韻通轉》,其說尤謬。或曰《古韻》一篇乃其門人所妄增也。

【彙訂】

① 文淵閣庫書作三卷。(修世平:《〈四庫全書總目〉訂誤十四則》)

談龍錄一卷(浙江巡撫採進本)

國朝趙執信撰。執信為王士禎甥壻,初甚相得。後以求作《觀海集》序不得,遂至相失[①]。因士禎與門人論詩,謂:"當作雲中之龍,時露一鱗一爪。"遂著此書以排之。大旨謂詩中當有人在[②]。其謂士禎《祭告南海都門留別》詩"盧溝河上望,落日風塵昏。萬里自茲始,孤懷誰與論"四句為類羈臣遷客之詞。又述吳修齡語,謂士禎為"清秀李于鱗"。雖忿悁著書,持論不無過激。然神韻之說,不善學者往往易流於浮響。施閏章"華嚴樓閣"之喻，汪琬"西川錦匠"之戒，士禎亦嘗自記之。則執信此書亦未始非預防流弊之切論也。近時揚州刻此書，欲調停二家之説，遂舉《錄》中攻駁士禎之語概為删汰。於執信著書之意，全相乖忤，殊失其真。今仍以原本著錄，而附論其紕繆如右。

【彙訂】

① 此傳言不足信，説詳卷一七三"因園集"條訂誤。

② 殿本"中"上有"之"字。

宋詩紀事一百卷（浙江巡撫採進本）

國朝厲鶚撰。鶚有《遼史拾遺》，已著錄。昔唐孟棨作《本事詩》，所錄篇章咸有故實。後劉攽、呂居仁等諸詩話，或僅載佚事而不必皆詩；計敏夫《唐詩紀事》，或附錄佚詩而不必有事。揆以體例，均嫌名實相乖。然猶偶爾泛登，不為定式。鶚此書哀輯詩話，亦以《紀事》為名，而多收無事之詩，全如總集；旁涉無詩之事，竟類説家，未免失於斷限。又採摭既繁，牴牾不免。如四卷趙復《送晏集賢南歸》詩，隔三卷而重出。七十二卷李珏《題〈湖山類藁〉》絶句，隔兩卷而重出。九十一卷僧惠涣《送王山人歸隱》詩，隔一卷而重出。四十五卷尤袤《淮民謠》，隔一頁而重出。二卷楊徽之《寒食》詩二句，至隔半頁而重出。他如西崑體、江西派既已別編，而月泉吟社乃分析於各卷，而不改其"前題"字。以致八十一卷之姚潼翔於周暕《送僧歸蜀》詩後標"前題"字，八十五卷之趙必范於趙必象《避地惠陽》詩後標"前題"字，皆不免於齟疎。又三十三卷載陳師道，而三十四卷又出一"潁州教授陳復常"，竟未一檢《後山集》及《東坡集》，訂"復"字為"履"字之譌。四十七卷載鄭伯熊，三十一卷已先出一鄭景望，竟未一檢《止齋集》，證景望即伯熊之字。五十九卷據《齊東野語》載曹豳《竿伎》詩，作"刺趙南仲"，九十六卷又載作無名子刺賈似道①。八十四卷花蕊夫人《奉詔》詩，不以勾延慶《錦里耆舊傳》互勘。八十六卷李煜《歸宋渡江》詩，不以馬令《南唐書》參證。八十七卷《永安驛題柱》詩，不引《後山集》本序，而稱"名媛璣囊"。又《華春娘寄外》詩，不知為唐薛濤《十離》之一。陸放翁妾詩，不知為《劍南集》七律之半。《英州司寇女》詩，不知為錄其父作。皆失於考證。然全書網羅賅備，自序稱閱書三千八百一十二家。今江南、浙江所採遺書中，經其簽題自某處鈔至某處，以及經其點勘題識者，往往而是，則其用力亦云勤矣。考有宋一代之詩話者，終以是書為淵海，非胡仔諸家所能比較長短也②。

【彙訂】

①　李珏《題〈湖山類稿〉》絕句僅見於書中卷七十六，僧惠渙《送王山人歸隱》僅見於卷九十一，尤袤《淮民謠》僅見於卷四十七。卷九十六所載刺賈似道《絕句》："收拾乾坤一擔擔，上肩容易下肩難。勸君高著擎天手，多少傍人冷眼看。"與卷五十九曹豳《詠緣竿伎》詩"又被鑼聲送上竿，者番難似舊時難。勸君著脚須教穩，多少旁人冷眼看"不同。又"趙必象"當作"趙必璩"。

②　"長短"，殿本作"短長"。

全閩詩話十二卷（浙江巡撫採進本）

國朝鄭方坤編。方坤有《經稗》，已著錄。是編皆薈萃閩人詩話及他詩之有關於閩者。閩士著名始於唐初薛令之，盛於歐陽詹。故六朝以上，惟載郭璞、謝朓、到溉、江淹四人。而郭璞《地識》尚以其全作七言律體，辨其出於依託，頗為謹嚴。唐以後則彬彬矣。凡六朝、唐、五代一卷，宋、元五卷，明三卷，國朝一卷，附無名氏及宮閨一卷，方外一卷，神仙、鬼怪、雜綴一卷。所採諸書，計四百三十八種。採摭繁富，未免細大不捐。而上下千餘年閒，一方文獻，犁然有徵。舊事遺文，多資考證。固亦談藝之淵藪矣。

五代詩話十卷（福建巡撫採進本）

國朝鄭方坤撰。初，王士禎欲作《五代詩話》，僅草創而未成。其門人務尊師説，遂以未成之本傳鈔，闕陋實甚，體例尤疎。宋弼嘗補其闕遺而刊之，仍多未備。方坤得士禎殘稿於歷城朱氏，乃採摭諸書，重為補正[①]。原本六百四十二條之中，删其二百一十六條，增入七百八十九條，共成一千二百一十五條[②]。凡所增入，仿宋庠《國語補音》、吳師道《補正戰國策》之例，各以一“補”字冠之，使不相混。凡國主、宗室一卷，中朝一卷，南唐一卷，前蜀、後蜀一卷，吳越、南唐一卷，閩一卷，楚、荆南一卷，宮閨、仙鬼、緇流一卷，羽士、鬼怪一卷，雜綴一卷。其中有尤而效之者，如原本載羅隱謝表、殷文圭啟事，本為四六駢詞，無關吟咏。他若李氏藏書、太原草檄、和凝之“詅癡符”、桑維翰之鑄鐵硯、徐寅之獻《過大梁賦》，直成雜事，無預於詩，一概從删，殊有廓清之功。而李後主跋懷素書亦無關詩事，乃錄之不遺。原本方干、鄭谷、唐球諸人，上連唐代，方坤既已刊削。而司空圖之不受梁官，韓偓之未食閩祿，例以陶潛稱晉，仍是唐人。列之五代，亦乖斷限。至潘慎修獻宋太宗詩，劉兼《長春節》詩，宋事宋人。一併闌入，尤泛濫矣。又如蘇軾演《陌上花》，晁補之撰《芳儀曲》，李淑題周恭帝陵，宋徽宗書白居易句，雖詠五代之事，實非五代之人，一概增入。則詠明妃者當列之漢詩，賦雀臺者應入之魏集，自古以來，無斯體例。貪多務得，方坤亦自言之矣。至於"江南江北舊家鄉"一首，《江表志》以為楊溥，馬令《南唐書》以為李煜③；嘲宋齊邱〈丘〉喪子一詩，《夢溪筆談》以為老瞽樂工，《漁隱叢話》以為李家明。如此之類，不一而足。前後並載，既不互註，又不考定，亦屬疎舛。然採摭繁富，五代軼聞瑣事，幾於搜括無餘。較之士禎原書，則賅備多矣。

【彙訂】

① 據鄭方坤乾隆十三年(1748)自序："涉筆於丁卯暮春，迄戊辰夏五始裒然成書。"戊辰即乾隆十三年。而王士禎卒於康熙五十年(1711)，宋弼本自序謂"蓋距先生之歿垂四十年"，其成書當晚於鄭本。且僅"因其原帙，略加編次，分十二卷"，並無發明。（柏克萊加州大學東亞圖書館編：《柏克萊加州大學東亞圖書館中文古籍善本書志》）

② "一千二百一十五條"，殿本作"一千二百五十一條"，誤。

③ 據"兄弟四人"句，定為楊溥作（李煜兄弟十人）。（周壽昌：《思益堂日札》）

右詩文評類六十四部，七百三十一卷①，皆文淵閣著錄。

【彙訂】

① "七百三十一卷"，殿本作"七百三十卷"，誤。

集 部 五 十

詩文評類存目

樂府古題要解二卷（兩江總督採進本）

舊本題唐吳兢撰。兢有《貞觀政要》，已著錄。考《崇文總目》載《古樂府古題要解》共十二卷。晁公武《讀書志》稱："兢纂採漢、魏以來古樂府詞，凡十卷。又於傳記及諸家文集中採樂府所起本義[①]，以釋解古題。"觀《崇文總目》稱二書共十二卷，而《讀書志》稱古樂府十卷，則所餘二卷為《樂府古題要解》矣，卷數與今本相合。《崇文總目》又載《樂府解題》，稱："不著撰人名氏。與吳兢所撰《樂府古題》頗同，以《江南曲》為首，其後所解差異。"此本為毛晉《津逮祕書》所刊。後有晉跋，稱今人以兢所撰與《樂府解題》混為一書。又稱太原郭氏諸敘中輒引《樂府解題》，不及《古題要解》。今考郭茂倩《樂府詩集》所引《樂府解題》，自漢鐃歌《上之回》篇始，乃明題吳兢之名。則混為一書，已不始於近代。然茂倩所引，其文則與此書全同，不過偶刪一二句，或增入樂府本詞一二句，不應互相剿襲至此。疑兢書久佚，好事者因《崇文總目》有"《樂府解題》與吳兢所撰《樂府》頗同"語，因捃拾郭茂倩所引《樂府解題》，偽為兢書。而不知王堯臣等所謂"與

《樂府》頗同”者，乃指其解説古題體例相近，非謂其文全同。觀下文即云：“以《江南曲》為首，其後所解差異。”是二書不同之明證。安有兩家之書如出一口者乎？且樂府自樂府，雜詩自雜詩，卷末乃載及建除諸體，併及於字謎之類。其為捃拾以足兩卷之數，灼然可知矣。晉跋稱是書凡三本，一得之廣山楊氏，一得之錫山顏氏，最後乃得一元版。然則是書為元人所贋造也②。

【彙訂】

①“起”，底本作“記”，據《郡齋讀書志》總集類“《古樂府》十卷并《樂府古題要解》兩卷”條原文及殿本改。（王重民：《跋新印本〈四庫全書總目〉》）

② 唐王睿《炙轂子雜錄·序樂府篇》已引此書，內容與今本相同，諸雜體詩各條亦備錄之。（王運熙：《漢魏六朝樂府詩研究書目提要》）

詩式一卷（兩江總督採進本）

舊本題唐釋皎然撰。皎然有《杼山集》，已著錄。此本即附載集末。考陳振孫《書錄解題》載《詩式》五卷，《詩議》一卷，“唐僧皎然撰，以十九字括詩之體”。此本既非五卷，又“一十九體”乃末一條，陳氏不應舉以概全書。陳氏又載正字王元《擬皎然十九字》一卷，使僅如今本一條，則不能擬為一卷矣。殊參差可疑。又皎然與顏真卿同時，乃天寶、大曆閒人。而所引諸詩舉以為例者，有賀知章、李白、王昌齡，相去甚近，亦不應遽與古人並推。疑原書散佚，而好事者摭拾補之也。何文煥《詩話考索》議其“漏沒”條稱：“夏姬當壚，似蕩而貞。”謂夏姬無當壚事，當作文君。不知此用辛延年《羽林郎》“胡姬年十五，春日獨當壚”事，特“夏”

字誤，"姬"字不誤，不必改作文君。且延年詩稱："貽我青銅鏡，結我紅羅襦。不惜紅羅裂，何論輕賤軀。"所謂似蕩也。又稱："男兒愛後婦，女子重前夫。人生各有分，貴賤不相逾。多謝金吾子，私愛徒區區。"所謂貞也。若文君越禮，安得曰"似蕩而貞"乎？

詩法源流三卷（浙江巡撫採進本）

不著撰人名氏。末有至治壬戌楊載舊序一篇，稱："少年遊浣花草堂，見杜甫九世孫杜舉，問所藏詩律。舉言甫之詩法不傳諸子，而傳其門人吳成、鄒遂、王恭。舉得之於三子，因以授載。"其説極為荒誕。所載凡五言律詩九首，七言律詩四十三首[1]，各有吳成等註釋。標立結上生下格、拗句格、牙鎮格、節節生意格、抑揚格、接頂格、交股格、纖腰格、雙蹄格、續腰格、首尾互換格、首尾相同格、單蹄格、應句格、開合格、開合變格、疊字格、句應句格、敍事格、歸題格、續意格、前多後少格、前開後合格、興兼比格、興兼賦格、比興格、連珠格、一意格、變字格、前實後虛格、藏頭格、先體後用格、雙字起結格，凡三十三格[2]。其謬陋殆不足辨。楊載序俚拙萬狀，亦必出偽託。然其書乃作第三卷。前二卷則一為元人論詩之語，分標傅若金等姓名。一為選錄漢、魏、晉詩，題"傅若川次舟編"。卷末又有嘉靖癸未邱道隆後序，稱："憲伯荆南王公用章，取《詩法源流》，增入古人論述與詩足法者，釐為三卷。"云云。然則此書為王用章所輯[3]。諸家著錄，有作傅若金撰者。當以開卷第一篇題若金名，因而致誤耳。

【彙訂】

① 據明嘉靖二年序刊本，實載杜甫五律九首、七律四十二

首。許學夷《詩源辨體》卷三五所記亦同。（孫小力：《明代詩學書目彙考》）

②據嘉靖刊本，"接頂格"或"接項格"之誤，"開合變格"與"句應句格"間未標"疊字格"，"興兼賦格"與"比興格"間標有"正而變格"，"一意格"與"變字格"間標有"兩重格"，計三十四格。（王承斌：《〈四庫全書總目〉"詩文評類存目"考辨》）

③王俊民字用章，生平見《陽峯家藏集》卷二四《王公墓誌銘》。（孫小力：《明代詩學書目彙考》）

二南密旨一卷（編修程晉芳家藏本）

舊本題唐賈島撰。案陳振孫《書錄解題》曰："《二南密旨》一卷，唐賈島撰。凡十五門，恐亦依託。"此本端緒紛繁，綱目混淆。卷末忽總題一條，云："以上十五門不可妄傳。"卷中有總題一條，云："以上四十七門略舉大綱。"是於陳氏所云十五門外，增立四十七門，已與《書錄解題》互異。且所謂四十七門、一十五門者，輾轉推尋，數皆不合，亦不解其何故①。而議論荒謬，詞意拙俚，殆不可以名狀。如以盧綸"月照何年樹，花逢幾度春"句為大雅，以錢起"好風能自至，明月不須期"句為小雅；以《衛風》"日居月諸，胡迭而微"句為變大雅，以"綠衣黃裳"句為變小雅；以《召南》"林有樸樕，野有死鹿"句及鮑照"申黜褒女進，班去趙姬昇"句、錢起"竹憐新雨後，山愛夕陽時"句為南宗；以《衛風》"我心匪石，不可轉也"句、左思"吾愛段干木，偃息藩魏君"句、盧綸詩"誰知樵子徑，得到葛洪家"句為北宗。皆有如囈語。其論"總例物象"一門，尤一字不通。島為唐代名人，何至於此。此殆又偽本之重儓矣。

【彙訂】

① 此書實即十五門,今本與陳振孫所見者無異。"四十七門"云云,乃專指"總例物象"一節而言,其中已有脫落,僅存二十九門。(張伯偉:《全唐五代詩格彙考》)

玉壺詩話一卷(編修程晉芳家藏本)

舊本題宋釋文瑩撰。考《宋史·藝文志》載《玉壺清話》十卷,今其書猶存,已著於錄。或題曰《玉壺野史》,無所謂《玉壺詩話》者。此本為《學海類編》所載,僅寥寥數頁。以《玉壺清話》校之,蓋書賈摘錄其有涉於詩者,裒為一卷,詭立此名。曹溶不及辨也。

天廚禁臠三卷(浙江巡撫採進本)

宋釋惠洪撰。惠洪有《冷齋夜話》,已著錄。是編皆標舉詩格,而舉唐、宋舊作為式。然所論多強立名目,旁生支節。如首列杜甫《寒食對月》詩為偷春格,而謂黃庭堅《茶詞》疊押四"山"字為用此法,則風馬牛不相及。又如蘇軾"芳草池塘惠連夢,上林鴻雁子卿歸"句,黃庭堅"平生幾兩屐,身後五車書"句,謂射鴈得蘇武書無"鴻"字,故改謝靈運"春草池塘"為"芳草";"五車書"無"身後"字,故改阮孚"人生幾兩屐"為"平生",謂之用事補綴法。亦自生妄見。所論古詩押韻、換韻之類,尤茫然不知古法。嚴羽《滄浪詩話》稱"《天廚禁臠》最害事",非虛語也。

容齋詩話六卷(編修程晉芳家藏本)

舊本題宋洪邁撰。邁有《史記法語》,已著錄。此編諸家書目皆不載其名,惟《文淵閣書目》有之①。《永樂大典》亦於"詩"字韻下全部收入。則自宋、元以來已有此編。今核其文,蓋於邁

《容齋五筆》之内各掇其論詩之語,裒為一編,猶於《玉壺清話》之中别鈔為《玉壺詩話》耳。以流傳已久,姑存其目於此,以備參考焉。

【彙訂】

① 此書錢溥《祕閣書目》、趙用賢《趙定宇書目》等明代書目多有著錄,清初錢曾《也是園藏書目》卷七詩文評類亦有著錄。(林建福:《宋元詩話雜考》)

容齋四六叢談一卷(編修程晉芳家藏本)

舊本題宋洪邁撰。亦於《容齋五筆》中掇其論四六之言别為一卷,疑與《容齋詩話》為一手所輯。所論較王銍《四六話》、謝伋《四六塵談》特為精核。蓋邁初習詞科,晚更内制,於駢偶之文用力獨深,故不同於剿説也。

少陵詩格一卷(永樂大典本)

宋林越撰。越有《漢雋》,已著錄①。是篇發明杜詩篇法,穿鑿殊甚。如《秋興》八首第一首為接項格②,謂“江間波浪兼天湧”為巫峽之蕭森,“塞上風雲接地陰”為巫山之蕭森,已牽合無理。第二首為交股格,三首曰開合格,四首曰雙蹄格,五首曰續後格,六首曰首尾互換格,七首曰首尾相同格,八首曰單蹄格。隨意支配,皆莫知其所自來。後又有《詠懷古蹟》、《諸將》諸詩,亦閒及他家。每首皆標立格名,種種杜撰,此真强作解事者也。

【彙訂】

①《漢雋》乃林鉞撰,説詳卷六五“漢雋”條訂誤。

②“接項格”,殿本作“接頂格”,疑誤。説見本卷“詩法源流”條訂誤。

歷代吟譜五卷（兩淮鹽政採進本）

宋蔡傳撰。傳，莆田人，襄之孫也。此編始前漢以迄唐、宋，凡能詩之人，皆紀其姓字。末載厲鶚跋云：“此書嘗有麻沙刻本，節略不全①。其敘次當以漢迄唐為第一卷，宋為第二卷，名僧為第三卷，閨秀為第四卷，武人為第五卷。”今本序次悉與跋同，蓋近人因鶚跋更定也。

【彙訂】

①《直齋書錄解題》卷二二著錄：“《吟窗雜錄》三十卷，莆田蔡傳撰……又為《吟譜》……總為此書。麻沙嘗有刻本，節略不全。”則麻沙刻本應指包括《吟譜》的《吟窗雜錄》。

唐子西文錄一卷（浙江巡撫採進本）

舊本題宋強行父撰。凡三十五條，皆述所聞唐庚論文之語。前有紹興戊午行父自序，稱：“宣和元年罷官京師，眉山唐先生同寓於城東景德僧舍。與同郡關注子東日從之遊，退而記其論文之語。更兵火無復存者。子東書來，屬余追錄。十不省五六，乃為追錄。”云云。考庚以張商英罷相之後，坐為商英賦內前行貶惠州。大觀五年會赦北歸，道卒。大觀五年即政和元年辛卯，下距宣和元年己亥，庚沒九年矣，安得同寓京師？其說殊為可疑①。又劉克莊《後村詩話》曰：“子西諸文皆高，不獨詩也。其出稍晚，使及東坡之門，當不在秦、晁之下。”是庚平生未見蘇軾。而此書言及軾者凡八條。一條稱：“余雅善東坡。”一條稱：“東坡赴定武，過京師，館於城外一園子中。余時年十八，謁之。”則與軾甚稔。克莊不應如是之舛，殆好事者依託為之②。其中記庚論《史記》③、《漢書》一條，與徐度《却掃編》所記庚語同④，剽剟之迹顯然[5]。又皎然改《御溝》詩,掌中書"中"字事,乃進士王貞白,而此謂別一詩僧所言。亦不免疏舛也。

【彙訂】

①《宋史》卷四四三《唐庚傳》云:"歸蜀,道病卒,年五十一。"唐庚《亡兄墓銘》云,"吾少兄十有五年……兄以崇寧五年(1106)五月三十一日卒於家……五十二年卒。"(《眉山唐先生文集》卷一〇)其兄應生於至和二年(1055),庚"少兄十有五年",則應生於熙寧三年(1070),庚享年為五十一,卒年應在宣和二年(1120)。宣和元年在京師與強行父會面,自屬情理中事,又唐庚文集中有許多詩文作於政和年間(1111—1117),卒於大觀五年之説無據。且大觀無五年,唐庚貶惠州在四年,見所著《眉山詩集》卷五"大觀四年春……自蜀來京師……是歲吾遷嶺表"之詩題。謫居惠州五年餘,至政和五年,復官北歸,見《眉山文集》卷二《水牂廟記》、卷四《船娘銘》及卷一《惠州謝復官表》。強行父《唐子西文錄》自序又云:"宣和元年(己亥),行父自錢塘罷官如京師,眉山唐先生同寓於城東景德僧舍……自己亥九月十三日,盡明年正月六日而別。先生北歸還朝,得請宮祠,歸瀘南,道卒於鳳翔,年五十一……先生嘗次韻行父冬日旅舍詩……又次留別韻云:'……力請宮祠知意否?漸謀歸老錦江濱。'蓋絕筆於此矣。"據此可知,請祠、歸蜀、道卒,皆在庚子。(鄭騫:《宋人生卒考示例》;郭紹虞:《宋詩話考》;李裕民:《四庫提要訂誤》;楊武泉:《四庫全書總目辨誤》)

②劉克莊生於淳熙十三年(1186),晚於唐庚之生一百十六年,其説不足以否定唐庚與蘇軾有過交往。《文錄》言及蘇軾者凡七條,非八條。一條稱東坡赴定武,其事在元祐八年(1093),

見《續資治通鑑長編》卷四八四。是年唐庚二十四歲,《文錄》作"年十八",當屬唐庚晚年記憶之誤,或強行父追記之誤。以此小誤,否定兩人有過交往,尚乏佐證。關於"依托"之說,周紫芝《竹坡詩話》云:"錢塘強幼安為余言,頃歲調官都下,始識博士唐庚,因論坡詩之妙,子美以來一人而已。其敘事簡當而不害其為工。如嶺外詩,敍虎飲水潭上,有蛟尾而食之,以十字說盡:'潛鱗有饑蛟,掉尾取渴虎。'只著'渴'字,便見飲水意,且屬對親切,他人不能到也。"今此則亦見《文錄》中。《文錄》之書成於紹興八年(1138),距談話時已二十年。竹坡所記,定在強氏追錄之前,則強氏此書固非好事者依托所為矣。"余雅善東坡"下文云:"以約辭記事,冥搜既久,僅得句。"則應連以下五字為一句,其意乃雅善東坡之詩,非雅善東坡之人。(徐時棟:《煙嶼樓讀書志》;鄭騫:《宋人生卒考示例》;郭紹虞:《宋詩話考》;李裕民:《四庫提要訂誤》)

③ 殿本"論"上有"所"字。

④ "徐度",殿本作"徐慶",誤。《總目》卷一二一著錄徐度撰《却掃編》三卷。

⑤《却掃編》作於紹興十年,在此書後二年。(李裕民:《四庫提要訂誤》)

藝苑雌黄十卷(江蘇巡撫採進本)

舊本題宋嚴有翼撰。案有翼,建安人。嘗為泉、荆二郡教官。其所著《藝苑雌黄》,見於《宋史·藝文志》者二十卷,入集部文史類。陳振孫《書錄解題》則入於子部雜家類,稱其書"大抵辨正譌謬。其目子史、傳註、詩詞、時序、名數、聲畫、器用、地理、勳植、神怪、雜事。卷為二十，條凡四百。硯岡居士唐稷序之”。洪邁《容齋隨筆》又記其中有《辨坡》一篇①，皆詆諆蘇軾之語。今考此本止有十卷，而無序及標目，與宋人所言俱不合。又宋時說部諸家如胡仔《苕溪漁隱叢話》、蔡夢弼《草堂詩話》、魏慶之《詩人玉屑》之類，多有徵引《藝苑雌黃》之文。今以此本參互檢勘，前三卷內雖大概符合。而如《漁隱叢話》所錄盧橘、朝雲、鞦韆、瓊花等十餘條，《草堂詩話》所錄“古人用韻重複”一條，此本皆不載。又如“中興”條末“東坡詩”云云、“牽牛織女”條末“《文選》註”云云，俱胡仔駁辨之語，而亦概行闌入，舛錯特甚。至其第四卷以後，則全錄葛立方《韻語陽秋》，而顛倒其次序。其中如“東坡在儋耳”一條，立方原文有“三從兄諱延之”云云，此本改作葛延之，以隱其迹。而其所稱“先文康公”者，乃立方父勝仲之諡，則又沿用其文，不知刊削。蓋有翼原書已亡，好事者摭拾《漁隱叢話》所引，以偽託舊本。而不能取足卷數，則別攘《韻語陽秋》以附益之。又故變亂篇第，以欺一時之耳目，頗足疑誤後學。今特為糾正，以袪後來之惑焉。

【彙訂】

①“一”，殿本無。

吟窗雜錄五十卷（編修勵守謙家藏本）

舊本題狀元陳應行編。前有紹興五年重陽後一日浩然子序①，序末有“嘉靖戊申孟夏崇文書堂家藏宋本刊”字②，蓋偽書也。前列諸家詩話，惟鍾嶸《詩品》為有據，而刪削失真。其餘如李嶠、王昌齡、皎然、賈島、齊己、白居易、李商隱諸家之書，率出依託，鄙倍如出一手③。而開卷魏文帝《詩格》一卷，乃盛論律詩,所引皆六朝以後之句,尤不足排斥。可謂心勞日拙者矣④。

【彙訂】

① 陳應行乃淳熙二年(1175)特奏名狀元(《八閩通志》卷四九)。浩然子序末題"紹熙五禩重陽後一日",則紹興五年(1135)為紹熙五年(1194)之誤。(李裕民:《四庫提要訂誤》續;杜澤遜:《四庫存目標注》)

② 明嘉靖二十七年(戊申)刻本此書序後刊書語作"嘉靖戊申孟夏吉旦崇文書堂家藏宋本重刊"。(杜澤遜:《四庫存目標注》)

③ 李嶠《評詩格》雖係後人偽托,實即剪取與嶠同為"文章四友"之崔融撰《唐朝新定詩格》而成,其內容尚為唐人詩說。王昌齡《詩格》非盡出依托,說詳卷一九五"詩品"條訂誤。皎然《詩式》、齊己《風騷旨格》流傳有緒,當非偽作。(張伯偉:《全唐五代詩格彙考》)

④《直齋書錄解題》著錄魏文帝《詩格》等,至《雜句圖》一卷,云:"自魏文帝《詩格》而下二十七家,皆已見《吟窗雜錄》。"又著錄《吟窗雜錄》三十卷,莆田蔡傳撰。陳應行此本內容與陳振孫所載二十七家略同,知係據蔡傳書增刪而成。其中偽書亦不晚於北宋。(杜澤遜:《四庫存目標注》)

全唐詩話十卷(內府藏本)

原本題宋尤袤撰①。袤有《梁谿遺稾》,已著錄②。考袤為紹興二十一年進士③,以光宗時卒。而自序年月乃題咸淳,時代殊不相及。校驗其文,皆與計有功《唐詩紀事》相同。《紀事》之例,凡詩為唐人採入總集者,皆云"右某取為某集"。此本張籍條下尚未及刪此一句,則其為後人刺取影撰,更無疑義。考周密《齊東野語》載賈似道所著諸書,此居其一。蓋似道假手廖瑩中,而瑩中又剽竊舊文,塗飾塞責。後人惡似道之姦,改題衺名,以便行世,遂致偽書之中又增一偽撰人耳④。毛晉不為考核,刻之《津逮祕書》中,疎亦甚矣⑤。

【彙訂】

①"尤袤",殿本作"元袤",誤。(王承斌:《〈四庫全書總目〉"詩文評類存目"考辨》)

② 依《總目》體例,當作"袤有《遂初堂書目》,已著錄"。

③ 尤袤,《宋史》本傳謂紹興十八年進士,《總目》卷八五《遂初堂書目》提要亦曰:"紹興十八年進士……事迹具《宋史》本傳。"(楊武泉:《四庫全書總目辨誤》)

④《齊東野語》未載賈似道所著諸書,唯《癸辛雜識》後集有"賈廖刊書"條謂賈似道"《全唐詩話》乃節《唐本事詩》中事耳"。據遂初堂主人(即賈似道)跋,此書乃賈氏全據《唐詩紀事》加以要刪而成,與"剽竊舊文,塗飾塞責"不同。(王仲鏞:《〈唐詩紀事校箋〉前言》)

⑤ 毛晉刻《津逮祕書》本並未標明為尤袤所著,只卷末有"遂初堂主人跋"一語。此書改題尤袤撰自明正德二年秦昂刻本已然。(王仲鏞:《〈唐詩紀事校箋〉前言》;柏克萊加州大學東亞圖書館編:《柏克萊加州大學東亞圖書館中文古籍善本書志》)

深雪偶談一卷(浙江巡撫採進本)

宋方嶽撰。嶽字元善,寧海人。書中記淳祐初年事云:"縷指二十霜,余已就老。"又載丙寅三月喪子事。丙寅乃度宗咸淳二年,則嶽至宋末尚在也。書凡十有四條[1],皆評詩詞。又自載其《感舊》、《題畫》二詩,俱不甚佳。至其言"梅花"二字入詩尤為難工,獨引賈似道"梅花見處多留句"之語,以為絕唱。更未免近於謟矣。

【彙訂】

① 今傳本為十六條。(郭紹虞:《宋詩話考》)

吳氏詩話二卷(編修程晉芳家藏本)

此書載曹溶《學海類編》中,題曰宋吳氏撰,名與字未詳。今核其文,即吳子良《林下偶談》中摘其論詩之語,非別一書也。

詩話一卷(浙江范懋柱家天一閣藏本)

舊本題陳日華撰。日華有《談諧》,已著錄。是編所記多猥鄙詼諧之作,頗乖大雅。惟所記黃庭堅教人學詩先讀經,不識經旨則不識是非,不知輕重,何以為詩。又記宋祁語云:"詩人必自成一家,然後傳不朽。若體規畫圓,準方作矩,終為人之臣僕。"則皆確論也。

老杜詩評五卷(兩淮馬裕家藏本)

宋方深道撰[1]。深道,晉江人。官奉議郎,知泉州[2]。舊本題曰元人。案是編見陳振孫《書錄解題》,確為宋人。題元人者誤也。其書皆彙輯諸家評論杜詩之語,別無新義。

【彙訂】

① "宋",底本作"元",據殿本改。

② 據道光《福建通志》載,方深道乃興化人,紹興間曾知泉州晉江縣事。其家曾知泉州者,據考只有其姪孫方銓。(鄭慶篤等:《杜集書目提要》)

竹窗詩文辨正叢説四卷（兩淮鹽政採進本）

舊本題嚚嚚子編。以書中所稱引觀之，蓋南宋人。凡作《詩辨正》二卷，《文辨正》二卷，皆摘鈔前人詩話、語錄而成，詞皆習見。惟《李希聲詩話》、《蒲氏漫齋錄》①、《世韻語》三書為稍僻爾。

【彙訂】

① “蒲氏漫齋錄”，殿本作“浦氏漫齋錄”，誤。蒲瀛字大受，著有《蒲氏漫齋錄》，已佚，《仕學規範》、《竹莊詩話》、《詩人玉屑》等有引用。（鄧國軍、王發國：《〈蒲氏漫齋錄〉考論》；李劍國、任德魁：《〈蒲氏漫齋錄〉新考》）

大學觿藻文章百段錦一卷（浙江范懋柱家天一閣藏本）

宋方頤孫編。頤孫，福州人，理宗時為太學篤信齋長。其始末則未詳也。是書作於淳祐己酉，取唐、宋名人之文，標其作法，分十七格。每格綴文數段，每段綴評於其下，蓋當時科舉之學。王惲《玉堂嘉話》載辛棄疾謂“三百青銅買一部，即可舉進士”者，殆此類矣。

答策祕訣一卷（兩江總督採進本）①

舊本首題建安劉錦文叔簡輯。末有跋語題“至正己丑建安日新堂誌”，跋中又稱：“不知作於何人，相傳以為貢士曾堅子白之作。”云云。則又非錦文所輯矣。凡為綱十二：曰治道，曰聖學，曰制度，曰性學，曰取材，曰人才，曰文章，曰形勢，曰災異，曰諫議，曰經疑，曰曆象。其繫以六十六子目，皆預擬對策活法。如“曆象”條云：“大凡答曆象策，雖所問引難千條萬緒，不過一君子治曆明時，但要變換言語。”全書一一似此，其陋可想。觀其

“形勢”條云:“如答三國②、六朝進取策,祇是說三國君臣皆以智遇智③,乃其勢也。六朝有機可乘,有閒可入,反不能用,深為可惜。後面由山東,由關中,皆以題中所問融化作己之言”云云。蓋猶南宋人書也。

【彙訂】

①“兩江總督採進本”,底本作“兩淮總督採進本”,據殿本改。清無兩淮總督一職。(江慶柏:《殿本、浙本〈四庫全書總目〉著錄圖書進獻者主名異同考》)

②“答”,底本作“策”,據殿本改。

③“皆”,殿本無。

詩法家數一卷(兩江總督採進本)

舊本題元楊載撰。載有《楊仲宏集》,已著錄。是編論多庸膚,例尤猥雜。如開卷即云:“夫詩之為法也有其説焉。賦比興者,皆詩制作之法。然有賦起,有比起,有興起。”云云。殆似略通字義之人,強作文語,已為可笑。乃甫隔一頁,忽另標一題曰“詩學正源”,題下標一綱曰“風雅頌賦比興”,綱下之目又曰:“詩之六義而實則三體。風雅頌者詩之體,賦比興者詩之法。故興比賦者,又所以制作乎風雅頌者也。凡詩中有賦起,有比起,有興起,然風之中有賦比興,雅頌之中亦有賦比興。”云云。載在於元①,號為作手,其陋何至於是,必坊賈依託也。

【彙訂】

①“於元”,殿本作“元代”。

木天禁語一卷(兩江總督採進本)

舊本題元范德機撰。德機,范梈字也。梈有詩集,已著錄。

是編開卷標"內篇"二字,然別無外篇,不知何故獨名為內。其體例叢脞冗雜,殆難枚舉。其大綱以篇法、句法、字法、氣象、家數、音節謂之六關。每關又系子目,各引唐人一詩以實之。其"七言律詩"一條,稱:"唐人李淑有《詩苑》一書,今世罕傳。所述篇法,止有六格,今廣為十三格。"考晁公武《讀書志》:"《詩苑類格》三卷,李淑撰。寶元三年,豫王出閣,淑為皇子傅,因纂成此書上之。"然則淑為宋仁宗時人,安得稱唐?明華陽王宣墥作《詩心珠會》,全引此條,亦作"唐"字。知原本實誤以為唐人,非刊本有誤。其荒陋已可想見[1]。又云:"十三格猶六十四卦之動,不出八卦,八卦之生,不離奇偶,可謂神矣。目曰屠龍絕藝,此法一洩,大道顯然。"云云,殆類道經授法之語。蓋與楊載《詩法家數》出一手偽撰。考二書所論,多見趙撝謙《學范》中。知庸妄書賈剽取《學范》為之耳[2]。

【彙訂】

① 高棅《唐詩品彙》在"引用諸書"中亦誤以《詩苑類格》作者李淑為唐人,可見元時至明初,《詩苑類格》尚存,可能有一刊本題唐李淑撰,遂致此誤。不能由此判定《木天禁語》之真偽。(張健:《元代詩法校考》)

② 趙撝謙《學范下・作范》"當看詩話"所列書目中就有《木天禁語》、楊仲弘(楊載字仲弘)《詩格》,所引"范氏"也確為今本《木天禁語》的內容,則其成書皆早於《學范》。(王發國、曾明:《李淑〈詩苑類格〉考略》;張健:《元代詩法校考》)

詩學禁臠一卷(兩江總督採進本)①

舊本題元范德機撰②。凡分十五格,每格選唐詩一篇為式,而逐句解釋。其淺陋尤甚,亦必非真本。

【彙訂】

① "兩江總督採進本"，殿本作"兩淮總督採進本"，誤。（江慶柏：《殿本、浙本〈四庫全書總目〉著錄圖書進獻者主名異同考》）

② 殿本"題"上有"亦"字。

文筌八卷附詩小譜二卷（浙江巡撫採進本）①

元陳繹曾撰。繹曾有《文說》，已著錄。此編凡分《古文小譜》、《四六附說》、《楚賦小譜》、《漢賦小譜》、《唐賦附說》五類。體例繁碎，大抵妄生分別，強立名目，殊無精理。《詩小譜》二卷，據至順壬申繹曾自序，稱為亡友石桓彥威所撰，因以附後。是此編本與《詩譜》合刻②。元時麻沙坊本，乃移冠《策學統宗》之首，頗為不倫。今仍析之，各著於錄③。繹曾，處州人，僑居湖州。而序末自稱汶陽左客，豈又嘗流寓齊、魯閒，偶以自號歟？

【彙訂】

① "浙江巡撫採進本"，殿本作"浙江總督採進本"，誤。（江慶柏：《殿本、浙本〈四庫全書總目〉著錄圖書進獻者主名異同考》）

② "此編"，殿本無。

③ 元刻本《新刊增入文筌諸儒奧論策學統宗前集》五卷、《後集》三卷，書前冠以《古文小譜》一卷、《詩小譜》二卷。據卷首陳繹曾序，可知《文筌》（即《古文小譜》）、《詩小譜》冠於《諸儒奧論策學統宗》之首，實出陳繹曾本意，非坊賈妄為。（杜澤遜：《四庫存目標注》）

詩文軌範二卷（浙江鮑士恭家藏本）

元徐駿撰。駿，常熟人①。其書雜採古人論文之語，率皆習見。所載詔、誥、表、奏諸式,尤未免近俗。

【彙訂】

①《總目》卷二三著錄《五服集證》六卷,“明徐駿撰。駿,常熟人。是書成於正統戊午”。《光緒常昭合志稿》卷二九有徐駿小傳,載所撰有《詩文軌範》、《五服集證》。《五服集證》自序題“時正統三年(1438)歲次戊午春二月”,則徐氏顯為明人。依《總目》體例,當作:“明徐駿撰。駿有《五服集證》,已著錄。”(徐文新:《〈詩文軌范〉成書年代考辨》)

東坡文談錄一卷(編修程晉芳家藏本)

元陳秀民編。秀民字庶子,四明人①。初官武岡城步巡檢,擢知常熟州。後為張士誠參軍,歷浙江行中書省參知政事,翰林學士。是編雜採諸家評論蘇文之語,大抵諸書所習見。又秀民既別有《東坡詩話錄》,而此編又濫及於詩,為例亦復不純。

【彙訂】

① 陳秀民實永嘉人,後居嘉興。(孫詒讓:《溫州經籍志》)

東坡詩話三卷(編修程晉芳家藏本)①

元陳秀民編。秀民既作《東坡文談錄》,復雜採諸家論蘇詩者裒為此書。其排纂後先,既不以本詩之事類為次第,又不以原書之年代為次第,殊無體例。又如記仇池石數詩,直書原詩,前後並無引述。如此則全部蘇詩皆可入錄矣。至記《芙蓉城》詩,於題上加一“遊”字,舛誤尤甚。胡仔《苕溪漁隱叢話》所採歷代詩話,蘇詩僅其中之一家。而核其條目,較此尚多大半。則此《錄》之挂漏可知矣。所引諸書,惟《燕石齋續》一書世罕傳本。然持論頗淺陋。如證“春事闌刪芳草歇”句,引唐劉琮及傳奇女

郎王真詩,而不知為謝靈運語。則其書亦不足重也。又秀民既
元人,而書中乃引《西湖遊覽志》一條。是書為明田汝成作,秀民
何自見之?曹溶《學海類編》喜造偽書,此類亦可疑者也②。

【彙訂】

① 今存清道光《學海類編》本、清鈔本皆作《東坡詩話錄》,
本卷《東坡文談錄》條亦云"秀民既別有《東坡詩話錄》"。(杜澤
遜:《四庫存目標注》)

② "者",殿本無。

南溪詩話二卷(浙江范懋柱家天一閣藏本)

不著撰人名氏。其本出明三原王恕家。前有恕子承裕序,
稱南溪為錄詩話者之別號,逸其姓名,當為勝國時人。今觀書中
所引,已有白珽、劉履諸名,則元末人所作無疑也。其書雜鈔諸
家詩話,而不置議論。略如阮閱《總龜》之例,但不分門類耳。所
引詩話,雖習見者多,然如所引《呂氏童蒙訓》,今本皆不載。惟
好標立名目,往往非其本書。如祖孝徵論沈約"崖傾護石髓"句,
即題曰《祖孝徵詩話》之類,不一而足,亦殊舛陋也。

歸田詩話三卷(兩淮馬裕家藏本)

明瞿佑撰。佑有《四時宜忌》,已著錄。佑永樂中以作詩事
繫獄,戍保安。至洪熙乙巳始赦歸。據所自序,援歐陽修《歸田
錄》為例,則似成於放還後。而末一條敘塞垣事,稱:"尚留滯於
此,未得解脫。"又似戍所之語。殆創稾於保安,歸乃成帙歟?後
宏治中盧陵陳敘刻之。以佑別號存齋,易名曰《存齋詩話》,無所
取義。今仍題《歸田詩話》,從佑所自名也。此書所見頗淺。其
以"搥碎黃鶴樓"作李白語;以王建《望夫石》詩為陳克;譏張耒

《中興碑》"玉環妖血無人掃"句謂楊妃縊死，未嘗濺血，是忘《哀江頭》"血污遊魂"句也。於考證亦疎。而猶及見楊維楨、丁鶴年諸人，故所記前輩遺文，時有可採焉。

菊坡叢話二十六卷（兩淮鹽政採進本）

明單宇撰。宇字時泰，菊坡其號也，臨川人。正統己未進士，官侯官縣知縣。事蹟具《明史》本傳。其書採古今論文之語，編次成帙，分二十六門。凡論詩者二十四卷，論四六者一卷，論樂府者一卷。所採自樂府古詞以下，宋人居多。元人如薩都剌等[①]，亦閒引及，然寥寥無幾。每條各註所出，亦有但註"菊坡"二字者，則宇自記其語也。史載宇待銓吏部時，值英宗北狩，上書請罷監軍內官，又上書請毀王振所建大興隆寺。其人亦錚錚者，而於論詩不甚當行。是編大旨欲配胡仔之書，故仍以"叢話"為名，然採摭不及其博。又仔書多論文，此書多記事，仔書多考證，此書但鈔撮舊文。例亦小殊。

【彙訂】

①"薩都剌"，殿本作"薩都拉"。

瓊臺詩話二卷（編修吳典家藏本）

明蔣冕編。冕有《湘皋集》，已著錄。冕為邱濬之門人，因裒輯濬生平吟咏，各詳其本事。蓋即吳沆門人輯《環溪詩話》之例。凡七十五條，詞多溢美。蓋濬以博洽著，詩非其所長。冕以端謹不阿著，論詩亦非其所長也。

詩話十卷（副都御史黃登賢家藏本）

明楊成玉編。成玉始末未詳。其彙輯此書時，官揚州府知府。重刊於宏治庚戌，則繼任知府馬忠也[①]。所列宋人詩話，凡劉攽、歐陽修、司馬光、陳師道、吕居仁、周紫芝、許顗、張表臣、葉夢得、陳巖肖十家。在近時皆為通行之本，在當時則皆祕笈。故十書雖已各著錄，而仍存此書之目，以不没其蒐輯之勞焉。

【彙訂】

① 此書成化十六年（1480）刊本自序署“知直隸揚州府事前監察御史三山楊成”，文後鈐有印章三枚，其一“成玉”，又一“甲申進士”。弘治三年（1490）刻本有中順大夫知揚州府馬忠序。嘉慶重修《揚州府志》卷三七《秩官志三》“揚州知府”條云：“楊成，閩縣人，進士，（成化）十四年任。”無楊成玉其人。楊成之後為吳嵩，吳嵩之後為“馮忠，慈谿人，進士，弘治二年任”。雍正《福建通志》卷三六《選舉志》“進士欄”天順八年甲申科有“閩縣楊成，揚州知府”。雍正《浙江通志》卷一三《選舉志九》“進士欄”亦有成化十四年戊戌科“馮忠，慈谿人，知府”。可知“楊成玉”、“馬忠”皆誤。成玉應為楊成之字。（楊武泉：《四庫全書總目辨誤》；孫小力：《明代詩學書目彙考》；王承斌：《〈四庫全書總目〉“詩文評類存目”考辨》）

餘冬詩話三卷（編修程晉芳家藏本）

舊本題明何孟春撰。孟春有《何文簡奏疏》，已著錄①。是書載《學海類編》中。今檢其文，實於孟春《餘冬序錄》中摘其論詩者，詭題此名也。所論多作理語。如謂“蘇氏之文無見於道，枉讀書耳”，又謂：“‘故教乞食歌姬院’，用韓熙載事，非君子所宜。”皆所謂膠柱而鼓瑟。謂杜詩《呈吳郎》、《題桃樹》二律“甚費解說，與他律不同”，亦殊不解古人用意之處。其他持論多類此。夫以講學之見論文，已不能得文外之致。至以講學之見論詩，益去之千里矣。則何如不作詩文更為務本也。

【彙訂】

①《總目》卷五五著錄何孟春撰《何文簡疏議》十卷。"孔子家語註"、"餘冬序錄"、"何燕泉詩"條及《千頃堂書目》皆作《何文簡疏議》。（王承斌：《〈四庫全書總目〉"詩文評類存目"考辨》）

南濠居士詩話一卷（浙江范懋柱家天一閣藏本）

明都穆撰。穆有《壬午功臣爵賞錄》，已著錄。此編刻意論詩，而見地頗淺。如《許彥周詩話》解《錦瑟》詩，以"適怨清和"配中四句，附會無理，而摭為異聞。楊載詩之"六朝舊恨斜陽外，南浦新愁細雨中"，格律殊卑，"柳色嫩於鵝破殼，蘚痕斑似鹿辭胎"，尤屬鄙俚，而指為佳句。至載入元景文"去年先生靡恃己，今年先生罔談彼"之謔，更傷蕪雜矣。其書世有二本。一為黃桓所刻，凡七十二則。一為文璧所刻，凡四十二則。較黃本少三十則，而其中三則為黃本所無。近鮑廷博始以兩本參較，合為七十五則，即此本也①。

【彙訂】

①《總目》所據應係清乾隆三十八年鮑廷博刻本，非天一閣進呈之本。鮑廷博本實為七十九則，扣除從文本補錄之末三則外，黃本當為七十六則。（劉德重、張寅彭：《詩話概說》；杜澤遜：《四庫存目標注》）

夢蕉詩話二卷（編修程晉芳家藏本）

明游潛撰。潛有《博物志補》，已著錄。此書中論蔡確一條，謂因自稱不肖而人誤以為不笑，既而誤以不笑為哭，既而又誤以哭為酷，遂為部使者所斥。潛殆以酷罷官歟？所論諸詩，明人居其大半,率無深解。或借以自攄不平,尤為褊淺。如河源襲都實之說,嫦娥祖史繩祖、白珽之論,未免剿剟陳言。論《洪武正韻》一條,謂:"沈約在宋、齊、梁、陳時,並居鈞要,譜韻以詞賦取士,積習久矣。及唐有天下,亦竟因之。"云云。考沈約卒於梁代,實未入陳。以詩賦試進士始於唐高宗調露二年,梁代安有是制?更為杜撰。惟駁《許彥周詩話》論杜牧詩一條,特有深解,非他家之所及耳。

　　渚山堂詩話三卷(浙江范懋柱家天一閣藏本)

　　明陳霆撰。陳霆有《唐餘紀傳》,已著錄。是書雜論唐、宋以來詩句工拙,而明詩為多。又喜自載其詩,如《冷齋夜話》、《珊瑚鉤詩話》之例。如論古人作詩,用事當如水中著鹽,寓意當如空中散花。因舉所自作"獨背小闌無一語,門前吹進落花風"句,謂為空中散化;"風月多情自進樓"句,謂為水中著鹽。殊皆未確。其引據古人,亦頗疎舛。如李商隱"殺風景"語,本出所作《雜纂》。雖世無完本,然刪本尚載《說郛》中。霆乃指為《義山詩品》,世無此書也。又《復齋漫錄》謂張耒"新月已生飛鳥外,落霞更在夕陽西"句,本之郎士元"河源飛鳥外,雪嶺大荒西"一聯。摘其知上句本士元詩,不知下句本薛能"好山多在夕陽西"句可也。霆乃謂其不知本九僧"春生桂嶺外,月在海門西"句,是與耒詩何涉乎?

　　詩談一卷(編修程晉芳家藏本)

　　明徐泰撰。泰字子元,海鹽人。宏治甲子舉人,官光澤縣知縣。是編皆論明代之詩,自劉基、高啟以下至黃省曾,附以女子朱靜菴、道士盧大雅、僧來復、宗泐、守仁、梵琦。各為品目,大抵宗旨不出七子門庭。其造語多用四言二句,務摹敖陶孫《詩評》,亦頗嫌學步。

存餘堂詩話一卷(兩江總督採進本)①

明朱承爵撰。承爵有《灼薪劇談》,已著錄。是編凡論詩二十六條②,離合參半。如論《天廚禁臠》"假借格"之謬,辨《漁隱叢話》論琴、阮、琵琶詩之非,其說皆確。他論"映雪收螢"一聯③,及"蘇軾少年詩"一條、"歐陽修學溫庭筠"一條,亦皆有理。惟所稱明人諸詩,多涉蕪雜,論"樂府必合本題篇名"一條,似確而固。至於不知寒山子為何人,則失之眉睫之前矣。

【彙訂】

① "兩江總督採進本",殿本作"兩淮總督採進本",誤。(江慶柏:《殿本、浙本〈四庫全書總目〉著錄圖書進獻者主名異同考》)

② 明嘉靖刻《顧氏明朝四十家小說》本為二十九條。(朱易安:《明代的詩學文獻》)

③ 殿本"他"下有"如"字。

全唐詩說一卷詩評一卷(編修程晉芳家藏本)

舊本題明王世貞撰。世貞有《弇山堂別集》,已著錄。是二書載曹溶《學海類編》中。實則割剝世貞《藝苑卮言》,鈔為兩卷。世貞著作初無此二名也。

詩家直說二卷(兩江總督採進本)

明謝榛撰。榛有《四溟集》,已著錄。榛詩本足自傳,而急於求名,乃作是書以自譽,持論多夸而無當。又多指摘唐人詩病,而改定其字句。甚至稱夢見杜甫、李白登堂過訪,勉以努力齊名。今觀其書，大旨主於超悟，每以作無米粥為言，猶嚴羽"才不關學，趣不關理"之說也。又以練字為主，亦方回"句眼"之說也。如謂杜牧《開元寺水閣》詩"深秋簾幕千家雨，落日樓臺一笛風"句不工，改為"深秋簾幕千家月，靜夜樓臺一笛風"。不知前四句為"六朝文物草連空，天澹云閒今古同。鳥去鳥來山色裏，人歌人哭水聲中"，末二句為"惆悵無因見范蠡，參差煙樹五湖東"，皆登高晚眺之景。如改"雨"為"月"，改"落日"為"靜夜"，則"鳥去鳥來山色裏"非夜中之景，"參差煙樹五湖東"亦非月下所能見。而就句改句，不顧全詩，古來有是詩法乎？王士禛《論詩絕句》："何因點竄澄江練，笑殺談詩謝茂秦。"①固非好輕詆矣。至所謂"詩以一句為主，落於某韻，意隨字生，豈必先立意云何"，其語似高實謬，尤足誤人。是但為流連山水，摹寫風月，閒適小詩言耳。不知發乎情，止乎禮義，感天地而動鬼神，固以言志為本也。

【彙訂】

①"謝茂秦"，底本作"謝茂榛"，據王士禛《漁洋精華錄》卷五《戲仿元遺山論詩絕句三十二首》原文及殿本改。謝榛字茂秦。

詩文原始一卷（編修程晉芳家藏本）

舊本題明李攀龍撰。攀龍有《詩學事類》，已著錄。此書則自明以來，不聞為攀龍所作，其持論亦不類攀龍語。疑亦曹溶掇拾割裂之書，偽題攀龍名也。

文脈三卷（編修程晉芳家藏本）

明王文祿撰。文祿有《廉矩》，已著錄。此書雜論古今之文，謂文章一脈相傳，故曰《文脈》。第一卷總論，二卷雜論，三卷新論。品藻古今，頗出別解。然其述理學則推象山、慈湖，論文體則推六朝、《文選》。至論唐文，伸柳州而抑昌黎，謂韓非柳匹。尤不免立異太過矣。

過庭詩話二卷（浙江范懋柱家天一閣藏本）

明劉世偉撰。世偉有《厭次瑣談》，已著錄。是書卷首有嘉靖丁巳閣新恩序，稱世偉之父為寧國君冷菴翁，故所著詩話名曰"過庭"。然書中無一字及其家學，殆不可曉。其大旨謂："後學看詩話，當以嚴滄浪為準。最可惡者惠洪《冷齋夜話》，於漢、魏、唐人好詩不曾理會得一句。其所論皆蘇、黃之惡詩。大抵宋詩遠不逮唐，亦由蘇、黃共壞之。"云云。然據其全書，則皆拾七子之緒餘，實於漢、魏、盛唐了無所解，於宋詩亦無所解也。觀其論絕句，有絕前四句、後四句、中四句諸體，是併不知先有絕句，後有律詩矣。其詆唐詩稱僧為公，為師，尤為迂闊。古人稱謂，例皆相尊。林公、遠公，晉時已爾，何獨深責於唐人？且子者男子之美稱，而異端莫甚於楊、墨，孟子稱楊子、墨子，其亦崇獎異端乎？至論古樂府一條，稱"'山上復有山'為虎謎之祖[①]。元人《正宮樂府》云：'拈起這紙來呵，好教我目邊點水言難盡。拈起筆來呵，好教我門裏挑心寫不成。'庶幾善學此者"云云。益為舛陋矣。

【彙訂】

[①] "虎謎"，底本作"字謎"，據明嘉靖刻本此書上卷原文及殿本改。

解頤新語八卷（浙江巡撫採進本）

明皇甫汸撰。汸有《百泉子緒論》，已著錄。是編乃其說詩之語，凡分八門：曰敘論，曰述事，曰考證，曰詮藻，曰矜賞，曰遺誤,曰譏評,曰雜記。自稱:"匡鼎説《詩》,人為解頤;陸賈造《語》,帝每稱善。故竊比於二子。"然汸詩有名於當時,而此書乃多謬陋。大抵皆襲舊文,了無精識,好大言而實皆膚詞。如云:"《詩》首《關雎》,《易》始龍德,逍遙、大鵬,其意一也。"此十六字為一條,竟不知作何語。又引證不確,搖筆即舛。如鍾嶸《詩品》,家弦戶誦,乃云:"鍾《品》已湮,僅存嚴氏。"李商隱等三十六體,《唐書》本傳明云以表啟而名,乃指為詩派。杜甫已有七言長律,乃云:"元、白餘思不盡,加為六韻,此七言排之始。"選楊徽之詩十聯寫御屏,本宋太宗事,見《澠水燕談》。張為《主客圖》作於唐時,其書雖佚,尚散見計有功《唐詩紀事》。乃云:"唐太宗聞楊徽之詩名,盡索所著,選十聯寫御屏,遂有《句對句圖》及《主客圖》。"他如"黃金費盡教歌舞,留與他人樂少年",司空圖詩也,而云顧況;"王莽弄來曾半破,曹公將去便平沈",李山甫詩也,而云李商隱。又所稱商隱"棹裏自成歌,歌竟乘流去"之句,今《義山集》中亦無之,不知所據為何本。如此之類,指不勝屈。世以汸名重傳之耳。

冰川詩式十卷(兩淮鹽政採進本)

明梁橋撰。橋字公濟,號冰川子,真定人。由選貢生授四川布政司經歷。是書成於嘉靖己巳[①]。分定體、練句、貞韻、審聲、研幾、綜賾六門。雜錄舊説,不著所出。又參以臆見,橫生名目,兼增以杜撰之體。蓋於詩之源流正變,皆未有所解也。

【彙訂】

① 嘉靖無己巳。據明隆慶四年刻本此書梁橋自作《引》,署"嘉靖乙巳秋八月望日"。(王承斌:《〈四庫全書總目〉"詩文評

類存目"考辨》)

　　豫章詩話六卷（江西巡撫採進本）

　　明郭子章撰。子章有《蠙衣生易解》，已著錄。是編論其鄉人之詩與詩之作於其鄉者。上起古初，下迄於明。然多據郡縣志書所採，未免蕪雜。如惠遠七言絕句，子章能辨其偽。然尋真觀玉簡天篆，決非秦代語；巖下老人、武帝問答，決非漢人語，乃以為四言之祖，何耶？又如房璘妻高氏碑刻之類，無與於詩話；而盧全、韓愈用龍鍾、躑躅字之類，亦無與豫章①。均有愛奇嗜博之失。

　　【彙訂】

　　① 殿本"與"下有"於"字。

　　玉笥詩談四卷（編修程晉芳家藏本）

　　明朱孟震撰。孟震有《河上楮談》，已著錄。此其所為詩話，皆載明代之事，而涉於江西者尤多①。蓋據其見聞所及也。其論詩大旨，則惟以王世貞為宗。

　　【彙訂】

　　① 此書所記多當時名士，或為其南京青溪社之詩友，"涉於江西者尤多"之評不甚確鑿。（孫小力：《明代詩學書目彙考》）

　　玉堂日鈔三卷（浙江巡撫採進本）

　　明黃洪憲編。洪憲有《朝鮮國紀》，已著錄。是編鈔撮宋陳騤《文則》、李耆卿《文章精義》、明何良俊《論文》、王世貞《藝苑卮言》、吳訥《文章辨體》五家之言，共為一書。首有其四世從孫經序，稱洪憲讀書中祕時，隨見手錄。蓋偶然摘鈔，本非著述。其後人尊崇手澤，因而藏弄。實則騤等之書具在，無庸此之復陳也。

詩心珠會八卷（浙江巡撫採進本）

明華陽王朱宣壿編。宣壿字白厚，自號味一道人，蜀獻王椿八世孫。考《明史‧宗室表》，其襲封在萬曆十三年。是編前有自序，題"嘉靖庚申"。蓋作於未襲封時。故其私印一曰"蜀國分藩"，一曰"華陽王長子"也。是編取前人詩話分類編次，凡體格二卷，法則二卷，評論二卷，辯正一卷，雜拾一卷。其所徵引皆不著所出，龐雜無緒。閒有附註，以"味一曰"別之，亦皆膚淺。

冷邸小言一卷（兩淮鹽政採進本）

明鄧云霄撰。云霄有《百花洲集》，已著錄。此書前有自序，稱："論詩什九，品古什一。"大旨以嚴羽為宗，尊陶、謝而桃蘇、李，左王、孟而右杜、韓。司空圖所謂"不著一字，盡得風流"者，亦詩家之一派，不可廢也。然以為極則，則狹矣。

藝藪談宗六卷（山東巡撫採進本）

明周子文編。子文字岐陽，無錫人，萬曆癸未進士。是編輯明人論詩之語為一編，凡宋濂、高棅、何景明、李東陽、徐禎卿、王廷相、楊慎、都穆、皇甫汸、王世貞、何良俊、謝榛、王世懋、胡應麟、王稺登、屠隆、焦竑、李維楨、朱長春十九家。或採錄其文集，或刪節其詩話，大致以王世貞為圭臬。蓋萬曆中葉，七子之餘焰猶未盡熸。故子文據《藝苑卮言》一書，遽欲衡量千古也。

楚範六卷（浙江范懋柱家天一閣藏本）

明張之象撰。之象有《太史史例》，已著錄。是編割裂《楚詞》之文，分標格目，以為擬作之法。分十二編：曰辨體，曰解題,曰發端,曰造句,曰麗詞,曰叶韻,曰用韻,曰更韻,曰連文,曰疊字,曰助語,曰餘音。屈、宋所作,上接風人之遺,而下開百代之詞賦。性情所造,音律自生,所謂文成而法立者也。之象乃摘其某章某句,多立門類,限為定法,如詞曲家之有工尺。以是擬騷,寧止相去九牛毛乎?

恬志堂詩話三卷(編修程晉芳家藏本)

明李日華撰。日華有《梅墟先生別錄》,已著錄。此編載曹溶《學海類編》中,乃摘其諸雜著中論詩之語,湊合成編。如武伯英“燭剪”一聯,其文甚繁。今刪其上文,但云:“‘燭剪’句,余改曰‘吐殘月魄蜚頤動,蹴落春紅燕尾忙’。”此改字竟從何來,是直不通書賈所摘矣。至日華堂名恬致,其集即名《恬致堂集》,而改曰“恬志”,尤耳食之誤也[1]。

【彙訂】

[1]《學海類編》本實作《恬致堂詩話》。書中卷三第三條云:“元元遺山《賦雲巖石詩序》,因載覲州倅武伯英‘燭剪’一聯云:‘啼殘瘦玉蘭心吐,蹴落春紅燕尾香。’當時以為奇絕。予細思上句無味,因戲改之云:‘吞殘月魄蜚頤動,蹴落花須燕尾香。’庶於體物較勝乎?”又第六條云:“‘燭剪’句,余又改云:‘朱櫻顆折金蟲墮,絳樹花殘玉燕斜。’覺更縟麗。”所載原委分明,並無不通處。(許瀚:《讀四庫全書提要志疑》)

詩藪十八卷(江蘇巡撫採進本)

明胡應麟撰。應麟有《筆叢》,已著錄。是書凡《內編》六卷,分古、今體各三卷。《外編》六卷,自周至元,以時代為次。《雜編》六卷,分《遺逸》、《閏餘》各三卷。皆其評詩之語[1]。《明史·

文苑傳》曰："胡應麟幼能詩，萬曆四年舉於鄉。久不第，築室山中。購書四萬餘卷，手自編次，多所撰著。攜詩謁王世貞，世貞喜而激賞之。歸益自負。所著《詩藪》十八卷②，大抵奉世貞《卮言》為律令，而敷衍其説，謂'詩家之有世貞，集大成之尼父也'。其貢諛如此。"云云。是應麟著此書時，世貞固尚在。乃《内編》又自紀其作《哭王長公》詩二百四十韻事，豈應麟又續有所增益歟？

【彙訂】

①"評詩"，底本作"評論"，據殿本改。

②《明史・文苑傳》載胡應麟著《詩藪》二十卷，《明史・藝文志》亦作二十卷。今傳本有二十卷、十六卷本，無十八卷本。（楊武泉：《四庫全書總目辨誤》）

夷白齋詩話一卷（兩江總督採進本）

明顧元慶撰。元慶有《雲林遺事》，已著錄。是編論詩多隔膜之語。如秦韜玉詩"地衣鎮角香獅子，簾額侵鉤繡闢邪"，可謂寒酸窮眼。元慶乃稱其"狀富貴之象於目前"，品題殊誤。所錄明詩多猥瑣。至議蔡邕《飲馬長城窟行》，謂"魚腹中安得有書"，尤高叟之為詩矣。

詩譚十卷（副都御史黃登賢家藏本）

明葉廷秀撰。廷秀有《西曹秋思》，已著錄。是集所輯詩話，半錄舊文，半出己論。前有廷秀自序稱："以為譚詩也可，譚道也可。"然其病正坐於此。第一條即曰"心學"，第二條即曰"行得始為難"。蓋以講學為詩家正脈，始於《文章正宗》。白沙、定山諸集，又加甚焉。至廷秀等，而風雅掃地矣。此所謂言之有故，執之成理,而斷斷不可行於天下者也。故其人雖風裁嶽嶽,而論詩不可為訓焉①。

【彙訂】

① 殿本"不"上有"則"字。

佘山詩話三卷（編修程晉芳家藏本）

舊本題明陳繼儒撰。繼儒有《邵康節外紀》,已著錄①。此書別無傳本,惟《學海類編》載之。然其文皆摭拾繼儒他說部而成,殆非其本書。其中如以展子虔為大李將軍之師。大李將軍為唐開元中李思訓,展子虔為北齊人也。疏謬如是,即真出繼儒手,正亦無足取耳。

【彙訂】

① 依《總目》體例,當作"繼儒有《建文史待》,已著錄"。

藕居士詩話二卷（浙江鮑士恭家藏本）

明陳懋仁撰。懋仁有《年號韻編》,已著錄①。是書卷末論盧照鄰詩"玉帛委奄尹,鈇質嬰縉紳"句,以為此熹宗朝十字史,則作於崇禎時矣。懋仁及與袁宏道、鍾惺、譚元春游,故其論詩大旨以公安、竟陵為宗。自序謂考證多而評騭少。②今觀其書,如元王烈婦、明鐵鉉女諸條,亦稍能辨析。而舛漏之處甚多。如徐禎卿《觀射歌》"突如流星中如樹",此自用《詩》"四鍭如樹"語,而引《儀禮》之"皮樹"以為獸名,則"如"字定作何解? 杜甫《杜鵑》詩證以三絕句之疊用"刺史",明"鵑"字為韻是已。又引《白頭吟》之"郭東亦有樵"二句,則不知此乃晉樂所加以諧律,非本詞也。《詩》"新臺有泚",《說文》作"玼",自是當時別本。而以為"泚"誤作"玼",是未勘《說文》所引《五經》,不同者不止於此。謂

《蜀道難》始梁張憕,不始李白。不知郭茂倩《樂府詩集》所載,乃以梁元帝為首。謂楊慎《趙州館喜晴》七言律詩以"朋"字押入東韻為合古法,是誤以古韻論律韻。謂傅元以"稍"押"貃"為無韻之詩,不知"稍"在覺部,江之入聲,"貃"在陌部,庚之入聲,正穿鼻七聲之相通,又誤以律韻議古韻。至引《尸子》"死人為歸人"句,證邱為詩之"萬里一歸人",更與本義相左矣。所註杜詩諸故實,亦茫無根據,無一字之可信也[3]。

【彙訂】

① 依《總目》體例,當作"懋仁有《泉南雜誌》,已著錄"。

②"評騭",殿本作"騭評"。

③"字",殿本作"事"。

藝活甲編五卷(副都御史黃登賢家藏本)

明茅元儀撰。元儀有《嘉靖大政類編》,已著錄。此編皆評詩論文之語。當嘉靖中,元儀祖坤與王世貞爭名相軋。坤作《史記鈔》,世貞未見其書,即先斷其必不解。又世貞題《歸有光集》,詆坤《八家文鈔》右永叔而左昌黎。元儀修先世之憾,故此書大旨主於排斥世貞。然世貞摹擬之弊,雖可議者多。而元儀評論古人,又往往大言無當,所見實粗。其任意雌黃,亦皆不為定論也。

文通三十一卷(兩江總督採進本)

明朱荃宰撰。荃宰字咸一,黃岡人。所著有文、詩、樂、詞、曲五編,並以"通"名,見於自序。而《文通》獨先刻成。其書取古今文章流別及詩文格律,一一為之條析。蓋欲仿劉勰《雕龍》而作。其末《詮夢》一篇,酷摹勰之自序。然大抵摭拾百家,矜示奧博，未能一一融貫也。

　　詩話類編三十二卷（直隸總督採進本）

　　明王昌會撰①。昌會字嘉侯，上海人。參議圻之孫也。是編摭拾諸詩話，參以小說，裒合成書。議論則不著其姓名，事實則不著其時代。又並不著出自何書。糅雜割裂，茫無體例。亦博而不精之學也。

【彙訂】

　　①“王昌會”，底本作“王昌曾”，據殿本改。明萬曆刻本此書題“云間嘉侯父王昌會纂輯”。又天啟元年松江府刻本《東吳水利考》十卷，題“明進士王圻元翰父纂，後學俞汝楫仲濟父、男王思義、孫王昌會校”。

　　堯山堂偶雋七卷（浙江鮑士恭家藏本）

　　明蔣一葵編。一葵有《堯山堂外紀》，已著錄。是書取前人比偶之文，自六朝迄宋、元，凡制誥、牋表、賦序、啟劄中名雋之句，及尋常應對俳語，次而錄之。蓋王銍《四六話》之類。然摭拾未廣，所採亦不盡工。

　　唐詩談叢一卷（編修程晉芳家藏本）

　　舊本題明胡震亨撰。震亨有《海鹽縣圖經》，已著錄。是書載曹溶《學海類編》中，實即《唐音癸籤》之文。《癸籤》凡分體、發微、評彙、樂通、詁箋、談叢、集錄七門。此摘其“談叢”一門，別立名目耳。

　　詩膾八卷（江蘇巡撫採進本）

　　明陳雲式撰。雲式字定之，錢塘人。是書凡分二十四類，皆雜採諸家詩話為之，而諱其出處。漫無持擇，亦無所考證。

綠天耕舍燕鈔四卷（兩淮鹽政採進本）

不著撰人名氏，但署曰雪疇子輯，不知何許人也。其書雜取明人論詩之語，綴合成編，無所發明考證。大旨排王、李而主鍾、譚。殆當萬曆、天啟之間《詩歸》盛行之後歟？

雅倫二十六卷（安徽巡撫採進本）①

明費經虞撰。其子密又增補之。經虞字仲若，新繁人。密有《燕峯文鈔》，已著錄。是書詳論歷代之詩，分源本、體調、格式、制作、合論、工力、時代、鍼砭、品衡、盛事、題引、瑣語、音韻十三門。自序稱以詩餘附後為十四，而目錄及書中皆無之。蓋欲為之而未成也。經虞著作不概見。密則以"大江流漢水，孤艇接殘春"一聯為王士禎所稱，有"十字須千古"之目。而編次此書，乃未為精密。如"源本類"中論詩句所始一條，乃摯虞《文章流別》之文，今尚載《太平御覽》中，而引為孔穎達《詩疏》。"葛天八闋"一條，乃劉勰《文心雕龍》之文，乃引為梅鼎祚《古樂苑》。《左傳》載渾良夫"被髮而譟"，乃"呼譟"之譟，而以"譟"為詩之一體，謂始於渾良夫。楊慎雖有《五言律祖》，然齊、梁但有永明體、宮體之名，無律之名。而以五言律詩始見齊、梁。排律之名始於楊士宏〔弘〕之《唐音》，古無是稱，而以為始見於唐。"體調類"中西崑誦唱，乃楊億、劉子儀諸人，億序可證。而以為西崑乃唐李義山、溫飛卿，又併韓偓入之，而段成式乃別立一體。王素有《效阮公體》詩，李商隱、杜牧均有《擬沈下賢體》詩②，以及宋末四靈、江湖諸體，明末竟陵、公安諸體，皆漏不載，而別撰一"才調體"。"格式類"中每一體選錄數篇，既非該舉其源流，又非簡擇其精粹，殊為挂漏。又因齊己《風騷旨格》，益為推衍，多立名目，而漫無根據③。"制作類"中所選名句,率摭拾詩話。然如何遜"金粟裏搔頭"句見黃伯思《東觀餘論》,乃引作考證,非謂此句之工。一概列之,殊未深考。所列對偶之法,尤繁碎。合論、工力、時代、鍼砭四類,亦皆雜取陳言。"品衡類"中分十六格,各選古詩以實之,而皆不愜當。"盛事類"中多挂漏,亦多泛濫。"題引類"中論近人製題不雅,頗中其病。然所引諸式,分類標目,實以古題,則多未愜當。"瑣語類"中皆經虞之筆記,閒有可取之語。大致於古宗滄浪,於近人宗弇州也。"音韻類"中冗瑣與格式門同,且即格式中之一,別出一門,亦無體例。其《禮部韻略》一卷,但有字而無註,題曰《雅論禮部韻略》,殆不成文④。觀其附記,蓋經虞有此言,而其孫錫瑛補入者。經虞又言,吳棫《補叶》、楊慎《轉註》亦當收採。而此本無之,則又不知何意也。大抵意欲求多⑤,而昧於持擇。如游藝《詩法入門》所載律詩平仄"一三五不論,二四六分明"之類,亦均收入。宜其勞而鮮功矣。

【彙訂】

①"雅倫",底本作"雅論",據清康熙四十九年刻本此書及殿本改。(杜澤遜:《四庫存目標注》)

②杜牧無《擬沈下賢體詩》,說詳卷一五〇"沈下賢集"條訂誤。

③"而漫無根據",殿本作"亦無所根據"。

④"題曰雅論禮部韻略,殆不成文",殿本無。

⑤"求",殿本無。

豔雪齋詩評二卷詞曲評一卷(編修勵守謙家藏本)

不著撰人名氏。《詩評》有崇禎己巳自序,《詞曲評》有崇禎戊辰自序,皆自署曰石公。其私印則名曰亭甍,字曰以召,其姓則不可考,不知何許人也①。是編雜採明人詩話、詞話,手錄成帙,非所自撰。大致以王世貞為圭臬,不出當時習氣也。

【彙訂】

① 此書國家圖書館所藏作者稿本,所鈐私印印文實為"高甍"二字。其中《詩評》二卷、《詞評》一卷為明高甍撰,《曲評》一卷為王世貞撰,說詳卷一一四"豔雪齋書品、畫苑、筆墨紙硯譜"條訂誤。

明人文斷_{無卷數}(浙江吳玉墀家藏本)

不著撰人名氏①。皆採掇前人論文之語,鈔錄而成。所引如《緯文瑣語》、《湖陰殘語》之類,今皆不傳,頗有足資考證者。然舛誤冗雜,亦復不少。如所引杜牧一條,不知為《李賀集》序,所言皆譬賀之詩,而誤以為泛論文章。則其由販鬻而來,不盡見本書可知矣。

【彙訂】

①《千頃堂書目》卷三二錄唐愚士《文斷》四卷,疑即是書。《萬姓統譜》卷四八載:"唐之淳,字愚士,以字行,山陰人……所著有《萍居稿》、《文斷》諸書。"《天一閣書目》亦載《文斷》一卷,題"明洪武庚申唐之淳著",則之淳為明初人,此書成於洪武十三年。(劉遠遊:《〈四庫提要〉補正》)

四六金鍼一卷(編修程晉芳家藏本)

國朝陳維崧撰。維崧有《兩晉南北集珍》,已著錄。此書載《學海類編》中。取元陳繹曾《文說》中所論四六之法,割剝成編①,頗為淺陋,必非維崧之筆。殆以維崧工於四六,故假其名。

猶《木天禁語》之託言范梈，《詩法家數》之託言楊載耳。

【彙訂】

①《文説》乃《文筌》之誤。（呂雙偉：《〈四六金鍼〉非陳維崧撰辨》）

蠖齋詩話二卷（江西巡撫採進本）

國朝施閏章撰。閏章有《矩齋雜記》，已著錄①。是編乃所著詩話也。閏章詩深婉蘊藉，世推作手，而詩話乃多可議。如顔真卿判楊志堅妻，李翺嫁韋應物女，李紳題放生池，胡釘鉸感夢能詩，廖有方葬胡秀珇，韓愈、孟郊友善，韓愈等獎進後輩，淳化中老妓詩，老叟改薩天錫詩，石介《慶曆聖德頌》②，艮岳詩讖，李後主題《金樓子》，劉長卿題詩不署姓，凡一十三條，皆直錄舊文，以為己語，殊不可解。至《劉貢父詩話》稱李商隱所咏《錦瑟》乃令狐楚青衣之名，説至無稽，而閏章取之；"松際露微月，清光猶為君"，乃常建《宿王昌齡隱居》詩，而誤作王維《灞橋》；無名氏《法帖》二詩下題"閒閒"二字，其為金趙秉文作無疑，而以為唐人。亦多失考。殆偶然劄記，不甚經意之作耶？

【彙訂】

①"已"，殿本作"别"。

②"慶曆聖德頌"，底本作"慶曆盛德頌"，據殿本改。《施愚山先生全集》本此書卷二"辭激取禍"條云："石介作《慶曆聖德頌》。"石介《徂徠集》卷一有《慶曆聖德頌》并序。

詩話八卷（浙江巡撫採進本）

國朝毛奇齡撰。奇齡有《仲氏易》，已著錄。是編多記其所自作及同時諸人倡和，亦閒及唐詩①。奇齡以考據為長，詩文直以才鋒用事，而於詩尤淺。其尊唐抑宋，未為不合。而所論宋詩，皆未見宋人得失，漫肆譏彈。即所論唐詩①，亦未造唐代藩籬，而妄相標榜。如詆李白，詆李商隱，詆柳宗元，詆蘇軾，皆務為高論，實茫然不得要領。第八卷中記姜仲子、姚季方謂奇齡貌似蘇軾像，又記乩仙以奇齡為軾後身。而奇齡皆以為辱，反覆詆軾數百言，併有"莫將今日扶乩畫，又認他人著屐圖"句，已為誕妄。至謂軾"不能實見理學之是非，於先聖授受之閒有所取正"，尤屬大言。百載以來，日久論定，有以理學宗傳屈指於奇齡者乎？

【彙訂】

① "唐詩"，殿本作"唐時"，誤。

棗林藝簀一卷（編修程晉芳家藏本）

國朝談遷撰。遷有《海昌外志》，已著錄。是編載曹溶所輯《學海類編》中，實遷《棗林雜俎》之一卷也。所談詩文，皆不出明人門徑。其載張弼推尊《洪武正韻》一條，尤為紕繆。

詩辨坻四卷（浙江汪汝瑮家藏本）

國朝毛先舒撰。先舒有《聲韻叢說》，已著錄。是編評歷代之詩。首為總論，次為經，次為逸，次為漢至唐，次為雜論，次為《學詩經錄》，次為《竟陵詩解駁議》，而終以詞曲。其曰"坻"者，揚雄稱所作《方言》："如鼠坻之與牛場，用則實五稼，飽邦民，不用遂為糞壤。"坻之於道，先舒取是義也。然先舒詩源出太倉、歷下，故宋、元皆置不論，而尤好為高論。如謂常建"深入強千里"句為不知句法，謂杜甫《詠懷古蹟》第五首"通章草草，'伯仲'二語，殊傷淵雅"，謂元結《欸乃曲》"傖父之狀，使人欲嘔"，謂李白《清平調》"雲想衣裳花想容"句"落填詞纖境。'若非'、'會向'，

居然滑調,‘一枝穠豔’、‘君王帶笑’,了無高趣”,又謂“胡應麟性
鶩多,故於宋、元詩俱評。然眼中能容如許塵物,即胸次可知”。
而上下千古,所鑄金呼佛者,則惟一李攀龍焉。

五代詩話十二卷(編修勵守謙家藏本)

國朝王士禎撰,宋弼等補緝。士禎有《古懽錄》,弼有《山左
明詩鈔》,均已著錄。是書士禎原稾,本草創未竟之本。弼所續
入,務求其博,體例遂傷冗雜。殊失士禎之初意,而挂漏者仍復
不免。後鄭方坤重為補正,乃斐然可觀①。是編精華,已盡為方
坤所採。方坤所不采者,皆糟粕矣。今錄方坤之本,而此本附存
其目。蓋二本皆非士禎之舊。而方坤學問賅洽,不由餖飣而來。
其凡例指摘此本之失,皆一一切中。故錄彼而置此焉。

【彙訂】

①　宋弼未作續補,且所編次之本在鄭方坤刪補本之後,説
詳卷一九六“五代詩話”條訂誤。

然脂集例一卷(山東巡撫採進本)

國朝王士祿撰。士祿有《讀史蒙拾》,已著錄。士祿嘗欲輯
古今閨閣之文為一書,取徐陵《〈玉臺新詠〉序》“然脂暝寫”之語
為名①。然陵所選乃豔歌,非女子詩,士祿蓋誤引也。其弟士禎
書其《年譜》後曰:“先生著書,惟《然脂集》二百三十餘卷,條目初
就。蓋為之而未成,僅存此例十條而已。”《隋志》有《婦人集》,其
書不傳。明以來選本至夥,猥雜殊甚。士祿此例差有條理,附存
其名於“詩文評”中②,俾來有考焉③。

【彙訂】

①　“玉臺新詠”,底本作“玉臺新吟”,據殿本改。

② 殿本"附"上有"故"字。

③ 殿本"來"下有"者"字。

圍鑪詩話八卷(江蘇巡撫採進本)①

國朝吳喬撰。喬字修齡,崑山人②。是書所論,如"意喻之米,文則炊而為飯,詩則釀而為酒。飯不變米形,酒則變盡。如《小弁》、《凱風》諸篇,斷不能以文章之道平直出之"。又謂"詩之中須有人在"。趙執信作《談龍錄》,皆深取其說。然統核全書,則偏駁特甚。大旨初尊長沙而排慶陽,又祖晚唐而擠兩宋③。氣質囂浮,欲以毒詈狂談劫伏俗耳。遂以王、李為牛咘驢鳴,而比陳子龍於王錫爵之僕夫。七子摹擬盛唐,誠不免於流弊,然亦各有根據。必斥之不比於人類,殊未得其平。至於賦、比、興三體並行,源於"三百"。緣情觸景,各有所宜。未嘗聞興、比則必優,賦則必劣。況唐人非無賦體,宋人亦非盡無比、興。遺詩具在,吾將誰欺?乃劃界分疆,誣宋人以比、興都絕,而所謂唐人之比、興者,實皆穿鑿附會,大半難通。即所最推之李商隱、韓偓二家,李則字字為令狐而吟,韓則句句為朱溫而發。平心而論,果盡如是哉?閻若璩《潛邱劄記》載喬自譽之言曰:"賀黃公《載酒園詩話》、馮定遠《鈍吟雜錄》及某《圍鑪詩話》,可稱談詩之三絕。"是何言歟④?

【彙訂】

①《江蘇採輯遺書目錄》有《圍鑪詩話》六卷,傳世各本均作六卷。(杜澤遜:《四庫存目標注》)

② 依《總目》體例,當作"喬有《西崑發微》,已著錄"。

③ "大旨初尊長沙而排慶陽又祖晚唐而擠兩宋",殿本作"又"。

④“是何言歟”，殿本作“過矣”。

漫堂説詩一卷（編修程晉芳家藏本）

國朝宋犖撰。犖有《滄浪小志》，已著錄。此書乃其説詩之語，載《學海類編》中。較曹溶所收偽妄詩話，猶為真本①。然犖已編入《西陂類稾》中矣。

【彙訂】

①“為”，殿本無。

説詩樂趣二十卷附偶詠草續集一卷（浙江巡撫採進本）

國朝伍涵芬撰。涵芬有《讀書樂趣》，已著錄。此書皆採摭前人詩話。《偶詠草續集》則所自作。以所撰《讀書樂趣》末有《偶詠草》，故此曰《續集》也。其書龐雜無緒，去取失倫。卷端所列引用書目，乖舛不一而足。則其於詩可知矣。涵芬《偶咏草》中有“僑居白下三山市，亂賣紫溪伍氏書”句①。蓋貧士刊鬻以自給，原不為著述計也。

【彙訂】

①“紫溪”，底本作“柴溪”，據殿本改。《偶咏草》中《華日堂書肆新成》詩原文作“紫溪”。

柳亭詩話三十卷（浙江鮑士恭家藏本）

國朝宋長白撰。長白原名俊，以字行，山陰人。是編成於康熙乙酉。自三代以迄近人，凡涉於詩者，多所記錄。時以己意品題，而議論考據多無根柢。猶明季山人之餘緒也。

原詩四卷（江蘇巡撫採進本）①

國朝葉燮撰。燮有《江南星野辨》，已著錄。是編乃其論詩之語。分內篇、外篇，又各分上、下。其大旨在排斥有明七子之摹擬，及糾彈近人之剽竊，其言皆深中癥結。而詞勝於意，雖極縱橫博辨之致，是作論之體，非評詩之體也。亦多英雄欺人之語。如曰："宋詩在工拙之外。其工處固有意求工，拙處亦有意為拙。若以工拙上下之，宋人不受也。"此論蘇、黃數家猶可，概曰宋人，豈其然乎？至謂謝靈運勝曹植，亦故為高論耳。

【彙訂】

①《總目》卷一八三已著錄葉燮撰《已畦集》二十一卷《原詩》四卷，此重出。

春秋詩話五卷（江蘇巡撫採進本）

國朝勞孝輿撰。孝輿字巨峯，一字阮齋，南海人。以貢生官鎮遠縣知縣。其書專取《春秋左氏傳》之言詩者集為五卷。一曰賦詩，如重耳賦《河水》、秦穆賦《六月》之類。二曰解詩，如郤至解《兔罝》，穆叔解《三夏》及《文王》、《鹿鳴》之類。三曰引詩，如鄭太子忽辭昏，引"自求多福"；陳敬仲辭卿，引"翹翹車乘"之類。四曰拾詩，乃古詩軼句，左氏拾而出之者，分賦、誦、謳、歌、謠、箴、銘、投壺詞、繇詞、諺、隱各名。五曰評詩，則為《吳公子觀樂》一篇。每條後各以所見附著之。既不同詮釋傳文，又非盡沿討詩義。編葺雖勤，殊無所取也。

鐵立文起二十二卷（浙江巡撫採進本）

國朝王之績撰。之績字懋功，宣城人。是書皆論作文之法，鐵立其齋名也。卷首曰《文體通論》。前編十二卷，自"序"至"七"，凡九十三種。後編十卷，自"王言"至"論判"，凡四十八種。大略採之《文章辨體》、《文體明辨》二書，而以己意參補之。然持議多偏,不能窺見要領。甚至以屠隆《溟海波恬賦》為勝於木華、郭璞,尤倒置矣。

　　學稼餘譚三卷(浙江巡撫採進本)

　　不著撰人名氏,前題云櫟社老人輯①。上卷曰《詩鵠》,中卷曰《詩考》,下卷曰《詩話》。其下卷又分一子卷。《詩考》、《詩話》皆採輯諸書而成,冗瑣特甚。《詩鵠》謂:"詩有南、北宗,《國風》'林有樸遫',南宗語也;'我心匪石'二句,北宗語也。"勦偽本賈島《二南密旨》之語,尤少持擇。又謂七言古為唐歌行之未成者,則更異矣。

【彙訂】

　　① 據《浙江採集遺書總錄》己集,乃明僉事海寧陳之伸撰,自署蘋川布衣或櫟社老人。(曹正元:《〈四庫全書總目提要〉偶證三十例》)

　　榕城詩話三卷(大理寺卿陸錫熊家藏本)

　　國朝杭世駿撰。世駿有《續方言》,已著錄。是編乃雍正壬子世駿以舉人充福建同考官所作,故以榕城為名。案雍正壬子、乙卯二科,皆以鄰省舉人充鄉試同考官,故世駿以甲辰舉人膺是任。謹附識於此。其論詩以王士禎為宗。故如馮舒、馮班、趙執信、龐塏、何焯諸人不附士禎者,皆深致不滿。於同時諸人無不極意標榜,欲以仿士禎諸雜著。然士禎善於選擇,每一集節取一二聯,往往可觀。世駿則未之能也。

　　右詩文評類八十五部,五百二十四卷,內一部無卷數。皆附存目。

卷一九八

集 部 五 十 一

詞 曲 類 一

　　詞、曲二體在文章、技藝之間。厥品頗卑，作者弗貴，特才華之士以綺語相高耳。然“三百篇”變而古詩，古詩變而近體，近體變而詞，詞變而曲，層累而降，莫知其然。究厥淵源，實亦樂府之餘音，風人之末派。其於文苑，同屬附庸①，亦未可全斥為俳優也。今酌取往例，附之篇終。詞、曲兩家又略分甲乙。詞為五類：曰別集，曰總集，曰詞話，曰詞譜、詞韻。曲則惟錄品題論斷之詞及《中原音韻》，而曲文則不錄焉。王圻《續文獻通考》以《西廂記》、《琵琶記》俱入“經籍類”中，全失論撰之體裁，不可訓也。

【彙訂】

① “同”，殿本作“尚”。

珠玉詞一卷（江蘇巡撫採進本）

　　宋晏殊撰。殊有《類要》，已著錄。陳振孫《書錄解題》載殊詞有《珠玉集》一卷。此本為毛晉所刻，與陳氏所記合，蓋猶舊本。《名臣錄》稱殊詞名《珠玉集》，張子野為之序。子野，張先字也。今卷首無先序，蓋傳寫佚之矣。殊賦性剛峻，而詞語特婉麗,故劉攽《中山詩話》謂:"元獻喜馮延巳歌詞,其所自作,亦不減延巳。"趙與旹《賓退錄》記殊幼子幾道嘗稱殊詞不作婦人語。今觀其集,綺豔之詞不少。蓋幾道欲重其父名,故作是言,非確論也。集中《浣溪沙・春恨》詞"無可奈何花落去,似曾相識燕歸來"二句,乃殊《示張寺丞、王校勘》七言律中腹聯,《復齋漫錄》嘗述之。今復填入詞內,豈自愛其造語之工,故不嫌復用耶? 考唐許渾集中"一尊酒盡青山暮,千里書回碧樹秋"二句,亦前後兩見,知古人原有此例矣。

　　樂章集一卷(江蘇巡撫採進本)

　　宋柳永撰。永初名三變,字耆卿,崇安人。景祐元年進士①,官至屯田員外郎,故世號柳屯田。葉夢得《避暑錄話》曰:"柳永為舉子時,多游狹斜,善為歌詞。教坊樂工每得新腔,必求永為詞,始行於世。余仕丹徒,嘗見一西夏歸朝官云:'凡有井水飲處,即能歌柳詞。'言其傳之廣也。"張端義《貴耳集》亦曰:"項平齋言:'詩當學杜詩,詞當學柳詞。杜詩、柳詞皆無表德,只是實説。'"云云。蓋詞本管絃冶蕩之音,而永所作旖旎近情,故使人易入。雖頗以俗為病,然好之者終不絕也。陳振孫《書錄解題》載其《樂章集》三卷②,今止一卷,蓋毛晉刊本所合併也③。宋詞之傳於今者④,惟此集最為殘闕。晉此刻亦殊少勘正,譌不勝乙。其分調之顯然舛誤者,如《笛家》"別久"二字,《小鎮西》"久離闕"三字,《小鎮西犯》"路迢遠"三字,《臨江仙》"蕭條"二字,皆係後段換頭。今乃截作前段結句。字句之顯然舛誤者,如尾犯之"一種芳心力","芳"字當作"勞"。《浪淘沙慢》之"幾度飲散歌闌","闌"字當作"闋";"如何時","如"字當作"知"。《浪淘沙令》

之"有一個人人"，"一"字屬衍；"促盡隨紅袖舉"，"促"字下闕"拍"字。《破陣樂》之"各明珠"，"各"字下脫"采"字。《定風波》之"拘束教吟咏"，"咏"字當叶韻作"和"字。《鳳歸云》之"霜月夜"，"夜"字下脫"明"字。《如魚水》之"蘭芷汀洲望中"，"中"字當作"裏"。《望遠行》之"亂飄僧舍，密灑歌樓"二句，上下倒置。《紅窗睡》之"如削肌膚紅玉瑩"句，已屬叶韻，下又誤增"峯"字。《河傳》之"露清江芳交亂"，"清"字當作"淨"⑤。《塞鴻》之"漸西風緊"，"緊"字屬衍。《訴衷情》之"不堪更倚木蘭"，"木蘭"二字當作"蘭橈"。《夜半樂》之"嫩紅光數"，"光"字當作"無"；"金斂爭笑賭"⑥，"斂"字當作"釵"。萬樹作《詞律》，嘗駁正之，今並從其説⑦。其必不可通者，則疑以傳疑，姑仍其舊焉。

【彙訂】

① 明嘉靖《建寧府志》卷十五"選舉"條"宋景祐元年甲辰張唐卿榜"云："柳三變……與兄三復、三接皆工文藝，號'柳氏三絶'。"三兄弟均以"三"字為名，則初名"三變"無疑，乃取義於《論語·子張》："君子有三變：望之儼然，即之也溫，聽其言也厲。"儼者，莊重之謂也，故字"景莊"。後改名"永"，字"耆卿"，"永"、"耆"都有長壽延年之意。此條應改作"永字耆卿，初名三變，字景莊"。（曾大興：《〈中國大百科全書·中國文學卷〉"柳永"條辨正》）

② 輯本《直齋書錄解題》卷二十一"歌詞類"載《樂章集》九卷。（夏承燾：《四庫全書詞籍提要校議》）

③ "也"，殿本無。

④ 殿本"宋"下有"人"字。

⑤ "作"，殿本作"改"。

⑥“爭笑”,底本作“笑爭”,據原詞及殿本乙。

⑦“闋”字屬第十八部韻,而柳詞用韻,第十七部與第十八部甚分明,不應有此例外。《彊村叢書》本亦作“闌”。詞體本有倒平仄之例,《望遠行》“亂飄僧舍,密灑歌樓”二句不誤。以《彊村叢書》本校毛刊譌處:《破陣樂》“各明珠”句,“各”字下脫“委”而非“采”;《定風波》“拘束教吟咏”句,“咏”是“課”誤,非“和”誤;《鳳歸云》之“霜月夜”句,“夜”下脫“涼”而非“明”;《如魚水》“蘭芷汀洲望中”句,“中”字不誤;《河傳》“露清江芳交亂”句,“露”下是“漬紅”而非“淨江”;《訴衷情》“不堪更倚木蘭”句,“木蘭”是“危闌”之譌,而非“蘭棹”。《詞律》臆改,皆不可從。(夏承燾:《四庫全書詞籍提要校議》)

安陸集一卷附錄一卷(兵部侍郎紀昀家藏本)①

宋張先撰。案仁宗時有兩張先,皆字子野。其一博州人,樞密副使張遜之孫,天聖三年進士,官至知亳州,卒於寶元二年,歐陽修為作《墓誌》者是也②。其一烏程人,天聖八年進士,官至都官郎中,即作此集者是也。《道山清話》竟以博州張先為此張先,誤之甚矣。張鐸《湖州府志》稱先有文集一百卷,惟樂府行於世。《宋史·藝文志》載先詩集二十卷。陳振孫《〈十詠圖〉跋》稱:“偶藏子野詩一帙,名《安陸集》,舊京本也。鄉守楊嗣翁見之,因取刻之郡齋。”云云。案,此跋載周密《齊東野語》。則振孫時其集尚存。然振孫作《直齋書錄解題》,乃惟載《張子野詞》一卷,而無其詩集,殊不解其何故也。自明以來,並其詞集亦不傳。故毛晉刻《六十家詞》,獨不及先。此本乃近時安邑葛鳴陽所輯,凡詩八首,詞六十八首。其編次雖以詩列詞前,而為數無幾。今從其多者為主，錄之於“詞曲類”中。考《蘇軾集》有《題張子野詩集後》曰：“子野詩筆老妙，歌詞乃其餘技耳。《華州西溪》詩云：‘浮萍破處見山影，野艇歸時聞草聲。’案《石林詩話》、《瀛奎律髓》，“草聲”並誤作“棹聲”。近時安邑葛氏刊本據《漁隱叢話》改正，今從之。與余和詩云：‘愁似鰥魚知夜永，懶同蝴蝶為春忙。’若此之類，皆可以追配古人，而世俗但稱其歌詞。昔周昉畫人物，皆入神品，而世俗但知有周昉士女。皆所謂‘未見好德如好色者’歟?”云云。然軾所舉二聯，皆涉纖巧。自此二聯外，今所傳者惟《吳江》一首稍可觀。然“欲圖江色不上筆，靜覓鳥聲深在蘆”一聯，亦有纖巧之病。平心而論，要為詞勝於詩，當時以“張三影”得名，殆非無故。軾所題跋，當由好為高論，未可據為定評也。

【彙訂】

①“附錄一卷”，文淵閣庫書及殿本皆無。

② 天聖三年無進士科。歐陽修《居士集》卷二七《張子野墓誌銘》作“天聖二年舉進士”，《墓誌銘》又云：“知亳州鹿邑縣。寶元二年二月乙未，以疾卒於官。”則官僅至知縣。（楊武泉：《四庫全書總目辨誤》）

六一詞一卷（江蘇巡撫採進本）①

宋歐陽修撰。修有《詩本義》，已著錄。其詞陳振孫《書錄解題》作一卷。此為毛晉所刻，亦止一卷，而於總目中注原本三卷。蓋廬陵舊刻兼載樂語，分為三卷。晉刪去樂語，仍併為一卷也。曾慥《〈樂府雅詞〉序》有云：“歐公一代儒宗，風流自命，詞章窈眇，世所矜式。乃小人或作豔曲，謬為公詞。”蔡絛《西清詩話》云：“歐陽修之淺近者，謂是劉煇偽作。”《名臣錄》亦云：“修知貢

舉,為下第舉子劉煇等所忌,以《醉蓬萊》、《望江南》誣之。"則修
詞中已雜他人之作②。又元豐中崔公度跋馮延巳《陽春錄》,謂:
"其閒有誤入《六一詞》者。"則修詞又或竄入他集。蓋在宋時已
無定本矣。晉此刻亦多所釐正。然諸選本中有梅堯臣《少年游》
"闌干十二獨憑春"一首,吳曾《能改齋漫錄》獨引為修詞。且云:
"不惟聖俞、君復二詞不及,雖求諸唐人溫、李集中,殆難與之為
一。"則堯臣當別有詞,此詞斷當屬修。晉未收此詞,尚不能無所
闕漏。又如《越溪春》結語"沈麝不燒金鴨,玲瓏月照梨花",係六
字二句。集內尚沿坊本誤"玲"為"冷"、"瓏"為"籠",遂以七字為
句。是校讎亦未盡無譌③。然終較他刻為稍善,故今從其本焉。

【彙訂】

① 底本此條與文淵閣庫書次序不符。文淵閣庫書與殿本
均置於"樂章集一卷"條之前。

② 據江休復《江鄰幾雜誌》(《澮南遺老集》卷三三引)、沈括
《夢谿筆談》卷九載,劉煇雖曾遭歐陽修黜落,但兩年後又被歐陽
修親擢為殿試第一,"偽作豔曲誣之"云云,恐係後人臆斷。(陳
尚君:《歐陽修著述考》)

③ 兩宋本《歐陽文忠公全集》此句皆作上七下五讀。朱彝
尊《詞綜》不知據何誤本,"冷籠"二字作"玲瓏",或出周青士意
校。館臣沿襲其誤。(饒宗頤:《詞集考》)

東坡詞一卷(江蘇巡撫採進本)

宋蘇軾撰。軾有《易傳》,已著錄。《宋史·藝文志》載軾詞
一卷,《書錄解題》則稱《東坡詞》二卷。此本乃毛晉所刻,後有晉
跋云:"得金陵刊本,凡混入黃、晁、秦、柳之作,俱經芟去。"然刊

削尚有未盡者。如開卷《陽關曲》三首，已載入詩集之中，乃餞李
公擇絕句。其曰"以《小秦王》歌之"者，乃唐人歌詩之法，宋代失
傳。惟《小秦王》調近絕句，故借其聲律以歌之，非別有詞調謂之
《陽關曲》也。使當時有《陽關曲》一調，則必自有本調之宮律，何
必更借《小秦王》乎？以是收之詞集，未免泛濫。至集中《念奴
嬌》一首，朱彝尊《詞綜》據《容齋隨筆》所載黃庭堅手書本，改"浪
淘盡"為"浪聲沈"，"多情應笑我早生華髮"為"多情應是我笑生
華髮"，因謂"浪淘盡"三字於調不協，"多情"句應上四下五。然
考毛开此調，如"算無地"、"闔風頂"，皆作仄平仄，豈可俱謂之未
協？石孝友此調云："九重頻念此，袞衣華髮。"周紫芝此調云：
"白頭應記得，尊前傾蓋。"亦何嘗不作上五下四句乎？又趙彥衛
《雲麓漫鈔》辨《賀新涼》詞版本"乳燕飛華屋"句，真跡"飛"作
"樓"；《水調歌》詞版本"但願人長久"句，真跡"願"作"得"，指為
妄改古書之失。然二字之工拙，皆相去不遠。前人著作，時有改
定，何以定以真跡為斷乎？晉此刻不取洪、趙之説，則深為有見
矣。詞自晚唐、五代以來，以清切婉麗為宗。至柳永而一變，如
詩家之有白居易。至軾而又一變，如詩家之有韓愈，遂開南宋辛
棄疾等一派。尋源溯流，不能不謂之別格，然謂之不工則不可。
故至今日，尚與花閒一派並行而不能偏廢。曾敏行《獨醒雜志》
載軾守徐州日，作《燕子樓》樂章。其槀初具，邏卒已聞張建封廟
中有鬼歌之。其事荒誕不足信。然足見軾之詞曲，輿隸亦相傳
誦，故造作是説也。

山谷詞一卷（江蘇巡撫採進本）

宋黃庭堅撰。庭堅有《山谷集》，已著錄。此其別行之本也。

《宋史·藝文志》載庭堅《樂府》二卷,《書錄解題》則載《山谷詞》一卷,蓋宋代傳刻已合併之矣。陳振孫於"晁无咎詞"條下引補之語曰[①]:"今代詞手,惟秦七、黃九。他人不能及也。"於此集條下又引補之語曰:"魯直閒作小詞固高妙,然不是當行家語,自是著腔子唱好詩。"二說自相矛盾。考"秦七、黃九"語在《後山詩話》中,乃陳師道語[②],殆振孫誤記歟? 今觀其詞,如《沁園春·望遠行》,《千秋歲》第二首,《江城子》第二首,《兩同心》第二首、第三首,《少年心》第一首、第二首,《醜奴兒》第二首,《鼓笛令》四首,《好事近》第三首,皆褻譚不可名狀。至於《鼓笛令》第三首之用"躠"字,第四首之用"屄"字,皆字書所不載,尤不可解。不止補之所云"不當行"已也。顧其佳者則妙脫蹊徑,迥出慧心,補之"著腔好詩"之說頗為近之。師道以配秦觀,殆非定論。觀其《兩同心》第二首與第三首,《玉樓春詞》第一首與第二首,《醉蓬萊》第一首與第二首,皆改本與初本並存。則當時以其名重,片紙隻字,皆一概收拾,美惡雜陳,故至於是。是固宜分別觀之矣。陸游《老學菴筆記》辨其《念奴嬌》詞"老子平生,江南江北,愛聽臨風笛"句,俗本不知其用蜀中方音,改"笛"為"曲"以叶韻。今考此本仍作"笛"字,則猶舊本之未經竄亂者矣。

【彙訂】

　　①"條",底本作"調",據《直齋書錄解題》卷二十一"晁无咎詞"條及殿本改。

　　②"語",殿本作"撰"。

　　淮海詞一卷(浙江巡撫採進本)

　　宋秦觀撰。觀有《淮海集》,已著錄。《書錄解題》載《淮海

詞》一卷,而傳本俱稱三卷①。此本為毛晉所刻,僅八十七調,裒
為一卷。乃雜採諸書而成,非其舊帙。其總目註“原本三卷”,特
姑存舊數云爾。晉跋雖稱訂譌搜遺,而校讎尚多疏漏。如集內
《長相思·鐵甕城高》一闋,乃用賀鑄韻,尾句作“鴛鴦未老否”,
《詞匯》所載則作“鴛鴦未老綢繆”。考當時楊无咎亦有此調,與
觀同賦,註云:“用方回韻。”其尾句乃“佳期永卜綢繆”,知《詞匯》
為是矣②。又《河傳》一闋尾句作“悶損人,天不管”。考黃庭堅
亦有此調,尾句作“好殺人,天不管”,自註云:“因少游詞,戲以
‘好’字易‘瘦’字。”是觀原詞當是“瘦殺人,天不管”,“悶損”二字
為後人妄改也③。至“喚起一聲人悄”一闋,乃在黃州詠海棠作,
調名《醉鄉春》,詳見《冷齋夜話》。此本乃闕其題,但以三方空記
之,亦為失考。今並釐正,稍還其舊。觀詩格不及蘇、黃,而詞則
情韻兼勝,在蘇、黃之上。流傳雖少,要為倚聲家一作手。宋葉
夢得《避暑錄話》曰:“秦少游亦善為樂府,語工而入律,知樂者謂
之作家歌。”蔡絛《鐵圍山叢談》亦記:“觀壻范溫常預貴人家會。
貴人有侍兒喜歌秦少游長短句,坐閒略不顧溫。酒酣懽洽,始問
此郎何人。溫遽起叉手對曰:‘某乃“山抹微云”女壻也。’聞者絕
倒。”云云。夢得,蔡京客,絛,蔡京子,而所言如是。則觀詞為當
時所重可知矣。

【彙訂】

①《淮海詞》版本有單詞本與全集本兩種。《直齋書錄解
題》歌詞類錄長沙(坊)刻《淮海集》一卷,乃單刻,不經見。別集
類又錄《淮海集》四十卷、《後集》六卷、《長短句》三卷,明清兩代,
覆刊頗多,其《長短句》並作上、中、下三卷。(饒宗頤:《詞
集考》)

②《長相思·鐵甕城高》一闋,實賀鑄詞誤入秦觀集。今《彊村叢書》本《賀方回詞》卷一載此首,名《望揚州》,尾句作"幸于飛鴛鴦未老,不應同是悲秋"。毛本蓋脫去下五字。楊无咎《逃禪詞》用賀鑄韻《長相思》,尾句作"問何時佳期卜夜,綢繆",綢繆下亦脫四字,《詞匯》誤以无咎殘句校此詞,遂妄改作"鴛鴦未老綢繆"。(夏承燾:《四庫全書詞籍提要校議》)

③ 此句殘宋本《淮海長短句》亦作"悶損人,天不管",或出秦觀自定。(同上)

書舟詞一卷(安徽巡撫採進本)

宋程垓撰。垓字正伯,眉山人。其家有擬舫名書舟,見本集詞註。《古今詞話》謂:"號虛舟。"蓋字誤也。《書錄解題》載垓《書舟詞》一卷,傳本或作《書舟雅詞》二卷,而《宋史·藝文志》乃作"陳正伯《書舟雅詞》十一卷",則又誤"程"為"陳",誤"二"為"十一"矣。此本為毛晉所刻,仍作一卷。前有王俁序,與《書錄解題》所載合。序云尚書尤袤曾稱其文過於詩詞。今其詩文無可考,而詞則頗有可觀。楊慎《詞品》最稱其《酷相思》、《四代好》、《折秋英》數闋。蓋垓與蘇軾為中表,耳擩目染,有自來也①。集內《攤破江神子》"娟娟霜月又侵門"一闋,諸刻多作康與之《江城梅花引》,僅字句小有異同。此調相傳為前半用《江城子》,後半用《梅花引》,故合云《江城梅花引》。至過變以下,則兩調俱不合②。考《詞譜》載《江城子》亦名《江神子》,應以名《攤破江神子》為是。詳其句格,亦屬垓本色。其題為康作,當屬傳譌。又卷末毛晉跋,《意難忘》、《一翦梅》諸闋,俱定為蘇作,悉行删正。今考《東坡詞》內已增入《意難忘》一首,而《一翦梅》尚未載入。其詞亦仍載此集中，未嘗刊削。然數詞語意淺俚，在垓亦非佳製，可信其必非軾作。晉之所云，未詳何所據也。

【彙訂】

① 程垓與蘇軾為中表之說，始於楊慎《詞品》。案王偁序明題“紹熙甲寅”，乃南宋孝宗年號，謂“正伯方為當塗諸公以制舉論薦”，是作序時程垓尚健在，絕非蘇軾中表。據周密《齊東野語》卷十三《老蘇族譜記》，蘇軾有表弟程正輔字子才，乃軾母之姪。（夏承燾：《四庫全書詞籍提要校議》）

② “則”，殿本作“並”。

小山詞一卷（江蘇巡撫採進本）

宋晏幾道撰。幾道字叔原，號小山。殊之幼子，監潁昌許田鎮。熙寧中，鄭俠上書下獄，悉治平時所往還厚善者，幾道亦在其中。從俠家搜得其詩，裕陵稱之，始得釋。事見《侯鯖錄》。黃庭堅《〈小山集〉序》曰：“其樂府可謂狹邪之大雅，豪士之鼓吹。其合者《高唐》、《洛神》之流，其下者豈減《桃葉》、《團扇》哉？”又《古今詞話》載程叔微之言曰：“伊川聞人誦叔原詞：‘夢魂慣得無拘檢，又踏楊花過謝橋。’曰鬼語也。意頗賞之。”然則幾道之詞固甚為當時推挹矣。馬端臨《文獻通考》載《小山詞》一卷，並錄黃庭堅全序。此本佚去，惟存無名氏跋後一篇。據其所云，似幾道詞本名《補亡》，以為補樂府之亡①。單文孤證，未敢遽改，姑仍舊本題之。至舊本字句，往往譌異。如《泛清波摘遍》一闋“暗惜光陰恨多少”句，此於“光”字上誤增“花”字，衍作八字句。《詞匯》遂改“陰”作“飲”，再誤為“暗惜花光飲恨多少”。如斯之類，殊失其真，今併訂正焉。

【彙訂】

①《碧雞漫志》卷二云："晏叔原歌詞原名《樂府補亡》，自序曰：'嘗思感物之情，古今不異；竊謂篇中之意，昔人定已不遺，第今無傳耳。故今所制，通以《補亡》名之。'"則所謂"無名氏跋後"者，實是幾道自序。（余嘉錫：《四庫提要辨證》）

晁无咎詞六卷（江蘇巡撫採進本）

宋晁補之撰。補之有《雞肋集》，已著錄。是集《書錄解題》作一卷，但稱《晁无咎詞》。《柳塘詞話》則稱其詞集亦名《雞肋》，又稱補之常自銘其墓，名《逃禪詞》。考楊補之亦字无咎，其詞集名曰《逃禪》。不應名字相同，集名亦復蹈襲，或誤合二人為一歟？此本為毛晉所刊，題曰《琴趣外篇》。其跋語稱："詩餘不入集中，故名《外篇》。"又分為六卷，與《書錄解題》皆不合，未詳其故。卷末《洞仙歌》一首，為補之大觀四年之絕筆，則舊本不載，晉摭黃昇《花菴詞選》補錄於後者也。補之為蘇門四學士之一，集中如《洞仙歌》第二首填盧仝詩之類，未免效蘇軾檃括《歸去來詞》之顰。然其詞神姿高秀，與軾實可肩隨。陳振孫於《淮海詞》下記補之之言曰："少游詞如'斜陽外，寒鴉數點，流水繞孤村'，雖不識字人，亦知是天生好言語。"觀所品題，知補之於此事特深，不但詩文之擅長矣。刊本多譌，今隨文校正。其《引駕行》一首，證以柳永《樂章集》及集內《春雲輕鎖》一首，實佚其後半。無從考補，今亦仍之①。至《琴趣外篇》，宋人中如歐陽修、黃庭堅、晁端禮、葉夢得四家詞皆有此名，並補之此集而五②，殊為淆混。今仍題曰《晁无咎詞》，庶相別焉。

【彙訂】

①《引駕行》下片,今宋本晁氏《琴趣外篇》不缺,可據之補毛本。(夏承燾:《四庫全書詞籍提要校議》)

② 現知詞集名曰《琴趣》的宋詞作家有十:歐陽修、晏幾道、黃庭堅、秦觀、晁端禮、晁補之、葉夢得、真德秀、趙彥端、趙彥侯。(鄧子勉:《宋金元詞籍文獻研究》)

姑溪詞一卷(安徽巡撫採進本)

宋李之儀撰。之儀有《姑溪集》,已著錄。《書錄解題》載《姑溪詞》一卷。此本為毛晉刊,凡四十調,共八十有八闋。之儀以尺牘擅名,而其詞亦工,小令尤清婉峭蒨,殆不減秦觀。晉跋謂:"《花菴詞選》未經採入,有遺珠之嘆。"其說良是。疑當時流傳未廣,黃昇偶未見之,未必有心於删汰。至所稱"鴛衾半擁空床月"、"步懶恰尋床,臥看游絲到地長"、"時時浸于心頭潤①,受盡無人知處涼"諸句,亦不足盡之儀所長。則之儀之佳處,晉亦未能深知之也。其和陳瓘、賀鑄、黃庭堅諸詞,皆列原作於前,而己詞居後。唱和並載,蓋即《謝朓集》中附載王融詩例。使贈答之情,彼此相應,足以見措詞運意之故,較他集體例為善。所載庭堅《好事近》後闋"負十分蕉葉"句,今本《山谷詞》"蕉葉"誤作"金葉",亦足以互資考證也。

【彙訂】

①"潤"當作"熨",文淵閣《四庫》本書前提要不誤。

東堂詞一卷(江蘇巡撫採進本)

宋毛滂撰。滂有《東堂集》,已著錄。此詞一卷,載於馬端臨《經籍考》,與今本相合。蓋其文集久佚,今乃裒錄成帙。其詞集則別本孤行，幸而得存也。端臨又引《百家詩序》，稱其罷杭州法曹時，以贈妓詞“今夜山深處，斷魂分付潮回去”句見賞於蘇軾①。其詞為《惜分飛》，今載集中。然集中有“太師生辰”詞數首，實為蔡京而作。蔡絛《鐵圍山叢談》載其父柄政時，滂獻一詞甚偉麗，驟得進用者，當即在此數首之中。則滂雖由軾得名，實附京以得官。徒擅才華，本非端士。方回《瀛奎律髓》乃以為守正之士，蓋偶未及考。其詞則情韻特勝。陳振孫謂滂他詞雖工，終無及蘇軾所賞一首者，亦隨人作計之見，非篤論也。其文集、詞集並稱“東堂”者，滂令武康時改盡心堂為東堂。集中《驀山溪》一闋，自註其事甚悉云。

【彙訂】

① 毛滂與蘇軾元豐間已相識，説詳卷一五五“東堂集”條訂誤。

溪堂詞一卷（安徽巡撫採進本）①

宋謝逸撰。《宋史·藝文志》載逸有集二十卷，《溪堂詩》五卷，歲久散佚。今已從《永樂大典》中蒐輯成編，已著錄。《書錄解題》別載《溪堂詞》一卷。今刊本一卷，末有毛晉跋，稱：“既得《溪堂全集》，末載樂府一卷，遂依其章次就梓。”蓋其集明末尚未佚，晉故得而見之也。逸以詩名宣、政間。然《復齋漫錄》載其嘗過黃州杏花村館，題《江神子》一闋於驛壁，過者必索筆於驛卒。卒苦之，因以泥塗焉。其詞亦見重一時矣。是作今載集中，語意清麗，良非虛美。其他作亦極鍛鍊之工。卷首有序，署“漫叟”而不名。其所稱“黛淺眉痕沁，紅添酒面潮”二句，乃《菩薩蠻》第一闋中句；“魚躍冰池拋玉尺，雲橫石嶺拂鮫綃”，乃《望江南》第二闋中句。然"紅潮登頰醉檳榔"本蘇軾語,"魚躍練江拋玉尺"亦王令語,皆剿竊前輩舊文,不為佳句。乃獨摘以為極工,可謂舍長而取短,殊非定論。晉跋語又載《花心動》一闋,謂出近來吳門鈔本,疑是贗筆。乃沈天羽作《續詞譜》,獨收此詞。朱彝尊《詞綜》選逸詞,因亦首登是闋。考宋人詞集,如史達祖、周邦彥、張元幹、趙長卿、高觀國諸人皆有此調。其音律平仄,如出一轍。獨是詞隨意填湊,頗多失調,措語尤鄙俚不文。其為贗作,蓋無疑義。晉刊此集,削而不載,特為有見。今亦不復補入,庶免魚目之混焉。

【彙訂】

① 底本此條與文淵閣庫書次序不符。文淵閣庫書與殿本均置於"東堂詞一卷"條之前。

片玉詞二卷補遺一卷(浙江巡撫採進本)

宋周邦彥撰。邦彥字美成,錢塘人。元豐中獻《汴都賦》,召為太樂正。徽宗朝仕至徽猷閣待制,出知順昌府,徙處州卒。自號清真居士。《宋史·文苑傳》稱:"邦彥疏儁少檢,不為州里推重。好音樂,能自度曲,製樂府長短句,詞韻清蔚。"《藝文志》載《清真居士集》十一卷。蓋其詩文全集久已散佚,其附載詩餘與否,不可復考。陳振孫《書錄解題》載其詞有《清真集》二卷,《後集》一卷。此編名曰"片玉",據毛晉跋,稱為宋時刊本所題。原作二卷,其《補遺》一卷則晉採各選本成之。疑舊本二卷即所謂《清真集》,晉所掇拾乃其後集所載也①。卷首有強煥序,與《書錄解題》所傳合。其詞多用唐人詩句隱括入調,渾然天成②。長篇尤富豔精工,善於鋪敍。陳郁《藏一話腴》謂其以樂府獨步,貴人、學士、市儈、妓女皆知其詞為可愛,非溢美也。又邦彥本通音律,下字用韻皆有法度。故方千里和詞一一案譜填腔,不敢稍失尺寸。今以兩集互校,如《隔浦蓮近拍》"金丸落驚飛鳥"句③,毛本註云:"案譜,此處宜三字二句。"然千里詞作"夷猶終日魚鳥",則周詞本是"金丸驚落飛鳥",非三字二句。又《荔枝香近》"兩兩相依燕新乳"句,止七字。千里詞作"深澗斗瀉飛泉灑甘乳"句,凡九字。觀柳永、吳文英二集,此調亦俱作九字句,不得謂千里為誤。則此句尚脫二字。又《玲瓏四犯》"細念想夢魂飛亂"句七字,毛本因舊譜誤脫"細"字,遂註曰:"案譜,宜是六言。"不知千里詞正作"顧鬢影翠雲零亂"七字,則此句"細"字非衍文。又《西平樂》"爭知向此征途,區區佇立塵沙",二句共十二字,千里和云:"流年迅景,霜風敗葦驚沙。"止十字,則此句實誤衍二字④。至於《蘭陵王》尾句"似夢裏淚暗滴",六仄字成句。觀史達祖此調,此句作"欲下處似認得",亦止用六仄字,可以互證。毛本乃於"夢"字下增一"魂"字,作七字句,尤為舛誤。今並釐正之。據《書錄解題》,有曹杓字季中,號一壺居士者,曾註《清真詞》二卷。今其書不傳。

【彙訂】

① 士禮居藏陳元龍注本《片玉集》十卷,卷首劉肅序末題"時嘉定辛未杪臘",則陳元龍、劉肅皆宋人,"片玉"之名實起於南宋。毛晉跋所云未誤。(夏承燾:《四庫全書詞籍提要校議》)

② 周邦彥詞中櫽括唐詩成句或全詩意境共五十餘處,但化用六朝詩亦有二十餘條,先秦漢魏詩近十處,亦可見當朝名人如歐陽修、魏夫人、柳永、蘇軾、黃庭堅、魏野、晏幾道、鄭文寶之詩詞句。(孫虹、王麗梅:《〈清真集校注〉對陳元龍注〈片玉集〉的

突破——兼論體現宋代文化精神的周邦彥詞語言風格》）

③“金丸落驚飛鳥”，底本作“金丸驚落飛鳥”，據殿本改。

④“金丸落驚飛鳥”句，各本皆同，無作“金丸驚落飛鳥”者。吳文英、趙聞禮所作皆為三字二句，與周詞字聲句法皆同。陳允平、高觀國所作雖句法不同，而字聲無異。惟方萬里誤以“落驚”為“驚落”，其後楊澤民、陸游、趙彥端、史達祖諸家皆從方體。“兩兩相依燕新乳”句，毛刊本上有“看”字，非七字句。《西平樂》“爭知向此，征途區區，佇立塵沙”二句，“區區”陳元龍注本、元巾箱本作“迢遞”。各家有作十二字三句者，亦有作十字二句者。（夏承燾：《四庫全書詞籍提要校議》）

初寮詞一卷（安徽巡撫採進本）

宋王安中撰。安中有《初寮集》，已著錄。其為人反覆炎涼，雖不足道。然才華富豔，亦不可掩。《花菴詞選》載其詞，如《小重山》之“椽燭垂珠清漏長，庭留春筍緩飛觴”，《蝶戀花》之“翠霧縈紆消篆印，笛聲恰度秋鴻陣”等句，皆為當世所稱。就文論文，亦南、北宋間佳手也。《書錄解題》載《初寮詞》一卷，與今本合。考集內《安陽好》九闋，吳曾《能改齋漫錄》稱：“韓魏公皇祐初鎮維揚，曾作《維揚好》詞四章。其後熙寧中罷相鎮安陽，復作《安陽好》十章。人多傳之。”云云。據曾所錄之一首，即此集內“形勝魏西州”一首。安陽為魏郡地，安中未曾鎮彼。似此詞宜屬韓琦，顯然誤入①。殆又經後人裒輯，非陳氏所見原本矣。疑以傳疑，姑存之以備考證焉。

【彙訂】

① 詞中“王謝族”、“世多賢”、“相君園”等語，若謂韓琦所

作,豈不自夸? 又如"兩世風流今可見"、"曾映兩貂蟬"、"簪綬看家傳"、"喬木幾春秋",直似徽宗初,韓忠彥拜尚書僕射後,他人獻頌之詞。又"來勸學"、"泮水戲儒官"等語,作者似是相州學官,且此闋後之《小重山》題云"相州榮歸池上作",則不得謂王安中未曾到安陽。(饒宗頤:《詞集考》)

友古詞一卷(安徽巡撫採進本)

宋蔡伸撰。伸字伸道,莆田人。襄之孫,自號友古居士。宣和中,官彭城倅,歷官左中大夫。《書錄解題》載伸《友古詞》一卷,此本卷數相合。伸嘗與向子諲同官彭城漕屬,故屢有贈子諲詞。而子諲《酒邊詞》中所載倡酬人姓氏甚夥,獨不及伸,未詳其故。伸詞固遜子諲,而才致筆力亦略相伯仲。即如《南鄉子》一闋,自註云:"因向詞有'憑書續斷腸'句而作。"今考向詞乃《南歌子》,以伸詞相較,其婉約未遽相遜也。毛晉刊本頗多疏舛。如《飛雪滿群山》一詞,晉註云:"又名《扁舟尋舊約》。"不知此乃後人從本詞後闋起句改名,非有異體,亦不應即以名本詞。《惜奴嬌》一調,晉註云:"一作《粉蝶兒》。"不知《粉蝶兒》另有一調,與《惜奴嬌》判然不同。至《青玉案·和賀方回韻》,前闋"處"字韻譌作"地"字。賀此調南宋諸人和者不知凡幾,晉不能互勘其誤,益為失考矣。

和清真詞一卷(安徽巡撫採進本)

宋方千里撰。千里,信安人,官舒州簽判。李袞《宋藝圃集》嘗錄其《題真源宮》一詩,其事蹟則未之詳也。此集皆和周邦彥詞。邦彥妙解聲律,為詞家之冠。所製諸調,不獨音之平仄宜遵,即仄字中上、去、入三音亦不容相混。所謂分刌節度,深契微

芒。故千里和詞，字字奉為標準。今以兩集相校，中有調名稍異
者。如《浣溪沙》，目錄與周詞相同，而調則誤作《浣沙溪》①。
《荔枝香》，周詞作《荔枝香近》，吳文英《夢窗藁》亦同，此集獨少
"近"字。《浪淘沙》，周詞作《浪淘沙慢》。蓋《浪淘沙》製調之始，
皇甫松惟七言絕句，李後主始用雙調，亦止五十四字。周詞至百
三十三字之多，故加以"慢"字。此去"慢"字，即非此調。蓋皆傳
刻之譌，非千里之舊。又其字句互異者，如《荔枝香》第二調前闋
"是處池館春徧"，周詞作"但怪燈偏簾卷"。不惟音異，平仄亦
殊。《霜葉飛》前闋"自徧拂塵埃，玉鏡羞照"句，止九字，周詞作
"又透入、清輝半响，特地留照②"，共十一字，則和詞必上脫二
字。《塞垣春》前闋結句"短長音如寫"句，止五字，周詞作"一懷
幽恨如寫"，乃六字句，則和詞亦脫一字。後闋"滿堆襟袖"，周詞
作"兩袖珠淚"，則第二字不用平聲，和詞當為"堆滿襟袖"之誤。
《三部樂》前闋"天際留殘月"句，止五字，周詞作"何用交光明
月"，亦六字句，則和調又脫一字③。若《六醜》之分段，以"人閒
春寂"句屬前半闋之末，周詞刊本亦同。然證以吳文英此調，當
為過變之起句。則兩集傳刻俱譌也④。據毛晉跋，樂安楊澤民
亦有《和清真詞》，或合為《三英集》刊行。然晉所刻六十一家之
內無澤民詞，又不知何以云然矣。

【彙訂】

①"調"，殿本作"題"。

②"又透入清輝半响特地留照"，殿本作"透入清輝半晌特
地留殘照"，誤。參《清真詞》卷上原詞。

③"調"，殿本作"詞"。

④據《欽定詞譜》，方千里所和為《霜葉飛》另一體，楊澤民

和詞此句亦減二字。《塞垣春》前闋結句楊澤民和詞亦作五字。《三部樂》楊澤民和詞前段第五句"正是羇賓月",亦作五字。《六醜》之分段,楊澤民、陳允平和詞亦同周詞,吳文英所作乃另一體。

聖求詞一卷(安徽巡撫採進本)①

宋呂濱老撰。濱老字聖求,嘉興人。陳振孫《書錄解題》作呂渭老。考嘉定壬申趙師岊序,亦作濱老。二字形似,其取義亦同,未詳孰是也。濱老在北宋末頗以詩名。師岊稱其《憂國》詩二聯、《痛傷》詩二聯、《釋憤》詩二聯,皆為徽、欽北狩而作。《憂國》詩有"尚喜山河歸帝子,可憐麋鹿入王宮"語,則南渡時尚存矣。其詩在師岊時已無完帙,詞則至今猶傳。《書錄解題》作一卷,與此本相合。楊慎《詞品》稱其《望海潮》、《醉蓬萊》、《撲蝴蝶近》、《惜分釵》、《薄倖》、《選冠子》、《百宜嬌》等闋,佳處不減少游。《東風第一枝》詠梅,不減東坡之"綠毛幺鳳"。今考《詠梅詞》集中不載,僅附見毛晉跋中。晉跋亦不言所據,未詳其故②。晉跋又稱其《惜分釵》一闋尾句用二疊字,較陸游《釵頭鳳》用三疊字更有別情。不知濱老為徽宗時人,游乃寧宗時人,《釵頭鳳》詞實因《惜分釵》舊調而變平仄相閒為仄韻相閒耳。晉似謂此調反出於《釵頭鳳》,未免偶不檢也。

【彙訂】

① 底本此條與文淵閣庫書次序不符。文淵閣庫書與殿本均置於"友古詞一卷"條之前。

② 毛晉跋所引《東風第一枝》"老樹渾苔"實為元張蒿所作,見其《蛻巖詞》。

石林詞一卷（江蘇巡撫採進本）

宋葉夢得撰。夢得有《春秋傳》，已著錄。是編陳振孫《書錄解題》作一卷，與今本同。卷首有關注序，稱其兄聖功“元符中為鎮江掾，夢得為丹徒尉，得其小詞為多。味其詞，婉麗有温、李之風。晚歲落其華而實之，能於簡淡時出雄傑，合處不減靖節、東坡”云云。考倚聲一道，去古詩頗遠。集中亦惟《念奴嬌》“故山漸近”一首雜用陶潛之語，不得謂之似陶，註所擬殊為不類。至於“雲峰横起”一首，全仿蘇軾“大江東去”，并即參用其韻。又《鷓鴣天》“一曲青山”後闋，且直用軾詩語足成。是以舊刻頗有與東坡詞彼此混入者。則注謂夢得近於蘇軾，其説不誣。夢得著《石林詩話》，主持王安石之學，而陰抑蘇、黄，頗乖正論。乃其為詞，則又挹蘇氏之餘波。所謂是非之心有終不可澌滅者耶？卷首《賀新郎》一詞，毛晉註或刻李玉。考王楙《野客叢書》曰：“章茂深嘗得其婦翁所書《賀新郎》詞，首曰‘睡起啼鶯語’。章疑其誤，頗詰之。石林曰：‘老夫嘗得之矣。流鶯不解語，啼鶯解語，見《禽經》。’”云云。則確為夢得之作，晉蓋未核。又《野客叢書》所記，正謂此句作“啼鶯語”，故章沖疑“啼”字、“語”字相復。此本乃改為“流鶯”，與王楙所記全然牴牾。知毛晉疎於考證，妄改古書者多矣[1]。

【彙訂】

[1]《花菴詞選》後集卷一、《草堂詩餘》卷上均作“流鶯”，是宋人所見之本固有作“流鶯”者，則非毛晉所妄改。（余嘉錫：《四庫提要辨證》）

筠溪樂府一卷（兩淮鹽政採進本）

宋李彌遜撰。彌遜有《筠谿集》，已著錄。此編舊本附綴《筠谿集》末。考彌遜《家傳》,稱所撰奏議三卷,外制二卷,詩十卷,雜文六卷,與今本《筠谿集》合。而不及樂府,則此集本別行也。凡長短調八十一首,其長調多學蘇軾,與柳、周纖穠別為一派,而力稍不足以舉之,不及軾之操縱自如。短調則不乏秀韻矣。中多與李綱、富知柔、葉夢得、張元幹唱和之作。又有《鵬舉座上歌姬唱夏雲峰》一首,考岳飛與湯邦彦皆字鵬舉,皆彌遜同時。然飛於南渡初倥傯戈馬,不應有聲伎之事,或當為湯邦彦作歟? 開卷寄張仲宗《沁園春》一首,註"《蘆川集》誤刊"字,然《蝶戀花》第五首今亦見《蘆川集》中,又不知誰誤刊也。自《虞美人》以下十二首,皆祝壽之詞。顢頂通用,一無可取。宋人詞集,往往不加刊削,未喻其故。今亦姑仍原本,以存其舊焉。

　　丹陽詞一卷(安徽巡撫採進本)[①]

　　宋葛勝仲撰。勝仲有《丹陽集》,已著錄。其詞則《書錄解題》別載一卷。此為毛晉所刻,蓋其單行之本也。勝仲與葉夢得酬唱頗多,而品格亦復相埒。惟葉詞中有《鷓鴣天·次魯卿韻觀太湖》一闋,此卷內未見原唱。而此卷有《定風波》"燕駱駝橋次少蘊韻"二闋,葉詞內亦未見。非當時有所刊削,即傳寫佚脱。至《浣溪沙》三首在葉詞以為"次魯卿韻",在此卷又以為"和少蘊韻"。則兩者必有一譌,不可得而復考矣。其《江城子》後闋押"翁"字韻,益可證葉詞復押"宮"字之誤。《鷓鴣天·生辰》一詞獨用仄韻,諸家皆無是體,據調當改《木蘭花》。至於字句譌闕,凡《永樂大典》所載者,如《鷓鴣天》後闋"懽華"本作"懽娛",第二首後闋"紅囊"本作"紅裳";《西江月》第二首後闋"縈塗"本作"縈塗";《臨江仙》第三首後闋"搐鼓"本作"鼝鼓";《浣溪沙》第二首後闋“容貌”本作“容見”；《驀山溪》第一首前闋“袒服”本作“袡服”，“摸名”本作“摸石”，第二首後闋“橫石”亦本作“摸石”，第三首前闋“使登榮”本作“便登榮”，“隨柳岸”本作“隋岸柳”；《西江月》第三首後闋“鱸魚”本作“鱸尊”；《瑞鷓鴣》後闋“還過”本作“還遇”；《江城子》第二首後闋“歌鐘”下本有“捲簾風”三字；《蝶戀花》後闋今本作二方空者，本“黃紙”二字，“龍濩”本作“龍護”；《臨江仙》前闋“儒似”本作“臞仙”，第二首後闋今本闕十二字，本作“憑誰都卷入芳樽。賦歸歡靖節”二句；《醉花陰》前闋“凍桥萬林梅”句本作“凍桥萬林梅”；《浪淘沙》第二首後闋“關宴”本作“開燕”，皆可證此本校讎之疎。又《永樂大典》本尚有《小飲·浣溪沙》一首、《九日·南鄉子》一首、《題靈山廣瑞禪院·虞美人》一首，為是本所無。則譌脫又不止字句矣。

【彙訂】

① 底本此條與文淵閣庫書次序不符。文淵閣庫書與殿本均置於“筠溪樂府一卷”條之前。

坦菴詞一卷（安徽巡撫採進本）

宋趙師使撰。師使字介之，燕王德昭七世孫。集中有和葉夢得、徐俯二詞，蓋南宋初人也。案陳振孫《書錄解題》載《坦菴長短句》一卷，稱“趙師俠撰”。陳景沂《全芳備祖》載《梅花》五言一絕，亦稱“師俠”。與此本互異，未詳孰是①。蓋二字點、畫相近，猶田肯、田宵史傳亦姑兩存耳。毛晉刊本謂師使一名師俠，則似其人本有兩名，非事實也。是集前有其門人尹覺序，據云坦菴為文，如泉出不擇地，詞章乃其餘事。其模寫體狀，雖極精巧，皆本情性之自然。今觀其集，蕭疎淡遠，不肯為翦紅刻翠之文，洵詞中之高格。但微傷率易,是其所偏。師使嘗舉進士,其宦游所及,繫以甲子。見於各詞註中者,尚可指數。大約始於丁亥,而終於丁巳。其地為益陽、豫章、柳州、宜春、信豐、瀟湘、衡陽、莆中、長沙,其資階則不可詳考矣。

【彙訂】

①《宋史・宗室世系表》、《格古要論》卷三、《八瓊室金石補正》卷一一六均作師俠。師俠號坦菴,為伯攎次子。《全芳備祖》所載《梅花》五言一絕,見該書前集卷一,詩下署名為"趙介菴",《四庫全書》本及1982年影印抄本並同,《宋詩紀事》卷八五誤以為師俠詩。趙介菴名彥端(1121—1175),廷美七世孫,著有《介菴集》及詞。(李裕民:《四庫提要訂誤》)

酒邊詞二卷(江西巡撫採進本)①

宋向子諲撰。子諲字伯恭,臨江人。欽聖憲肅皇后再從姪。元符初,以恩補官。南渡初,歷徽猷閣直學士,知平江府。事蹟具《宋史》本傳。子諲晚年以忤秦檜致仕,卜築於清江五柳坊楊遵道光祿之別墅,號所居曰薌林。既作七言絕句以紀其事,而復廣其聲為《鷓鴣天》一闋。樓鑰《攻媿集》嘗紀其事。然鑰僅述其詩而不及其詞。又子諲之號薌林居士,據《西江月》"五柳坊中煙綠"一闋註,是已在政和年間,鑰亦考之未審也。《書錄解題》載子諲詞有《酒邊集》一卷,《樂府紀聞》則稱四卷。此本毛晉所刊,分為二卷。上卷曰江南新詞,下卷曰江北舊詞,題下多自註甲子。新詞所註皆紹興中作,舊詞所註則政和、宣和中作也。卷首有胡寅序,稱:"退江北所作於後,而進江南所作於前,以枯木之心,幻出葩華,酌元酒之尊,棄置醇味。"玩其詞意,此集似子諲所自定。然《減字木蘭花》"斜江疊翠"一闋註"兼紀絕筆"云云，已屬後人綴入。而此詞以後所載甚多，年月先後又不以甲子為次。殆後人又有所竄亂，非原本耶？其《浣溪沙》"咏巖桂"第二闋，"別樣清芬撲鼻來"一首，據註云"曾端伯和"。蓋以端伯和詞附錄集內，而目錄乃併作子諲之詞，題為《浣溪沙》十二首。則非其舊次明矣。

【彙訂】

①"江西巡撫採進本"，殿本作"江蘇巡撫採進本"。《四庫採進書目》未著錄此書。（江慶柏：《殿本、浙本〈四庫全書總目〉著錄圖書進獻者主名異同考》）

無住詞一卷（安徽巡撫採進本）

宋陳與義撰。與義有《簡齋集》，已著錄。陳振孫《書錄解題》載其《無住詞》一卷，以所居有無住菴，故以名之。與義詩師杜甫，當時稱陳、黃之後無逾之者。其詞不多，且無長調，而語意超絕，黃昇《花菴詞選》稱其"可摩坡仙之壘"。至於《虞美人》之"及至桃花開後却匆匆"，《臨江仙》之"杏花疏影裏，吹笛到天明"等句，胡仔《漁隱叢話》亦稱其清婉奇麗。蓋當時絕重其詞也。此本為毛晉所刊，僅十八闋。而吐言天拔，不作柳軃鶯嬌之態，亦無蔬筍之氣。殆於首首可傳，不能以篇帙之少而廢之。方回《瀛奎律髓》稱杜甫為一祖，而以黃庭堅、陳師道及與義為三宗。如以詞論，則師道為勉強學步，庭堅為利鈍互陳，皆迥非與義之敵矣。開卷《法駕導引》三闋，與義已自註其詞為擬作。而諸家選本尚有稱為赤城韓夫人所製，列之仙鬼類中者。證以本集，亦足訂小說之誣焉。

竹坡詞三卷（安徽巡撫採進本）

宋周紫芝撰。紫芝有《太倉稊米集》，已著錄。《書錄解題》
載《竹坡詞》一卷，此本作三卷。考卷首高郵孫兢序稱"釐為三
卷"，則《通考》"一卷"乃"三卷"之誤。兢序稱共詞一百四十八
闋，此本乃一百五十闋。據其子槱乾道九年重刊跋，則《憶王孫》
為絕筆，初刻止於是篇。其《減字木蘭花》、《採桑子》二篇乃槱續
得佚稿，別附於末，故與原本數異也。集中《鷓鴣天》凡十三闋。
後三闋自註云："予少時酷喜小晏詞，故其所作，時有似其體製
者。此三篇是晚年歌之，不甚如人意，聊載乎此。"云云。則紫芝
填詞，本從晏幾道入，晚乃刊除穠麗，自為一格。兢序稱其少師
張耒，稍長師李之儀者，乃是詩文之淵源，非詞之淵源也。槱跋
稱是集先刻於潯陽，譌舛甚多，乃親自校讎。然集中《瀟湘夜雨》
一調，實為《滿庭芳》①，兩調相似而實不同。其《瀟湘夜雨》本
調，有趙彥端一詞可證②。自是集誤以《滿庭芳》當之，《詞匯》遂
混為一調。至《選聲集》列《瀟湘夜雨》調，反不收趙詞，而止收周
詞。是愈轉愈譌，其失實由於此。又第三卷《定風波令》③，實為
《琴調相思引》，亦有趙彥端詞可證。其《定風波》另有正體，與此
不同，皆為疏舛。殆後人又有所竄亂，非槱手勘之舊矣。

【彙訂】

①"為"，底本作"與"，據《宋名家詞》本此集卷二原詞及殿
本改。

② 趙彥端《介菴詞》無《瀟湘夜雨》調，唯見於趙長卿《惜香
樂府》卷六。

③"令"，底本作"今"，據《宋名家詞》本此集卷三原詞及殿
本改。

漱玉詞一卷(江蘇周厚堉家藏本)①

宋李清照撰。清照號易安居士,濟南人。禮部郎提點京東刑獄格非之女,湖州守趙明誠之妻也。清照工詩文,尤以詞擅名。胡仔《苕溪漁隱叢話》稱其再適張汝舟,未幾反目。有啟事上綦處厚云:"猥以桑榆之晚景,配兹駔儈之下材。"傳者無不笑之。今其啟具載趙彥衛《雲麓漫鈔》中②。李心傳《建炎以來繫年要錄》載其與後夫構訟事尤詳。此本為毛晉《汲古閣》所刊。卷末備載其軼事逸文,而不錄此篇,蓋諱之也。案陳振孫《書錄解題》載清照《漱玉詞》一卷,又云:"別本作五卷"。黃昇《花菴詞選》則稱《漱玉詞》三卷。今皆不傳。此本僅詞十七闋,附以《金石錄序》一篇。蓋後人裒輯為之,已非其舊。其《〈金石錄〉後序》與刻本所載詳略迥殊,蓋從《容齋隨筆》中鈔出③,亦非完篇也。清照以一婦人,而詞格乃抗軼周、柳。張端義《貴耳集》極推其《元宵詞·永遇樂》、《秋詞·聲聲慢》,以為閨閣有此文筆,殆為閒氣,良非虛美。雖篇帙無多,固不能不寶而存之,為詞家一大宗矣。

【彙訂】

①　底本此條與文淵閣庫書次序不符,文淵閣庫書及殿本皆置於"竹坡詞三卷"條之前。

②　"衛",殿本脫。

③　"容齋隨筆",底本作"容齋五筆",據殿本改。《容齋四筆》卷五"趙德甫《金石錄》"條略述《〈金石錄〉後序》大概。

蘆川詞一卷(安徽巡撫採進本)

宋張元幹撰。元幹有《蘆川歸來集》,已著錄。《宋史·藝文志》載其詞二卷,陳振孫《書錄解題》則作一卷,與此本合。案紹興八年十一月,待制胡銓謫新州,元幹作《賀新郎》詞以送,坐是除名。_{考《宋史‧胡銓傳》,其上書乞斬秦檜在戊午十一月,則元幹除名自屬此時①。毛晉跋以為辛酉,殊為未審,謹附訂於此。}又李綱疏諫和議亦在是年十一月,綱斯時已提舉洞霄宮,元幹又有寄詞一闋。今觀此集,即以此二闋壓卷,蓋有深意。其詞慷慨悲涼,數百年後,尚想其抑塞磊落之氣。然其他作,則多清麗婉轉,與秦觀、周邦彥可以肩隨。毛晉跋曰:"人稱其長於悲憤,及讀《花菴》、《草堂》所選,又極嫵秀之致。"可謂知言。至稱其"洒窗閒惟稷雪"句,引《毛詩疏》為證,謂用字多有出處,則其説似是而實非。詞曲以本色為最難,不尚新僻之字,亦不尚典重之字。"稷雪"二字,拈以入詞,究為別格,未可以之立制也。又卷内《鶴沖天》調,本當作《喜遷鶯》,晉乃註云:"向作《喜遷鶯》,誤,今改作《鶴沖天》。"不知《喜遷鶯》之亦稱《鶴沖天》,乃後人因韋莊《喜遷鶯》詞有"爭看鶴沖天"句而名。調止四十七字,元幹正用其體。晉乃執後起之新名,反以原名為誤,尤疎於考證矣。

【彙訂】

① 據《揮麈後錄》卷十、《宋史‧高宗本紀》與《建炎以來繫年要錄》所記,胡銓之謫新州,乃其上書後之第四年(壬戌),紹興十八年戊辰再移吉陽軍,又經數年,至紹興二十一年辛未(1151)元幹始被除名。《蘆川歸來集》卷十《甲戌自贊》云:"胡為元命年,輒下廷尉吏?"元命指六十一歲,即紹興二十一年。(余嘉錫:《四庫提要辨證》;曹濟平:《張元幹詞研究》)

東浦詞一卷(江蘇巡撫採進本)

宋韓玉撰。案是時有二韓玉。劉祁《歸潛志》曰:"韓府判

玉,字溫甫,燕人。少讀書,尚氣節。擢第入翰林,為應奉文
字。後為鳳翔府判官。大安中,陝西帥府檄授都統。或誣以
有異志,收鞠死獄中。"《金史》、《大金國志》並同。此一韓玉
也,其人終於金。葉紹翁《四朝聞見錄》曰:"司馬文季使北不
屈,生子名通國,蓋本蘇武之意。通國有大志,嘗結北方之豪
韓玉舉事,未得要領。紹興初,玉挈家而南,授江淮都督府計
議軍事。其兄璘在北,亦與通國善。癸未九月,以扇寄玉詩。
都督張魏公見詩,甲申春,遣信往大梁①,諷璘、通國等。至亳
州,為邏者所獲。通國、璘等三百餘口同日遇害。"此又一韓玉
也②,其人由金而入宋。考集中有《張魏公生旦》、《上辛幼安》、
《生日自廣中出過廬陵贈歌姬段云卿·水調歌頭》三首,《廣東
與康伯可·感皇恩》一首,則是集為歸宋後所編。故陳振孫
《書錄解題》有《東浦詞》一卷著於錄也。毛晉刻其詞入《宋六
十家詞》,又詆其雖與康與之、辛棄疾唱和,相去不止苴蘿、無
鹽。今觀其詞,雖慶賀諸篇不免俗濫,晉所摘"且坐令中"二句
亦體近北曲,誠非佳製。然宋人詞內此類至多,何獨刻責於
玉?且集中如《感皇恩》、《減字木蘭花》、《賀新郎》諸作,未嘗
不淒清宛轉,何獨擯置不道,而獨糾其"冤家何處"二語?蓋明
人一代之積習,無不重南而輕北,內宋而外金。晉直以畛域之
見,曲相排詆,非真出於公論也。又鄙薄既深,校讎彌略。如
《水調歌頭》第二首前闋"容飾尚中州"句,"飾"字譌為"飭"字;
《曲江秋》前闋"淒涼颸舟"句本無遺脫,乃於"颸"字下加一方
空,後闋"蕭然傷"句"傷"字下當脫一字,乃反不以方空記之;
《一翦梅》前闋"只怨閒縱繡鞍塵"句,"怨"字據譜不宜仄;《上
西平調》即《金人捧露盤》,前闋"暗惜雙雪"句,"惜"字據譜亦

不宜仄，後闋"不知早"句，"早"字下據譜尚脫一字；《賀新郎》第三首後闋"冷"字韻複，當屬譌字③；《一翦梅》一名《行香子》，乃誤作《竹香子》，不知《竹香子》別有一調，與此迥異；《上辛幼安·水調歌頭》誤脫一"頭"字，遂不與《水調歌頭》並載，而別立一《水調歌》之名。排比參錯，備極譌舛。晉刻宋詞，獨此集稱託友人校讎，殆亦自知其疏漏歟？至《賀新郎·詠水仙》以"玉"、"曲"與"注"、"女"並叶，《卜算子》以"夜"、"謝"與"食"、"月"互叶，則由玉參用土音，如林外以"掃"叶"鎖"，黃庭堅之以"笛"叶"竹"，非校讎之過矣。

【彙訂】

①"遣信"，殿本作"遺信"，誤，參《四朝聞見錄》卷三"司馬武子忠節"條。

② 司馬文季名朴，《宋史》有傳。然《四朝聞見錄》卷三"司馬武子忠節"條謂朴字文秀，秀、朴為對義，以字文秀為確。司馬朴於靖康二年被扣（見《三朝北盟會編》卷七四），後留金生子名通國。通國在紹興初，年僅數歲，豈能"結北方之豪韓玉"圖舉事？癸未為隆興元年，是時張浚（魏公）為江淮都督，興師北伐。韓玉挈家投南，當在此前不久，即紹興末。《四朝聞見錄》傳本已誤"末"為"初"。（楊武泉：《四庫全書總目辨誤》）

③ 宋詞中如黃庭堅《撥棹子》用二"夾"韻，呂渭老《撲蝴蝶》用二"斗"韻，吳文英《采桑子》用二"時"韻，蔣捷《梅花引》用二"好"韻，戴復古《賀新郎·寄豐宅之》用二"舊"韻，張繼先《蘇幕遮》用二"走"韻，或分在兩片，或同在一片，未必盡屬誤刻。（夏承燾：《四庫全書詞籍提要校議》）

孄窟詞一卷（江蘇巡撫採進本）

宋侯寘撰。案陳振孫《書錄解題》，寘字彥周，東武人。紹興中，以直學士知建康①。今考集中有《戲用賀方回韻餞別朱少章》詞，則其人當在南宋之初。而《眼兒媚》詞題下註曰："效易安體。"易安為李清照之號，亦紹興初人。寘已稱效，殆猶杜牧、李商隱集中效沈下賢體之例耶？又有《為張敬夫直閣壽詞》、《中秋上劉其甫舍人詞》，皆孝宗時人。而《壬午元旦》一詞，實為孝宗改元之前一年。則乾道、淳熙閒其人尚存。振孫特舉其為官之歲耳。寘為晁氏之甥，猶有元祐舊家流風餘韻。故交游皆勝流，其詞亦婉約嫻雅，無酒樓歌館簪舃狼籍之態。雖名不甚著，而在南宋諸家之中，要不能不推為作者。《書錄解題》著錄一卷，與今本同。毛晉嘗刻之《六十家詞》中，校讎頗為疏漏。其最甚者，如《秦樓月》即《憶秦娥》，因李白詞中有"秦娥夢斷秦樓月"句，後人因改此名，本屬雙調。晉所刻於前闋之末脫去一字，與後闋聯屬為一，遂似此調別有此體，殊為舛誤。他如《水調歌頭》之"歡傾擁旌旄"，"傾"字不應作"平"；《青玉案》之"咫尺清明三月暮"，"暮"字與前闋韻複，又"冉冉年元真暗度"句，"元"字文義不可解，當是"光"字。其《遙天奉翠華引》一首，尤譌誤幾不可讀。今無別本可校，其可改正者改正之，不可考者亦姑仍其舊云。

【彙訂】

①《直齋書錄解題》卷二一著錄："《嫩窟詞》一卷，東武侯寘彥周撰。其曰母舅晁留守者，謙之也，紹興中以直學士知建康。"則"紹興中以直學士知建康"者乃晁謙之。《建炎以來繫年要錄》卷一五三紹興十五年正月庚午條載："敷文閣待制知撫州直學士晁謙之知建康府。"卷一五七紹興十八年四月癸丑又載晁謙之罷

知建康府。《宋會要輯稿》職官七〇之三二亦載紹興十八年四月二十六日"敷文閣直學士知建康軍晁謙之放罷"。《景定建康志》卷一四〇載紹興十五年四月十一日至紹興十八年五月初四日晁謙之知府事。各條僅具體日子稍異,且諸書均無侯寘"紹興中以直學士知建康"的記載。(方建新、潘淑瓊:《〈四庫總目提要〉補正拾遺》)

逃禪詞一卷(安徽巡撫採進本)

宋揚无咎撰。无咎字補之,自號逃禪老人,清江人。諸書"揚"或作"楊"。案《圖繪寶鑑》稱:"无咎祖漢子雲,其書從扌不從木。"[①]則作"楊"誤也。高宗時秦檜擅權,无咎恥於依附,遂屢徵不起。其人品甚高。所畫墨梅,歷代寶重,遂以技藝掩其文章。然詞格殊工,在南宋之初,不乏作者。陳振孫《書錄解題》載无咎《逃禪詞》一卷,與今本合。毛晉跋稱或誤以為晁補之詞。則晁无咎亦字補之,二人名字俱同,故傳寫誤也。集中《明月棹孤舟》四首,晉註云:"向誤作《夜行船》,今按譜正之。"案此調即是《夜行船》,亦即是《雨中花》。諸家詞雖有小異,按其音律,要非二調。无咎此詞,實與趙長卿、吳文英詞中所載之《夜行船》無一字不同。晉第見《詞譜》收黃在軒詞名《明月棹孤舟》,不知明月即夜,棹即行,孤舟即船。近時萬樹《詞律》始辨之,晉蓋未及察也。又《相見歡》本唐腔正名,宋人則名為《烏夜啼》,與《錦堂春》之亦名《烏夜啼》名同實異。晉註向作《烏夜啼》,誤,尤考之未詳。至《點絳脣》原註用蘇軾韻,其後闋尾韻,舊本作"裏"字,晉因改作"堁"字,並詳載"堁"字義訓於下。實則蘇詞末句乃"破"字韻,此"裏"字且誤[②],而"堁"字尤為臆改。明人刊書,好以意竄亂,往往如此③。今姑仍晉本錄之,而附糾其謬如右。

【彙訂】

①"書",底本作"字",據《圖繪寶鑒》卷四"楊補之"條原文及殿本改。

②"此",殿本無。

③此句毛晉注云:"堁者,塵起貌,言其聲之繞梁也。一作裹字者,誤。"既云"一作裹字者",似有校本,不像是毛氏徑改。(鄧子勉:《宋金元詞籍文獻研究》)

于湖詞三卷(安徽巡撫採進本)

宋張孝祥撰。孝祥有《于湖集》,已著錄。《宋史‧藝文志》載其詞一卷。陳振孫《書錄解題》亦載《于湖詞》一卷。黃昇《中興詞選》則稱《紫微雅詞》,以孝祥曾官中書舍人故也。此本為毛晉所刊,第一卷末即繫以跋,稱"恨全集未見"。蓋祇就《詞選》所載二十四闋,更摭四首益之,以備一家。後二卷則無目錄,亦無跋語。蓋其後已見全集,刪其重複,另編為兩卷以續之。而首卷則未重刊,故體例特異耳。卷首載陳應行、湯衡兩序,皆稱其詞寓詩人句法,繼軌東坡。觀其所作,氣概亦幾幾近之。《朝野遺記》稱其在建康留守席上賦《六州歌頭》一闋,感憤淋漓,主人為之罷席。則其忠憤慷慨,有足動人者矣。又《耆舊續聞》載孝祥十八歲時,即有《點絳脣‧流水泠泠》一詞,為朱希真所驚賞。或刻孫和仲,或即以為希真作,皆誤。今集不載是篇,或以少作而佚之歟?陳應行序稱《于湖集》長短句凡數百篇,今本乃僅一百八十餘首。則原槀散亡,僅存其半,已非當日之舊矣。

海野詞一卷（安徽巡撫採進本）

宋曾覿撰。覿有《海野集》，已著錄。初孝宗在潛邸時，覿為建王內知客，常與觸詠唱酬。卷首《水龍吟》後闋有云：“攜手西園，宴罷下瑤臺，醉魂初醒。”即紀承寵游宴之事，故用“飛蓋西園”故實。以後常侍宴應制，如《阮郎歸》賦燕、《柳梢青》賦柳諸詞，亦皆其時所作。覿又嘗見東都之盛，故奉使過京作《金人捧露盤》，邯鄲道上作《憶秦娥》，重到臨安作《感皇恩》等曲。黃昇《花菴詞選》謂其“語多感慨，淒然有黍離之悲”。雖與龍大淵朋比作姦，名列《宋史·佞倖傳》中，為談藝者所不齒。而才華富豔，實有可觀。錄而存之①，亦選六朝詩者不遺江總，選唐詩者不遺崔湜、宗楚客例也。

【彙訂】

①“錄”，殿本作“過”。

審齋詞一卷（安徽巡撫採進本）

宋王千秋撰。千秋字錫老，審齋其號也，東平人。陳振孫《書錄解題》載《審齋詞》一卷，而不詳其始末。據卷內有《壽韓南澗生日》及《席上贈梁次張》二詞。南澗名元吉，隆興中為吏部尚書①。次張名安世，淳熙中為桂林轉運使。是千秋為孝宗時人矣。惟安世詩稱千秋為“金陵耆舊”②，與陳振孫所稱為東平人不合。或流寓於金陵耶？毛晉跋稱其詞多酬賀之作。然生日祝詞，南宋人集中皆有，何獨刻責於千秋？況其體本花間，而出入於東坡門徑，風格秀拔，要自不雜俚音。南渡之後，亦卓然為一作手。黃昇《中興詞選》不見採錄，或偶未見其本耳。晉跋遽以“絕少綺豔”評之，亦殊未允。集中如《憶秦娥》、《清平樂》、《好事近》、《虞美人》、《點絳唇》以及詠花諸作,短歌微吟,興復不淺,何必屯田《樂章》始為情語也。

【彙訂】

① 據韓元吉《南澗甲乙集》卷九《辭除權吏部尚書狀》、《辭吏部尚書狀》、《辭龍圖閣學士狀》,任吏部尚書實在淳熙三年至五年。(童向飛:《韓元吉仕歷系年考辨兼補〈宋史翼·韓元吉列傳〉》)

② 毛晉《審齋詞》原跋載衡山縣令梁文恭贈王千秋詩曰:"審齋先生世稀有,曾是金陵一耆舊。"梁文恭,上元人(《江南通志》卷一百二十),淳熙五年(1178)進士(《景定建康志》卷三十二)。而梁安世,字次張,括蒼人。紹興二十四年(1154)進士(雍正《浙江通志》卷一二五)。(王建平:《是"去為潭州之士"嗎?——兼考王千秋的生平》)

介菴詞一卷(安徽巡撫採進本)

宋趙彥端撰。彥端字德莊,號介菴。魏王廷美七世孫。乾道、淳熙閒,以直寶文閣知建寧府,終左司郎官①。《宋史·藝文志》載彥端有《介菴集》十卷,《外集》三卷,又有《介菴詞》四卷。《書錄解題》則僅稱《介菴詞》一卷。此本為毛晉所刻②,亦止一卷。然據其卷後跋語,似又舊刻散佚,僅存此一卷者,未之詳也。張端義《貴耳集》載彥端嘗賦西湖《謁金門》詞,有"波底斜陽紅溼"之句,為高宗所喜,有"我家裏人也會作此等語"之稱③。其他篇亦多婉約纖穠,不愧作者。集末《鷓鴣天》十闋,乃為京口角妓蕭秀、蕭瑩、歐懿、劉雅、歐倩、文秀、王婉、楊蘭、吳玉九人而作。詞格凡猥,皆無可取。且連名人之集中,殆於北里之志,殊

乖雅音。蓋唐①、宋以來士大夫不禁狹邪之游。彥端是作,蓋亦
移於習俗,存而不論可矣。

【彙訂】

①　趙彥端於乾道六年知建寧府,九年提點浙東路刑獄,淳
熙元年奉祠(《南澗甲乙稿》卷二一《直寶文閣趙公墓誌銘》),次
年卒。(李裕民:《四庫提要訂誤》增訂本)

②　"刻",殿本作"刊"。

③　《貴耳集》卷上:"趙介菴名彥端……賦《西湖·謁金門》:
'波底夕陽紅濕。'阜陵問:'誰詞?'答云:'彥端所作。''我家裏人
也會作此等語!'喜甚。"阜陵乃孝宗,而高宗稱思陵。(楊武泉:
《四庫全書總目辨誤》)

④　"蓋",殿本作"自"。

歸愚詞一卷(安徽巡撫採進本)

宋葛立方撰。立方有《歸愚集》,已著錄①。宋人之中,父子
以填詞名家者,為晏殊②、晏幾道,後則立方與其父勝仲為最著。
其詞多平實鋪敍,少清新宛轉之思,然大致不失宋人規格。流傳
既久,存之亦可備一家。卷末毛晉跋稱集內《雨中花》、《眼兒媚》
兩調俱不合譜,未敢妄為更定。今參考諸家詞集,其《眼兒媚》乃
《朝中措》之譌,歐陽修"平山欄檻倚晴空"一闋可以互證。至《雨
中花》調,立方兩詞疊韻,初無舛誤。以音律反覆勘之,實題中脫
一"慢"字,京鏜、辛棄疾皆有此調。立方詞起三句,可依辛詞讀。
第四、第五句京、辛兩作皆作上五下四,立方則作上六下三。雖
微有不同,而同是九字。其餘則不獨字數相符,平仄亦毫無相
戾。其為《雨中花慢》,亦可無疑。晉蓋考之未審。他如《滿庭

芳》一調連城十闋，凡後半換頭二字有用韻者，亦有不用韻而直作五字句者。考宋人此調，此二字本無定式。《山谷詞》用韻，《書舟詞》不用韻。立方兩存其體，亦非傳寫有譌也。

【彙訂】

①《總目》未著錄《歸愚集》。（楊武泉：《四庫全書總目辨誤》）

②“為”，殿本作“惟”。

克齋詞一卷（安徽巡撫採進本）

宋沈端節撰。端節字約之，吳興人。是集見陳振孫《書錄解題》，然振孫亦不詳其始末。毛晉跋語疑其即詠賈耘老苕上水閣沈會宗之同族，亦無確證。惟《湖州府志》及《溧陽縣志》均載端節寓居溧陽，嘗令蕪湖，知衡州，提舉江東茶鹽，淳熙閒官至朝散大夫。其說必有所據。獨載其詞名《充齋集》，則“充”、“克”二字形近致譌耳。其詞僅四十餘闋，多有詞而無題。考《花閒》諸集，往往調即是題。如《女冠子》則詠女道士，《河瀆神》則為送迎神曲，《虞美人》則詠虞姬之類。唐末五代諸詞，例原如是。後人題詠漸繁，題與調兩不相涉。若非存其本事，則詞意俱不可詳。集中如《念奴嬌》二闋之稱太守，《青玉案》第一闋之稱使君，第三闋之稱賢侯，竟不知所贈何人。至《念奴嬌》“尋幽覽勝”一闋，似屬端節自道。據詞中“自笑飄零驚歲晚，欲掛衣冠神武”及“群玉圖書，廣寒宮殿，一一經行處”云云，則端節固當曾官京職。以其題已佚，遂無可援據①。宋人詞集似此者頗少，疑原本必屬調與題全。輾轉傳寫，苟趣簡易，遂遭刪削耳。今無可考補，姑仍其舊。至其吐屬婉約，頗具風致，固不以《花菴》、《草堂》諸選不見採錄減價矣。

【彙訂】

①《宋會要輯稿》職官一一之七四："（乾道八年）十二月二十九日，主管官告院沈端節言。"則端節曾官京職主管官告院有據可援。（方建新、潘淑瓊：《〈四庫總目提要〉補正拾遺》）

稼軒詞四卷（江蘇巡撫採進本）

宋辛棄疾撰。棄疾有《南燼紀聞》，已著錄①。其詞慷慨縱橫，有不可一世之概，於倚聲家為變調。而異軍特起，能於翦紅刻翠之外，屹然別立一宗，迄今不廢。觀其才氣俊邁，雖似乎奮筆而成。然岳珂《桯史》記："棄疾自誦《賀新涼》、《永遇樂》二詞，使座客指摘其失。珂謂《賀新涼》詞首尾二腔，語句相似，《永遇樂》詞用事太多。棄疾乃自改其語，日數十易，累月猶未竟。其刻意如此。"云云，則未始不由苦思得矣。《書錄解題》載《稼軒詞》四卷，又云："信州本十二卷，視長沙本為多。"②此本為毛晉所刻，亦為四卷，而其總目又註："原本十二卷。"殆即就信州本而合併之歟③？其集舊多譌異。如二卷內《醜奴兒近》一闋，前半是本調，殘闋不全，自"飛流萬壑"以下，則全首係《洞仙歌》。蓋因《洞仙歌》五闋即在此調之後，舊本遂誤割第一首以補前詞之闋，而五闋之《洞仙歌》遂止存其四。近萬樹《詞律》中辨之甚明，此本尚未及訂正。其中"歎輕衫帽幾許紅塵"句，據其文義，"帽"字上尚有一脫字；樹亦未經勘及，斯足證"掃葉"之喻矣。今並詳為勘定。其必不可通而無別本可證者，則姑從闕疑之義焉。

【彙訂】

①《總目》未著錄《南燼紀聞》，只在"靖康蒙塵錄"條中提

及。(胡玉縉:《四庫全書總目提要補正》)

② 輯本《直齋書錄解題》著錄《稼軒詞》一卷。《文獻通考》卷二百四十六載《稼軒詞》四卷:"陳氏曰:寶謨閣待制辛棄疾幼安撰。信州本十二卷,視長沙本為多。"(陳樂素:《宋史藝文志考證》)

③ 毛晉《汲古閣毛氏藏書目錄》載有《稼軒詞》四卷,云毛氏并十二卷本為四卷本,實是不實之詞。(鄧子勉:《宋金元詞籍文獻研究》)

龍川詞一卷補遺一卷(安徽巡撫採進本)[①]

宋陳亮撰。亮有《三國紀年》,已著錄。《宋史·藝文志》載其詞四卷,今不傳。此集凡詞三十首,已具載本集,然前後不甚詮次。此本為毛晉所刻,分調類編。復有晉跋,稱據家藏舊刻,蓋摘出別行之本。又補遺七首,則從黃昇《花菴詞選》採入者。詞多纖麗,與本集迥殊,或疑贋作。毛晉跋稱:"黃昇與亮俱南渡後人,何至謬誤若此。或昇惟選綺豔一種,而亮子沈所編本集,特表其父磊落骨幹,故若出二手。"云云。考亮雖與朱子講學,而不廢北里之游。其與唐仲友相忤,讒構於朱子,朱子為其所賣,誤興大獄。即由亮狎台州官妓,囑仲友為脫籍,仲友沮之之故。事載《齊東野語》第十七卷中。則其詞體雜香奩,不足為異。晉之所跋,可謂得其實矣。

【彙訂】

① 底本此條與文淵閣庫書次序不符。文淵閣庫書與殿本均置於"稼軒詞四卷"條之前。

西樵語業一卷(江蘇巡撫採進本)

宋楊炎正撰。炎正字濟翁,廬陵人。陳振孫《書錄解題》載:

"《西樵語業》一卷,楊炎正濟翁撰。"馬端臨《文獻通考》引之,誤以"正"字為"止"字。毛晉刻《六十家詞》,遂誤以"楊炎"為姓名,以"止濟翁"為別號。近時所印,始改刊楊炎正姓名。跋中"止濟翁"字亦追改為"楊濟翁"。然舊印之本與新印之本並行,名字兩岐,頗滋疑惑。故厲鶚《宋詩紀事》辨之曰:"嘗見《西樵語業》舊鈔本,作'楊炎正濟翁'。後考《武林舊事》載楊炎正《錢塘迎酒歌》一首,《全芳備祖》亦載此詩,稱楊濟翁。是炎正其名,濟翁其字可見。"云云。今觀辛棄疾《稼軒詞》中屢有與楊濟翁贈答之作。又楊萬里《誠齋詩話》曰:"余族弟炎正,字濟翁,年五十二乃登第。初為寧遠簿,甚為京丞相所知。有啟上丞相云:'秋驚一葉,感蒲柳之先知;春到千花,嘆桑麻之後長。'丞相遂厚待,除掌故之令。"其始末甚明,足證厲鶚所辨為不誤,而毛氏舊印之本為不足憑矣。是集詞僅三十七首,而因辛棄疾作者凡六首。其縱橫排奡之氣,雖不足敵棄疾,而屏絕纖穠,自抒清俊,要非俗豔所可擬。一時投契,蓋亦有由云。

放翁詞一卷(江蘇巡撫採進本)

宋陸游撰。游有《入蜀記》,已著錄。《書錄解題》載《放翁詞》一卷,毛晉所刊《放翁全集》內附長短句二卷。此本亦晉所刊,又併為一卷,乃集外別行之本。據卷末有晉跋云:"余家刻《放翁全集》,已載長短句二卷,尚逸一二調[1],章次亦錯見,因載訂入《名家》。"云云,則較集本為精密也。游生平精力盡於為詩,填詞乃其餘力,故今所傳者僅及詩集百分之一[2]。劉克莊《後村詩話》謂其時掉書袋,要是一病。楊慎《詞品》則謂其纖麗處似淮海,雄快處似東坡。平心而論,游之本意,蓋欲驛騎於二家之閒。

故奄有其勝,而皆不能造其極。要之,詩人之言,終為近雅,與詞
人之冶蕩有殊。其短其長,故具在是也。葉紹翁《四朝聞見錄》
載韓侂胄喜游附己,至出所愛四夫人號滿頭花者索詞,有"飛上
錦裀紅皺"之句。今集內不載。蓋游老而墮節,失身侂胄,為一
時清議所譏。游亦自知其誤,棄其稾而不存。《南園》、《閱古泉
記》不編於《渭南集》中,亦此意也③。而終不能禁當代之傳述,
是亦可謂炯戒者矣。

【彙訂】

①"一二調",底本作"十二調",據此集毛晉跋及殿本改。

②"及",殿本作"乃"。

③《南園記》、《閱古泉記》乃陸遹刻《渭南文集》所刪,説詳
卷一六〇"渭南文集"條訂誤。

樵隱詞一卷(安徽巡撫採進本)①

宋毛开撰。开字平仲,信安人。舊刻題曰"三衢",蓋偶從古
名也②。嘗為宛陵、東陽二州倅。所著有《樵隱集》十五卷,尤袤
為之序,今已不傳。陳振孫《書錄解題》載《樵隱詞》一卷。此刻
計四十二首,據毛晉跋,謂得自楊夢羽家祕藏鈔本,不知即振孫
所見否也? 开他作不甚著,而小詞最工。卷首王木叔題詞有"或
病其詩文視樂府頗不逮"之語,蓋當時已有定論矣。集中《滿江
紅》"潑火初收"一闋,尤為清麗芊眠,故楊慎《詞品》特為激賞。
其《江城子》一闋註"次葉石林韻",後半"爭勸紫髯翁"句,實押
"翁"字。而今本《石林詞》此句乃押"宮"字,於本詞為複用。可
訂《石林詞》刊本之譌。至於《瑞鶴仙》一調,宋人諸本並同,此本
乃題與目錄俱譌作《瑞仙鶴》。又《燕山亭》前闋"密映窺亭亭萬

枝開遍"句,止九字。考曾覿此調作"寒壘宣威紫綬幾垂金印",共十字。則"窺"字上下必尚脱一字。尾句"愁酒醒緋千片",止六字。曾覿此調作"長占取朱顏綠鬢",共七字,則"緋"字上下又必尚脱一字。其餘如《滿庭芳》第一首註中"東陽"之譌"東易";第三首註中"西安"之譌"四安";《好事近》註中"陳天予"之譌"陳天子",魯魚糾紛,則毛本校讎之疎矣。陳正晦《遯齋閒覽》載开為郡,因陳牒婦人立雨中,作《清平調》一詞。事既媒褻,且开亦未嘗為郡,此宋人小説之誣[3]。晉不收其詞,特為有識。今附辨於此,亦不復補入云。

【彙訂】

① 底本此條與文淵閣庫書次序不符。文淵閣庫書與殿本均置於"放翁詞一卷"條之前。

② 信安,本常山縣,咸淳三年改,見《宋史·地理志》。於毛开之世,尚稱常山。《明史·地理志》云:"常山有三衢山,東有常山,即信安嶺也。"可知三衢乃所居之山名,非信安古稱。(楊武泉:《四庫全書總目辨誤》)

③《遯齋閒覽》作者為陳正敏,見《容齋四筆》卷一四"梁狀元八十二歲"條、趙與峕《賓退錄》卷八及《宋史·藝文志》子部小説類。此書久佚,館臣所見,必係轉引。衢本《郡齋讀書志》卷一三謂"崇(寧、大)觀間撰",即徽宗初年。而毛开為尤袤之友,已入南宋多年,不可能在徽宗朝以前即已"為郡"。《總目》所引書不可信。(同上)

知稼翁詞一卷(安徽巡撫採進本)

宋黃公度撰。公度有《知稼翁集》,已著錄。所作詞一卷,已見集中。此則毛晉所刊別行本也。詞僅十三調，共十四闋①。據卷末其子沃跋語，乃收拾未得其半，錄而藏之以傳後裔者。每詞之下系以本事，並詳及同時倡酬詩文。公度之生平本末，可以見其大概，較他家詞集特為詳備。至汪藻《點絳唇》詞“亂鴉啼後，歸思濃於酒”句，吳曾《能改齋漫錄》改竄作“曉鴉啼後，歸夢濃於酒”，兼憑虛撰一事實，殊乖本義。沃因其父有和詞，辨正其譌，自屬確鑿可據。乃朱彝尊選《詞綜》，猶信吳曾曲說，改藻原詞，且坐《草堂》以擅改之罪。不知《草堂》惟以“歸思”作“歸興”，其餘實未嘗改。彝尊殆偶誤記歟？

【彙訂】

① 文淵閣《四庫》本此集載十一調，十五闋；《知稼翁集》所載詞亦為十一調，十五闋。（周錄祥：《〈四庫全書簡明目錄·集部〉訂誤》）

蒲江詞一卷（江蘇巡撫採進本）

宋盧祖皋撰，祖皋字申之，又字次夔，號蒲江，永嘉人。登慶元五年進士，嘉定中為軍器少監，權直學士院。祖皋為樓鑰之甥，學有淵源，嘗與永嘉四靈以詩相倡和。然詩集不傳。惟《貴耳集》載其《玉堂有感》、《松江別友》二絕句，《舟中獨酌》一聯；《梅磵詩話》載其《廟山道中》一絕句；《全芳備祖》載其《酴醾》一絕句；僧《北磵集》附載其《讀書》、《種橘》二絕句；《東甌詩集》載其《雨後得月小飲懷趙天樂》五言一律而已。《貴耳集》又稱其“小詞纖雅，曰《蒲江集》”，然不言卷數。陳振孫《書錄解題》著錄一卷，其篇數多寡亦不可考。此本為明毛晉所刻，凡二十五闋。今以黃昇《花菴詞選》相校，則前二十四闋悉《詞選》之所錄，惟最後《好事近》一闋為晉所增入。疑原集散佚,晉特鈔撮黃昇所錄,以備一家耳。其中字句與《詞選》頗有異同。如開卷《賀新郎》"荒詞誰繼風流後"句,《詞選》作"荒祠";《水龍吟》"帶酒離恨"句,"帶酒",《詞選》作"帶將";《烏夜啼》第三首後闋"昨日幾秋風"句,"昨日",《詞選》作"昨夜"。並應以《詞選》為長,晉蓋未及詳校。惟《賀新郎》序首"沈傳師"字,晉註:"《詞選》作'傳帥'。"[1]然今《詞選》實作"傳師",則不知晉所據者何本矣[2]。至《鷓鴣天》後闋"丁寧須滿玉西東"句,據文應作"玉東西",而此詞實用東韻,則由祖皋偶然誤用。如黃庭堅之押"秦西巴"為"巴西",非校者之誤也。

【彙訂】

① "傳帥",底本作"傳師",據此集《賀新郎》序注原文及殿本改。

② 盧祖皋《賀新郎》詞之序文作"彭傳師",宋黃昇《花菴詞選》卷八、清朱彝尊《詞綜》卷七、張宗橚《詞林紀事》卷一二所載皆同。沈傳師乃唐人,兩《唐書》有傳。(楊武泉:《四庫全書總目辨誤》)

平齋詞一卷(安徽巡撫採進本)

宋洪咨夔撰。咨夔有《春秋說》,已著錄。是編為毛晉所刊。晉跋稱未見其集。蓋汲古閣偶無其本,僅見其詞也。咨夔以才藝自負,新第後上書衛王,自宰相至州縣,無不捃摭其短。遂為時相所忌,十年不調。故其詞淋漓激壯,多抑塞磊落之感,頗有似稼軒、龍洲者。晉跋乃徒以"王岐公文多富貴氣"擬之,殊為未允。咨夔父名鉞[1],號谷隱,有詩名。咨夔出蜀時,得書數千卷,

藏蕭寺。父子考論諷誦，學益宏肆。詞註內所稱老人，即其父
也。其子勳、熹、熹，亦皆能紹其家學。《鷓鴣天‧為老人壽》後
闋云："諸孫認取翁翁意，插架詩書不負人。"可想其世業之盛②。
又《漢宮春》一闋，乃慶其父七十作。據《平齋集》有《壬辰小雪前
奉親游道場何山》五言古詩一首，中有句云："老親八十健。"而集
內未載其詞，疑其傳棄尚多散佚矣③。

【彙訂】

①"鉞"，底本作"鉞"，據殿本改。《咸淳臨安志》卷六十七
《洪咨夔傳》曰："父鉞，號谷隱，有詩名。"

②殿本"想"下有"見"字。

③此句詩實在集中《何山書堂》一首。（何槐昌：《〈四庫全
書總目〉著錄校正選輯》）

白石道人歌曲四卷別集一卷（監察御史許寶善家藏本）

宋姜夔撰。夔有《絳帖平》，已著錄。此其樂府詞也。夔詩
格高秀，為楊萬里等所推。詞亦精深華妙，尤善自度新腔。故音
節文采，並冠絕一時。其詩所謂"自製新詞韻最嬌，小紅低唱我
吹簫"者，風致尚可想見。惟其集久無善本，舊有毛晉汲古閣刊
版，僅三十四闋，而題下小序往往不載原文。康熙甲午，陳撰刻
其詩集，以詞附後，亦僅五十八闋。且小序及題下自註多意為刪
竄，又出毛本之下。此本從宋槧翻刻，最為完善①。卷一宋鐃歌
十四首，越九歌十首，琴曲一首。卷二詞三十三首，總題曰《令》。
卷三詞二十首，總題曰《慢》。卷四詞十三首，皆題曰《自製曲》。
別集詞十八首，不復標列總名，疑後人所掇拾也。其九歌皆註律
呂於字旁，琴曲亦註指法於字旁，皆尚可解。惟《自製曲》一卷，

及二卷《鬲溪梅令》、《杏花天影》、《醉吟商小品》、《玉梅令》，三卷之《霓裳中序第一》，皆記拍於字旁。宋代曲譜，今不可見，亦無人能歌。莫辨其似波似磔，宛轉欹斜，如西域旁行字者，節奏安在。然歌詞之法，僅僅留此一線。錄而存之，安知無懸解之士，能尋其分刌者乎？魯鼓、薛鼓，亡其音而留其譜，亦此意也。舊本卷首冠以《詩説》，僅三頁有餘。殆以不成卷帙，附詞以行。然夔自有《白石道人詩集》，列於詞集，殊為不類。今移附詩集之末，此不複錄焉。

【彙訂】

①《四庫》底本實為乾隆八年陸鍾輝刻本，而陸本乃據元至正間陶宗儀校鈔葉居仲本。（饒宗頤：《詞集考》）

卷一九九

集 部 五 十 二

詞 曲 類 二

夢窗稾四卷補遺一卷（江蘇巡撫採進本）

宋吳文英撰。文英字君特，夢窗其自號也。慶元人。所著詞有甲、乙、丙、丁四稾。毛晉初得其丙、丁二稾，刻於《宋詞》第五集中。復掫其絕筆一篇，佚詞九篇，附於卷末①。續乃得甲、乙二稾，刻之第六集中。晉原跋可考。此本即晉所刻，而四稾合為一集，則又後人所移併也。所錄絕筆《鶯啼序》一首，殘闕過半，而乃有全文在《乙稾補遺》之中。《絳都春》一首，亦先載《乙稾》之中，今卷末仍未削去。是亦刊非一時，失於檢校之故矣。其分為四集之由，不甚可解。晉跋稱文英謝世之後，同遊集其丙、丁兩年稾釐為二卷。案文英卒於淳祐十一年辛亥②，不應獨丙、丁二年有詞。且《丙稾》有乙巳所作《永遇樂》、甲辰所作《滿江紅》，而丙午歲旦一首③，乃介於其中。《丁稾》有癸卯所作《思佳客》、壬寅所作《六醜》、甲辰所作《鳳棲梧》，而丙午所作《西江月》亦在卷內。則丙、丁二稾不應分屬丙、丁二年。且《甲稾》有癸卯作，《乙稾》有端平丙申作、淳祐辛亥作，亦絕不以編年為序。疑其初不自收拾，後裒輯舊作，得一卷即為一集，以十干為之標目,原未嘗排比先後耳。文英及與姜夔、辛棄疾游,倡和具載集中④。而又有壽賈似道諸作,殆亦晚節頹唐,如朱希真、陸游之比⑤。其詞則卓然南宋一大宗。沈泰嘉《樂府指迷》稱其"深得清真之妙,但用事下語太晦處,人不易知"。張炎《樂府指迷》亦稱其"如七寶樓臺,炫人眼目,拆碎下來,不成片段"。所短所長,評品皆為平允。蓋其天分不及周邦彥,而研鍊之功則過之。詞家之有文英,亦如詩家之有李商隱也。其稾屢經傳寫,多有譌脫。如朱存理《鐵網珊瑚》載文英手書《江南春》詞,題下註"張筠莊杜衡山莊",而刻本佚上三字,是其明證。他如《夜飛鵲》後闋"輕冰潤"句,"輕"字上當脫一字。《解語花》"門橫皺碧"一首,後闋"冷雲荒翠"句,"翠"字與全首之韻不叶。《塞翁吟別》一首,後闋"吳女暈濃"句,"女"字據譜當作平聲。《高山流水》後闋,"唾碧窗噴花茸"句,音律不叶,文義亦不可解。《惜紅衣》一闋,仿白石調而作,後闋"當時醉近繡箔夜吟"句,止八字。考姜夔原詞作"維舟試望故國渺天北"句,實九字。不惟少一字,且脫一韻。《齊天樂》尾句"畫旗塞鼓",據譜尚脫一字。《垂絲釣》前闋"波光掩映,燭花黯淡"二句,"掩"字不應叶,又不宜作四字句。"繞佛閣舊霞豔錦"一首,前闋"東風搖颺花絮下"闕三字。然"花絮"二字乃句尾押韻,以前詞"怕教徹膽寒光見懷抱"句推之,則闕字當在"花絮"二字之上。毛本校刊皆未及是正。至乙亥之《醜奴兒慢》,《丙稾》又易其名曰《愁春未醒》。則因潘元質此詞以"愁春未醒"作起句,故後人又有此名。據以追改舊題,尤乖舛矣。

【彙訂】

① "附於卷末",殿本作"附刻於末"。

② 吳文英實卒於景定間。(夏承燾:《四庫全書詞籍提要

校議》)

　　③ "丙午歲旦",殿本作"甲午歲旦",誤。此集《丙稾》卷三有《塞垣春》一首,下注"丙午歲旦"。

　　④ 文英集中《洞仙歌·黃木香贈辛稼軒》一詞,乃白石之作誤入。(夏承燾:《四庫全書詞籍提要校議》)

　　⑤ 陸游"晚節未保"實為訛傳,說詳《總目》卷一六○"誠齋集"、"渭南文集"條訂誤。

惜香樂府十卷(安徽巡撫採進本)

　　宋趙長卿撰。長卿自號仙源居士,南豐人,宗室子也。是集分類編次,凡春景三卷,夏景一卷,冬景一卷,總詞三卷,拾遺一卷①。據毛晉跋語,乃當時鄉貢進士劉澤所定,其體例殊屬無謂。且夏景中如《減字木蘭花·咏柳》一闋,《畫堂春·輦下遊西湖》一闋,宜屬之春;冬景中《永遇樂》一闋,宜屬之秋,是分隸亦未盡愜也。其詞往往瑕瑜互見。如卷二中《水龍吟》第四闋,以"了"、"少"、"峭"叶"畫"、"秀",純用江右鄉音,終非正律②。卷五中《一剪梅》尾句"縏下眉尖,恰上心頭",勦襲李清照此調原句,竄易二字③,殆於點金成鐵。卷六中《叨叨令》一闋,純作俳體,已成北曲。至卷七中《一叢花》一闋,本追和張先作。前半第四句,張詞三字一句,四字一句,此乃作七字一句;後半末三句,張詞四字二句,五字一句,此乃作三字一句,五字二句。是併音律亦多不協。然長卿恬於仕進,觸詠自娛,隨意成吟,多得淡遠蕭疏之致,固不以一眚廢之。他如《小重山》前闋結句,用"疎雨韻入芭蕉"六字,亦不合譜,殆毛晉刊本誤增"雨"字。又卷六中梅詞一首,題曰《一剪梅》,而註曰:"或刻《攤破醜奴兒》。"不知此調非《一剪梅》,當以別本為是。卷五之《似娘兒》即卷八之《青杏兒》,亦即名《醜奴兒》。晉於《似娘兒》下註云:“或作《青杏兒》。”於《青杏兒》下註云:“舊刊《攤破醜奴兒》,非。”不知誤在“攤破”二字,《醜奴兒》實非誤刻。是又明人校讎之失,其過不在長卿矣。

【彙訂】

①《總目》所列缺秋景一卷(卷五),文淵閣《四庫》本書前提要不誤。

② 宋人如曾覿汴人也,而其《釵頭鳳》以“透”叶“照”;陳允平四明人也,其《探春慢》以“了”叶“酒”,《寶鼎現》以“峭”叶“袖”;毛滂江山人也,其《清平樂》以“壽”叶“孝”,非僅江右方音如此。(夏承燾:《四庫全書詞籍提要校議》)

③“二”,殿本作“三”,誤。李清照原詞作“才下眉頭,卻上心頭”。

龍洲詞一卷(安徽巡撫採進本)

宋劉過撰。過有《龍洲集》,已著錄。陳振孫《書錄解題》載《劉改之詞》一卷。此本為毛晉所刊,題曰《龍洲詞》,從全集之名也。黃昇《花菴詞選》謂改之乃“稼軒之客,詞多壯語,蓋學稼軒”。然過詞凡贈辛棄疾者則學其體,如“古豈無人,可以似吾稼軒者誰”等詞是也。其餘雖跌宕淋漓,實未嘗全作辛體。陶九成《輟耕錄》又謂:“改之造語贍逸有思致,《沁園春》二首尤纖麗可愛。”今觀集中《詠美人指甲》、《美人足》二闋,刻畫猥褻,頗乖大雅。九成乃獨加推許,不及張端義《貴耳集》獨取其《南樓》一詞為不失賞音矣。《渚山堂詞話》云:“改之《沁園春》‘綠鬢朱顏’一闋，系代壽韓平原。"然在當時，不知竟代誰作，今亦無從詳考。
觀集中《賀新郎》第五首，註曰："平原納寵姬，奏方響，席上賦。"
則改之且身預南園之宴，不止代人祝嘏矣。蓋縱橫游士，志在功
名，固不能規言而矩行，亦不必曲為之諱也。又《沁園春》第七
首，註曰："寄辛承旨，時承旨招不赴。"此原註也，其事本明。又
註或作："風雪中欲詣稼軒，久寓湖上，未能一往，賦此以解。"此
毛晉校本註也，已自生譌異。《樂府紀聞》乃謂："幼安守京口日，
改之即敝衣曳履，承命賦詩。"是兩人定交在幼安未帥越之前。
《山房隨筆》載此詞，又稱："稼軒帥越東時，改之欲見，辛不納。
藉晦菴、南軒二人為之地，始得進見。"云云。考岳珂與過相善，
珂所作《桯史》第二卷載此事云："嘉泰癸亥，改之在中都。時辛
稼軒帥越，聞其名，遣介招之。適以事不及行，因效辛體《沁園
春》一詞。"云云，與集中自詳相合。則諸說之誣審矣。珂又稱：
"過誦此詞，掀髯有得色，珂乃以'白日見鬼'調之。"其言雖戲，要
亦未嘗不中其病也。

　　竹屋癡語一卷（安徽巡撫採進本）

　　宋高觀國撰。觀國字賓王，山陰人。陳振孫《書錄解題》載
《竹屋詞》一卷："高觀國撰，不詳何人。高郵陳造並與史達祖二
家為之序。"[①]此本為毛晉所刊。末有晉跋，僅錄造序中所稱"竹
屋、梅溪語，皆不經人道，其妙處少游、美成不及"數語，而不載全
文。然考造《江湖長翁集》亦不載是序，或當時削其稾歟？詞自
鄱陽姜夔句琢字鍊，始歸醇雅，而達祖、觀國為之羽翼。故張炎
謂："數家格調不凡，句法挺異，俱能特立清新之意，刪削靡曼之
詞。"乃《草堂詩餘》於白石、梅溪則概未寓目，《竹屋詞》亦止選其

《玉蝴蜨》一闋。蓋其時方尚甜熟，與風尚相左故也。觀國與達祖疊相酬唱，旗鼓俱足相當。惟《梅溪詞》中尚有《賀新郎》一闋，註云：“湖上與高賓王同賦。”今集中未見此調，殆佚之歟？

【彙訂】

①“並”，據《直齋書錄解題》卷二一《竹屋詞》條原文及殿本補。《直齋書錄解題》所云“陳造並與史二家序之”，乃指陳造為梅溪（史達祖）、竹屋（高觀國）二家作序，非謂陳造與史達祖二家為《竹屋詞》作序。（饒宗頤：《詞集考》）

竹齋詩餘一卷（安徽巡撫採進本）

宋黃機撰。機字幾仲，一云字幾叔①，東陽人。其事蹟無可考見。據詞中所註，有“時欲之官永興”語，蓋亦嘗仕宦於州郡，但不知為何官耳。其遊蹤則多在吳、楚之閒，而與岳總幹以長調唱酬為尤夥。總幹者，岳飛之孫珂也，時為淮東總領兼制置使。岳氏為忠義之門，故機所贈詞亦皆沈鬱蒼涼，不復作草媚花香之語。其《乳燕飛》第二闋，乃次徐斯遠寄辛棄疾韻者，棄疾亦有和詞。世所傳《稼軒詞》本，“賦”字凡複用兩韻。今考機詞，知前闋所用乃“付”字，足證流俗刊刻之誤。又辛詞調名《賀新郎》，此則名《乳燕飛》者，以蘇軾此調中有“乳燕飛華屋”句，後人因而改名，實一調也。卷末毛晉跋惜《草堂詩餘》不載其一字。案《草堂詩餘》乃南宋坊賈所編，漫無鑒別，徒以其古而存之。故朱彝尊謂：“《草堂》選詞，可謂無目。”其去其取，又何足為機重輕歟？

【彙訂】

①岳珂《桯史》卷二及郭應祥《笑笑詞》均稱其為“黃幾叔機”，謂字“幾仲”，未見有據。（馬興榮等主編：《中國詞學大

辭典》）

梅溪詞一卷（江蘇巡撫採進本）

宋史達祖撰。達祖字邦卿，號梅溪，汴人。田汝成《西湖志餘》稱韓侂胄有堂吏史達祖，擅權用事，與之名姓皆同。今考集中《齊天樂》第五首註：“中秋宿真定驛。”《滿江紅》第三首註①：“九月二十一日東京懷古。”②《水龍吟》第三首註：“陪節欲行，留別社友。”《鷓鴣天》第四首註：“衛縣道中。”《惜黃花》一首註：“九月七日定興道中。”核其詞意，必李壁使金之時，侂胄遣之隨行覘國，故有諸詞。知撰此集者即侂胄所用之史達祖。又考玉津園事，張鎡雖預其謀，而鎡實侂胄之狎客，故於滿頭花生辰得移廚張樂於其邸。此編前有鎡序，足證其為侂胄黨。序末稱：“數路得人，恐不特尋美於漢。”亦足證其實為掾史，確非兩人。惟序作於嘉泰元年辛酉，而集中有“壬戌立春”一首，序稱：“初識達祖，出詞一編。”而集中有與鎡唱和詞二首。則此本又後來所編，非鎡所序之本矣。達祖人不足道，而詞則頗工。鎡稱其“分鑣清真，平睨方回，而紛紛三變行輩，不足比數”。清真為周邦彥之號，方回為賀鑄之字，三變為柳永之原名。其推獎未免稍溢。然清詞麗句，在宋季頗屬錚錚，亦未可以其人掩其文矣。

【彙訂】

①“第三首”，殿本作“第二首”，誤。前二首注“中秋夜湖”、“書懷”。

②“東”，底本作“出”，據殿本改。

石屏詞一卷（安徽巡撫採進本）

宋戴復古撰。復古有《石屏集》，已著錄。此詞一卷，乃毛晉所刻別行本也。復古為陸游門人，以詩鳴江湖閒。方回《瀛奎律髓》稱其豪健清快[1]，自成一家。今觀其詞，亦音韻天成，不費斧鑿。其《望江南・自嘲》第一首云："賈島形模元自瘦，杜陵言語不妨村，誰解學西崑。"復古論詩之宗旨，於此具見。宜其以詩為詞，時出新意，無一語蹈襲也。集內《大江西上曲》即《念奴嬌》，本因蘇軾詞起句，故稱《大江東去》。復古乃以己詞首句，又改名《大江西上曲》，未免效顰。至《赤壁懷古・滿江紅》一闋，則豪情壯采，實不減於軾。楊慎《詞品》最賞之，宜矣。此本卷後載樓鑰所記一則，即係《石屏集》中跋語。陶宗儀所記一則，見《輟耕錄》。其"江右女子"一詞，不著調名。以各調證之，當為《祝英臺近》。但前闋三十七字俱完，後闋則逸去起處三句十四字，當係流傳殘闋。宗儀既未經辨及，後之作圖譜者因詞中第四語有"揉碎花箋"四字，遂別造一調名[2]，殊為杜撰。至於《木蘭花慢・懷舊》詞前闋有"重來故人不見"云云，與"江右女子"詞"君若重來，不相忘處"，語意若相酬答，疑即為其妻而作。然不可考矣。

【彙訂】

① "豪健清快"，殿本作"清新健快"。《瀛奎律髓》卷二十謂戴復古"其詩苦於輕俗，高處頗亦清健"。

② "別造"，殿本作"另造"。

散花菴詞一卷（安徽巡撫採進本）[1]

宋黃昇撰。昇字叔暘，號玉林，又號花菴詞客。以所居有玉林，又有散花菴也。毛晉刊本以"昇"作"昺"，以"叔暘"作"叔陽"。而諸本實多作黃昇。考《花菴絕妙詞選》舊傳刻本，題曰黃昪。又《詩人玉屑》前有昇序，世所傳翻刻宋本，猶鉤摹當日手書,亦作黃昇。檢《詞選》序末尚有當時姓氏小印,實作"昇"字。蓋許慎《説文》"昇"字篆文作"昇",昇特以篆體署名②,故作"昇"字。晉不考六書,妄改作"昃",殊為舛謬。至叔陽乃盧炳之字,炳即撰《哄堂詞》者。晉乃移而為昇字,益桃僵李代矣。昇所選《絶妙詞》,末附以己詞四十首③,蓋用王逸編《楚詞》,徐陵編《玉臺新詠》,芮挺章編《國秀集》之例。此本全録之,惟旁摭他書,增入三首耳。昇早棄科舉,雅意歌詠。曾以詩受知游九功,見胡德方所作《詞選》序。其詞亦上逼少游,近摹白石。九功贈詩所云"晴空見冰柱"者,庶幾似之。德方序又謂:"閩帥樓秋房聞其與魏菊莊相友,以泉石清士目之。"按菊莊名慶之,建安人,即撰《詩人玉屑》者。《梅磵詩話》載慶之《過玉林詩》絶句云:"一步離家是出塵,幾重山色幾重雲。沙溪清淺橋邊路,折得梅花又見君。"則昇必慶之之同里,隱居是地,故獲見稱於閩帥。又游九功亦建陽人,其《答叔暘》五言古詩一首,尚載在《詩家鼎臠》。是昇為閩人,可以考見。朱彝尊《詞綜》及近時厲鶚《宋詩紀事》均未及詳其里籍,今附著於此焉。

【彙訂】

①底本與文淵閣庫書次序不符。文淵閣庫書與殿本均置於"石屏詞一卷"條之前。

②"署名",殿本作"署字",誤。

③《總目》本卷"花菴詞選"條曰:"前十卷曰《唐宋諸賢絶妙詞選》……後十卷曰《中興以來絶妙詞》……昇所自作詞三十八首亦附録於末。"文淵閣本《花菴詞選》正為三十八首。(周録祥:《〈四庫全書簡明目録·集部〉訂誤》)

斷腸詞一卷（江蘇周厚坰家藏本）

宋朱淑真撰。淑真，海寧女子，自稱幽棲居士①。是集前有《紀略》一篇，稱為文公姪女。然朱子自為新安人，流寓閩中。考《年譜》世系，亦別無兄弟著籍海寧。疑依附盛名之詞，未必確也②。《紀略》又稱其"匹偶非倫，弗遂素志，賦《斷腸集》十卷以自解"。其詞則僅《書錄解題》載一卷③，世久無傳。此本為毛晉汲古閣所刊。後有晉跋，稱："詞僅見二闋，於《草堂集》又見一闋，於十大曲中落落如晨星。後乃得此一卷，為洪武間鈔本，乃與《漱玉詞》並刊。"然其詞止二十七闋，則亦必非原本矣。楊慎《升菴詞品》載其《生查子》一闋，有"月上柳梢頭，人約黃昏後"語，晉跋遂稱為白璧微瑕。然此詞今載歐陽修《廬陵集》第一百三十一卷中，不知何以竄入《淑真集》內，誣以桑濮之行。慎收入《詞品》，既為不考。而晉刻《宋名家詞》六十一種，《六一詞》即在其內。乃於《六一詞》漏註互見《斷腸詞》，已自亂其例。於此集更不一置辨，且證實為白璧微瑕，益鹵莽之甚。今刊此一篇，庶免於厚誣古人，貽九泉之憾焉。

【彙訂】

① 依《總目》體例，當作"淑真有《斷腸集》，已著錄"。（胡玉縉：《四庫全書總目提要補正》）

② 朱熹祖籍徽州婺源，宋代的休寧縣及婺源縣同屬江南東路的徽州新安郡，海寧實為休寧一地之舊稱。朱淑真乃徽州海寧人，非浙江海寧人。（黃嫣梨：《朱淑真事蹟索隱》）

③ 輯本《直齋書錄解題》未載《斷腸詞》。（饒宗頤：《詞集考》）

山中白雲詞八卷(江蘇巡撫採進本)①

宋張炎撰。炎字叔夏,號玉田,又號樂笑翁。循王張俊之五世孫②,家於臨安。宋亡後,潛跡不仕③,縱遊浙東西,落拓以終。平生工為長短句,以《春水》詞得名,人因號曰張春水。其後編次詞集者,即以此首壓卷,倚聲家傳誦至今。然集中他調似此者尚多。殆如賀鑄之稱梅子,偶遇品題,便為佳話耳。所長實不止此也。炎生於淳祐戊申,當宋邦淪覆,年已三十有三④,猶及見臨安全盛之日。故所作往往蒼涼激楚,即景抒情,備寫其身世盛衰之感⑤,非徒以翦紅刻翠為工。至其研究聲律,尤得神解。以之接武姜夔,居然後勁。宋、元之間,亦可謂江東獨秀矣。炎詞世鮮完帙,此本乃錢中諧所藏,猶明初陶宗儀手書。康熙中,錢塘龔翔麟始為傳寫授梓⑥。後上海曹炳曾又為重刊。舊附《樂府指迷》一卷,今析出別著於錄⑦。其仇遠原序、鄭思肖原跋及戴表元送炎序,則仍並錄之,以存其舊焉。

【彙訂】

① 底本此條與文淵閣庫書次序不符。文淵閣庫書與殿本均置於"竹山詞一卷"條之前。

② 牟巘《陵陽先生集》卷十七《題西秦張氏世譜後》載張俊子以"子"排行,孫以"宗"排行,以下則取五行相生為次。史浩《廣壽慧雲寺記》稱張鎡即其曾孫,石刻碑文後有鎡孫樗跋。張炎乃鎡曾孫(父樞,祖濡),與五行相生之序相合,應為張俊之六世孫。(江藩:《半氈齋題跋》;楊海明:《張炎家世考》)

③ "跡",殿本作"蹤"。

④ 淳祐戊申為1248年,宋亡於元至元十六年(1279),張炎時年三十二歲。

⑤ "備",殿本作"借",誤。

⑥ 據李符、龔翔麟《山中白雲詞序》、《彊村叢書》本《山中白雲詞》卷首,乃朱彝尊據錢中諧藏本傳錄,并整訂編為八卷,龔翔麟與李符等又據朱抄本校勘印行。(王兆鵬:《詞學史料學》)

⑦ 文淵閣《四庫》本此集仍附《樂府指迷》一卷。(修世平、張蘭俊:《〈景印文淵閣四庫全書〉譌例錄述》)

竹山詞一卷(安徽巡撫採進本)①

宋蔣捷選。捷字勝欲,自號竹山,宜興人。德祐中嘗登進士,宋亡之後,遁迹不仕以終。是編為毛晉汲古閣所刊。卷首載至正乙巳湖濱散人題詞,謂:"此橐得之唐士牧家,雖無詮次,已無遺逸。"當猶元人所傳之舊本矣。其詞練字精深,調音諧暢,為倚聲家之榘矱。閒有故作狡獪者,如《水龍吟》"招落梅魂"一闋,通首住句用"些"字;《瑞鶴仙》"壽東軒"一闋,通首住句用"也"字,而於虛字之上仍然叶韻。蓋偶用詩騷之格,非若黃庭堅、趙長卿輩之全不用叶,竟成散體者比也。他如《應天長》一闋,註云:"次清真韻。"前半闋"轉翠籠池閣"句止五字,而考周邦彥詞作"正是夜堂無月",實六字句;後半闋"漫有戲龍盤"句亦五字,而考周詞"又見漢宮傳燭",實亦六字。此必刊本各有脫字。至於《沁園春》"絕勝珠簾十里樓"句,"樓"字上譌增"迷"字;《玉樓春》"明朝與子穿花去"句,"花"字譌作"不"字;《行香子》"奈雲溶溶"句,"奈"字下譌增"何"字;《粉蝶兒》"古今來人易老"句,譌脫一"來"字;《翠羽吟》"但留殘月掛蒼穹"句,譌脫"月"、"蒼"二字,皆為疏舛。《唐多令》之譌為"糖多",尤足嗢噱。其《喜遷鶯》調所載改本一闋,視元詞殊減風韻,似非捷所自定,《詞統》譏之甚當。但指為史達祖詞,則又誤記耳。

【彙訂】

① 底本此條與文淵閣庫書次序不符。文淵閣庫書與殿本均置於"竹齋詩餘一卷"條之前。

天籟集二卷(編修汪如藻家藏本)

金白樸撰。樸字仁甫,一字太素,號蘭谷,真定人。父寓齋,失其名,仕金為樞密院判官①。會世亂,父子相失。嘗鞠於元好問家,得其指授。金亡後,被薦不出,徙居金陵。放浪詩酒,尤精度曲。是本乃所作詞集,世久失傳。康熙中,六安楊希洛始得於白氏之裔②,凡二百篇。前有王博文序,後有孫作序及曹安贊。希洛以示朱彝尊,彝尊分為二卷,序而傳之。樸詞清雋婉逸,意愜韻諧,可與張炎《玉田詞》相匹。惟以製曲掩其詞名,故沈晦者越數百年。詞家選本,遂均不載其姓字。朱彝尊輯《詞綜》時,亦尚未見其本,書成之後乃得之。書雖晚出,而倚聲家未有疑其偽者。蓋其詞采氣韻,皆非後人之所能,固一望而知為宋、元人語矣。

【彙訂】

① 白樸父名華,《金史》卷一一四有傳,云陝州(今河曲)人。元王逢《梧溪集》卷四下《讀白寓齋詩序》亦謂"金之陝人"。(王文才:《白樸戲曲集校注·前言》)

② "楊希洛",殿本作"楊希格",下同,誤。此集朱彝尊序云:"康熙庚辰八月之望,六安楊秀才希洛千里造余,袖中出《蘭谷天籟集》,則仁甫之詞也……白氏於明初由姑孰徙六安,希洛得之於其裔孫某。"

蛻巖詞二卷（兩淮鹽政採進本）

元張翥撰。翥有《蛻菴集》①，已著錄。此編附載詩集之後，而自為卷帙。案《元史》翥本傳稱："翥長於詩，其近體、長短句尤工。"歿後無子，其遺稿不傳，傳者有樂府、律詩僅三卷。則在當日即與詩合為一編。然云三卷，與今本不合。考《詩集》前有僧來復序，稱至正丙午，僧大杼選刻其遺稿。又有僧宗泐跋，作於洪武丁巳，仍稱將刊版以行世。是大杼之編次在至正二十六年，其刊版則在洪武六年②。而宋濂等修《元史》則在洪武二年，未及見此足本。故據其別傳之本，與詩共稱三卷也。來復序題《蛻菴詩集》，宗泐跋亦稱《右潞國張公詩集》若干卷，均無一字及詞。然宗泐稱大杼取其遺稿歸江南，選得九百首。今實詩七百六十七首③。合以詞一百三十三首，乃足九百之數④。則其詞亦大杼之所編。特傳寫者或附詩集，或析出別行耳。翥年八十二乃卒⑤，上猶及見仇遠，傳其詩法，下猶及與張羽、倪瓚⑥、顧阿瑛、鄭九韶、危素諸人與之唱和。以一身歷元之盛衰，故其詩多憂時傷亂之作。其詞乃婉麗風流，有南宋舊格。其《沁園春》題下註曰："讀白太素《天籟集》⑦，戲用韻，效其體。"蓋白璞所宗者，多東坡、稼軒之變調，翥所宗者，猶白石、夢窗之餘音。門徑不同，故其言如是也。又《春從天上來》題下註曰："廣陵冬夜，與松雲子論五音二變十二調，且品簫以定之。清濁高下，還相為宮，犁然律呂之均，雅俗之正。"則其於倚聲之學講之深矣。

【彙訂】

①"蛻菴集"，殿本作"蛻菴詩集"。文淵閣《四庫》本《蛻菴集》五卷，所錄皆詩。

②洪武十年丁巳，洪武六年癸丑。（王兆鵬：《詞學史

料學》）

③"實詩"，殿本作"詩實"。

④《四庫》本《蛻菴集》五卷，共收詩六百六十九首。鮑廷博知不足齋寫本有補遺一卷，共一百零二首。然《四庫》本據此本抄錄時未抄補遺，致與"今實詩七百六十七首。合以詞一百三十三首，乃足九百之數"之語不符。（李軍：《蛻菴集提要》）

⑤"八十二"，底本作"八十八"，據殿本改。《元史》卷一八六張翥本傳及雍正《山西通志》卷一三六《平陽府·人物·文苑·張翥傳》皆云卒年八十二。（楊武泉：《四庫全書總目辨誤》）

⑥"張羽倪瓚"，殿本作"倪瓚張羽"。

⑦"天籟集"，殿本作"天籟詞"，誤，參此集卷上原文。

珂雪詞二卷（山東巡撫採進本）

國朝曹貞吉撰。貞吉有《珂雪詩》，已著錄。是編則其詩餘也。上卷凡一百三十四首，下卷凡一百五首。其總目所載補遺，尚有《卜算子》、《浪淘沙》、《木蘭花》、《春草碧》、《滿江紅》、《百字令》、《木蘭花慢》、《臺城路》等八調，而皆有錄無書。殆以附在卷末，裝緝者偶佚之歟？其詞大抵風華掩映，寄託遙深。古調之中，緯以新意。不必模周范柳，學步邯鄲，而自不失為雅製，蓋其天分於是事獨近也。《陳維崧集》有貞吉《詠物詞》序云："吟成十首，事足千秋。趙明誠《金石》之錄，遜此華文；郭宏農《山海》之篇，慚斯麗製。"①雖友朋推挹之詞，不無溢量。要在近代詞家，亦卓然一作手矣。舊本每調之末必列王士禎、彭孫遹、張潮、李良年、曹勳、陳維崧等評語，實沿明季文社陋習，最可厭憎。今悉刪除，以清耳目。且以見文之工與不工，原所共見；傳與不傳，在所自為。名流之序跋批點，不過木蘭之櫝，日久論定，其妍醜不由於此。庶假借聲譽者曉然知標榜之無庸焉。

【彙訂】

①"麗製"，殿本作"雅製"。《陳檢討四六》卷九《曹實菴詠物詞序》原文作"麗"。

右詞曲類"詞集"之屬，五十九部，一百三卷，皆文淵閣著錄。

花閒集十卷（江蘇巡撫採進本）

後蜀趙崇祚編。崇祚字宏〔弘〕基，事孟昶為衛尉少卿，而不詳其里貫。《十國春秋》亦無傳。案蜀有趙崇韜，為中書令廷隱之子。崇祚疑即其兄弟行也。詩餘體變自唐，而盛行於五代。自宋以後，體製益繁，選錄益眾。而溯源星宿，當以此集為最古。唐末名家詞曲，俱賴以僅存。其中《漁父詞》、《楊柳枝》、《浪淘沙》諸調，唐人仍載入詩集，蓋詩與詞之轉變在此數調故也。於作者不題名而題官，蓋即《文選》書字之遺意①。惟一人之詞，時割數首入前後卷，以就每卷五十首之數，則體例為古所未有耳②。陳振孫謂："所錄自溫庭筠而下十八人，凡五百首。"今逸其二。坊刻妄有增加，殊失其舊③。此為明毛晉重刊宋本，猶為精審。前有蜀翰林學士中書舍人歐陽炯序，作於孟昶之廣政三年，乃晉高祖之天福五年也。後有陸游二跋④。其一稱："斯時天下岌岌，士大夫乃流宕如此，或者出於無聊。"不知惟士大夫流宕如此，天下所以岌岌，游未反思其本耳。其二稱："唐季五代，詩愈卑而倚聲者輒簡古可愛，能此不能彼，未易以理推也。"不知文之體格有高卑，人之學力有強弱。學力不足副其體格，則舉之不足；學力足以副其體格，則舉之有餘。律詩降於古詩，故中、晚唐古詩多不工，而律詩則時有佳作；詞又降於律詩，故五季人詩不及唐，詞乃獨勝。此猶能舉七十斤者舉百斤則蹶，舉五十斤則運掉自如，有何不可理推乎？

【彙訂】

①　按《花間集》中如溫助教庭筠、韋相莊等，乃題名於官職之下，非"不題名而題官"也。亦有別於《文選》之例，如不題班固而題班孟堅，不題左思而題左太冲等。唐人芮挺章編纂於天寶三載（744）的《國秀集》中已署作者官銜，如"天官侍郎李嶠"、"考功員外郎宋之問"等。（李一泯：《花間集校·後記》；陳尚君、張金耀主撰：《四庫提要精讀》）

②　集中卷六五十一首，卷九四十九首為例外。（李一泯：《花間集校·後記》）

③　宋本未分首，卷二皇甫松《採蓮子》、卷八孫光憲《竹枝》，皆兩首混為一首，總首數確為五百首，並無逸失。（同上）

④　楊紹和《楹書隅錄初編》卷五曰："子晉所刊各書，往往與所藏宋本不合，此猶其精審者也。此本為宋淳熙十四年丁未（1187），鄂州使庫所刊……卷一前四頁，卷十後三頁，及歐陽炯敘，陸游二跋均佚。毛氏抄補極工。"可知毛本實係以鄂本為底本，並參校融彙他本抄補而成，非真以一"有開禧元年（1205）陸游兩跋之南宋本"為底本。各本異文處，毛本與晁本及其他諸明本均異，而與鄂本同者三十二處，但亦不乏與鄂本異而與晁本同之處，足證楊氏所言不誤。（羅爭鳴：《毛本〈花間集〉來源續證》）

尊前集二卷（江蘇巡撫採進本）

不著編輯者名氏。前有萬曆閒嘉興顧梧芳序云："余愛《花閒集》,欲播傳之,而余斯編第有類焉。"似即梧芳所輯。故毛晉亦謂梧芳"採錄名篇,釐為二卷"。而朱彝尊跋則謂:"於吳下得吳寬手鈔本,取顧本勘之。詞人之先後,樂章之次第,靡有不同。"因定為宋初人編輯。考宋張炎《樂府指迷》曰:"粵自隋、唐以來,聲詩閒為長短句。至唐人則有《尊前》、《花閒集》。"似乎此書與《花閒集》皆為五代舊本[1]。然《樂府指迷》一云沈伯時作,又云顧阿瑛作。其為真出張炎與否,蓋未可定[2]。又陳振孫《書錄解題》"歌詞類"以《花閒集》為首,註曰:"此近世倚聲填詞之祖。"而無《尊前集》之名。不應張炎見之,而陳振孫不見。彝尊定為宋本,亦未可盡憑。疑以傳疑,無庸強指。且就詞論詞,原不失為《花閒》之驂乘。玩其情采,足資沾溉,亦不必定求其人以實之也。

【彙訂】

① 集中載南唐李後主亡國後詞作,顯非五代舊本。(饒宗頤:《詞集考》)

② 館臣僅見張炎《詞源》殘本,誤題為《樂府指迷》。(夏承燾:《四庫全書詞籍提要校議》)

梅苑十卷(山東巡撫採進本)

宋黃大輿編。大輿字載萬。錢曾《讀書敏求記》引王灼之語云:"字載方。"殆書"萬"為"万",又訛"万"為"方",如蕭方等之轉為"萬等"歟[1]? 其爵里未詳。厲鶚《宋詩紀事》稱為蜀人,亦以原序自署"岷山耦耕",及《成都文類》載其詩,以意推之耳,無確證也。王灼稱:"大輿歌詞與唐名輩相角。其樂府號《廣變風》,有賦梅花數曲,亦自奇特。"然樂府今不傳,惟此集僅存。所錄皆詠梅之詞，起於唐代，止於南、北宋閒。自序稱："己酉之冬，抱疾山陽，三徑掃迹。所居齋前更植梅一株，晦朔未逾②，略已粲然。於是錄唐以來才士之作，以為齋居之玩，目之曰《梅苑》。"③考己酉為建炎二年，正高宗航海之歲④，山陽又戰伐之衝，不知大興何以獨得蕭閒，編輯是集。殆"己酉"字有誤乎？昔屈、宋徧陳香草，獨不及梅，六代及唐，篇什亦寥寥可數。自宋人始重此花⑤，人人吟咏。方回撰《瀛奎律髓》，於著題之外，別出梅花一類，不使溷於群芳。大興此集，亦是志也。雖一題衷至數百闋，或不免寘臼相因。而刻畫形容，亦往往各出新意，固倚聲者之所採擇也。集中兼採蠟梅。蓋二花別種同時，義可附見。至九卷兼及楊梅，則務博之失，不自知其氾濫矣。

【彙訂】

①《讀書敏求記》卷四之下引王灼曰："吾友黃載方歌詞，直與唐名輩相角。"王灼《碧雞漫志》卷二："吾友黃載方歌詞，號《樂府廣變風》。"皆無"字載方"之語。（楊武泉：《四庫全書總目辨誤》）

②"逾"，殿本作"明"，誤，參自序原文。

③"目"，殿本作"命"，誤，參自序原文。

④己酉為建炎三年（1129）。（楊武泉：《四庫全書總目辨誤》）

⑤殿本"重"上有"絕"字。

樂府雅詞三卷補遺一卷（江蘇巡撫採進本）①

宋曾慥編。慥有《類説》，已著錄。是編皆輯宋人之詞②。前有朱彝尊題詞，謂："陳氏《書錄解題》載曾端伯《樂府雅詞》一十二卷,《拾遺》二卷。此本鈔自上元焦氏,止存三卷及《拾遺》,殆非足本。"然彝尊《曝書亭集》又載此書跋云:"繹其自序,稱三十有四家,合三卷,為足本無疑。"蓋此卷首所載為彝尊初稾,集所載乃詳定之本也。惕自序謂:"涉諧謔則去之,當時豔曲謬託歐公者,悉删除之。"則命曰"雅詞",具有風旨,非靡靡之音可比。至於《道宮》、《薄媚》、《西子詞》、《排遍》之後有入破、虛催、袞遍、催拍、歇拍、煞袞諸名,皆他本所罕載,猶見宋人舊法,不獨《九張機》詞僅見於此。是又足資詞家之考證矣。

【彙訂】

①"樂府雅詞三卷補遺一卷",殿本作"樂府雅詞五卷"。文淵閣庫書作《樂府雅詞》三卷、《拾遺》二卷。

②秦恩復刊本跋云:"《雅詞》卷數,與《直齋書錄解題》合,竹垞誤以《文獻通考》為《解題》,作十二卷,其實非也。《拾遺》所收,并及李後主、毛祕監之作,則又不止於宋人矣。"(胡玉縉:《四庫全書總目提要補正》)

花菴詞選二十卷(內府藏本)

宋黃昇撰。其書成於淳祐乙酉①。前十卷曰《唐宋諸賢絕妙詞選》,始於唐李白,終於北宋王昴,方外、閨秀各為一卷附焉。後十卷曰《中興以來絕妙詞》,始於康與之,終於洪瑹。昇所自作詞三十八首亦附錄於末。前十卷內頗有已入南宋者,蓋宣和、靖康之舊人,過江猶在者也。然後十卷內如康與之、陳與義、葉夢得亦皆北宋舊人,又不知其以何斷限矣。觀昇自序,其意蓋欲以繼趙崇祚《花閒集》、曾惕《樂府雅詞》之後,故蒐羅頗廣②。其中如李後主《山花子》一首,本李璟之作,《南唐書》載馮延巳之對可

證,亦未免小有疎舛。然昇本工詞,故精於持擇。自序稱:"暇日
袞集,得數百家。"而所錄止於此數。去取亦特為謹嚴,非《草堂
詩餘》之類參雜俗格者可比。又每人名之下各註字號里貫,每篇
題之下亦閒附評語,俱足以資考核。在宋人詞選,要不失為善
本也。

【彙訂】

① 自序及胡德方序並稱淳祐己酉(1249),淳祐無乙酉。
(胡玉縉:《四庫全書總目提要補正》)

② 自序稱:"唐詞具載《花間集》,宋詞多見於曾端伯所編,
而《復雅》一集又兼採唐、宋迄於宣和之季,凡四千三百餘首,吁,
亦備矣! 況中興以來,作者繼出……"云云,繹其語意,是前集欲
以繼趙、曾之選,後集則意在繼鯛陽居士所編《復雅》也。(同上)

類編草堂詩餘四卷(通行本)

不著編輯者名氏,舊傳南宋人所編。考王楙《野客叢書》作
於慶元閒①,已引《草堂詩餘》張仲宗《滿江紅》詞證"蝶粉蜂黃"
之語②,則此書在慶元以前矣③。詞家小令、中調、長調之分自此
書始④。後來詞譜依其字數以為定式,未免稍拘,故為萬樹《詞
律》所譏。然填詞家終不廢其名,則亦倚聲之格律也。朱彝尊作
《詞綜》,稱:"《草堂》選詞,可謂無目。"其詆之甚至。今觀所錄,
雖未免雜而不純,不及《花閒》諸集之精善。然利鈍互陳,瑕瑜不
掩,名章俊句,亦錯出其閒。一概詆排,亦未為公論。此本為明
杭州顧從敬所刊。前有嘉靖庚戌何良俊序,稱為從敬家藏宋刻,
較世所行本多七十餘調⑤。其刻在汲古閣本之前。又諸詞之後
多附以當時詞話,汲古閣本皆無之。考所引黃昇《花菴詞選》⑥、

周密《絕妙好詞》均在宋末，知為後來所附入，非其原本。然採摭尚不猥濫，亦頗足以資考證，故仍並存焉。

【彙訂】

①《總目》卷一一八"野客叢書"條云："前有慶元元年自序，又有嘉泰二年(1202)自記一條，稱此書自慶元改元以來，凡三筆矣。"則最終成書當晚於慶元(1195—1200)。（楊萬里：《草堂詩餘三論》）

② 據王國維《庚辛之間讀書記‧讀〈草堂詩餘〉記》考，"蝶粉蜂黃"《滿江紅》詞乃周邦彥作。（祝尚書：《宋人總集敘錄》）

③ 原編《草堂詩餘》不收在世者之詞，以年代排，史達祖為最晚。史氏卒於 1208 年，則成書不早於該年。（楊萬里：《草堂詩餘三論》）

④ 今存元至正間刊本《增修箋註妙選群英草堂詩餘》前集二卷、後集二卷，題何士信編選，為分類編排。則其分調非自此書始，乃自顧刻《類編》本始。（王重民：《中國善本書提要》）

⑤ 何良俊序云："顧子汝所刻……顧子上海名家……尊公東川先生。"東川即顧定芳，上海人。沈際飛《草堂詩餘發凡》云："正集裁自顧汝所手。"可知顧從敬字汝所。（楊萬里：《草堂詩餘三論》）

⑥ "花菴詞選"，殿本作"花菴選"，誤。

絕妙好詞箋七卷（兵部侍郎紀昀家藏本）

《絕妙好詞》，宋周密編。其箋則國朝查為仁、厲鶚所同撰也。密所編南宋歌詞始於張孝祥，終於仇遠，凡一百三十二家。去取謹嚴，猶在曾慥《樂府雅詞》、黃昇《花菴詞選》之上。又宋人詞集今多不傳,併作者姓名亦不盡見於世。零璣碎玉,皆賴此以存,於詞選中最為善本。初,為仁採摭諸書以為之箋,各詳其里居出處①。或因詞而考證其本事,或因人而附載其佚聞,以及諸家評論之語與其人之名篇秀句不見於此集者,咸附錄之。曾鹮亦方箋此集,尚未脫稾。適遊天津,見為仁所箋,遂舉以付之。刪復補漏,合為一書。今簡端並題二人之名,不沒其助成之力也。所箋多泛濫旁涉,不盡切於本詞,未免有嗜博之弊。然宋詞多不標題,讀者每不詳其事。如陸游之《瑞鶴仙》、韓元吉之《水龍吟》、辛棄疾之《祝英臺近》、尹煥之《唐多令》、楊恢之《二郎神》,非參以他書,得其源委,有不解為何語者。其疏通證明之功,亦有不可泯者矣。密有《癸辛雜識》諸書②,鹮有《遼史拾遺》諸書③,皆已著錄。為仁字心穀,號蓮坡,宛平人。康熙辛卯舉人。是集成於乾隆己巳,刻於庚午。鹮序稱其尚有《詩餘紀事》如干卷。今未之見,殆未成書歟?

【彙訂】

① "其",殿本作"作者"。

② "諸書",殿本無。

③ "諸書",殿本無。

樂府補題一卷(江蘇巡撫採進本)

不著編輯者名氏①,皆宋末遺民倡和之作②。凡賦龍涎香八首,其調為《天香》;賦白蓮十首,其調為《水龍吟》;賦蓴五首,其調為《摸魚兒》;賦蟬十首,其調為《齊天樂》;賦蟹四首,其調為《桂枝香》。作者為王沂孫、周密、王易簡、馮應瑞、唐藝孫、呂同老、李彭老、陳恕可③、唐玨、趙汝鈉④、李居仁、張炎、仇遠等十三人，又無名氏二人⑤。其書諸家皆不著錄。前有朱彝尊序，稱為"常熟吳氏鈔本，休寧汪晉賢購之長興藏書家，而蔣景祁鏤版以傳"云云，則康熙中始傳於世也。彝尊序又稱："當日倡和之篇必不止此，亦必有序以誌歲月，惜今皆逸"云云，其說亦是。然疑或墨迹流傳，後人錄之成帙，未必當時即編次為集，故無序目，亦未可知也。

【彙訂】

①　元陳旅《安雅堂集》卷十二《陳如心墓誌銘》："公諱恕可，字行之，一字如心……遺文有《志言稿》……《樂府補題》藏於家。"（董運來：《〈四庫全書總目〉補正十則》，雜）

②　十四名作者中僅周密、張炎、王易簡、李彭老、唐珏五人確為宋遺民，王沂孫、陳恕可、仇遠皆曾仕元。（黃俊賢：《碧山四考》）

③　"陳恕可"，殿本作"練恕可"，誤。厲鶚《樂府補題練恕可名下》云："'練'為'陳'氏之誤，了然矣。竹垞先生刻《詞綜》及蔣京少刻此冊，皆作'練'，偶未之考，或原本模糊斷缺，以致亥豕爾。"《詞綜》所據乃《百家詞》本。（于翠玲：《朱彝尊〈詞綜〉研究》）

④　"趙汝鈉"，殿本作"趙汝訥"，誤。此集中《水龍吟》第六首署月洲趙汝鈉真卿。

⑤　此編作者共十四人，卷中浮翠山房賦白蓮，"浮翠"即唐藝孫"瑤翠"之譌，佚名者僅餘閑書院賦蟬之"餘閑"一人。（夏承燾：《四庫全書詞籍提要校議》）

花草粹編二十二卷附錄一卷（禮部尚書曹秀先家藏本）①

明陳耀文編。耀文有《經典稽疑》，已著錄。是編採掇唐、宋歌詞,亦閒及於元人,而所採殊少。自序稱是集因唐《花閒集》、宋《草堂詩餘》而起,故以《花草稡編》為名。然使惟以二書合編,各採其一字名書,已無義理。乃綜括兩朝之詞,而以"花"字代"唐"字,以"草"字代"宋"字,衡以名實,尤屬未安。然其書捃摭繁富,每調有原題者必錄原題,或稍僻者必著採自某書。其有本事者,並列詞話於其後,其詞本不佳而所填實為孤調,如《縷縷金》之類,則註曰"備題"。編次亦頗不苟。蓋耀文於明代諸人中猶講考證之學,非嘲風弄月者比也。雖糾正之詳不及萬樹之《詞律》,選擇之精不及朱彝尊之《詞綜》,而裒輯之功實居二家之前。創始難工,亦不容以後來掩矣。此本與《天中記》版式相同,蓋猶耀文舊刻。而卷首乃有延祐四年陳良弼序,刊刻拙惡,僅具字形,而其文則仍耀文之語。蓋坊賈得其舊版,別刊一序弁其首,以偽為元版耳。

【彙訂】

① "二十二卷附錄一卷",殿本作"十二卷",誤。《四庫採進書目·總裁曹交出書目》正作二十二卷附錄一卷。

御定歷代詩餘一百二十卷

康熙四十六年聖祖仁皇帝御定。所錄詞自唐至明凡一千五百四十調,九千餘首,釐為一百卷。又詞人姓氏十卷,詞話十卷。考梁代吳聲歌曲,句有短長、音多柔曼,已漸近小詞。唐初作者雲興,詩道復振,故將變而不能變。迨其中葉,雜體日增,於是《竹枝》、《柳枝》之類,先變其聲;《望江南》、《調笑令》、《宮中三臺》之類,遂變其調。然猶載之詩集中,不別為一體。泊乎五季,詞格乃成。其岐為別集,始於馮延巳之《陽春詞》;其岐為總集,則始於趙崇祚之《花閒集》。自宋初以逮明季,沿波迭起,撰述彌增。然求其括歷代之精華,為諸家之總彙者,則多窺半豹,未覩全牛,罕能博且精也。我聖祖仁皇帝游心藝苑,於文章之體,一一究其正變,核其源流,兼括洪纖,不遺一技。乃命侍讀學士沈辰垣等蒐羅舊集,定著斯編。凡柳、周婉麗之音,蘇、辛奇恣之格,兼收兩派,不主一隅。旁及元人小令,漸變繁聲;明代新腔,不因舊譜者,苟一長可取,亦衆美胥收。至於考求爵里,可以為論世之資;辨證妍媸,可以為倚聲之律者,網羅宏富,尤極精詳。自有詞選以來,可云集其大成矣。若夫諸調次第,並以字數多少為斷,不沿《草堂詩餘》強分小令、中調、長調之名,更一洗舊本之陋也。

詞綜三十四卷(內府藏本)[①]

國朝朱彝尊編。其同時增定者,則休寧汪森也。彝尊有《經義考》,森有《粵西詩載》,並已著錄。是編錄唐、宋、金、元詞通五百餘家。於專集及諸選本外,凡稗官野紀中有片詞足錄者,輒為採掇。故多他選未見之作。其詞名[②]、句讀為他選所淆舛,及姓氏、爵里之誤,皆詳考而訂正之。其去取亦具有鑒別。蓋彝尊本工於填詞,平日嘗以姜夔為詞家正宗,而張輯、盧祖皋、史達祖、吳文英、蔣捷、王沂孫、張炎、周密為之羽翼。謂:“自此以後,得其門者或寡。”又謂:“小令當法汴京以前,慢詞則取諸南渡。”又謂:“論詞必出於雅正,故曾慥錄《雅詞》,銅陽居士輯《復雅》。”又盛稱《絕妙好詞》甄錄之當。其立說大抵精確,故其所選能簡擇不苟如此。以視《花閒》、《草堂》諸編,勝之遠矣。

【彙訂】

① 文淵閣《四庫》本為三十卷。（修世平、張蘭俊：《〈四庫全書總目〉訂誤二十四則》）

② "詞名"，殿本作"調名"。

十五家詞三十七卷（浙江巡撫採進本）

國朝孫默編。默字無言，休寧人。是編所輯國朝詞共十五家①。吳偉業《梅村詞》二卷，梁清標《棠村詞》三卷，宋琬《二鄉亭詞》二卷，曹爾堪《南溪詞》二卷，王士祿《炊聞詞》三卷，尤侗《百末詞》二卷，陳世祥《含影詞》二卷②，黃永《溪南詞》二卷，陸求可《月湄詞》四卷，鄒祗謨《麗農詞》二卷，彭孫遹《延露詞》三卷，王士禎《衍波詞》二卷，董以寧《蓉渡詞》三卷，陳維崧《烏絲詞》四卷，董俞《玉鳧詞》二卷。各家以小令、中調、長調為次③。載其本集原序於前，並錄其同時人評點。案王士禎《居易錄》曰："新安孫布衣默，居廣陵，貧而好客。四方名士至者，必徒步訪之。嘗告予欲渡江往海鹽，詢以有底急，則云欲訪彭十羨門，索其新詞，與予及鄒程村作合刻為三家耳。陳其年維崧贈以詩曰：'秦七黃九自佳耳，此事何與卿饑寒。'指此也。"云云。蓋其初刻在康熙甲辰，為鄒祗謨、彭孫遹、王士禎三家，即《居易錄》所云，杜濬為之序。至丁未，續以曹爾堪、王士祿、尤侗三家，是為六家，孫金礪為之序。戊申又續以陳世祥、陳維崧、董以寧、董俞四家，汪懋麟為之序。十五家之本，定於丁巳，鄧漢儀為之序。凡閱十四年，始彙成之④。雖標榜聲氣，尚沿明末積習。而一時倚聲佳製，實略備於此，存之可以見國初諸人文采風流之盛。至其每篇之末⑤，必附以評語，有類選刻時文，殊為惡道。今並刪除，不使穢亂簡牘焉。

【彙訂】

①"國朝詞共十五家"，殿本作"國朝諸家之詞有專集者凡十有五人"。

②"含影詞"，殿本作"合影詞"，誤。此集卷十四、十五為《含影詞》。

③集中如陸求可《月湄詞》等未以小令、中調、長調為次。（張宏生：《總集纂集與群體風貌——論孫默及其〈國朝名家詩餘〉》）

④孫默留松閣原刊《國朝名家詩餘》諸序雖然都說是《十六家詞》，但實際上是十七家，尚多程康莊一家。四庫本又刪掉了冀鼎孳的《香嚴詞》。（同上）

⑤"至其"，殿本作"至於"。

右詞曲類"詞選"之屬，十二部，二百七十四卷①，皆文淵閣著錄。

【彙訂】

①"二百七十四卷"，殿本作"二百六十二卷"。底本實著錄二百七十二卷。

碧雞漫志一卷（編修程晉芳家藏本）

宋王灼撰。灼有《糖霜譜》，已著錄。是編詳述曲調源流。前七條為總論，述古初至唐、宋聲歌遞變之由。次列《涼州》、《伊州》、《霓裳羽衣曲》、《甘州》、《胡渭州》、《六幺》、《西河》、《長命女》、《楊柳枝》、《喝馱子》、《蘭陵王》、《虞美人》、《安公子》、《水調歌》、《萬歲樂》、《夜半樂》、《何滿子》、《凌波神》、《荔枝香》、《阿濫

堆》、《念奴嬌》、《清平樂》、《雨淋鈴》、《菩薩蠻》、《望江南》、《麥秀
兩岐》、《文漵子》、《後庭花》、《鹽角兒》，凡二十八條①，一一溯得
名之緣起與其漸變宋詞之沿革。蓋“三百篇”之餘音，至漢而變
為樂府，至唐而變為歌詩。及其中葉，詞亦萌芽。至宋而歌詩之
法漸絕，詞乃大盛。其時士大夫多嫻音律，往往自製新聲，漸增
舊譜。故一調或至數體，一體或有數名，其目幾不可殫舉。又非
唐及五代之古法。灼作是編，就其傳授分明可以考見者，核其名
義，正其宮調，以著倚聲所自始。其餘晚出雜曲，則不暇一一詳
也。迨金、元院本既出，併歌詞之法亦亡。文士所作，僅能按舊
曲平仄，循聲填字。自明以來，遂變為文章之事，非復律呂之事，
併是編所論宮調亦莫解其説矣。然其閒正變之由，猶賴以略得
其梗概，亦考古者所必資也。其辨《霓裳羽衣曲》為河西節度使
楊敬述所獻，唐明皇為之潤色。援白居易、鄭嵎詩註為證，一掃
月宮妖妄之説。又據譜謂是曲第一至第六疊皆無拍，證唐史載
王維論按樂圖《霓裳》第三疊初拍之譌。持論極為精核。他如
《虞美人》曲，諸説各別；《河滿子》曲，一事異詞者，皆闕其所疑，
亦頗詳慎。至《念奴嬌》偶以古人為名，亦猶《戚氏》之例，本不出
於天寶。灼特以當時誤稱唐曲而辨之，理宜附錄，不當雜列古曲
之中。《鹽角兒》既據《嘉祐雜志》謂出於梅堯臣，則未可附於古
曲。且“鹽”乃曲名，隋《薛道衡集》有《昔昔鹽》，唐張鷟《朝野僉
載》有《突厥鹽》，可以互證。乃云市鹽得於紙角上，已為附會。
且紙角幾許，乃能容一曲譜，亦不近事理。是則泛濫及之，不免
千慮之一失矣。

【彙訂】

① “條”，殿本作“調”。此書所列詞尚有《河傳》、《春光好》

二條。（李裕民：《四庫提要訂誤》增訂本）

　　沈氏樂府指迷一卷（大理寺卿陸錫熊家藏本）

　　宋沈義父撰。義父字伯時，履貫未詳。前有自題，稱："壬寅秋，始識靜翁於澤濱。癸卯，識夢窗，暇日相與唱酬。"案壬寅、癸卯為淳祐二年、三年，則理宗時人也。元人跋陸輔之《詞旨》，嘗引此書。然篇頁寥寥，不能成帙，故世無單行之本。此本附刻陳耀文《花草粹編》中，凡二十八條。其論詞以周邦彥為宗，持論多為中理。惟謂兩人名不可對使，如"庾信愁多，江淹恨極"之類，頗失之拘。又謂："説桃須用紅雨、劉郎等字，説柳須用章臺、灞岸等字，説書須用銀鉤等字，説淚須用玉筯等字，説髪須用綠雲等字，説簟須用湘竹等字①，不可直説破。"其意欲避鄙俗，而不知轉成塗飾，亦非確論。至所謂去聲字最要緊，及平聲字可用入聲字替，上聲字不可用入聲字替一條②，則剖析微芒，最為精核。萬樹《詞律》實祖其説。又謂："古曲譜多有異同，至一腔有兩三字多少者，或句法長短不等。蓋被教師改換，亦有嘌唱一家多添了字。"云云。乃知宋詞亦不盡協律，歌者不免增減。萬樹《詞律》所謂"曲有襯字，詞無襯字"之説，尚為未究其變也。

　　【彙訂】

　　①"説髪須用綠雲等字説簟須用湘竹等字"，殿本作"説髪須用綠雲等事説簟須用湘竹等事"。

　　②"上聲字不可用入聲字替"當作"上聲字不可用去聲字替"。（吳眉孫：《四聲説》）

　　渚山堂詞話三卷（浙江范懋柱家天一閣藏本）

　　明陳霆撰。霆有《唐餘紀傳》，已著錄。是編與所作《詩話》

並刊,而較《詩話》為稍勝。蓋霆詩格頗纖,於詞為近,故論詞轉用所長。其中如韋莊"雨餘風軟碎鳴禽"句,本用杜荀鶴《春宮怨》語。南卓《羯鼓錄》所謂"透空碎遠之聲"即此"碎"字,當訓細瑣雜亂之義。霆乃謂鳴禽曰"碎",於理不通,改為"暖風嬌鳥碎鳴音",未免點金成鐵。又謂楊孟載雪詞"簌簌颸颸"字古無所出,欲據黃庭堅詩改為"疎疎密密"。不知以"疎疎密密"詠雪,黃詩又何所出,亦未免涉於膠固。然其他持論多確。又宋、元、明佚篇斷句,往往而有。如宋徐一《初九日登高》之類,其本集不傳於世者,亦頗賴以存。王昭儀《滿江紅》詞,為其位下宮人張瓊瑛作。《垂楊》、《玉耳墜金環》二曲,為唐、宋舊譜所無之類。亦足資考證,猶明人詞話之善本也。

詞話二卷(浙江巡撫採進本)

國朝毛奇齡撰。奇齡有《仲氏易》,已著錄。據《西河合集》序目稱,此書本四卷,佚其二卷,不敢贋補,故僅以半刊行。王晫《今世說》稱奇齡"善詩歌、樂府、填詞。所為大率託之美人香草,纏綿綺麗,按節而歌,使人悽愴。又能吹簫度曲。"是奇齡填詞之功較深於詩。且本為小技,萌於唐而成於宋,亦不待援引古書,別為高論,故所說轉不支離。其論沈去矜《詞韻》一條,尤為精核。論辛棄疾、蔣捷為別調,亦深明源委。惟其遠溯六朝,以鮑照《梅花落》亦可稱詞。則漢代鐃歌何嘗不句有長短,亦以為詞之始乎?又《西廂記》"相女配夫"本為"相度"之相,今尚有此方言。而引孫復"相女不以嫁公侯,乃以嫁山谷衰老"語,以為"宰相"之相。則牽引附會,仍蹈結習。至所述詞曲變為演劇,縷陳始末,亦極賅悉。而云宋末安定郡王趙令畤始作商調鼓子詞,譜

《西廂》傳奇。考令時即《蘇軾集》所稱趙德麟,實非宋末之人,亦未免少疎。然自宋以來撰詩話者多,撰詞話者較少。奇齡是編雖不及徐釚《詞苑叢談》之採摭繁富,門目詳明,然所敍論,亦足備談資。故削其《詩話》,而錄存是編焉。

　　詞苑叢談十二卷(通行本)

　　國朝徐釚撰。釚字電發,號虹亭,吳江人。康熙己未,召試博學宏詞,授翰林院檢討。是書專輯詞家故實,分體製、音韻、品藻、紀事、辨正、諧謔、外編七門。採摭繁富,援據詳明,足為論詞者總匯。《江南通志》稱釚少刻《菊莊樂府》,朝鮮貢使仇元吉見之,以餅金購去①。貽詩曰:"中朝攜得菊莊詞,讀罷烟霞照海湄。北宋風流何處是? 一聲鐵笛起相思。"則釚於倚聲一道,自早歲即已擅長。故於論詞亦具有鑒裁,非苟作也。惟其閒徵引舊文,未盡註其所出,同時朱彝尊、陳維崧等嘗議之。釚亦自欲補綴而未盡也。至"紀事"一門,半取近事。其閒點綴以成佳句②,標榜以借虛聲者,蓋所不免。然考《世說新語》註載裴啟作《語林》,記謝安黃公酒壚事,安以為所說不實。則序錄同時之事③,自古已然。唐、宋人詩話、説部,此類尤夥,則亦非釚之創例矣。

【彙訂】

①"餅金",殿本作"金餅"。

②"佳句",殿本作"佳話"。

③"則",殿本作"是"。

右詞曲類"詞話"之屬,五部,十九卷,皆文淵閣著錄。

欽定詞譜四十卷

康熙五十四年聖祖仁皇帝御定。詞萌於唐,而大盛於宋。

然唐、宋兩代皆無詞譜。蓋當日之詞，猶今日里巷之歌，人人解其音律，能自製腔，無須於譜。其或新聲獨造，為世所傳，如《霓裳羽衣》之類，亦不過一曲一調之譜，無裒合衆體，勒為一編者①。元以來南、北曲行，歌詞之法遂絕。姜夔《白石詞》中閒有旁記節拍，如西域梵書狀者，亦無人能通其説。今之詞譜，皆取唐、宋舊詞，以調名相同者互校以求其句法、字數，取句法、字數相同者互校以求其平仄。其句法、字數有異同者，則據而註為又一體；其平仄有異同者②，則據而註為可平可仄。自《嘯餘譜》以下，皆以此法推究。得其崖略，定為科律而已。然見聞未博，考證未精，又或參以臆斷無稽之説，往往不合於古法。惟近時萬樹作《詞律》，析疑辨誤，所得為多，然仍不免於舛漏。惟我聖祖仁皇帝聰明天授，事事皆深契精微。既御定唐、宋、金、元、明諸詩，立詠歌之準，御纂《律呂精義》，通聲氣之元。又以詞亦詩之餘派，其音節亦樂之支流，爰命儒臣，輯為此譜。凡八百二十六調，二千三百六體。凡唐至元之遺篇，靡弗採錄。元人小令其言近雅者，亦閒附之。唐、宋大曲則彙為一卷，綴於末。每調各註其源流，每字各圖其平仄，每句各註其韻叶，分刌節度，窮極窈眇，倚聲家可永守法程。蓋聖人裁成萬類，雖一事之微，必考古而立之制，類若斯矣。

【彙訂】

① 唐時官修樂曲譜有教坊譜、梨園譜，徐景安《新纂樂書》卷十《樂章文譜》；五代有後周竇儀《大周正樂》内有《新曲譜》三十六卷；宋代仁宗時有《韶樂集》，哲宗時有傳入高麗的“鄭衞之聲”曲譜，徽宗時有大晟府所刊徵、角二調曲譜，南宋時有修内司教樂所所刊《樂府混成集》。民間流行的俗樂曲譜，《東京夢華

錄》、《西湖老人繁勝錄》皆有記載。（吳熊和：《唐宋詞通論》）

②"異同"，殿本作"同異"。

詞律二十卷（通行本）

國朝萬樹撰。樹有《璇璣碎錦》，已著錄。是編糾正《嘯餘譜》及《填詞圖譜》之譌，以及諸家詞集之舛異。如《草堂詩餘》有小令、中調、長調之目，舊譜遂謂五十八字以內為小令，五十九字至九十字為中調，九十一字以外為長調。樹則謂《七娘子》有五十八字者①，有六十字者，將為小令乎？中調乎？《雪獅兒》有八十九字者，有九十二字者，將為中調乎？長調乎？故但列諸調，而不立三等之名。又舊譜於一調而長短不同者②，皆定為第一、第二體。樹則謂調有異同，體無先後，所列次第，既不以時代為差，何由知孰為第幾。故但以字數多寡為序，而不列名目③，皆精確不刊。其最入微者，一為舊譜不分句讀④，往往據平仄混填。樹則謂七字有上三下四句，如《唐多令》"燕辭歸客尚淹留"之類。五字有上一下四句，如《桂華明》"遇廣寒宮女"之類⑤。四字有橫擔之句，如《風流子》"倚欄杆處上琴臺去"之類。一為詞字平仄，舊譜但據字而填。樹則謂上聲、入聲有時可以代平，而名詞轉折跌宕處，多用去聲。一為舊譜五七字之句所註可平可仄，多改為詩句。樹則謂古詞抑揚頓挫，多在拗字。其論最為細密。至於考調名之新舊，證傳寫之舛譌，辨元人曲⑥、詞之分，斥明人自度腔之謬。考證尤一一有據。雖其考核偶疏，亦所不免。如《綠意》之即為《疏影》，樹方斷斷辨之，連章累幅，力攻朱彝尊之疏。而不知《疏影》之前為《八寶妝》，《疏影》之後為《八犯玉交枝》，即已一調複收。試取李甲、仇遠詞合之，契若符節⑦。至其論《燕春

臺》⑧、《夏初臨》為一調,乃謂《嘯餘譜》顛倒複收,貽笑千古,因欲
於張子野詞"探芳菲走馬"下添入"歸來"二字為韻。而不知其上
韻已用"當時去燕還來"。一韻兩用,其謬較一調兩收為更甚。如
斯之類,千慮而一失者,雖閒亦有之。要之,唐、宋以來倚聲度曲
之法,久已失傳。如樹者,固已十得八九矣⑨。

【彙訂】

① "五十八",殿本作"五十",誤,參此書卷首《發凡》原文。

② "不同",殿本作"異"。

③ "列",殿本作"立"。

④ "一",底本作"以",據殿本改。

⑤ "宮女",殿本作"仙女",誤,參此書卷首《發凡》原文。諸
詞集所錄關注《桂華明》皆作"遇廣寒宮女"。

⑥ "人",底本作"入",據殿本改。

⑦ 八犯者謂犯八調,八寶者亦謂八調所拼合。仇詞雖由
《八寶妝》演變,與《八寶妝》是二非一也。(映菴:《詞調索隱》)

⑧ "燕春臺",底本作"燕臺春",據殿本改。此書卷十五張
先《燕春臺》下注曰:"此調沈氏作《燕春臺》,《圖譜》作《燕臺
春》……但舊《草堂》所載是《燕春臺》,合當從之也。又按,《夏初
臨》一調與此相同,即載此後,以便考訂。"

⑨ "如樹者固已十得八九矣",殿本作"明人臆造之譜又遞
相淆亂樹推尋舊調十得八九其開闢榛蕪之功亦未可沒矣"。

右詞曲類"詞譜"、"詞韻"之屬①,二部,六十卷,皆文淵閣
著錄。

【彙訂】

① "詞韻",殿本脫。《總目》詞曲類小序:"詞為五類,曰別

集，曰總集，曰詞話，曰詞譜、詞韻。”

顧曲雜言一卷（編修程晉芳家藏本）

明沈德符撰。德符有《飛鳬語略》，已著錄①。此書專論雜劇、南曲、北曲之別。其論元人未滅南宋以前，以雜劇試士。核以《元史·選舉志》，絕無影響。乃委巷之鄙談。其論《遼史·樂志》有大食調，曲譜譌作“大石”，因有小石調配之。其意以大食為國名，如龜兹之類，不知自宋已有此名。故王珪詩號至寶丹，秦觀詩號小石調，不由曲譜之譌。其論五、六、工、尺、上、四、合、凡、一為出於宋樂書，亦未免附會。考南曲無凡、一，上字有高下之分。宋時樂歌，未必分南、北曲也。如此之類，雖閒有小疵。然如論北曲以絃索為主，板有定制，南曲笙笛，不妨長短其聲以就板。立說頗為精確。其推原諸劇脾名，自金、元以至明代，縷晰條分，徵引亦為賅洽。詞曲雖伎藝之流，然亦樂中之末派。故唐人《樂府雜錄》之類，至今尚傳。存此一編，以考南、北曲之崖略，未始非博物之一端也。以上曲品。

【彙訂】

① 依《總目》體例，當作“德符有《秦璽始末》，已著錄”。

欽定曲譜十四卷

康熙五十四年奉敕撰。蓋與《詞譜》同時並作，相輔而行也。首載諸家論說及《九宮譜定論》一卷，次北曲譜四卷，次南曲譜八卷，次以失宮犯調諸曲別為一卷附於末。北曲、南曲各以宮調提綱。其曲文每句註“句”字，每韻註“韻”字，每字註四聲於旁，於入聲字或宜作平、作上、作去者，皆一一詳註。於舊譜譌字，亦一一辨證附於後。自古樂亡而樂府興，後樂府之歌法至唐不傳，其所歌者皆絕句也。唐人歌詩之法至宋亦不傳，其所歌者皆詞也。宋人歌詞之法至元又漸不傳，而曲調作焉。考“三百篇”以至詩餘，大都抒寫性靈，緣情綺靡。惟南、北曲則依附故實，描摹情狀，連篇累牘，其體例稍殊。然《國風》“氓之蚩蚩”一篇，已詳敘一事之始末；樂府如《焦仲卿妻詩》、《秋胡行》、《木蘭詩》，並鋪陳點綴，節目分明，是即傳奇之濫觴矣。王明清《揮麈錄》載曾布所作《馮燕歌》，已漸成套數，與詞律殊途。沿及金、元，此風漸盛。其初被以絃索，其後遂象以衣冠。其初不過四折，其後乃動至數十齣。大旨亦主於敍述善惡，指陳法戒，使婦人孺子皆足以觀感而奮興①，於世教實多所裨益。雖迨其末派，矜冶蕩而侈風流，輾轉波頹，或所不免。譬如《國風》好色，降而為《玉臺》、《香奩》。不可因是而罪《詩》，亦不可因是而廢《詩》也。惟是當時舊譜②，今悉無傳。陶宗儀《輟耕錄》雖具載其目，而不著其詞。近代所行《北九宮譜》、《南九宮譜》，亦以意編排，頗多舛謬。乃特命詹事王弈清等，考尋舊調，勒著是編。使倚聲者知別宮商，赴節者咸諧律呂，用以鋪陳古蹟，感動人心。流芳遺臭之蹤，聆音者畢解；福善禍淫之理，觸目者易明。大聖人闡揚風化，開導愚蒙，委曲周詳，無往不隨事立教者，此亦一端矣。豈徒斤斤於紅牙翠管之閒哉！以上曲譜。

【彙訂】

① “足”，殿本作“用”。

② “舊譜”，殿本作“舊詩”，誤。

中原音韻二卷（內府藏本）

元周德清撰。德清字挺齋，高安人。是書成於泰定甲子，原本不分卷帙①。考其《中原音韻起例》以下，即列諸部字數；《正語作詞起例》以下，即列作詞諸法。蓋前為韻書，後為附論，畛域顯然。今據此釐為二卷，以便省覽。其音韻之例，以平聲分為陰、陽，以入聲配隸三聲，分為十九部。一曰東、鍾，二曰江、陽，三曰支、思，四曰齊、微，五曰魚、模，六曰皆、來，七曰真、文，八曰寒、山，九曰桓、歡，十曰先、天，十一曰蕭、豪，十二曰歌、戈，十三曰家、麻，十四曰車、遮，十五曰庚、青，十六曰尤、侯，十七曰侵、尋，十八曰鹽②、咸，十九曰廉、纖。蓋全為北曲而作。考齊、梁以前，平、上、去無別。至唐時，如元稹諸人作長律，尚有遺風。惟入聲則各自為部，不叶三聲。然如《檀弓》稱：“子辱與彌牟之弟游。”③註謂：“文子名木，緩讀之則為彌牟。”又古樂府《江南曲》以“魚戲蓮葉北”韻“魚戲蓮葉西”，註亦稱“北”讀為“悲”。是以入叶平，已萌於古。又《春秋》“盟于蔑”，《穀梁》作“盟于昩”；《春秋》“定姒卒”，《公羊》作“定弋卒”。是亦方言相近，故上、去、入可以轉通也。北音舒長遲重，不能作收藏短促之聲，凡入聲皆讀入三聲，自其風土使然。樂府既為北調，自應歌以北音。德清此譜，蓋亦因其自然之節，所以作北曲者沿用至今。言各有當，此之謂也。至於因而掊擊古音，則拘於一偏，主持太過。夫語言各有方域，時代遞有變遷，文章亦各有體裁。“三百篇”中，東、陽不叶；而孔子《象傳》以“中”韻“當”，老子《道經》以“聾”韻“盲”，此參用方音者也。《楚騷》之音，異於《風雅》；漢、魏之音，異於屈、宋，此隨時變轉者也。左思作《三都賦》，純用古體，則純用古音。及其作《白髮賦》與《詠史》、《招隱》諸詩，純用晉代之體，則亦純用晉代之音。沈約詩、賦皆用四聲，至於《冠子祝文》，則“化”字乃作平讀。又文章用韻，各因體裁之明證也。詞、曲本里巷之樂,不可律以正聲。其體創於唐,然唐無詞韻④,凡詞韻與詩皆同。唐初《回波》諸篇、唐末《花閒》一集可覆按也。其法密於宋,漸有以入代平,以上代平諸例。而三百年作者如雲,亦無詞韻⑤。閒或參以方音,但取歌者順吻,聽者悦耳而已矣。一則去古未遠,方音猶與韻合,故無所出入;一則去古漸遠,知其不合古音,而又諸方各隨其口語,不可定以一格。故均無書也。至元而中原一統,北曲盛行。既已别立專門,自宜各為一譜。此亦理勢之自然。德清乃以後來變例,據一時以排千古,其偵殊甚。觀其"瑟"註"音史","塞"註"音死"。今日四海之内,寧有此音,不又將執以排德清哉? 然德清輕詆古書,所見雖謬,而所定之譜,則至今為北曲之準繩。或以變亂古法詆之,是又不知樂府之韻本於韻外别行矣。故今錄存其書,以備一代之學,而併論其源流得失如右。以上曲韻。

【彙訂】

① "本",殿本無。

② "鹽",殿本作"監",誤。

③ "子",殿本作"君",疑誤,參《禮記·檀弓上》原文。

④ "唐",殿本無。

⑤ 以入代平、以上代平,乃指句中應平之字,無關叶韻。宋朱希真嘗擬《應制詞韻》,其書久佚。《詞林要韻》,南宋紹興二年刊。則宋代非無詞韻。詞與法曲、大曲同時并興,所用之韻,是一非二。詞近於詩,限制稍嚴,且無入聲叶平、上、去三聲之例。(映庵:《戈順卿〈詞林正韻〉糾正》)

右詞曲類"南北曲"之屬,三部,十七卷,皆文淵閣著錄。

卷二〇〇

集 部 五 十 三

詞 曲 類 存 目

壽域詞一卷（安徽巡撫採進本）

宋杜安世撰。安世字壽域，京兆人。黃昇《花菴詞選》又謂名壽域，字安世。未知孰是。《書錄解題》載《壽域詞》一卷。其事蹟本末陳振孫已謂未詳。集內各調皆不載原題，無可參考。觀振孫列之張先詞後，歐陽修詞前，則北宋人也。振孫稱其詞不甚工，今核集中所載八十六闋，往往失之淺俗，字句尤多湊泊。即所載《折紅梅》一詞，毛晉跋指為吳感作者，通體皆剽竊柳永《望梅》詞，未可謂之佳製。振孫之言非過。至《菩薩蠻》第二首，乃南唐李後主詞；《鳳銜杯》第二首，乃晏殊詞，惟結句增一“空”字為小異，晉皆未註。晉所稱《訴衷情》一首見於《花菴詞選》者，僅附載跋中，亦未補入集內。字句譌脫，尤不一而足。首尾僅二十餘紙，舛謬不可勝乙。晉殆亦忽視其詞，漫不一校耶？

後山詞一卷（安徽巡撫採進本）

宋陳師道撰。師道有《後山叢談》，已著錄[①]。其詩餘一卷，已附載集中。考陳振孫《書錄解題》載《後山詞》一卷，《宋史·藝

文志》則稱為《語業》一卷。而魏衍作師道《集記》，但及《叢談》、
《理究》，不及其詞，知宋時本集外別行也。胡仔《漁隱叢話》述師
道自矜語，謂於詞不減秦七、黃九。今觀其《漁家傲》詞有云：“擬
作新詞酬帝力，輕落筆，黃、秦去後無强敵。”云云，自負良為不
淺。然師道詩冥心孤詣，自是北宋巨擘。至强回筆端，倚聲度
曲，則非所擅長。如《贈晁補之舞鬟》之類[②]，殊不多見。其《詩
話》謂曾子開、秦少游詩如詞，而不自知詞如詩。蓋人各有能有
不能，固不必事事第一也。

【彙訂】

①《總目》卷一四〇著錄陳師道撰《後山談叢》。

②“舞鬟”，殿本作“歌鬟”，誤。《宋名家詞》本《後山詞》有
《減字木蘭花·贈晁无咎舞鬟》：“娉娉嫋嫋，紅落東風青子小，妙
舞逶迤，拍誤周郎却未知。”下注一本云：“婷婷嫋嫋，芍藥枝頭紅
玉小；舞袖遲遲，心到郎邊客已知。”

哄堂詞一卷（江蘇巡撫採進本）

宋盧炳撰。炳字叔陽，其履貫未詳，時代亦無可考。陳振孫
《書錄解題》列詞集九十二家，而總註其後曰：“自《南唐二主詞》
以下，皆長沙書坊所刻，號百家詞。”其最末一家為郭應祥，振孫
稱嘉定閒人。則諸人皆在寧宗以前，炳詞次序尚在侯寘詞後。
寘，紹興中知建康，則炳亦南渡後人。集中有“庚戌正月”字，庚
戌為建炎四年[①]。故集中諸詞多用周邦彥韻，其時代適相接也。
其集《書錄解題》本作《哄堂詞》。毛晉刊本則作“烘堂”。案唐趙
璘《因話錄》：“御史院合座俱笑，謂之哄堂。”炳蓋謙言博笑，故以
為名。若作“烘堂”，於義無取。知晉所刊為誤[②]。炳蓋嘗仕州

縣,故多同官倡和之詞,然其同官無一知名士。其頌祝諸作,亦俱庸下。至於《武陵春》之以"老"叶"頭";《水龍吟》之以"斗"、"奏"叶"表";《清平樂》之以"皺"叶"好"、"笑",雖古韻本通,而詞家無用古韻之例,亦為破格。他若《賀新郎》之"問天公底事教幽獨,待拉向錦屏曲"、《玉團兒》之"把不定紅生臉肉"③、《驀山溪》之"鞭寶馬,鬧竿隨,簇著花藤轎",皆鄙俚不文,有乖雅調。惟詠物諸作尚細膩熨貼,閒有可觀耳。

【彙訂】

① 盧炳嘉定七年(1214)守融州,被論兇狠姦貪,放罷。庚戌當為紹熙元年(1190),非建炎四年(1130)。(馬興榮等主編:《中國詞學大辭典》)

② 宋人"烘堂"之語,其義有二,一如唐人所謂"暖房";一即《因話錄》"合座俱笑"之意,與"哄堂"同。即便為"謙言博笑",亦不必改作"哄堂"。(夏承燾:《四庫全書詞籍提要校議》)

③ "臉",底本作"瞼",據《宋名家詞》本《烘堂詞·玉團兒·用周美成韻》原文及殿本改。

近體樂府一卷(安徽巡撫採進本)

宋周必大撰。必大有《玉堂雜記》,已著錄。此編凡詞十二闋,已編入《文忠集》中。此卷乃毛晉摘錄之本①,刻於《六十家詞》中者也。題下所註甲子,其可數者自丁亥至庚寅,大約不出四歲中所作。疑當周編次全集時,已掇拾散佚之餘②,非其完本矣。

【彙訂】

① "卷",殿本無。

② 殿本"拾"下有"於"字。

金谷遺音一卷(安徽巡撫採進本)

宋石孝友撰。孝友字次仲,南昌人,乾道中進士。其著作世不多見。《釣臺集》載其七言絕句一首,亦無可採錄。其詞則至今猶傳。《書錄解題》載孝友《金谷遺音》一卷,與此本合。其詞長調以端莊為主,小令以輕倩為工。而長調類多獻諛之作,小令亦閒近於俚俗。毛晉跋黃機詞,恨《草堂詩餘》不載機及孝友一篇。跋孝友詞又獨稱其《茶瓶兒》、《惜奴嬌》諸篇為輕倩纖豔①。今考《茶瓶兒》結句云:"而今若沒些兒事,卻枉了做人一世。"《惜奴嬌》前一闋云:"我已多情,更撞著多情底你。"後一闋云:"冤家你教我如何割捨,冤家休直待教人呪罵。"直是市井俚談。而晉乃特激賞之,反置其佳者於不論。其為顛倒,更在《草堂詩餘》下矣。又楊慎《詞品》極稱孝友《多麗》一闋,此集不載。詳考其詞,乃張翥所作,慎偶誤記。今附辨於此,不復據以補入焉。

【彙訂】

① "豔",殿本作"麗",誤,參《宋名家詞》本《金谷遺音》毛晉跋。

白石詞集一卷(安徽巡撫採進本)

宋姜夔撰。夔有《絳帖平》,已著錄。是集為康熙甲午陳撰所刻,附於詩集之後。凡五十八闋,較毛晉汲古閣本多二十四闋。然其中多意為刪竄,非其舊文。如毛本《暗香》、《疎影》二調並註"仙呂宮"字。且《暗香》題下有小序四十九字,述製調之由。此本佚去①,僅《疎影》題下註"仙呂宮"三字。又《鷓鴣天》第三闋題下毛本有"十六夜出"四字;《憶王孫》題下毛本有"鄱陽彭氏小樓"六字;《齊天樂》結句有原註十一字。此本並佚,殊為疏漏。又《齊天樂》題下毛本註"蟋蟀,中都呼為促織"八字,此本則註俗名"正宮黃鍾宮"五字,又註"促織"二字。《鬲溪梅令》毛本註曰:"仙呂調。"此本乃譌作《高溪梅》,又譌註為"仙宮調"。《湘月》一闋[2],毛本題下註:"即《念奴嬌》之鬲指聲也。"文義甚明。此本乃以"鬲指"二字為調名,註曰:"一名《湘月》"。皆謬戾無理。其中"咏草"《點絳唇》一闋,撰跋稱:"復見於遹翁集中,援據無徵,難以臆定。"不知《草堂詩餘》載此詞,實作林逋。宋人所題,必非無據。且《草堂詩餘》不及夔詞,尤足徵不出於夔。撰亦考之未審。至於《長亭怨慢》題下自註"桓大司馬"云云,乃誤以庾信《枯樹賦》末六句為桓溫本語。則夔之記憶偶譌,又非校刊者之過矣。

【彙訂】

① "佚去",殿本作"佚之"。

② "闋",殿本作"首"。

別本白石詞一卷(江蘇巡撫採進本)

宋姜夔撰。此本為毛晉《六十名家詞》中所刻。凡三十四闋,較康熙甲午陳撰刊本少二十四闋。蓋第據《花菴詞選》所錄,僅增《湘月》一闋、《點絳唇》一闋而已。

文溪詞一卷(安徽巡撫採進本)

宋李昴英撰。昴英有《文溪集》,已著錄。此本為毛晉所刊,卷首題"宋李公昴撰"。卷後跋語稱:"《花菴詞選》作'名昴英,字俊明',楊慎《詞品》作'名公昴,字昴英。資州磐石人'。晉有家藏本作'名公昴,字俊明'。"云云。考昴英附見《宋史·黃雍傳》,

其《文溪集》載始末甚詳①，不云別名公昴。且今本黃昇《詞選》亦實作昴英，不知晉所據《詞選》當屬何本。至楊慎"資州磐石人"之說，觀詞內所述惟有嶺南，無一字及於巴蜀。慎引為鄉人，尤為杜撰。原集具在，何可強誣？其詞集本分為二卷，此本合為一卷，字句舛謬非一，亦不及集本之完善。蓋慎與晉均未見《文溪全集》，故有此輾轉譌異也。

【彙訂】

① 汲古閣本《宋名家詞》本此集毛晉手跋原文云："《花菴詞選》云李俊明，名昴英，號文溪。升菴《詞品》云李公昴，名昴英，資州磐石人。晉家藏《文溪詞》又云名公昴，字俊明，番禺人，未知孰是。"據此，楊慎《詞品》所記應是字公昴，名昴英，而非《總目》所引"楊慎《詞品》作名公昴，字昴英"。《宋史》無《黃雍傳》，只有《黃師雍傳》，傳中附記有李昴英事迹。《總目》無《文溪集》，惟卷一六四有《文溪存稿》二十卷，宋李昴英撰，言昴英身世甚詳。（楊武泉：《四庫全書總目辨誤》；王承斌：《〈四庫全書總目〉詞曲類存目辨誤》）

空同詞一卷（安徽巡撫採進本）

宋洪瑹撰。瑹字叔璵，自號空同詞客。此集僅詞十六首。據毛晉跋語，乃全自黃昇《絕妙詞選》中摘出別行，非完帙也。卷末"咏漁父"《清平樂》一闋，據《花菴詞選》本連久道詞，且載其本事甚明。因二人之詞相連，遂誤入之瑹詞中。實止十五首耳。

洺水詞一卷（安徽巡撫採進本）

宋程珌撰。珌有《洺水集》，已著錄。詩餘二十一闋，已載集中。此毛晉摘出別行之本也。珌文宗歐、蘇，其所作詞亦出入於蘇、辛二家之間。中多壽人及自壽之作，頗嫌寡味。至《滿庭芳》第二闋之"蕭"、"歌"通叶，《減字木蘭花》後闋之"好"、"坐"同韻，皆係鄉音，尤不可為訓也。

風雅遺音二卷（編修汪如藻家藏本）

宋林正大撰。正大字敬之，號隨菴。據卷首易嘉猷序①，蓋開禧中為嚴州學官，其里籍則不可考②。是編皆取前人詩文，檃括其意，製為雜曲。每首之前，仍全載本文，蓋仿蘇軾檃括《歸去來詞》之例。然語意蹇拙，殊無可採。卷末有徐釚跋云："《風雅遺音》上、下卷，南宋刊本，泰興季滄葦家藏書。靈壽傅使君於都門珠市口購得，遂付小史鈔錄。林序闕前七行，卷末《清平調》逸其半。皆舊時脫落，今亦仍之。"此本字畫譌闕，蓋又從釚本傳寫云。

【彙訂】

①"易嘉猷"，殿本作"易嘉靖"，誤。明刻本此書卷首有開禧乙丑八月朔廬陵易嘉猷允升跋。

②《景定嚴州續志》卷三《州學教授題名》云："林式之，嘉泰二年（1202）八月二十日到任，開禧二年（1206）二月十八日滿。"式之與正大當即一人，但不知二者孰是，抑或一人自有二名。（李裕民：《四庫提要訂誤》）

後村別調一卷（安徽巡撫採進本）

宋劉克莊撰。克莊有《後村集》，已著錄。其詩餘已附載集中。毛晉復摘出別刻①。克莊在宋末以詩名。其所作詞，張炎《樂府指迷》譏其直致近俗，效稼軒而不及。今觀是集，雖縱橫排宕，亦頗自豪，然於此事究非當家。如"贈陳參議家舞姬"《清平樂》詞"貪與蕭郎眉語,不知舞錯《伊州》"者,集中不數見也。

【彙訂】

① 四庫本《後村集》(五十卷本)卷十九、卷二十收詞共一百二十一首,而毛晉《宋名家詞》本輯自《後村先生大全集》卷一八七至卷一九一,存詞共二百五十四首,較四庫本多一半強。(鄧子勉:《宋金元詞籍文獻研究》)

芸窗詞一卷(江蘇巡撫採進本)

宋張矩撰。矩字方叔,南徐人。其始末不可考①。觀集中"被檄出郊"《青玉案》詞,有"六朝舊事,一江流水"句②;又"和上元王仇香猷含山邵梅仙有渙敘別"《浪淘沙》詞③,有"鍾阜石城何處是"句,知嘗官於建康。又"次虛齋先生雨花宴詞》,有"何時脫了塵埃墨綬"句,則官乃縣令也。其詞諸家選本罕見採錄。此本為毛晉所刻,亦不詳其所自。詞僅五十首,而應酬之作凡四十三首。四十三首之中,壽賈似道者五,壽似道之母者二,其餘亦大抵諛頌上官之作。塵容俗狀,開卷可憎。惟小令時有佳語。毛晉跋稱其《摸魚兒》之"正挑燈共聽簷雨"④、《浪淘沙》之"小樓燕子話春寒"、《青玉案》之"秋在黃花羞澀處"、《水龍吟》之"苦被流鶯,蹴翻花影,一欄紅露"諸句,固自稍稍可觀。然不能掩其全集之陋也。

【彙訂】

①《景定建康志》、光緒《續句容志》均載其人。(陳慶年:《芸窗詞跋》)

②"流",殿本脫,參《宋名家詞》本《芸窗詞·青玉案·被檄

出郊題陳氏山居》。

③"猷"、"有渙",殿本脱,參《宋名家詞》本《芸窗詞・浪淘沙・和上元王仇香猷含山邵梅仙有渙敍别》。

④"簷雨",殿本作"夜雨",誤,參《宋名家詞》本《芸窗詞・摸魚兒・送邵瓜坡赴含山尉且堅後約》。

蕉窗蒬隱詞一卷（編修汪如藻家藏本）

舊本題元吳琯撰。前後無序跋,不知琯為何許人。諸家書目皆不著錄,諸選本亦絶不及之。詳考其詞,皆明劉基之作。蓋姦巧書賈鈔基詞以售偽,嫁名於明代編輯《古今逸史》之吳琯。既而覺集中"舒穆爾"案舒穆爾原作石抹,今改正。元帥"之類,不似明人,又增題一"元"字,併其人而偽之耳。

煙波漁隱詞二卷（永樂大典本）①

宋宋伯仁撰。伯仁有《西塍集》,已著錄。其書蓋作於淳祐元年。取太公、范蠡、陶潛諸人,各系以詞一首。又有瀟湘八景、春夏四時景,亦系以詞,調皆《水調歌頭》也。後附《煙波漁具圖》,凡舟、笛、蓑、笠之屬,各系以七絶一首。絶句小有意致,詞殊淺俗。

【彙訂】

① 因底本次序與作者時代先後次序不符,殿本將此條置於"蕉窗蒬隱詞一卷"條之前。

樂府遺音五卷（浙江汪啟淑家藏本）

明瞿佑撰。佑有《四時宜忌》,已著錄。是集自卷一至卷二皆古樂府,自卷三至卷五皆詞曲。其古樂府綺靡軟熟,近於温、李,不出元末習氣。詞欲兼學南、北宋,反致夾雜不純,殊不稱其名也①。

【彙訂】

①"殊不稱其名也"，殿本無。

玉霄仙明珠集二卷（浙江鄭大節家藏本）

明吳子孝撰。子孝字純叔，長洲人，吏部尚書一鵬子。嘉靖己丑進士，官至湖廣布政司參議。《江南通志》稱其"議論英發，為文章宏肆浩博"。此乃所作詞集，凡一百八十餘闋①，頗具淒惋之致。而造詣未深，不能入宋人閫奧也②。

【彙訂】

① 明嘉靖刻本此集中所錄詞共二百零一闋。（王承斌：《〈四庫全書總目〉詞曲類存目辨誤》）

②"也"，殿本無。

花影集五卷（內府藏本）

明施紹莘撰。紹莘字子野，華亭人，自號峰泖浪仙。是集前三卷為樂府，後二卷為詩餘①，多作於崇禎中。大抵皆紅愁綠慘之詞，所謂"亡國之音哀以思"也。

【彙訂】

①"是集前三卷為樂府後二卷為詩餘"，殿本作"是集前二卷為樂府後三卷為詩餘"。明末刻本此集前四卷為樂府，卷五為詩餘。

蓼花詞一卷（江西巡撫採進本）

國朝余光耿撰。光耿有《一漑堂詩集》，已著錄。其父懋衡於明末遭黨禍。光耿少而孤苦，中多感慨，往往託填詞以自遣。《滿江紅》諸作，思親憶弟，寄興頗深。其以"蓼花"名者，殆亦取

"多難集夢"之意歟？

玉山詞無卷數（浙江巡撫採進本）

國朝陸次雲撰。次雲有《八紘繹史》，已著錄[1]。是集凡小令五十九，長調十八，中調九。尤侗、秦松齡為之選評。次雲《北墅緒言》有《屬友人改正詩餘姓氏書》，蓋因《西泠詞選》借名刻其詞三首，故力辨之。高士奇稱其自處甚高。今觀所作，乃往往多似元曲，不能如書中所稱周、秦、蘇、辛體也。

【彙訂】

[1] 依《總目》體例，當作"次雲有《湖壖雜記》，已著錄"。（胡露：《〈四庫全書總目〉子部存目補正》）

炊聞詞二卷（副都御史黃登賢家藏本）

國朝王士祿撰。士祿有《讀史蒙拾》，已著錄。是集本名《炊聞卮語》。前有士祿自序，稱："兀兀南冠[1]，不殊邯鄲一枕，故取杜陵詩語斷章而命之。其文無謂，其緒無端，故系之以卮。"此本改題《炊聞詞》，而目錄末有附記，稱初名《炊聞卮語》。殆士祿晚所自改，而序則未改耶？是集皆其以科場磨勘事繫獄時作。初本一百二十首，後刪二首，增五十五首，為一百七十三首。其中如《漁歌子》之"逐鷺微鳧下遠洲"、《生查子》之"皆憐好月癡"、《點絳唇》之"雨瀰空庭"、《卜算子》之"暗燭影疑冰"，皆未免失之琱琢，為過於求奇之病，非詞家本色也[2]。然大抵才思新穎，不肯蹈襲故常。如《南柯子》之"窗午"一首[3]、《昭君怨》之"樓外"一首[4]、《兩同心》之"詠鴛鴦"後半闋，皆足與作者頡頏。其《滿江紅》疊韻九首[5]，亦見才思之富。已載入孫默《十五家詞》中[6]，故僅附存其目也[7]。

【彙訂】

① "南冠"，殿本作"圜扉"，疑誤，參《十五家詞》本王士祿自序。

② "也"，殿本無。

③ "首"，底本作"闋"，據殿本改。

④ "首"，底本作"闋"，據殿本改。

⑤ "首"，底本作"闋"，據殿本改。

⑥ "十五家詞"，殿本作"十六家詞"。

⑦ "也"，殿本作"焉"。

南耕詞六卷歲寒詞一卷（浙江巡撫採進本）

國朝曹亮武撰。亮武有《南耕草堂詩》，已著錄。《南耕詞》先刻五卷。其第六卷乃喪偶後所作，續刻於後，而以悼亡詞十闋附之。《歲寒詞》則康熙癸亥、甲子兩年所作。其同里陳枋徧和之，名《荊溪歲寒詞》，亦附刻集內。亮武以倚聲擅名，與陳維崧為中表兄弟，當時名幾相埒。其纏綿婉約之處，亦不減於維崧。而才氣稍遜，故縱橫跌宕究不能與之匹敵也。

情田詞三卷（給事中邵庾曾家藏本）

國朝邵瓛撰。瓛初名宏魁，字柯亭，大興人。康熙己卯舉人，官新河縣教諭，遷昌邑知縣。其填詞之學出於朱彝尊。此集乃乾隆癸酉其子履嘉所刊也。

澹秋容軒詞一卷（江蘇巡撫採進本）

國朝范青撰。青有《筠軒詩集》，已著錄。是集為青所自編。凡小令十一闋，中調二十七闋，長調十七闋。又附入太倉許旭和詞一首①。

【彙訂】

①"又附入太倉許旭和詞一首"，殿本無。

四香樓詞鈔無卷數（江蘇巡撫採進本）

國朝范纘撰。纘有《四香樓詩鈔》，已著錄。是集小令、中調、長調各自為編，而不分卷數。大抵宗法周、柳，猶得詞家正聲①。而天然超妙不及前人，未免有雕鎪之迹。至如《南歌子》第二首之類，雖脂粉綺羅詩餘本色，要亦稍近於褻也。

【彙訂】

①"得"，殿本無。

右詞曲類"詞集"之屬，二十五部，四十三卷，內二部無卷數。皆附存目。

方壺詞三卷水雲詞一卷（編修汪如藻家藏本）

《方壺詞》，宋汪莘撰。《水雲詞》，宋汪元量撰。莘詞本載所著《方壺存稿》中，元量詞亦載所著《湖山類稿》中。此本乃休寧汪森從二集摘出合刊者。《方壺詞》前有自序，則宋嘉定元年嘗刊版別行故也。

鳴鶴餘音八卷（內府藏本）

舊本題仙游山道士彭致中編。不詳時代。采輯唐以來羽流所著詩餘，至元而止。朱存理《野航存稿》有此書跋①，疑為明初人也。所錄多方外之言，不以文字工拙論。而寄託幽曠，亦時有可觀。

【彙訂】

①"書"，殿本作"詩"，誤。

詞林萬選四卷（內府藏本）

舊本題明楊慎編。慎有《檀弓叢訓》，已著錄。此本為嘉靖癸卯楚雄府知府任良榦所刊。蓋慎戍云南時，良榦得其本也。前有良榦序，稱："慎藏有唐、宋五百家詞，暇日取其尤綺練者四卷，皆《草堂詩餘》之所未收。"云云。考《書錄解題》所載唐至五代自趙崇祚《花閒集》外，惟《南唐二主詞》一卷，馮延巳《陽春錄》一卷，此外別無詞集。南、北宋則自《家宴集》以下，總集、別集不過一百七家。明末毛晉窮蒐宋本，祇得六十家耳[①]。慎所藏者何至有五百餘家，此已先不可信。且所錄金、元、明人皆在其中，何以止云唐、宋？序與書亦不相符。又其中時有評註，俱極疎陋。如晏幾道《生查子》云："看徧潁州花，不似師師好。"[②]註曰："此李師師也。"雖與潁州不合，然幾道死靖康之難，得見李師師，猶可言也[③]。又秦觀《一叢花》題下註曰："師師，子野、小山、淮海詞中皆見，豈即李師師乎？"考師師得幸徽宗，雖不能確詳其年月，然劉鞏《汴京書事》詩曰："輦轂繁華事可傷，師師垂老過湖湘。縷衣檀板無顏色，一曲當年動帝王。"則南渡以後師師流落楚南，尚追隨歌席。計其盛時，必在宣、政之閒。張先登天聖八年進士，為仁宗時人。蘇軾為作"鶯鶯燕燕"之句，時已八十餘矣。秦觀則於哲宗紹聖初業已南竄，後即卒於藤州，未嘗北返，何由得見師師？慎之博洽，豈併此不知耶？其所選錄，欲搜求隱僻，亦不免雅俗兼陳。毛晉跋稱："嘗慕此集，不得一見，後乃得於金沙于季鸞。"疑慎原本已佚，此特後來所依託耳。

【彙訂】

①《直齋書錄解題》所載南北宋詞集，自《家宴集》以下總共一百十七家。毛晉編《宋名家詞》九十卷，共收宋詞集六十一家。

（王承斌：《〈四庫全書總目〉詞曲類存目辨誤》）

　　② 據丁傳靖《宋人軼事彙編》卷一四"李師師"條引《汴都平康記》："看遍潁州花，不似師師好。"乃秦觀《贈汴城李師師》詞。（楊武泉：《四庫全書總目辨誤》）

　　③ 晏幾道卒於崇寧五年。據翟耆年《籀史》，靖康初死難者乃幾道之子晏溥。（夏承燾：《二晏年譜》）

　　唐詞紀十六卷（通行本）

　　明董逢元撰。逢元字善長，常州人。是編成於萬曆甲午。雖以唐詞為名，而五季十國之作居十之七。蓋時代既近，末派相沿，往往皆唐之舊人，不能截分畛域。猶之錄唐詩者載及王周、徐鉉，猶有說可通。至於隋煬帝《望江南》詞，無論證以段安節《樂府雜錄》，知《海山記》確為依託①。即繩以斷限之義，亦名實相乖，漫無體例矣。且不以人序，不以調分，而區為景色、弔古、感慨、宮掖、行樂、別離、征旅、邊戍、佳麗、悲愁、憶念、怨思、女冠、漁父、仙逸、登第十六門，已為割裂無緒。又或以詞語而分，或以詞名而分，忽此忽彼，茫無定律，尤為治絲而棼。卷首列《詞名徵》一卷，略作解題，罕所考證。至以郭茂倩為元人，則他可概見矣。

　　【彙訂】

　　①"確"，殿本無。

　　宋名家詞無卷數（江蘇巡撫採進本）

　　明毛晉編。晉有《毛詩陸疏廣要》，已著錄。詞萌於唐而盛於宋，當時伎樂惟以是為歌曲。而士大夫亦多知音律，如今日之用南北曲也。金、元以後，院本、雜劇盛，而歌詞之法失傳。然音節婉轉,較詩易於言情,故好之者終不絕也①。於是音律之事變為吟詠之事,詞遂為文章之一種。其宗宋也,亦猶詩之宗唐。明常熟吳訥曾彙《宋元百家詞》,而卷帙頗重,鈔傳絕少。惟晉此刻蒐羅頗廣,倚聲家咸資採掇。其所錄分為六集,自晏殊《珠玉詞》至盧炳《哄堂詞》,共六十一家。每家之後各附以跋語。其次序先後,以得詞付雕為準,未嘗差以時代。且隨得隨雕,亦未嘗有所去取。故此外如王安石《半山老人詞》、張先《子野詞》、賀鑄《東山寓聲》,以暨范成大《石湖詞》、楊萬里《誠齋樂府》、王沂孫《碧山樂府》、張炎《玉田詞》之類,雖尚有傳本,而均未載入。蓋以次開雕,適先成此六集,遂以《六十家詞》傳,非謂宋詞止於此也。其中名姓之錯互,篇章字句之譌異,雖不能免,而於諸本之誤甲為乙,考證釐訂者亦復不少。故諸家詞集雖各分著於錄,仍附存其目,以不沒晉蒐輯校刊之功焉。

【彙訂】

① “也”,殿本無。

秦張詩餘合璧二卷(内府藏本)

明王象晉編。象晉有《群芳譜》,已著錄。是書乃以宋秦觀《淮海詞》、明張綖《南湖詞》合為一編,以二人皆產於高郵也。然一古人,一時人,越三四百年而稱為“合璧”,已自不倫。況綖詞何足以匹觀,是不亦老子、韓非同傳乎?

群賢梅苑十卷(大理寺卿陸錫熊家藏本)

舊本題松陵朱鶴齡編。鶴齡有《尚書埤傳》,已著錄。此乃所輯宋人詠梅之詞。然詳勘其書,乃取宋黃大輿《梅苑》而顛倒割裂之。一卷、二卷即黃書之六卷、七卷,而三卷則如其舊。四卷後八調移為第五卷之首，而五卷中删除九調。六卷、七卷即黄書之一卷、二卷，至八卷則又如其舊。九卷後五調移冠十卷之首，而十卷删去十調。顛倒錯亂，殆書賈售偽者為之。鶴齡不至於斯也。

選聲集三卷附詞韻簡一卷（内府藏本）

國朝吳綺撰。綺有《嶺南風物記》，已著錄。是編小令、中調、長調各一卷，皆五代、宋人之詞。標舉平仄以為式。其字旁加方匡者皆可平可仄之字，餘則平仄不可易者也。其法仍自《填詞圖譜》而來。其第一體、第二體之類，亦從其舊。後附《詞韻簡》一卷，皆祖沈謙、毛先舒之説。蓋取便攜閱而已，無大創作也。

蕉雨軒詩餘彙選八卷（兩淮鹽政採進本）

國朝陳澍編[1]。澍字雨夏，嘉興人，歲貢生。是集彙選唐、宋、元人之詞，凡二千六百首有奇。其書猶澍所手鈔，蓋舊未刊印之本也。

【彙訂】

[1] “編”，殿本作“撰”，誤。

粵風續九四卷（兩淮鹽政採進本）[1]

國朝吳淇編。淇為潯州推官時，雜採其土人歌謠[2]，又附猺、狼、獞歌數種，彙為一編。其云“續九”者，屈原有《九章》、《九歌》，擬以此續之也。前有淇自序。卷首有孫芳桂撰《劉三妹傳》，云是始造歌者。其説荒怪，不足信也。

【彙訂】

[1] 清康熙二年刻本此書作五卷。（杜澤遜：《四庫存目

標注》)

②“雜”,殿本無。

東白堂詞選初集十五卷(内府藏本)

國朝佟世南編。世南字梅岑,遼陽人。以唐、宋詩餘有《花閒》、《草堂》諸集,而明詞選本向無善者。本朝詞家雖有《倚聲》、《今詞》二選,而蒐羅未富。因與陸進、張星耀商榷去取,合前明、昭代詞人所著,彙為一編。其曰初集者,以所見未廣,尚當續成二集也。卷首冠以張星耀《詞論十三則》,又總列作者爵里凡三百七十一人,採摭頗為繁富。而甄錄未精,不免良楛雜陳之病。

名家詞鈔無卷數(浙江范懋柱家天一閣藏本)①

國朝聶先編。先字晉人,廬陵人。所選自吳偉業、龔鼎孳以下凡三十家。考卷首曾王孫序稱“百家名詞”,與集中所載之數不符。又云:“詞體之變遷,選者之詮次,例言自能詳之。”而卷端亦無例言,似乎未完之本矣。

【彙訂】

①《浙江省第四次汪啟淑家呈送書目》有此書,其進呈原本清康熙刻本今存,而范懋柱進呈目中無此書。(杜澤遜:《四庫存目標注》)

林下詞選十四卷(兩淮馬裕家藏本)

國朝周銘撰。銘字勒山,松江人。是集題曰“林下”,蓋取《世說》所載謝道韞事也。其書採取女子之作,自宋、元、明以及國朝,編次頗為無緒。末卷以《減字木蘭花》詞題為“南齊蘇小小”,亦沿田藝蘅之誤而不能正也。

浙西六家詞十卷（浙江汪啟淑家藏本）

不著編輯者名氏①。所選為國朝朱彝尊、李良年、沈皡日、李符、沈岸登、龔翔麟之詞。翔麟，仁和人。其五人皆嘉興人，故稱浙西六家。凡彝尊《江湖載酒集》三卷，良年《秋錦山房詞》一卷，皡日《柘西精舍詞》一卷，符《耒邊詞》二卷，岸登《黑蝶齋詞》一卷，翔麟《紅藕莊詞》三卷②。前有宜興陳維崧序。

【彙訂】

① 此書為龔翔麟編刻。朱彝尊《曝書亭集》卷四十《魚計莊詞序》：“曩予與同里李十九武曾論詞於京師之南泉僧舍……是時僧舍所作甚多，錢唐龔蘅圃遂以吾兩人所著刻入《浙西六家詞》。”龔蘅圃即龔翔麟。（董運來：《〈四庫全書總目〉補正十則》，情）

② “三卷”，殿本作“一卷”，誤。清康熙龔氏玉玲瓏閣刻本此集為十一卷，其中《紅藕莊詞》三卷。

右詞曲類“詞選”之屬，一十四部，九十九卷，內二部無卷數。皆附存目。

樂府指迷一卷（編修程晉芳家藏本）

舊本題宋張炎撰。炎有《山中白雲詞》，已著錄。陳繼儒《續祕笈》載此書，題曰“西秦張玉田”。玉田者，炎之別號；西秦者，炎祖張俊之祖貫，實一人也。其書分詞源、製曲、句法、字面、虛字、清空、意趣、用事、詠物、節序、賦情、離情、令曲、雜論十四篇，而附以楊萬里《作詞五要》五則①。《雜論》中稱：“周草窗所選《絕妙好詞》，惜版不存，墨本亦有好事者藏之。”又稱：“元遺山極稱辛稼軒詞，殆成於北游大都之後歟？”《續祕笈》所刻以此書為上卷,而以陸輔之所續為下卷。陸書末有原跋曰:"此本還在沈伯時《樂府指迷》之後。古雅精妙,較是輸他一著。"云云。考宋沈義父字伯時,有《樂府指迷》一卷,今載陳耀文《花草粹編》中。跋但稱沈書,而無一字及此書。則此書晚出,跋者未見龔翔麟刻《山中白雲詞》附載此書。殆後人所增入,非其舊也。曹溶《學海類編》收此書,較此本多一北軒居士跋。其跋誤以胡震亨《唐音癸籤》與胡應麟《詩藪》合為一書,已極疏舛。又收金粟頭陀《制曲十六觀》一卷,後有睡菴居士跋。金粟頭陀,元顧何瑛;睡菴居士,明湯賓尹也。而其文全鈔此書,惟每條之末增"製曲者當作此觀"一句。語語雷同,竟不一檢,尤可怪矣。

【彙訂】

① 此編乃改竄張炎《詞源》一書,而襲用沈義父《樂府指迷》之名。《作詞五要》為楊守齋作,守齋名纘,字繼翁,號守齋,非楊萬里也。(胡玉縉:《四庫全書總目提要補正》)

詞旨一卷(編修程晉芳家藏本)

元陸輔之撰。輔之有《吳中舊事》,已著錄①。是編陳繼儒《續祕笈》中以為《樂府指迷》之下卷。此本載曹溶《學海類編》中,則題曰《詞旨》。莫詳孰為本名,孰為改名。明自萬曆以後,詐偽繁興。所纂叢書,往往改頭換面,不可究詰。曹溶生於明末,故尚沿積習,以侈儲藏之富也。其目一曰詞説,二曰屬對,三曰樂笑翁奇對,四曰警句,五曰樂笑翁警句,六曰詞眼,七曰單字集虛,詞不可解,似有殘闕,八曰兩字,則有錄無書矣。其言皆無甚高論,佚不足惜。

【彙訂】

① 作《吳中舊事》之陸輔之名友仁,吳郡人(《總目》卷七〇

"吳中舊事"條)。作《詞旨》之陸輔之名行直,事迹見《分湖陸氏家譜》。(夏承燾:《詞籍四辨》)

古今詞話六卷(浙江巡撫採進本)

國朝沈雄纂。雄字偶僧,吳江人。是編所述,上起於唐,下迄康熙中年。雜引舊文,參以近人之論,亦閒附己説。分詞評、詞辨、詞品三門。徵引頗為寒儉,又多不著出典。所引近人之説尤多標榜,不為定論。

古今詞論一卷(浙江汪啟淑家藏本)

國朝王又華撰。又華字靜齋,錢塘人。是編雜錄論詞之語。雖以《古今詞論》為名,而古人僅十之一,近人乃十之九。

填詞名解四卷(浙江汪啟淑家藏本)

國朝毛先舒撰。先舒有《聲韻叢説》,已著錄。掇拾古語,以牽合詞調名義,始於楊慎《丹鉛錄》。先舒又從而衍之,附會支離,多不足據。末附先舒自度十五曲,尤為杜撰。古樂府在聲不在詞。唐人不得其聲,故所擬古樂府但借題抒意,不能自製調也;所作新樂府但為五、七言古詩,亦不能自製調也。其時採詩入樂者,僅五、七言絶句,或律詩割取其四句。倚聲製詞者,初體如《竹枝》、《柳枝》之類,猶為絶句,繼而《望江南》、《菩薩蠻》等曲作焉。解其聲,故能製其調也。至宋而傳其歌詞之法,不傳其歌詩之法,故《陽關曲》借《小秦王》之聲歌之,《漁父詞》借《鷓鴣天》之聲歌之,蘇軾、黃庭堅二集可覆案也。惟詞為當時所盛行,故作者每自度曲,亦解其聲,故能製其調耳。金、元以來,南北曲行而詞律亡。作是體者,不過考證舊詞,知其句法平仄;參證同調之詞,知某句可長可短,某字可平可仄而已。當時宮調,已茫然不省。而乃虛憑臆見，自製新腔。無論其分析精微，斷不能識。即人人習見之白石詞，其所云"《念奴嬌》鬲指聲"者，今能解為何語乎？英雄欺人，此之謂也。

右詞曲類"詞話"之屬，五部，十三卷，皆附存目。

詩餘圖譜三卷附錄二卷（副都御史黃登賢家藏本）

明張綖撰。綖有《杜詩通》，已著錄。是編取宋人歌詞，擇聲調合節者一百十首，彙而譜之[①]。各圖其平仄於前，而綴詞於後。有當平當仄、可平可仄二例。而往往不據古詞，意為填註。於古人故為拗句，以取抗墜之節者，多改諧詩句之律。又校讎不精，所謂"黑圈為仄，白圈為平，半黑半白為平仄通"者，亦多混淆，殊非善本。宜為萬樹《詞律》所譏。末附秦觀詞及綖所作詞各一卷，尤為不倫。

【彙訂】

① 汲古閣所刻《詞苑英華》本此書所錄並非只是宋人歌詞，亦有唐及五代人之作，共十人十七首。其餘為宋人四十一人一百三十五首，無名氏一首。總計五十一人（無名氏不計），歌詞一百五十二首，詞譜一百四十九首（有的一譜下選詞兩首）。（王承斌：《〈四庫全書總目〉詞曲類存目辨誤》）

嘯餘譜十卷（副都御史黃登賢家藏本）

明程明善撰。明善字若水，歙縣人，天啟中監生。其書總載詞曲之式。以歌之源出於嘯，故名曰《嘯餘》。首列《嘯旨》、《聲音度數》、《律呂》、《樂府原題》一卷。次《詩餘譜》三卷，《致語》附焉。次《北曲譜》一卷，《中原音韻》及《務頭》一卷。次《南曲譜》三卷，《中州音韻》及《切韻》一卷。考古詩皆可以入樂，唐代教坊伶人所歌,即當時文士之詞。五代以後,詩流為詞。金、元以後,詞又流為曲。故曲者詞之變,詞者詩之餘。源流雖遠,本末相生。詩不本於嘯,詞、曲安得本於嘯,命名已為不確。首列《嘯旨》,殊為附會。其《皇極經世》、《律呂》、《樂府原題》之類,與詞、曲亦復闊絕。所列詞譜第一體、第二體之類,以及平仄字數,皆出臆定,久為詞家所駁。曲譜所載,亦不及《南北九宮譜》之詳備。徒以通俗便用,至今傳之,其實非善本也。

填詞圖譜六卷續集二卷(浙江汪啟淑家藏本)

國朝賴以邠撰。以邠字損菴,仁和人。是編踵張綖之書而作,亦取古詞為譜,而以黑白圈記其平仄為圖。顛倒錯亂,罅漏百出。為萬樹《詞律》所駁者,不能縷數。

詞韻二卷(浙江汪啟淑家藏本)

國朝仲恒撰。恒字道久,號雪亭,錢塘人。詞韻舊無成書,明沈謙始創其輪廓。恒作是書,又因謙書而訂之。考填詞莫盛於宋,而二百餘載作者雲興,但有製調之文,絕無撰韻之事。核其所作,或竟用詩韻,或各雜方言,亦絕無一定之律。不應一代名流,都忘此事,留待數百年後,始補闕拾遺。蓋當日所講在於聲律,抑揚抗墜,剖析微芒。至其詞則雅俗通歌,惟求諧耳。所謂“有井水喫處都唱柳詞”是也。又安能以《禮部韻略》頒行諸酒壚茶肆哉?作者不拘,蓋由於此,非其智有所遺也。自是以還,周德清作《中原音韻》,攤派入聲,立為定法,而詞韻則終無續定者。良以北曲必用北韻,猶之梵唄必用梵音。既已自為一家,遂可自成一格。至於詞體,在詩與曲之間,韻不限於方隅,詞亦不分今古。將全用俗音,則去詩未遠;

將全從詩韻,則與俗多乖。既虞针真、因陰之無分,又虞元魂、灰咍之不叶,所以雖有沈約陸詞,終不能勒為一書也。沈謙既不明此理,強作解事,恒又沿譌踵謬,謬輵彌增。即以所分者言之,平、上、去分十四韻,割魂入真、軫,割咍入佳、蟹,此諧俗矣,而麻、遮仍為一部,則又從古。三聲既真、軫一部,侵、寢一部,庚、梗一部,元、阮一部,覃、咸一部矣,入聲則質、陌、錫、職、緝為一部,是真、庚、青、蒸、侵又合為一也;物、月、曷、黠①、屑、葉合一部,是文、元、寒、删、先、覃、鹽又合為一也。不俗不雅,不古不今,欲以範圍天下之作者,不亦難耶? 大抵作詞之韻,愈考愈岐。萬不得已,則於古韻相通之中,擇其讀之順吻者用之。如東冬、江陽之類。江陽古亦不通,此據六朝以下言之。其割屬也,亦擇古韻相通者割之。如割魂入文,魂本通文;割咍入佳,咍本通佳之類。即入聲亦以此為消息。庶斟酌於今古之閒,或不大謬。必欲強立章程,不至於非馬非驢不止。故今於諸韻書外,惟錄曲韻,而詞韻則概存目焉②。

【彙訂】

①“黠”,底本作“默”,據殿本改。

②“概”,殿本作“僅”。

詞學全書十四卷(内府藏本)

國朝查繼超編。繼超字隨菴,海寧人。是編輯於康熙己未,以毛先舒《填詞名解》四卷,王又華《古今詞論》一卷,賴以邠《填詞圖譜》六卷、《續集》一卷,仲恒《詞韻》二卷,彙為一編。無所發明考正。

右詞曲類“詞譜”、“詞韻”之屬,五部,三十九卷,皆附存目。

張小山小令二卷（江蘇巡撫採進本）

元張可久撰。可久字仲遠，號小山，慶元人[1]。嘗仕為路吏，轉首領。李開先謂：“如今稅課局大使之職。”蓋終於下僚者也，當時以詞曲擅場，其集久而失傳。明初宋濂得其詞半冊於禮賢館，後方孝孺又購得鈔本一帙以示濂。乃參互校正，分為上、下卷，鏤版行世。蓋僅就二人所見，編次成書。其實可久所作不止於是也。自五代至宋，詩降而為詞；自宋至元，詞降而為曲。文人學士，往往以是擅長。如關漢卿、馬致遠、鄭德輝、宮大用之類，皆藉以知名於世，可謂敝精神於無用。然其抒情寫景，亦時能得樂府之遺。小道可觀，遂亦不能盡廢。可久之詞，《太和正音》稱其“如瑤天笙鶴，既清且新，華而不豔，有不食煙火氣”，又謂其“如披太華之天風，招蓬萊之海月”。今觀所作，遣詞命意實能脫其塵蹊。故雖非文章之正軌[2]，附存其目[3]，以見一代風尚之所在焉。

【彙訂】

① 元人鄭玉《師山集》卷四《修復任公祠記》云“四明張久可哥久監稅松源，力贊其成”，天一閣舊藏《小山樂府》最後一則張可久自跋署名為“至正丁亥良月張久可書”，可知張可久名久可，字可久，號小山。（楊鐮：《張可久行年彙考》）

② “正軌”，殿本作“正體”。

③ 殿本“附”上有“亦”字。

碧山樂府五卷（陝西巡撫採進本）

明王九思撰。九思有《渼陂集》，已著錄。此其所作雜曲小令也。自宋趙彥肅以句字配協律呂，遂有曲譜。至元代如“驟雨

打新荷"之類,則愈出愈新。不拘字數,填以工尺。俗傳僅知有
正宮、越調為南北曲之分,而相帶、相犯之妙,填詞家又不知度曲
四聲別有去作平、上作平之例。故論其體格,於文章為最下,而
入格乃復至難。九思酷好音律,嘗傾貲購樂工,學琵琶,得其神
解。是編所錄,大半依弦索越調而帶犯之,合拍頗善。又明人小
令多以豔麗擅長,九思獨敍事抒情,宛轉妥協,不失元人遺意。
其於填曲之四聲,雜以帶字,不失尺寸,可謂聲音、文字兼擅其
勝。然以士大夫而殫力於此,與伶官歌妓較短長,雖窮極窈眇,
是亦不可以已乎?

朝野新聲太平樂府八卷(兩淮馬裕家藏本)

元楊朝英撰。朝英自稱青城人。始末未詳。是集前五卷為
小令,後三卷為套數。凡當時士大夫所撰及院本之佳者皆選錄
之,亦技藝之一種。中多殘闕,蓋傳寫所脫也。

詞品一卷(編修程晉芳家藏本)

舊本題元涵虛子撰,不詳名氏。評論有元一代北曲,人各擬
以品目,略如敖陶孫之《詩評》,臧懋循《元人百種曲》嘗列之卷
首。此本載曹溶《學海類編》中,殆即從《百種曲》中鈔出,借其名
以備數者也。

雍熙樂府十三卷(編修勵守謙家藏本)

舊本題海西廣氏編,不著姓名[①]。其凡例謂聲音各應宮律,
原分一十七調。今所傳者一十有二,蓋闕其五。今考十二調,一
曰黃鍾,二曰正宮,三曰大石,四曰小石,五曰仙呂,六曰中呂,七
曰南呂[②],八曰雙調,九曰越調,十曰商調,十一曰商角,十二曰
般涉。其商角及般涉二調,則有其目而無其詞,蓋闕佚也。明李

元〔玄〕玉《北詞廣正譜》訂正諸調③,頗為綜覈。雖所摭較此書多道宮、高平、揭指、宮調、角調五類。而揭指及宮、角二調,則亦有其目而無其詞,其全具者纔十四調。核其體例,實皆原本是書。其閒每調詞曲,有名同而實異者,有句字不拘可以增損者,亦皆因是書而推廣之耳。

【彙訂】

① 此書實即明郭勳輯《雍熙樂府》二十卷之萬曆刊節本。(張元濟:《〈四部叢刊續編〉明嘉靖本〈雍熙樂府〉跋》)

② "南呂",底本作"南宮",據明嘉靖四十五年、萬曆刻本此書及殿本改。

③ "北詞廣正譜",底本作"北調廣正譜",據殿本改。清青蓮書屋刻本《一笠菴北詞廣正譜》卷首題"華亭徐於室原稿 吳門李玄玉更定"。

度曲須知二卷弦索辨譌三卷(內府藏本)

明沈寵綏撰。寵綏字君徵,吳江人。以度曲家沿流忘初,往往聲乖於字,調乖於義。因作此書以釐正音調。凡分二十六目,剖晰頗詳。其《弦索辨譌》則載《西廂》二卷,《雜曲》一卷,各加標記,以明北曲字音之殊。蓋亦《九宮譜》之流亞也。

瓊林雅韻無卷數(編修勵守謙家藏本)

明寧王權編。權有《漢唐祕史》,已著錄。是書凡分十九韻,大抵襲周德清《中原音韻》體例。一穹、窿,二邦、昌,三詩、詞,四丕、基,五車、書,六泰、階,七仁、恩,八安、閒,九觴、鸞,十乾、元,十一蕭、韶,十二珂、和,十三嘉、華,十四碑、砂,十五清、寧,十六周、流,十七金、琛,十八潭、巖,十九慊、謙①,與《中原音韻》十九韻大略相似，特異其名耳。惟《中原音韻》第十韻標曰“先天”，而此書第十韻則標曰“乾元”，遂取“元”韻之半入於“一先”。又是書每韻皆取平聲二字以括三聲，而第六韻“泰階”，“泰”字則兼用去聲，是自亂其例。至云北方無入聲，以入聲附平、上、去三聲之後，與《中原音韻》體例全合，而亦微有不同。如第四韻曰“丕基”，其後附“悔”字，謂去聲作上聲，而《中原音韻》第四韻後不載此條。考“悔”字作上聲，其在紙韻，則有《詩》“不我以，其後也悔”可證；其在麌韻，則有陸機《凌霄賦》“悔”與“旅”為韻可證。周德清於此條似乎失收。然曲韻自用方音，不能據古韻為增減。權之所補，亦知其一而不知其二也。

【彙訂】

① 明洪武三十一年刻本此書第十九韻韻題為“恬、謙”，而非“慊、謙”。此韻部所列字，有“恬”字而無“慊”字。（王承斌：《〈四庫全書總目〉詞曲類存目辨誤》）

　南曲入聲客問一卷（江蘇巡撫採進本）

　國朝毛先舒撰。先舒有《聲韻叢說》，已著錄。初，先舒撰《南曲正韻》一書，凡入聲俱單押，不雜平、上、去三聲。復著此卷，謂南曲入聲俱可作平、上、去押。設為客問，以達其説。

　右詞曲類“南北曲”之屬，八部，三十五卷，內一部無卷數。皆附存目。

附錄一

引 用 文 獻

《安徽廣播電視大學學報》,2005 年 2 期
李暉:《劇談錄》及其作者史實考辨

《安徽文學》,2009 年 2 期
鄒定霞:《四庫提要·蔡中郎集》辯誤

《安徽文獻研究集刊》,第二卷,黄山書社,2006 年 5 月
杜澤遜:《四庫全書總目》傳記類提要疑辨

《版本目錄學研究》第一輯,國家圖書館出版社,2009 年 10 月
杜澤遜:《四庫提要》札記
第二輯,2010 年 12 月
高津孝:《關於中國北宋的古文選集》;張濤:戴震輯本《儀禮集釋》質疑

《白雲論壇》第二卷,北京圖書館出版社,2004 年 9 月
戴立強:明鈔本《書畫萃苑》考

《百科知識》,1979 年 5 期
胡道靜:元至順刊本《事林廣記》解題

《保山師專學報》,1997 年 2 期
藍華增:《四庫提要》張含詩評語的失誤

《北京大學古文獻研究所集刊》第一輯，燕山出版社，1999 年 12 月

陳曉蘭：《翁卷生平及其詩集考述》；李更：《楊甲生平及著作考辨》

《北京大學中國古文獻研究中心集刊》第三輯，北京大學出版社，2002 年 10 月

楊忠：《讀日本宮內廳書陵部藏宋元本漢籍札記》；曹亦冰：論日本宮內廳書陵部藏珍稀本漢籍——《新編排韻增廣事類氏族大全》

第四輯，2004 年 10 月

劉小琴：《周敦頤文集版本考略》

第五輯，2005 年 5 月

顧歆藝：《居家必用事類全集》及相關問題研究；董洪利　李暢然：《明清四書典故類著作的歷史地位——兼論清代考據學與明代後期雜考之學的淵源關係》

《北京大學國學季刊》第一卷第一、二號，1923 年 1—4 月

顧頡剛：《鄭樵著述考》

《北京大學學報》（哲學社會科學版），1979 年 5 期

張榮起：關於"明抄本《立齋閑錄》"和"明刻本《宮閨秘典》"——為新版《魯迅全集》的注釋提供一些資料

1989 年 3 期

陳來：朱子《家禮》真偽考議

1997 年 5 期

杜澤遜：《四庫存目》書探討

1999 年 4 期

張健：《滄浪詩話》非嚴羽所編———《滄浪詩話》成書問題考辨

2005 年 1 期

鄧紅梅：《紅橋考證與四庫館臣的疏誤》

2005 年 3 期

楊忠：《四六膏馥》與南宋四六文的社會日用趨向；王建平：《是"去為潭州之土"嗎？——兼考王千秋的生平》

2006 年 2 期

顧歆藝：從《四書輯釋》的編刻看《四書》學學術史

《北京師範大學學報》(社會科學版)，1962 年 3 期

方國瑜：《有關南詔史史料的幾個問題》

1989 年 5 期

顧誠：《談明代的衛籍》

2000 年 2 期

向燕南：《四庫全書總目》王圻《謚法通考》提要訂誤

2001 年 4 期

魏崇武：《四庫全書》之《貞素齋集》"提要"辨正

2002 年 6 期

郭勉愈：《唐文粹》"銓擇"《文苑英華》説辨析

2004 年 1 期

向燕南：《四庫全書總目・洪洲類稿》提要辨誤

《北京圖書館館刊》，1992 年 1 期

楊訥、李曉明：文津閣《四庫全書》金元別集類録異

《郴州師範高等專科學院學報》，2003 年 6 期

毛建軍：《青山集》版本及《續集》辨僞考

《昌吉學院學報》，2003 年 4 期

毛建軍：《郭祥正交遊與聲名辯正》

《成都大學學報》(社會科學版)，1986 年 1 期

詹杭倫：《方回著述考》

1987 年 4 期

白敦仁：關於陸遊的所謂"晚節"問題(下)

《出版參考》,2010 年 7 月下旬

段真子:辨析《四庫全書總目提要》之誤

《船山學報》,1935 年 3、4 期

李希聖:《雁影齋題跋》卷三

《船山學刊》,2002 年 4 期

王曉天:《四庫全書》中的湘人著述上

《詞學》第六輯,1988 年 7 月

黃俊賢:《碧山四考》

《大理學院學報》,1988 年 2 期

穆藥:《高名千古博南山"楊慎與楊門六子"(紀念楊慎誕辰五百周年)》

(臺)《大陸雜誌》,二十九卷十、十一期,1964 年 12 月

潘重規:《聖賢群輔錄真偽辨》

三十二卷七期,1966 年 4 月

翁同文:《九經三傳刻梓人為岳浚考》

三十三卷九期,1966 年 11 月

王德毅:《四庫總目范石湖詩集提要書後》

三十九卷十一期,1969 年 12 月

羅聯添:《唐司空圖事蹟編年》

三十九卷十二期,1969 年 12 月

程元敏:《論詩准、詩翼之真本與偽本》

四十卷十期,1970 年 5 月

蘇瑩輝:《論物類相感志之作成年代——四庫存目偽書考之一》

七十二卷六期,1986 年 6 月

朱鴻林:《熙朝名臣實錄》即《續藏書》考

七十五卷六期,1987 年 12 月

朱鴻林：《明史・張翀傳》補正

《大學圖書情報學刊》，2005 年 1 期
展龍：《四庫全書總目》焦竑著述提要補正兩則
2006 年 3 期
鞠明庫：《四庫全書總目》訂誤六例

《當代圖書館》，2009 年 3 期
江曦：《清人別集總目》訂誤

《岱宗學刊》，2000 年 4 期
王傳明：《四庫全書・總目提要》中的泰山要籍

《道家文化研究》第十一輯，三聯書店，1997 年 10 月
劉韶軍：《道藏》《續道藏》《藏外道書》中易學著作提要
第十五輯，1999 年 3 月
（日）李慶：明代的《老子》研究

《東北師大學報》（哲社版），1990 年 3 期
趙德貴：《四庫全書著錄八旗通志考疑》

（日）《東方學報（東京）》第六冊，1936 年 2 月
阿部吉雄：《東方文化學院東京研究所經部禮類善本解題稿》

《東南大學學報》（哲學社會科學版），2005 年 6 期
黃宏：《北宋“三孔”籍貫新考》

《東南文化》，1995 年 2 期
方勇：《物異考》為明崑山方鳳所著

《杜甫研究學刊》,2007 年 2 期

　　馮小祿：偽《杜律虞注》補説

《輔仁學志》第十卷第一、二期合刊,1941 年

　　余嘉錫：《疑年録稽疑》；葉德禄：四庫全書提要《宣室志》考證

《復旦學報》(社會科學版),1985 年 2、3 期

　　陳尚君：《歐陽修著述考》

1993 年 2 期

　　劉遠遊：《四庫提要補正》

1996 年 1 期

　　錢振民：《懷麓堂稿》探考

2001 年 2 期

　　江巨榮：《彭比部集序》與彭輅其人——湯顯祖佚文拾零

2004 年 5 期

　　胡益民：張岱卒年及《明史紀事本末》作者問題再考辨

《福建師範學院學報》,1979 年 2 期

　　黃壽祺：《周易名義考——六庵讀易叢考之一》

《福建圖書館學刊》,1990 年 4 期

　　沈治宏：《四庫全書總目》子部著録訂誤

《贛南師範學院學報》,1990 年 1 期

　　劉孔伏：《游宦紀聞》考辨三題

《贛南師專學報》,1988 年 4 期

　　聶言之：《三孔籍貫考辨》

《古代文獻研究集林》第二集,1992 年 2 月

黄永年：論《西遊記》的成書經過和版本源流——《西遊證道書》點校前言；辛德勇：考《長安志》《長安志圖》的版本——兼論吕大防《長安圖》

《古典文獻研究》第七輯，江蘇古籍出版社，2004 年 7 月

楊洪升：《四庫全書總目》補正六則；何新所：《宋代昭德晁氏家庭著述流傳考》；羅鷺：僞《杜律虞注》考

第八輯，鳳凰出版社，2006 年 1 月

李丹：《秘閣書目》作者辨正；張宗友：《四庫全書總目》與《經義考補正》誤解《經義考》一則考辨；黄煜：《唐大詔令集》類目小議

第九輯，2006 年 6 月

黄煜：《四庫全書總目》與閣本提要差異情形及其原因之考察

第十二輯，2009 年 7 月

（日）芳村弘道撰　金程宇譯：關於孤本朝鮮活字版《選詩演義》及其作者曾原一；沈章明：《蘇洵文集編刻流傳獻疑》；周小山：《范石湖集》校正舉隅；吴瓊：《"李獻民"與"李獻臣"之辨》

《古籍研究》48 期，2005 年 12 月

江枰：吕祖謙編選《古文關鍵》質疑；徐大軍：《四庫全書總目》總集類存目辨證

《古籍整理出版情況簡報》，1985 年 147 期

繆啓愉：《農桑輯要》應恢復本來面貌

1986 年 152 期

劉葉秋：略談《白氏六帖事類集》、《白孔六帖》和《六帖補》

1990 年 222 期

胡道静：評《元刻農桑輯要校釋》

1991 年 252 期

梁臨川：《四庫提要》的一處失誤

1995 年 6 期

陳新：《宋許及之涉齋集何以誤署許綸》

2000 年 1 期

王同策:《京氏易考》作者辨——《經義考》、《四庫全書總目提要》訂誤

2001 年 11 期

虞雲國:《南部新書》考(上)

《古籍整理研究學刊》,1990 年 5 期

王瑞來:《宋朝事實類苑》雜考

1993 年 1 期

修世平　張蘭俊:《景印文淵閣四庫全書》訛例錄述

1997 年 3 期

許振興:《册府元龜》門數考

2000 年 5 期

顧永新:《林景熙集》版本考

2001 年 2 期

楊光輝:《皇明史惺堂先生遺稿》版本考

5 期

李玉奇:《考古圖》錢曾藏本非影宋本考

2004 年 3 期

冉旭:《秘册匯函》考

6 期

郭小霞:《孤樹裒談》小考;邸曉平:《祝允明詩文集版本考辨》

2005 年 1 期

岳天雷:《高拱著作版本考辨》

5 期

眭駿:《卓氏藻林》辨偽;武秀成:《四庫全書總目·墨子提要》訂誤

6 期

鄒德文:《元聲韻學大成》版本及研究狀況考

2006 年 2 期

許振興:《四庫全書總目》"《洪武聖政記》"條考誤

4 期

陳旭東:《明代閩人著作 12 種提要》

2007 年 2 期

張林祥:《商君書》的成書與命名考辨

5 期

李最欣:《四庫總目·黄御史集》提要辨正

2008 年 3 期

李最欣:《論語筆解》提要補正

5 期

郁之:《青溪寇軌》作者平質作

《古籍整理與研究》,1987 年 1 期

毛雙民:《四庫全書總目提要》辨誤一例;劉文剛:《孟浩然生平蠡測》

1990 年 5 期

辛德勇:《古地理書辨證三題》

6 期,1991 年 6 月

羅琳:《四庫全書》的"分纂提要"、"原本提要"、"總日提要"之間的差異

7 期,1992 年 8 月

郭殿忱:《逸周書》著録證聞;張覺:《韓非子》版本源流敍略

《故宫博物院院刊》,2001 年 1 期

湯開建:《中國現存最早的歐洲人形象資料》

2002 年 4 期

王冰:《律吕纂要》之研究

2004 年 5 期

周永昭:《元代湯垕生平之考證》

《光明日報》,1984 年 1 月 3 日

朱吉餘:《國秀集的編輯年代與編者》

《廣西社會科學》,2007 年 5 期

石勇:《戴欽生平及著作考》

《廣西師範大學學報》(哲學社會科學版),2005 年 1 期
陳慶元:《謝肇淛著述考》

《貴州大學學報》,1987 年 2 期
張新民:《四庫總目提要》補正六則

《貴州學院學報》(社會科學版),2007 年 1 期
賀忠:《四庫全書提要·吳越春秋》解題

(臺)《國家圖書館館刊》,2002 年 2 期
吳剛毅:沈周現存著作刊本與北京圖書館庋藏之手鈔孤本《石田稿》之考述

《國學研究》第五卷,北京大學出版社,1998 年 4 月
沈乃文:《禮記集説》版本考
第十一卷,2003 年 6 月
張玉範:《攻媿集》宋本、文淵閣四庫全書本、武英殿聚珍本之比較
第二十卷,2007 年 12 月
鍾肇鵬:《鶡子》考
第二十四卷,2009 年 12 月
馬昕:《舊聞證誤》的編刻與流傳

《漢語史研究集刊》第十一輯,巴蜀書社,2008 年 6 月
張民權:《禮部韻略》與《集韻》關係之辨證

《海南日報》,2003 年 3 月 2 日
周濟夫:《太學生丘敦其人其書》

《杭州大學學報》(哲學社會科學版),1979 年 4 期

周本淳：《胡震亨家世、生平及著述考略》

1982 年 3 期

周本淳：《有關胡震亨材料補正》

1995 年 1 期

龔延明：《中國古籍總目提要・職官貢舉卷》六篇

1996 年 2 期

洪波：讀《四庫全書》之《提要》《跋語》札記五則

1998 年 3 期

陳東輝：《四庫全書》及其存目書收錄外國人著作種數考辨

《杭州師範學院學報》（社會科學版），1984 年 4 期

朱則傑：《永嘉四靈叢考》

2007 年 6 期

朱則傑：《清詩總集誤作別集辨正》

《河北大學成人教育学院學報》，2009 年 2 期

張靜：《四庫全書總目提要》於朱熹《詩集傳》敘錄中的態度筆法平議

《河北大學學報》，1980 年 1 期

李鼎芳：陸賈《新語》及其思想論述——《新語會校注》代序

（哲學社會科學版），1996 年 2 期

方勇：《元初月泉吟社詩集版本考略——兼駁四庫提要“節錄之本”説》

《河北科技大學學報》（社會科學版），2002 年 4 期

張蓉：《南爐紀聞》版本與作者問題續説

《河北圖苑》，1992 年 4 期

修世平：《四庫全書總目》訂誤十七則

《河北學刊》，1990 年 5 期

莊劍：《四庫全書總目提要》訂誤三則

1990 年 6 期

莊劍：《四庫全書總目提要》訂誤兩則

1991 年 3 期

馬斗全：《四庫全書總目提要》訂誤二則

1993 年 3 期

莊劍：《四庫全書總目提要》訂誤二則

《河池學院學報》,2007 年 3 期

王福利：《元宮詞百章》作者考辨

《河南師大學報》(社會科學版),1983 年 1 期

王晟：《河南通志》與《山西通志》的創修人究竟是誰

《河南師范大學學報》(哲學社會科學版),2007 年 1 期

趙振：《二程粹言》考述

《河南圖書館學刊》,2003 年 3 期

鞠明庫：《四庫全書》緣何不收萬曆《大明會典》

《黑龍江圖書館》,1991 年 2 期

修世平：《四庫全書總目》訂誤十四則

《湖南師大社會科學學報》,1987 年 6 期

趙振興：《四庫全書》中湘籍作家里貫考定

《華東師範大學學報》(社會科學版),1985 年 1 期

鄔國義：《資治通鑒》引書問題——糾正《四庫提要》的一則錯誤

6 期

劉永翔：新修《南唐書》陸遊著怯疑

2007 年 1 期
楊波：張之象《古詩類苑》編纂考

《華僑大學學報》(哲社版)，2004 年 3 期
鞠明庫：《四庫全書總目》正誤五則

《華學》第三輯，紫禁城出版社，1998 年 11 月
董英哲：《鄧析子》非偽書考辨
第八輯，2006 年 8 月
劉國忠：《五行精紀》與《三命通會》
第九、十輯，上海古籍出版社，2008 年 8 月
劉國忠：岳珂與《三命指迷賦》的注解

《華中理工大學學報》(社會科學版)，2004 年 3 期
崔濤：現存《春秋繁露》單行本版本考略

《懷化學院學報》，2003 年 1 期
張體雲：《仁山叢考》

《黃淮學刊》(哲學社會科學版)，1996 年 1 期
王樹林：《宋犖的詩歌創作與詩歌結集》
2 期
王樹林：《宋犖雜著雜編考》

《回族文學叢刊》，1980 年 1 期
林松：《關於薩都剌名字的由來》

《吉林大學社會科學學報》，1986 年 6 期
程天祜：《劉子》作者辨

《吉林省圖書館學會會刊》,1981 年 1 期

王重民：跋新印本《四庫全書總目》

3 期

邱寶：對跋影印本《四庫全書總目》一文的一點意見——兼對《四部叢刊》本《周易·系辭》作一點訂正

1990 年 4 期

沈治宏：《四庫全書總目》史部圖書著錄失誤原因析

《暨南史學》第二輯,暨南大學出版社,2003 年 12 月

馬明達：《中國古代射書考》；王繼光：《陳誠及其西使記：文獻與研究》

第三輯,2004 年 12 月

方健：久佚海外《永樂大典》中的宋代文獻考釋

《暨南學報》(哲學社會科學版),1983 年 4 期

張其凡：《趙普著述考》

2003 年 5 期

毛慶耆：明代嶺南學者張萱及其《疑耀》

2003 年第 6 期

陸勇強：《四庫全書總目提要》訂補

《江海學刊》,2000 年 3 期

司馬周：《四庫全書總目》糾謬一則

2002 年 5 期

劉曙初：《四庫全書總目》辨證一則

《江蘇圖書館學報》,1990 年 4、5 期

曹正元：《四庫全書總目提要》偶證三十例(上、下)

《江蘇中醫》,2001 年 6 期

干祖望：《瘄瘍經驗全書》——偽書話題之三

《江西教育學院學報》,2005 年 2 期
秦良：梁份《懷葛堂集》版本考

《江西圖書館學刊》,2004 年 1 期
易寧：《四庫提要》著錄明代江西方志斟補

《晉陽學刊》,1990 年 5 期
陳學霖：元好問《壬辰雜編》探賾
1997 年 6 期
李裕民：《長編並非謙稱》

(臺)《經學研究論叢》第八輯,臺灣學生書局,2000 年 9 月
蕭開元：晚明學者朱朝瑛及其《讀詩略記》

《井岡山學院學報》,2007 年 7 期
蕭東海：《誠齋集》勘誤三題

《九江師專學報》(哲學社會科學版),1993 年 1 期
周期政：《四庫全書總目·陶淵明集提要》辨證

《九州學林》,2005 年春季 3 卷一期,復旦大學出版社,2005 年 8 月
魯西奇：《隋唐五代山嶽志考》

《蘭臺世界》,2008 年 16 期
趙振：《四庫全書總目》著錄《二程粹言》考

《蘭州大學學報》(社會科學版),1982 年 4 期
魏明安：皇甫謐《高士傳》初探

《麗水師範專科學校學報》,1981 年 3 期

華赴雲：偽書《將苑》管見

《歷史檔案》，2002 年 3 期
王嘉川：庫本《少室山房類稿》並非有錄無書

《歷史文獻》，第十輯，上海古籍出版社，2006 年 4 月
馮金牛：《四庫全書》底本問題兩例
第十一輯，2007 年 4 月
王雨霖：《苕溪漁隱叢話》《四庫》底本考

《歷史文獻研究》，北京新一輯，燕山出版社，1990 年 10 月
周紹良：《唐才子傳・王昌齡傳》箋證
第二十一輯，華中師範大學出版社，2002 年 7 月
張升、王建國：《文淵閣書目》的版本問題
第二十二輯，2003 年 7 月
錢茂偉：《明人史著編年考補》
第二十四輯，2005 年 8 月
呂友仁、李正輝：《四庫全書總目》補正十六則
第二十八輯，華東師範大學出版社，2009 年 10 月
王照年：程俱及其《麟臺故事》考論

《歷史文獻與文化研究》，第一輯，崇文書局，2002 年 5 月
楊昶、趙振：《唐宋家訓文獻考述》

《歷史語言研究所集刊》，第一本，1928 年
容肇祖：《占卜的源流》
第九本，1947 年
岑仲勉：論《白氏長慶集》源流並評東洋本《白集》
第十二本，1947 年
岑仲勉：《宣和博古圖撰人》；岑仲勉：《四庫提要古器物銘非金石錄辨》

第十五本,1948 年

岑仲勉：跋《南窗記談》

第十九本,1948 年

岑仲勉：《絳守居園池記》句解書目提要

《遼寧大學學報》(哲學社會科學版),1990 年 4 期

趙正群：《四庫全書總目·包孝肅奏議十卷》勘誤

2005 年 3 期

何麗敏、高洪岩：四庫本《文説》考辨

《聊城大學學報》(社會科學版),2006 年 6 期

楊朝亮、張德偉：《李紱生平學行考》

《湄洲日報》海外版,2003 年 4 月 7 日

林祖泉：《四庫全書》中莆人著述辨誤

《美術史研究》,2007 年 3 期

韋賓：《宋元畫學著作的剽襲與"言公"説獻疑》

《民俗研究》,2005 年 1 期

陳修亮：孔尚任遺著《節序同風錄》論考

《明史研究論叢》,第三輯,1985 年 5 月,江蘇古籍出版社

任道斌：《茅元儀生平、著述初探》；楊祖耕、錢永賢：《李詡生平、著述補正》

《南昌大學學報》(人文社會科學版),2007 年 2 期

段曉華：《正字通》著作權考辨———兼論張自烈、廖文英之關係

2009 年 6 期

何振作：《四庫全書總目》著錄江西人著作考辨七則

《南京化工大學學報》(哲學社會科學版),2000 年 2 期
　童向飛:韓元吉仕曆系年考辨——兼補《宋史翼‧韓元吉列傳》

《南京師範大學文學院學報》,2003 年 1 期
　朱易安:《明代的詩學文獻》

《南京曉莊學院學報》,2006 年 3 期
　吳金華:《建康實錄》十二題(上)

《南京中醫藥大學學報》(社會科學版),2007 年 1 期
　吉文輝:《應當重新確認孫思邈的出生年份》
2009 年 4 期
　謝敬、劉毅:"津人之善醫者蔣儀"真偽考——兼《四庫全書總目提要‧子
部‧醫家類存目》析疑一則

《南開學報》,1980 年 3 期
　吳泰:《泊宅編的成書年代及其版本》

《内蒙古師範大學學報》(哲學社會科學版),1993 年 3 期
　邱瑞中:《中國婦女纏足考》

《寧波職業技術學院學報》,2006 年 3 期
　周膳生:《蒙求》作者究竟是哪個李瀚——《四庫全書總目提要》疏漏 1 例

《寧夏社會科學》,1991 年 1 期
　陳久金:貝琳與《七政推步》

《齊魯學刊》,1982 年 2 期
　胡念貽:《略論宋詩的發展》

《青海圖書館》,1991 年 3 期

修世平：文淵閣《欽定四庫全書總目》訂誤六則

1993 年 3 期

修世平、張蘭俊：《四庫全書總目》訂誤十七則

《清華學報》(自然科學版),1930 年 1 期

張煦：校讀《文章一貫》後記

《求是學刊》,2006 年 5 期

喬治忠：《孔宅志》其書以及相關的歷史問題——日本現藏孤本《孔宅志》
發覆

《人民政協報》,2006 年 5 月 8 日

程毅中：《送春詩》與《四庫全書總目》的考證

《人文中國》第十輯,上海古籍出版社,2005 年 8 月

陳尚君：《先秦漢魏南北朝詩》再檢討

《儒藏論壇》第一輯,四川大學出版社,2007 年 4 月

郭齊：《明儒學案》點校説明

《山東大學學報》(哲社版),1998 年 3 期

杜澤遜：跋清正誼堂刻本《周易訂疑》

《山東師範大學學報》(人文社會科學版),1988 年 5 期

張鼎三：關於王漁洋及其《居易録》的幾個問題

《山東圖書館季刊》,1997 年 1 期

何槐昌：《四庫全書總目》著録校正選輯

2002 年 2 期

張雷、李豔秋：尤袤《遂初堂書目》新探

《山西大學學報》（哲學社會科學版），1979 年 2 期
劉緯毅：《山西古代刻書考略》
2007 年 3 期
楊鐮：《元詩文獻新證》

《山西农业大學學報》（社會科學版），2010 年 2 期
楊秀禮：《李因生年字號考》

《山西圖書館學報》，1994 年 1 期
修世平、張蘭俊：《四庫全書總目》訂誤十六則

《陝西大學學報》（哲學社會科學版），1979 年 2 期
黄永年：《三夢記》辨偽

《上海博物館集刊》第六期，上海古籍出版社，1992 年 10 月
朱仲嶽：《館藏善本瑣記》

《上海高校圖書情報學刊》，1993 年 1、2 期
劉遠遊：《四庫提要》補正

《上饒師範學院學報》，2005 年 5 期
仲曉婷：《文章辨體》的文體分類數目考

《韶關大學學報》（社會科學版），2000 年 6 期
黄志輝：《余靖著述總目考》

《紹興文理學院學報》，2004 年 2 期
吳豔玲：汲古閣一卷本《宋遺民錄》偽書考

《社會科學研究》,1988 年 3 期
陳智超：四庫本《建炎以來繫年要錄》發覆
2004 年 6 期
劉文剛：郭知達《杜工部詩集注》考論

《社會科學戰線》,1996 年 2 期
寧繼福：《增修互注禮部韻略》研究

《深圳大學學報》(人文社會科學版),2006 年 3 期
朱則傑：《四庫全書總目》五種清詩總集提要補正

《詩經研究叢刊》第九輯,學苑出版社,2006 年 1 月
龔鵬程：《四庫全書》所收文學詩經學著作

《史林》,1995 年 4 期
鄔國義：《通鑒釋例》三十六例的新發現

《史學集刊》,1990 年 1 期
喬治忠：《四庫全書總目》清代官修史書提要訂誤
2006 年 3 期
吳德義：《四庫全書總目》糾誤兩則

《史學月刊》,1983 年 6 期
靳生禾：《佛國記》多名和于闐佛事
1985 年 5 期
穆朝慶：《九域志》考釋
1987 年 2 期
王瑞來：《建炎以來繫年要錄》略論
2006 年 11 期
李最欣：《錢儼和〈吳越備史〉》一文補正

《史學史研究》,1986 年 6 期

崔文印:《相臺岳氏刊正九經三傳沿革例及其校勘學上的價值》

1988 年 2 期

聶樂和:《建炎以來繫年要錄》的編撰和流傳

1992 年 2 期

劉浦江:《關於〈契丹國志〉的若干問題》

1995 年 2 期

孔學:《建炎以來繫年要錄》取材考

1996 年 2 期

牛建強:《明代中後期建文朝史籍纂修考述》

2001 年 1 期

陳美慧、吳澍時:《山東考古錄》與《日知錄》之關係考述

2004 年 3 期

余敏輝:《集古錄》成書年代辨

《史學月刊》,1987 年 2 期

王瑞來:《建炎以來繫年要錄》略論

2005 年 7 期

葛煥禮:孫覺《春秋經解》四庫本訛誤考析

(臺)《史原》五期,1974 年 10 月

陳錦忠:《明史紀事本末》之作者與史源

《世界宗教研究》,2000 年 1 期

周生春:《四庫全書總目》子部釋家類、道家類提要補正

《首都師範大學學報》(社會科學版),1999 年 4 期

滕俊仁:《四庫全書總目》補正一則——《國瑋集》

2006 年 1 期

鄧國光:古文批評的"神"論——茅坤《史記鈔》初探

(臺)《書目季刊》八卷二期,1974 年 9 月
梁庚堯:《劉爚雲莊集的版本及其真偽》
三十二卷二期,1998 年 9 月
簡光明:嚴靈峰所錄《宋代莊子知見書目》的幾個問題
三十二卷四期,1999 年 3 月
鄭良樹:《老子》嚴遵本校記
三十四卷四期,2001 年 3 月
葉樹仁:《宋稗類鈔》編者辨
三十七卷二期,2003 年 9 月
李妮庭:《後山詩話》真偽辨析
四十二卷四期,2009 年 3 月
黄雁鴻:《四庫全書總目》提要辨誤——以《續宋編年資治通鑒》、《錢塘遺事》、《五代史闕文》為例
四十四卷一期,2010 年 6 月
周春健:讀《四庫總目》小札

《書品》,2003 年 3 期
吳建偉:《四庫全書總目》辨誤一則

《數學通報》,1956 年 10 期
繆鉞:《李冶·李治釋疑》

《思想戰線》,1978 年 1 期
江應梁:《百夷傳》的史料價值及其版本

《四川大學學報》(哲學社會科學版),1990 年 3 期
曾棗莊:《姑溪居士雜考》
1999 年 4 期
吳洪澤:《尤袤著述考辨》

《四川師範大學學報》(社會科學版)，1982 年 2 期
魏炯若：關於《毛詩序》(上)
1989 年 2 期
李大明：《洪興祖生平事蹟及著述考》
1989 年 6 期
詹杭倫：周密《癸辛雜識》"方回"條考辨
1992 年 4 期
沈時蓉：《陸贄文集知見錄》
1993 年 2 期
劉孔伏：《蜀中廣記》成書年代考辨——兼析《四庫提要》之謬
2001 年 1 期
周鵬程：《四庫全書總目提要》人名考辨一例
2001 年 4 期
劉興超：《四庫提要·(李賀)昌谷集》補正二則
2005 年 2 期
孫先英：《西山真夫子年譜》正誤

《四川師範學院學報》(哲學社會科學版)，1991 年 4 期
蔡東洲：《雲莊集提要》辨證

《四川圖書館學報》，1985 年 2 期
小玉：讀《千頃堂書目》別集類札記
1990 年 5 期
沈治宏：《中國叢書綜錄》著錄圖書的若干失誤及其原因
2005 年 3 期
李國玲、楊世文：從《周禮》一書略說宋代周禮學
2011 年 6 期
黃嬿婉：《四庫全書總目》誤引《直齋書錄解題》訂正十七則

《宋代文化研究》第二集，1992 年 12 月

鄧碧清:《文山集》版本考

第四輯,1994 年 10 月

祝尚書:《四庫宋集提要糾誤》

第六輯,1996 年 12 月

祝尚書:《宋集孤本罕見本六種考》;劉琳:辛元龍與《松垣文集》

第七輯,1998 年 5 月

楊世文:宋刻本《四家四六》考

第八輯,1999 年 8 月

舒大剛:試析宋代"古易五家"在恢復古周易上的重要成就

第十輯,2001 年 9 月

曾棗莊、舒大剛等:《三蘇全書敘錄》

第十二輯,2003 年 6 月

李勇先:《輿地廣記》前言;卿三祥:《東坡詩集注》著者為王十朋考;張尚英:
《劉敞著述考》

第十五輯,2008 年 3 月

葛煥禮:劉敞的《春秋》學

第十六輯,2009 年 1 月

周裕鍇:《宋僧惠洪交遊人物考舉隅》

《宋史研究集刊》第 1 輯,浙江古籍出版社,1986 年 4 月

倪士毅:北宋官修目錄——《崇文總目》;孫雲清:《碧雲騢》新考;何忠禮:
《宋史》立傳人物登科年代證誤

《宋史研究通訊》,1990 年 3 期

淮沛:《四庫提要》辨正四則

《蘇州大學學報》(哲學社會科學版),2003 年 3 期

李雙華:徐禎卿《談藝錄》寫作時間考

2006 年 3 期

馮一:《雲齋廣錄》版本源流考

《蘇州科技學院學報》(社會科學版)，2005 年 4 期
楊軍：《孔叢子》考證

《臺州師專學報》，1990 年 3 期
徐永恩：《四庫提要》"梁置赤城郡"辨證

《天府新論》，1989 年 6 期
曾棗莊：客遊三十年，不出夔與巴——晁公遡及其《嵩山集》

《天津師範大學學報》，1984 年 1 期
高洪鈞：《馮夢龍生平拾遺》

(日)《天理圖書館報》，75 號，1980 年 10 月
阿部隆一：《天理圖書館藏宋金元版本考》

《同聲月刊》第一卷第七號，1941 年 6 月
吳眉孫：《四聲説》
第二卷第五號，1942 年 5 月
映庵：《詞調索隱》
第三卷第四號，1943 年 6 月
映庵：戈順卿《詞林正韻》糾正

《圖書館》，1962 年 3 期
胡道靜：徐光啟農學著述及《農政全書》
1989 年 4 期
劉孔伏：《廣志繹》原為六卷足本考
1992 年 6 期
沈治宏：《中國叢書綜錄》史部著錄失誤原因析
1994 年 5 期
修世平：文淵閣《欽定四庫全書總目》訂誤十六則

《圖書館工作與研究》,1991 年 2 期

沈治宏:《四庫全書總目》集部著錄圖書失誤原因析

1992 年 4 期、1993 年 1 期

何槐昌:《四庫全書總目》著錄校正選輯

1995 年 1 期

何槐昌:《四庫全書總目》著錄校正選輯三

1996 年 1 期

湯華泉:關於四庫收錄的《高氏三宴詩集》的版本和編者問題

1996 年 6 期

何槐昌:《四庫全書總目》著錄校正選輯四

1998 年 1 期

何槐昌:《四庫全書總目》著錄之謬及原因

2001 年 5 期

朱剛:《四庫全書總目提要・無錫縣誌》辨證

2003 年 3 期

馮春生、柳斌:《四庫全書》經部底本來源分析

2005 年 4 期

黃顯堂:宋慈《洗冤集錄》研究中的失誤與版本考證述論

2007 年 1 期

岳振國:趙鼎臣仕履通考——兼糾《四庫全書總目提要》及《宋詩紀事》中趙
鼎臣鎮鄧時間之誤

3 期

侯詠梅:《忠貞錄》的内容及其產生的時代背景——兼論《四庫全書總目》所
撰《忠貞錄》提要之一誤

6 期

杜澤遜:《四庫提要總集類辨正》

2008 年 4 期

王承斌:《四庫全書總目》"詩文評類存目"考辨

6 期

江慶柏:《四庫全書私人呈送本中的鄭大節家藏本》

12 期

羅瑛、袁芸：略談《文溯閣提要》之誤——以集部別集類為例

2009 年 3 期

崔廣社：《四庫全書總目·石湖志略文略》辨證

11 期

何振作：《四庫全書總目》考辨札記六則

2010 年 1 期

杜澤遜：《四庫提要厘定》

2 期

楊大忠：《四庫全書總目提要》訂誤十則

9 期

江曦：《四庫全書總目》條辨

2011 年 5 期

黃嬿婉：《四庫全書總目》誤引《郡齋讀書志》訂正十則

《圖書館建設》，1995 年 5 期

杜澤遜：《讀新見程晉芳一篇四庫提要分撰稿》

《圖書館理論與實踐》，1995 年 3 期

修世平、張蘭俊：《四庫全書總目》訂誤二十四則

2003 年 5 期

謝彥卯：《歷代華山志考略》

2005 年 1 期

周錄祥、胡露：《四庫全書總目》訂誤二十五則

2007 年 6 期

丁延峰、林麗：《四庫全書總目》補正六則

2009 年 2 期

馬劉鳳：《"四庫"訂誤十五則》

《圖書館論壇》，1997 年 2 期

段曉春:《廣東省中山圖書館善本書志(一)》

《圖書館學季刊》一卷二期,1926 年
李正奮:《永樂大典考》

《圖書館學刊》,1997 年 3 期
修世平:《四庫全書總目》訂誤十七則
2007 年 5 期
羅瑛、袁芸:《金毓黻手定本文溯閣四庫全書提要・別集類》補正《四庫全書總目》舉例

《圖書館學通訊》,1987 年 3 期、1988 年 4 期
朱家濂:讀《四庫提要》札記

《圖書館學研究》,1986 年 1 期
曹書傑:《四庫全書采輯"永樂大典本"數量辨》;楊毅:《包孝肅奏議》版本考辨

《圖書館研究與工作》,1996 年 2 期
徐由由:《明文海》非黃宗羲編定

《圖書館員》,1992 年 2 期
沈治宏:《四庫全書總目》著錄圖書失誤的原因
1993 年 1 期
沈治宏:《中國叢書綜錄》訂誤

《圖書館雜誌》,2001 年 2 期
潘樹廣:《掾曹名臣錄》撰者考——兼説《四庫全書存目叢書》的一點失誤
12 期
綦維:《海外孤本——董益〈杜工部詩選注〉》

2004 年 3 期

董運來：《四庫全書總目》補正十則

2006 年 9 期

江曦：《中國叢書綜錄》舉正

10 期

胡露、周錄祥：《四庫全書總目·經部》禮類、春秋類存目補正

11 期

高明：《胡纘宗的生平與著述》

2007 年 1 期

江慶柏：《四庫全書私人呈送本中的家族本》

8 期

江慶柏：《四庫全書地方采進本中的地域性問題》；胡露、周錄祥：《四庫全書
總目》存目補正十二則

2008 年 3 期

顏慶餘：《四庫全書總目》訂正三則

2009 年 9 期

潘猛補：四庫提要《蘆浦筆記》訂誤

12 期

馮淑然：《顧況詩文著錄與版本考述》

《圖書情報工作》，2003 年 1 期

劉桂芳：《四庫提要·麟溪集》辨證

《圖書與情報》，2005 年 1 期

董運來：《四庫全書總目》補正十則

2005 年 4 期

譚鍾琪：《四庫總目·臥遊錄提要》辨正

2007 年 4 期

羅瑛、袁芸：《文溯閣四庫全書提要》補正《四庫全書總目》舉隅——以集部別
集類為例

《濰坊學院學報》,2005 年 1 期
陳祖美：讀《蘇軾詩集》漫筆

《文教資料》,1995 年 6 期
李靈年：《桥樹居叢札——讀明人別集札記》
1996 年 5 期
陳新：《四庫提要》失誤兩例
2008 年 28 期
孫瑾：《四庫全書總目》引《千頃堂書目》考校

《文津學誌》第三輯,國家圖書館出版社,2010 年 5 月
李紅英：《四庫全書總目・山堂考索》條辨證——兼談《山堂考索》的版本源流

《文史》,第八輯,中華書局,1980 年 3 月
周勛初：敘《全唐詩》成書經過
第九輯,1980 年 6 月
曹濟平：《蘇黃門非蘇軾》
第十二輯,1981 年 9 月
陳鐵民：《儲光羲生平事蹟考辨》
第十六輯,1982 年 11 月
胡念貽：南宋《江湖前、後、續集》的編纂和流傳
第十八輯,1983 年 7 月
陳連慶：今本《南方草木狀》研究
第二十輯,1983 年 9 月
王冀民、王素：《文中子辨》
第二十二輯,1984 年 6 月
朱傑人：《蘇舜欽行實考略》
第二十三輯,1984 年 11 月
王瑞來：《岳珂生平事跡考述》

第二十五輯,1985 年 1 月

王素、李方:《唐摭言》作者王定保事蹟辨正

第二十六輯,1986 年 5 月

董乃斌:《唐詩人許渾生平考索》;程毅中:《唐代小説瑣記》;孔凡禮:見於
《永樂大典》的若干宋集續考;雋雪豔:《玉臺新詠考異》為紀昀所作

第三十二輯,1990 年 3 月

梁太濟:《兩朝綱目備要》史源淺釋——李心傳史學地位的側面考察;陳高
華:《元代詩人廼賢生平事蹟考》

第三十五輯,1992 年 6 月

崔富章:《四庫全書總目》版本考辨

第三十八輯,1994 年 2 月

崔文印:清周城《宋東京考》辨析

第三十九輯,1994 年 3 月

葉建華:論朱熹主編《綱目》

第四十四輯,1998 年 9 月

陳尚君:《釣磯立談》作者考

第四十七輯,1998 年 12 月

程毅中:《五朝小説》與《説郛》

第五十輯,2000 年 7 月

周生春:《四庫全書總目宋代方志提要補正》

第五十三輯,2001 年 4 月

漆永祥:《四庫總目提要》惠棟著述糾誤

第五十四輯,2001 年 6 月

孔凡禮:孫光憲與《北夢瑣言》瑣考

第六十六輯,2004 年 4 月

程毅中:《月無忘齋筆記》

第七十六輯,2006 年 8 月

胡祥雲:《四八目》題意析疑

第七十八輯,2007 年 2 月

江慶柏:殿本、浙本《四庫全書總目》著錄圖書進獻者主名異同考;張劍、王義

印:《寶文堂書目》作者晁瑮、晁東吳行年考

《文史雜誌》,2000 年 6 期
熊良智:《屈原賦探名》
2009 年 5 期
陳汝潔、劉聿鑫:《王士禛、趙執信交惡真相考》

《文史哲》,1984 年 2 期
李季平:溫大雅與《大唐創業起居注》
1986 年 3 期
王運熙:《讀古書須明其義例》
1992 年 6 期
黄嫣梨:《朱淑真事蹟索隱》

《文史知識》,1985 年 11 期
寧稼雨:關於李垕《續世說》——《四庫提要》辨誤一則

《文獻》,1984 年 21 輯
黄大維:《四庫全書總目提要》中墨書、墨譜考證
1984 年 22 輯
葛兆光:《唐集瑣記》;李偉國:《山堂考索的作者和版本》
1987 年 2 期
范鳳書:《朱載堉著述考》
1988 年 3 期
宋平生:《顏元李塨著作的初刻本》
4 期
單錦珩:《掾曹名臣錄》著者考
1989 年 1 期
孔繁敏:趙汝愚《國朝諸臣奏議》初探(上);胡迎建:《正字通》著作者應為廖
文英

3 期

張濤:劉向《列女傳》的版本問題

4 期

楊耀坤:清人的《三國志》研究;李國慶:《四庫全書總目提要》訂誤一則

1990 年 4 期

尹波:《讜論集誤收陳升之上神宗狀》

1991 年 1 期

方建新:《葉夢得事蹟考辨》;馮惠民:陳耀文和他的《天中記》

2 期

毛西旁:《胡纘宗當為秦安人》

3 期

馮秋季:《秘書總目》正名

4 期

向燕南:《王圻纂著考》

1992 年 3 期

李國慶:《四庫全書總目提要》著錄失誤一則

1993 年 1 期

楊志玖:《魏文貞公故事》與《魏鄭公諫錄》辨

4 期

楊琳:《平水韻》的得名及成書時間考

1994 年 2 期

冀淑英:《常熟翁氏世藏古籍善本叢書》影印説明

3 期

孟祥榮:《海蠡編》為袁宗道作考——《四庫全書總目提要》辨誤一則

4 期

李一飛:《因話錄》作者趙璘的生卒與仕履

1995 年 1 期

《四庫全書總目提要》辨正——李豫:《六壬大全》非明刊本

2 期

周生春:《四庫宋代方志提要補正》

3 期

周國瑞:《四庫全書總目》關於《洹詞》著錄中的錯誤

4 期

彭忠德:《古代官箴文獻略説》

1997 年 4 期

湯華泉:《四庫提要》訂正六則

1998 年 1 期

祝尚書:《忠惠集提要》辨誤;陳占山:《四庫全書》載錄傳教士撰譯著作述論

2 期

黃龍祥:《中醫古籍版本鑒定常見問題例説》

3 期

張林川:《六韜》的作者及其流傳考

2000 年 3 期

張麗娟:《北宋學者王洙及其著述》;鄭志良:《潘之恒生平考述》;朱偉東:《石倉十二代詩選》全帙探考

4 期

張其凡:關於《儒林公議》的版本;張固也:《資暇集》作者李匡文的仕履與著述

2001 年 3 期

羅爭鳴:毛本《花間集》來源續證

4 期

潘樹廣:《煙霞小説考》

2002 年 2 期

杜澤遜:馬國翰與《玉函山房藏書簿錄》

2003 年 3 期

童正倫:《明文海》的編纂與傳本

2003 年 4 期

劉尚恒:潘之恒《黃海》之存佚

2004 年 3 期

沈乃文:《事文類聚》的成書與版本;杜澤遜:《周元公集版本辨析》;綦維:

《四庫全書總目》辨正一則

　　2005 年 1 期

　　崔富章：文瀾閣《四庫全書總目》殘卷之文獻價值

　　3 期

　　陳恩虎：《刻書家汪淇生平考》

　　2006 年 2 期

　　施懿超：《汪藻文集及其四六文存佚》

　　3 期

　　祝尚書：《四庫全書總目》宋集提要辨誤二則

　　2007 年 2 期

　　汪桂海：《元版元人別集》

　　3 期

　　崔富章、郭麗：《四庫全書總目・韓魏公別錄提要》補正

　　4 期

　　粟品孝：吕本中《官箴》出自《童蒙訓》原本考

　　2008 年 2 期

　　喬光輝：《四時宜忌》瞿佑作辨偽考

　　3 期

　　唐桂艷：山東省圖書館藏《四庫全書》進呈本考略

　　2009 年 1 期

　　王富鵬：屈大均佚著《羅浮書》的發現與辨析

《文獻研究》第 1 輯，北京圖書館出版社，1999 年 6 期

　　張梅秀：《稀見明清文集五種考略》

《文學遺產》，1981 年 2 期

　　顧國瑞：《昨夢錄》作者考辨——訂正《四庫全書總目提要》的一則錯誤；楊海明：《張炎家世考》

　　1988 年 5 期

　　趙清永：《胡曾考辨》

6 期

李珍華、傅璇琮：談王昌齡的《詩格》———部有爭議的書

1995 年 4 期

楊鐮：《張可久行年匯考》

2000 年 1 期

陸林：《中國文言小説總目提要》初讀——有關作者史實缺誤商兑補苴

6 期

王樹林：《文章精義》作者考辯

2003 年 2 期

鄧國軍、王發國：《蒲氏漫齋録》考論

2004 年 3 期

淩朝棟：《文苑英華》收録詩文上限考略

5 期

楊鑄：明初詩人張羽《靜居集》版本考辨

6 期

李劍國、任德魁：《蒲氏漫齋録》新考

2005 年 4 期

張承鳳：論任淵及其《山谷内集注》；陶敏：柳宗元《龍城録》真僞新考

2006 年 1 期

張海鷗、孫耀斌：《論學繩尺》與南宋論體文及南宋論學

2 期

陳道貴：《司空圖生平與作品系年三題》

5 期

尹楚兵：《唐五代作家考辨二題》

2007 年 3 期

張世宏：《明代作家胡侍生平及著述考辨》

4 期

吳承學、李曉紅：任昉《文章緣起》考論

2008 年 3 期

傅璇琮、盧燕新：《續詩苑英華》考論；陸林：《文章辨體匯選》"四庫提要"

辨——兼論"施伯雨"撰《水滸傳自序》的來源

《文學遺產增刊》第十八期,1989 年 3 月
孔凡禮:《郭祥正略考》

《文學與藝術》,2010 年 2 期
陳鴻亮:略論《名媛詩歸》

《武漢大學學報》(社會科學版),1987 年 1 期
李健章:補正《四庫全書總目提要》一則
(人文科學版),2006 年 5 期
李舜臣、歐陽江琳:《四庫全書總目》中的詩僧別集批評

《西安教育學院學報》,1996 年 1 期
范天成:胡曾《詠史詩》流傳及版本考議

《西北師大學報》(社會科學版),1994 年 2 期
尹占華:《唐代詩文作家考辨六則》

《西華師範大學學報》(哲學社會科學版),1983 年 2 期
熊克:《古籍整理掇瑣》
1991 年 4 期
蔡東洲:《雲莊集提要》辨證
2007 年 1 期
楊載武:《篇海類編》真偽考

《西南民族學院學報》(哲學社會科學版),2000 年 1 期
王發國、曾明:李淑《詩苑類格》考略
《西南民族大學學報》(人文社科版),2004 年 11 期
鄧國軍、王發國:《郭思詩話·解題》等誤漏舉正

《廈門大學學報》(哲學社會科學版),1987 年 1 期
周祖譔:《後山詩話》作者考辯

《鄉土文化》,2006 年 11 期
林祖泉:《四庫全書總目提要》中閩人著作糾錯

《湘南學院學報》,2004 年 1 期
周期政:《唐樂府文獻敘錄》

《湘潭大學學報》(哲學社會科學版),1996 年 4 期
楊遜: 從經部易類看《四庫全書總目提要》諸版本的異同和得失

《新國學》第六卷,巴蜀書社,2006 年 11 月
陳尚君:《本事詩》作者孟啟家世生平考

《新疆藝術學院學報》,2004 年 2 期
阿布都艾則孜·司馬義:《關於哈密十二木卡姆的歷史地位》

《信陽師範學院學報》,1994 年 3 期
張曆憑、雷近芳:《四庫全書》所收南唐史著比較研究

《許昌學院學報》,2004 年 6 期
陳漢文:從《詩人玉屑》的編纂看魏慶之的晚唐詩觀

《學林漫錄》初集,中華書局,1980 年 6 月
朱金城: 談日本影印的宋本《李太白文集》
五集,1982 年 4 月
魏嵩山、王文楚:《元豐九域志》的成書源流考
八集,1983 年 4 月
樂貴明:《文天祥、謝翱詩拾遺》;張重威: 黻園《水經注》校勘記跋稿

《學術集林》卷十一,上海遠東出版社,1997 年 11 月

楊明照:《文心雕龍》板本經眼錄;羅國威:四庫全書本《還冤志》提要獻疑

卷十四,1998 年 10 月

王運熙:郭茂倩與《樂府詩集》

《學術交流》,2007 年 1 期

李舜臣、歐陽江琳:《許顗生平事蹟考述》

《學術研究》,1985 年 2 期

官桂銓:《吳自牧小考》

《學術月刊》,1958 年 3 期

鄭雪耘:《關於重印中國人名大辭典的一些考證》

1997 年 10 期

李祚唐:《司空圖〈二十四詩品〉辨僞》獻疑

《煙臺師範學院學報》(哲學社會科學版),1988 年第 1 期

劉煥陽:《晁補之世系考辨》

1998 年第 2 期

史秀蓮:《四庫全書總目》訂誤一則

2003 年 2 期

楊緒敏:《評"清初最勇於疑古的"學者——姚際恒》

《炎黃文化研究》第二輯,大象出版社,2005 年 6 月

楊豔秋:《明代建文史籍的編撰》;武玉梅:傅維鱗《明書》體例評析

第三輯,2006 年 2 月

李暢然:《四書大全》的性質、歷史地位及相關問題

《雲南師範大學學報》(哲學社會科學版),2006 年 3 期

方齡貴:讀《宋元檢驗三錄》

《運城師專學報》，1988 年 2 期
李安綱：《薛文清公文集校勘記》

《運城學院學報》，2009 年 6 期
岳振國：《四庫全書總目》中關於趙鼎臣評價考辨

《棗莊師專學報》，2000 年 3 期
多洛肯：《經典釋文》成書時間考

《浙江大學學報》（人文社會科學版），1996 年 2 期
周生春：《四庫全書總目》補正
1997 年 1 期
周生春：《四庫全書史部地理類提要考辨》
1999 年 1 期
梁太濟：《建炎以來繫年要錄》書名考
2007 年 1 期
朱則傑、夏勇：《四庫全書總目》十種清詩總集提要補正
2009 年 3 期
鍾振振：《全宋詞》康與之小傳補正

《浙江師範大學學報》（社會科學版），1992 年第 4 期
桂栖鵬：《四庫全書總目》正誤六則
2001 年第 4 期
桂栖鵬：《馮子振生平三考》

《浙江學刊》，1985 年 2 期
楊奉琨：《元代大法醫學家王與生平著述考略》
1988 年 2 期
陳橋驛：《論“徐學”研究及其發展》
1993 年 2 期

方建新、潘淑瓊:《四庫總目提要》補正拾遺

1996 年 3 期

周生春:《四庫全書史部地理類提要辨證》

《職大學報》,2000 年 3 期

范垂新:《説賓王靈隱續詩之可能》

中北大學學報(社會科學版),2010 年 3 期

王承斌:《四庫全書總目》詞曲類存目辨誤

《中國邊疆史地研究》,2006 年 2 期

王菡:《重修使琉球録》的刻本及其作者

《中國道教》,2003 年 5 期

黄永鋒:《至游子》考析

《中國地方志》,1993 年 1 期

張乃格:《四庫存目提要訂正(三則)》

1996 年 6 期

周生春:《四庫全書總目》元代方志提要補正

2005 年 8 期

陳廣恩:關於《長安志圖》的幾個問題

《中國典籍與文化》,鳳凰出版社,2001 年 3 期

桂寶麗:《麟溪集》輯者考辨

2001 年 4 期

葛雲波:《唐詩神韻集》版本以及研究價值

2002 年 1 期

李紅英:《捫虱新話》及其作者考證;陸林:明代《弘正詩鈔》輯者考

2003 年 4 期

杜澤遜：《四庫提要條辨》

2004 年 4 期

胡振龍：《四庫提要》"李詩鈔述注"條辨析

2005 年 1 期

楊琳：《大唐類要》失傳了嗎

2005 年 2 期

祝尚書：《南嶽唱酬集》天順本質疑

2006 年 3 期

杜澤遜：《四庫提要》續正

4 期

王媛：《博物志》的成書、體例與流傳

2007 年 1 期

張宗友：《四庫全書總目》誤引《經義考》訂正

3 期

鄧之誠、鄧瑞：《五石齋文史札記》二十五

2008 年 1 期

張守衛：《直齋書錄解題》佚文八條

2 期

張旭東：《四庫總目提要》辨證一則

4 期

徐文新：《詩文軌范》成書年代考辨；楊洪升：《李詡表字沿誤考》

2009 年 1 期

馬新廣：《四庫全書總目》辨誤一則

2 期

王豐先：《欽定春秋傳説匯纂》纂修時間考正；楊蔭沖：《古今韻會》作者黄公紹生平考略

3 期

辛更儒：楊冠卿生平及其《客亭類稿》考；韓立平：《四庫全書總目》正誤二則

4 期

寧鎮疆：今傳宋本《孔子家語》源流考略；韓立平：《四庫全書總目》正誤；杜

澤遜：讀《四庫提要》隨記；周金標：《四庫提要·愚庵小集》辨誤

　　2010 年 3 期

　　趙庶洋：《四庫全書》本《崇文總目》底本質疑；江慶柏：《四庫全書薈要提要》校議

　　《中國典籍與文化論叢》第一輯，中華書局，1993 年 9 月

　　劉浦江：《契丹國志》與《大金國志》關係試探

　　第二輯，1995 年 2 月

　　劉尚恒：《棠湖詩稿》考辨

　　第三輯，1995 年 12 月

　　顧歆藝：《四書章句集注》成書考略

　　第五輯，2000 年 2 月

　　陳新：《我們應該如何整理古籍》

　　第七輯，北京大學出版社，2002 年 10 月

　　朱玉麒：《張燕公集》的閣本與殿本

　　第八輯，2005 年 1 月

　　李解民：《春秋集解》為呂祖謙撰考——《四庫全書總目》辨正札記

　　第九輯，2007 年 4 月

　　王瑞來：《朝野類要》編撰者趙升考

　　第十二輯，鳳凰出版社，2009 年 12 月

　　王瑞來：《朝野類要》現存版本考述——版本源流考之三；黃啟方：《雲谷雜記》與其作者張淏；陳于全：《楊盈川集》版本源流考述

　　《中國古代小說研究》第二輯，人民文學出版社，2006 年 10 月

　　李劍國：古小說文獻的甄別、使用與整理——以《異苑》及《搜神記》為例

　　《中國古典文學叢考》第二輯，復旦大學出版社，1987 年 11 期

　　李慶：《韋應物集版本源流考》

　　《中國古籍研究》第一卷，上海古籍出版社，1996 年 11 月

陳尚君、汪湧豪：司空圖《二十四詩品》辨僞；俞紹初：《江淹年譜》；王次澄：《四庫全書總目提要》正補二十五則

《中國歷史文獻研究》(一)，華中師範大學出版社，1986 年 8 月

蕭艾：劉孝標及其《世説》注；喬治忠：《史通》編撰問題辯正；孫永如：《四庫提要》介紹《錦里耆舊傳》一文辯誤

(二)，1988 年 8 月

鄧廷爵：關於《戰國策》研究中的一些問題——讀《四庫全書總目提要》；曹書傑：《四庫全書》采輯《永樂大典》本數量辨

《中國歷史文獻研究集刊》第三集，嶽麓書社，1983 年 2 月

崔曙庭：《四庫提要》介紹《續通鑑長編》一文正訛

第五集，1985 年 5 月

駱嘯聲：《嚴州圖經》考釋——兼和“改稱説”商榷；夏定域：《四庫全書提要補正》

《中國農史》，1984 年 1 期

潘法連：讀《中國農學書錄》札記五則

3 期

繆啟愉：《南方草木狀》的諸僞跡

1985 年 2 期

潘法連：安徽農學書錄選輯(上)——《中國農學書錄》拾遺

1986 年 1 期

周昕：《耒耜經》校注

4 期

邱澤奇：《漢魏六朝嶺南植物“志錄”考略》

1988 年 3 期

楊寶霖：關於《嶺南風物紀》與潘法連先生商榷

1990 年 3 期

徐三見：《臨海水土異物志》作者質疑

1995 年 4 期

馮秋季：《中國農學書錄》補正六則

1997 年 2 期

黃淑美：對《四庫全書總目》中幾種古農書的辨證

《中國詩學》第八輯，人民文學出版社，2003 年 6 月

林建福：《宋元詩話雜考》；陸林：《王漁洋事蹟征略》拾遺補缺

第九輯，2004 年 6 月

孫小力：《明代詩學書目匯考》

第十輯，2005 年 9 月

姬沈育：《虞集作品的五種元代刊本》

第十四輯，2010 年 3 月

陳彝秋：四庫本《元詩體要》辨證與補佚；申屠青松：《宋詩鈔》與宋詩文獻

《中國史研究》，1989 年 1 期

辛更儒：書《四庫全書存目‧美芹十論提要》後

2002 年 4 期

何齡修：評《清人詩文集總目提要》

2003 年 3 期

楊豔秋：《熙朝名臣實錄》與《續藏書》

《中國文化研究》，2009 年夏之卷

谷曙光、傅怡靜：中國古代第一部題畫詩別集——《題畫集》作者及成書考略

2010 年秋之卷

楊波：張之象《唐詩類苑》編刻考

《中國文學研究》，2006 年 4 期

呂雙偉：《四六金針》非陳維崧撰辨

《中國語文》，2007 年 6 期

丁治民：《漢隸分韻》成書時代及作者考

《中國中醫基礎醫學雜誌》，2006 年 8 期

高曉山：《顱囟經》及其《四庫全書提要》

《中華文史論叢》第九輯，上海古籍出版社，1979 年 1 月

吳企明：《青溪寇軌》非曹溶改題

第十一輯，1979 年 9 月

陳橋驛：論《水經注》的版本；一令：記《行水金鑒》輯錄者鄭元慶

第十四輯，1980 年 5 月

黃進德：《儲光羲貫潤州延陵考》

第十五輯，1980 年 8 月

周本淳：《世說新語》原名考略

第十六輯，1980 年 10 月

李毓珍：《棋經十三篇》作者考

第二十三輯，1982 年 8 月

黃盛璋：《蘇洵及其詩詞發覆》；馬里千：《讀書札記二則》

第二十七輯，1983 年 8 月

王水照：評久佚重見的施宿《東坡先生年譜》

第三十一輯，1984 年 9 月

范祥雍：《戰國策》傳本源流考

第三十二輯，1984 年 12 月

譚其驤：論《方輿勝覽》的流傳與評價問題；于北山：《有關楊誠齋研究中的
幾個問題》

第三十四輯，1985 年 6 月

丁志安：尹廷高及所著《玉井樵唱》；吉少甫：《曹寅刻書考》

第三十六輯，1985 年 11 月

楊玉峰：《艾軒著述流傳考略》

第三十七輯，1986 年 3 月

陶敏：《陳陶考》

第三十八輯,1986 年 6 月

于天池：牛僧孺和他的《玄怪錄》

第三十九輯,1986 年 9 月

何冠彪：《張岱別名、字號、籍貫及卒年考辨》

第四十一期,1987 年 8 月

曹汛：《淡然考》

第四十三期,1988 年 5 月

李慶：《劉子》作者的再研究——與林其錟、陳鳳金諸同志商榷

第四十四輯,1989 年 1 月

劉浦江：《〈次柳氏舊聞〉無〈椑史〉之名》

第四十八輯,1991 年 12 月

徐鵬、劉遠遊：《四庫提要補正》

第五十四輯,1995 年 6 月

楊善群：《穆天子傳》的真偽及其史料價值;朱玉龍：《十國春秋》引書考

第五十七輯,1998 年 7 月

朱傑人：論八卷本《詩集傳》非朱子原帙兼論《詩集傳》之版本——與左松超先生商榷

第六十五輯,2001 年 5 月

王寶平：《胡文煥叢書考辨》

第九十四期,2009 年 6 月

霍麗麗：《四庫全書總目》辨誤

《中國與日本文化研究》第一集,中國大百科全書出版社,1991 年 6 月

張政烺：讀《相臺書塾刊正九經三傳沿革例》

《中山大學學報》(社會科學版),2006 年 1 期

張宏生：總集纂集與群體風貌——論孫默及其《國朝名家詩余》

2006 年 4 期

朱鴻林：《四庫提要》所見盛清學術偏見一例

《周易研究》,2001 年 4 期

朱淵清：干寶的《周易》古史觀

2002 年 4 期

黎知謹：《補齋口授易説》考

2007 年 5 期

郭彧：帛書《周易》以史解經芻議

《自然科學史研究》,1989 年 1 期

陳久金：《馬德魯丁父子和回回天文學》

杜澤遜：讀《四庫提要》別記、讀《四庫提要》瑣記、讀《四庫提要》小識、讀《四庫提要》識疑（未刊稿）

陳旭東：清修《四庫全書》福建采進本與禁毀書研究,福建師範大學 2004 年碩士學位論文

鄧國軍：《宋詩話考論》,四川大學 2003 年博士學位論文

鄧子勉：《宋金元詞籍文獻研究》,復旦大學 2004 年博士學位論文

方莉玫：《吳師道年譜》,廣西師範大學 2006 年碩士學位論文

胡露：《四庫全書總目》子部存目補正,南京師範大學 2007 年碩士學位論文

賈繼用：《高啟年譜》,廣西師範大學 2006 年碩士學位論文

景新強：《四庫全書存目叢書》宋代雜史研究,陝西師範大學 2007 年博士學位論文

康愛農：《盧照鄰生平若干問題考辨》，首都師範大學 2004 年碩士學位論文

李芳：《古文苑》初探，四川大學 2004 年碩士學位論文

李菁：《南宋四洪研究》，武漢大學 2005 年博士學位論文

李勤和：《楊慎丹鉛諸錄研究》，華中師範大學 2003 年碩士學位論文

李維虎：《四庫全書總目》凡例序案研究，山東師範大學 2006 年碩士學位論文

（韓）李禧俊：《厄林》研究，蘇州大學 2005 年博士學位論文

李最欣：《錢氏吳越國文獻文學考論》，復旦大學 2005 年博士學位論文

劉敬：《四庫全書總目》七子派批評研究——以七子派主體作家為中心，西南大學 2011 年碩士學位論文

彭達池：錢曾及其《讀書敏求記》研究，西南師範大學 2004 年碩士學位論文

冉旭：《唐音統簽》研究，復旦大學 2004 年博士學位論文

師婧昭：《漢武故事》研究，鄭州大學 2006 年碩士學位論文

史廣超：《永樂大典》輯佚研究，復旦大學 2006 年博士學位論文

孫少華：《孔叢子》的成書時代與作者及其材料來源，曲阜師範大學 2006 年碩士學位論文

陶紹清：《唐摭言》研究，復旦大學 2007 年博士學位論文

田道英：《釋貫休研究》，四川大學 2002 年博士學位論文

王文榮：《王慎中年譜》，廣西師範大學 2006 年碩士學位論文

王昕：《四庫提要》竟陵派條目辨證，黑龍江大學 2008 年碩士學位論文

吳麗珠：《四庫全書》收錄臺灣文史資料之研究，（臺）東吳大學 2003 年碩士學位論文

吳秋蘭：《晚明嘉定四先生研究》，（臺）東海大學中國文學研究所 2006 年博士學位論文

徐大軍：《四庫全書總目》集部存目提要辨證，南京師範大學 2006 年碩士學位論文

徐亮：《四庫全書》西北文獻研究，蘭州大學 2006 年碩士學位論文

楊峰：《歸有光研究》，復旦大學 2006 年博士學位論文

楊焄：《明人編選漢魏六朝詩歌總集研究》，復旦大學 2004 年博士學位論文

俞頌雍：《古今説海》考，華東師範大學 2007 年碩士學位論文

袁芸：《文溯閣四庫全書提要》別集類辨證，南京師範大學 2007 年碩士學位論文

占旭東：《盡言集》研究，華東師範大學 2006 年碩士學位論文

張立榮：《北宋前期七言律詩研究》，南京師範大學 2006 年博士學位論文

周錄祥：《四庫全書簡明目錄·集部》訂誤，南京師範大學 2005 年碩士學位論文

周曉聰：《四庫全書總目》與考據學，蘭州大學 2006 年碩士學位論文

北京大學中文系古典文獻專業、古文獻研究所：《古典文獻研究論叢》，北京大學出版社，1995 年 3 月

陳新：《四庫提要》中的失誤；陳曉蘭：《孫覿生平事蹟及其文集版本考》

北京師範大學古籍與傳統文化研究院編：《中國傳統文化與元代文獻國際學術研討會會議論文集》，中華書局，2009 年 3 月

邱居里：元人文集的整理與總結——《全元文》編纂特點與得失；許紅霞：《許衡“語錄”流傳辨析》；辛夢霞：《劉因文集版本考辨》；韓格平：王沂《伊濱集》校讀札記；朱冶：《元儒倪士毅的生平與交遊》；魏青：《戴良生平行蹤考論》

北京圖書館善本組編：《影印善本書序跋集錄：一九一一～一九八四》，中華書局，1995 年 4 月

柳詒徵：《抄本三朝遼事實錄跋》

柏克萊加州大學東亞圖書館編：《柏克萊加州大學東亞圖書館中文古籍善本書志》，上海古籍出版社，2005 年 3 月

曹道衡：《中古文學史論文集》，中華書局，1986 年 7 月

《論江淹詩歌的幾個問題》、《晉代作家六考》、《樂府和古詩》

曹道衡、沈玉成：《中古文學史料叢考》，中華書局，2003 年 7 月

徐幹卒年當從《中論序》、《晉書·葛洪傳》誤敘《抱朴子》成書年代、《葛洪卒年、卒歲》

曹濟平：《張元幹詞研究》，齊魯書社，1993 年 12 月

（唐）陸廣微撰　曹林娣校注：《吳地記》，江蘇古籍出版社，1999 年 8 月

《吳地記校注序》

岑仲勉：《唐人行第録》(外三種)，中華書局，1962 年 4 月
《讀全唐詩札記》

昌彼得：《説郛考》，(臺)文史哲出版社，1979 年 12 月

昌彼得：《增訂蟫庵群書題識》，(臺)臺灣商務印書館，1997 年 10 月
跋宋建刊殘本《四朝名臣言行録》、跋武英殿本《四庫全書總目提要》、跋日本活字本《宋朝事實類苑》、舊抄本《類説》題識、《永樂大典》述略、跋宋廣東漕司本《新刊校定集注杜詩》、《摛文堂集》敘録、《申齋劉先生文集》敘録、《吳正傳先生文集》敘録

（日）長澤規矩也編著　梅憲華、郭寶林譯：《中國版本目録學書籍解題》，書目文獻出版社，1990 年 6 月

柴德賡：《史籍舉要》，北京出版社，1982 年 9 月

陳傳席：《陳傳席文集》，河南美術出版社，2001 年 6 月
第三册
有關蕭雲從及《太平山水詩畫》諸問題、《揚州八怪詩文集早期版本概述》

陳光貽：《稀見地方志提要》，齊魯書社出版社，1987 年 8 月

陳國軍：《明代志怪傳奇小説研究》，天津古籍出版社，2006 年 1 月

（宋）鄭思肖著　陳福康校點：《鄭思肖集》，上海古籍出版社，1991 年 5 月
《前言》、《論心史絶非偽託之書》

陳福康：《井中奇書考》，上海文藝出版社，2001 年 7 月

陳國符:《道藏源流考》,中華書局,1963 年 12 月
《引用傳記提要》

吳明賢主編:《知不足叢稿》,巴蜀書社,2006 年 1 月
陳紅:《徐禎卿的撰述及其版本談》

陳克明:《韓愈年譜及詩文系年》,巴蜀書社,1999 年 8 月

陳樂素:《宋史藝文志考證》,廣東人民出版社,2002 年 3 月

陳良運:《焦氏易林詩學闡釋》,百花洲文藝出版社,2000 年 5 月

(晉)陳壽撰　(劉宋)裴松之注:《三國志》,中華書局,1959 年 12 月
陳乃乾:《三國志》出版説明

陳乃乾著　虞坤林整理:《陳乃乾文集》,國家圖書館出版社,2009 年 4 月
讀《四庫全書總目》條記

陳奇猷:《韓非子新校注》,上海古籍出版社,2000 年 10 月
《韓非子舊注考》

(清)陳慶年:《橫山鄉人類稿》,橫山草堂刻本
《芸窗詞跋》、《京口耆舊傳撰人考》

陳橋驛:《紹興地方文獻考錄》,浙江人民出版社,1983 年 11 月

胡金望主編:《文海揚波——福建省第三屆古代文學研究會學術集萃》,安徽
大學出版社,2009 年 4 月
陳慶元:《明史·謝肇淛傳》辨誤及謝肇淛詩的評價問題

陳尚君、張金耀主撰：《四庫提要精讀》，復旦大學出版社，2008 年 10 月

陳萬鼐：《朱載堉研究》，(臺)“國立故宮”博物院，1992 年 1 月

陳先行：《打開金匱石室之門：古籍善本》，上海文藝出版社，2003 年 8 月

陳應鸞：《歲寒堂詩話校箋》，巴蜀書社，2000 年 3 月

陳垣著　陳智超主編：《陳垣全集》，安徽大學出版社，2009 年 12 月
第二册
《火祆教入中國考》、《元西域人華化考》、《重刊〈辨學遺牘〉序》
第七册
書傅藏《永樂大典》本《南臺備要》後、書全謝山《〈通鑒〉分修諸子考》後、書
《通鑒外紀》溫公序後、《跋董述夫自書詩》
第十册
《元典章校補》
第十四册
《日知錄校注》上
第十七册
《釋氏疑年錄》、《中國佛教史籍概論》
第二十一册
《通鑒胡注表微》

(元)李孝光撰　陳增傑校注：《李孝光集校注》，上海社會科學院出版社，
2005 年 9 月

陳正宏：《沈周年譜》，復旦大學出版社，1993 年 12 月

陳滯冬：《中國書學論著提要》，成都出版社，1990 年 6 月

陳祖言:《張説年譜》,香港中文大學出版社,1984 年 12 月

(清)程晉芳:《勉行堂文集》,清嘉慶二十五年(1820 年)冀蘭泰吳鳴捷刻本
《契丹國志跋》

(唐)牛僧孺、李復言撰,程毅中點校:《玄怪錄　續玄怪錄》,中華書局,1982
年 9 月
《點校説明》

無名氏撰　程毅中點校:《燕丹子》,中華書局,1985 年 1 月
《點校説明》

程元敏:《王柏之生平與學術》,(臺)學海出版社,1975 年 12 月

程元敏:《三經新義輯考匯評(一)——尚書》,(臺)"國立"編譯館,1986 年 7 月

遲乃鵬:《王建研究叢稿》,巴蜀書社,1997 年 5 月
《唐才子傳·王建傳》箋證

儲仲君:《劉長卿詩編年箋注》,中華書局,1996 年 7 月

崔富章:《四庫提要補正》,杭州大學出版社,1990 年 9 月

崔建英輯訂　賈衛民、李曉亞參訂:《明別集版本志》,中華書局,2006 年
7 月

(日)丹波元胤:《中國醫籍考》,人民衛生出版社,1956 年 8 月

鄧廣銘:《鄧廣銘治史叢稿》,北京大學出版社,1997 年 6 月
略論有關《涑水記聞》的幾個問題、對有關《太平治跡統類》諸問題的新考索

鄧廣銘、徐規等主編：《宋史研究論文集：一九八四年年會編刊》，浙江人民出版社，1987 年 11 月
許沛藻：《皇朝編年綱目備要》考略、徐規：《舊聞證誤》研究

鄧之誠：《清詩紀事初編》，中華書局，1965 年 11 月

鄧之誠：《東京夢華錄注》，中華書局，1982 年 1 月
《東京夢華錄注自序》

（清）丁丙：《善本書室藏書志》，清光緒辛丑（1901）錢唐丁氏刊本

南京國學圖書館輯：《館藏善本書題跋輯錄》，《國學圖書館第四年刊》，1931 年
（清）丁丙：明鈔本《貢文靖雲林詩集》跋

丁忱：《爾雅毛傳異同考》，武漢大學出版社，1988 年 1 月

（清）丁晏：《尚書餘論》，清咸豐七年（1857）刻本

（清）丁晏：《曹集詮評》，清宣統三年（1911）丁氏鉛印本

吳光主編：《劉宗周全集》，浙江古籍出版社，2007 年 4 月
第六册《附錄》
董瑒：《劉子全書鈔述》

董康：《書舶庸譚》，上海大東書局，1930 年 4 月

繆荃孫、吳昌綬、董康撰　吳格整理點校：《嘉業堂藏書志》，復旦大學出版社，1997 年 12 月
董康：《至正集》解題、《巽川祁先生文集》解題、《祝氏集略》解題、《夢澤集》解

題、《青蘿館詩》解題

竇秀豔、潘文竹、杜中新：《青島歷代著述考》，中國社會科學出版社，2010 年 9 月

杜澤遜：《四庫存目標注》，上海古籍出版社，2007 年 1 月

（晉）張華撰　范寧校證：《博物志校證》，中華書局，1980 年 1 月
《張華博物志校證後記》

范中義：《籌海圖編淺説》，解放軍出版社，1987 年 12 月
《緒言》

方愛龍：《南宋書法史》，上海古籍出版社，2008 年 12 月

方國瑜：《雲南史料目錄概説》，中華書局，1984 年 1 月

（唐）段成式撰　方南生點校：《酉陽雜俎》，中華書局，1981 年 12 月

中國圖書館學會古籍整理與文獻保護專業委員會、國家古籍保護中心合編：《全國圖書館古籍工作會議論文集（2008·天津）》，國家圖書館出版社，2009 年 11 月
馮春生、陳淑君：《四庫全書》史部底本所據分析

（唐）韋述撰　辛德勇輯校：《兩京新記輯校》，三秦出版社，2006 年 1 月
（日）福山敏男：《兩京新記解説》

傅璇琮主編：《中國詩學大辭典》，浙江教育出版社，1999 年 12 月
王學泰：《母音遺響》提要、《忠正德文集》提要、《知稼翁集》提要；許逸民：《鮑參軍集》提要；孔凡禮：《筠溪集》提要、《澹軒集》提要；鄧紹基、史鐵良：《灤京

雜詠》提要；畢寶魁：《放翁詩選》提要

傅璇琮主編：《唐才子傳校箋》，中華書局，2000 年 2 月

傅璇琮　施純德編：《翰學三書》，遼寧教育出版社，2002 年 12 月
傅璇琮：《本書説明》

傅璇琮主編：《中國古代詩文名著提要》，河北教育出版社，2009 年 7 月
趙榮蔚：《胡曾詠史詩》提要；王樹林：《小亨集提要》、《西巖集提要》、《五峰集》提要、《石門集》提要、《北郭集》提要；查洪德：《藏春集》提要、《牧庵集》提要、《山村遺稿》提要、《知非堂稿》提要、《楊仲弘集》提要、《道園學古錄》提要；華嵐：《芳谷集》提要、《畏齋集》提要；褚玉晶：《竹素山房詩集》提要、《筠軒集》提要；胡鑫：《瓢泉吟稿》提要；李軍：《蜕庵集》提要、《居竹軒集》提要、《圭峰集》提要；章錫良：《滎陽外史集》提要；陳國安：《澹軒稿》提要；高琪：《王文肅公文集》提要；蔡鎮楚：《白石道人詩説》提要；王宜瑗：《古文矜式》提要

傅璇琮主編　龔延明、祖慧編撰：《宋登科記考》，江蘇教育出版社，2009 年 11 月

傅增湘：《藏園群書題記初集》八卷《續集》六卷，1943 年聚珍仿宋本
《校花溪集跋》、《钞本丁鹤年诗集跋》

甘肅省圖書館、甘肅四庫全書研究會編：《四庫全書研究文集——2005 年四庫全書研討會文選》，2006 年 8 月
杜澤遜：《四庫提要》校正；何槐昌：《四庫總目著錄校勘記簡介》；李福標：《四庫全書》之《皮子文藪》提要指誤

高步瀛：《文選李注義疏》，中華書局，1985 年 11 月

（宋）陳淳著　高流水、熊國楨點校：《北溪字義》，中華書局，1983 年 8 月

高文：《漢碑集釋》，河南大學出版社，1997 年 11 月

葛榮晉：《王廷相生平學術編年》，河南人民出版社，1987 年 1 月

龔鵬程：《江西詩社宗派研究》，(臺)文史哲出版社，1983 年 10 月

顧廷龍：《顧廷龍文集》，北京圖書館出版社　　上海科學技術文獻出版社，
2002 年 7 月
　　《玄覽堂叢書續集提要》

顧志興：《南宋臨安典籍文化》，杭州出版社，2008 年 3 月

管成學、楊榮垓、蘇克福：蘇頌與《新儀象法要》研究，吉林文史出版社，1991
年 10 月
　　《蘇頌里籍考》、《新儀象法要版本源流考》、《新儀象法要校注》

桂棲鵬：《元代進士研究》，蘭州大學出版社，2001 年 7 月

西北大學古典文獻學科編：《古代文獻的考證與詮釋——海峽兩岸古典文獻
學國際學術會議論文集》，上海古籍出版社，2006 年 12 月
　　郭海文：《試論"七絕"是唐五代女性詩人最喜用的詩歌體裁》

郭紹虞：《宋詩話考》，中華書局，1979 年 8 月

郭彧：《續四庫提要辯證（經部易類）》，http：//www. guoxue. com/article/
guoyu/025. htm

韓結根：《康海年譜》，復旦大學出版社，1993 年 12 月
　　《對山集》版本述考

郝潤華等:《杜詩學與杜詩文獻》,巴蜀書社,2010 年 6 月
房新寧:《黄氏補千家注紀年杜工部詩史》的特點及其價值

何冠彪:《明清人物與著述》,香港教育圖書公司,1996 年
從日本靜嘉堂文庫所藏《邵念魯文稿》論邵廷采的文集

何晉:《戰國策》研究,北京大學出版社,2001 年 12 月

何宗美:《明末清初文人結社研究續編》,中華書局,2006 年 12 月

賀次君:《史記書錄》,商務印書館,1958 年 10 月

洪焕椿:《浙江方志考》,浙江人民出版社,1984 年 6 月

侯外廬主編:《中國思想通史》第四卷下册,人民出版社,1960 年 4 月

侯真平:《黄道周紀年著述書畫考》,廈門大學出版社,1994 年 8 月

(宋)葉夢得撰　侯忠義點校:《石林燕語》,中華書局,1984 年 5 月
《點校説明》

(唐)歐陽詢撰　汪紹楹校:《藝文類聚》,中華書局,1965 年 11 月
胡道靜:《藝文類聚》前言

胡道靜:《中國古代的類書》,中華書局,1982 年 2 月

胡道靜:《農書·農史論集》,農業出版社,1985 年 6 月
《自序》

胡思敬編:《豫章叢書》,1916 年南昌退廬刻本

《綱目續麟匯覽》跋、《自堂存稿》跋、《雪坡舍人集》跋

胡嗣坤、羅琴：杜荀鶴及其《唐風集》研究，巴蜀書社，2005 年 4 月

胡文楷：《歷代婦女著作考》，商務印書館，1957 年 11 月

（明）胡應麟：《少室山房筆叢》，上海書店出版社，2001 年 8 月

胡玉縉撰　王欣夫輯：《四庫全書總目提要補正》，中華書局，1964 年 1 月

胡玉縉：《續四庫提要三種》，上海書店出版社，2002 年 8 月
《四庫未收書目提要續編》、《許廎經籍題跋》

胡昭曦、劉復生、粟品孝：《宋代蜀學研究》，巴蜀書社，1997 年 3 月

黃愛平：《四庫全書纂修研究》，中國人民大學出版社，1989 年 1 月

黃懷信：《古文獻與古史考論》，齊魯書社，2003 年 6 月
《小爾雅》的源流、一本很有價值的古典辭書——《小爾雅》、《逸周書》時代略
考、《逸周書》源流諸問題、《孔叢子》的時代與作者、新撰《四庫全書總目》提要
三則

黃懷信：《鶡冠子彙校集注》前言，中華書局，2004 年 10 月

黃霖主編：《歸有光與嘉定四先生研究》，上海古籍出版社，2007 年 12 月
邵毅平：《震川先生集》編刊始末；劉明今：《文章指南》解讀；黃仁生：《嘉定
派的醞釀過程考論》

黃仁生：《日本現藏稀見元明文集考證與提要》，嶽麓書社，2004 年 8 月

黄仁生：《楊維禎與元末明初文學思潮》，東方出版中心，2005 年 9 月

黄裳：《來燕榭書跋》，上海古籍出版社，1999 年 5 月

（清）周楨編　王圖煒注：《西崑酬唱集》，上海古籍出版社，1985 年
黄永年：《釋西崑酬唱集作者人數及篇章數》

黄永年：《唐史史料學》，上海書店出版社，2002 年 12 月

計文德：《從四庫全書探究明清間輸入之西學》，（臺）漢美圖書有限公司，
1991 年 7 月

（清）紀昀：《閲微草堂筆記》，清嘉慶五年（1800）望益書屋刻本
《槐西雜誌》

（五代）孫光憲撰　賈二強點校：《北夢瑣言》，中華書局，2002 年 6 月
《點校説明》

賈晉華：《唐代集會總集與詩人群研究》，北京大學出版社，2001 年 6 月

（日）筧文生、野村鮎子：《四庫提要北宋五十家研究》，（日）汲古書院，2000
年 2 月

（日）筧文生、野村鮎子：《四庫提要南宋五十家研究》，（日）汲古書院，2006
年 2 月

（清）江藩：《半氈齋題跋》，清光緒刻《功順堂叢書》本

王紹仁主編：《江南藏書史話》，上海古籍出版社，2009 年 6 月
江慶柏：《四庫全書總目》考訂十七則

江慶柏等整理：《四庫全書薈要總目提要》，人民文學出版社，2009 年 10 月

江西省高校古籍整理領導小組整理：《豫章叢書·史部一》，江西教育出版社，2000 年 7 月
（宋）陶岳撰　萬芳珍點校：《五代史補》
《豫章叢書·史部二》，2002 年 2 月
（明）楊暄撰　黃細嘉點校：《復辟錄》
《豫章叢書·史部三》，2002 年 2 月
（明）桑喬撰　萬萍點校：《廬山紀事》
《豫章叢書·集部四》，2004 年 5 月
（宋）胡夢昱撰　余光煜點校：《竹林愚隱集》
《豫章叢書·集部五》，2004 年 11 月
（宋）劉辰翁撰　萬萍點校：《須溪集》

《經學今詮三編》（《中國哲學》第二十四輯），遼寧教育出版社，2002 年 4 月
姜廣輝：政治的統一與經學的統一———孔穎達與《五經正義》

姜書閣：《文史說林百一集：正續編》，浙江大學出版社，2010 年 4 月
《四庫提要》論述《佛國記》有誤、鍾嶸《詩品序》不當分為三篇

蔣秋華、馮曉庭主編：《宋代經學國際研討會論文集》，（臺）中央研究院中國文哲研究所，2006 年 10 月
鍾彩鈞：《游酢的經學思想》；蔣秋華：夏僎及其《尚書詳解》流傳考；許華峰：陳大猷《書集傳》與《書集傳或問》的學派歸屬問題；朱傑人：朱子《詩集傳》引文考；舒大剛：宋代《古文孝經》的流傳與研究述評

蔣寅：《大曆詩人研究》，中華書局，1995 年 8 月

金生楊：《漢唐巴蜀易學研究》，巴蜀書社，2007 年 8 月

（清）金武祥：《陶廬雜憶續詠》，清光緒二十四年（1898）刻本

金毓黻：《中國史學史》，河北教育出版社，2002 年 12 月

（日）近藤光男：《四庫全書總目提要唐詩集の研究》，（日）研文出版，1984
年 10 月

柯愈春：《清人詩文集總目提要》，北京古籍出版社，2002 年 2 月

（宋）張知甫撰　孔凡禮點校：《可書》，中華書局，2002 年 8 月
《點校説明》

（宋）彭乘輯撰　孔凡禮點校：《墨客揮犀》，中華書局，2002 年 9 月
《點校説明》

來可泓：《李心傳事蹟著作編年》，巴蜀書社，1990 年 6 月

（清）李慈銘：《越縵堂日記》，廣陵書社，2004 年 5 月
《桃花聖解庵日記》、《孟學齋日記》

李德龍、俞冰主編：《歷代日記叢鈔》，學苑出版社，2006 年 4 月
廖菊棟：《客杭日記》提要、《復齋日記》提要；郎潔：《使西日記》提要

李定信：《四庫全書堪輿類典籍研究》，上海古籍出版社，2007 年 10 月

李嘉言：《賈島年譜》，商務印書館，1947 年 9 月

李劍國：《唐前志怪小説史》，南開大學出版社，1984 年 5 月

李劍國：《宋代志怪傳奇敍錄》，南開大學出版社，1997 年 6 月

李劍國:《唐五代志怪傳奇敘錄》,南開大學出版社,1998 年 9 月

李劍國輯校:《宋代傳奇集》,中華書局,2001 年 11 月

李劍國輯校:《新輯搜神記　新輯搜神後記》,中華書局,2007 年 3 月
《前言》

石昌渝主編:《中國古代小説總目·文言卷》,山西教育出版社,2004 年 9 月
李劍國:《列仙傳》提要、《神異經》提要

李靈年、楊忠主編　王欲祥、李靈年、陸林、陳敏傑著:《清人別集總目》,安徽
教育出版社,2000 年 7 月

李茂如、胡天福、李若鈞:《歷代史志書目著錄醫籍匯考》,人民衛生出版社,
1994 年 3 月

南京圖書館編:《南京圖書館新館開放暨百年館慶學術研討會論文集》,廣陵
書社,2008 年 8 月
李培文:《聖宋文選全集》考述

(宋)陳師道撰　李偉國校點:《後山談叢》,上海古籍出版社,1989 年 9 月

李蔚:《詩苑珍品:璚璣圖》,東方出版社,1996 年 8 月

(清)李詳:《媿生叢錄》,清宣統元年(1909)刻本

李儼、錢寶琮:《李儼錢寶琮科學史全集》,遼寧教育出版社,1998 年 12 月
第一卷
李儼:《中國算學史》
第九卷

錢寶琮：《錢寶琮論文集》
《夏侯陽算經考》、《戴震算學天文著作考》

李一氓：《一氓題跋》，生活・讀書・新知三聯書店，1984 年 1 月
《花間集校後記及補記——關於花間集的板本源流》、《清康熙本靈隱寺志》、
《清乾隆本澳門紀略》

李裕民：《四庫提要訂誤》，書目文獻出版社，1990 年 10 月

李裕民：《四庫提要訂誤》增訂本，中華書局，2005 年 9 月

《慶祝何炳棣先生九十華誕論文集》，三秦出版社，2008 年 5 月
李裕民：《四庫提要訂誤》（續）

（清）唐甄著　吳澤民編校：《潛書》，中華書局，1963 年 6 月
李之勤：《唐甄事蹟叢考》

李致忠：《宋版書敍錄》，北京圖書館出版社，1994 年 6 月

李致忠：《三目類序釋評》，北京圖書館出版社，2002 年 8 月

《商鴻逵教授逝世十周年紀念文集》，北京大學出版社，1995 年 3 月
梁太濟：《建炎以來繫年要錄》取材考

黎活仁等主編：《宋代文學與文化研究》，（臺）大安出版社，2001 年 10 月
廖棟樑：《靈均餘影：論朱熹〈楚辭後語〉》

林其錟、陳鳳金：《劉子集校》，上海古籍出版社，1985 年 10 月
《劉子作者考辨》

林慶彰：《明代考據學研究》,（臺）臺灣中央書局,1983 年 7 月

林慶彰、蔣秋華主編：《明代經學國際研討會論文集》,（臺）中研院中國文哲研究所,1996 年 6 月
　　陳恒嵩：《書傳大全》取材來源探究；楊晉龍：《詩傳大全》來源問題探究

林天蔚：《地方文獻研究與分論》,北京圖書館出版社,2006 年 12 月

劉德重、張寅彭：《詩話概説》,中華書局,1990 年 8 月

劉琳、沈治宏編著：《現存宋人著述總錄》,巴蜀書社,1995 年 8 月

劉尚恒：《古籍叢書概説》,上海古籍出版社,1989 年 12 月
《七十五種綜合性古籍叢書簡介》

劉尚榮：《蘇軾著作版本論叢》,巴蜀書社,1988 年 3 月
《百家注分類東坡詩集》考、《東坡外集》雜考

劉葉秋：《歷代筆記概述》,中華書局,1980 年 6 月

劉玉珺：《四庫唐集提要研究》,巴蜀書社,2010 年 3 月

劉毓慶：《歷代詩經著述考（先秦——元代）》,中華書局,2002 年 5 月

（清）劉毓崧：《通義堂文集》,民國《求恕齋叢書》本
《唐摭言跋》、《書柘坡居士集後》

劉躍進：《中古文學文獻學》,江蘇古籍出版社,1997 年 12 月

劉躍進：《玉臺新詠研究》,中華書局,2000 年 7 月

劉兆祐：《四庫著録元人別集提要補正》,(臺)私立東吳大學中國學術著作獎助委員會,1978年2月

劉真倫：《韓愈集宋元傳本研究》,中國社會科學出版社,2004年6月

西泠印社編：《明清徽州篆刻學術研討會論文集》,西泠印社出版社,2008年4月
柳向春：胡正言及其《印存初集》述略

(日)瀧川資言：《史記會注考證》,日本東方文化學院研究所,1934年6月
《史記總論》

(清)盧弼：《四庫湖北先正遺書札記》,民國11年(1922)沔陽盧氏慎始基齋刻本

《魯迅輯録古籍叢編》第二卷,中國社會科學出版社,1999年6月
《小説舊聞鈔·水滸後傳》

(清)陸心源：《皕宋樓藏書志》,清光緒八年(1882年)刻本

(清)陸心源：《儀顧堂集》,清光緒二十四(1898年)年刻本
《淮南子高許二注考》、《野處類稿書後》、《養新錄書後》、《金刊張子和醫書跋》

(清)陸心源：《儀顧堂題跋》,清光緒十六年(1890年)刻本

(清)陸心源：《儀顧堂續跋》,清光緒十八年(1892年)刻本

(清)陸以湉：《冷廬雜識》,中華書局,1984年1月

羅鷺：《元詩選》與元詩文獻研究，巴蜀書社，2010 年 4 月

羅時進：《唐宋文學論札》，陝西人民出版社，1993 年 3 月
《許渾兩拜監察御史考》

羅天祥：《賀貽孫考》，江西人民出版社，1998 年 3 月

羅勇來：《瘞鶴銘研究》，百家出版社，2006 年 4 月

羅振常遺著　周子美編訂：《善本書所見錄》，商務印書館，1958 年 4 月

羅振玉：《貞松老人遺稿乙集》，上虞羅氏 1943 年排印本
《大雲書庫藏書題識》

中州書畫社編：《宋史論集》，中州書畫社，1983 年 8 月
駱嘯聲：曾鞏及其《元豐類稿》考釋

呂叔湘選注：《筆記文選讀》，上海古籍出版社，1979 年 7 月

馬興榮、吳熊和、曹濟平主編：《中國詞學大辭典》，浙江教育出版社，1996 年
10 月

蒙文通：《蒙文通文集》，巴蜀書社，1995 年 9 月
第三卷《經史抉原》
《宋略》存於《建康實錄》考、館藏明蜀刻本《史通》初校記

（清）繆荃孫：《藝風堂讀書記》，清光緒二十九年(1903)刻本

（清）繆荃孫：《藝風堂文漫存·乙丁稿》，藝風堂刻本
《唐史論斷》跋

莫伯驥：《五十萬卷樓藏書目録初編》，1936 年東莞莫培元等鉛印本

邱復興主編：《孫子兵學大典》，北京大學出版社，2004 年 4 月
第八册
穆志超、蘇桂亮主編：《孫子著述提要》

寧忌浮：《古今韻會舉要及相關韻書》，中華書局，1997 年 5 月

寧忌浮：《洪武正韻》研究，上海辭書出版社，2003 年 6 月

寧稼雨：《中國文言小説總目提要》，齊魯書社，1996 年 12 月

王德毅、潘柏澄主編：《元人文集珍本叢刊》第三册，（臺）新文豐出版公司，
1985 年 4 月
潘柏澄：《吴文正公集》敘録
第四册
潘柏澄：《雲峰集》敘録
第七册
潘柏澄：《梁石門集》敘録
第八册
潘柏澄：《花溪集》敘録、《寶峰集》敘録

潘景鄭：《著硯樓書跋》，古典文學出版社，1957 年 7 月

潘殊閑：《葉夢得研究》，巴蜀書社，2007 年 8 月

潘雨廷：《讀易提要》，上海古籍出版社，2003 年 3 月

潘雨廷：《道藏書目提要》，上海古籍出版社，2003 年 12 月

裴汝誠、許沛藻：《續資治通鑒長編考略》，中華書局，1985 年 4 月

裴汝誠：《半粟集》，河北大學出版社，2000 年 6 月
　略評《宋史》"崇道德而黜功利"的修撰原則

（韓）朴現圭、朴貞玉：《廣韻版本考》，（臺）學海出版社，1986 年 7 月

啟功：《啟功叢稿·題跋卷》，中華書局，1999 年 7 月
　文徵明原名和他寫的《落花詩》

（清）錢大昕撰　呂友仁標校：《潛研堂集》，上海古籍出版社，1989 年 11 月
　《跋古文四聲韻》、《跋平水新刊韻略》、《跋秦九韶數學九章》

（清）錢大昕：《十駕齋養新錄》，上海書店，1983 年 12 月

錢劍夫：《中國古代字典辭典概論》，商務印書館，1986 年 1 月

錢茂偉：《明代史學編年考》，中國文聯出版社，2000 年 12 月

（清）錢泰吉：《甘泉鄉人稿》二十四卷《餘稿》二卷，清同治十一年（1872）
刻本
　《跋吳氏伯與歷代宰相傳》

錢振民：《李東陽年譜》，復旦大學出版社，1995 年 12 月

錢鍾書：《談藝錄》，中華書局，1990 年 10 月

（清）秦緗業、黃以周等輯：《續資治通鑒長編拾補》，清光緒九年（1883）浙江
書局刻本

屈萬里:《屈萬里先生全集》⑬《普林斯頓大學葛思德東方圖書館中文善本書志》,(臺)聯經出版事業公司,1984 年 7 月
⑰《屈萬里先生文存》第四册,1985 年 2 月
《善本書志》

瞿冕良:《版刻質疑》,齊魯書社,1987 年 3 月

(清)瞿鏞:《鐵琴銅劍樓藏書目録》,上海古籍出版社,2000 年 9 月

饒宗頤:《楚辭書録》,(港)蘇記書莊,1956 年 1 月

饒宗頤:《詞集考》,中華書局,1992 年 10 月

(晉)常璩撰　任乃强校注:《華陽國志校補圖注》,上海古籍出版社,1987 年
10 月
《前言》

容庚:《頌齋述林》,廣東人民出版社,2000 年 4 月
《宋代吉金書籍述評》

容肇祖:《李贄年譜》,三聯書店,1957 年 4 月
《"疑耀"考辨》

容肇祖:《容肇祖集》,齊魯書社,1989 年 9 月
記正德本《朱子實紀》並説《朱子年譜》的本子

(宋)胡寅撰　容肇祖點校:《崇正辯　斐然集》,1993 年 12 月
《點校説明》

(宋)佚名編　汝企和點校:《續編兩朝綱目備要》,中華書局,1995 年 7 月

《前言》

阮浩耕、沈冬梅、于良子點校注釋:《中國古代茶葉全書》,浙江攝影出版社,1999 年 1 月

阮璞:《畫學叢證》,上海書畫出版社,1998 年 7 月
《美術史上載述畫家親族關係之誤》、《圖畫見聞志》限斷之年並非成書之年

(日)山井湧:《明清思想史の研究》,(日)東京大學出版會,1980 年
《明儒學案の四庫提要をめぐって》

商務印書館輯:《影印元明善本叢書十種樣本》,1937 年
《元明善本叢書十種提要》

(宋)唐慎微撰　尚志鈞、鄭金生、尚元藕、劉大培校點:《證類本草》,華夏出版社,1993 年 5 月
尚志鈞:《證類本草》文獻源流叢考

(韓)申東城:《唐詩品彙研究》,黃山書社,2009 年 2 月

(清)沈家本:《寄簃文存》,民國《沈寄簃先生遺書》本

沈津:《美國哈佛大學哈佛燕京圖書館中文善本書志》,上海辭書出版社,1999 年 2 月

沈津:《書韻悠悠一脈香》,廣西師範大學出版社,2006 年 9 月
《農桑撮要》書名和版本問題初探

沈津:《中國珍稀古籍善本書錄》,廣西師範大學出版社,2006 年 10 月

（清）沈濂：《懷小編》，清咸豐四年（1854）刻本
《紀文達纂書有誤》

（清）沈濤：《十經齋文集》，清道光刻本
《圭齋文集跋》

（清）沈彤：《果堂集》，清乾隆刻本
《書〈古文尚書冤詞〉後一》

（明）徐𤊽撰　沈文倬校點：《筆精》，福建人民出版社，1997年5月
《前言》

施懿超：《宋四六論稿》，上海古籍出版社，2005年9月

（漢）劉向編著　石光瑛校釋　陳新整理：《新序校釋》，中華書局，2001年1月

司馬朝軍：《四庫全書總目》研究，社會科學文獻出版社，2004年12月

司馬朝軍：《四庫全書總目》編纂考，武漢大學出版社，2005年11月

司馬朝軍：《四庫全書總目》精華錄，武漢大學出版社，2008年5月

宋慈抱原著　項士元審訂：《兩浙著述考》，浙江人民出版社，1985年3月

（元）汪大淵著　蘇繼廎校釋：《島夷志略校釋》，中華書局，1981年5月

《"中國傳統文化與21世紀"國際學術研討會論文集》，中華書局，2003年7月

孫虹、王麗梅：《清真集校注》對陳元龍注《片玉集》的突破——兼論體現宋代

文化精神的周邦彥詞語言風格

　　（宋）晁公武撰　孫猛校正：《郡齋讀書志校正》，上海古籍出版社，1990 年
10 月

　　孫啟治、陳建華：《中國古佚書輯本目錄解題》，上海古籍出版社，2009 年
5 月

　　孫琴安：《唐詩選本提要》，上海書店出版社，2005 年 1 月

　　孫衛國：《王世貞史學研究》，人民文學出版社，2006 年 5 月

　　孫小力：《楊維楨年譜》，復旦大學出版社，1997 年 4 月

　　（清）孫詒讓：《溫州經籍志》，廣陵古籍刻印社，1984 年 2 月

　　（清）孫志祖：《讀書脞錄》，清嘉慶梅東書屋刻本

　　湯炳正：《屈賦新探》，齊魯書社，1984 年 2 月
　　《楚辭》成書之探索

　　湯炳正：《楚辭類稿》，巴蜀書社，1988 年 1 月
　　古人多稱《楚辭》為《離騷》，以小名代大名

　　（日）天野元之助著　彭世奬、林廣信譯：《中國古農書考》，農業出版社，
1992 年 7 月

　　田濤主編：《法蘭西學院漢學研究所藏漢籍善本書目提要》，中華書局，2002
年 1 月

（元）脱脱等：《宋史》,中華書局,1977 年 11 月
《校勘記》

萬曼：《唐集敘録》,中華書局,1980 年 11 月

汪紹楹：《搜神記校注》,中華書局,1979 年 9 月

汪習波：《隋唐文選學研究》,上海古籍出版社,2005 年 4 月
宋代《文選》的流傳與《文選》學

（明）李言恭、郝傑編撰　汪向榮、嚴大中校注：《日本考》,中華書局,1983 年
5 月
汪向榮：關於《日本考》

（清）汪遠孫：《借閑隨筆》,清道光二十七年(1847)錢塘汪氏振綺堂刻《振綺
堂叢書》本

王燦熾：《燕都古籍考》,京華出版社,1996 年 3 月

王重民：《中國善本書提要》,上海古籍出版社,1983 年 8 月

王重民：《中國善本書提要補編》,書目文獻出版社,1991 年 12 月

《王重民先生百年誕辰紀念文集》,北京圖書館出版社,2003 年 9 月
沈乃文：關於《事文類聚》；王重民：辨《明史·錢唐傳》

王德毅：《洪邁年譜》,(臺)新文豐出版公司,2006 年 5 月

王國良：《神異經研究》,(臺)文史哲出版社,1985 年 3 月

王國維：《王國維遺書》第五册,商務印書館,1940 年
《庚辛之間讀書記》

王宏生：《北宋書學文獻考論》,上海三聯書店,2008 年 3 月

(明)陳誠著　周連寬校注：《西域行程記　西域番國志》,中華書局,2000 年
4 月
王繼光：關於陳誠西使及其《西域行程記》、《西域蕃國志》——代《前言》

王家葵：《陶弘景叢考》,齊魯書社,2003 年 3 月

王嘉川：《布衣與學術——胡應麟與中國學術史研究》,商務印書館,2005 年
4 月

王嵐：《宋人文集編刻流傳叢考》,江蘇古籍出版社,2003 年 5 月

王利器：《新語校注》,中華書局,1986 年 8 月

(宋)徐自明撰　王瑞來校補：《宋宰輔編年錄校補》,中華書局,1986 年
12 月
《宋宰輔編年錄研究》

何忠禮主編：《南宋史及南宋都城臨安研究》,人民出版社,2009 年 11 月
王瑞來：《宋季三朝政要》考述

王世襄：《中國畫論研究》,廣西師範大學出版社,2002 年 7 月

王樹民：《史部要籍解題》,中華書局,1981 年 11 月

(宋)鄭樵撰　王樹民點校：《通志二十略》,中華書局,1995 年 11 月

王樹民：《曙庵文史雜著》,中華書局,1997 年 8 月
《宋元紀事本末的編著和流傳》

王水照主編：《首届宋代文學國際研討會論文集》,復旦大學出版社,2001 年
6 月
（日）東英壽：南宋本《歐陽文忠公集》的成立過程及其特徵；王次澄：《宋遺
民詩歌與江湖詩風——以連文鳳及方鳳詩作為例》

王水照編：《歷代文話》,復旦大學出版社,2007 年 11 月
王宜瑗：《四六話》提要、《荆溪林下偶談》提要；《文章精義》提要

王文才：《白樸戲曲集校注》,人民文學出版社,1984 年 6 月
《前言》

王文才：《楊慎學譜》,上海古籍出版社,1988 年 8 月

（宋）樂史：《宋本太平寰宇記》,中華書局,2000 年 1 月
王文楚：宋版《太平寰宇記》前言

王曉鵑：《古文苑》論稿,人民出版社,2010 年 9 月

王欣夫：《蛾術軒篋存善本書錄》,上海古籍出版社,2002 年 12 月

王學泰：《中國古典詩歌要籍叢談》,天津古籍出版社,2004 年 7 月
《評杜甫詩集的“黄氏補注”》

（宋）朱熹撰　朱傑人、嚴佐之、劉永翔主編：《朱子全書》,上海古籍出版社,
2002 年 12 月
第七册
王燕均、王光照：《家禮》校點説明

呂偉達主編:《王懿榮集》,齊魯書社,1999 年 3 月
重刻影鈔宋慶元本《黃御史集》記

(宋)王應麟撰　(清)閻若璩、何焯、全祖望箋:《校訂困學紀聞三箋》,清嘉慶九年(1804)刻本

王永寬校注:《何瑭集》,中州古籍出版社,1999 年 9 月
《前言》

王友勝:《蘇詩研究史稿》,岳麓书社,2000 年 5 月

王毓瑚:《中國農學書錄》,農業出版社,1964 年 9 月

王運熙:《樂府詩論叢》,古典文學出版社,1958 年 4 月
《漢魏六朝樂府詩研究書目提要》

王兆鵬:《唐宋詞史論》,人民文學出版社,2000 年 1 月

王兆鵬:《詞學史料學》,中華書局,2004 年 5 月

(宋)楊億等著　王仲犖注:《西崑酬唱集注》,上海書店出版社,2001 年 10 月
《西崑酬唱詩人略傳》

王仲鏞:《唐詩紀事校箋》,巴蜀書社,1989 年 8 月
《前言》

韋海英:《江西詩派諸家考論》,北京大學出版社,2005 年 7 月
《韓駒行年考》、《李彭考》、《關於〈後山詩話〉的真偽問題》

（宋）王存撰　魏嵩山、王文楚點校：《元豐九域志》，中華書局，1984 年 12 月
《前言》

（清）魏源：《古微堂集》，清宣統元年（1909）國學扶輪社鉛印本
書《宋名臣言行録》後

文廷海：《清代春秋穀梁學研究》，巴蜀書社，2006 年 12 月

韋賓：《唐朝畫論考釋》，天津人民美術出版社，2007 年 5 月

韋賓：《宋元畫學研究》，甘肅人民出版社，2009 年 3 月

（清）吳焯：《繡谷亭熏習録》，清同治八年（1869）仁和吳氏雙照樓刊本

吳楓：《隋唐歷史文獻集釋》，中州古籍出版社，1987 年 9 月

（明）吳宏基撰　吳敏霞校注：《史拾》，三秦出版社，1996 年 9 月
《前言》

吳企明：《唐音質疑録》，上海古籍出版社，1985 年 12 月
《全唐詩》姚合傳訂補、讀孟棨《本事詩》書後、《唐集質疑四題》

（清）吳梯：《巾箱拾羽》，清道光刻本

吳熊和：《唐宋詞通論》，商務印書館，2003 年 10 月

吳雁南、秦學頎、李禹階主編：《中國經學史》，福建人民出版社，2001 年 9 月

吳在慶：《增補唐五代文史叢考》，黃山書社，2006 年 11 月
《方干並非一舉受挫即罷隱鏡湖》、《方干始歸隱鏡湖之時間》

（元）黎崱著　武尚清點校：《安南志略》,中華書局,1995 年 4 月

（清）武億：《授堂文鈔》,清道光二十三年(1843)刻《授堂遺書》本
《周禮名所由始考》

（清）武億：《金石三跋》,清道光二十三年(1843)刻《授堂遺書》本

夏承燾：《夏承燾集》,浙江古籍出版社　浙江教育出版社,1997 年
第一册《唐宋詞人年譜》
《二晏年譜》、《周草窗年譜》
第二册《唐宋詞論叢》
《詞籍四辨》、《四庫全書詞籍提要校議》

（宋）陳亮選輯　夏漢寧校勘：《歐陽先生文粹》附（明）郭雲鵬選輯《歐陽先
生遺粹》,江西教育出版社,2008 年 12 月
《前言》

（唐）吳兢撰　謝保成集校：《貞觀政要集校》,中華書局,2003 年 11 月
《貞觀政要集校敘錄》

謝國楨：《增訂晚明史籍考》,中華書局,1964 年 12 月

謝思煒：《白居易集綜論》,中國社會科學出版社,1997 年 8 月
《白氏文集》的傳佈及"淆亂"問題辨析

謝巍：《中國畫學著作考錄》,上海書畫出版社,1998 年 7 月

謝正光、余汝豐編著：《清初人選清初詩匯考》,南京大學出版社,1998 年
12 月

朱瑞熙、王曾瑜、姜錫東、戴建國主編:《宋史研究論文集》,上海人民出版社,
2008 年 7 月
　　辛更儒:有關《永嘉先生八面鋒》的幾個問題

　　徐德明等:《朱熹著作版本源流考》,中國文聯出版社,2000 年 10 月
　　嚴文儒:《資治通鑒綱目》版本源流考;王澔:《近思錄》版本考;王鐵:《陰符
經注》非朱熹著作;徐德明:《類編標注文公先生經濟文衡》版本考略

　　余冠英等著:《古代文學研究集》,中國文聯出版公司,1985 年 2 月
　　徐公持:《建安七子論》

　　(宋)李心傳撰　徐規點校:《建炎以來朝野雜記》,中華書局,2000 年 7 月
　　《點校説明》

　　單周堯主編:《明清學術研究》,中國社會科學出版社,2009 年 6 月
　　徐泓:《明清紀事本末·南宮復辟》校讀:兼論其史源、編纂水準及作者問題

　　(宋)秦觀撰　徐培均校注:《淮海居士長短句》,1985 年 8 月
　　《淮海詞版本考》

　　(清)徐時棟:《煙嶼樓讀書志》,1928 年徐方來蓬學齋刻本

　　徐永明:《元代至明初婺州作家群研究》,中國社會科學出版社,2005 年
10 月
　　《王禕年譜》

　　許保林:《中國兵書通覽》,解放軍出版社,1990 年 10 月

　　(清)許瀚:《攀古小廬雜著》,清光緒吳重憙刻本
　　《韓詩外傳校議》、《讀四庫全書提要志疑》

嚴傑：《唐五代筆記考論》,中華書局,2009 年 4 月

（清）嚴可均：《鐵橋漫稿》,清道光十八年(1838)四錄堂刻本
《新語敘》、《重編揚子雲集敘》

（宋）范成大撰　嚴沛校注：《桂海虞衡志校注》,廣西人民出版社,1986 年
3 月

嚴紹璗：《日本藏漢籍珍本追蹤紀實——嚴紹璗海外訪書志》,上海古籍出版
社,2005 年 5 月

燕永成：《南宋史學研究》,甘肅人民出版社,2007 年 1 月

（宋）趙汝适原著　楊博文校釋：《諸蕃志校釋》,中華書局,1996 年 11 月

楊奉琨：《疑獄集折獄龜鑑校釋》,復旦大學出版社,1988 年 11 月
《前言》

楊光輝：《薩都剌生平及著作實證研究》,高等教育出版社,2005 年 8 月

《張以仁先生七秩壽慶論文集》,臺灣學生書局,1999 年 1 月
楊晉龍：《毛詩蒙引考辨》

鍾彩鈞主編：《傳承與創新：中研院中國文哲研究所十周年紀念論文集》,
（臺）中研院文哲研究所籌備處,1999 年 12 月
　　楊晉龍：論《詩問略》之作者與内容

中國詩經學會編：《第四屆詩經國際學術研討會論文集》,學苑出版社,2000
年 7 月
　　楊晉龍：論《四庫全書總目》對明代詩經學的評價

楊晉龍主編：《元代經學國際研討會論文集》，(臺)中研院中國文哲研究所，
2000 年 10 月

黃沛榮：元代《易》學平議；許華峰：論陳櫟《書解折衷》與《書蔡氏傳纂疏》對
《書集傳》的態度——駁正《四庫全書總目》的誤解

楊聯陞：《中國語文札記》，中國人民大學出版社，2006 年 5 月
《西湖老人繁勝錄》校正

楊鐮：《元詩史》，人民文學出版社，2003 年 8 月

楊琳：《古典文獻及其利用》，北京大學出版社，2004 年 8 月

楊明照：《學不已齋雜著》，上海古籍出版社，1985 年 10 月
《劉子理惑》

楊紹和：《楹書隅錄》，1912 年補刻本

(清) 楊守敬：《楊守敬集》，湖北人民出版社　湖北教育出版社，1997 年 6 月
第八册《日本訪書志》、《日本訪書志補》

沈松勤主編：《第四屆宋代文學國際研討會論文集》，浙江大學出版社，2006
年 10 月
楊萬里：《草堂詩餘》三論

楊武泉：《四庫全書總目辨誤》，上海古籍出版社，2001 年 7 月

楊新勳：《宋代疑經研究》，中華書局，2007 年 3 月
《六經奧論》作者與成書考

(南宋)李昂英撰　楊芷華點校：《文溪存稿》，暨南大學出版社，1994 年

10 月

　（清）姚振宗：《隋書經籍志考證》,《快閣師石山房叢書》本,開明書店,
1936 年

　葉德輝：《郋園讀書志》,1928 年石印本

　（清）葉廷琯：《吹網錄》,清同治八年(1869)刻本

　尹達、張政烺、鄧廣銘、楊向奎、王煦華主編：《紀念顧頡剛學術論文集》,巴蜀
書社,1990 年 4 月
　鄧廣銘：《大金國志》與《金人南遷錄》的真偽問題兩論；王蘧常：《顧亭林著
述考》

　應三玉：《史記》三家注研究,鳳凰出版社,2008 年 12 月

　雍文華校輯：《羅隱集》,中華書局,1983 年 12 月
　《校輯說明》

　于北山：《范成大年譜》,上海古籍出版社,1987 年 11 月

　于北山著　于蘊生整理：《楊萬里年譜》,上海古籍出版社,2006 年 9 月

　于翠玲：朱彝尊《詞綜》研究,中華書局,2005 年 7 月

　余嘉錫：《四庫提要辨證》,科學出版社,1958 年 10 月

　余敏輝：《歷史文獻學散論》,安徽大學出版社,2004 年 6 月
　糾摘謬誤　傳信求實——吳縝《新唐書糾謬》新探、《新唐書糾謬》考辨、《歐
陽修金石學著作考》

余紹宋：《書畫書錄解題》，北京圖書館出版社，2003 年 3 月

俞劍華：《中國古代畫論類編》，人民美術出版社，2000 年 3 月

（梁）蕭統著　俞紹初校注：《昭明太子集校注》，中州古籍出版社，2001 年 7 月

（清）俞樾：《詁經精舍自課文》，清光緒八年（1882 年）刻《春在堂全書》本 《鄭易合彖象於經辨》

（宋）王得臣著　俞宗憲校點：《麈史》，上海古籍出版社，1986 年 10 月

嚴耀中主編：《論史傳經》，上海古籍出版社，2004 年 8 月
虞雲國：《靜嘉堂藏罕覯宋籍初讀記》

《張其凡教授榮開六秩紀念文集》，上海人民出版社，2009 年 8 月
虞雲國：清小山堂鈔本《松垣文集》考述

袁行霈：《陶淵明集箋注》，中華書局，2003 年 4 月

岳純之：《唐代官方史學研究》，天津人民出版社，2003 年 5 月

曾大興：《柳永和他的詞》，中山大學出版社，2001 年 9 月
《中國大百科全書·中國文學卷》"柳永"條辨正

曾貽芬、崔文印：《中國歷史文獻學史述要》，商務印書館，2000 年 4 月

曾棗莊：《唐宋文學研究——曾棗莊文存之二》，巴蜀書社，1999 年 10 月
《"二宋"文校理札記》

查阜西:《琴曲集成》第一輯上,中華書局,1963 年 10 月

詹杭倫:《方回的唐宋律詩學》,中華書局,2002 年 12 月

張伯偉:《全唐五代詩格匯考》,江蘇古籍出版社,2002 年 4 月

(唐)許嵩撰　張忱石點校:《建康實錄》,中華書局,1986 年 10 月
《點校説明》

張滌華:《張滌華目錄校勘學論稿》,(臺)學海出版社,2004 年 2 月
《別錄》考索

張國風:《太平廣記》版本考述,中華書局,2004 年 5 月

張國淦:《中國古方志考》,中華書局,1962 年 8 月

張富祥:《宋代文獻學研究》,上海古籍出版社,2006 年 3 月

張宏生:《宋詩:融通與開拓》,上海古籍出版社,2001 年 12 月

張劍:《晁説之研究》,學苑出版社,2005 年 1 月

張健:《元代詩法校考》,北京大學出版社,2001 年 9 月

張林川、周春健:《中國學術史著作提要》,崇文書局,2005 年 12 月

張夢新:《茅坤研究》,中華書局,2001 年 9 月

張民權:宋代古音學與吳棫《詩補音》研究,商務印書館,2005 年 5 月

張明華:《新五代史研究》,中國社科院出版社,2007 年 10 月

(宋)張詠著 張其凡整理:《張乖崖集》,中華書局,2000 年 6 月
《張詠事文考述(前言)》

張舜徽:《清人文集別録》,中華書局,1963 年 11 月

張舜徽:《四庫提要敍講疏》,雲南人民出版社,2005 年 12 月

(唐)李筌著 張文才、王隴譯注:《太白陰經全解》,嶽麓書社,2004 年 1 月
《前言》

(清)張文虎:《舒藝室雜著》,清光緒五年(1879)刻本
《東園叢説跋》

張勳燎:《古文獻論叢》,巴蜀書社,1990 年 12 月
《四庫全書總目提要》中之《楚書》、《秦録》、《晉録》辯證——兼論中華書局點
校本《廣志繹》的點校

張湧泉:《漢語俗字研究》,嶽麓書社,1995 年 4 月

張人鳳編:《張元濟古籍書目序跋彙編》,商務印書館,2003 年 9 月
上册
《校史隨筆》、《寶禮堂宋本書録》
中册
《涵芬樓燼餘書録》
下册
《四部叢刊續編》之元本《讀四書叢説》跋、吳翌鳳鈔本《吳越備史》跋、明嘉靖
本《雍熙樂府》跋、張元濟輯校本《夷堅志》跋

陳高華、陳智超等：《中國古代史料學》,北京出版社,1983 年 1 月
張澤咸：《隋唐五代史史料》(第五章)

張智華：《南宋的詩文選本研究：南宋人所編詩文選本與詩文批評》,北京師範大學出版社,2002 年 6 月

張忠綱：《杜甫詩話六種校注》,齊魯書社,2002 年 9 月

張忠綱、趙睿才、綦維、孫微：《杜集敘錄》,齊魯書社,2008 年 10 月

章鈺：《錢遵王讀書敏求記校證》,1926 年長洲章氏刊本

趙敏：《宋代晚唐體詩歌研究》,巴蜀書社,2008 年 9 月

趙守儼：《趙守儼文存》,中華書局,1998 年 8 月
張鷟和《朝野僉載》、《唐大詔令集》出版説明

(元) 孛蘭肹等撰　趙萬里校輯：《元一統志》,中華書局,1966 年 3 月
《前言》

(清) 趙執信著　趙蔚芝、劉聿鑫注釋：《談龍錄》注釋,齊魯書社,1987 年 5 月
《前言》

趙益：《古典術數文獻述論稿》,中華書局,2005 年 9 月

(唐) 封演撰　趙貞信校注：《封氏聞見記校注》,中華書局,2005 年 11 月

鄭涵：《吕坤年譜》,中州古籍出版社,1985 年 4 月

鄭利華:《王世貞年譜》,復旦大學出版社,1993 年 12 月

鄭騫:《宋人生卒考示例》,(臺)華世出版社,1977 年 1 月

鄭慶篤、焦裕銀、張忠綱、馮建國:《杜集書目提要》,齊魯書社,1986 年 9 月

(清)鄭珍:《巢經巢文集》,1914 年花近樓刻《遵義鄭徵君遺著》本

(清)鄭珍:《鄭學録》,清同治四年(1865)刻本

鄭州市圖書館文獻編輯委員會編:《嵩嶽文獻叢刊》,中州古籍出版社,2003 年 10 月
第一册
(明)傅梅撰　向東、關林校點:《嵩書》前言
第三册
(清)景日昣撰　周樹德、吳效華校點:《説嵩》前言
第四册
樂星:《嵩嶽文獻敘録》

中國科學院圖書館整理:《續修四庫全書總目提要》,齊魯書社,1996 年 12 月
第一册
王式通:《南雍志經籍考》提要;王重民:《束皋子集》提要;江瀚:《雁山十記》提要
第二册
馮汝玠:《金石總纂》提要
第四册
葉啟勳:《自堂存稿》提要、《來恩堂草》提要、《大學講義》提要
第七册
茅乃文:《河防一覽纂要》提要

第八册

班書閣：《存復齋集》提要、《環谷集》提要、《蟻術詩選》提要

第九册

夏仁虎：《今水經》提要、《萬曆上元縣志》提要、《今古輿地圖》提要

第十三册

孫楷第：《獪園雜誌》提要

第十五册

倫明：《洪範數》提要、《白虎通德論》提要；

第十七册

鹿輝世：《申端滑詩集》提要

第二十册

張壽林：《峴泉集》提要

第二十一册

陸會因：《蘭雪集》提要

第二十三册

吳廷燮：《太學志稿》提要

第二十五册

趙萬里：《坦齋先生文集》提要、《繼志齋集》提要、《遵岩先生文集》提要、《敝帚集》提要；趙錄綽：《織齋文集》提要

第二十七册

劉思生：《春秋透天關》提要、《袁氏世範》提要、《元詩體要》提要

第三十三册

韓承鐸：《兵法全書》提要

第三十四册

羅振玉：《東漢刊誤》提要、《廬山記》提要；羅福頤：《珞琭子三命消息賦》提要

第三十六册

《善卷堂四六注》提要

中華書局上海編輯所編輯：《北夢瑣言》，中華書局，1960 年 1 月

曹旭：中日韓《詩品》論文選評，上海古籍出版社，2003 年 2 月

（日）中沢希男：《詩品》考

鍾克豪：《宋代小説考證》，(臺)新文豐出版股份有限公司，1987 年 6 月

（明）胡震亨著　周本淳校點：《唐音癸籤》，上海古籍出版社，1981 年 5 月

周斌：《長短經》校正與研究，巴蜀書社，2003 年 5 月

周采泉：《杜集書錄》，上海古籍出版社，1986 年 12 月

周春健：《元代四書學研究》，華東師範大學出版社，2008 年 10 月

《元代四書類著述考》

周道振、張月尊：《文徵明年譜》，百家出版社，1998 年 8 月

周國林：《神仙傳全譯》，貴州人民出版社，1998 年 7 月

《前言》

周洪才：《孔子故里著述考》，齊魯書社，2004 年 5 月

（宋）毛滂著　周少雄點校：《毛滂集》，浙江古籍出版社，1999 年 12 月

《前言》

周生春：《吳越春秋輯校匯考》，上海古籍出版社，1997 年 7 月

《今本吳越春秋作者成書新探》

周天遊校箋：《史略》校箋，書目文獻出版社，1987 年 2 月

《史略》淺析

周勳初：《周勳初文集》第五卷，江蘇古籍出版社，2000 年 9 月
《唐代筆記小説考索》之《隋唐嘉話》考、《唐代筆記小説敍錄》

（清）周中孚：《鄭堂讀書記》，文物出版社，1992 年 2 月

（宋）周密撰，朱菊如、段颺、潘雨廷、李德清校注：《齊東野語校注》，華東師
範大學出版社，1987 年 5 月

朱希祖：《明季史料題跋》，中華書局，1961 年 7 月

（清）朱緒曾：《開有益齋讀書志》，清光緒六年(1880)金陵翁氏菇古齋刻本

朱鑄禹：《世説新語彙校集注》，上海古籍出版社，2002 年 12 月
朱一玄：《序言》

祝尚書：《宋人別集敍錄》，中華書局，1999 年 11 月

祝尚書：《宋人總集敍錄》，中華書局，2004 年 5 月

（清）左暄：《三餘偶筆》，清嘉慶十六年(1811)刻本

浙本、殿本《四庫全書總目》優劣考論

　　《四庫全書總目》是中國古典目録學的集大成之作，其版本的研究狀況卻一直不盡人意，不少誤説長期流傳。尤其是從未有人全面考察過兩個最重要的版本——浙江刻本與武英殿刻本——的差異，關於孰優孰劣的爭論也只能是霧裏看花。筆者將兩本逐字通校，以詳盡的數據表明，兩本異文多達七千餘條，各有所長，不宜偏廢。雖然殿本據最終定稿付梓，但就文字錯訛多少的標準而論，仍是浙本優於殿本。

　　《四庫全書總目》(下文簡稱《總目》)原本只是清乾隆年間編纂《四庫全書》的一項副産品，但因出自由當時最傑出的學者組成的四庫館臣之手，誠如趙濤先生所言，它繼承了中國目録學"辨章學術，考鏡源流"的優良傳統，總結了自漢劉向、劉歆以來歷代目録著作的得失利弊，以比較完善的分類體系，提要、大小序俱全的著録方式，詳晰介紹、評騭了《四庫全書》著録、存目的一萬餘種書籍，系統考察、總結了中國學術的淵源流變，從而成爲中國歷史上規模最爲宏大、體制最爲完善、編制最爲出色的一部集大成的古籍目録著作。它不僅是中國古代書目編纂的里程碑，爲治國學者必備之工具書，而且對於中國傳統學術史、學術批評史、思想文化史的研究均有重要的意義與價值①。

　　然而這部享譽二百餘載，歷代學人沾丐無窮的經典，卻未曾得到比較系統正規的整理。近十餘年來，已出版了幾種《總目》的標點整理本，然而或漏校累累，或有校無勘，或有勘無記，很難視爲合乎規范的古籍整理成果。甚至連一些基本問題，如《總目》的兩個最早、最重要的刻本，即浙江刻本(下文簡稱浙本)與武英殿刻本(下文簡稱殿本)，有多少異文，孰優孰劣，應採用哪一本爲整理底本，如何充分利用校本，也是各執一詞，亟待論定。

鑒於消除爭議最大的障礙是兩本異文的詳情無人知曉，或者至多一知半解，實有必要對此做一全面細緻的探討。

造成此複雜局面的緣故有二。

一是兩本身世迥異。浙本的各種翻刻本原在民間流布較廣，1965 年中華書局又出版其縮印本，由王伯祥先生斷句，附錄《校記》三百餘條，後來多次重印，影響深遠，儼然成爲近半個世紀以來中國內地最權威的版本，大多數學術論著所引均採用此本。而殿本深藏大內，僅在光緒二十年福建書局《武英殿聚珍版書》中翻刻一次。光緒二十五年，廣雅書局又翻刻福建書局本。此後直至 1983 年，臺灣商務印書館影印出版文淵閣《四庫全書》，前五冊附以殿本《總目》，上海古籍出版社又於 1987 年翻印文淵閣《四庫全書》。雖《四庫全書》巨帙多爲公家購藏，但兩岸學人總算有機會得睹其廬山真面。至此，全面比較兩本文字異同的客觀條件才大體具備。

二是諸多學者或人云亦云，率爾發論，不知實爲清末傅以禮"浙江據（殿本）以重刻"之誤說張目；或僅憑"抽樣調查"所得寥寥數例或數十例輕下斷語，以偏概全。

這幾乎成爲"《四庫全書總目》學"的兩大痼疾。

前者如中華書局縮印本《出版説明》云②："浙本據殿本重刻，校正了殿本的不少錯誤……浙本當然還留有不少錯字，但比較起來錯字較少。"隨著此印本的風行，這一觀點也爲不少人全盤接受。

後者的興起年頭較短，卻因一些大家、名家的核心論據也紛紛蹈此覆轍，遂誤導學界頗深。

王重民先生的《跋新印本〈四庫全書總目〉》發表於 1981 年③，"新印本"即指中華書局縮印本。其文分爲兩部分，一爲殿本《總目》的出版年月問題，二爲《總目》的殿本、浙本優劣問題。上篇以爲殿本大概刻成於乾隆五十八年，而浙江士紳在次年據以校正翻印。其説實誤，下文將敘及。

下篇起首云：

新印本《校記》凡三三〇條，其中有校浙本與殿本異同的五十八條。浙本與殿本的優劣問題是一百多年來使用《四庫全書總目》的人所關心的一個問題，但還没有人作過研究比較和評價，就是因爲兩本的異同很少，而把兩百卷的一部大書從頭至尾兩本詳校一過,的確很不容易。這次中華書局乘點句之便,依浙本用殿本詳校,校出了五十八條異文,給評價浙本與殿本的優劣問題提供了極可寶貴的材料……就《校記》中所校出的五十八條看來,浙本雖說校正了殿本的幾點錯誤,但增添更多的錯誤,所以實際上"錯字減少"的是殿本而不是浙本。①

以下逐條辨析,結論是浙本誤者三十二條,另有兩條疑誤,殿本誤者僅三條;兩本皆可通但殿本文義較勝者七條,浙本較勝者二條,似乎是"優劣立見"。

姑且不論他對各條正誤的判定有無疑義,關鍵在於他是否準確理解了這篇《校記》的體例呢?

案此《校記》爲表格形式,分頁、欄、行、校改四項。其校記先出底本原文,下列校改內容,大致可歸爲三種格式,即Ⅰ"××,殿本作××",Ⅱ"××,當作××",Ⅲ"××,×上(下)脱×字"。(如下頁附圖)

如首頁前三條爲"題曰 殿本作題稱","家傳 當作傳家","朱汝能 朱當作周",又第十五條"狄仁傑 狄上脱如字"⑤。其中第三條可視作格式Ⅱ的變體。

王先生所摘出的五十八條,無一例外,皆屬于格式Ⅰ,可見他認爲只有格式Ⅰ才是兩本異文的校記,而Ⅱ、Ⅲ與異文無關。

可是取殿本《總目》核對,此三百餘條中,除目類下所錄書籍的部、卷數統計(如第八條"五十七卷 當作六十一卷")係出自理校,其餘三種格式約三百條均係兩本的異文校勘。如前舉"朱汝能 朱當作周"一條,檢殿本卷三《周易義海撮要》提要,其文正作"故婺州教授周汝能、樓鍔跋稱:卷計以百,今十有一"⑥。案宋呂祖謙《東萊集》卷七《書校本〈伊川先生易傳〉後》:"會稽周汝能堯夫、郎山樓鍔景山方職教東陽,乃取刊諸學官。"《宋元學案補遺》卷五一:"周汝能,字堯夫,會稽人。乾道六年教授婺州,嘗跋李彦平《周易義海撮要》。"可知浙本作朱汝能誤,應據殿本校改⑦。

原來《校記》整理者用力甚勤,對幾乎每一條異文均有考訂⑧,凡格式Ⅱ、Ⅲ即以殿本爲是,底本應據改,格式Ⅰ則是存疑待考,未下判斷,而以底本爲是者根本未出校。

顯然這三百條不足以反映兩本異文的全貌,充其量只能從中略知浙本確有不少訛誤可據殿本校改。而王先生又將原整理者所有已采納殿本文字的校記排

四庫全書總目校記

頁	欄	行	校改
一〇	下	三	題曰　殿本作題稱
一三	下	四	家傳　當作傳家
一三	中	二一	朱汝能　朱當作周
一七	上	二〇	五六　當作六五
一六	上	二三	易火傳　火當作大
三〇	下	三	鄉厲　殿本作麗舉
四七	中	一七	退文　當作隨文
四九	下	三	五十七卷　當作六十一卷
四九	下	一三	資川　殿本作資州
四七	中	二一	比似　當作比時
四四	下	七	無有　殿本作無以
五三	下	二一	所謂　當作所解
七四	中	六	坤衆　當作坤象
六七	中	三	十一爻　殿本作十二爻
八三	上	六	狄仁傑　狄上脫如字
八五	上	一〇	析義　當作析疑
八六	中	一	千波　殿本作千陂

頁	欄	行	校改
八六	上	二四	十七部　當作十八部
八六	上	二四	七十一卷　當作八十四卷
九六	下	二	內四十六部　當作內四十八部
九八	中	一	朝衆　當作朝覲
一〇〇	下	二	寧周公　審當作迎
一一七	上	七	六十二條　當作二十二條
一二六	下	一〇	貫雲　殿本作冠雲
一三六	下	七	其上　當作其士
一四三	上	二	安城　當作安福
一四一	上	二九	傳中　當作書中
一四六	下	三	四卷　殿本作六卷
一五四	中	二	諸曲　當作禮曲
一五七	中	五	春輪　當作春豹
一六四	上	二	潁濱　當作潁演
一六三	中	三	十三卷　當作十一卷
一六二	下	一	貞貳　當作賦貳

頁	欄	行	校改
一六五	下	六	亡儀禮　亡當作古
一七五	上	二三	雒陽令　今當作令
一七六	上	六	十卷　當作十三卷
一八四	下	八	九十四卷　當作九十五卷
一九六	上	一	紀談　當作談記
一九八	中	六	岷山　當作岷江
二〇二	中	一〇	集傳　當作集說
二〇三	中	七	其詭篇　殿本其下有下字
二三一	上	二	新舊　殿本作新緒
二二八	中	四	其著　當作其注
二四三	上	三	二十八年　八當作二
二三八	中	四	三十八卷　當作三十九卷
二六〇	中	二	二卷　殿本作四卷
二八一	下	二六	奔殿　殿本作奔殺
二八二	下	二	七十六卷　當作七十四卷
二三二	下	三	四十部　當作內十二部
二五七	中	一	儒林傳　林當作學

除在外，令其考察范圍僅限於格式Ⅰ諸條，雖自信"所持的標準，所用的證據，所評定的是非優劣都是很明確的"⑨，但據以評判兩本優劣，無論其結論是"錯字減少的是殿本而不是浙本"抑或相反，都注定是管中窺豹，沙上築塔。況且據筆者統計，三百條也只占全書異文的不足二十分之一，又如何能保證不會有失片面呢⑩？

　　崔富章先生在1992年發表了《〈四庫全書總目〉版本考辨》一文，考訂浙本刻於乾隆五十九年至六十年十月，其底本爲文瀾閣《四庫全書》中之鈔本《總目》，殿本刻於乾隆六十年十一月，其底本爲紀昀"校勘完竣"之稿本，力辨"浙本翻刻殿本"之誤。可惜舊説盛行日久，一舉廓清殊非易事，以至於崔先生由衷慨嘆："予豈好辯哉，予不得已也。"于是又陸續撰寫了《二十世紀四庫學研究之誤區》、《關於〈四庫全書總目〉的定名及其最早的刻本》、《文瀾閣〈四庫全書總目〉殘卷之文獻價值》、《〈四庫全書總目〉武英殿本刊竣年月考實——"浙本翻刻殿本"論批判》、《〈四庫全書總目〉傳播史上的一段公案——從傅以禮的〈跋〉談起》等多篇論文⑪，反復申説。其所舉諸證，如浙本基本沿襲文瀾閣鈔本《總目》（殘存二十七卷）的訛誤，例如卷一六三《履齋遺集》提要"又有務畜人材疏"，鈔本原作"務"，實爲"豫"之訛，而殿本作"豫"不誤；浙本中明文引用周亮工《因樹屋書影》中言論，而其著述乾隆五十三年曾嚴令禁燬，殿本中或隱去其書名，或整段改寫，已基本翦除乾淨，若浙本係翻刻殿本，浙江士紳豈敢擅自增入違礙字眼，公然標榜；國家圖書館藏稿本《總目》六十三卷，存館臣修改潤色字跡甚夥，對照浙本、殿本異文，多係浙本未依館臣意見改動，仍從此稿本原文，殿本則同改動後文字，可知浙本所據係乾隆五十七年的尚待進一步修訂之半成品稿本，殿本所據方爲乾隆六十年的最終定稿⑫，都是堪成定讞的鐵案。

　　既然殿本所據爲定稿，反映了館臣多次修訂的最終成果的面貌，則與浙本執優執劣，似乎已呼之欲出了。崔先生在否定了王重民堅持的"浙本翻刻殿本"誤説之後，卻仍以爲他"關於殿本優於浙本的判斷是正確的"⑬，"浙本、殿本，各有所長，各有所短，總體而論，殿本略佔優勢"⑭。此説"合情入理"，得到不少贊同意見。1997年，中華書局出版了第一部標點整理排印本《總目》⑮，即以殿本爲底本，浙本爲參校本。晚近的一些《總目》學重要著作，如司馬朝軍《四庫全書總目研究》⑯，也表示認同殿本優於浙本的觀點。

　　筆者一度也篤信此説。後偶校數卷，卻發現單就異文的是非正誤而論，浙本可取者遠多於殿本。乃耗時數年,將二本逐字通校,計得異文七千餘條,各卷詳情見下表。

卷次	從殿	從浙	兩可	皆誤	存疑	諱改	卷計	序次
1	2	4	5			1	12	
2	1	4	2				7	
3	9	20	27			12	68	1
4	2	5	15				22	2
5	2	5	22				29	
6	4	23	33	2		2	64	2
7	3	15	30	1		1	50	
8	6	9	41	1	1		58	
9	4	16	47	1	3		71	
10	6	19	27	3	3	3	61	
11		7	16			1	24	
12	7	13	23				43	1
13	4	17	12			1	34	
14	10	15	45	2			72	3
15	3	15	11	2			31	
16	1	15	24	2			42	
17	6	7	14		1		28	
18	5	4	13				22	
19	3	30	24	1		1	59	1
20	4	33	30		1		68	1
21	3	33	16				52	
22	3	23	9				35	
23	9	36	61	2			108	
24	2	15	20			1	38	
25	6	13	27		1	1	48	
26		16	24				40	
27	1	12	47		1		61	
28	5	10	10				25	3
29	3	30	31	3			68	2
30	3	5	16		1		25	
31	6	18	45	1	2	2	74	
32	2	5	12				19	
33	9	29	35	6		3	82	
34	5	13	30	1	2	1	52	
35	9	23	24				56	1

卷次	從殿	從浙	兩可	皆誤	存疑	諱改	卷計	序次
36	4	10	23	1		1	39	1
37	3	11	36	1	1	13	65	
38	16	14	23				53	
39	8	12	14	1			35	
40	4	22	7		1	1	35	
41	9	42	45	7	1		104	3
42	16	30	24	1			71	
43	14	25	38	1	3	1	82	
44	12	31	34			1	78	
45	13	8	19				40	
46	6	9	21	2		1	39	
47	17	13	33			1	64	6
48	2	2	2				6	
49	7	8	15			1	31	1
50	11	29	33	3			76	
51	5	7	6				18	
52	5	6	18	2			31	
53	5	5	25	1		2	38	
54	11	8	15				34	
55	7	15	17			1	40	2
56	6	9	27	1		1	44	
57	6	4	19		1		30	
58	4	9	30	2		1	46	2
59	9	4	11		1		25	
60	9	4	9	2	4	3	31	
61	5	4	30		1		40	
62	9	5	19		2		35	
63	4	7	13			1	25	
64	3	6	12	1			22	
65	2	1	18				21	
66	5	3	13	1	1		23	1
67		2	6				8	
68	8	8	35	1		2	54	
69	8	10	13	1	1		33	
70	6	17	43	1	1		68	2
71	8	3	5				16	
72	1	1	7				9	
73	1	3	12			2	19	3

卷次	從殿	從浙	兩可	皆誤	存疑	諱改	卷計	序次
74	3	3	11				17	
75	6	13	21		1		41	
76	2	13	26	1			42	
77	6	7	31		1		45	
78	11	4	5				20	
79	5	8	8				21	
80	4	7	6	1			18	
81	7	15	15	1		2	40	
82	9	13	23				45	3
83	11	4	24	1		1	41	
84	5	7	16				28	
85	4	4	11				19	
86	8	10	24	3			45	
87	3	5	8				16	
88	3	2	23	1		1	30	
89	4	4	9		2		19	
90	5	6	16	1		1	29	
91		6	13			1	20	1
92	6	21	22				49	
93	3	11	21	1		1	37	
94		4	12			1	17	4
95	10	9	23			1	43	1
96	15	8	45	1	2		71	
97	5	10	17				32	
98	3	12	20	1			36	2
99	6	2	8				16	1
100	9	1	13	2			25	
101	3	4	5				12	
102	3	4	5				12	
103	10	10	22			1	43	1
104	14	11	27	5			57	3
105	6	9	12	2			29	
106	5	20	26	1		3	55	1
107	10	18	35	2		1	66	1
108	2	10	6		1		19	
109	10	9	27		1		47	
110	4	6	13		2		25	
111	5	14	34	1	2		56	2

卷次	從殿	從浙	兩可	皆誤	存疑	諱改	卷計	序次
112	8	23	29	2			62	3
113	5	5	15	2			27	4
114	4	7	16	1	2		30	1
115	8	19	30	1	1		59	3
116	4	12	24	1	1		42	
117	5	8	8				21	
118	6	11	27	1		1	46	1
119	3	13	9	1		2	28	3
120	3	8	8	1		1	21	1
121	1	14	9	1		6	31	1
122	5	8	11				24	1
123	4	6	23	1		1	35	
124	7	11	9				27	1
125	10	17	20			2	49	
126	2	7	8		1	1	19	
127	4	4	21	1			30	
128	6	6	8		1	2	23	
129	3	3	6	2		1	15	
130	1	3	3				7	
131		4	5	1		1	11	
132	3	3	12			1	19	
133	2	2	3	1			8	
134	2	7	4	1		1	15	
135	4	11	27		1		43	3
136	5	5	7				17	
137	6		10			1	17	
138	7	1	7				15	
139	3	2	4	1			10	
140	5	6	32	2			45	3
141	7	8	20	2			37	
142	8	9	18				35	1
143	11	7	9	1	1		29	
144	6	5	11		2	2	26	
145	2	1	6				9	
146	3	5	7	1	2	11	29	
147	2	6	7		1	11	27	
148	6	6	13				25	2
149	6	8	7	1			22	2

卷次	從殿	從浙	兩可	皆誤	存疑	諱改	卷計	序次
150	2	3	12				17	
151	5	1	5	3			14	4
152	1	1	7				9	2
153	4	11	3				18	
154	8	7	5				20	
155	1	2	8	1			12	2
156	5	4	11			1	21	
157	7	5	11	2			25	2
158	7	8	14		1		30	1
159	6	3	9			1	19	4
160	5	3	9				17	
161		4	8				12	1
162	4	7	8	1			20	1
163	6	2	10	1			19	
164	4	3	22				29	3
165	6	2	16			1	25	1
166	16	18	17	1	1	1	54	1
167	11	18	24		1	4	58	4
168	7	16	20	2		5	50	1
169	7	32	16	1			56	1
170	7	7	26		1	1	42	6
171		9	17	1		1	28	4
172	10	8	36	1			55	3
173	4	9	36	1			50	
174	11	14	25	1	2	3	56	
175	3	7	21		4		35	1
176	12	7	19	1	1	2	42	
177	6	6	18	3			33	
178	14	11	25	1			51	
179	9	14	17	1			41	
180	4	10	20	1		2	37	
181	6	9	29			8	52	
182	9	15	23	1		1	49	
183	4	9	27	2			42	
184	9	11	17	1			38	1
185	7	11	17		1	1	37	
186	9	8	20	3			40	
187	9	17	12				38	1

卷次	從殿	從浙	兩可	皆誤	存疑	諱改	卷計	序次
188	1	4	4	1			10	2
189	5	10	14			3	32	1
190	3	8	17				28	4
191	9	11	21	1	1		43	
192	6	10	16				32	
193	13	2	29	2			46	
194	7	6	21	1	1	3	39	
195	8	3	13	2			26	3
196	1	5	5	1		1	13	1
197	14	8	20				42	
198	11	4	14		1		30	6
199	9	21	25	1			56	3
200	7	11	17	1			36	
總計	1 159	2 005	3 669	149	75	160	7 219	152

表中"從浙"即應從浙本而殿本誤(包括少量疑誤,下同),"從殿"反之。"兩可"即兩本文意均可通,無需分辨正誤,"皆誤"即兩本皆有不確之處,需另作考證。"存疑"即疑一本有誤或兩本皆誤,因原書、原文亡佚或未見,難以遽下斷語,故列爲存疑。"諱改"即避諱字一本處埋有異,通常是一缺筆,一改字。"卷計"即每卷合計異文數量。"序次"即各書提要排列次序不同,其數量不計入異文内。通假字、異體字、俗體字等,皆不視爲異文。

筆者所做統計,自不免仍有錯漏,不過大致格局足供參據。

二百卷中,每卷異文多則百餘條,少則七八條,但也並非全無規律可尋。如"從浙"明顯多於"從殿"者達一百二十二卷,"從殿"明顯多於"從浙"者僅三十二卷(兩項數字相同或僅相差一條,均不計入)。總計中"兩可"略過半數,"從浙"多於"從殿"八百餘條。以爲殿本必然後出轉精,豈非想當然耳?

《〈四庫全書總目〉版本考辨》以文瀾閣鈔本殘卷與浙本相校,所舉諸例分載於卷六九等九卷,占鈔本殘存卷數的三分之一。對照上表,其中恰有五卷"從殿"多於"從浙",其餘四卷的"從殿"也爲數不少。崔先生判斷失誤,也屬情有可原。

當然殿本亦非一無是處,其優點前人多有評述。首先文字上的"剪裁蔓語",簡潔生動,辭藻典雅,確爲浙本所不及。如卷八《易經會通》條末句,浙本原作"實則橫生枝節,隨意立名。蓋冗瑣無當,徒生轇轕而已[17]"。殿本删去"橫生枝節"、

"蓋冗瑣無當"九字[18]；卷六四《歸閒述夢》條末句："蓋亦家傳之類，特出於自作耳。璜本名臣，其所述核以本傳不甚相遠，猶非粉飾失真者比，然其大端已具于史矣。"[19]殿本改爲"然其所述，核以史傳不甚相遠，與粉飾失真者差異"[20]；卷九七《性理正宗》條，殿本删"其所擇可謂嚴矣"以下一百四十八字[21]。但也時見可改可不改，甚至近乎兒戲的改動，如"耳"改作"矣"，"二"改作"兩"，"俱"改作"均"，"刊"改作"刻"，"訛"改作"誤"，"嚴謹"改作"謹嚴"，"國朝"改作"本朝"，完全是同義置換，不明其用意何在。

此外，諸書提要的排列順序，殿本與文淵閣庫書序列大致相合，浙本則多有顛倒失次[22]。每篇提要所載底本來源，殿本的著錄也大都與《四庫採進書目》相符[23]。

在殿本修訂質量較高的三十餘卷中，以史部和集部別集類居多，前人所辨浙本之誤，往往與之暗合。經部、子部則不免寒傖。或許各部的修訂工作由衆官員分工負責，其態度是否用心對質量高下起了關鍵作用。

卷八十三《諡法纂》條："明孫能傳撰。能傳字一之，寧波人。萬曆丙辰進士，官至工部員外郎。即嘗與張萱同編《内閣書目》者……"[24]

"孫能傳"，殿本改作"孫能傳"[25]。案《内閣書目》卷末題五編者之名，首爲"内閣敕房辦事大理寺左寺副孫能傳"，名居"中書舍人張萱"等之上。雍正《寧波府志》卷二二《孫能傳傳》云："字一之，萬曆十年舉人，授中書。"[26]

卷一百七十六《省愆稿》條："明劉魁撰……嘉靖初，疏諫雷壇工作太急，忤旨廷杖，與楊爵、周怡同長系鎮撫司獄……"[27]

"嘉靖初"，殿本改作"嘉靖時"[28]。據《明史》卷二百九劉魁本傳，疏諫雷殿事在嘉靖二十一年秋[29]。

只是"校正了浙本的一些(一千餘條)錯誤，但增添更多的(二千餘條)錯誤"，無論如何不能稱之爲成功的乃至合格的修訂。

卷九十五《紫陽宗旨》條:"考趙希弁《讀書附志》載晦庵先生《朱文公語後録》二十卷,注曰"右東陽王似記,楊方……李煇……魏春、楊至所録也……"㉚

"李煇",殿本作"李輝"㉛。《郡齋讀書附志·拾遺》"《晦庵先生朱文公語續録後集》二十五卷"條原文作"李煇"㉜。

卷一百八十七《江湖小集》條:"是集所録凡六十二家……張蘊一卷……葛起耕一卷……"㉝

"葛起耕",殿本作"葛起井"㉞。文淵閣《四庫》本此集卷九十二録葛起耕《檜庭吟稿》一卷㉟。

此類形近鈔誤之例尚有許多,足見其修訂態度之馬虎,才導致了有違常理的"後出轉粗"效果。

"浙本、殿本,各有所長,各有所短",這前半句話還是頗有見地的。殿本的修訂質量雖事倍功半,並不代表獨尊浙本的意見可取。上表中所呈現的僅僅是各卷的統計,從中已可見校勘此書之錯綜繁複,倘若對象爲一篇提要乃至一句文句,則更凸顯出兩本不可偏廢的緣由。仍以前文所舉兩例而言:

同據《郡齋讀書附志·拾遺》"《晦庵先生朱文公語續録後集》二十五卷"條原文,《紫陽宗旨》浙本提要"魏春"乃"魏椿"之誤,殿本正作"魏椿"。同據文淵閣《四庫》本《江湖小集》,卷八十九録張蘊斗《野藥支卷》一卷,則浙本"張蘊"乃"張蘊斗"之誤,殿本正作"張蘊斗"。即一篇提要中已無現成的文字無訛底本,需以兩本互相參校,方能得其正解。

又如卷一百十二《書録》條:

宋董史撰。史字更良,不詳其里貫。自稱閑中老叟,蓋未登仕版者也……㊱

殿本作"宋董更撰。更字良史……"⑤

　　案《知不足齋叢書》本《皇宋書錄》三卷,末有鮑廷博跋云:"又後序稱'閑中老叟董更良史',頗疑'更良'爲字,而'史'其名也。及觀他書目,亦有以'董更'著錄者,久未能明。近檢《江村銷夏錄》,載適適堂董氏舊藏《搗練詩帖》。中有閑中叟一詩,及'洪董史良史'收藏印記。於是知其隸籍洪都,而序中'更'字爲'史'字傳寫之訛無疑矣。"⑧則此句應作"宋董史撰。史字良史"。同一著者的名與字,兩本皆對一半錯一半。

　　從紀昀在《閱微草堂筆記‧槐西雜誌》中自糾《總目》之誤起⑨,對《總目》指瑕辨訛的札記、專著、論文又已汗牛充棟。然而,浙本、殿本非出自同一底本,也不存在翻刻關係,"異同很少"云云並不可信等觀點,卻始終未佔明顯上風。從浙本到殿本,不爲人知的上千條異文,豈不正是《總目》最後修訂階段的活化石? 對於校定全書,自有無可替代的特殊價值。而論者卻往往單執浙本,奢談《總目》之誤,全然罔顧館臣早已在殿本中作了大量更正。前賢著述零星言及,固無論矣,即便在當代學者中,似也僅有周錄祥、徐大軍、杜澤遜、張金耀、江慶柏等寥寥數人對殿本的異文較多留意而已⑩。凡此種種,對深入辨析《總目》的訛誤,評價《總目》的成就與不足,都造成諸多不必要的困擾,與《總目》的顯赫地位極不相稱。

　　筆者草擬此文,只是出於對《總目》及其編纂者的崇敬,殊不願各種誤說繼續附之以行世,又不敢放心採用蜻蜓點水式的考據方法所得諸論,遂發一弘願,通校全文數百萬字。若所考果可有助於明異同之辨,息優劣之爭,則幸甚。

---

① 趙濤:《四庫全書總目提要》學術思想與方法論研究,西北大學 2007 年博士論文,《緒論》頁 1。

② (清) 永瑢等撰:《四庫全書總目》,中華書局,1965 年 6 月,頁 3～4。

③ 王重民:《跋新印本〈四庫全書總目〉》,原刊於《吉林省圖書館學會會刊》1981年 1 期,後收入氏著《冷廬文藪》,上海古籍出版社,1992 年 12 月,頁664～692。

④ 同③,頁 673。

⑤ 同②,附錄《四庫全書總目校記》頁 1。

⑥《欽定四庫全書總目》經部,影印文淵閣《四庫全書》第一册,上海古籍出版社,1987 年 6 月,頁 79。

⑦ 劉遠遊:《四庫提要補正》,《復旦學報》(社會科學版),1993 年 2 期,頁 88。

⑧ 清同治七年廣東書局重刊浙本,或稱粵本,筆者未見。崔富章先生謂其"嘗據殿本校改明顯訛誤數百條,質量有所提高,《校記》基本採用了粵本的校勘成果"(崔富章:《〈四庫全書總目〉版本考辨》,原刊於《文史》第 35 輯,後收入《雪泥鴻爪:浙江大學古籍研究所建所二十周年紀念文集》,中華書局,2003 年 8 月,頁 147)。則考訂之功似應歸於粵本。

⑨ 同③,頁 679～680。

⑩ 臺灣昌彼得先生也"嘗取(武英殿本)與浙江本及通行本比勘之",至少校訖數十卷,卻仍斷為浙本據殿本校改翻刻(見氏著《跋武英殿本〈四庫全書總目提要〉》,載《增訂蟫庵群書題識》,臺灣商務印書館,1997 年 10 月,頁 99～116)。可見不通校全書,幾乎不可能得出正確結論。

⑪《二十世紀四庫學研究之誤區》,《書目季刊》,2002 年 1 期,頁 1～19;《關於〈四庫全書總目〉的定名及其最早的刻本》,《文史》第 67 輯,2004 年 2 月,頁 245～255;《文瀾閣〈四庫全書總目〉殘卷之文獻價值》,《文獻》2005 年第 1 期,頁 152～159;《〈四庫全書總目〉武英殿本刊竣年月考實——"浙本翻刻殿本"論批判》,浙江大學學報(人文社會科學版),2006 年 1 期,頁 104～109;《〈四庫全書總目〉傳播史上的一段公案——從傅以禮的〈跋〉談起》,《文史知識》2007 年 12 期,頁 44～49。

⑫ 此條另可參看國家圖書館王菡女士撰《國家圖書館所藏〈四庫全書總目〉稿本述略》,《文學遺產》2006 年第 2 期,頁 121～128;《〈四庫全書總目〉之稿本及文瀾閣本述略》,載《南山論學集——錢存訓先生九五生日紀念》,北京圖書館出版社,2006 年 5 月,頁 71～79。

⑬ 崔富章:《〈四庫全書總目〉版本考辨》,頁 147。

⑭《文瀾閣〈四庫全書總目〉殘卷之文獻價值》,頁 155。

⑮ 四庫全書研究所整理:《欽定四庫全書總目》,中華書局,1997 年 1 月。

⑯ 司馬朝軍：《四庫全書總目研究》，社會科學文獻出版社，2004 年 12 月。

⑰ 、⑲ 、⑭ 、⑳ 、㉚ 、㉝ 、㊱ 同②，頁 62、頁 572、頁 718、頁 1571、頁 804、頁 1071、頁 961。

⑱ 同⑥，頁 192。

⑳《欽定四庫全書總目》史部，影印文淵閣《四庫全書》第二冊，頁 400。

㉑《欽定四庫全書總目》子部，影印文淵閣《四庫全書》第三冊，頁 136。

㉒ 同⑬ ，頁 146。

㉓ 參見江慶柏：《殿本、浙本〈四庫全書總目〉著錄圖書進獻者主名異同考》，《文史》第 78 輯，2007 年 2 月，頁 235～250。

㉕ 、㉛ 同⑳ ，頁 733、頁 82。

㉖ 楊武泉：《四庫全書總目辨誤》，上海古籍出版社，2001 年 7 月，頁 110。

㉘《欽定四庫全書總目》集部上，影印文淵閣《四庫全書》第四冊，頁 696。

㉙ 同㉖ ，頁 255。

㉜ 孫猛：《郡齋讀書志校正》，上海古籍出版社，1990 年 10 月，頁 1239。

㉞《欽定四庫全書總目》集部下，影印文淵閣《四庫全書》第五冊，頁 37。

㉟（宋）陳起編：《江湖小集》九十五卷《江湖後集》二十四卷，影印文淵閣《四庫全書》第一三五七冊。

㊲ 同㉑ ，頁 437。

㊳ 余嘉錫：《四庫提要辨證》，雲南人民出版社，2004 年 10 月，頁 672～673。

㊴（清）紀昀：《閱微草堂筆記》卷十二，《續修四庫全書》第一二六九冊影印清嘉慶五年北平盛氏望益書屋刻本，上海古籍出版社，2002 年 3 月。

㊵ 參見周錄祥：《〈四庫全書簡明目錄〉集部訂誤》，南京師範大學 2005 年碩士論文；徐大軍：《〈四庫全書總目〉集部存目提要辨證》，南京師範大學 2006 年碩士論文；杜澤遜：《四庫存目標注》，上海古籍出版社，2007 年 1 月；陳尚君、張金耀主撰：《四庫提要精讀》，復旦大學出版社，2008 年 10 月；江慶柏等整理：《四庫全書薈要總目提要》，人民文學出版社，2009 年 10 月。

後　　記

　　最初產生編纂這樣一部書的念頭，完全是因為膽怯。

　　大約十年前，在對《四庫全書總目》有了初步的瞭解之後，其感受可謂一則以喜，一則以懼。

　　喜者，自然是可由此而得以初窺學術門徑。懼者，其中訛謬孔多，即如徐時棟《煙嶼樓讀書志》所云"大抵官書至於巨帙，必多謬誤，況官書出自衆手，尤不能無所牴牾。故《四庫總目》附存目二百卷，精博者固不勝計，舛錯者亦時有之"。是以自錢大昕、陸心源以下，前修時彥對此多有考辨，成果累累。尤其近二十年來，對《總目》的辨誤糾謬已成為"四庫總目學"諸多分支中的赫赫大宗，專著、論文層出不窮，令人目眩。

　　因此也造成我的困擾：究竟《總目》中哪些内容精博可據，又有哪些舛錯之處已為前人糾駁，勢不容不曉。而欲明察秋毫，又談何容易。很難想象在研讀、使用《總目》時，還要另備齊《四庫提要辨證》、《四庫全書總目提要補正》、《四庫提要補正》、《四庫提要訂誤》、《四庫全書總目辨誤》、《四庫存目標注》以及數以千百計的著作、期刊、論文集。即便全部制成電子版，不需占用太多空間，想短時間内在其中搜齊某一篇提要的所有相關信息，並剔除誤説，取捨異説，删略雷同，使之有條有理，仍不免要費一番周折。

　　倘若有人能將諸家辨證文字匯總整理，以注文形式附於各篇提要之下，令讀者一目了然，則庶可免去大半翻檢之勞。

　　正翹首企盼之時，我在 1997 年出版的第一部《總目》簡體標點整理本中發現其中已引録了大量辨誤之文，且以武英殿本與浙江刻本對校，校記的數量也相當可觀。欣喜之餘，卻對附錄中的"《總目》研究論著、論文目錄"心生疑慮。在我曾經眼的四種主題相近的目錄、索引中，這一篇所收著述僅約百餘種，數目偏少，顯然與"竭澤而漁"相去甚遠。隨後細檢此整理本的注文，也只是重點汲取了寥寥幾家的成果，至於選用底本不當、異文漏校或未作勘正、標點欠妥等問題，更令起初的喜悦大打折扣。

既然吃現成飯的願望落空，我不禁想起為了喝到新鮮的牛奶就自己養牛的典故，自忖何不編個校訂本，便於查檢，惠人惠己，又可以乘機惡補些未曾涉獵的學識。遂不揣孤陋，躍躍欲試了。

孰料棘手的問題接踵而來。首先一樁，《總目》的版本優劣爭議猶存，有多少訛誤諸本皆沿襲未改，有多少在館臣修訂過程中已作更正，若不能徹底釐清，何談底本的選取？我原本也輕信舊説，以為浙本、殿本異文無幾，有校勘價值者更寥若晨星，判定其優劣絕非難事。直到自己試校數卷之後，方知大謬不然。較之編纂一本單純的《總目》辨誤資料匯編，逐卷校訂其異文要艱巨得多。據統計，兩本異文達七千餘條，其中近半數需考辨正誤，而應從浙本者約兩千條，應從殿本者約一千一百餘條，兩本皆誤者百餘條（詳見附錄《浙本、殿本〈四庫全書總目〉優劣考論》一文）。是以選定浙本為整理底本，殿本為對校本。進而認識到前人對《總目》的指責有失片面，浙本之誤不應徑直視為《總目》之誤，因當中不乏在定稿較晚的殿本中已作糾改之例。

其次，沒有一個搜羅完備的研究論著目錄可供"按圖索驥"。所見四種目錄，其編者大都囿於體例，除了從題名上便可看出與《總目》有直接關係的論著文章，其餘基本付諸闕如。甚至幾乎每一部古典目錄學、文獻學著作都會提及的，對《總目》之誤糾補頗多的兩部名著：陳垣《中國佛教史籍概論》與王重民《中國善本書提要》，目錄中也未收錄。近人的一些專科、專題目錄提要類著作，如鄧之誠《清詩紀事初編》、余紹宋《書畫書錄解題》、郭紹虞《宋詩話考》、萬曼《唐集敘錄》、錢劍夫《中國古代字典辭典概論》、饒宗頤《詞集考》、謝巍《中國畫學著作考錄》、黃永年《唐史史料學》、李劍國《宋代志怪傳奇敘錄》、祝尚書《宋人別集敘錄》、劉毓慶《歷代詩經著述考（先秦——元代）》等，對《總目》著錄之書多有考訂，堪稱"富礦"，而題如《二十世紀四庫全書總目研究綜述》一類的文章，卻往往對此置若

罔聞。至於其他散落在各書點校整理本前言（或整理説明）與單篇論文中的零星
考述，更是數不勝數，有待鉤稽。今此彙訂本已作採錄者，見書後所附"引用文
獻"，共計期刊論文、學位論文六百餘篇，著作、論文集四百餘部。

即使有了目錄或線索，與得見原文似乎並無必然的因果關係。除了複印、拍
照、下載、借閲、購買，還要四處托人代為複製、查閲，對於不善交際的我而言，可
謂已使盡渾身解數，卻仍不免留下缺憾。

《總目》所載萬餘部典籍，分列四部，涉及學科甚廣，限於個人的學識、能力，
勢難對相關資料遍檢無遺。縱使六載心力盡耗於斯，又何止掛一漏萬！期間曾
數次感到身心俱疲，奈何素昧義理，性耽餖飣，實在捨不得半途而廢。於是明知
是個無底洞，也只好拼命向前。

如今這部書稿雖可告竣，但不足之處也很明顯。

例如對清人著述中的材料未能一一爬梳，遺珠尚夥；臺灣地區及一些海外學
者（以日本為主）的研究成果尚未寓目，有待續輯；校記中沒有充分利用現存的分
纂稿、稿本及諸閣本提要；所引各家之説，或許並非首次提出該論點的原始出處，
也未及一一查核……唯望日後還有機會彌補。

感謝水賚佑、嚴佐之、吳格、戴揚本等師長多年來的關懷與支持。尤其水先
生年届七秩，仍不辭勞苦，四處奔波，為我覓得許多不易獲見的資料，"古道熱腸"
一詞，在他身上得到最好的詮釋。而他"傻瓜人作傻瓜事"、坐穿冷板凳的精神更
時刻鼓舞着我，絕不輕言放棄。

山東大學杜澤遜教授，在"四庫學"方面的建樹早已有目共睹。此番不但賜
予萬言長序，更附贈四篇未刊稿，提掖後學，盛意拳拳。

臺北"故宮博物院"圖書文獻處宋兆霖先生、南京圖書館古籍部孫迎春女士、
耿鐘先生，復旦大學圖書館古籍部王亮先生，上海社會科學院圖書館劉海琴女
士，華東師範大學古籍所楊勇軍先生，上海圖書館歷史文獻中心吳建偉先生，在
代查、惠贈資料等方面，都曾給予熱忱的幫助。也要感謝許樹錚先生、梁進學先
生等所有我請教、求助過的友人和博物館的同仁們。

上海古籍出版社對拙稿不吝青眼，但因本人原先自擬體例欠妥，卻給編輯、

校對增加了大量的額外工作量。許多我視而未見的訛誤，也多虧他們檢出。現在看到的清樣，與當初的原稿相比，已有天壤之別，這其中也凝聚了他們的心血。

愛妻張霞，自從與我相識，便給予這個"最頑固的情敵"以最大限度的寬容，她的付出，非言語文字所能形容。這部書稿理應獻給她，希望她能不念舊惡，笑納則個。

壬辰十月記於海上索居